Software-Architektur

In dieser Reihe sind bisher erschienen:

Martin Backschat / Otto Gardon
Enterprise JavaBeans
Grundlagen – Konzepte – Praxis
EJB 2.0 / 2.1

Peter Liggesmeyer
Software-Qualität
Testen, Analysieren und Verifizieren von Software

Michael Engelbrecht
Entwicklung sicherer Software
Modellierung und Implementierung mit Java

Klaus Zeppenfeld
Objektorientierte Programmiersprachen
Einführung und Vergleich von Java, C++, C#, Ruby

Martin Backschat / Stefan Edlich
J2EE-Entwicklung mit Open-Source-Tools
Coding – Automatisierung – Projektverwaltung – Testen

Torsten Langner
Web-basierte Anwendungsentwicklung
Die wichtigsten Technologien für Webapplikationen im Überblick

Marco Kuhrmann / Jens Calamé / Erika Horn
Verteilte Systeme mit .NET Remoting
Grundlagen – Konzepte – Praxis

Michael Englbrecht / Michael Wegelin
EAI-Programmierung mit mySAP
Schnittstellenentwicklung mit ABAP, C, Java und C#

Peter Liggesmeyer / Dieter Rombach (Hrsg.)
Software Engineering eingebetteter Systeme
Grundlagen – Methodik – Anwendungen

Stefan Conrad / Wilhelm Hasselbring / Arne Koschel / Roland Tritsch
Enterprise Application Integration
Grundlagen – Konzepte – Entwurfsmuster – Praxisbeispiele

Wolfgang Dostal / Mario Jeckle / Ingo Melzer / Barbara Zengler
Service-orientierte Architekturen mit Web Services
Konzepte – Standards – Praxis

Oliver Vogel / Ingo Arnold / Arif Chughtai / Edmund Ihler /
Uwe Mehlig / Thomas Neumann / Markus Völter / Uwe Zdun
Software-Architektur
Grundlagen – Konzepte – Praxis

Oliver Vogel / Ingo Arnold / Arif Chughtai /
Edmund Ihler / Uwe Mehlig / Thomas Neumann /
Markus Völter / Uwe Zdun

Software-Architektur

Grundlagen – Konzepte – Praxis

ELSEVIER
SPEKTRUM
AKADEMISCHER
VERLAG

Zuschriften und Kritik an:
Elsevier GmbH, Spektrum Akademischer Verlag, Dr. Andreas Rüdinger,
Slevogtstr. 3-5, 69126 Heidelberg

Autoren:
Oliver Vogel, Ingo Arnold, Arif Chughtai, Edmund Ihler, Uwe Mehlig, Thomas Neumann,
Markus Völter, Uwe Zdun
E-Mail: autoren@software-architektur-buch.de

Weiterführende Informationen zum Buch:
www.software-architektur-buch.de

Bibliografische Information Der Deutschen Bibliothek
Die Deutsche Bibliothek verzeichnet diese Publikation in der Deutschen
Nationalbibliografie; detaillierte bibliografische Daten sind im Internet über
http://dnb.ddb.de abrufbar.

Planung und Lektorat: Dr. Andreas Rüdinger, Barbara Lühker
Herstellung: Ute Kreutzer
Satz: Autorensatz
Druck und Bindung: Krips b.v., Meppel
Umschlaggestaltung: SPIESZDESIGN, Neu-Ulm

Printed in The Netherlands
ISBN 3-8274-1534-9

Aktuelle Informationen finden Sie im Internet unter www.elsevier.de

| Vorwort

Im IT-Arbeitsalltag ist der Begriff „Software-Architektur" bzw. ganz allgemein „Architektur" allgegenwärtig. Auf Visitenkarten stehen Rollenbezeichnungen wie Software-, Sicherheits-, Daten- oder Systemarchitekt. Für Kunden werden Dokumente erstellt, die mit „Lösungsarchitektur" überschrieben sind oder aber man befindet sich selbst in der Kundenrolle und vergibt Architektur-Aufträge an Lieferanten. Obwohl der Begriff „Architektur" hierbei so häufig verwendet wird, verstehen (wenn man genau hin sieht) Architekten, Projektleiter oder Entwickler diesen Begriff nicht auf die gleiche Art und Weise.

Architektur als Begriff ist allgegenwärtig ...

Für manche von uns ist „Architektur" die Auswahl und der Einsatz einer Technologie, für andere ist „Architektur" vor allem ein Prozess, für viele ist „die Architektur" eine Mappe mit Zeichnungen, auf denen miteinander verbundene geometrische Figuren zu sehen sind, für noch andere mag Architektur schlicht all das sein, was „der Architekt" produziert. Der Begriff „Architektur" ist in seiner praktischen Verwendung breit ausgelegt – sprich: wenig einheitlich definiert oder verstanden. Dies macht es oft schwer, in der Architektur-Domäne und im Berufsalltag über einzelne Personen hinweg effizient zusammenzuarbeiten und zu kommunizieren.

... und vielseitig interpretiert ...

Als wir uns entschlossen, ein Buch über Software-Architektur zu schreiben und in unser Vorhaben mit einer ersten Bestandsaufnahme starteten, lernten wir schnell, dass sich Software-Architektur selbst in einer scharf begrenzten Gruppe von erfahrenen Software-Architekten nicht so klar definieren ließ, wie wir das erwartet hatten. Wir stellten fest, dass – obwohl wir alle jahrelange Erfahrung mit dem Entwurf, der Beschreibung oder auch Überprüfung von Software-Architekturen hatten – wir doch nicht über ein einheitliches, präzises Ordnungs- und Begriffsverständnis in der Architektur-Domäne verfügten.

... zunächst auch in unserem Autorenteam

Je länger wir uns damit auseinander setzten, desto mehr wurde uns die Herausforderung bewusst, die der Entwurf und die Beschreibung eines Erklärungsmodells bedeutete, mit dem wir in der Lage sein würden, das Thema Architektur differenziert zu betrachten und zu erklären. Auf der anderen Seite spürten wir, dass ein solches Erklärungsmodell genau das war, was uns fehlte. Ein Modell als fester Architektur-Bezugspunkt also, von dem aus wir das Architektur-Universum konsistent erschließen und auf das wir uns stets würden beziehen können.

Unser Wunsch nach einem Erklärungsmodell ...

... und nach Orientierung

Wir erinnerten uns an die Zeit zurück, in der wir selber primär Software-Entwickler waren und mit dem Begriff Software-Architektur das erste Mal konfrontiert wurden. Wir erkannten ganz speziell in dieser Zeit unser Streben nach einem inneren und stabilen Erklärungsmodell, nach einem Satz von Mustern, die stabil und unabhängig von einer konkreten Lösung universell einsetzbar waren. Die Suche nach einem solchen Grundmodell, das die wichtigen Dimensionen der Architektur-Domäne aufdeckt, lief in jedem von uns lange Zeit unbewusst bzw. intuitiv ab. Am Anfang unserer „Reise durch die Informatik" benötigten wir sehr viel Fach- und Detailwissen, konzentrierten wir uns auf den Erwerb von Wissen rund um Techniken und Technologien, Prozessmodelle, Methoden und Organisationen. Ständig und teilweise, ohne uns dies bewusst zu machen, leiteten wir im Laufe unseres Berufs- und damit Lern- und Ausbildungslebens aus dieser Sammlung isolierter Einzelerkenntnisse ein jeder für sich *sein* Erklärungsmodell der Architektur-Domäne ab. Nun waren wir endlich an den Punkt gekommen, an dem wir unsere individuellen Erklärungsmodelle miteinander abstimmen, gemeinsam formulieren und zum Kern unseres Buches machen konnten.

Unser architektonisches Denken entwickelte sich über die Zeit

Wir alle wussten, dass es nicht die eine Architekt-Klausur, das eine Architekt-Zertifikat gibt, das man bestehen oder erwerben kann, um sich anschließend ausgebildeter, diplomierter oder sonstwie zertifizierter Architekt nennen zu dürfen. Im Laufe unseres Informatiklebens hatten wir alle bereits in vielen Rollen gearbeitet. Wir wussten als Entwickler, Tester, Projektleiter oder Designer, dass Architektur viele Gesichter hat, dass der Architektur-Aspekt für viele Rollen – nicht nur für den Architekten selbst – von entscheidender Bedeutung ist. Wir hatten aber auch die Erfahrung gemacht, dass wir neben der fachlichen Aus- und Weiterbildung zunächst einen Reife- und Reflektionsprozess durchleben mussten, bevor wir begannen, uns gegebenen Problem- wie auch Lösungsbetrachtungen aus einem stärker ganzheitlichen Blickwinkel zu nähern – bevor wir begannen, „architektonisch" zu denken.

Unsere Buchvision

Mit unserem Buch verfolgen wir das primäre Ziel, Lesern Orientierung in der Architektur-Domäne zu ermöglichen. Viele Bücher über Architektur stellen in unseren Augen zu sehr das Thema Technologie in den Vordergrund der Betrachtung. Andere Bücher, die wir kennen, konzentrieren sich auf Architektur-Darstellungen und Nomenklaturen sowie die mit diesen verbundenen Techniken. Wieder andere Bücher betrachten Lösungsmuster für Architektur-Probleme. Und schließlich befassen sich regelmäßig einschlägige Computer-Magazine mit Projekterfahrungsberichten, in denen sehr häufig der Architektur-Aspekt einer entsprechend vorgestellten Lösung dem Artikel erst Substanz gibt. Es strebte jedoch – in unseren Augen zumindest – keines dieser Werke an, dem Leser eine umfassende Orientierung zum Thema Architektur zu geben. Die uns bekannten Bücher konzentrieren sich jeweils lediglich auf ausgewählte Architektur-Teilgebiete.

Damit stellten wir Autoren uns zwei großen Herausforderungen. Die erste Herausforderung bestand darin, eine Buchstruktur zu entwerfen, welche die uns gleichermaßen wichtigen Aspekte Orientierung, Theorie und Praxis adressierte. Die zweite Herausforderung war für uns, ein Erklärungsmodell der Software-Architektur zu entwerfen und zu beschreiben, das uns im Folgenden erlaubte, die Vieldimensionalität dieses Themas angemessen aufzuarbeiten und als stabilen geistigen Kern für unser Buch zu nutzen. Das Ergebnis dieser ersten und grundlegenden Arbeit an unserem Buch war – wenn man so will – die Architektur des Buches selbst, die ausführlich in Kapitel 1 beschrieben wird und sich ganz grob wie folgt gliedert:

> Darstellung der Architektur-Dimensionen und eines entsprechenden Ordnungs- und Orientierungsrahmens

> Inhaltlich weiterführende Aufarbeitung der Architektur-Dimensionen im Rahmen von Architektur-Theoriekapiteln

> Verbindungen zwischen Ordnungsrahmen- wie Theoriekapiteln aus dem Blickwinkel von Projekten in den Fallbeispielkapiteln dieses Buches

Das vorliegende Buch ist demnach das Resultat unseres Wunsches nach einem Werk, welches den Themenkomplex Architektur sinnvoll strukturiert, an der Praxis orientiert sowie entsprechende Praxiserfahrungen vermittelt. Das Buch ist in besonderem Maße technologieneutral und zeitlos. Damit zählt dieses Buch für uns zu der Gruppe der Grundlagenwerke, die Ihnen ein stabiles Referenzsystem auch über aktuelle technologische Trends hinaus liefert. Die Aufgabe, die wir uns mit dem Schreiben dieses Buches gestellt hatten, war nicht leicht zu bewältigen und erforderte intensive und tiefe Auseinandersetzung aller Autoren mit dem Thema Architektur – und zwar über das sonst übliche Niveau eher isolierter Betrachtungen hinaus. In der Zeit, in der unser Buch entstand, haben wir sehr viel gelernt. Wir haben miteinander diskutiert und gerungen. Unser Autoren-Team gewann durch die gemeinsame Arbeit am vorliegenden Werk viele wertvolle neue Erkenntnisse und ein gemeinsames Architektur-Verständnis.

Unsere Herausforderungen

Unser Buch

Unser Verständnis von Architektur halten Sie nun in Ihren Händen. Wir hoffen, dass unser Anspruch, das Thema Architektur für Sie zu ordnen, zu erläutern und praktisch zu verankern, Ihnen hilft, sich in Ihrem Berufsleben oder Ihrem Studium mit diesem interessanten und wichtigen Gebiet zu befassen.

Unser Dank

Wir wollen uns an dieser Stelle bei all denen bedanken, die uns für die Arbeit am vorliegenden Werk frei stellten und uns unterstützten. Dies waren unsere Partner und Kinder, unsere Freunde und Kollegen, unsere Arbeitgeber und Vorgesetzte. All denen möchten wir danken, die uns ihre Zeit opferten und immer wieder neue Kraft gaben.

Für die wertvollen Kommentare, Hilfe und Verbesserungsvorschläge möchten wir Kerstin Gans, Dorothee Küpper, Christian Dennler, Martin Fabini, Martin Gottschalk, Peter Jess, Elmar Küpper, Arthur Neudeck, Bernhard Polarzyk, Bernhard Scheffold, Gilbert Semmer, Ralf Steck, Marco Kuhrmann sowie Bernd Oestereich ganz herzlich danken.

Ebenso danken wir Barbara Lühker und Dr. Andreas Rüdinger vom Elsevier Verlag für ihre Unterstützung.

| Inhaltsverzeichnis

| Verzeichnis der Autoren

Oliver Vogel ist IT-Architekt und -Berater für Software-Architektur und -Design bei IBM Business Consulting Services. Er ist in verschiedenen internationalen Projekten tätig und beschäftigt sich mit der Konzeption und Realisierung von komplexen, verteilten Software-Architekturen. Darüber hinaus publiziert er Artikel zu dem genannten Themengebiet und hält Vorträge an Hochschulen und Konferenzen.

Ingo Arnold arbeitet als IT-Architekt für Novartis Pharma AG Schweiz. Schwerpunkte seiner Arbeit sind die Konzeption, Planung, Umsetzung sowie die Weiterentwicklung von Anwendungsdienst-Architekturen im Rahmen internationaler Großprojekte. Vor seinem Wechsel zu Novartis arbeitete er als IT-Architekt für IBM Global Services in internationalen Systemintegrations- und Software-Beratungsprojekten sowie als Ausbilder für IBM Learning Services im Java, XML und Design Patterns Curriculum. Darüber hinaus gibt er als Hochschuldozent Vorlesungen in den Themengebieten Software Engineering, Design Patterns sowie Architekturen verteilter Anwendungen im J2EE-Umfeld.

Arif Chughtai ist selbständiger Berater und Trainer für objektorientierte Software-Entwicklung. Sein spezielles Interesse gilt Konzepten, die zu einer Verbesserung der technischen Software-Qualität führen. Software-Architektur und -Design gehören deshalb zu den zentralen Gegenständen seiner Tätigkeit. Er beschäftigt sich dabei insbesondere mit Patterns, Framework- und Komponentenansätzen nebst den zugehörigen Technologien. Teile aus diesem Themenkomplex lässt er regelmäßig in Fachartikel sowie Vorträge und Seminare einfließen.

Edmund Ihler begann seine berufliche Tätigkeit in der Informatikforschung, zunächst in der theoretischen Informatik im Bereich diskrete Optimierungsalgorithmen und Approximationskomplexität, später im Bereich Software Engineering. Er war danach mehrere Jahre in der Software-Entwicklung für Banken und Versicherungen als Projektmanager und Architekt tätig. Seit 2000 ist er Professor für Informatik an der Hochschule der Medien in Stuttgart. Der Hauptschwerpunkt seiner Arbeit liegt dort im Gebiet objektorientierte Software-Modellierung und modellgetriebenes Software Engineering. Er ist Leiter des Studiengangs Medieninformatik.

Uwe Mehlig ist als IT-Architekt bei der IBM Deutschland GmbH im Bereich Business Consulting Services tätig. Er kann auf eine mehrjährige Erfahrung bei der Konzeption und Realisierung von großen Software-Projekten für international agierende Kunden zurückblicken. Sein aktueller Schwerpunkt liegt auf der Konzeption von EAI-Lösungen basierend auf offenen Standards wie XML, SOAP und Web Services.

Thomas Neumann ist Software-Architekt mit 15 Jahren Erfahrung in der Entwicklung von Projekten und Produkten. Er war während dieser Zeit in den Bereichen Basistechnologie, EDI und Web-Anwendungen tätig. Seine Schwerpunkte liegen in der Software-Architektur, Middleware sowie komponentenorientierten Ansätzen. Neben seiner Tätigkeit als Software-Architekt veröffentlicht er Artikel zu den genannten Themen.

Markus Völter ist freiberuflicher Berater und Trainer für Software-Technologie und Software Engineering. Seine Schwerpunkte liegen auf Software-Architektur, Middleware und modellgetriebener Software-Entwicklung. Er hat Erfahrung in verschiedensten Domänen, darunter eBusiness, Banken, Healthcare, Telematik, Automotive Embedded sowie Astronomie. Neben seiner Tätigkeit als Berater ist er Autor verschiedener Bücher und Artikel zu den genannten Themen sowie Sprecher auf einschlägigen Konferenzen.

Uwe Zdun ist Universitätsassistent an der Abteilung für Wirtschaftsinformatik der Wirtschaftsuniversität Wien. Er hat 2001 an der Universität Essen in Informatik promoviert. Seine Forschungsgebiete umfassen diverse Software-Engineering-Themen, wie Software Patterns, Scripting, Objektorientierung, Software-Architektur, Reengineering, Middleware und Web Engineering. Er hat eine Vielzahl von Software-Systemen entwickelt, darunter Open-Source-Systeme wie die Skriptsprache Extended Object Tcl (XOTcl) und kommerzielle Systeme. Darüber hinaus war er in zahlreichen Beratungs- und Forschungsprojekten tätig. Er ist Autor zahlreicher Forschungspublikationen und Co-Autor des Buches „Remoting Patterns".

1 | Einleitung

Dieses Kapitel liefert Motivation und Grundlagen für das Thema Software-Architektur (im weiteren Verlauf Architektur). Als Ausgangslage für die nachfolgenden Kapitel dieses Buches wird zunächst die Bedeutung von Architektur für die Software-Entwicklung erläutert und anschließend aufgezeigt, was sich hinter dem Begriff Architektur im Kontext von IT grundsätzlich verbirgt. Ein Überblick zu Aufbau, anvisiertem Leserkreis und Inhalten des Buches rundet das Kapitel ab. Nach dem Lesen dieses Kapitels kennen Sie die Relevanz von Architektur in der IT und Sie haben eine Vorstellung darüber, was Architektur in diesem Kontext beinhaltet. Des Weiteren kennen Sie unsere Motivation dieses Buch zu schreiben und welche wesentlichen Ziele unser Buch verfolgt. Und Sie kennen die Handhabung dieses Buches.

Übersicht

1.1 Ausgangslage und Zielsetzung des Buches

Software wird immer komplexer

Der Wunsch, immer komplexere Anforderungen immer schneller und kostengünstiger bei gleichzeitig hoher Software-Qualität umzusetzen, lässt das Thema Architektur seit einigen Jahren zunehmend ins Blickfeld rücken. Dies gilt nicht nur für kommerzielle Unternehmens-Software, sondern auch für sämtliche anderen IT-Domänen, wie beispielsweise den Embedded-, Mobile- oder Portal-Bereich. Mit der unstrukturierten Art und Weise, wie bis dato häufig Software entwickelt wird, kann sich dieser Wunsch jedoch nicht erfüllen. Nur ein strukturierendes und systematisches Herangehen führt hier zum Erfolg und Architektur ist in einem derartigen Herangehen ein entscheidender Faktor.

Zunehmende Bedeutung der Software-Architektur

Zukünftig wird Architektur eine Schlüsselstellung in Entwicklungsmethoden und Technologien zukommen und die Art, wie Software entwickelt wird, wird sich im Vergleich zu heute deutlich verändern. Während heute meist noch die Tätigkeit des manuellen Codierens das zentrale Element im Selbstverständnis eines Entwicklers ist, wird für den Entwickler der Zukunft die Fähigkeit, mit Architekturen umzugehen und diese zu erstellen, zu einem ganz wesentlichen Berufsaspekt gehören.

Evolution der Software-Entwicklung

Diese sich anbahnenden Veränderungen in der Software-Entwicklung können Sie nachvollziehen, wenn Sie sich die Evolution der Software-Entwicklung bewusst machen. Im Verlauf dieser Evolution arbeiteten die Entwickler zunächst auf der Ebene von Bits und Bytes. Später dann auf immer abstrakteren Ebenen (Assembler, prozedurale Programmiersprachen, objektorientierte Programmiersprachen etc.), welche die Entwickler zunehmend komplexere Dinge tun bzw. immer komplexere Anforderungen umsetzen ließen. Konsequenterweise beinhaltet der bereits begonnene nächste Evolutionsschritt in der Software-Entwicklung modellbasierte und stark architekturzentrierte Konzepte wie MDSD, MDA (siehe Abschnitt 6.2.5) und Komponentenorientierung (siehe Abschnitt 6.2.3). Zudem wächst das Bewusstsein für die technische Qualität von Software und der Wunsch, diese messen zu können. Moderne Software-Entwicklungswerkzeuge tragen diesem Wunsch in zunehmenden Maße Rechnung und bieten entsprechende Funktionalität an. Über Metriken (z. B. Anzahl der Abhängigkeiten zwischen Systembausteinen) lässt sich so prüfen, ob Entwickler architekturrelevante Aspekte ausreichend berücksichtigen.

Die Motivation, ein Buch zum Thema Architektur zu schreiben, entsprang den Herausforderungen und Problemen in der Software-Entwicklung im Zusammenhang mit Architektur, denen wir (das Autoren-Team) in unserer Berufspraxis schon seit Jahren begegnen. Es geht dabei vor allem um zwei Sachverhalte. Zum einen geht es darum, was unter Architektur eigentlich zu verstehen ist. Wir können oft eine Orientierungslosigkeit erkennen, wenn in Projekten das Thema Architektur auf der Tagesordnung steht. Man weiß, Architektur ist eine wichtige Sache und sollte deshalb auch „gemacht" werden. Was jedoch genau dahinter steckt, ist häufig unbekannt oder nicht im Konsens klargestellt. Verschiedene Beteiligte sprechen von Architektur, doch jeder versteht etwas anderes darunter. Für den einen repräsentieren schematische Grafiken (Box-and-Lines-Diagramme), dargestellt auf Präsentationsfolien, Architektur. Für den anderen bedeutet Architektur, die Signaturen von Methoden bzw. Funktionen festzulegen. Die Orientierungslosigkeit drückt sich oft in folgenden Fragen aus:

> Was ist überhaupt Architektur?
> Was wird von Ihnen als Architekt oder Entwickler erwartet, wenn Sie eine Architektur erstellen sollen?
> Wie manifestiert sich die Sache, genannt „Architektur", die Sie ausliefern sollen, eigentlich?
> Wie können Sie beurteilen, ob es sich tatsächlich um Architektur handelt, wenn Ihnen eine vermeindliche Architektur vorgelegt wird?
> Wie können Sie die Qualität einer Architektur bestimmen?
> Wo und wann findet Architektur statt?
> Warum ist Architektur zu entwickeln?
> Womit ist Architektur zu entwickeln?
> Wer ist zuständig für Architektur?
> Wie ist vorzugehen, um Architektur zu entwickeln?

Unsere Motivation I: Orientierung zu Architektur geben

Zum anderen geht es um die mangelhafte, auf fehlende Berücksichtigung von Architektur zurückzuführende, technische Qualität von Software (z. B. wenn für neue Kundenanforderungen ein Großteil des Codes umgeschrieben werden muss). Wir möchten mit unserem Buch Entwicklern zum Thema Architektur Orientierung geben. Weil wir beobachten konnten, dass viele Entwickler und Architekten die eben aufgeführten Fragen beschäftigen. Und weil wir bisher kein Buch zu Architektur finden konnten, das eine klar strukturierte, umfassende und fokusierte Einführung in das Thema Architektur bietet in einer Form und Weise, wie wir uns das oft gewünscht hätten.

Unsere Motivation II: Software-Qualität verbessern

Unser Buch vermittelt Verständnis für Architektur-Denken

Jede Software hat eine Architektur. Die Frage ist, ob es sich dabei um eine bewusst geplante Architektur handelt oder diese sich irgendwie unbewusst und zufällig entwickelt hat. Das Ziel muss eine tragfähige Architektur sein. Eine tragfähige Architektur „passiert" jedoch nicht einfach so, sondern muss bewusst entwickelt werden [Bredemeyer 2002]. Aufgrund der großen Bedeutung von Architektur für die technische Software-Qualität ist es sehr wichtig, Architektur bewusst im Denken zu verankern und dadurch ein Verständnis für Architektur zu entwickeln. Dabei zu helfen, Architektur-Denken zu etablieren und das hierfür nötige Verständnis zu vermitteln, sind die zentralen Ziele unseres Buches.

Am Anfang steht eine „Wunschliste"...

Wie erleben Entwickler häufig den Ablauf eines Software-Projekts? Wir sind uns sicher, dass Ihnen die nun folgenden Schilderungen nicht völlig unbekannt sein werden. Es fängt meist damit an, dass die Anforderungen des Kunden rasch in Form einer Art von „Wunschliste" erfasst werden. Diese „Wunschliste" ist anschließend ebenso rasch in Code umzusetzen. Zeit, die „Wunschliste" zu hinterfragen, ist nicht gegeben. Im Fokus steht eine nach außen ansprechend wirkende (nicht notwendigerweise benutzerfreundliche) Benutzerschnittstelle. Damit hält der Kunde schnell etwas Greifbares in der Hand und man kann ihm so zeigen, dass man Herr der Lage ist.

...es folgt ein „Konzept"...

Bevor die Punkte der „Wunschliste" auf die einzelnen Entwickler zum Abarbeiten verteilt werden, wird vom „Chefentwickler" als Anleitung für die Entwickler ein mehr oder weniger technisches und akzeptiertes „Konzept" der zu entwickelnden Software auf Basis der „Wunschliste" verfasst.

...es sind plötzlich Änderungen notwendig...

Während der Realisierung zeigen sich dann, spätestens wenn sich Anforderungen ändern oder plötzlich neue Anforderungen anstehen, die ersten Unzulänglichkeiten des „Konzepts".

...es muss vom Konzept abgewichen werden...

Die Entwickler sind nun gezwungen, im Code vom „Konzept" abzuweichen und in Eigenregie Maßnahmen zu ergreifen. Diese Behelfs-Maßnahmen sind im „Konzept" nicht dokumentiert, weil dort selbstverständlich „offiziell" nichts geändert wird, denn es wurde dem Kunden ja bereits in perfekt inszenierten Präsentationen mit überzeugenden Grafiken verkauft. Zudem ist für Änderungen am „Konzept" sowieso keine Zeit und auch kein Verständnis des Kunden vorhanden.

So divergieren das ursprüngliche „Konzept" und die Code-Realität in zunehmendem Maße. Die Dokumentation des „Konzepts" ist bald nur noch eine schöne Hülle. Vielleicht einmal vorhandene systematische Strukturen in der Software werden von Flickwerk überdeckt. Im Laufe der Zeit wuchert die Software zu einem undurchschaubaren Gebilde gemäß dem Muster Big Ball of Mud [Foote und Yoder 1999] auch bekannt als „Kludge" [Bredemeyer 2002] heran:

...es folgt das Ende, dass kommen muss: Big Ball of Mud!!!

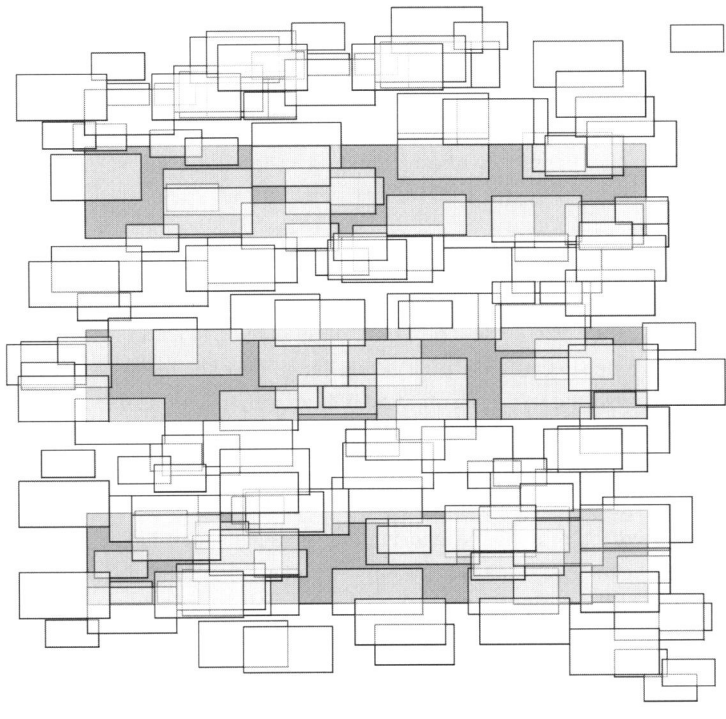

Abb. 1.1-1: *Gewucherte Software (Big Ball of Mud).*

Es kommt der Moment, ab dem niemand mehr so ganz genau weiß, warum und wie die Software überhaupt funktioniert. Man ist einfach nur noch froh, wenn die Software läuft. Wartung und Umsetzung neuer Anforderungen werden mit jeder Version der Software zu einem größeren Albtraum, der viel Zeit und Nerven kostet. Wie konnte es so weit kommen? Es war doch ein „Konzept" vorhanden! Lag es an der „Wunschliste"? Stimmte etwas mit dem „Konzept" nicht? Wie kann verhindert werden, dass sich eine Software zu einem Big Ball of Mud entwickelt? Diese und andere Fragen haben auch wir uns gestellt und nach Antworten gesucht. Viele der Antworten, die wir in unserem Buch aufführen, ergaben sich im Zusammenhang damit, dass Architektur nicht genügend berücksichtigt wird.

Warum musste die Software als Big Ball of Mud verenden?

Zahlreiche IT-Projekte scheitern

Das eben geschilderte Szenario ist nicht etwa übertrieben, sondern weit verbreitete Realität. Es gibt andere Szenarien, die allesamt im Verlauf in einem Big Ball of Mud münden. Die Mehrzahl der IT-Projekte scheitert mehr oder weniger. Nur ca. 16 % dieser Projekte können für sich in Anspruch nehmen, erfolgreich abgeschlossen worden zu sein [Standish 1994] und das trotz immer fortgeschreneren Technologien (z. B. schnelle Hardware und mächtige Werkzeuge) und Konzepten (z. B. Objektorientierung und Muster (englisch: *pattern*)). Das Scheitern zeigt sich u. a. in Form von Budget-, Zeitüberschreitungen, Unzufriedenheit des Kunden mit dem ausgelieferten Produkt bis hin zum Abbruch eines Projekts [Yourdon 2004].

Software-Krise

Seit den 60er Jahren ist diese Situation bekannt als die so genannte Software-Krise [Dijkstra 1972], welche erst zu Tage treten konnte durch den immensen Fortschritt der Hardware und den damit verbundenen fast unbegrenzten Möglichkeiten, die sich nun der Software-Entwicklung eröffneten. Die Ursachen für die Software-Krise sind sehr vielfältig. Unzureichende Architekturen gehören dazu. Auf dem Gebiet des Gebäudebaus ist man sich schon lange darüber bewusst, dass es ohne eine vernünftig geplante Architektur früher oder später zu Problemen kommt. Würde man ein Haus errichten, ohne vorher die Architektur festgelegt zu haben, ergäben sich bald Probleme mit Statik, Stabilität, Integration in die kommunale Infrastruktur (z. B. Elektrizität und Wasser) etc. Um bei der Analogie zum Gebäudebau zu bleiben: Häufig werden beim „Bau" eines IT-Systems zu Anfang ungefähr die Hausmaße festgelegt und, wenn überhaupt, macht man sich rasch noch ein paar Gedanken über Raumaufteilung und Anzahl der Stockwerke. Alles andere (z. B. Statik und Infrastruktur für Strom und Wasser) soll sich dann noch irgendwie im Laufe der „Bauarbeiten" ergeben. Die „Vorplanung" wird stichwortartig auf einem „Bierdeckel" festgehalten und dann wird endlich „losgelegt": Die Baugrube wird ausgehoben, die Schablonen für die Betonbauteile angefertigt, der Beton gemischt und so fort. Im weiteren Verlauf zeigen sich dann nach und nach fundamentale, nur schwer oder gar nicht korrigierbare Fehler. Unter anderem stellt man fest, dass die Baugrube die falsche Größe für die erstellten Betonbauteile hat. In der Folge bricht eine kontraproduktive operative Hektik aus, in deren Verlauf sich die Situation meist nur noch verschlimmert.

Symptome mangelhafter Architekturen

Fatalerweise zeigen sich die Folgen einer mangelhaften Architektur in der IT nicht selten erst mit erheblicher Verzögerung, das heißt, ernste Probleme treten eventuell erst auf, wenn ein Software-System in den produktiven Einsatz kommt oder wenn es bereits im Einsatz ist und für neue Anforderungen angepasst werden muss. Eine Architektur, die ungeplant entstanden ist, sich also unbewusst über der Zeit entwickelt hat, führt zu erheblichen Problemen während der Erstellung, der Auslieferung und dem Betrieb eines Systems. Folgende Symptome können potentiell auf eine mangelhafte Architektur hindeuten:

> Ergebnisse der Analyse werden nicht bewusst berücksichtigt.
> Gesamtüberblick fehlt.
> Komplexität ufert aus und ist nicht mehr beherrschbar.
> Planbarkeit ist erschwert.
> Risikofaktoren frühzeitig erkennen, ist kaum möglich.
> Wiederverwendung von Wissen und Systembausteinen ist erschwert.
> Flexibilität ist eingeschränkt.
> Wartbarkeit wird erschwert.
> Integration verläuft nicht reibungslos.
> Performanz ist miserabel.
> Architektur-Dokumentation ist unzureichend.
> Lernkurve für das Verstehen der Architektur ist sehr hoch.
> Funktionalität bzw. Code sind redundant.
> Systembausteine besitzen zahlreiche unnötige Abhängigkeiten untereinander.
> Entwicklungszyklen (z. B. Übersetzungszeiten) sind sehr lang.

Konkrete Beispiele für die Folgen mangelhafter Architekturen sind:

Folgen mangelhafter Architekturen

> Schnittstellen, die schwer zu verwenden bzw. zu pflegen sind weil sie einen zu grossen Umfang besitzen.
> Code, der an zahlreichen Stellen im System angepasst werden muss wenn Systembausteine wie beispielsweise Datenbank oder Betriebssystem geändert werden.
> Klassen, die sehr viele ganz unterschiedliche Verantwortlichkeiten abdecken und deshalb nur schwer wieder zu verwenden sind („Monster"-Klassen).
> Fachklassen, deren Implementierungsdetails im gesamten System bekannt sind.

Inhärente Komplexität

Auch wenn eine Architektur gründlich ausgearbeitet wurde, ist das noch keine Garantie dafür, dass keines der oben aufgeführten Probleme auftritt. Dies liegt zum einen daran, dass mangelhafte Architektur nur einer von vielen Faktoren für die Software-Krise ist (andere sind z. B. fehlendes Qualitätsbewusstsein der Benutzer oder eine unzureichende

IT-Strategie im Unternehmen) und zum anderen, dass der erfolgreiche Entwurf von Architekturen aufgrund der inhärenten Komplexität von Systemen kein einfaches Unterfangen darstellt, sondern neben einem breiten Fachwissen und fundierter Erfahrung der Verantwortlichen eine Reihe von Aspekten zu beachten ist.

Pseudo-Architekturen

Um in einer frühen Phase eines Software-Projekts die Grundzüge einer Architektur einem nicht-technischen Publikum (z. B. Manager und sogar Chef-Architekten) näher zu bringen und zu „verkaufen", ist es oft sehr hilfreich, mit so genannten Pseudo-Architekturen zu arbeiten. Solche Architekturen manifestieren sich meist in Form von Präsentationsfolien mit einer Reihe von Diagrammen und Schlagworten. Es fehlen jedoch alle anderen (technischen) Elemente, die eine echte Architektur ausmachen. Pseudo-Architekturen werden dann zu einem Problem, wenn sie im weiteren Verlauf anstelle einer echten Architektur treten und damit der Begriff Architektur zweckentfremdet wird. Dies liegt darin begründet, dass Pseudo-Architekturen das vorrangige Ziel haben, etwas zu verkaufen und keinen nennenswerten technischen „Nährwert" enthalten, also nicht als hinreichendes Erklärungsmodell für ein zu entwickelndes System dienen können und von den Entwicklern nicht wirklich akzeptiert und umgesetzt werden.

1.2 Was ist Software-Architektur?

Architektur ist schwer greifbar

Architektur im Zusammenhang mit Software ist eine junge Disziplin. Bewusstes Architektur-Denken in der Software-Entwicklung ist erst ca. dreißig Jahre alt [Shaw und Garlan 1996]. Aus diesem Grund gibt es widersprüchliche Vorstellungen darüber, was unter diesem Begriff eigentlich zu verstehen ist. Hinzu kommt, dass es auf den ersten Blick, ganz im Unterschied zu physisch greifbaren Dingen, wie Gebäuden, Räumen oder sogar Hardware, nicht unmittelbar ersichtlich wird, dass sogar (jede) Software eine Architektur benötigt und diese auch in sich trägt. Dies führt dazu, dass Architektur im Zusammenhang mit Software schwer greifbar ist. Trotzdem werden Entwickler, wenn auch oft unbemerkt, in ihrer täglichen Arbeit mit Architektur konfrontiert, weil diese implizit immer ein Aspekt von Software ist und sich nicht eliminieren, allenfalls ignorieren lässt. Was dann jedoch die im vorherigen Abschnitt beschriebenen negativen Konsequenzen nach sich zieht.

Architektur und die Kundenseite

Vor diesem Hintergrund wird verständlich, warum Architektur in einem besonderen Spannungsverhältnis zur Kundenseite stehen muss. Wenn schon auf IT-Seite zu Architektur zahlreiche Fragen und Unklarheiten aufgeworfen werden, so ist diese Situation beim Kunden noch viel ausgeprägter. Abgesehen davon, dass es kaum möglich ist, dem Kunden zu vermitteln, dass es so etwas wie Architektur für Software gibt, ist es für diesen nur schwer vorstellbar, welchen unmittelbaren (kommerziellen) Nutzen Architektur für ein Projekt bringen soll. Deshalb ist der Kunde selten dazu bereit, ohne weiteres Extra-Aufwände im Zusammenhang mit Architektur mitzutragen. Es gibt leider kein Pauschalrezept, wie mit dieser Herausforderung umgegangen werden kann. Eine Möglichkeit besteht darin, die Kundenseite schon sehr früh auf die mittelfristig eigentlich vermeidbaren höheren (finanziellen) Kosten (beispielsweise aufgrund von Wartungsaufwänden) hinzuweisen, die durch eine Vernachlässigung von Architektur verursacht werden.

Architektur ist nicht ausschließlich eine technologische Angelegenheit, sondern beinhaltet zahlreiche soziale und organisatorische Gesichtspunkte (siehe Kapitel 7), die den Erfolg einer Architektur und damit eines gesamten Software-Projektes erheblich beeinflussen können. Aus diesem Grund stehen bei unserer, diesem Buch zugrunde liegenden, Vorstellung von Architektur die beteiligten Menschen, insbesondere der Architekt, im Mittelpunkt (siehe Kapitel 2).

Menschen stehen im Mittelpunkt

Architektur lässt sich nicht so scharf definieren wie beispielsweise Sachverhalte aus Mathematik oder Wirtschaft. Unsere in Kapitel 3 dargelegte Definition zu Architektur ist zu verstehen als intuitive Klarstellung des Architektur-Begriffs auf Grundlage der von uns gemachten Erfahrungen und Eindrücke mit Architektur in unserer täglichen Projektarbeit. Ihre Projektrealität kann sehr wohl eine Definition von Architektur hervorbringen, die in Teilen von unserer abweicht. Zum Begriff Architektur in der IT existieren unzählige Definitionen [SEI 2004]. Daran zeigt sich, dass es eine Herausforderung darstellt, eine Definition zu finden, die allgemein anerkannt wird. Wenn Sie sich vor Augen führen, dass Architektur in verschiedenen Disziplinen (Software-, Daten-, Sicherheits-Architektur etc. siehe Kapitel 3) vorkommt und unterschiedliche Betrachtungswinkel (z. B. die logische Aufteilung eines Systems. Siehe Kapitel 4) bei der Konzeption eines Systems adressiert, wird deutlich, warum eine allgemein gültige Definition, die nicht ausufert, schwer fällt. In den nun folgenden Abschnitten wird der Weg bereitet zu unserer Definiton von Architektur.

Zahlreiche Definitionen

Unabhängig davon, welche Art von System entwickelt wird, legt eine Architektur ausgehend von den Anforderungen an das System immer die Fundamente und damit die tragenden Säulen, jedoch nicht die Details für das zu entwickelnde System fest [Buschmann et al. 1996].

Architektur legt keine Details, sondern die tragenden Säulen fest

Architektur handelt also von den Fundamenten, ohne auf deren interne Details einzugehen. Folgende Fragen im Hinblick auf ein System werden durch eine Architektur beantwortet:

> Auf welche Anforderungen sind Strukturierung und Entscheidungen zurückzuführen?

> Welches sind die wesentlichen logischen und physikalischen Systembausteine?

> Wie stehen die Systembausteine in Beziehung zueinander?

> Welche Verantwortlichkeiten haben die Systembausteine?

> Welche Schnittstellen besitzen die Systembausteine?

> Wie sind die Systembausteine gruppiert bzw. geschichtet?

> Was sind die Festlegungen und Kriterien, nach denen das System in Bausteine aufgeteilt wird?

Architektur beinhaltet demnach alle fundamentalen Festlegungen und Vereinbarungen, die zwar durch die fachlichen Anforderungen angestoßen worden sind, sie aber nicht direkt umsetzen.

Abstraktionsebene von Architektur-Konzeption

Architektur erstreckt sich von der Analyse des Problembereichs eines Systems bis hin zu seiner Realisierung (siehe Kapitel 8). Architektur bewegt sich nicht auf der Abstraktionsebene fein-granularer Strukturen wie Klassen oder Algorithmen, sondern vielmehr auf der Ebene von Systemen, also grob-granularer Strukturen, wie z. B. Komponenten oder Subsysteme (siehe Kapitel 4). Gleichwohl gibt es nicht immer eine scharfe Trennung zwischen den Aspekten fein-granularer und grob-granularer Strukturen, das heißt, die Grenze ist teilweise fließend.

Architektur macht Komplexität überschaubar

Ein wichtiges Charakteristikum von Architektur ist, dass sie Komplexität überschaubar und handhabbar macht, indem sie nur die wesentlichen Aspekte eines Systems zeigt, ohne zu sehr in die Details zu gehen, und es so ermöglicht, in relativ kurzer Zeit einen Überblick zu einem System zu erlangen.

Entscheidungen mit systemweiten Auswirkungen

Die Festlegung, was genau die Fundamente und was die Details eines Systems sind, ist subjektiv bzw. kontextabhängig [Fowler 2003]. Gemeint sind in jedem Fall die Dinge, welche sich später nicht ohne weiteres ändern lassen. Dabei handelt es sich um Strukturen und Entscheidungen, welche für die Entwicklung eines Systems im weiteren Verlauf eine maßgebliche Rolle spielen [Fowler 2003]. Beispiele hierfür wären die Festlegung, wie Systembausteine ihre Daten untereinander austauschen oder die Auswahl der Komponentenplattform (J2EE oder .NET).

Derartige architekturrelevante Festlegungen wirken sich ausgehend von der jeweiligen Architektur-Ebene (siehe Kapitel 4) systemweit aus im Unterschied zu architekturirrelevanten Festlegungen (z. B. bestimmte Implementierung einer Funktion bzw. Methode), die nur lokale Auswirkungen auf ein System haben [Bredemeyer und Malan 2004]. Die architekturrelevanten Strukturen und Entscheidungen sowie Vorgehensweisen, um zu diesen Festlegungen zu kommen, gehören zu den Hauptthemen dieses Buches.

In unserem Buch wird Architektur behandelt, die sich über die Erstellung, Auslieferung und den Betrieb von Software jeglicher Art erstreckt, das heißt, es gibt Berührungspunkte auch zu anderen Architektur-Disziplinen wie z. B. Daten-Architektur. Architekturen anderer Architektur-Disziplinen werden in unserem Buch nicht im Detail, sondern nur hinsichtlich ihrer Berührungspunkte mit Software-Architektur betrachtet. Wenn im weiteren Verlauf von IT die Rede ist, beschränken wir uns nicht ausschließlich auf Software, sondern wir implizieren damit das ganze Spektrum von IT, in welchem Software nur einen, wenn auch wichtigen Teil darstellt. In Kapitel 3 wird die Diskussion über den Architektur-Begriff vertieft weitergeführt, die soeben aufgestellten Fragen beantwortet und unsere in diesem Buch verwendete Definition bzw. Vorstellung von Architektur entwickelt.

Software-Architektur im Kontext von IT

1.3 Leser-Leitfaden

1.3.1 Buchaufbau

Architektur ist innerhalb der Informatik kein klar abgegrenztes und überschaubares Thema wie beispielsweise formale Sprachen oder Datenstrukturen, sondern ein umfangreicher Themenkomplex, der verschiedene Bereiche der Informatik berührt. Architektur verwendet bekannte Informatikkonzepte (z. B. Schnittstellen) und bringt neue eigene Konzepte (z. B. Fassaden-Muster als Schnittstelle zu Schichten) mit, die bereits bekannte Informatikkonzepte aufgreifen, verwenden und vernetzen.

Architektur ist ein umfangreicher Themenkomplex

Eine der ersten Herausforderungen für uns beim Schreiben des Buches war es, die fundamentale Struktur (also die Architektur) für unser Buch zu entwickeln. Dazu mussten wir Architektur als Themengebiet so strukturieren, dass Sie eine Navigation in der Hand haben, die es Ihnen erlaubt, sich mithilfe unseres Buches das notwendige Wissen effizient

Themengebiet Architektur strukturieren

anzueignen, ohne dabei im Laufe der Zeit die Orientierung auf diesem großen Themengebiet zu verlieren.

Unterscheidung zu Konkurrenzwerken

Die klare und konsequent umgesetzte Strukturierung des Themas Architektur und die Fokussierung auf dieses Thema in seiner ganzen Breite, ohne dabei in Bereiche abzugleiten, die nicht mit Architektur im Zusammenhang stehen, unterscheidet unser Buch von verschiedenen anderen Büchern zu diesem Thema. Diese klare Ausrichtung ist für Sie als Leser ein unschätzbarer Vorteil bei Ihrer Beschäftigung mit diesem umfangreichen Thema.

Struktur von Themengebieten

Wir mussten uns zuerst überlegen, wie ein Modell für Themengebiete grundsätzlich aussehen könnte. Wissen liegt nicht isoliert vor, sondern steht in Wechselbeziehung zu seiner Verwendung und den daraus resultierenden Erfahrungen, die ebenfalls Wissen darstellen. Des Weiteren muss Wissen, damit es effizient benutzt werden kann, systematisch geordnet werden. Aus diesen Überlegungen heraus entsprangen die Hauptpfeiler unseres Modells für Themengebiete:

> **Ordnung**:
> Das System, nach dem Wissen und Erfahrung des Themengebiets geordnet sind.

> **Wissen**:
> Das eigentliche Wissen (Theoriewissen).

> **Erfahrung**:
> Die Anwendung des Wissens (Erfahrungswissen).

Themengebiete Informatik und Architektur

In Abbildung 1.3-1 wird das Themengebiet-Modell auf das Thema Architektur angewendet und unsere Sicht auf Architektur als Themengebiet im Zusammenhang mit Informatik dargestellt:

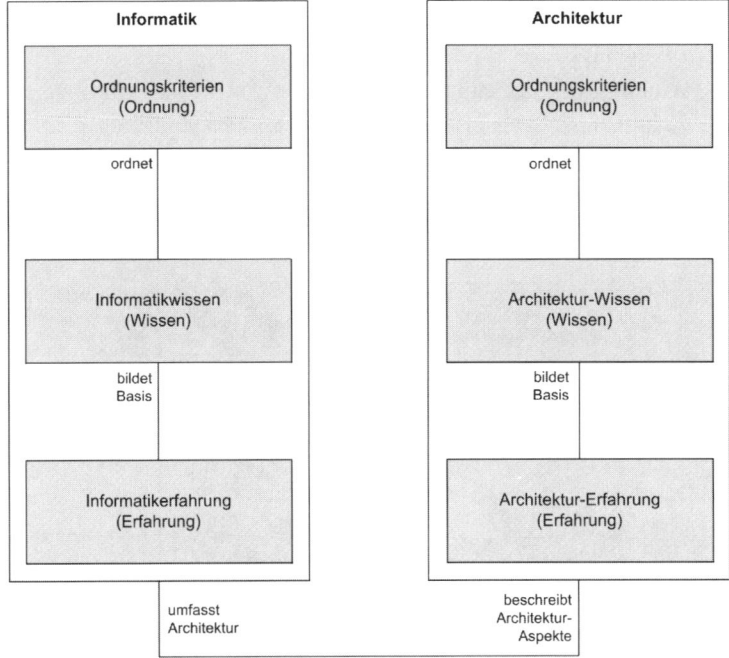

Abb. 1.3-1: *Architektur als Themengebiet.*

Für das übergeordnete Themengebiet Informatik kommt das Themengebiet-Modell wie folgt zum Einsatz:

> **Ordnungskriterien (Ordnung):** Verschiedene Möglichkeiten, Informatikwissen systematisch zu ordnen. Je nach betrachtetem Teilgebiet (Algorithmen, Datenstrukturen etc.) der Informatik werden bestimmte Ordnungskriterien, die jedoch der gleichen Kategorie angehören sollten, benutzt.

> **Informatikwissen (Wissen):** Sämtliches theoretische Wissen zur Informatik.

> **Informatikerfahrung (Erfahrung):** Wendet das theoretische Wissen in einem konkreten Kontext (Projekt) an.

Wird das Themengebiet-Modell auf das Themengebiet Architektur angewandt, bedeutet dies, dass die für Architektur relevanten Teile bzw. Architektur-Gesichtspunkte des Informatikwissens betrachtet werden:

Bucharchitektur

> **Ordnungskriterien (Ordnung):** Ein Ordnungsrahmen basierend auf einfachen Fragewörtern (WAS, WO, WARUM etc.) ordnet Architektur-Wissen. In Kapitel 2 wird der (architektonische) Ordnungsrahmen hergeleitet und beschrieben.

> **Architektur-Wissen (Wissen):** Umfasst das theoretische Wissen zu Architektur.

> **Architektur-Erfahrung (Erfahrung):** Wendet das theoretische Architektur-Wissen in einem konkreten Kontext (Fallstudien) an.

Unser Modell für Themengebiete, angewendet auf Architektur, führt zu folgender Bucharchitektur:

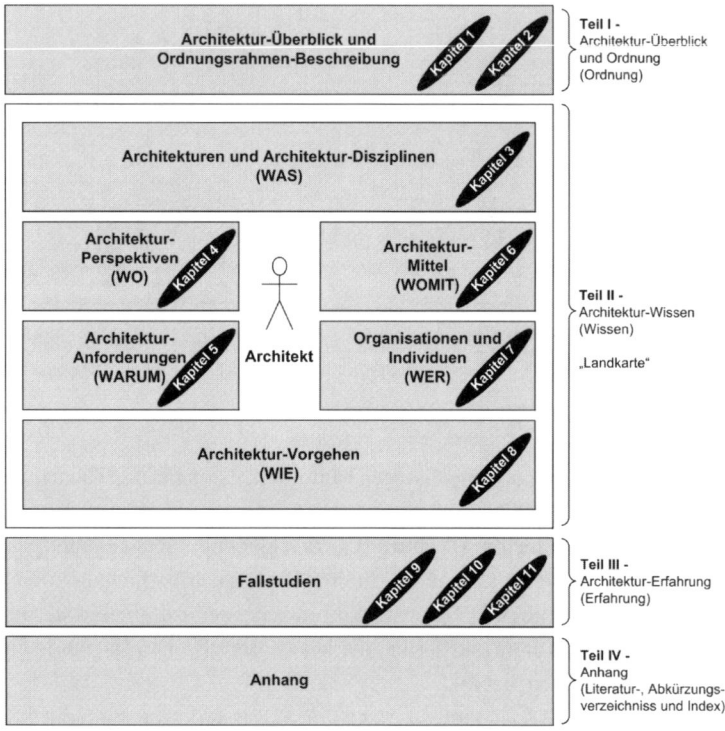

Abb. 1.3-2: *Bucharchitektur.*

Das Buch ist in Anlehnung an das Themengebiet-Modell in drei Hauptteile gegliedert und enthält zusätzlich einen Ergänzungsteil mit Anhängen. :

> **Teil I - Architektur-Überblick und Ordnung:** Gibt einen ersten Überblick zu Architektur und beschreibt den Ordnungsrahmen, der für den zweiten Buchteil die Architektur festlegt.

> **Teil II - Architektur-Wissen:** Beschreibt detailliert, was Architektur beinhaltet und vermittelt das theoretische Wissen zu Architektur.

> **Teil III - Architektur-Erfahrung:** Zeigt anhand von Fallstudien die praktische Anwendung des im zweiten Teil vermittelten Architektur-Wissens.

> **Teil IV - Anhang:** Enthält Literatur- und Abkürzungsverzeichnis sowie den Index.

Der in Abbildung 1.3-2 als „Landkarte" bezeichnete Teil der Bucharchitektur ist zum einen der architektonische Ordnungsrahmen und zum anderen Ihre Orientierungshilfe für den zweiten Buchteil. Jedes Kapitel aus dem zweiten Buchteil schlägt Ihnen zu Anfang die „Landkarte" auf und zeigt Ihnen mittels dunkelgrauer Markierung das Gebiet auf der „Landkarte", in welchem Sie sich mit dem aktuell ausgewählten Kapitel befinden.

Ihre „Landkarte" zu Teil II

Die Kapitel des dritten Buchteils beginnen jeweils mit einem einheitlichen Einleitungsteil, der Sie durch das jeweilige Kapitel führt und Bezüge zu den Kapiteln des zweiten Buchteils herstellt und so aufzeigt, wie Architektur-Wissen angewendet wird. Weil die Fallstudien aus ganz unterschiedlichen Kontexten stammen, sind die Kapitel im Anschluss an den jeweiligen Einleitungsteil heterogen aufgebaut.

Kapitel aus Teil III mit einheitlichen Einleitungsteilen

1.3.2 Zielpublikum

Dieses Buch richtet sich in erster Linie an erfahrenere Software-Entwickler mit praktischer Erfahrung in Entwurf und Implementation von Software für komplexere Problembereiche unter Verwendung etablierter sowie standardisierter Konzepte (z. B. Objektorientierung und Muster) und Technologien (z. B. Java und XML). Informatik-Studenten kann das Buch begleitend zu entsprechenden Studienfächer den Einstieg in das Gebiet Architektur ebnen. Architektur-Experten und IT-Projektleiter haben mit diesem Buch eine Möglichkeit an der Hand, bestimmte Themen gezielt nachzuschlagen und bei Bedarf ihr Architektur-Wissen aufzufrischen bzw. zu ergänzen.

Erfahrenere Software-Entwickler und Studenten

1.3.3 Kapitelüberblick

In Tabelle 1.3-1 werden die einzelnen Buchkapitel in einem Überblick kurz vorgestellt. In Abschnitt 1.3.4 werden sie detaillierter beschrieben.

Tab. 1.3-1: *Kapitelübersicht.*

Kapitel	Inhalt	Teil	Empfohlen für...
1 Einleitung	Motivation und Einführung	I Architektur-Grundlagen und Ordnung	Einsteiger
2 Architektonischer Ordnungsrahmen	Buch-architektur		Einsteiger und Fortgeschrittene
3 Architekturen und Architektur-Disziplinen (WAS)	Architektur-Definition		Einsteiger und Fortgeschrittene
4 Architektur-Perspektiven (WO)	Architektur-Modelle		Einsteiger
5 Architektur-Anforderungen (WARUM)	Architektur und Anforderungen		Einsteiger
6 Architektur-Mittel (WOMIT)	Architektur-relevante Software-Entwickungs-konzepte und Architektur-Aspekte von Technologien	II Architektur-Wissen	Einsteiger
7 Organisationen und Individuen (WER)	Soziale und organisatorische Aspekte von Architektur resp. Architekten-Rolle		Einsteiger, Fortgeschrittene
8 Architektur-Vorgehen (WIE)	Architektur im Entwicklungs-Prozess und Architektur-Wissen angewendet in typischen Anwendungs-szenarien		Einsteiger, Fortgeschrittene
9 – 11 Fallstudien	Architektur-Wissen angewendet in konkreten Projekten	III Architektur-Erfahrung	Einsteiger, Fortgeschrittene
-	Literatur-, Abkürzungs-verzeichnis und Index	IV Anhang	Einsteiger, Fortgeschrittene

Kapitel 2 ist ein Muss für alle Leser, weil es die Architektur unseres Buches beschreibt und festlegt. Und damit Vorausetzung für das Grundverständnis zu unserem Buch ist.

Die Kapitel aus dem zweiten Teil bauen nicht streng aufeinander auf, so dass sie grundsätzlich in beliebiger Reihenfolge gelesen werden können. Wenn das Thema Architektur für Sie mehr oder weniger noch Neuland darstellt, empfehlen wir Ihnen jedoch, neben Kapitel 2 noch Kapitel 3 und anschließend Kapitel 6 zu lesen, weil diese sich mit dem Inhalt und Grundbegriffen von Architektur beschäftigen und damit die Voraussetzungen für das Verständnis der anderen Themen in diesem Buch legen.

Die Kapitel aus dem dritten Teil sind unabhängig voneinander und können in beliebiger Reihenfolge gelesen werden.

In zahlreichen Abbildungen dieses Buches wird die Unified Modeling Language (UML) Version 2.0 (UML2) verwendet. Deshalb sollten Leser mit UML vertraut sein. UML wird in diesem Buch nicht grundlegend eingeführt. Der interessierte Leser sei auf [Jeckle et al. 2004 und Oestereich 2004] verwiesen.

Im Zusammenhang mit Architektur erwähnte grundlegende Konzepte der Software-Entwicklung und Technologien werden ebenfalls nicht detailliert betrachtet, sondern ausschließlich hinsichtlich ihrer architektonischen Aspekte behandelt. Im Literaturverzeichnis findet der Leser Angaben zu weiterführenden Informationsquellen.

Lösungsarchitekturen bzw. eine Sammlung von Leitfäden für spezifische Probleme wie Beispielsweise die Trennung von Geschäftslogik und Persistenz werden Sie in unserem Buch nicht vorfinden. Hierzu existieren bereits eine Reihe empfehlenswerter Werke. Unser Buch hat primär das Ziel, Ihnen eine grundlegende Orientierung zu Architektur zu geben. Diese Orientierung ist unbedingte Voraussetzung dafür, dass Sie in der Lage sind spezifische Architektur-Probleme zu lösen.

In diesem Buch werden, wenn immer möglich und sinnvoll, deutsche Fachbegriffe und Bezeichner anstelle englischer Begriffe verwendet. Obwohl in der Praxis Englisch die Fachsprache der Informatik ist, haben wir uns für dieses Vorgehen entschieden, weil im Kontext unseres Buches die Vermittlung von Wissen und damit eine gute Verständlichkeit Vorrang hat.

Teil I: Kapitel 2 ist ein Muss

Teil II: Lese-Reihenfolge grundsätzlich beliebig

Teil III: Lese-Reihenfolge beliebig

Buch verwendet Unified Modeling Language (UML)

Buch vermittelt keine Grundlagen der Software-Entwicklung

Buch gibt grundlegende Orientierung zu Architektur

Deutsche Fachbegriffe und Bezeichner werden verwendet

1.3.4 Kapitel im Detail

Teil I – Architektur-Überblick und Ordnung

Der erste Teil des Buches gibt einen ersten Überblick zum Thema Architektur und leitet den architektonischen Ordnungsrahmen her, der für den zweiten Buchteil die Architektur festlegt.

Kapitel 1 - Einleitung

Kapitel 1 liefert Motivation und Grundlagen für das Thema Software-Architektur (im weiteren Verlauf Architektur). Als Ausgangslage für die nachfolgenden Kapitel dieses Buches wird zunächst die Bedeutung von Architektur für die Software-Entwicklung erläutert und anschließend aufgezeigt, was sich hinter dem Begriff Architektur im Kontext von IT grundsätzlich verbirgt. Ein Überblick zu Aufbau, anvisiertem Leserkreis und Inhalten des Buches rundet das Kapitel ab. Nach dem Lesen dieses Kapitels kennen Sie die Relevanz von Architektur in der IT und Sie haben eine Vorstellung darüber, was Architektur in diesem Kontext beinhaltet. Des Weiteren kennen Sie unsere Motivation dieses Buch zu schreiben und welche wesentlichen Ziele unser Buch verfolgt. Und Sie kennen die Handhabung dieses Buches.

Kapitel 2 - Architektonischer Ordnungsrahmen

In Kapitel 2 wird ein Erklärungsmodell zur Beschäftigung mit Architektur vorgestellt. Es bietet Orientierung, indem die wesentlichen Bestandteile von Architektur mittels einfachen Fragewörtern in einem architektonischen Ordnungsrahmen positioniert werden. Der Ordnungsrahmen stellt dabei die Rolle des Architekten in den Mittelpunkt seiner Betrachtung. Ferner dient er als Grundlage für die Vermittlung von Wissen und Erfahrung im weiteren Verlauf des Buches. Es versetzt Sie als Architekten in die Lage, über Architektur strukturiert nachzudenken und sich zu orientieren.

Teil II – Architektur-Wissen

Der zweite Teil des Buches behandelt essenzielles Architektur-Wissen. Das Wissen wird dabei basierend auf dem zuvor eingeführten architektonischen Ordnungsrahmen strukturiert und vermittelt.

Kapitel 3 - Architekturen und Architektur-Disziplinen (WAS)

Die *WAS-Dimension* des architektonischen Ordnungsrahmens ist Thema des dritten Kapitels. Es vermittelt ein grundlegendes Verständnis von Architektur, indem es aufzeigt, was im Rahmen dieses Buches unter Architektur und damit verbundenen Architektur-Disziplinen zu verstehen ist. Darüber hinaus werden wesentliche Systembausteine und ihre Beziehungen zueinander vorgestellt. Da der Charakter von Systemen und das Denken in Systemen für die Arbeit eines Architekten essenziell sind, wird der Systemgedanke im Kontext von Architektur in diesem Kapitel motiviert. Nach dem Lesen dieses Kapitels sind Sie in der Lage, den allgemeinen Charakter von Architektur zu erklären, einzelne Architektur-Disziplinen zu unterscheiden sowie die wichtigsten Bausteine von Systemen zu differenzieren und ihre Beziehungen darzustellen.

Dieses Kapitel befasst sich mit der *WO-Dimension* des architektonischen Ordnungsrahmens. Es zeigt, auf welchen Abstraktionsstufen ein Architekt agiert und wie sich Architektur auf verschiedenen Detaillierungsstufen eines Systems manifestiert. Ferner werden architektonische Sichten vorgestellt, die der Architekt als Betrachtungswinkel auf den Abstraktionsstufen verwenden kann, um die Architektur eines Systems zu beleuchten. Nach dem Lesen dieses Kapitels haben Sie eine Vorstellung davon erhalten, wie Architektur im „Kleinen" und im „Großen" stattfindet und wie Sie mithilfe von Architektur-Perspektiven gezielt verschiedene Aspekte eines Systems betrachten können.

**Kapitel 4 -
Architektur-
Perspektiven (WO)**

Die *WARUM-Dimension* des architektonischen Ordnungsrahmens ist Bestandteil von Kapitel 5. Zentrales Element der *WARUM-Dimension* sind Anforderungen. Sie umreißen das zu erstellende IT-System und begrenzen den gestalterischen Spielraum des Architekten. Anforderungen treten in unterschiedlichen Arten und auf verschiedenen Architektur-Ebenen auf. Damit ein Architekt seinen gestalterischen Spielraum nutzen kann, muss er die unterschiedlichen Ausprägungen von Anforderungen und ihre Beziehungen zueinander kennen. Dieses Kapitel gibt einen Überblick über die verschiedenen Anforderungsarten und deren Bezug zu den Architektur-Ebenen. Nach dem Lesen dieses Kapitels können Sie die wichtigsten Anforderungsarten nennen, deren Beziehungen verstehen und sie in den Kontext von Architektur setzen.

**Kapitel 5 -
Architektur-
Anforderungen
(WARUM)**

Kapitel 6 beschäftigt sich mit der *WOMIT-Dimension* des architektonischen Ordnungsrahmens, indem es grundlegende Konzepte und Techniken aufzeigt, die heutzutage in den „Werkzeugkasten" eines Software-Architekten gehören. Nach dem Lesen dieses Kapitels haben Sie eine Vorstellung davon erhalten, welche Mittel Sie einsetzen können, um Architekturen zu bewerten, zu beschreiben, zu erstellen und weiterzuentwickeln.

**Kapitel 6 -
Architektur-Mittel
(WOMIT)**

In Kapitel 7 wird die *WER-Dimension* des architektonischen Ordnungsrahmens näher betrachtet und vertieft. Dabei werden organisatorische und soziale Einflussfaktoren aufgezeigt, die die Architektur eines Systems berühren und die Arbeit des Architekten beeinflussen können. Ferner wird grundlegendes Wissen zu Gruppen und ihrer Dynamik vermittelt. Darüber hinaus wird die Rolle des Architekten herausgearbeitet. Durch die Berücksichtigung der in dieser Dimension behandelten Themen sind Sie unter anderem in der Lage, die Relevanz der genann-

**Kapitel 7 -
Organisationen und
Individuen (WER)**

ten Einflussfaktoren zu verstehen, die Rolle eines Architekten einzuordnen und gruppendynamische Prozesse besser zu beachten.

Kapitel 8 - Architektur-Vorgehen (WIE)

Kapitel 8 widmet sich der *WIE-Dimension* des Ordnungsrahmens. Es beschreibt die einzelnen Tätigkeiten des Architekten während der Erarbeitung eines zukünftigen Systems. Es zeigt auch, wie sich die Gewichtung der einzelnen Tätigkeiten während der Entwicklung eines Systems verändert. Hierzu ist das Kapitel zweigeteilt. Im ersten Teil des Kapitels werden die einzelnen Tätigkeiten des Architekten und ihre Gewichtung während der Entwicklung des Systems in einer allgemein gültigen Form dargestellt. Im zweiten Teil des Kapitels erfolgt eine Konkretisierung dieser allgemein gültigen Darstellung anhand von ausgewählten Anwendungsszenarien. Die vorgestellten Anwendungsszenarien vernetzen den Ordnungsrahmen sowie den Theorieteil aus dem Kontext eines jeweils spezifischen Anwendungsfalls heraus und bieten auf diese Weise dem Leser einen problemorientierten Zugang zu den übrigen Kapiteln. Jedes Anwendungsszenario gibt eine Orientierung über die wesentlichen Tätigkeiten, mit denen Sie sich als Architekt im ausgewählten Anwendungskontext befassen sollten.

Teil III – Architektur-Erfahrung

Während sich die vorhergehenden Kapitel aus Teil II mit dem Wissen um Architektur und einer Verallgemeinerung von Erfahrungen in Form von Anwendungsszenarien beschäftigen, sollen in diesem Teil des Buches Fallstudien aus verschiedenen Bereichen vorgestellt werden. Die Fallstudien sind zwar jeweils zu einem fiktiven Projekt und nach didaktischen Grundsätzen zusammengestellt, basieren aber auf vielen Erfahrungen aus verschiedensten tatsächlich durchgeführten Projekten in verschiedenen Branchen, welche die Autoren in den letzten Jahren sammeln konnten. Allen Fallstudien liegt eine gemeinsame Struktur zu Grunde. Diese setzt sich aus einer bei allen Fallstudien identischen Zusammenfassung mit den auf dem Ordnungsrahmen basierenden Dimensionen

> Architektur-Anforderungen (WARUM)
> Organisationen und Individuen (WER)
> Architekturen und Architektur-Disziplinen (WAS)
> Architektur-Perspektiven (WO)
> Architektur-Mittel (WOMIT)
> Architektur-Vorgehen (WIE)

und dem Hauptteil zusammen, wobei jede Fallstudie eine eigene Grundidee für die Strukturierung ihres Hauptteils hat. Das ist so gewollt, um dem unterschiedlichen Charakter der einzelnen Fallstudien Rechnung tragen zu können.

Die Fallstudie Risikofallmanagementsystem in Kapitel 9 bezieht sich schwerpunktmäßig auf die *WARUM-Dimension* und die *WOMIT-Dimension* des architektonischen Ordnungsrahmens. Wir stellen hierzu die Entwicklung eines IT-Systems zur Risikoüberwachung für eine Bank vor. Verschiedene bereits isoliert bestehende IT-Systeme zur Risiko-überwachung sind dabei zu integrieren und die zugehörigen Geschäftsprozesse zu extrahieren. Eine entscheidende Anforderung ist darüber hinaus die leichte Erweiterbarkeit für weitere Geschäftsbereiche der Bank. Der Leser soll durch diese Fallstudie insbesondere den Weg von den Anforderungen zur Strukturierung eines IT-Systems, die Einordnung eines konkreten Projekts in die Dimensionen des Ordnungsrahmens und den Einsatz modellbasierter Verfahren für die Umsetzung von Aspekten eines IT-Systems vertiefen.

Kapitel 9 - Risikofall-managementsystem

Kapitel 10 beschreibt die Konzeption und den Aufbau eines zentralen Kundendatenrepository im Rahmen der Einführung eines umfangreichen CRM-Programmes. Voraussetzung für die erfolgreiche Einführung des CRM-Programmes war es, einen konsistenten Bestand an Kundenstammdaten zu haben. Diese Daten sollten allen Systemen des Auftraggebers zentral zur Verfügung gestellt werden. Um Plattformunabhängigkeit zu gewährleisten, sollten alle Daten über Web Services angeboten werden. Eine weitere wichtige Anforderung war die fortlaufende Sicherstellung der Konsistenz der Kundendaten über die angeschlossenen Systeme und die Schaffung einer Möglichkeit, bei Datenverlust in einem System die verlorenen Daten wieder herstellen zu können. Dieses Kapitel betrachtet den Aufbau des zentralen Kundendatenrepository, wobei besonders die Software- und Integrationsarchitekturen näher beleuchtet werden sollen.

Kapitel 10 - CRM-Kundenrepository

Die Fallstudie eingebettete Komponenteninfrastrukturen bezieht sich schwerpunktmäßig auf die *WARUM-, WAS- und WOMIT-Dimensionen* des architektonischen Ordnungsrahmens. Sie geht dabei insbesondere auch auf Product Line Engineering und modellgetriebene Software-Entwicklung als Realisierungsparadigma ein. Fachlich wird die Entwicklung einer Komponenteninfrastruktur für eingebettete Systeme beschrieben. Dabei handelt es sich um eine möglichst schlanke und performante Middlewareplattform. Die zentrale Herausforderung liegt dabei vor allem darin, die Anforderungen der verschiedenen möglichen Anwendungen auf die unterschiedlichen Hardwareplattformen abzubilden, ohne damit den in der eingebetteten Welt grundsätzlich wichtigen As-

Kapitel 11 - Eingebettete Komponenten-infrastrukturen

pekt der Performanz zu vernachlässigen. Dem Leser soll dadurch die Anwendung produktlinienbasierter und modellgetriebener Entwickung verdeutlicht werden.

Teil IV – Anhang

Dieser Teil des Buches enthält ergänzende Informationen und Hilfsmittel zur Verwendung des Buches in Form von Literatur-, Abkürzungsverzeichnis und Index.

Weitere Informationen unter www.software-architektur-buch.de

Unter **www.software-architektur-buch.de** finden Sie weiterführende Informationen zum Buch und in Zukunft verschiedene ergänzende Beiträge zum Thema Architektur. Sie sind herzlich dazu eingeladen, eigene Beiträge beizusteuern. Gerne dürfen Sie uns neben Beiträgen Ihre Meinung (Hinweise, Kritik, Lob etc.) zu unserem Buch mit einer E-Mail an **autoren@software-architektur-buch.de** mitteilen. Wir freuen uns, von Ihnen zu hören!

2 | Architektonischer Ordnungsrahmen

In diesem Kapitel wird ein Erklärungsmodell zur Beschäftigung mit Architektur vorgestellt. Es bietet Orientierung, indem die wesentlichen Bestandteile von Architektur mittels einfachen Fragewörtern in einem architektonischen Ordnungsrahmen positioniert werden. Der Ordnungsrahmen stellt dabei die Rolle des Architekten in den Mittelpunkt seiner Betrachtung. Ferner dient er als Grundlage für die Vermittlung von Wissen und Erfahrung im weiteren Verlauf des Buches. Es versetzt Sie als Architekten in die Lage, über Architektur strukturiert nachzudenken und sich zu orientieren.

Übersicht

2.1 Motivation

Vielfältiges und dynamisches Umfeld

Architekten arbeiten in einem sehr vielfältigen und dynamischen Umfeld. Neue Technologien drängen auf den Markt, neue Werkzeuge versprechen Effizienz- und Produktivitätssteigerungen, schlanke Methodologien versprechen ein risikoloses Projektmanagement und neue Architektur-Konzepte, wie Serviceorientierung und generative Verfahren, sollen die inhärente Komplexität von IT-Systemen reduzieren. All diese Entwicklungen und Neuerungen muss der Architekt verstehen, einordnen und letztlich beurteilen können, um die Spreu vom Weizen zu trennen und für seine konkrete Problemstellung eine passende Lösung zu wählen. Hierzu müssen Themen entsprechend geordnet, klassifiziert und mit bereits vorhandenem Wissen verglichen werden. Neben der Beherrschung dieser Informationsflut gehören zum Aufgabenfeld eines Architekten auch das Treffen von architektonischen Entscheidungen, das Vorgeben von Richtlinien und das fachliche Führen seines Teams. Darüber hinaus wird er Kundenbedürfnisse aufnehmen, analysieren und in tragfähige Architekturen überführen. Ferner ist die Auswahl geeigneter Produkte und somit die Kommunikation mit Lieferanten eine wichtige Aufgabe im Rahmen seiner Tätigkeit.

Architektonisches Bewusstsein entwickeln

Um in diesem Umfeld erfolgreich zu bestehen, muss man sich dieser vielfältigen Aspekte bewusst sein – sozusagen ein *architektonisches Bewusstsein* entwickeln, das eine Einordnung und Bewertung dieser Aspekte ermöglicht. Ein solches Bewusstsein entwickelt jeder Architekt bewusst oder unbewusst im Laufe seiner Karriere. Es spiegelt sein Verständnis von Architektur wider und ermöglicht ihm, sich in seinem Arbeitsalltag zu orientieren. Die Güte dieses Bewusstseins ist von strategischer und langfristiger Relevanz, da ein architektonisches Bewusstsein als Grundlage für ein lebenslanges Lernen und somit für ein erfolgreiches Handeln angesehen werden kann. Konkretes Wissen ist zwar wichtig, es ist jedoch erlernbar und kurzlebiger als ein grundlegendes Ordnungsverständnis. Ohne ein Ordnungsverständnis ist Wissen nur schwer positionierbar, anwendbar und beurteilbar. Ebenso wird ein Architekt im Rahmen seines Handelns Erfahrungen machen, die er wie sein konkretes Wissen ordnen muss, um zukünftige Entscheidungen auf Basis seines Erfahrungsschatzes besser und einfacher treffen zu können.

Architektonisches Bewusstsein strukturieren

Architektonisches Bewusstsein sollte wie ein Setzkasten strukturiert sein, in dessen Fächer man zum einen neu Erlerntes und Erfahrenes einordnen und zum anderen bei Bedarf wieder hervorholen kann. Erlerntes bezieht sich dabei auf den Wissensaspekt architektonischen Handelns. Architektur-Prinzipien, -Stile und –Muster, aber auch konkrete Plattformen wie J2EE und .NET fallen in diese Kategorie. Erfahrenes umfasst konkrete Erlebnisse aus der Praxis, wie z. B. die Praxistauglichkeit einer zuvor genannten Plattform oder der Umgang mit Spannungen in einem Projektteam. Jedem Fach des architektonischen Setzkastens, um bei unserer vorgestellten Metapher zu bleiben, kommt eine strukturierende beziehungsweise ordnende Aufgabe zu und alle Elemente eines Faches besitzen gemeinsame Merkmale, die sie von Elementen in anderen Fächern unterscheiden. Dadurch ist man in der Lage, die allgemeinen Merkmale von neu Erlerntem und Erfahrenem aus dem Verständnis der Merkmale des Faches, in das man es eingeordnet hat, abzuleiten.

Der Aufbau des architektonischen Setzkastens sollte dem vielfältigen Tätigkeitsfeld eines Architekten Rechnung tragen. Aufgrund dessen muss er Architektur ganzheitlich betrachten, sich also z. B. nicht nur auf primär technische Aspekte beschränken. Deshalb ist es wichtig, den Architekten in den Mittelpunkt der Betrachtung zu stellen. Ferner sollte es der Setzkasten ermöglichen, in einem Fach weitere Fächer zu öffnen, um sein Bewusstsein innerhalb eines Faches in weitere strukturierende Bahnen zu lenken und somit über die Zeit zu entwickeln. Darüber hinaus muss er trotz des Anspruchs nach Ganzheitlichkeit und Erweiterbarkeit intuitiv und verständlich sein. Nur so wird man effizient mit ihm arbeiten können. Erst wenn man anderen die Gestalt und den Aufbau seines architektonischen Setzkastens und damit seines Verständnisses von Architektur in einfachen Worten erklären kann, wird man in der Praxis erfolgreich handeln können.

Architektonische Strukturierungsmerkmale definieren

Der Setzkasten repräsentiert ein prinzipielles Erklärungsmodell der Architektur-Domäne und spannt den ordnenden Rahmen auf, innerhalb dessen sich der Architekt bewegt und handelt. Basierend auf den zuvor definierten Anforderungen nach Ganzheitlichkeit, Erweiterbarkeit, Einfachheit und Verständlichkeit wird in den folgenden Abschnitten ein architektonischer Ordnungsrahmen vorgestellt, der als Setzkasten angesehen werden kann.

Architektonischen Ordnungsrahmen ableiten

2.2 Ordnungsrahmen im Überblick

Basis des architektonischen Ordnungsrahmens

Der im Folgenden vorgestellte Ordnungsrahmen ist durch die Vergegenwärtigung des Alltags eines Architekten und unter Berücksichtigung der im vorherigen Abschnitt formulierten Anforderungen entstanden. Ein Ordnungsrahmen soll einfach sein. Es ist von daher wichtig, sich auf wenige, jedoch wesentliche Hauptdimensionen beziehungsweise Hauptfächer im Sinne unserer Setzkastenmetapher zu beschränken. Diese Dimensionen sollen jedoch gleichzeitig umfassend genug sein, um die Vielfältigkeit von Architektur beschreiben zu können. Ferner sollen die Dimensionen sinnvoll weiter unterteilt werden können, sodass der Rahmen entsprechend erweitert werden kann. Als weitere Anforderung gilt es noch zu beachten, dass der Ordnungsrahmen leicht verständlich und somit an der Praxis orientiert ist. Was zeichnet nun einen Architekten in der Praxis aus? Im Prinzip gibt er Antworten auf Fragen und Problemstellungen, die ihm Kunden, Team-Mitglieder, Lieferanten oder er sich selbst stellen. Aufgrund dessen ist der Aufbau eines architektonischen Ordnungsrahmens auf Basis von offenen Fragewörtern ein in unseren Augen sinnvoller und zielführender Ansatz.

Fragewörter als Hauptdimensionen

Die Hauptdimensionen unseres Ordnungsrahmens sind aufgrund dessen:

Tab. 2.2-1: Dimensionen des architektonischen Ordnungsrahmens.

Fragewort	Dimension	Erklärung
WAS	Architekturen und Architektur-Disziplinen	Die WAS-Dimension beinhaltet Architektur-Grundlagen und -Definitionen. Sie bildet hiermit die Basis für die Arbeit als Architekt. Ferner ordnet sie Architektur nach den verschiedenen Tätigkeitsfeldern, in denen Architekten agieren. Die einzelnen Architektur-Disziplinen tragen in ihrer Gesamtheit zu IT-Systemen bei. In der WAS-Dimension kann der Architekt grundlegendes Wissen und grundlegende Erfahrung einordnen.
WO	Architektur-Perspektiven	Die WO-Dimension umfasst die unterschiedlichen Ebenen, auf denen sich Architektur abspielt, und die Sichten, mit denen Architektur betrachtet werden kann. Die Verwendung verschiedener Perspektiven erlaubt dem Architekten, sich zu einer Zeit auf eine Problemstellung zu konzentrieren. Diese Dimension dient dem Architekten zur Aufnahme verschiedener Betrachtungsweisen.

Fragewort	Dimension	Erklärung
WARUM	Architektur-Anforderungen	Die WARUM-Dimension widmet sich Anforderungen, die an IT-Systeme im Allgemeinen und Architekturen im Speziellen gestellt werden. Ein Architekt muss in der Lage sein, aus der Fülle von Anforderungen die architektonisch relevanten zu identifizieren und eine Architektur zu konzipieren, die diesen Anforderungen gerecht wird. In die WARUM-Dimension kann ein Architekt die Anforderungen einordnen, die an Architekturen gestellt werden.
WOMIT	Architektur-Mittel	Die WOMIT-Dimension strukturiert die unterschiedlichen architektonischen Mittel, denen sich ein Architekt während seines Handelns bedienen kann. Sie ermöglicht dem Architekten somit die Einordnung verschiedenster architektonischer Mittel.
WER	Organisationen und Individuen	Die WER-Dimension behandelt die Rolle des Architekten sowie den Einfluss von Individuen und Organisationen auf Architektur. Dabei werden auch die Wechselwirkungen zwischen Organisationen, Individuen und Architektur näher betrachtet. Die Berücksichtigung dieser Dimension erlaubt dem Architekten, erfolgreich zu handeln. In die WER-Dimension kann der Architekt Wissen und Erfahrung aus seinem sozialen und organisatorischen Umfeld aufnehmen.
WIE	Architektur-Vorgehen	Die WIE-Dimension dient zur Strukturierung von architektonischem Vorgehen. Sie vermittelt die wichtigsten architektonischen Tätigkeiten, die ein Architekt während seiner Arbeit ausübt. Der Architekt kann darin bewährte Vorgehensmodelle ablegen und bei Bedarf wieder hervorholen.

Der Ordnungsrahmen kann wie in Abbildung 2.2-1 visualisiert werden. Diese Abbildung stellt den Architekten in den Mittelpunkt und wird im weiteren Verlauf des Buchs immer wieder verwendet werden, um das aktuelle Thema in den Kontext des Ordnungsrahmens zu stellen und hierdurch dem Leser eine bessere Orientierung zu geben.

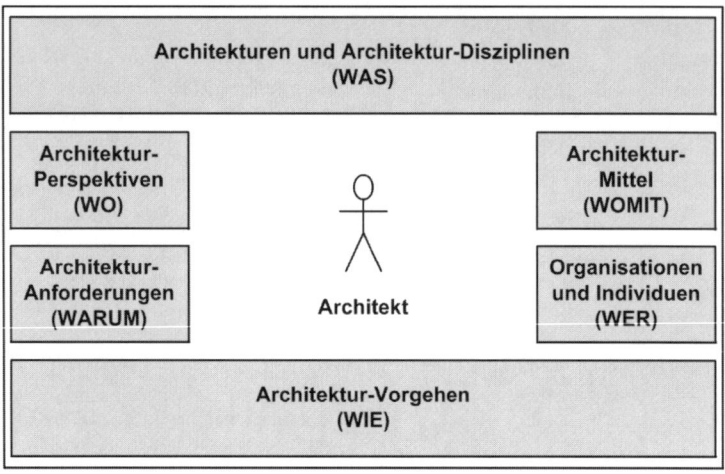

Abb. 2.2-1: *Architektonischer Ordnungsrahmen im Überblick.*

Ein mittels der genannten Fragewörter strukturierter Ordnungsrahmen ermöglicht es, sich grundlegende Fragen zu stellen und sich somit in der Praxis einfach und systematisch zu orientieren. Architektonisches Handeln kann dadurch auf Basis eines Erklärungsmodells erfolgen, indem man sich zu jeder Zeit der unterschiedlichen Dimensionen bewusst ist. So wird man sich im Laufe eines Projekts, also z. B. während der Analyse, der Konzeption und der Realisierung, stets fragen, welche Mittel (WOMIT) man auf welche Art und Weise (WIE) einsetzt, um eine bestimmte Anforderung (WARUM) zu realisieren. Der Wunsch nach einer verteilten Architektur wird beispielsweise während der Analyse durch die Durchführung eines Anforderungsanalyse-Workshops (WIE) in einem Anforderungsdokument (WOMIT) festgehalten und in der Architekur-Konzeption durch die Verwendung eines entsprechenden Architektur-Musters (WOMIT) gewährleistet. Ferner wird man z. B. je nach Architektur-Disziplin (WAS) einen Perspektivenwechsel (WO) vollziehen, um die für die aktuelle Tätigkeit relevanten Aspekte des IT-Systems zu betrachten. Es lassen sich nicht immer alle Aspekte oder Dinge aus der Praxis eindeutig einer Dimension zuordnen, da diese selbst wieder mehrdimensional sind. Vorgehensmodelle, wie der Unified Software Development Process, sind hierfür ein gutes Beispiel. Diese definieren beispielsweise einerseits ein grundsätzliches Vorgehen und dokumentieren andererseits, mit welchen Mitteln und aus welchen Perspektiven ein System realisiert beziehungsweise betrachtet werden kann. Im Sinne unseres architektonischen Ordnungsrahmens sind solche Vorgehensmodelle prinzipiell der WIE-Dimension zuzuordnen und die übrigen vorgehensneutralen Bestandteile der Vorgehensmodelle den anderen Dimensionen. Letztlich ist es für einen Architekten wichtig, dass er für seine Orientierung Kriterien aufstellt, die ihm eine Zuordnung zu den Dimensionen erlaubt. Dabei sollte er sich immer die grundlegende Frage *„Was ist die Essenz des betrachteten Themas?"* beantworten und danach eine Einordnung vornehmen.

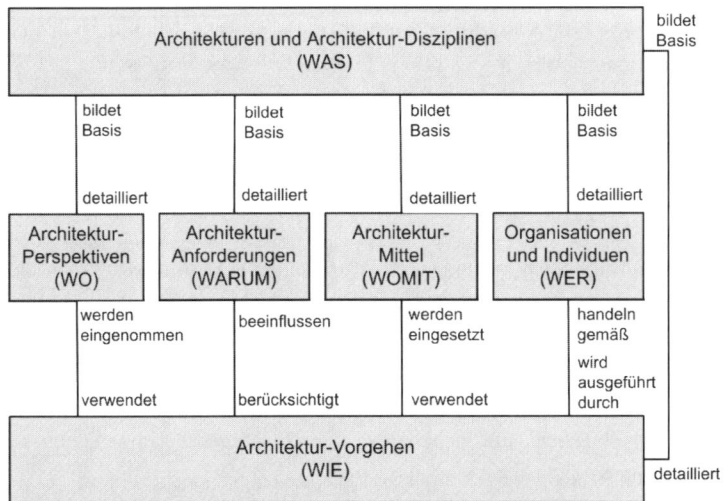

Abb. 2.2-2: *Zusammenhänge zwischen den Dimensionen.*

Zusammenhänge zwischen den Dimensionen

Die Dimensionen des Ordnungsrahmens stehen in einem Zusammenhang (siehe Abbildung 2.2-2). Die WAS-Dimension bildet die Basis für alle anderen Dimensionen, da sie grundlegendes Architektur-Wissen und wichtige Architektur-Definitionen beinhaltet. Alle anderen Dimensionen detaillieren die in der WAS-Dimension enthaltenen Grundlagen. Im Rahmen eines Architektur-Vorgehens (WIE-Dimension) werden die Bestandteile der anderen Dimensionen genutzt. Ein Architektur-Vorgehen beschreibt beispielsweise, welche Architektur-Perspektiven (WO-Dimension) einzunehmen und welche Architektur-Mittel (WOMIT-Dimension) einzusetzen sind, um bestimmte Architektur-Anforderungen (WARUM-Dimension) zu erfüllen. Des Weiteren beschreibt das Architektur-Vorgehen, welche Tätigkeiten auszuüben sind. Individuen (WER-Dimension) richten ihr Handeln nach dem Vorgehen aus.

Gemeinsames Vokabular und Praxistauglichkeit

Mithilfe dieses Ordnungsrahmens kann ein gemeinsames Vokabular und Verständnis etabliert werden, das die Kommunikation im Team erleichtert. Er ist somit nicht nur einem einzelnen Architekten zur Ordnung seines Bewusstseins von Nutzen, sondern vielmehr auch zur effizienten Zusammenarbeit mit anderen geeignet, da durch einen gemeinsamen Ordnungsrahmen Missverständnisse verringert werden können. Er kann somit als Katalysator für erfolgreiche Zusammenarbeit im Team dienen. Er repräsentiert selbstverständlich nur ein mögliches Modell, um über Architektur nachzudenken und seine Gedanken zu ordnen. Nach unserer Erfahrung ist das Modell jedoch in der Praxis sehr gut einsetzbar und erleichtert den Arbeitsalltag.

In den folgenden Abschnitten werden die einzelnen Dimensionen des architektonischen Ordnungsrahmens überblicksartig vorgestellt.

2.3 Architekturen und Architektur-Disziplinen (WAS)

WAS-Dimension repräsentiert Fundament

Die WAS-Dimension widmet sich grundlegendem Architektur-Wissen. Die Bestandteile dieser Dimension ermöglichen es einem Architekten, den Charakter von Architektur zu erklären, Architektur zu definieren und Vergleiche mit anderen Bereichen, wie der Baukunst, herzustellen. Durch ein fundiertes Verständnis dieses Themenkomplexes besitzt ein Architekt die Basis, um sich näher mit den anderen Dimensionen zu beschäftigen.

Vielfältige Aspekte

Der erfolgreiche Entwurf von Architekturen ist aufgrund der inhärenten Komplexität von IT-Systemen kein leichtes Unterfangen. Architekturen müssen heutzutage übliche Anforderungen wie Verteilbarkeit, Verfügbarkeit und hohe Integrierbarkeit würdigen und darüber hinaus eine Basis zur Realisierung funktionaler Anforderungen bieten. Somit stehen Architekten also vor der Herausforderung, unterschiedlichste, architektonische Einflussfaktoren, wie funktionale, qualitative und operationale Aspekte, zu berücksichtigen und für die konkrete Problemstellung ausreichend zu balancieren. Hierfür ist neben einem fundierten, architektonischen Basiswissen auch immer mehr ein tief reichendes Wissen in einem Spezialgebiet notwendig. Für die Integration von IT-Systemen ist beispielsweise ein sehr gutes Verständnis der einzusetzenden Integrationsplattform und möglicher Integrationsansätze, wie nachrichten- oder prozessbasierte Integration relevant. Aufgrund dessen haben sich unterschiedliche *Architektur-Disziplinen* herausgebildet. Im Laufe seiner Karriere wird man sich häufig für eine dieser Disziplinen als Vertiefungsgebiet entscheiden. Eine Architektur wird dadurch oft als Teamleistung durch die Zusammenarbeit von Architekten der einzelnen Disziplinen entstehen.

Architektur-Disziplinen

Deshalb werden in der *WAS-Dimension* neben einer detaillierten Behandlung der Grundlagen von Software-Architektur auch weitere Architektur-Disziplinen kurz vorgestellt. Dabei werden die einzelnen Disziplinen im Überblick dargestellt, um sie im architektonischen Ordnungsrahmen positionieren und voneinander abgrenzen zu können. Folgende Disziplinen aus der Praxis werden behandelt:

> Software-Architektur

> Datenarchitektur

> Integrationsarchitektur

> Netzwerkarchitektur

> Sicherheitsarchitektur

> System-Management-Architektur

> Enterprise-Architektur

In Kapitel 3 werden die Inhalte dieser Dimension näher besprochen.

2.4 Architektur-Perspektiven (WO)

Architektonisches Denken und Handeln ist komplex. Psychologische Untersuchungen belegen, dass Menschen gerade einmal 7 ± 2 Informationseinheiten gleichzeitig verarbeiten können [Miller 1956]. Alle Aspekte einer Architektur übersteigen diese Kennzahl um ein Vielfaches. Aus diesem Grund ist es äußerst schwierig, die Bausteine eines Systems, ihre Gruppierung, ihr Zusammenspiel, ihre Verteilung sowie ihr Verhalten zur Laufzeit auf einmal zu erfassen. Um trotz der Beschränkungen des menschlichen Verstands erfolgreich zu agieren, ist es notwendig, die Komplexität zu reduzieren, indem zu einem Zeitpunkt immer nur ein überschaubarer Teil einer Architektur genauer untersucht wird.

Konzentration auf Perspektiven

Architektur kann sich dabei auf unterschiedlichen Ebenen abspielen. Dabei ist es wichtig, sich stets vor Augen zu halten, auf welcher Ebene man sich gerade befindet. Erst dadurch ist es möglich, die für die betrachtete *Architektur-Ebene* sinnvollen Mittel und Disziplinen einzusetzen. Die möglichen Ebenen reichen von Organisationen über Systeme bis hin zu Bausteinen.

Architektur-Ebenen

Auf jeder Ebene kann man verschiedene *Architektur-Sichten* auf ein System einnehmen. In ihrer Gesamtheit ergeben die Sichten ein komplementäres Bild der zu realisierenden Architektur. Sichtenorientierte *Architektur-Modelle* ermöglichen zu diesem Zweck Architekturen systematisch und komplexitätsreduzierend zu betrachten. Sie fassen relevante Sichten, aus denen Architekturen betrachtet werden sollten, in einem

Architektur-Sichten und -Modelle

Modell zusammen und erlauben so ihre ganzheitliche Darstellung. Zu den Architektur-Modellen gehören z. B. das *Zachman-Framework* [Zachman 1987] und das *Reference Model for Open Distributed Processing (RM-ODP)* [ISO10746 1998] und die *4+1-Sicht* von Kruchten [Kruchten 2000].

Kapitel 4 diskutiert die einzelnen Architektur-Ebenen und –Sichten. Ferner werden die verschiedenen Sichten der genannten Architektur-Modelle näher betrachtet.

2.5 Architektur-Anforderungen (WARUM)

Architektur ist kein Selbstzweck

Informations-Technologie (IT) ist für Firmen ein wesentliches Mittel, um ihre Geschäftsstrategien zu realisieren und ihr operationales Geschäft zu unterstützen. IT-Systeme und somit auch Architekturen werden also nicht zu ihrem Selbstzweck, sondern stets vor dem Hintergrund eines konkreten Geschäftsnutzens entworfen. Primäre Motivation für Architektur ist also nicht technologische Eleganz, sondern der konkrete und langfristige Mehrwert für den Kunden. Dieser Mehrwert kann selbstverständlich nur erreicht werden, wenn die an das IT-System gestellten funktionalen Anforderungen erfüllt werden. Allerdings wird ein IT-System, das zwar die funktionalen Anforderungen befriedigt, aber nicht-funktionale Anforderungen nicht entsprechend würdigt, keinen wirklichen Nutzen für den Kunden haben. Ein E-Commerce-Shop, der eigentlich allen funktionalen Anforderungen gerecht wird, jedoch beim gleichzeitigen Zugriff von einer hohen Benutzerzahl zusammenbricht, wird die eigentliche Geschäftsstrategie nicht unterstützen und letztlich keinen Mehrwert liefern können.

Arten von Anforderungen

Ein Architekt muss demnach sicherstellen, dass die an ein IT-System gestellten Anforderungen durch die dem IT-System zugrunde liegende Architektur unterstützt werden. Daher ist es für einen Architekten unerlässlich, unterschiedlichen Anforderungsarten und ihre Implikationen auf Architektur zu kennen. Prinzipiell können funktionale und nicht-funktionale Anforderungen unterschieden werden. Darauf aufbauend können folgende Anforderungsarten unterschieden werden:

> Organisationsanforderungen

> Systemanforderungen

> Bausteinanforderungen

> Entwicklungszeitanforderungen

> Laufzeitanforderungen

> Organisatorische Rahmenbedingungen

Aufgabe der *WARUM-Dimension* des Ordnungsrahmens ist es, die verschiedenen Anforderungsarten zu identifizieren und zu erklären. Erst wenn man sich den unterschiedlichen *Anforderungen* bewusst ist und diese in sein architektonisches Handeln einbezieht, kann man zielgerichtete und lösungsorientierte IT-Systeme entwerfen. Dies ist von großer Bedeutung, da der Erfolg einer Architektur und somit eines Projekts hiervon abhängt. Untersuchungen belegen, dass 37 % aller gescheiterten Projekte auf den falschen Umfang mit Anforderungen zurückzuführen sind [Larman 2002, Davis 1993]. In Kapitel 5 werden diese unterschiedlichen Anforderungsarten detailliert besprochen.

2.6 Architektur-Mittel (WOMIT)

Diese Dimension widmet sich der Frage, womit ein Architekt seine Lösungen konzipiert und realisiert. Im Sinne unserer Setzkasten-Metapher enthält dieses Fach sehr viele kleinere Unterfächer, um die große Anzahl *architektonischer Mittel* zu strukturieren und die Orientierung zu erleichtern. Ein Architekt wird im Laufe seiner Karriere immer wieder neue Mittel in diesen Fächern ablegen und veraltete entfernen. Die Lebensdauer ergibt sich dabei aus der Relevanz der architektonischen Mittel. Das Spektrum der möglichen Architektur-Mittel reicht dabei von konzeptionellen Prinzipien bis hin zu konkreten Technologien.

Es existieren elementare Mittel, deren Einsatz und Berücksichtigung von großer Relevanz zur Etablierung erfolgreicher Architekturen ist. Diese Mittel gehören zu der Kategorie der *Architektur-Prinzipien*. Ein Mittel dieser Kategorie ist das *Separation-of-Concerns*-Prinzip, das darauf abzielt, Verantwortlichkeiten von Bausteinen klar zu trennen. So sollte z. B. ein Baustein zur Visualisierung von Daten nicht auch für deren Speicherung auf einer Datenbank zuständig sein. *Architektur-Prinzipien* sind von langfristiger Bedeutung und sollten jegliches architektonisches Handeln begleiten. Sie verkörpern grundlegende Architektur-Erfahrungen.

Um sicherzustellen, dass architektonische Prinzipien auch in eine Architektur einfließen, kann der Architekt auf grundlegende *Konzepte* zurückgreifen, die diese Prinzipien entsprechend unterstützen. Dabei ist es wichtig, sich die verschiedenen Konzepte vor Augen zu führen und je nach Problemstellung das passende auszuwählen. Zu den architektonischen Konzepten gehören grundlegende Konzeptions- und Realisierungsparadigmen, wie Objekt- und Komponentenorientierung. Des

Weiteren sind ganzheitliche auf Modellierung und Generierung beruhende Mittel wie die Model Driven Architecture [OMG 2004b] Bestandteile dieser Subdimension.

Stile und Muster

Neben der Berücksichtigung elementarer Prinzipien und Konzepte ist es empfehlenswert, bewährte Architektur-Lösungen in seinem Werkzeugkasten zu haben, um diese für ähnliche Problemstellungen wieder verwenden zu können. Diese auf den *Architektur-Prinzipien* aufbauenden Lösungen gehören zur Familie der *Architektur-Stile* und *-Muster*. Ein *Architektur-Stil* dokumentiert einen erprobten und erfolgreichen Weg, eine Architektur zu strukturieren. Jeder Stil besitzt bestimmte Charakteristika und dient als Vorlage für den Entwurf der eigentlichen Architektur. Er bestimmt die Art und Weise, wie die Architektur respektive das darauf aufbauenden System funktionieren wird. Ein *Architektur-Stil* ist auch ein effizientes Dokumentations- und Kommunikationswerkzeug, da die Eigenschaften des eingesetzten Stils unabhängig vom eigentlichen Zweck des Systems verstanden werden können. Es gibt verschiedene Möglichkeiten, *Architektur-Stile* zu dokumentieren. Eine bewährte und empfehlenswerte Form ist die Dokumentation als *Architektur-Muster*. Ein *Architektur-Muster* beschreibt *Architektur-Stile* anhand einer allgemeinen Struktur. Einen wesentlichen Beitrag zu diesem Bereich haben die Autoren von POSA1 und POSA2 geleistet [Buschmann et al. 1996, Schmidt et al. 2000]. Ein in Musterform beschriebener *Architektur-Stil* ist z. B. das Schichten-Architektur-Muster (*Layers*). Dieses dokumentiert die Anordnung von Systembausteinen auf unterschiedlichen Ebenen, sodass eine klare Trennung der Verantwortlichkeiten erreicht und eine monolithische Architektur vermieden wird [Buschmann et al. 1996.]. Die klassische Anordnung von Präsentations-, Geschäfts- und Persistenz-Logik auf unterschiedlichen Schichten ist eine bekannte Anwendung dieses Musters.

Referenzarchitekturen

Architektur-Muster adressieren primär ein Architektur-Problem. Architekturen komplexer Systeme müssen jedoch mehrere unterschiedliche Architektur-Probleme lösen beziehungsweise entsprechend ausbalancieren. Aus diesem Grund werden mehrere *Architektur-Muster* eingesetzt. Darüber hinaus sind *Architektur-Muster* problembereichsneutrale Architektur-Mittel, dass heißt, sie adressieren z. B. nicht die spezifischen Charakteristika einer Call-Center-Architektur. Um eine Lösung für solch eine Architektur zu konzipieren, reicht es also nicht aus, sich nur auf *Architektur-Muster* zu verlassen. Es ist vielmehr für einen Architekten wichtig, komplette Architektur-Lösungen als Referenzen in seinen Werkzeugkasten aufzunehmen. Solche *Referenzarchitekturen* beschreiben Lösungen, die für einen bestimmten Problembereich unter

Verwendung unterschiedlicher *Architektur-Stile beziehungsweise -Muster* konzipiert wurden. *Referenzarchitekturen* spiegeln somit den größten Wiederverwendungsgrad architektonischen Wissens und architektonischer Erfahrung wider.

Für den Erfolg und die Akzeptanz einer Architektur ist es von großer Bedeutung, dass sie von allen Beteiligten (Kunde, Projektleiter, Software-Entwickler etc.) verstanden und getragen wird. Deshalb ist eine wichtige Aufgabe eines Architekten, seine Ideen und Ansätze zu kommunizieren und entsprechend zu dokumentieren. Zu diesem Zweck muss er die Architektur mit adäquaten Mitteln ausdrücken. Diese Mittel können je nach Zielgruppe variieren. Für eine Angebotspräsentation mag es beispielsweise ausreichend sein, die wesentlichen Bausteine einer Architektur mit grafischen Elementen zu visualisieren. Im Rahmen der Architektur-Konzeption sind jedoch ausdrucksstärkere Mittel notwendig, um Missverständnisse auszuschließen und alle wesentlichen Architektur-Aspekte wie z. B. die Struktur und die Dynamik einer Architektur zu würdigen. Die in diesem Zusammenhang eingesetzten Mittel dienen der Dokumentation der Architektur und gehören zur Familie der *Architektur-Dokumentationsmittel*. Eine weit verbreitete, standardisierte Notation ist die Unified Modeling Language (UML) der Object Management Group [OMG 2004a].

Mittel zur Dokumentation

In der Praxis haben sich unterschiedliche *Architektur-Strukturen* entwickelt, nach denen IT-Systeme strukturiert werden können. Diese setzen die bisher genannten Architektur-Mittel in einem größeren Kontext ein. Beispiele für solche Strukturen sind:

Strukturen

> Client-/Server-Modell
> N-Tier-Architektur
> Serviceorientierte Architektur
> Middleware-Architektur
> Enterprise-Service-Bus
> Rich-Client-Architektur
> Thin-Client-Architektur

Durch die Kenntnis dieser Architektur-Strukturen kann ein Architekt sein Architektur-Wissen erweitern und schneller zu einer probaten Software-Architektur gelangen.

Abgesehen von Architektur-Strukturen ist die Wahl von Technologien, die das Architektur-Konzept in der eigentlichen Realisierung tragen und

Technologien

unterstützen, ein wichtiger Garant für eine erfolgreiche Architektur. Deshalb sollte sich ein Fach des Werkzeugkastens diesen *Basistechnologien* widmen. Ein Architekt wird insbesondere in diesem Bereich sehr häufig neue Technologien in seinen Werkzeugkasten aufnehmen und überholte daraus entfernen. In dieser Subdimension lassen sich beispielsweise Datenbanken, Transaktionsmonitore oder Middleware ansiedeln. Des Weiteren ist es für die erfolgreichere Realisierung einer Architektur von großer Bedeutung, mögliche Zielplattformen zu kennen und ihre Stärken und Schwächen bei der eigentlichen Architektur-Projektion zu berücksichtigen. Zielplattformen, wie z. B. Sun´s Java 2 Enterprise Edition oder Microsoft´s .NET gehören zur Kategorie der *Komponentenplattformen* und sind wesentliche Gestaltungsmittel zur Realisierung von architektonischen Anforderungen, wie z. B. Skalierbarkeit, Verfügbarkeit und Zuverlässigkeit, indem sie elementare Basisfunktionalität bereitstellen.

Die Vergegenwärtigung und der bewusste Einsatz dieser Mittel erleichtern das architektonische Handeln und tragen erheblich zum Architektur-Erfolg bei. Kapitel 6 stellt die WOMIT-Dimension genauer vor und geht auf einzelne Architektur-Mittel näher ein. In diesem Buch beschränken wir uns momentan auf primär IT-bezogene Mittel. Es ist jedoch auch denkbar, in dieser Dimension andere Mittel, wie Präsentations- und Gesprächstechniken, die dem Architekten bei der Kommunikation mit Interessenvertretern nützlich sind, anzusiedeln.

2.7 Organisationen und Individuen (WER)

Interaktion und Kommunikation als Architektur-Leistung

Architekturen entstehen durch Menschen. Ein Architekt interagiert und kommuniziert mit vielen unterschiedlichen Personengruppen, um eine Architektur zu konzipieren. So wird er z. B. eng mit dem Kunden und den Endnutzern des zu entwickelnden Systems zusammenarbeiten, um aus den an das System gestellten Anforderungen die architektonisch relevanten zu extrahieren. Des Weiteren ist er erster Ansprechpartner für Projektleiter, um diese bei der Erstellung von Projektplänen und Aufwandsschätzungen zu unterstützen. Darüber hinaus führt er Projektteams fachlich und agiert als Kommunikator und Motivator der zu realisierenden Architektur.

Relevanz sozialer Kompetenzen

Um diese Aufgaben erfolgreich zu bewältigen, benötigt ein Architekt mehr als nur fundierte Kompetenzen in fachlichen und methodischen Themen. Er muss vielmehr auch über ausgeprägte soziale Fähigkeiten verfügen. Eine technisch noch so gute Architektur-Idee wird nicht realisierbar sein, wenn ein Architekt sein Team und seinen Kunden nicht für die Idee gewinnen kann. Den sozialen Kompetenzen kommt heutzutage bei der Betrachtung der Architektenrolle leider noch zu wenig Beachtung zu, obwohl Melvin Conway bereits 1968 die These aufgestellt hat, dass eine Architektur wesentlich durch organisatorische Einflüsse geprägt wird [Conway 1968]. Es ist von großer Bedeutung, sich diesen organisatorischen Einflüssen und den benötigten sozialen Kompetenzen bewusst zu sein. Erst hierdurch wird aus einem technischen Spezialisten ein Architekt.

Die *WER-Dimension* adressiert diese sozialen Kompetenzen und zeichnet somit die Rolle des Architekten in Organisationen und Teams. Dabei werden zum einen allgemeine Themen wie gruppendynamische Prozesse, Faktoren für gut funktionierende Teams und die Interdependenzen von Organisationen und Teams behandelt. Zum anderen werden aber auch Themen vorgestellt, die aus konkreten Projekterfahrungen hervorgegangen sind. Hierzu gehören zum Beispiel Organisationsmuster (englisch: *organizational patterns*). Organisationsmuster beschreiben erfolgreiche Möglichkeiten der Zusammenarbeit von Rollen in Projekten [Coplien und Harrison 2004]. Eine ausführliche Behandlung dieser Themen findet sich in Kapitel 7.

Bestandteile der WER-Dimension

2.8 Architektur-Vorgehen (WIE)

Architekten agieren mit dem Ziel, eine Architektur zu entwerfen, die als Fundament zur Realisierung eines Systems, das sowohl die funktionalen als auch nicht-funktionalen Anforderungen erfüllt, dienen kann. Um dieses Ziel zu erreichen, können sie auf verschiedenste architektonische Mittel zurückgreifen, ihr Abstraktionsniveau variieren und mit unterschiedlichen Partnern wie Projektleiter, Entwickler und Analysten kommunizieren. Die Berücksichtigung dieser Möglichkeiten garantiert jedoch noch nicht, dass das Ziel auch erreicht wird. Selbst wenn man ein System einmal erfolgreich realisiert hat, bedeutet dies noch nicht, dass man beim nächsten Mal den gleichen Erfolg haben wird. Erst wenn man in der Lage ist, sein architektonisches Handeln zu systematisieren und zu wiederholen, wird man langfristig erfolgreich sein. Aus diesem Grund ist es von großer Bedeutung, sich bewährten Lösungswegen bewusst zu sein und diese wiederholt anwenden zu können. Diesen erfolgreichen Lösungswegen beziehungsweise der Frage *„Wie gehe ich vor, um eine Architektur zu entwerfen und zu realisieren?"* widmet sich die *WIE-Dimension*.

Systematisches und wiederholbares Handeln

Allgemeines Vorgehen und Anwendungsszenarien

Zu diesem Zweck wird zum einen ein allgemeines architektonisches Vorgehensmodell vorgestellt. Zum anderen werden Leitfäden für konkrete Problemstellungen in Form von Anwendungsszenarien in dieser Dimension behandelt.

Architektur-Tätigkeiten

Das architektonische Vorgehensmodell beinhaltet dabei folgende Tätigkeiten, die bei der Gestaltung einer Architektur durchgeführt werden:

> Erstellen des Business Case

> Verstehen der Anforderungen

> Entwerfen der Architektur

> Kommunizieren der Architektur

> Umsetzen der Architektur

Die Tätigkeiten können dabei im Sinne eines iterativen Vorgehens mehrfach ausgeübt werden.

Tätigkeitsabhängige Relevanz anderer Dimensionen

Je nachdem welche Tätigkeit gerade durchgeführt wird, wirken Bestandteile der anderen *Dimensionen* unterschiedlich stark auf die Architektur ein. So sind z. B. je nach Tätigkeit verschiedene Mittel und Perspektiven anzuwenden. Zum *Verstehen der Anforderungen* ist es beispielsweise besonders wichtig, aus den an das System gestellten Anforderungen die architektonisch relevanten auszuwählen.

Dieses Themengebiet wird in Kapitel 8 näher besprochen.

3 | Architekturen und Architektur-Disziplinen (WAS)

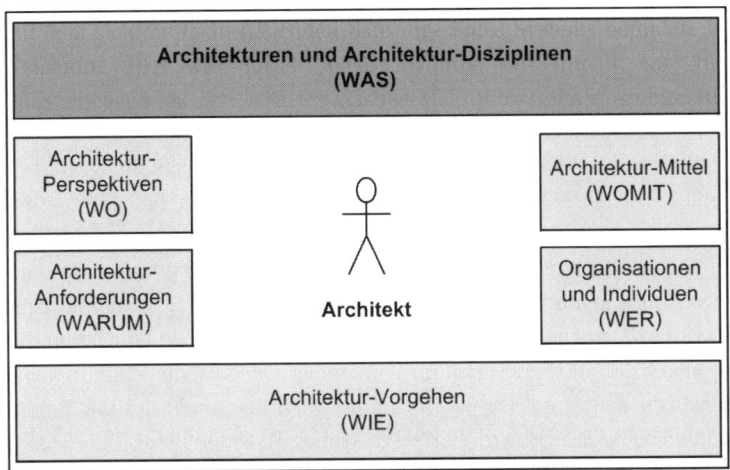

Abb. 3-1: *Positionierung des Kapitels im Ordnungsrahmen.*

Dieses Kapitel befasst sich mit der *WAS-Dimension* des architektonischen Ordnungsrahmens. Es vermittelt ein grundlegendes Verständnis von Architektur, indem es aufzeigt, was im Rahmen dieses Buches unter Architektur und damit verbundenen Architektur-Disziplinen zu verstehen ist. Darüber hinaus werden wesentliche Systembausteine und ihre Beziehungen zueinander vorgestellt. Da der Charakter von Systemen und das Denken in Systemen für die Arbeit eines Architekten essenziell sind, wird der Systemgedanke im Kontext von Architektur in diesem Kapitel motiviert. Nach dem Lesen dieses Kapitels sind Sie in der Lage, den allgemeinen Charakter von Architektur zu erklären, einzelne Architektur-Disziplinen zu unterscheiden sowie die wichtigsten Bausteine von Systemen zu differenzieren und ihre Beziehungen darzustellen.

Übersicht

3.1 Klassische Architektur als Ausgangspunkt

Allgemeine Architektur-Betrachtung

Dieser Abschnitt betrachtet Architektur aus einem allgemeinen Blickwinkel. Er zeigt auf, was ganz allgemein unter Architektur zu verstehen ist. Auf der Grundlage dieses Verständnisses wird im weiteren Verlauf dieses Kapitels Software-Architektur vorgestellt. Als Ausgangspunkt für diese Betrachtung dient die klassische Architektur von Gebäuden und Bauwerken. Eine mögliche Definition der klassischen Architektur bietet das American Heritage Dictionary:

Klassische Architektur-Definition

> The art and science of designing and erecting buildings.
> A style and method of design and construction
> Orderly arrangement of parts

Wenn man diese Definition zugrunde legt, ist Architektur sowohl eine Kunst (englisch: *art*) als auch eine Wissenschaft (englisch: *science*), die sich sowohl mit dem Entwerfen (englisch: *designing*) als auch mit dem Bauen (englisch: *erecting*) von Bauwerken beschäftigt. Sie konzentriert sich also nicht nur auf die Planung des Bauwerks, sondern erstreckt sich hinein bis in dessen Realisierung. Ferner ist ein Schlüsselergebnis der Architektur-Tätigkeit das Arrangieren beziehungsweise das Anordnen von Teilen des Bauwerks (englisch: *orderly arrangement of parts*). Somit trifft Architektur wichtige Aussagen über die Struktur des Bauwerks. Die Definition besagt weiter, dass Architektur-Stile (englisch: *styles*) und -Methoden (englisch: *methods*) Bestandteile von Architektur sind. Diese repräsentieren architektonische Erfahrung, die der Architekt im Rahmen seiner Tätigkeit einsetzt. Architektur ist hiermit nicht nur die Struktur eines Bauwerks, sondern auch die Art und Weise, an etwas heranzugehen.

Architektur umfasst Struktur und Tätigkeit

Der Begriff Architektur ist somit nicht eindeutig belegt. Stattdessen versteht man unter Architektur zum einen die Struktur eines Bauwerks oder eines IT- bzw. Software-Systems und zum anderen die von Menschen ausgeübten Tätigkeiten zum Entwurf der Struktur. Um die eigentliche Tätigkeit beziehungsweise das architektonische Handeln besser von den strukturellen Aspekten von Architektur zu unterscheiden, wird das Handeln im weiteren Verlauf als Architektur-Disziplin verstanden.

Entwicklung von Architektur

Architekturen entstehen ganz generell aufgrund von Anforderungen (z. B. dem Wunsch nach einfachen Behausungen) und unter Verwendung von vorhandenen Mitteln (z. B. Baumaterialien und Werkzeugen). Der eigentliche Entwurf basierte in der klassischen Architektur zunächst auf dem Prinzip von Versuch und Irrtum (englisch: *trial and error*) und erfolgte in aller Regel ad hoc. Dadurch besaß auch jedes Bauwerk seine individuellen Strukturen. Eine geordnete Anordnung von Teilen durch eine geplante Architektur war meist nicht gegeben. Erst indem die gewonnenen Architektur-Erfahrungen mündlich oder schriftlich weitergegeben wurden, entwickelten sich Architektur-Stile. Architektur basiert aufgrund dessen immer auch auf Heuristiken respektive architektonischen Mitteln und Vorgehensweisen, die sich in der Vergangenheit bewährt haben. Architektur-Stile sind somit Mittel, um erprobte Lösungen für architektonische Problemstellungen zu dokumentieren. Den Einfluss von Anforderungen und Mitteln auf Architektur illustriert Abbildung 3.1-1.

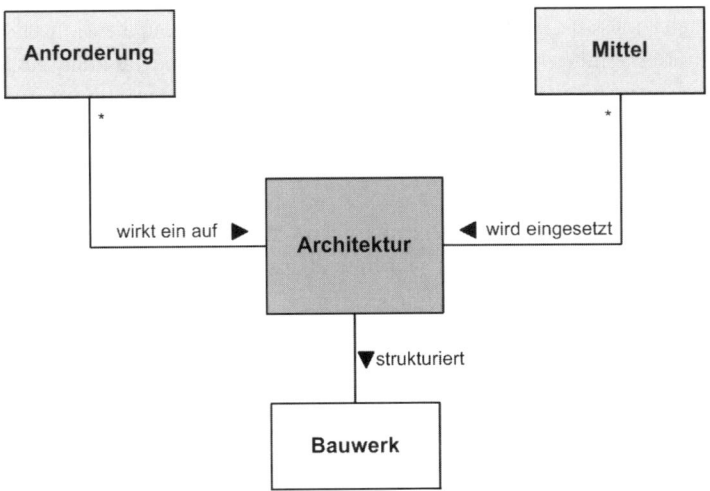

Abb. 3.1-1: *Anforderungen und Mittel als Einflussfaktoren von Architektur.*

Ein wichtiger Vordenker der klassischen Architektur war Marcus Vitruvius Pollio, ein römischer Architekt aus dem ersten Jahrhundert vor Christus. Er ist Autor des Werks *„De Architectura"*, welches heute unter dem Titel *„Zehn Bücher über Architektur"* bekannt ist [Morgan 1960]. Vitruvius vertrat die These, dass gute Architektur folgende Anforderungen erfüllen muss:

Anforderungen an Architektur

> Eleganz (*venustas*)
> Beständigkeit (*firmitas*)
> Zweckmäßigkeit (*utilitas*)

Diese Anforderungen sind noch immer gültig. Die *Beständigkeit* einer Architektur besagt, ob zukünftige Bedürfnisse durch sie befriedigt werden können und ob sie Weiterentwicklungen tragen kann. So kann ein Haus beispielsweise nur um ein Stockwerk erweitert werden, wenn diese Erweiterung grundsätzlich in der Architektur vorgesehen wurde. Die *Zweckmäßigkeit* ist ein Gütesiegel dafür, ob die Architektur die konkreten Bedürfnisse erfüllt. Die Anordnung von Türen eines Hauses sollte z. B. durch die Architektur so vorgesehen sein, dass die Erreichbarkeit der Räume gewährleistet ist. Die *Eleganz* drückt letztlich aus, wie die Architektur strukturiert wurde. Die Art und Weise, wie die einzelnen Bestandteile der Architektur angeordnet wurden, spiegeln sich in der *Eleganz* wider. Verschiedene Architektur-Stile können die gleichen Anforderungen unterschiedlich elegant umsetzen.

Architektur als Kompromiss

Eine Architektur entsteht somit aufgrund von verschiedenen Anforderungen und wird durch diese beeinflusst (siehe Abbildung 3.1-2). Architekturen erfüllen dabei Anforderungen unterschiedlich gut. Sie sind somit immer ein Kompromiss und das Ergebnis von Abwägungen und Entscheidungen des Architekten (siehe Kapitel 5).

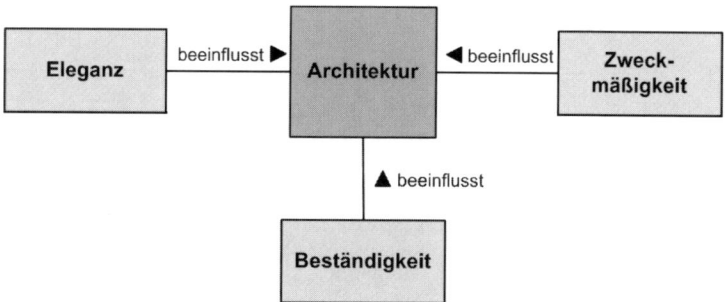

Abb. 3.1-2: *Architektur im Spannungsfeld klassischer Anforderungen.*

Architekt kommuniziert mit Interessensvertretern

Ein Architekt kommuniziert mit verschiedenen Interessensvertretern (englisch: *stakeholder*). So bespricht er mit dem Kunden beispielsweise die Außenansicht eines Gebäudes oder die geplante Raumaufteilung. Mit anderen am Bau des Gebäudes beteiligten Personen klärt er technischere Themen, wie beispielsweise den Elektroplan des Gebäudes. Ein Architekt besitzt bei einem Bauvorhaben somit eine zentrale Rolle.

Architekt verwendet unterschiedliche Perspektiven

Ein Architekt diskutiert mit Interessensvertretern (z. B. Kunde oder Vorarbeiter) auf unterschiedlichen Ebenen und aus unterschiedlichen Sichten auf ein und dasselbe Gebäude. Ebenso wendet er bei der Ausarbeitung der Architektur diese verschiedenen Betrachtungsweisen an.

Zwischen der klassischen Architektur und der Software-Architektur existieren Gemeinsamkeiten. Diese Gemeinsamkeiten sollen im Folgenden durch die kurze Zusammenfassung der bislang gewonnenen Erkenntnisse veranschaulicht werden:

Gemeinsamkeiten zwischen klassischer Architektur und Software-Architektur

> Eine Architektur legt die Anordnung von Teilen eines Bauwerks bzw. eines IT-Systems fest. Im Sinne der klassischen Architektur sind dies die tragenden Teile einer Architektur [Perry und Wolf 1992]. Die Architektur definiert folglich die Fundamente, aber nicht die Details für das zu entwickelnde System [Buschmann et al. 1996].

> Die Art und Weise der Anordnung basiert auf Erfahrung und verkörpert einen architektonischen Stil. Bei der Konzeption der Architektur werden somit Architektur-Mittel eingesetzt. In der Software-Architektur werden hierzu verschiedene Mittel verwendet. Diese werden in Kapitel 6 vorgestellt.

> Das konkrete Handeln zur Anordnung der Teile erfolgt basierend auf einer Methode und die architektonische Tätigkeit erstreckt sich vom Entwurf bis hin zur Realisierung. Das architektonische Vorgehen bei der Gestaltung einer Software-Architektur wird in Kapitel 8 behandelt.

> Jede Architektur-Disziplin muss das Gleichgewicht zwischen den an die Architektur gestellten Anforderungen sicherstellen. Wie ein klassischer Architekt muss infolgedessen auch ein Software-Architekt die für Software-Architekturen relevanten Anforderungen kennen und bei der Architektur-Konzeption berücksichtigen. Aus diesem Grund werden Architektur-Anforderungen in Kapitel 5 eingehend besprochen.

> Ein Architekt kommuniziert und agiert mit unterschiedlichen Personen. Er hat eine zentrale Rolle bei der Realisierung eines Bauvorhabens. Dies gilt ebenso für den Software-Architekten. Deshalb widmet sich Kapitel 7 den sozialen respektive zwischenmenschlichen Aspekten von Software-Architektur.

> Ein Architekt verwendet unterschiedliche Sichten zur Darstellung einer Architektur und bewegt sich im Rahmen seiner Tätigkeit auf unterschiedlichen Ebenen. Die für einen Software-Architekten relevanten Ebenen und Sichten werden in Kapitel 4 dargestellt.

Im nachfolgenden Abschnitt werden die bislang gewonnenen Erkenntnisse konkretisiert und auf die Software-Architektur angewendet.

3.2 Von der klassischen Architektur zur Software-Architektur

Software-Architektur und die klassische Architektur-Definition

Wie im vorherigen Abschnitt verdeutlicht wurde, kann die allgemeine Definition von Architektur auch auf Software-Architektur übertragen werden. Software-Architektur beschäftigt sich mit der Konzeption und der Realisierung von IT-Systemen, wie z. B. E-Commerce-Anwendungen oder eingebettete Systeme. Unter dem Blickwinkel der architektonischen Tätigkeit umfasst Software-Architektur die Art und Weise der Architektur-Gestaltung. Hinsichtlich des strukturellen Aspekts von Architektur beschreibt Software-Architektur die Strukturen von IT-Systemen. Im weiteren Verlauf werden die Begriffe IT-System und System synonym verwendet, soweit keine explizite Unterscheidung notwendig ist.

Systeme sind fassettenreich

Systeme sind in der heutigen Zeit sehr fassettenreich und bedingen Entscheidungen in architektonischen Bereichen, die über den reinen Software-Aspekt hinausgehen. So kann je nach Art von System bereits bei der Konzeption der Software-Architektur die Kenntnis der eingesetzten Hardware notwendig sein. Ein System als Ganzes besteht folglich aus mehr als nur Software-Bausteinen. Aus diesem Grund wird an dieser Stelle eine Systemdefinition eingeführt, die den allgemeinen Aspekt von Systemen berücksichtigt:

Definition: System

> Ein System ist eine Einheit, die aus miteinander interagierenden Software- und Hardware-Bausteinen besteht sowie zur Erfüllung eines fachlichen Ziels existiert. Es kommuniziert zur Erreichung seines Ziels mit seiner Umwelt und muss den durch die Umwelt vorgegebenen Rahmenbedingungen Rechnung tragen.

Die grafische Darstellung der Bausteine eines Systems können Abbildung 3.2-1 entnommen werden.

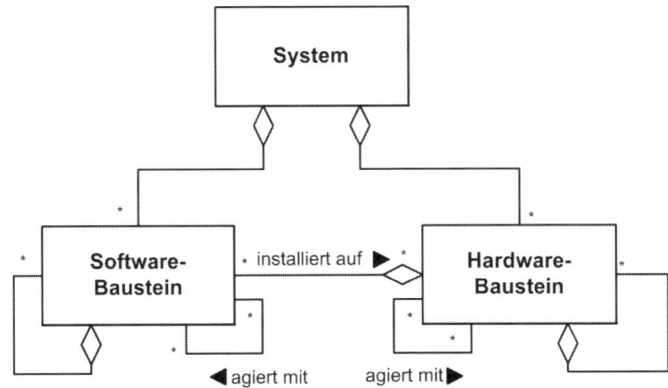

Abb.3.2-1: *Bausteine eines Systems.*

Das fachliche Ziel ist dabei durch die an das System gestellten funktionalen Anforderungen beschrieben (siehe Kapitel 5). Die Systemdefinition betont bewusst Software- als auch Hardware-Bausteine, um festzuhalten, dass ein System mehr ist als nur Software. Die Umwelt eines Systems ist die Organisation, in die es eingebettet ist. Es kommuniziert mit Teilen der Organisation. Dies können zum einen Menschen als Benutzer des Systems und zum anderen auch andere Systeme, mit denen das System verbunden ist, sein. Je nach Art von System existieren menschliche Benutzer oder nicht. Ein System zur Steuerung eines Motors hat z. B. keinen direkten menschlichen Benutzer. Es wird jedoch sehr wohl mit anderen Systemen seiner Umwelt kommunizieren. Die Organisation setzt den Rahmen, in dem sich das System bewegen kann. Festgeschriebene Standards und Entwicklungsrichtlinien können z. B. Rahmenbedingungen sein, die das System im übertragenen Sinn berücksichtigen muss. Letztlich sind dies natürlich Punkte, die während der Konzeption und Realisierung des Systems beachtet werden müssen.

In Kapitel 1 wurde illustriert, dass eine Vielzahl von Definitionen für Software-Architektur exstieren. Daran wird deutlich, wie groß der Interpretationsspielraum in diesem Bereich ist. Aufgrund dieses breiten Spektrums ist es in unseren Augen auch nicht möglich, die eine richtige Definition zu geben. Vielmehr haben wir uns für dieses Buch entschlossen, eine Definition zu finden, die auf unserem gemeinsamen Verständnis beruht und die zuvor eingeführte, klassische Architektur-Definition berücksichtigt. Daher muss eine entsprechende Definition sowohl die Struktur als auch die Tätigkeit umfassen.

Versuch einer Definition von Software-Architektur

Software-Architektur beschreibt Software-Bausteine

Software-Architektur beschreibt die Software-Bausteine eines Systems. Um dies genauer zu fassen, kann auf eine Definitionen zurückgegriffen werden, die den strukturellen Charakter von Software-Architektur gut wiedergibt und in der Literatur und der Praxis weit verbreitet ist. Es handelt sich dabei um die Definition von Software-Architektur nach Bass [Bass et al. 2003]:

Definition: Software-Architektur eines Systems

> Die Software-Architektur eines Systems beschreibt dessen Software-Struktur respektive dessen -Strukturen, dessen Software-Bausteine sowie deren sichtbaren Eigenschaften und Beziehungen zueinander.

Diese Definition ist sehr allgemein gehalten. Sie beinhaltet jedoch die wichtigsten Aspekte einer Software-Architektur:

> die Software-Struktur bzw. die Software-Strukturen eines Systems

> die Software-Bausteine eines Systems

> die Eigenschaften der Software-Bausteine eines Systems

> die Beziehungen zwischen den Software-Bausteinen eines Systems

Software-Bausteine eines Systems und ihre sichtbaren Eigenschaften

Die Definition besagt, dass eine Software-Architektur Software-Bausteine eines Systems definiert. Hierbei stellt sich die Frage, welche Software-Bausteine durch eine Architektur definiert werden? Im Sinne von Perry und Wolf sind dies die tragenden Bausteine eines Systems [Perry und Wolf 1992]. Mit anderen Worten sind dies die Software-Bausteine, die von wesentlicher Bedeutung für das zu realisierende System sind. Dies können Schlüsselklassen, Schnittstellen, Komponenten, Frameworks, Subsysteme und Module sein (Kapitel 6 beschäftigt sich näher mit diesen Begriffen). Eine genaue Festlegung erfolgt hierbei bewusst nicht, da Systeme sehr vielfältig sind und damit auch die konkreten Ausprägungen ihrer Software-Bausteine sehr unterschiedlich sein können. Dies veranschaulichen z. B. die in diesem Buch enthaltenen Fallstudien, die von großen unternehmensbezogenen bis hin zu eingebetteten Systemen reichen. Eine klare Abgrenzung zwischen Software-Architektur und -Design ist dabei nur schwer möglich. Die richtige Grenze zu ziehen, hängt dabei oft von der entsprechenden Erfahrung des Architekten und dem eingenommenen Blickwinkel ab (siehe Kapitel 4). Die nach außen sichtbaren Eigenschaften von Software-Bausteinen sind die Eigenschaften, die von anderen Software-Bausteinen wahrgenommen werden können. Hierzu gehören beispielsweise die angebotene Funktionalität, die Schnittstellen und die Performanzeigenschaften der Software-Bausteine. Die inneren Strukturen und Charakteristika von Software-Bausteinen werden bei einer architektonischen Betrachtung im Allgemeinen nicht berücksichtigt. Es erfolgt im Wesentlichen eine holistische Betrachtung eines Systems (siehe Abschnitt 3.3).

Neben der reinen Benennung der Software-Bausteine beschreibt eine Software-Architektur auch die Strukturen zwischen den Software-Bausteinen sowie die damit impliziten Beziehungen. Dabei ist es wichtig, festzuhalten, dass es nicht die eine Struktur gibt, sondern dass je nach Perspektive unterschiedliche Strukturen eines Systems wichtig sind und durch eine Architektur festgelegt werden müssen. So existiert beispielsweise stets eine statische und eine dynamische Struktur eines Systems. Aus diesem Grund nimmt der Architekt bei der Konzeption der Architektur auch unterschiedliche Perspektiven ein (siehe Kapitel 4).

Software-Struktur(en) eines Systems

Im Hinblick auf die in Abschnitt 3.1 vorgestellte Definition der klassischen Architektur adressiert die bisherige Definition von Software-Architektur nur das Arrangement der Teile *(englisch: orderly arrangement of parts)*. Gemäß der klassischen Definition ist Architektur aber weit mehr als nur eine architektonische Beschreibung eines Systems. Sie beinhaltet auch die eigentliche Architektur-Tätigkeit *(englisch: art and science)*, die letztlich zu der Architektur eines Systems führt. Diesem Gesichtspunkt widmet sich Software-Architektur als Disziplin:

Software-Architektur als Disziplin

> Software-Architektur als Disziplin befasst sich mit den architektonischen Tätigkeiten und den hiermit verbundenen Entscheidungen zur Konzeption und Realisierung einer Software-Architektur.

Definition: Software-Architektur als Disziplin

Mit anderen Worten befasst sich Software-Architektur im Sinne einer Architektur-Disziplin primär mit architektonischen Tätigkeiten im Rahmen der Analyse, dem Entwurf und der Implementierung von einzelnen Systemen, wie z. B. E-Commerce-Anwendungen oder eingebetteten Systemen. Eine wichtige Tätigkeit ist hierbei die Identifikation und Konzeption von Software-Bausteinen, ihrer Schnittstellen und ihrer Kollaboration. Dabei erfolgt i. d. R. eine rekursive Dekomposition eines Systems. Dies geschieht ausgehend von den aus der Analyse gewonnenen Anforderungen an das System. Darüber hinaus sind die Berücksichtigung der unterliegenden Plattform und die Wahl der Verteilung der Software-Bausteine Aufgaben eines Software-Architekten. Die Wahl von entsprechenden Entwicklungsmethoden und Werkzeugen gehören auch zu seinem Aufgabenfeld (siehe Kapitel 8). Maier und Rechtin verwenden in diesem Zusammenhang auch den Begriff *Architecting*, um dem handelnden Aspekt von Architektur entsprechend Ausdruck zu verleihen

[Maier und Rechtin 2000]. Im Deutschen könnte man hierbei vom *Architekturieren* von Software-Architekturen sprechen.

Ganzheitliche Betrachtung von Software-Architektur

Für dieses Buch haben wir uns bewusst entschlossen, die Gesichtspunkte Struktur und Tätigkeit zunächst in Definitionen zu trennen. Die Software-Architektur als Struktur kann als Ergebnis der Software-Architektur als Disziplin angesehen werden. Software-Architektur in ihrer Gesamtheit umfasst letztlich die Software-Architektur als Struktur und die Software-Architektur als Tätigkeit bzw. Disziplin:

$$\text{Software-Architektur}_{Gesamt} = \text{Software-Architektur}_{Struktur} + \text{Software-Architektur}_{Disziplin}$$

Wenn im weiteren Verlauf des Buches von Software-Architektur gesprochen wird, kann darunter zum einen das Ergebnis respektive die Software-Struktur(en) eines IT-Systems und zum anderen die Tätigkeit des Software-Architekten verstanden werden.

Definition: Systemarchitektur

Die gesamte Architektur eines Systems berücksichtigt neben Software-Bausteinen auch Hardware-Bausteine. Aus Gründen der Vollständigkeit wird deshalb eine breiter gefasste Definition von Systemarchitektur eingeführt, die ebenfalls auf der Definition von Bass [Bass et al. 2003] basiert:

> Die Systemarchitektur eines Systems beschreibt dessen Struktur respektive dessen Strukturen, dessen Bausteine (Software- und Hardware-Bausteine) sowie deren sichtbaren Eigenschaften und Beziehungen zueinander.

Weitere Architektur-Disziplinen in der IT

Neben der Software-Architektur existieren in der IT weitere Architektur-Disziplinen. Dies liegt unter anderem darin begründet, dass IT-Systeme immer komplexer werden und daher eine Spezialisierung in einem Gebiet notwendig machen. Folgende beispielhafte Ausführungen sollen dies verdeutlichen. Der Fokus liegt hierbei auf einem unternehmensbezogenen IT-System. Die Problematik lässt sich jedoch auch auf andere IT-Systeme, wie eingebettete Systeme, übertragen. In Klammern wird hierbei jeweils die entsprechende Architektur-Disziplin benannt.

> Verschiedene Software-Bausteine eines Systems können auf unterschiedliche Hardware verteilt sein, die über ein Netzwerk miteinander verbunden sind. Somit sind bei der Architektur-Konzeption auch

Netzwerkaspekte zu berücksichtigen (Architektur-Disziplin: *Netzwerkarchitektur*).

> Darüber hinaus müssen Systeme zum Austausch von Daten oder zur Unterstützung systemübergreifender Geschäftsprozesse miteinander kommunizieren. Dies macht deren Integration innerhalb von Unternehmen und über Unternehmensgrenzen hinweg erforderlich. Die Architektur eines Systems muss aufgrund dessen auch integrative Aspekte würdigen (Architektur-Disziplin: *Integrationsarchitektur*).

> Die Qualität der ausgetauschten Daten hat hierbei eine wesentliche Bedeutung für den Erfolg eines Unternehmens. Systeme haben aus diesem Grund oftmals die Aufgabe, in einem Unternehmen verstreut existierende Daten zu sammeln und zur Verfügung zu stellen. Die Repräsentation dieser Daten muss auch bei der Architektur-Konzeption berücksichtigt werden (Architektur-Disziplin: *Datenarchitektur*).

> Die ausgetauschten und von einem System verarbeiteten Daten können hoch sensible Informationen enthalten und müssen vor dem Zugriff durch unberechtigte Dritte geschützt werden. Die Gewährleistung dieser Sicherheit ist aufgrund dessen durch ein System zu garantieren und in dessen Architektur entsprechend vorzusehen (Architektur-Disziplin: *Sicherheitsarchitektur*).

> Nicht zuletzt ist es auch erforderlich, dass Systeme in einer adäquaten Art und Weise betrieben werden können, um die benötigte Verfügbarkeit und Zuverlässigkeit zu gewährleisten. Deshalb sind Gesichtspunkte hinsichtlich des Betriebs des Systems in die Architektur einzuplanen (Architektur-Disziplin: *System-Management-Architektur*).

> Darüber hinaus müssen Systeme in der Regel gemäß vorgegebener Standards und Richtlinien entwickelt werden, die in einem Unternehmen im Rahmen einer umfassenden IT-Strategie festgelegt wurden (Architektur-Disziplin: *Enterprise-Architektur*).

Die im Beispiel genannten Architektur-Disziplinen werden im Folgenden kurz charakterisiert, um diese voneinander unterscheiden zu können.

Enterprise-Architektur ist eine Disziplin, die unter Berücksichtigung von Geschäftsstrategien, Prozessen und Informationen eine unternehmensweite IT-Architektur entwirft. Die Enterprise-Architektur umfasst dabei Applikationen, Daten und Technologien zur Realisierung der

Enterprise-Architektur

Geschäftsstrategie. Des Weiteren hat Enterprise-Architektur die Aufgabe, den Übergangsprozess von der Ist-Architektur zur geplanten Ziel-Architektur aufzuzeigen und zu überwachen. Enterprise-Architektur adressiert somit die Zielarchitektur, den Übergangsprozess (*Transition*) und die Steuerung (*Governance*) desselbigen. Im Hinblick auf das zuvor eingeführte Beispiel legt Enterprise-Architektur die Standards und Richtlinien fest, an denen sich Architekten bei der Konzeption von Systemen orientieren müssen. Im Sinne der klassischen Architektur würde die Enterprise-Architektur den Bebauungsplan festlegen.

Datenarchitektur

Datenarchitektur umfasst die datenorientierten Aspekte eines Systems. Die Konzeption logischer und physischer Datenmodelle, die Auswahl von Persistenzmechanismen (z. B. Datenbank oder Dateisystem), die Konfiguration einer Datenbank oder die Konzeption eines Data Warehouse sind Tätigkeiten dieser Disziplin.

Integrationsarchitektur

Integrationsarchitektur beschäftigt sich mit der Planung und Realisierung von integrativen Lösungen mit dem Ziel, mehrere Applikationen oder Systeme eines oder mehrerer Unternehmen miteinander zu verbinden. Dabei müssen meist heterogene Plattformen, Technologien, Organisationen und Daten in Einklang gebracht werden. Eine wichtige Aufgabe ist hierbei oftmals auch die Berücksichtigung von Legacy-Systemen und deren Anschluss an E-Business-Lösungen.

Netzwerkarchitektur

Netzwerkarchitektur beleuchtet die Infrastruktur von Systemen beziehungsweise gesamter Unternehmungen. Die Planung und Konzeption der Funktionen, Dienste, Bausteine und Protokolle eines Netzwerks sind die Hauptaufgaben dieser Disziplin.

Sicherheitsarchitektur

Sicherheitsarchitektur fokussiert sich auf die Gewährleistung von Vertraulichkeit, Integrität und Verfügbarkeit von Systemen beziehungsweise Systemlandschaften. Die Konzeption und Realisierung von PKI-Infrastrukturen, die Implementierung einer unternehmensweiten Single-Sign-on-Lösung und die Etablierung eines Identitätsmanagements sind z. B. Aufgabenfelder dieser Architektur-Disziplin. Ferner ist jedoch auch die Authentifizierung und Autorisierung von Benutzern innerhalb einer Applikation ein Aspekt dieser Disziplin. Des Weiteren ist die Durchführung von Tests zur Identifikation von Sicherheitslücken dieser Disziplin zuzuordnen.

System-Management-Architektur beinhaltet hauptsächlich den operationalen Aspekt von Systemen. Die Konzeption von Betriebsstrategien zentraler und dezentraler Systemlandschaften und die Definition von Service Level Agreements sind Aufgaben, denen ein Architekt in dieser Disziplin gegenübersteht. Ferner beschreibt eine System-Management-Architektur z. B., wie ein System an eine System-Management-Umgebung angeschlossen wird.

System-Management-Architektur

Die Aufzählung erhebt keinen Anspruch auf Vollständigkeit. Die in der *WAS-Dimension* genannten Disziplinen haben jedoch eine wesentliche Bedeutung in der Informations-Technologie.

Kein Anspruch auf Vollständigkeit

In ihrer Gesamtheit können die genannten Architektur-Disziplinen zu einem System beitragen. Mit zunehmender Komplexität und Größe des Systems werden fundierte Kenntnisse in anderen Architektur-Disziplinen als der Software-Architektur immer wichtiger. Oftmals sind die Aufgaben der Disziplinen auf mehrere Schultern verteilt, sodass die Architektur eines Systems als Teamleistung anzusehen ist. In der Regel kommt dem Software-Architekten hierbei die Hauptverantwortung zu. Der Software-Architekt zieht zur Klärung von Fragen und zur Abstimmung Architekten anderer Disziplinen hinzu. Das Zusammenspiel der Architektur-Disziplinen kann Abbildung 3.2-2 entnommen werden.

Architektur-Disziplinen im Zusammenspiel

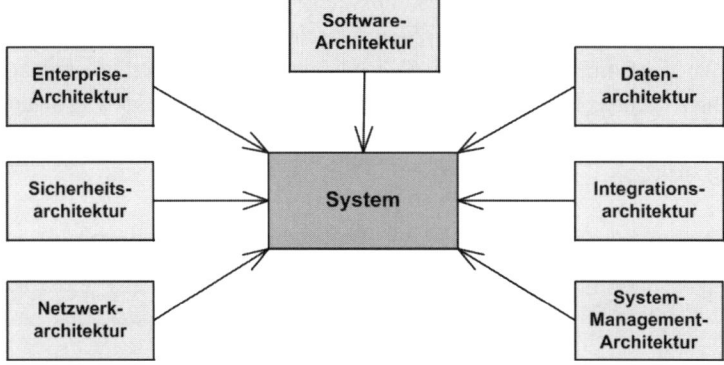

Abb. 3.2-2: *Architektur-Disziplinen im Zusammenspiel.*

Eine Differenzierung zwischen den Architektur-Disziplinen ist nicht immer einfach und als Software-Architekt wird man sich mit allen Themen befassen müssen, da ein zu realisierendes System Aspekte der unterschiedlichen Architekturen aufweisen kann.

3.3 Architektur und der Systemgedanke

Architektur und Systeme

Der Begriff des Systems wurde in den vorangegangenen Kapiteln bereits mehrfach benutzt, da sich Architektur generell mit Systemen beschäftigt, seien es nun Bauwerke, Städte, Landschaften oder IT-Systeme. Aus diesem Grund ist es wichtig, die allgemeinen Eigenschaften von Systemen zu verstehen. Ein grundlegendes Verständnis von Systemen und des Denkens in Systemen ist folglich eine Voraussetzung für das erfolgreiche Handeln als Software-Architekt. Aus diesem Grund werden in diesem Abschnitt wesentliche Aspekte der Systemtheorie kurz behandelt.

Definition: System

Als Ausgangspunkt für die Ausführungen dient die im Folgenden vorgestellte Systemdefinition von dem österreichischen Biologen Ludwig von Bertalanffy, einem der wichtigsten theoretischen Biologen und Systemtheoretiker des 20. Jahrhunderts [Bertalanffy 1976]:

> A system is an entity which maintains its existence through the mutual interaction of its parts.

Nach dieser allgemeinen Definition ist ein System eine Einheit, die aus wechselseitig interagierenden Teilen respektive Systembausteinen besteht. Ein System kann aus Subsystemen oder feingranulareren Systembausteinen bestehen und hierarchisch aufgebaut sein. Mit anderen Worten kann ein System als Systembaustein anderer Systeme angesehen werden. Ein System besitzt eine Systemgrenze, die es von seiner Umwelt differenziert. Dieser Sachverhalt wird in Abbildung 3.3-1 illustriert.

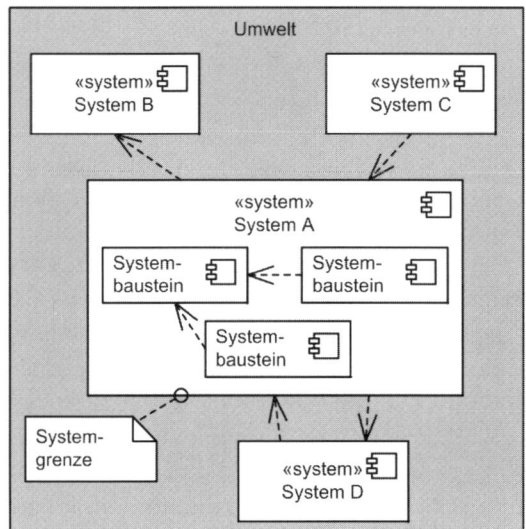

Abb. 3.3-1: *System im Kontext seiner Umwelt.*

Ein System existiert immer zur Erreichung eines Ziels. Eine Fußballmannschaft als ein Beispiel für ein organisatorisches System existiert beispielsweise mit dem Ziel, die Meisterschaft zu gewinnen. Genauso bildet sich eine Projektgruppe mit dem Ziel, ein Projekt erfolgreich abzuschließen und das damit verbundene Ziel zu erreichen. Ein IT-System existiert wiederum zur Erreichung fachlicher Ziele (siehe Abschnitt 3.2).

Systeme haben Ziele

Systeme können mit ihrer Umwelt interagieren und Informationen austauschen, um ihr Ziel zu erreichen. Das Beispiel aus Abbildung 3.3-1 zeigt, dass das betrachtete System A auf Informationen von System B angewiesen ist und System C mit Informationen versorgt. Des Weiteren findet eine beidseitige Kommunikation zwischen System D und dem Beispielsystem A statt. Je nachdem ob ein System mit seiner Umwelt interagiert, unterscheidet die Systemtheorie zwischen folgenden Systemarten:

Systemarten

> *Offene Systeme* stehen in Kontakt mit ihrer Umwelt und tauschen mit ihr Informationen aus. Darüber hinaus kann ein Energieaustausch stattfinden. Sie müssen mit ihrer Umwelt interagieren, um existieren zu können.

> *Geschlossene Systeme* tauschen mit ihrer Umwelt zwar keine Informationen aus, jedoch stehen sie mit ihr in einer energetischen Beziehung.

Existieren geschlossene Systeme?

Geschlossene Systeme sind in der Praxis so gut wie nie vorzufinden, da sie immer in Wechselwirkung mit ihrer Umwelt stehen. Ein Haus als System der klassischen Architektur ist in aller Regel an die Strom- und Wasserversorgung, die von seiner Umwelt bereitgestellt wird, angeschlossen. Ferner ist der Bau einer Straße im Bereich der Raumplanung immer eingebettet in die übergreifende Straßenplanung seiner Umwelt respektive des Straßennetzes.

Emergenz von Systemen

Eine wichtige Erkenntnis der Systemtheorie ist die Emergenz von Systemen. Emergenz besagt, dass ein System Eigenschaften besitzt, die es von seinen Systembausteinen unterscheidet. Demnach weist kein Systembaustein diese Eigenschaften auf, sondern diese entstehen erst durch das Zusammenspiel der einzelnen Systembausteine. Mit anderen Worten ist das Ganze (das System) mehr als die Summe seiner Einzelteile (Systembausteine) [Rechtin 1991]. Die emergenten Eigenschaften von Systemen existieren somit nur auf der Ebene des Systems und nicht auf der untergeordneten Ebene seiner Systembausteine. Im Hinblick auf Architektur bedeutet dies, dass jede *Architektur-Ebene* unterschiedliche emergente Eigenschaften aufweist (siehe Kapitel 4).

Beispiele für emergente Systeme

Die Entstehung eines Tornados ist ein Beispiel für die Emergenz von Systemen. Als Systembausteine sind in diesem Zusammenhang feuchte, warme als auch trockene, kalte Luftmassen zu verstehen. Erst durch das Zusammentreffen und Zusammenspiel dieser Systembausteine kann sich ein Tornado bilden. Das Gesamtsystem, der Tornado, verhält sich dabei vollkommen anders als seine Bausteine. Er besitzt also Merkmale, die ihn deutlich von denen seiner Systembausteine unterscheiden. Ähnlich verhält es sich mit dem menschlichen Gehirn, das aus vielen Neuronen besteht und erst durch deren Zusammenspiel im Stande ist, zu denken. Das Verhalten von Systemen lässt sich also nicht allein durch das Verhalten ihrer einzelnen Systembausteine erklären. In der IT zeigt sich die Emergenz von Systemen sehr oft in Großprojekten, wie beispielsweise einer automatischen, satellitengestützten Mauterfassung oder dem vollautomatischen Transport von Gepäckstücken in einem Flughafen. Diese Beispiele aus der Praxis zeigten anschaulich, dass ein System sich nicht so verhält wie angenommen, obwohl die Systembausteine für sich ggf. wie erwartet funktioniert haben.

Holismus

Die ganzheitliche Betrachtung von Systemen untersucht ein System in seiner Gesamtheit. Es erfolgt eine Konzentration auf die emergenten Systemeigenschaften, die durch die Interaktion der Systembausteine entstehen. Erst hierdurch lässt sich entscheiden, ob eine Architektur tragfähig ist, da Aussagen über das Gesamtverhalten nur durch eine

ganzheitliche Sicht gemacht werden können. Diesen als Holismus bezeichneten Ansatz verdeutlicht Abbildung 3.3-2. Die Subsysteme werden dabei als Black Box angesehen.

Im Gegensatz zum Holismus werden die einzelnen Systembausteine im
Sinne des Reduktionismus getrennt voneinander analysiert. Bezogen
auf Abbildung 3.3-2 bedeutet dies, dass beispielsweise nur Subsystem A
inklusive dessen Systembausteine näher beleuchtet wird (siehe Abbildung 3.3-3). Diese Sichtweise hilft, konkrete Aussagen über das Verhalten und die Funktionsweise einzelner Systembausteine zu treffen. Ein
Subsystem wird somit als White Box wahrgenommen. Aufgrund der
inhärenten Emergenz von Systemen ist es jedoch so nicht möglich, das
Verhalten des Gesamtsystems zu bestimmen.

Reduktionismus

Deshalb sind der Holismus und der Reduktionsmus als komplementäre
Ansätze zu verstehen. Nur indem man weiß, aus welchen Systembausteinen ein System besteht (*Reduktionismus*), lassen sich auch Aussagen
über das holistische Verhalten des Systems treffen (*Holismus*).

**Holismus und Redukti-
onismus sind komple-
mentär**

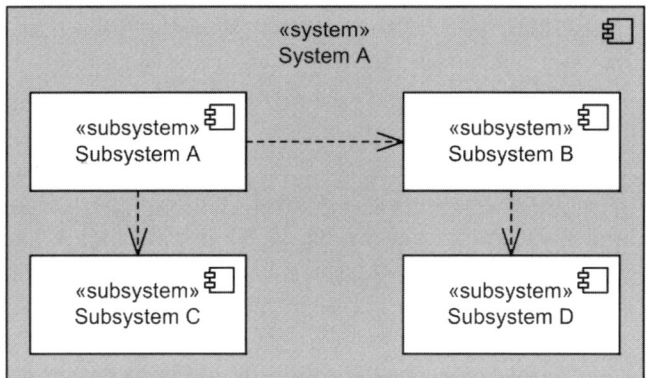

Abb. 3.3-2: *Systembetrachtung im Sinne des Holismus.*

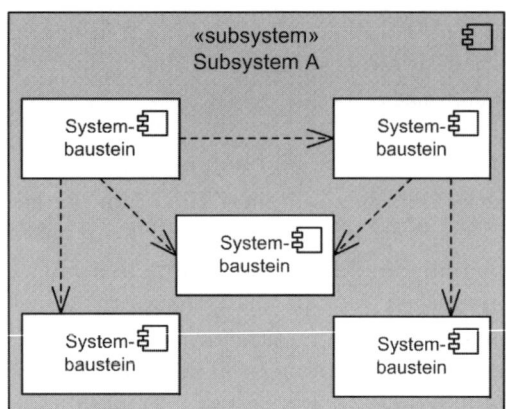

Abb. 3.3-3: *Systembetrachtung im Sinne des Reduktionismus.*

Denken in Systemen

Das Denken in Systemen lässt sich als *architektonisches Denken* verstehen, das die wesentlichen Bausteine einer Architektur sowie deren Zusammenspiel behandelt und Aussagen darüber trifft, wie die Anforderungen an das System durch die Architektur getragen werden. Ferner beinhaltet dieser Ansatz die Besinnung auf Architektur-Erfahrung in Form von Architektur-Stilen. Letztlich ist architektonisches Denken eine Methode, um sich zielführend mit Architektur zu beschäftigen. Im architektonischen Sinn steht hierbei die holistische Betrachtungsweise im Vordergrund.

Wahl der Systemgrenze

Um ein System beziehungsweise dessen Architektur im Sinne der Systemtheorie zu untersuchen, ist es wichtig, die für die jeweilige Betrachtung relevante Systemgrenze zu wählen. Falls die Systemgrenze nicht passend gezogen wird, leidet das Ergebnis der Betrachtung, da unter Umständen zu viel respektive zu wenig Aspekte des Systems dargestellt werden. Das folgende Beispiel skizziert die Wahl der Systemgrenze anhand der Planung eines Heizungssystems.

Beispiel zur Wahl der Systemgrenze

Eine Heizungsanlage ist ein System mit dem Ziel, Behaglichkeit in einem Gebäude z. B. einem Haus zu erreichen. Das zu beheizende Gebäude stellt die Systemgrenze dar. Eine Heizungsanlage besteht aus den Systembausteinen *Energiezufuhr*, *Wärmeerzeuger*, *Wärmeverteilung*, *Heizflächen* und *Regelung*. Ein einzelner Raum des Gebäudes kann als ein Subsystem betrachtet werden, das Systembausteine des Gesamtsystems enthält.

Bei der Planung, Konzeption und Realisierung eines Heizungssystems wird in einem ersten Schritt im Sinne des Reduktionismus vorgegangen, indem zunächst jeder einzelne Raum als System betrachtet wird, um im Anschluss auf Basis der einzelnen Räume das Gesamtsystem zu erstellen. Die Systemgrenze wird also zu Beginn bewusst eng gefasst, um ein Heizungssystem zu erhalten, das die

Heizanforderungen jedes einzelnen Raumes befriedigt. Bei der Betrachtung der Räume müssen z. B. folgende Aspekte geklärt werden:

> Raumnutzung zur Bestimmung der benötigten Innentemperatur (Anforderung)

> Bauausführung mit Wärmedämmung der Raumumfassungsflächen (Grenzen des Subsystems)

> Anzunehmende Raumtemperatur der Nachbarräume (weitere Subsysteme), um Wärmeverluste beziehungsweise -gewinne festzustellen (Kommunikation und Energieaustausch mit anderen Subsystemen)

Die Ergebnisse dieser Untersuchungen dienen als Basis zur Dimensionierung der für die Räume benötigten Heizkörper und der erforderlichen Heizleistung.

Es reicht jedoch nicht aus, nur die Bedürfnisse der einzelnen Räume zu betrachten und zu summieren, um die an die Heizungsanlage gestellten Anforderungen zu bestimmen. Vielmehr muss das gesamte Gebäude als System angesehen und die Systemgrenze entsprechend verschoben werden. Es erfolgt also eine holistische Betrachtung. Auf der Architektur-Ebene *Gebäude* ist es wichtig, den Standort des Gebäudes und die damit verbunden klimatischen Bedingungen wie tiefste Außentemperatur und Windstärke zu kennen.

Aus den durch die Veränderung der Systemgrenze erhaltenen Erkenntnissen kann ein Heizungssystem konzipiert werden, das den Anforderungen des gesamten Gebäudes gerecht wird. Vollzieht man diesen Systemgrenzenwechsel nicht, erhält man beispielsweise ein Heizungssystem, das das Gebäude nicht mit genügend Wärme versorgen kann oder überdimensioniert ist und dadurch im Energieverbrauch nicht wirtschaftlich ist.

3.4 Architektur und die Bausteine eines Systems

Architektur beschäftigt sich ganz allgemein mit der Strukturierung von Systembausteinen eines Systems. Software-Architektur legt dabei den Fokus auf die Software-Bausteine eines Systems. Unabhängig davon, mit welcher Architektur-Disziplin man sich schwerpunktmäßig in der Informations-Technologie beschäftigt, ist es wichtig, die grundlegenden Arten von Systembausteinen zu kennen. Dies unterstützt das architektonische Denken, da es auf einem höheren Abstraktionsniveau illustriert, aus welchen Bausteinen ein System besteht, wie diese Bausteine miteinander in Beziehung stehen und welche Bedeutung den einzelnen Bausteinen zukommt. Dadurch werden Systeme greifbar und Entscheidungen auf verschiedene Bausteine fokussierbar.

Grundlegendes Verständnis von Systembausteinen

Des Weiteren entsteht hierdurch ein gemeinsames Vokabular bzw. eine gemeinsame Taxonomie, die in allen Architektur-Disziplinen der Infor-

Gemeinsames Vokabular

mations-Technologie Anwendung finden kann. Aufgrund dessen kann damit auch die Zusammenarbeit von Architekten der einzelnen Disziplinen verbessert werden, da sie ein gemeinsames Verständnis von Systemen besitzen.

Unterschiedliche Betrachtungsweise je nach Architektur-Disziplin

Die Architktur-Disziplinen befassen sich mit unterschiedlichen Gesichtspunkten eines Systems. Aus diesem Grund stehen für Architekten der einzelnen Disziplinen verschiedene Bausteine bzw. Aspekte von Bausteinen bei ihrer Tätigkeit im Vordergrund. Architekten betrachten dabei Bausteine unter verschiedenen Blickwinkeln. Ein Software-Architekt wird z. B. einen Software-Baustein primär hinsichtlich seiner Funktionalität, Verantwortung und Schnittstellen betrachten. Im Gegensatz hierzu analysiert ein Sicherheits-Architekt, ob der Software-Baustein den Sicherheitsansprüchen genügt und beispielsweise keine in Klartext gespeicherten Passwörter verwendet.

Systembausteine und ihre Beziehungen

Im Folgenden in Abbildung 3.4-1 vorgestellten Modell werden die wichtigsten Systembausteine und ihre Beziehungen zueinander vorgestellt. Der Schwerpunkt liegt hierbei auf der einfachen Darstellung der für Architektur relevanten Bausteine eines Systems.

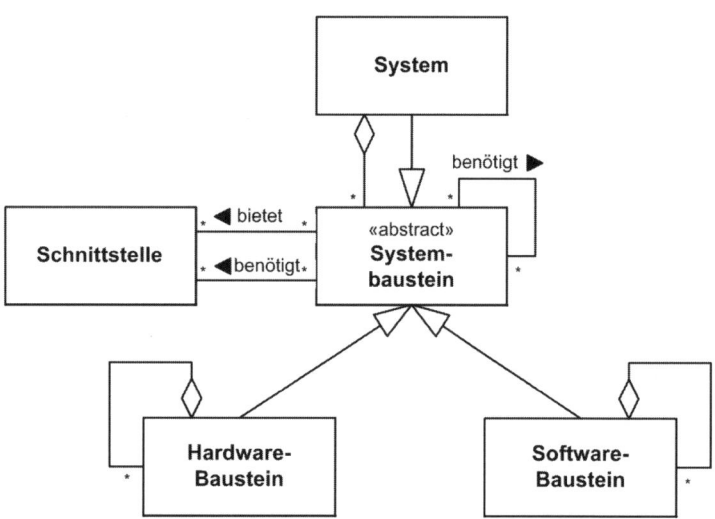

Abb. 3.4-1: *Systembausteine und ihre Beziehungen.*

Systembaustein

Das zentrale Konzept in Abbildung 3.4-1 ist der *Systembaustein*. Er repräsentiert den abstrakten Typ aller konkreten Bausteine eines Systems. Ein Systembaustein kann andere Systembausteine benötigen und kann über eine oder mehrere Schnittstellen verfügen respektive eine oder mehrere Schnittstellen anderer Systembausteine erfordern.

Ein *System* besteht aus Systembausteinen und ist selbst von diesem Typ. Dadurch kommt zum Ausdruck, dass ein System auch Subsysteme beinhalten kann.

System

Subsysteme vereinen kohärente Funktionalität und sind in sich selbst abgeschlossen. Somit bietet ein Subsystem zusammengehörende Funktionalität, die einen Teil der an das System gestellten Anforderungen befriedigt.

Subsystem

Als Spezialisierungen von Systembaustein können *Software-* und *Hardware-Bausteine* angesehen werden. Ein Hardware-Baustein kann einen anderen Hardware-Baustein benötigen und aus Hardware-Bausteinen bestehen. Ein Personal-Computer als Hardware-Baustein besteht beispielsweise aus einem Motherboard, einer Grafikkarte, einer Netzwerkkarte und vielen anderen Hardware-Bausteinen. Hardware-Bausteine besitzen auch Schnittstellen. So wird eine Grafikkarte beispielsweise in eine Schnittstelle des Motherboards eingesetzt.

Software- und Hardware-Bausteine

Die Beziehungen zwischen den verschiedenen Systembausteinen werden im Folgenden an einem Beispiel näher betrachtet. Das Hauptaugenmerk liegt dabei auf den Software-Aspekten von Systemen. Als Beispiel dient ein Management-Informations-System (MIS) zur Erhebung und Auswertung von Geschäftskennzahlen.

In dem MIS ist es beispielsweise notwendig, Daten, die als Basis zur Berechnung der Kennzahlen dienen, aus anderen Systemen zu importieren. Die hierfür benötigte Funktionalität kann in einem *Import-Subsystem* vereint und von anderen Subsystemen des MIS genutzt werden. Dieses Beispiel verdeutlicht bereits, dass Subsysteme miteinander kommunizieren, um die Anforderungen des Systems zu erfüllen. Im Fall des *Import-Subsystems* könnte ein *Benutzerschnittstellen-Subsystem*, das den Wunsch des Benutzers entgegennimmt, einen Import durchzuführen, mit dem *Import-Subsystem* kommunizieren und einen Import initiieren (siehe Abbildung 3.4-2).

Systembausteine benötigen Systembausteine

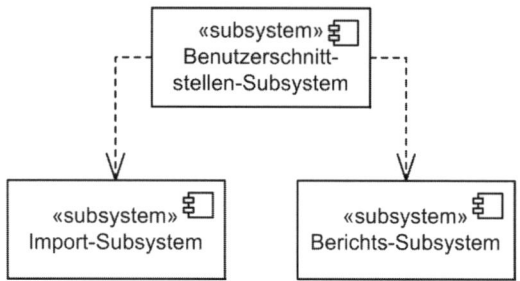

Abb. 3.4-2: *Subsysteme benötigen anderen Subsysteme.*

Systembausteine bestehen aus Systembausteinen

Darüber hinaus können Systembausteine aus weiteren Systembausteinen bestehen, um diese weiter zu strukturieren. Dies kann wieder anhand der Subsysteme des MIS-Beispiels illustriert werden. Eine wichtige Funktionalität des MIS ist die Generierung von Geschäftskennzahlen-Berichten. Dieser Aufgabe könnte sich ein *Berichts-Subsystem* widmen. Es kann angebracht sein, dass Berichte über unterschiedliche Publikationskanäle wie E-Mail, HTML oder das Adobe Portable Document Format (PDF) verteilt werden. Die Logik zur Generierung kanalspezifischer Berichte kann in dedizierte Subsysteme des Berichts-Subsystems eingebettet werden (siehe Abbildung 3.4-3).

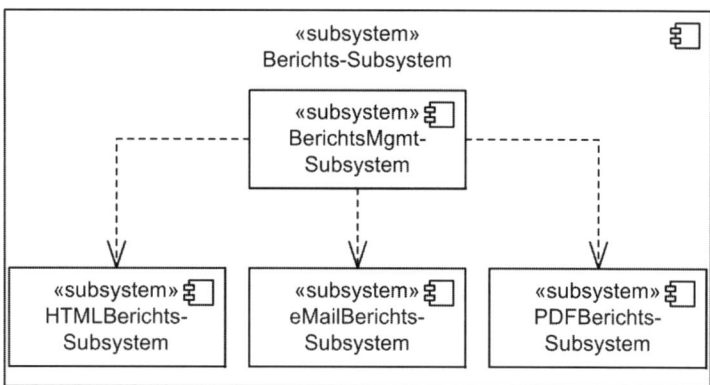

Abb. 3.4-3: *Systembausteine bestehen aus Systembausteinen.*

Zugriff auf Systembausteine über Schnittstellen

Systeme bestehen aus Hardware- und Software-Bausteinen. Diese Bausteine verfügen über implizite oder explizite *Schnittstellen*. Eine Schnittstelle definiert einen Vertrag zwischen dem Systembaustein, der die Schnittstelle anbietet, und den Software-Bausteinen, die sie nutzen. Des Weiteren legt eine Schnittstelle die Operationen fest, die von dem Systembaustein angeboten werden. Eine explizite Schnittstelle ist losgelöst vom eigentlichen Systembaustein. Das Konzept der expliziten Schnittstelle wird beispielsweise durch Technologien wie Enterprise Java Beans oder Web Services umgesetzt. Implizite Schnittstellen sind dahingegen direkte Bestandteile des Software-Bausteins. Ein C-Modul ist ein Beispiel für einen Software-Baustein, der über eine implizite Schnittstelle verfügt. Das *Berichts-Subsystem* unseres Beispielsystems enthält z. B. einen Software-Baustein *BerichtsMgr*, der eine Schnittstelle zur Generierung von E-Mail-, HTML- oder PDF-Berichten für Geschäftskennzahlen bietet. Über diese Schnittstelle kann die Erzeugung von Berichten von Seiten des Benutzerschnittstellen-Subsystems angestoßen werden.

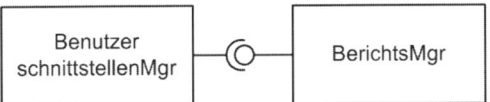

Abb. 3.4-4: *Systembausteine nutzen Systembausteine über Schnittstellen.*

Die in Abbildung 3.4-4 dargestellte Beziehung verdeutlicht, dass der Software-Baustein *BenutzerschnittstellenMgr* über die Schnittstelle des BerichtsMgr-Bausteins die Erzeugung von Berichten initiiert.

Zur Erzeugung von konkreten PDF-Berichten wird im MIS ein *PDFBerichtsMgr* eingesetzt. Dieser besteht aus weiteren Software-Bausteinen, wie z. B. einem *PDFBerichtsabsatzErzeugerROI* zur Generierung eines Absatzes innerhalb des Berichts, der Informationen zum Return On Investment enthält (siehe Abbildung 3.4-5).

Software-Bausteine bestehen aus Software-Bausteinen

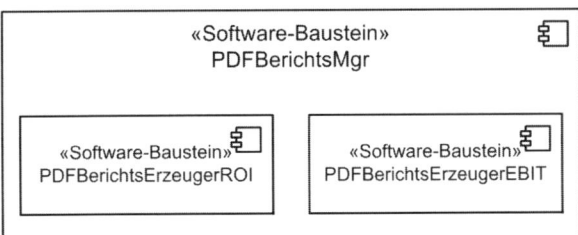

Abb. 3.4-5: *Software-Bausteine bestehen aus Software-Bausteinen.*

Dieser Sachverhalt gilt selbstverständlich auch für Hardware-Bausteine. Da der Fokus in diesem Zusammenhang jedoch auf Software-Bausteinen liegt, wird auf ein konkretes Beispiel verzichtet.

Ein weiteres, wichtiges Konzept, welches im eingeführten Modell nicht enthalten ist, ist die Anordnung eines Systems in *Schichten* (englisch: *layers*). Ein System kann in Schichten organisiert sein, die Subsysteme beinhalten. Eine *Schicht* dient zur logischen Strukturierung eines Systems in Hierarchieebenen. Subsysteme einer Schicht besitzen gemein-

Schicht

same Merkmale und Aufgaben. Subsysteme einer Schicht können nur auf Subsysteme darunter liegender Schichten zugreifen. Je nachdem wie streng diese Konvention ausgelegt wird, sind sogar nur Zugriffe auf die nächsttiefere Schicht erlaubt. Für eine genaue Beschreibung dieses Prinzips sei an dieser Stelle auf das Layers-Architektur-Muster verwiesen [Buschmann et al. 1996].

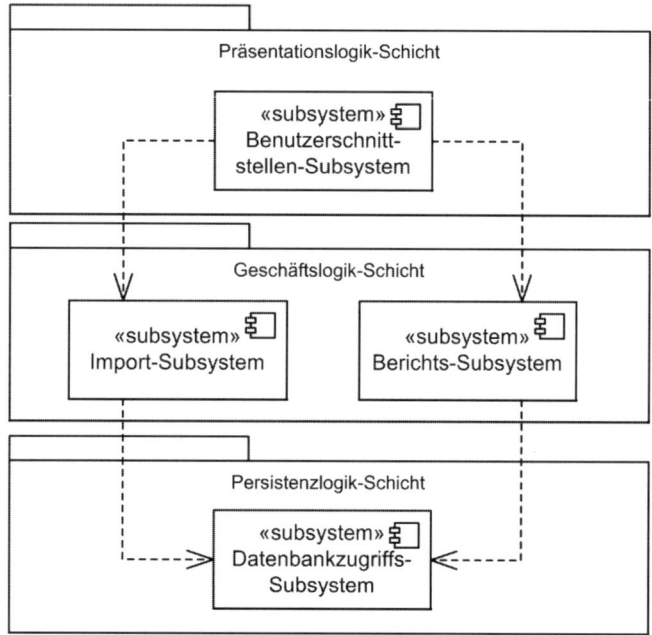

Abb. 3.4-6: *Ein System ist organisiert auf Schichten.*

Abbildung 3.4-6 illustriert die *Schichten* des MIS-Beispiels und die Positionierung der *Subsysteme* je nach Aufgabenbereich. Es wird deutlich, dass das MIS in eine Präsentationslogik-, Geschäftslogik- und Persistenzlogik-Schicht unterteilt ist. Das *Import-* und das *Berichts-Subsystem* sind auf der Geschäftslogik-Schicht angesiedelt und können von dem *Benutzerschnittstellen-Subsystem* der Präsentationslogik-Schicht genutzt werden.

Bislang wurden die grundlegenden Bausteine eines Systems vorgestellt. Abschließend werden wir das eingeführte Modell um den Plattform-Aspekt erweitern. Dies wird in Abbildung 3.4-7 dargestellt.

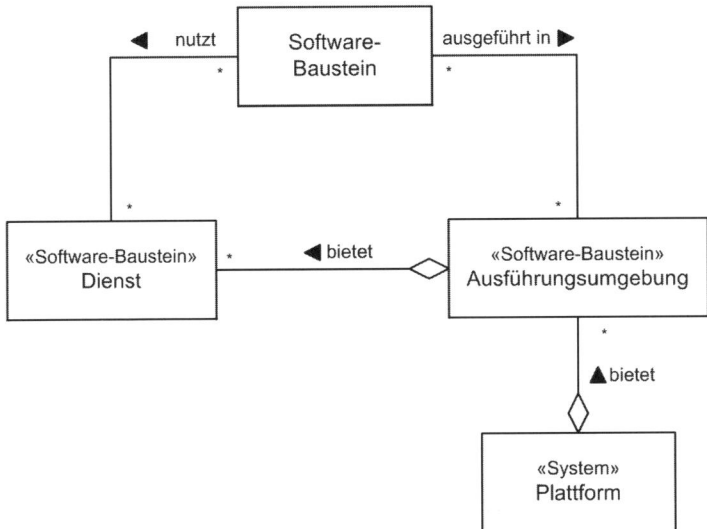

Abb. 3.4-7: *Plattform, Ausführungsumgebung und Dienst.*

Eine *Plattform* ist ein System, welches aus Software- und ggf. Hardware-Bausteinen bestehen kann. Sie dient zur Ausführung von Software-Bausteinen eines Systems und ist Teil der ganzheitlichen Betrachtung von Software-Architektur.

Plattform

Eine Plattform bietet *Ausführungsumgebungen*, in denen Software-Bausteine ausgeführt werden. Eine Ausführungsumgebung ist selbst wieder ein Software-Baustein, der Dienste bereitstellt. Ein J2EE-Applikationsserver bietet beispielsweise Ausführungsumgebungen für J2EE-Bausteine, wie z. B. Java Servlets oder Enterprise Java Beans (siehe Kapitel 6.7.5).

Ausführungsumgebung

Dienste sind ebenfalls Software-Bausteine und bieten Basisfunktionalität, die unabhängig von jeglicher durch das System realisierten Geschäftsfunktionalität ist. Mit anderen Worten bietet ein Dienst Funktionalität zur Befriedigung nicht-funktionaler Anforderungen. Die Bausteine des MIS-Beispiels benötigen z. B. eine J2EE-Ausführungsumgebung. Diese bietet Dienste, wie Ressourcenmanagement, Sicherheit, Transaktionskontrolle oder Persistenz.

Dienst

4 | Architektur-Perspektiven (WO)

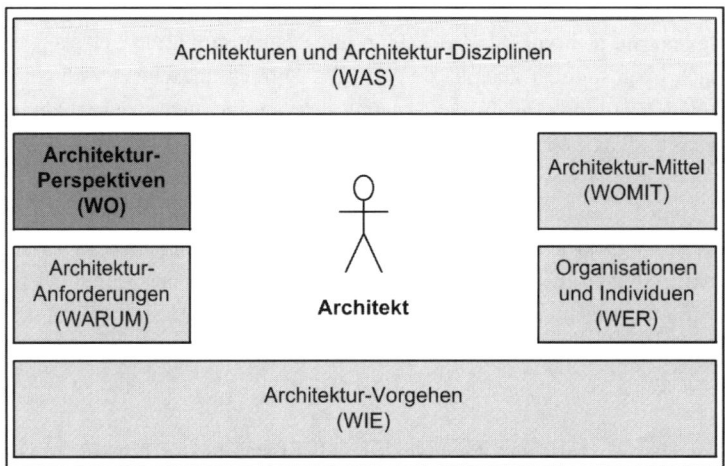

Abb. 4-1: *Positionierung des Kapitels im Ordnungsrahmen.*

Dieses Kapitel befasst sich mit der *WO-Dimension* des architektonischen Ordnungsrahmens. Es zeigt, auf welchen Abstraktionsstufen ein Architekt agiert und wie sich Architektur auf verschiedenen Detaillierungsstufen eines Systems manifestiert. Ferner werden architektonische Sichten vorgestellt, die der Architekt als Betrachtungswinkel auf den Abstraktionsstufen verwenden kann, um die Architektur eines Systems zu beleuchten. Nach dem Lesen dieses Kapitels haben Sie eine Vorstellung davon erhalten, wie Architektur im „Kleinen" und im „Großen" stattfindet und wie Sie mithilfe von Architektur-Perspektiven gezielt verschiedene Aspekte eines Systems betrachten können.

Übersicht

4.1 Architektur-Ebenen

Teleskopische Betrachtung von Systemen

Stellen Sie sich vor, Sie betrachten ein System durch ein Teleskop. Je nach eingestelltem Zoomfaktor wird die Betrachtungsebene verändert, indem bestimmte Details des Systems sichtbar und andere ausgeblendet werden. Plastisch darstellen lässt sich dies am Beispiel des Städte- und Gebäudebaus sowie der Verkehrsinfrastruktur. Wenn Sie die Erde als System mit einem Teleskop von der Raumstation ISS beobachten und dabei langsam heranzoomen würden, könnten Sie verschiedene Architektur-Ebenen in Bezug auf Städte- und Gebäudebau betrachten. Dabei würden Sie sich von der Ebene der Länder auf die Ebene der Städte und Stadtteile bis hin zu der Ebene einzelner Gebäude und ihrer Stockwerke bewegen.

Grundlegende Architektur-Ebenen

Das eben beschriebene Ebenenschema lässt sich auf Architektur in der IT übertragen. Wenngleich hier die Ebenen nicht mit den Schichten einer Mehr-Schichten-Architektur (siehe Abschnitt 3.4) zu verwechseln sind, sondern als architektonische Abstraktionsniveaus in Bezug auf architektonische Entscheidungen und Strukturen betrachtet werden müssen. Es stellt sich nun die Frage, welche architektonischen Ebenen sich grundsätzlich identifizieren lassen. Um diese Frage zu beantworten, ist zu überlegen, wie die Architektur eines zu realisierenden Systems von außen und von innen (vom System selbst) beeinflusst wird.

Organisationen, Systeme und Bausteine

Um diese Überlegung durchzuführen, kommt wieder die Teleskop-Metapher zum Tragen. Stellen Sie sich dazu bitte vor, Sie möchten ein IT-System durch ein Teleskop betrachten. Bevor Sie jedoch ein bestimmtes IT-System fokussieren können, zeigt Ihnen das Teleskop zunächst den Kontext des IT-Systems. Dabei sehen Sie verschiedene Organisationen und wie diese im Rahmen ihrer verschiedenen Rollen (Auftraggeber, Lieferanten, Partner etc.) zusammenarbeiten. In der nächsten Teleskop-Einstellung schauen Sie sich mit dem Teleskop eine bestimmte Organisation genauer an. Dabei sehen Sie die Systeme (Mitarbeiter, Abteilungen, IT-Systeme etc.) innerhalb der Organisation und wie diese im Rahmen der Geschäftsprozesse der Organisation zum Einsatz kommen und kollaborieren. Sie erhöhen den Zoomfaktor des Teleskops weiter und können jetzt ein bestimmtes IT-System der Organisation näher betrachten. Sie sehen seine Schnittstellen, seine Funktionalität und seine Benutzer (siehe Kapitel 5). Danach zoomen Sie das innere des Systems heran und erkennen die Bausteine, aus denen das System besteht. Sie sehen deren Schnittstellen, Verantwortlichkeiten und Kollaborationen. Anschliessend erhöhen Sie den Zoomfaktor noch weiter und schauen sich mit dem Teleskop das Innenleben der Bausteine im Detail an und stellen dann fest, dass diese wiederum aus Bausteinen bestehen. Weiter unten erfahren Sie beim Thema Mikro-Architektur noch weitere wichtige Sachverhalte zum Innenleben von Bausteinen. Folgende drei grundsätzliche Architektur-Ebenen haben Sie also bis hierhin mit dem Teleskop betrachten können:

> **Organisationsebene:**
> Hier betrachtet man die Organisationen
> **Systemebene:**
> Hier betrachtet man die Systeme der Organisationen
> **Bausteinebene:**
> Hier betrachtet man die Bausteine der Systeme

Abbildung 4.1-1 zeigt das zugehörige Architektur-Ebenenmodell, das die Beziehungen zwischen den eben genannten Architektur-Ebenen illustriert sowie die Stärke ihres Einflusses auf die Architektur eines Systems.

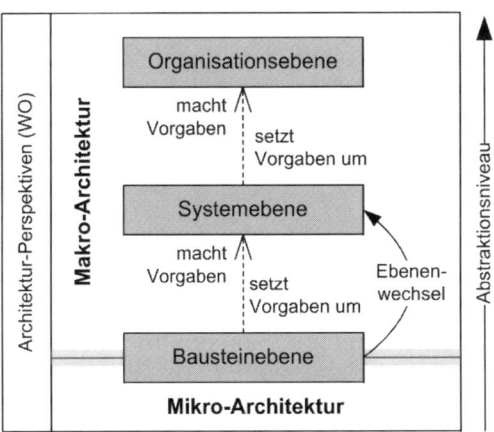

Abb. 4.1-1: *Modell der grundsätzlichen Architektur-Ebenen.*

Eine Architektur-Ebene ist von der jeweils direkt übergeordneten Architektur-Ebene abhängig (siehe Abbildung 4.1-1). Übergeordnete Architektur-Ebenen beeinflussen architektonisch nachfolgende weniger abstrakte Architektur-Ebenen. Das Abstraktionsniveau wird dabei aus Sicht des zu realisierenden Systems gebildet. Beispielsweise ist die Entscheidung, Systeme der IT-Landschaft einer Organisation zukünftig mittels einer Standard-Middleware zu integrieren, aus Systemsicht auf einem höheren Abstraktionsniveau als die Entscheidung, wie (z. B. mittels

Das Architektur-Ebenenmodell in Kürze

XML) ein konkretes System an ein bestimmtes Middleware-Produkt (z. B. IBM WebSphere MQ) anzuschliessen ist. Auf der Organisationsebene befinden sich organisationsweite Vorgaben für die Systeme einer Organisation. Diese Vorgaben werden auf der Systemebene in Form von systemweiten Vorgaben für ein bestimmtes System umgesetzt. Die Vorgaben auf der Systemebene dienen auf der untersten Architektur-Ebene in unserem Architektur-Ebenenmodell, der Bausteinebene, als Grundlage für Vorgaben an die einzelnen Bausteine des betrachteten Systems. Auf jeder Architektur-Ebene kommen verschiedene architektonische Grundprinzipien (siehe Kapitel 6) zum Tragen. Es folgen nun weitere Erläuterungen zum Architektur-Ebenenmodell insbesondere wird dabei im Verlauf noch im Detail auf die einzelnen Architektur-Ebenen eingegangen.

Die Berücksichtigung von Architektur-Ebenen führt zu qualitativ hochwertigeren Architekturen

Architektur-Ebenen verhelfen zu einem klareren Blick auf die Wirkungsfelder, denen die Architektur eines Systems unterliegt. Des Weiteren hilft die Verwendung von Architektur-Ebenen während der Architektur-Konzeption, die Vermischung von unterschiedlichen Aspekten bei der Problemlösung zu vermeiden. Beispielsweise wird die Frage, wie Systeme ihre Daten austauschen sollten, nicht bei der Konzeption eines fachlichen Bausteins wie Kunde beantwortet, sondern einheitlich für sämtliche Fachbausteine auf der Organisations- bzw. Systemebene. Die Berücksichtigung von Ebenen bei der Architektur-Konzeption führt zusammengefasst aus folgenden Gründen zu einer qualitativ hochwertigeren Architektur eines Systems:

> Architektur-Probleme/-Aspekte werden passenden Ebenen zugeordnet und sind damit einfacher zu handhaben [Brown et al. 1998]

> Unterschiedliche Architektur-Probleme/-Aspekte werden nicht vermischt sondern getrennt mit den jeweils probaten Mitteln behandelt

> Einflüsse auf eine Architektur liegen explizit vor und können deshalb besser verstanden und berücksichtigt werden

Architektur-Ebenen sollten Architektur-Prinzipien berücksichtigen

Der Architekt muss sich auf jeder Architektur-Ebene mit spezifischen Problemstellungen befassen. Beispielsweise beschäftigt er sich auf der Organisationsebene mit Geschäftsprozessen, auf der Systemebene mit Systemanwendungsfällen und auf der Bausteinebene mit der Bildung von Bausteinen, welche die Systemanwendungsfälle umsetzen. Dies sollte jedoch auf jeder Architektur-Ebene immer unter Berücksichtigung der architektonischen Grundprinzipien aus Kapitel 6 geschehen. Als Beispiel sei hier hohe Kohäsion genannt. Auf Organisationsebene sollten die Schritte innerhalb von Geschäftprozessen zueinander in hoher Kohäsion stehen. Zum Beispiel sollten in einem Geschäftsprozess „Auftrag erfassen" keine Schritte aus dem Geschäftsprozess „Rechnung stellen" enthalten sein. Auf Systemebene gilt dies für die Schritte innerhalb der Systemanwendungsfälle. Und auf Bausteinebene wird hohe Kohäsion z. B. bei Bildung von Bausteinen wie Subsystemen oder Komponenten angewandt. Nichtbeachtung dieser Grundprinzipien führt im Wesentlichen zu zahlreichen unnötigen Abhängigkeiten zu falschen Zuordnungen von Verantwortlichkeiten und zu Redundanzen auf den Architektur-Ebenen. Diese Folgen wirken sich negativ auf die Umsetzung vorallem nicht-funktionaler Anforderungen (siehe Kapitel 5) und damit auf die Software-Qualität aus.

Bei den vorgestellten Ebenen handelt es sich um grundlegende Architektur-Ebenen. Für die Bedürfnisse unseres Buches ist diese Einteilung ausreichend detailliert. Jede der genannten Architektur-Ebenen lässt sich jedoch bei Bedarf in weitere Architektur-Ebenen aufteilen. Die Architektur-Ebenen sollten jedoch immer über bestimmte emergente Eigenschaften (siehe Kapitel 3) verfügen. Das Software Design Level Model (SDLM) [Brown et al. 1998] ist ähnlich wie unser Architektur-Ebenenmodell aufgebaut zerlegt jedoch beispielsweise die Systemebene in die drei Architektur-Ebenen Systeme, Anwendungen und Rahmenwerke.

Architektur-Ebenen haben emergente Eigenschaften

In Tabelle 4.1-1 sind die Charakteristiken der Architektur-Ebenen sowie deren Bezug zu den Architektur-Disziplinen Enterprise-Architektur und Software-Architektur (siehe Kapitel 3) zusammengefasst aufgeführt.

Architektur-Ebenen und Architektur-Disziplinen

Tab. 4.1-1: Charakteristiken von Architektur-Ebenen.

Architektur-Ebene	Hauptgegenstand	Architektur-Disziplin
Organisationen	Organisationsweite Aspekte wie Geschäftsprozesse, IT-Standards, IT-Richtlinien	Enterprise-Architektur
Systemen	Systemweite Aspekte wie funktionale und nicht-funktionale Anforderungen, Architektur-Richtlinien	Software-Architektur
Bausteine	Bausteinbezogene Aspekte wie funktionale und nicht-funktionale Anforderungen	Software-Architektur

Architektur-Tätigkeiten und Architektur-Ebenen

Tabelle 4.1-2 zeigt, welche Tätigkeiten (siehe Abschnitt 8.1) des Architekten auf welchen Architektur-Ebenen gemacht werden.

Tab. 4.1-2: Architektur-Tätigkeiten und Architektur-Ebenen.

Ebene \ Tätigkeit	Organisations-ebene	System-Ebene	Baustein-ebene
Erstellen des Business Case	x		
Verstehen der Anforderungen		x	x
Entwerfen der Architektur		x	x
Kommunizieren der Architektur	x	x	x
Umsetzen der Architektur			x

Architektur vs. Entwurf

In Kapitel 1 und 3 wurde festgehalten, dass Architektur die tragenden Säulen eines Systems festlegt. Weiter oben in diesem Abschnitt wurde weiterhin gesagt, dass sogar mehr Architektur-Ebenen vorgesehen werden können, als dies in unserem Architektur-Ebenenmodell der Fall ist. Wie verhält es sich nun wenn das Abstraktionsniveau nach unten mit jeder weiteren Ebene sinkt? Wann hört dann Architektur auf und wann fängt Entwurf an? Um diese schwierige Frage ansatzweise zu beantworten unterscheidet unser Architektur-Ebenenmodell in Anlehnung an [Brown et al. 1998] zwischen Mikro- und Makro-Architektur. Die Grenze zwischen Mikro- und Makro-Architektur ist jedoch nicht klar gezogen, sondern bildet einen fliessenden Übergang. Weil die Antwort auf die Frage, ob ein Baustein eine tragende Säule eines Systems darstellt, auch abhängig von der Sicht der jeweiligen Interessenvertreter und deshalb nicht immer eindeutig ist.

Makro-Architektur

Makro-Architektur umfasst das Spektrum der Ebenen, auf denen architektonisch relevante Entscheidungen vorliegen (deshalb Architektur-Ebenen). Damit ist Architektur im „Großen" gemeint, die sich mit Entscheidungen und Strukturen auf hohem Abstraktionsniveau befasst. Und das genau ist Architektur in dem Sinne wie sie in unserem Buch behandelt wird. Die Organisations- und Systemebene sowie der Teil der Bausteinebene auf dem sich die tragenden Bausteine (siehe Kapitel 3) eines Systems befinden gehören zum Bereich der Makro-Architektur. Beispielsweise liegen hier Entscheidungen hinsichtlich wichtiger Systemschnittstellen vor.

Mikro-Architektur ist hingegen Architektur im „Kleinen" (Entwurf!) mit großer Nähe zum Code, die keinen fundamentalen Einfluss auf die Architektur eines Systems hat. Hier befasst sich der Architekt mit Entscheidungen und Strukturen auf einem sehr niedrigen Abstraktionsniveau. Zum Bereich Mikro-Architektur gehört der Teil der Bausteinebene auf dem sich die nicht-tragenden Bausteine eines Systems befinden. In Abbildung 4.1-1 wird dieser Aspekt dadurch verdeutlicht, dass die Bausteinebene auf der Grenze zwischen Makro- und Mikro-Architektur liegt. Jetzt stellt sich die Frage warum sich auf der Bausteinebene auch nicht-tragende Bausteine befinden? Tragende Bausteine können wiederum aus tragenden Bausteinen bestehen usw. (siehe Kapitel 3) Entlang dieser Bausteinhierarchie nimmt das Abstraktionsniveau tendenziell ab und man stösst irgendwann auf nicht-tragende Bausteine auf niedrigem Abstraktionsniveau. Dabei findet dann der Wechsel von der Makro- zur Mikro-Architektur statt. Letztlich besteht die Bausteinebene also intern wiederum aus einer Ebenenhierarchie. Auf den Ebenen (dieser Ebenenhierarchie) mit niedrigem Abstraktionsniveau werden jedoch nicht die tragenden Säulen eines Systems entworfen. Weil diese Ebenen aus diesem Grund keine Architektur-Ebenen mehr sind befindet sich die Bausteinebene auf der Grenze zwischen Makro- und Mikro-Architektur. Ein Baustein für Datumskonvertierung ist ein Beispiel für einen nicht-tragenden Baustein. Entwurfsentscheidungen (bezüglich Signaturen, Gültigkeitsbereiche von Variablen, Entwurfsmuster etc.) für nicht-tragende Bausteine auf der Bausteineben sind vor dem Hintergrund des Architektur-Verständnisses unseres Buches von keiner architektonischen Bedeutung für ein System. Die nun folgenden Abschnitte gehen auf die einzelnen Architektur-Ebenen und die Bausteinebene im Bereich Mikro-Architektur näher ein.

Mikro-Architektur

4.1.1 Organisationsebene

Auf der Organisationsebene befinden sich Organisationen. Es werden auf dieser Architektur-Ebene einzelne Organisationen (Unternehmen, Institutionen, Vereinigungen etc.) ihre Bebauungspläne und Geschäftsprozesse sowie ihre Kollaborationen mit anderen Organisationen (Organisationskontext) beschrieben (siehe Kapitel 3, 5 und 8). Im Mittelpunkt steht auf der Organisationsebene somit eine Organisation an sich. Ein zu entwickelndes System ist hier nur einer von vielen, in den Geschäftsprozessen einer Organisation involvierten Business-Workern (Abteilungen, Mitarbeiter, Systeme etc.) [Kruchten 2000] und wird als Black-Box betrachtet. Das heißt, die technische Funktionalität eines Systems respektive sein innerer Aufbau bleiben auf dieser Architektur-

Bebauungsplan und Geschäftsprozesse einer Organisation

Ebene außen vor. Beispielsweise könnte auf dieser Architektur-Ebene der Geschäftsprozess der Auftragsabwicklung einer Organisation mit all seinen beteiligten Systemen (damit sind nicht ausschließlich IT-Systeme gemeint!) beschrieben werden. Dies wären Systeme wie Kundenabteilung, Buchhaltung, Material-Wirtschaft, Warenwirtschaft etc. Jedoch geschieht dies, ohne dabei auf technische Details der beteiligten IT-Systeme einzugehen.

Organisationsweite IT-Standards und IT-Richtlinien

Des Weiteren werden auf dieser Architektur-Ebene organisationsweite architektonische Festlegungen von zu verwendenden IT-Standards und IT Richtlinien gemacht. Beispielsweise kann es sich hier um die IT-Richtlinie handeln, XML für den Datenaustausch zwischen verschiedenen Systemen zu verwenden ohne dabei auf konkrete XML-Technologien wie XML-Parser etc. einzugehen Diese Festlegungen ermöglichen es, dass Systeme verschiedener Organisationen bzw. verschiedene Systeme innerhalb einer Organisation zusammenarbeiten können, um integrierte Dienstleistungen anbieten zu können. Die architektonischen Entscheidungen auf der Organisationsebene beeinflussen die entsprechenden Entscheidungen auf der nachfolgenden Systemebene, welche die Vorgaben auf der Organisationsebene berücksichtigen müssen.

Organisationsweite Prozesse stehen im Fokus

Häufig werden auf der Organisationsebene Probleme behandelt, die im Zusammenhang mit der Abbildung organisationsübergreifender Prozesse (z. B. Supply Chain Management) und den Daten, die zwischen Organisationen oder den organisationsinternen Systemen ausgetauscht werden, stehen. Weiterhin geht es um Probleme im Zusammenhang mit Enterprise Application Integration (EAI) (siehe Kapitel 3 und Abschnitt 8.3). Die architektonischen Festlegungen müssen bei diesen Problemstellungen über die Sicht eines einzelnen Systems hinausgehen und deshalb eine organisationsweite Ausrichtung haben. Diese umfassen die Vorgabe zu verwendender IT-Standards (z. B. J2EE) und Muster (z. B. Model View Controller) für Architekturen von organisationsweiten Systemen [Fowler 2003]. Damit die Integration von Systemen einfach und flexibel erfolgen kann, ist auf dieser Architektur-Ebene eine Enterprise-Architektur zu errichten, die es erlaubt, Systeme so zu integrieren, dass sich Änderungen an einzelnen Systemen nicht auf die übergeordnete Struktur und damit auch auf andere Systeme auswirken. Eine solche Architektur legt organisationsweit fest, wie verschiedene Systeme miteinander kommunizieren. Ein Beispiel ist eine Klinik mit Patientendatenverwaltung, Krankenkassenverrechnung und medizinischem Auskunftssystem. Ein anderes Beispiel ist das Internet mit all seinen IT-

Standards und IT-Richtlinien. In beiden Beispielen wurde festgelegt, wie Systeme generell miteinander zu kommunizieren haben.

4.1.2 Systemebene

Auf der Systemebene befinden sich die Systeme der Organisationen. Es werden hier einzelne zu realisierende Systeme und ihre zur Verfügung gestellte Funktionalität sowie ihre Kollaborationen mit ihren Umsystemen beschrieben (Black-Box-Sicht). Das heißt, hier stehen die direkten Interaktionen mit dem System im Vordergrund. Ein Beispiel ist ein System für die Auftragserfassung im Rahmen einer Auftragsabwicklung.

Betrachtung des zu realisierenden Systems

Hier geht es also um die funktionalen Anforderungen (siehe Kapitel 5) an ein System in Form von Systemanwendungsfällen. Abläufe in angrenzenden Systemen oder manuelle Aktivitäten der einzelnen beteiligten Akteure bleiben hier außen vor. Ebenfalls auf dieser Architektur-Ebene angesiedelt sind die an ein System gestellten nicht-funktionalen Anforderungen (siehe Kapitel 5).

Funktionale und nicht-funktionale Anforderungen

Ein System wird auf dieser Architektur-Ebene in seinem Kontext (Systemkontext) betrachtet. Deshalb wird hier festgelegt, wie andere Systeme (Umsysteme) mit dem System kommunizieren unter Berücksichtigung der organisationsweiten IT-Standards/IT-Richtlinien auf der Organisationsebene. Desweiteren muss sich ein System an die Kommunikationsvorgaben (die ebenfalls auf den organisationsweiten IT-Standards/IT-Richtlinien basieren) der Umsysteme halten, mit denen es kollaboriert.

Systemkontext

Auf der Systemebene kommen Architektur-Muster (siehe Abschnitt 6.4) zum Einsatz. Die Infrastruktur für die Interoperabilität verschiedener Systemen wird mittels Software-Frameworks (siehe Abschnitt 6.2) bereitgestellt.

Architektur-Muster und Software-Frameworks kommen zum Einsatz

4.1.3 Bausteinebene im Bereich Makro-Architektur

Auf der Bausteinebene im Bereich Makro-Architektur, befinden sich die tragenden Bausteine eines Systems. Hier wird die innere Struktur einzelner Systeme betrachtet (White-Box-Sicht), indem die tragenden Bausteine, und deren Kollaborationen untereinander unter Berücksichtigung der systemweiten Vorgaben, die auf der Systemebene definiert

Der innere Aufbau des Systems

wurden. Bausteine, die an Schnittstellen sichtbar sind, sind beispielsweise tragende Bausteine. Ein Baustein, der gemäss des Fassade-Entwurfsmusters [Gamma et al. 1995] als Fassade für eine Gruppe zusammengehörder Bausteine fungiert, ist ein konkretes Beispiel für einen tragenden Baustein.

Ebenenwechsel zwischen Baustein- und Systemebene

Handelt es sich bei einem Baustein um ein Subsystem, so kann dieses wiederum als System betrachtet werden. Es findet also ein Ebenenwechsel von der Baustein- zurück auf die Systemebene statt (siehe Kapitel 3). Dadurch erhält das Architektur-Ebenenmodell an dieser Stelle einen rekursiven Charakter. Dieser Aspekt wird in Abbildung 4.1-1 durch den Ebenenwechselpfeil von der Baustein- zurück auf die Systemebene angedeutet.

Architektur-Muster kommen zum Einsatz

Auf dieser Architektur-Ebene kommen ebenfalls Architektur-Muster zum Einsatz.

4.1.4 Bausteinebene im Bereich Mikro-Architektur

Architektur im „Kleinen"

Auf der Bausteinebene findet auch wie bereits oben geschildert Entwurf (Mikro-Architektur) statt. Deshalb ist die Bausteinebene im Bereich Mikro-Architektur keine Architektur-Ebene mehr. Auf diesem Teil der Bausteinebene werden die architektonischen Vorgaben der tragenden Bausteine von den nicht-tragenden Bausteinen umgesetzt. Jedoch wird keine Architektur im Sinne der Definition dieses Buches (bewusst) entwickelt und die Architektur eines Systems deshalb nicht beeinflusst. Dies wäre auch mit den architektonisch eingeschränkten Möglichkeiten der im Kontext der nicht-tragenden Bausteinen zur Verfügung stehenden Mittel nicht im notwendigen Maße umzusetzen. Stattdessen wird eine Architektur im „Kleinen" realisiert ohne fundamentale Auswirkungen auf die Architektur eines betroffenen Systems. Das heißt ohne die architektonische Vorgaben auf den Ebenen der Makro-Architektur basiert ein System am Ende nur auf einer Ad-hoc-Architektur mit den bekannten, in Kapitel 1 geschilderten Problemen.

Entwurfsmuster kommen zum Einsatz

Auf der Bausteinebene kommen im Bereich Mikro-Architektur beispielsweise Entwurfsmuster und Idiome zum Einsatz (siehe Abschnitt 6.4). Dabei werden mithilfe von Entwurfsmustern konzeptionelle Gruppen von Abstraktionen für die Lösung bestimmter Entwurfsprobleme gebildet. Im Zuge dessen werden Schnittstellen, Verantwortlichkeiten und Zusammenspiel der Abstraktionen festgelegt und implementiert. Letztlich wird hier die, von den Architektur-Ebenen vorgegebene, Architektur umgesetzt, indem detaillierter Entwurf stattfindet und bewährte Entwürfe wiederverwendet werden. Objekterzeugung wäre eines der Probleme, dass hier genannt werden kann. Eine mögliche Lösung dieses Entwurfproblems ist beispielsweise die Verwendung des Factory-Entwurfsmusters [Gamma et al. 1995].

Zudem findet im Bereich Mikro-Architektur Entwurf mit Bezug auf die eingesetzten Technologien (Programmier- und Auszeichnungssprachen und grundlegende Funktionsbibliotheken) statt. Im Fokus steht dabei die technische Umsetzung mit den Mitteln der ausgewählten Programmiersprache. Architektur-Vorgaben auf der Bausteinebene werden im Bereich Mikro-Architektur durch Bereitstellung von grundlegender Funktionalität realisiert. Dazu werden technologische Details betrachtet und architektonische Vorgaben mit code-spezifischen Idiomen sowie Code-Wiederverwendung realisiert. Ein Beispiel ist die Umsetzung des Singleton-Entwurfsmusters [Gamma et al. 1995] mittels Java, indem neben den vom Entwurfsmuster vorgesehenen statischen Elementen einer Klasse noch zusätzlich der Konstruktor die Sichtbarkeit private erhalten muss.

Idome und Code-Wiederverwendung kommen zum Einsatz

4.2 Architektur-Sichten

Die Aspekte komplexer Systeme (Menschen, Bauwerke, IT-Systeme etc.) zu jedem Zeitpunkt komplett zu erfassen ist zumindest für die menschliche Wahrnehmung nicht möglich. Dies zu versuchen, wäre darüber hinaus auch nicht zielführend, weil nicht zu jedem Zeitpunkt gleichzeitig alle Aspekte eines Systems relevant sind. Die Forderung muss also lauten, jeweils nur bestimmte für den Moment interessante Aspekte eines Systems betrachten zu können. Für IT-Systeme existiert zu diesem Zweck das Konzept der Architektur-Sichten:

Architektur-Sichten machen komplexe Systeme übersichtlich

> > Eine Sicht stellt ein vollständiges Systems aus dem Blickwinkel einer Menge von zusammenhängenden Interessen heraus dar [IEEE 2000].
> > Eine Sicht ist eine Menge von zusammengehörenden architektonischen Bausteinen, die erstellt und genutzt werden von den Interessenvertretern eines Systems [Bass et al. 2003].

Architektur-Sichten werden durch Architektur-Ebenen und Interessenvertreter motiviert

Beide Definitionen machen die wichtigste Eigenschaft von Architektur-Sichten deutlich: Architektur-Sichten werden durch die Interessenvertreter eines Systems und die aktuelle Architektur-Ebene motiviert. Eine Architektur-Sicht wird demnach von bestimmten Interessenvertretern genutzt. Sie zeigt deshalb sinnvoller Weise auch nur die, für diese Interessenvertreter, auf der aktuellen Architektur-Ebene wichtigen Aspekte eines Systems. Abbildung 4.2-1 stellt den Kontext, in dem sich Architektur-Sichten befinden, im Überblick dar.

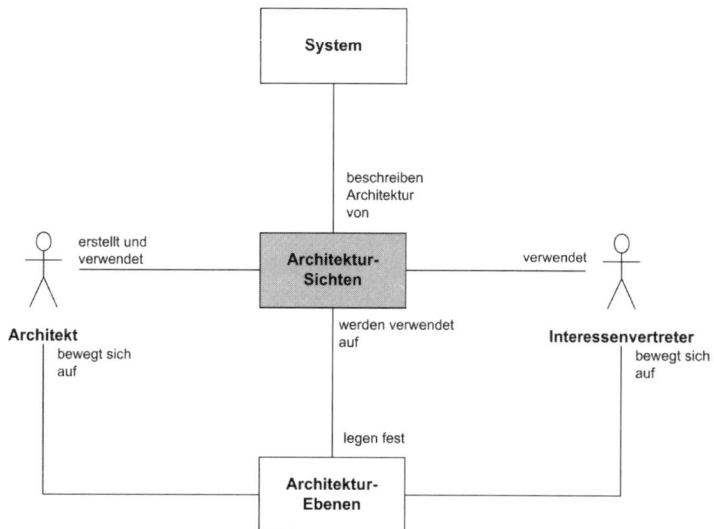

Abb. 4.2-1: *Architektur-Sichten im Kontext.*

Architektur-Sichten bilden Architektur-Modelle

Konzeptionell betrachtet bilden alle Architektur-Sichten zusammengenommen das Architektur-Modell eines Systems. In der Praxis existieren bereits eine Reihe von sichtenorientierten Architektur-Modellen. Diese Architektur-Modelle gehen mehr oder weniger über Architektur-Sichten hinaus. Beispielsweise kommen sie mit Werkzeugunterstützung einher oder enthalten Regelwerke bzw. Vorgehensweisen zur Erstellung einer Architektur. Dieser Abschnitt fokussiert sich jedoch weitgehend auf Sichten als zentrale Elemente der Architektur-Modelle. Im weiteren Verlauf dieses Abschnitts wird das Thema Architektur-Modelle im Zuammenhang mit Architektur-Sichten vertieft. Abschließend werden die wichtigsten existierenden sichtenorientierten Architektur-Modelle behandelt.

Definition des Begriffs Modell

Bevor in das Thema Architektur-Modelle eingestiegen wird, soll an dieser Stelle zunächst allgemein festgehalten werden, was eigentlich unter einem Modell zu verstehen ist. Die allgemein anerkannte und domänenübergreifende Definition zum Modellbegriff kommt von [Stachowiak 1973]:

> > Abbildung. Ein Modell ist immer ein Abbild von etwas, eine Repräsentation natürlicher oder künstlicher Originale, die selbst wieder Modelle sein können.
> > Verkürzung. Ein Modell erfasst nicht alle Attribute des Originals, sondern nur diejenigen, die dem Modellschaffer bzw. Modellnutzer relevant erscheinen.
> > Pragmatismus. Pragmatismus bedeutet so viel wie Orientierung am Nützlichen. Ein Modell ist einem Original nicht von sich aus zugeordnet. Die Zuordnung wird durch die Fragen für wen, warum und wozu relativiert. Ein Modell wird vom Modellschaffer bzw. Modellnutzer innerhalb einer bestimmten Zeitspanne und zu einem bestimmten Zweck für ein Original eingesetzt. Das Modell wird somit interpretiert.

Modelle sind demnach eine Abstraktion des Originals weil sie nicht sämtliche seiner Details berücksichtigen, sondern nur solche, die dem Interessenvertreter des Modells für seine Zwecke nützlich sind.

Mit Architektur-Modellen sind hier keine Modelle gemeint, mit deren Hilfe bestimmte Problemstellungen (z. B. wie sind überlicherweise die Schichten einer 3-Schichten-Architektur zu entkoppeln?) beim Erstellen einer Architektur gelöst werden können. Bei Architektur-Modellen handelt es sich vielmehr um Meta-Beschreibungen über Architektur als solche, die es überhaupt erst ermöglichen, Architektur greifbar bzw. sichtbar zu machen. Die Komplexität der Architektur eines Systems wird durch Architektur-Modelle im Sinne obiger Modell-Definition für den Architekten bewältigbar. Der Architekt beschreibt Architektur auf Basis der Architektur-Sichten eines Architektur-Modells mit den in Abschnitt 6.6 vorgestellten Dokumentationsmitteln.

Architektur-Modelle machen Architektur greifbar

Eine gute Architektur zeichnet sich unter anderem dadurch aus, dass keine architekturrelevanten Aspekte fehlen und trotzdem Komplexität reduziert wurde. Architektur muss dabei ganz unterschiedliche Aspekte eines Systems abdecken. Beispielsweise auf der einen Seite die logischen Bausteine des Systems und auf der anderen Seite die physikalische Verteilung dieser Bausteine. Dies sind Beispiele für Sichten auf die Architektur eines Systems. Architektur-Sichten sind das zentrale Element von Architektur-Modellen. Mithilfe eines Architektur-Modells lässt sich also nachprüfen, ob eine Architektur wie gewünscht alle relevanten Aspekte eines Systems abdeckt. Eine vollständige Architektur enthält alle relevanten Architektur-Sichten und ist deshalb mehrdimensional.

Architektur sollte alle relevanten Aspekte eines Systems abdecken

Wird eine Architektur gleich zu Beginn auf Basis eines Architektur-Modells entwickelt, verringert sich die Wahrscheinlichkeit, dass wichtige Punkte vergessen und deshalb von der Architektur nicht gewürdigt werden.

Beschreibung von Architektur-Sichten

Wesentlich für Architektur-Modelle ist die Qualität der Beschreibung ihrer Architektur-Sichten. Deshalb sollten diese Beschreibungen folgende Punkte umfassen [Kruchten 2000]:

> Kontext der Architektur-Sicht
> Im Fokus der Architektur-Sicht stehende Bausteine und ihre Beziehungen
> Prinzipien zur Strukturierung einer Architektur-Sicht
> Beziehungen einer Architektur-Sicht zu anderen Architektur-Sichten
> Vorgehen zur Erzeugung einer Architektur-Sicht

Architektur-Sichten sind auf Interessengruppen bezogen

Warum kommt Architektur-Sichten eine große Bedeutung zu und wie werden sie angewendet? Sichten auf eine Architektur sind notwendig, weil sich ganz unterschiedliche Interessengruppen mit Architektur befassen. Jedoch immer nur mit den für sie interessanten Teilen (Sichten) der Architektur. Ist dies nicht möglich, wird die Architektur nicht oder falsch verstanden. Deshalb muss eine Architektur-Sicht eine bestimmte Abstraktion der Architektur eines Systems liefern, die von der betroffenen Interessengruppe auch verstanden werden kann. Beispielsweise sind für Business-Analysten die Anwendungsfälle von Interesse, nicht jedoch technische Details der Bausteine eines Systems. Deshalb werden sie mit der vom Architekten erstellten Architektur- Sicht für Anwendungsfälle arbeiten. Dies würde so einfach jedoch nur unter der Voraussetzung funktionieren, dass die Architektur auch auf einem Architektur-Modell basiert. Andernfalls müssten die Business-Analysten die Anwendungsfälle mühsam im „Dickicht" der Architektur suchen.

Architektur-Sichten sind auf architektonische Tätigkeiten bezogen

Architektur umfasst wie oben erwähnt ganz unterschiedliche Aspekte eines Systems wie z. B. Schnittstellen von Bausteinen oder die Kollaboration von Bausteinen. Im Rahmen der architektonischen Tätigkeiten (siehe Abschnitt 8.1) sind jedoch jeweils immer nur bestimmte dieser Aspekte relevant, und es wäre unhandlich, als Verantwortlicher für die Architektur immer sämtliche dieser Aspekte gleichzeitig vor Augen haben zu müssen. Aus diesem Umstand ergibt sich eine weitere Notwendigkeit für Architektur-Sichten. Mit diesen Architektur-Sichten bekommt der Architekt ein Mittel an die Hand, um sich zum geeigneten

Zeitpunkt auf eine bestimmte Problemstellung zu fokussieren bzw. verschiedene Aspekte der Architektur eines Systems voneinander zu trennen. Daran zeigt es sich, wie Architektur-Sichten dem Architekten dabei helfen, mit der Komplexität im Zusammenhang mit Architektur umgehen zu können. Beispielsweise kann sich der Architekt im Rahmen der architektonischen Tätigkeit „Verstehen der Anforderungen" (siehe Abschnitt 8.1) auf die architektonisch relevanten Anwendungsfälle fokussieren. Jedoch ohne dabei noch zusätzlich mit Sachverhalten der technischen Realisierung der Anwendungsfälle durch bestimmte Bausteine konfrontiert zu werden. Der eben beschriebene Sachverhalt geht analog zur Architektur von Gebäuden. Auch dort sind verschiedene Architektur-Sichten in Gestalt von Plänen für Raumaufteilung, elektrische Verkabelung, Wasserleitungen etc. notwendig, um überhaupt eine überschaubare und verwendbare Architektur zu erhalten. Je nach Tätigkeit werden gezielt nur bestimmte für die jeweils zuständigen Fachleute notwendigen Pläne verwendet.

Um mit Architektur-Sichten sinnvoll arbeiten zu können, sollten diese disjunkt sein. Die Reihenfolge, in der die Architektur-Sichten entwickelt werden, wird bestimmt durch die Abhängigkeiten zwischen den Architektur-Sichten. Idealerweise werden die Architektur-Sichten iterativ entwickelt, das heißt, die Architektur-Sichten können evolutionär entstehen, es muss nicht zuerst eine Architektur-Sicht vollständig erstellt werden, bevor andere abhängige Architektur-Sichten entwickelt werden können. Darüber hinaus ist es teilweise möglich, eine Architektur-Sicht aufzubauen während andere Architektur-Sichten bereits weiterentwickelt werden insofern die Abhängigkeiten dies zulassen. So lassen sich die Architektur-Sichten zumindest teilweise gleichsam parallel entwickeln.

Architektur-Sichten werden nach einer bestimmten Reihenfolge entwickelt

Damit in einer Architektur geplant verschiedene Architektur-Sichten vorgesehen werden können, ist es erforderlich, dass der Architekt einer Architektur von Beginn an ein Modell zugrunde legt, dessen zentrales Element Architektur-Sichten sind. Ein solches Modell muss jedoch nicht erst erfunden, werden weil bereits eine Reihe solcher Modelle als Quasi-Standards existieren. Diese Modelle sind jedoch keine Architektur-Blaupausen im Sinne von J2EE oder .NET, sondern bewegen sich auf einer höheren technologie-neutralen Abstraktionsebene.

Sichtenorientierte Architektur-Modelle

Welche relevanten Architektur-Sichten sollte ein Architektur-Modell enthalten? In einem ersten Schritt lassen sich einige auf der Hand liegende grundlegende Architektur-Sichten in Anlehnung an [Bredemeyer und Malan 2004] und [Bass et al. 2003] ermitteln:

Die grundlegenden Architektur-Sichten

> **Konzeptionelle Sicht:** Diese Architektur-Sicht beschreibt die Bausteine und ihre Beziehungen untereinander, ohne auf Details wie z. B. Schnittstellen einzugehen. Sie ist dazu geeignet, die Architektur nicht-technischen Interessenvertretern zu vermitteln.

> **Logische Sicht:** Diese Architektur-Sicht beschreibt die Bausteine und ihre Beziehungen untereinander im Detail. Dabei werden die Bausteine und ihre Beziehungen respektive die Kommunikationsmechanismen genau spezifiziert. Dies geschieht im Hinblick auf die technische Realisierung. Damit richtet sich diese Architektur-Sicht an technische Interessenvertreter.

> **Ausführungssicht:** Diese Architektur-Sicht beschreibt im Detail die physikalische Verteilung der Bausteine zur Laufzeit. Sie richtet sich ebenfalls an technische Interessenvertreter.

Grundlegende Architektur-Sichten sind nicht ausreichend

Die vorgestellten Architektur-Sichten zeigen jeweils statische (Struktur) und dynamische (Verhalten) Aspekte eines Systems. Die grundlegenden Architektur-Sichten sind jedoch noch nicht ausreichend für ein „richtiges" Architektur-Modell. Insbesondere wurden Anforderungen und Daten nicht speziell berücksichtigt. Deshalb ergänzen und verfeinern die im Folgenden vorgestellten Architektur-Modelle die grundlegenden Architektur-Sichten.

Abstraktes Architektur-Modell

Bevor auf die drei wichtigsten Vertreter kommerziell genutzter Architektur-Modelle näher eingegangen wird, wird zunächst ein abstraktes Architektur-Modell, das die Architektur-Sichten beschreibt, welche den anschließend behandelten Architektur-Modellen zugrunde liegen, vorgestellt. In den konkreten Architektur-Modellen können die Architektur-Sichten teilweise anders heißen oder nochmals aufgeteilt bzw. zusammengefasst sein. Für den Architekten ist jedoch von zentraler Bedeutung überhaupt mit Architektur-Sichten bzw. Architektur-Modellen zu arbeiten. Welches der Architektur-Modelle er letztlich verwendet ist zweitrangig. Wesentlicher Vorteil der Verwendung existierender Architektur-Modelle ist, dass sie den Architekten von dem Aufwand befreit, ein eigenes Architektur-Modell nebst Dokumentation und Werkzeugunterstützung entwickeln zu müssen. Abbildung 4.2-2 zeigt ein abstraktes Architektur-Modell, welches in Anlehnung an die grundlegenden Architektur-Sichten aus [Bass et al. 2003] und [Bredemeyer und Malan 2004] entstanden ist.

Abb. 4.2-2: Abstraktes Architektur-Modell.

Architektur-Sichten bauen nicht in einer bestimmten Reihenfolge sequentiell aufeinander auf. Vielmehr sind die Abhängigkeiten zwischen den Architektur-Sichten vielschichtig und nicht immer klar. Informationen einer Architektur-Sicht finden sich in anderen Architektur-Sichten wieder. Deshalb lassen sich die Abhängigkeiten zwischen den Architektur-Sichten nicht praktikabel vollständig darstellen. Zentral ist die Geschäftssicht, weil die Anforderungen Ausgangspunkt allen Handelns sind. Deshalb sind alle Architektur-Sichten unidirektional von der Geschäftssicht abhängig. Weitere nachvollziehbare unidirektionale Abhängigkeiten bestehen zwischen der Realisierungs- und der logischen bzw. der Datensicht sowie zwischen Verteilungs- und Realisierungssicht. Die Tabellen 4.2-1 und 4.2-2 beschreiben die Architektur-Sichten des abstraktes Architektur-Modells im Detail und setzen sie in den Kontext von Architektur-Ebenen (siehe Abschnitt 4.1).

Abhängigkeiten zwischen Architektur-Sichten sind nicht trivial

Tab. 4.2-1: Beschreibung zum abstrakten Architektur-Modell.

Architektur-Sicht	Inhalt
Geschäftssicht	> Wichtige (architekturrelevante) Geschäftsprozesse und Anwendungsfälle > Fachliche Modelle > Organisationsziele und ihre Gegenstände > Interessenvertreter > Nichtfunktionale Anforderungen > etc.

Architektur-Sicht	Inhalt
Logische Sicht	> Modell der Geschäftsdaten und ihrer Verarbeitung > Dekomposition eines Systems in Bausteine > Festlegung der Schnittstellen, Beziehungen und Verantwortlichkeiten von Bausteinen > Systemgrenzen > Szenarien wichtiger Anwendungsfälle > etc.
Datensicht	> Tabellen und Felddefinitionen > Datenflüsse zwischen Bausteinen > Art der Daten, die zwischen Bausteinen ausgetauscht werden > Wichtige Datenquellen > Abbildung von Bausteinen auf persistente Daten > etc.
Realisierungs-sicht	> Auswahl der Mittel (Programmiersprachen, Werkzeuge, Software-Frameworks, Datenbanken etc.) > Festlegungen und Richtlinien, wie die Mittel im Rahmen der geplanten Architektur verwendet werden sollen > Abbildung der Bausteine aus der logischen Sicht auf Code > Organisation und Verwaltung des Codes und sonstiger Ressourcen (Web-Seiten, Grafiken, Konfigurationsdateien etc.) > Testen > Konfigurationsmanagement > etc.
Verteilungs-sicht	> Verteilung von Bausteinen auf Prozesse und physische Knoten > Installation und Konfiguration > Systembetrieb > Betriebsumgebung > Performanz-Aspekte > etc.

Tab. 4.2-2: *Architektur-Sichten und Architektur-Ebenen.*

Architektur-Sicht	Architektur-Ebenen
Geschäftssicht	> Organisationen
	> Systeme
	> Bausteine
Logische Sicht	> Systeme
	> Bausteine
Datensicht	> Bausteine
Realisierungssicht	> Bausteine
Verteilungssicht	> Bausteine

Es sind noch weitere Architektur-Sichten möglich. Das abstrakte Sichtenmodell kann durch den Architekten bei Bedarf beispielsweise um eine Sicherheitssicht erweitert werden. Auch können Architektur-Sichten weggelassen werden, wenn sie im konkreten Fall nicht benötigt werden. Es ist jedoch zu empfehlen, zumindest folgende Architektur-Sichten immer vorzusehen [Larman 2002]:

Architektur-Modelle dürfen angepasst werden

> Geschäftssicht
> Logische Sicht
> Verteilungssicht

Bei den drei wichtigsten kommerziell genutzten sichtenorientierten Architektur-Modellen handelt es sich um

Die wichtigsten kommerziell genutzten Architektur-Modelle im Überblick

> Zachman-Framework
> Reference Model for Open Distributed Processing (RM-ODP)
> 4+1 Sichten-Modell

Tabelle 4.2-3 bildet die Architektur-Sichten des abstrakten Sichtenmodells auf die Architektur-Sichten dieser Architektur-Modelle ab. Anschließend werden die Architektur-Modelle hinsichtlich ihrer Architektur-Sichten näher beleuchtet. Gleiche Architektur-Sichten unterscheiden sich zwischen den Architektur-Modelle teilweise hinsichtlich ihrer Möglichkeiten.

Tab. 4.2-3: *Architektur-Sichten der wichtigsten Architektur-Modelle.*

Modell / Architektur-Sicht	Zachman-Framework	RM-ODP	4+1 Sichten-Modell
Geschäftssicht	Geschäfts- und Kontextsicht	Unternehmenssicht	Anwendungsfall-sicht
Logische Sicht	Systemsicht	Systemsicht	Logische Sicht
Datensicht	Systemsicht	Informationssicht	Datensicht
Realisierungssicht	Technologiesicht	Technologiesicht	Implementationssicht
Verteilungssicht	Integrations- und Laufzeitsicht	Konstruktionssicht	Prozess- und Verteilungssicht

4.2.1 Zachman-Framework

Vater der Architektur-Modelle

Das Zachman-Framework [Zachman 1987] kann als einer der Väter der heute gängigen sichtenorientierten Architektur-Modelle angesehen werden. Es entstand 1987 bei IBM und war im Kern dazu gedacht, die Architektur von Organisationen (z. B. Unternehmen) zu beschreiben, ohne dabei zwingend auf IT einzugehen. Hierzu wird im Zachman-Framework eine Organisation zunächst abstrakt beschrieben, um dann im weiteren Verlauf schrittweise die „Implementierung" der Organisation zu zeigen. Aufgrund seines generischen Aufbaus hat sich dieses Architektur-Modell im Verlauf auch als geeignet erwiesen, um organisationsweite IT-Architekturen zu beschreiben. Das Zachman-Framework entstand in einer Zeit, in der Objektorientierung noch kein Allgemeingut war. Dies führte dazu, dass in diesem Modell Daten getrennt von ihrer Verarbeitung betrachtet werden.

Matrix aus Architektur-Sichten und Sichtenaspekten

In seiner aktuellen Ausbaustufe kennt das Zachman-Framework sechs allgemeine Architektur-Sichten und sechs zu den Architektur-Sichten orthogonal liegende Sichtenaspekte. Architektur-Sichten und Sichtenaspekte bilden in Form einer Matrix den Kern des Rahmenwerks. Mit dieser Matrix sind dann bis zu 36 spezifische Architektur-Sichten möglich. Für konkrete Architektur muss das Zachman-Framework, als Folge seiner Eigenschaft als Referenzmodell für Architekturen, zunächst konfiguriert werden, indem eine Auswahl nach Relevanz unter den möglichen Architektur-Sichten stattfindet.

Als domänen- und technologieneutrales Modell kann das Zachman-Framework der Architektur von grundsätzlich jeder Art von System zugrunde gelegt werden. Aufgrund seiner Ausrichtung auf organisationsweite Aspekte wird dieses Rahmenwerk idealerweise für Enterprise-Architekturen verwendet. Für einfachere Systeme muss Aufwand betrieben werden, um die Komplexität des Modells zu reduzieren.

Geeignet für Enterprise-Architekturen

Auf folgenden Grundprinzipien baut die Matrix des Zachman-Frameworks auf:

Grundprinzipien

> Systeme können komplett modelliert werden, indem die Antworten auf die Fragen warum?, wer?, was?, wie?, wo? und wann? (Sichtenaspekte) beschrieben werden
> Sechs Architektur-Sichten umfassen sämtliche essenziellen Modelle für die Entwicklung eines Systems
> Übergeordnete Architektur-Sichten übernehmen Einschränkungen ihrer nachgeordneten Architektur-Sichten
> Spalten in der Matrix repräsentieren verschiedene Abstraktionen, um die Komplexität eines Modells zu verringern
> Spalten haben keine Reihenfolge
> Zeilen, Spalten und Zellen sind eindeutig
> Verschiedene Instanzen des Frameworks können sich rekursiv verwenden

Abbildung 4.2-3 zeigt die sechs Architektur-Sichten und die zugehörigen sechs Sichtenaspekte des Zachman-Frameworks im Überblick.

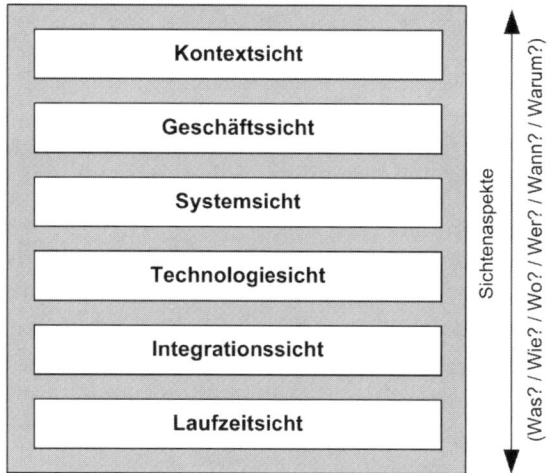

Abb. 4.2-3: *Architektur-Sichten im Zachman-Framework.*

Sichtenaspekte

Bevor die einzelnen Architektur-Sichten des Zachman-Frameworks näher erläutert werden, sollen zunächst die auf den Architektur-Sichten orthogonal liegenden Sichtenaspekte erläutert werden:

> **Was (Daten):** Beschreibt die Daten. Beispiele sind Geschäftsobjekte, Datenbanktabellen oder Felddefinitionen.

> **Wie (Funktionen):** Beschreibt die Funktionalität: Beispiele sind Geschäftsprozesse, Anwendungs- oder Rechnerfunktionalität.

> **Wo (Netzwerk):** Zeigt Knoten und ihre Beziehungen in einem Organisationsnetz: Beispiele sind verteilte Objekte, Speicheradressen oder Nachrichtenaustausch.

> **Wer (Personen):** Beschreibt die Personen in Bezug auf eine Organisation. Beispiele sind Interessensvertreter für funktionale Anforderungen, Rollen und Verantwortlichkeiten in Geschäftsprozessen oder Zugriffsrechte auf Systemfunktionalitäten.

> **Wann (Zeit):** Beschreibt performanz-relevante Zeit- oder Ereignisabhängigkeiten zwischen den Ressourcen einer Organisation. Beispiel wäre die Zuteilung von Zeitfenstern für Geschäftssprozesse.

> **Warum (Motivation):** Beschreibt die Organisationssziele und ihre Gegenstände. Beispiel sind Geschäftspläne, Standards für Geschäftsprozesse oder Technologiestandards für Geschäftsregeln.

Architektur-Sichten

Es folgen Erläuterungen zu den einzelnen Architektur-Sichten im Zachman-Framework. Kontext- und Systemsicht haben einen geschäftlichen Hintergrund. Die nachfolgenden Architektur-Sichten sind in der technischen Domäne angesiedelt.

> **Kontextsicht (Planung):** Diese Architektur-Sicht beschäftigt sich mit den grundlegenen Anforderungen und dient als Basis für Abschätzungen bezüglich Kosten, Umfang und Funktionalität eines Systems.

> **Geschäftssicht (Geschäftsmodellierung):** Diese Architektur-Sicht zeigt alle geschäftlichen Entitäten und Prozesse auf.

> **Systemsicht (Entwurf):** Diese Schicht bestimmt die Daten und Funktionen, die das Geschäftsmodell realisieren. Dabei werden die Anforderungen im Detail definiert und es entstehen logische Modelle.

> **Technologiesicht (Realisierung):** Diese Architektur-Sicht beschäftigt sich mit der technologischen Umsetzung eines Systems. Dabei geht es um Technologieauswahl und -Management, physische Modelle sowie die Realisierung mit konkreten Technologien.

> **Integrationssicht (Verteilung):** In dieser Architektur-Sicht wird die Verteilung und das Konfigurationsmanagement eines Systems betrachtet.

> **Laufzeitsicht (Verwendung):** Diese Architektur-Sicht beschäftigt sich mit dem Betrieb eines Systems innerhalb einer Organisation.

4.2.2 Reference Model for Open Distributed Processing

Mit dem Reference Model for Open Distributed Processing (RM-ODP), ausgearbeitet von ISO und IEEE, existiert seit 1996 einen internationalen Standard für Architektur-Modelle in Form eines generischen Referenzmodells [ISO10746 1998]. Es ist auf der einen Seite zugeschnitten auf verteilte objektbasierte Systeme, liefert jedoch auf der anderen Seite ein allgemeines auch für andere Systemarten nutzbares Architektur-Modell Dieses Modell entstand in einem lange Jahre andauernden Standardisierungsverfahren und wurde erforderlich, weil das Zachman-Framework für verteilte objektorientierte Architekturen nicht ohne weiteres genutzt werden kann.

Generisches Referenzmodell

Von RM-ODP können aufgrund seines generischen Sichten-Modells spezifische Architektur-Modelle instanziiert werden. RM-ODP wird dabei als Meta-Meta-Architektur-Modell genutzt. Es findet z. B. im 4+1-Sichten-Modell des Unified Software Development Process (USDP) oder in der Object Management Architecture (OMA) der OMG, seine Anwendung [Malveau und Mowbray 2001]. Zentrale Bedeutung haben die in Abbildung 4.2-4 aufgeführten Architektur-Sichten, die RM-ODP für die Architektur eines Systems definiert.

Vorlage für spezifische Architektur-Modelle

Abb. 4.2-4: Architektur-Sichten im RM-ODP.

Architektur-Sichten

Die Architektur-Sichten (im Kontext von RM-ODP Viewpoints) des RM-ODP liefern jeweils für ihren Kontext ein vollständiges objektorientiertes Modell für ein System. Hauptziel des RM-ODP ist es, dass Architekturen weitgehend unabhängig sind von Verteilungs- und Implementationsaspekten um Systeme zu erreichen, welche die nicht-funktionale Anforderungen gemäss Kapitel 5 optimal umsetzen. Im Folgenden werden diese Architektur-Sichten beschrieben:

> **Unternehmenssicht:** Diese Architektur-Sicht geht auf Architektur aus dem Blickwinkel des Problembereichs ein. Kern ist hier das Geschäftsmodell, aus Management- und Endbenutzersicht. Mit dieser Architektur-Sicht wird sichergestellt, dass die funktionalen Anforderungen durch die Architektur berücksichtigt werden.

> **Informationssicht:** Mit dieser Architektur-Sicht werden Struktur und Bedeutung der zu verarbeitenden Informationen sowie deren Verarbeitung beschrieben.

> **Systemsicht:** In dieser Architektur-Sicht steht die Definition der Schnittstellen von verteilbaren Bausteinen (Komponenten und Subsystemen) eines Systems im Mittelpunkt.

> **Konstruktionssicht:** Diese Architektur-Sicht geht auf die verteilten Kollaborationen zwischen Bausteinen zum Zwecke der Verarbeitung von Informationen und der Bereitstellung von Funktionalität ein.

> **Technologiesicht:** Im Fokus dieser Architektur-Sicht steht die Umsetzung der, durch die anderen Architektur-Sichten beschriebenen, Architektur mit konkreten Technologien.

4.2.3 4+1-Sichten-Modell

Eine Ausprägung von RM-ODP, die sich weit verbreitet im Einsatz befindet, ist das so genannte 4+1-Sichten-Modell [Malveau und Mowbray 2001], das Ende der 90er-Jahre im Umfeld des USDP entstanden ist. Abbildung 4.2-5 illustriert die in diesem Modell vorgesehenen Architektur-Sichten.

Abb. 4.2-5: *Architektur-Sichten im 4+1-Sichten-Modell.*

Anfänglich sah dieses Architektur-Modell insgesamt 5 Architektur-Sichten vor. Später kam noch die Datensicht hinzu [Larman 2002]. Es blieb jedoch die Bezeichnung 4+1-Sichten-Modell. Im Folgenden werden die einzelnen Sichten des 4+1-Sichten-Modells beschrieben:

Architektur-Sichten

> **Anwendungsfallsicht:** Diese Architektur-Sicht ist zentral im 4+1-Sichten-Modell. Dieses Modell besagt, dass sämtliche architektonischen Entscheidungen auf den Anwendungsfällen des betroffenen Systems beruhen müssen. Diese Architektur-Sicht umfasst die wichtigsten Anwendungsfälle und dient als Basis und zur Validierung der anderen Architektur-Sichten.

> **Logische Sicht:** In dieser Architektur-Sicht werden die funktionalen Anforderungen betrachtet. Es handelt sich hier um die Abstraktion des später noch zu entwickelnden Entwurf-Modells, das dann die vorgesehene Architektur umsetzt. Hier werden die wichtigsten Bausteine (Subsysteme, Komponenten, Klassen etc.) und ihre Kollaborationen behandelt.

> **Implementationsssicht:** Diese Architektur-Sicht behandelt die Organisation und Verwaltung der statischen Software-Module (Code, Grafiken etc.) in Pakete, Schichten etc.

> **Datensicht:** Diese Architektur-Sicht beschreibt die persistenten Daten und die Abbildung von Objekten auf diese Daten.

> **Prozesssicht:** Verhalten und Verteilung des Systems zur Laufzeit sind die Themen dieser Architektur-Sicht. Parallelverarbeitung und konkurrierende Zugriffe stehen dabei im Mittelpunkt.

> **Verteilungssicht:** Diese Architektur-Sicht beschreibt, wie die statischen Bausteine aus der Implementationssicht physikalisch verteilt werden.

5 | Architektur-Anforderungen (WARUM)

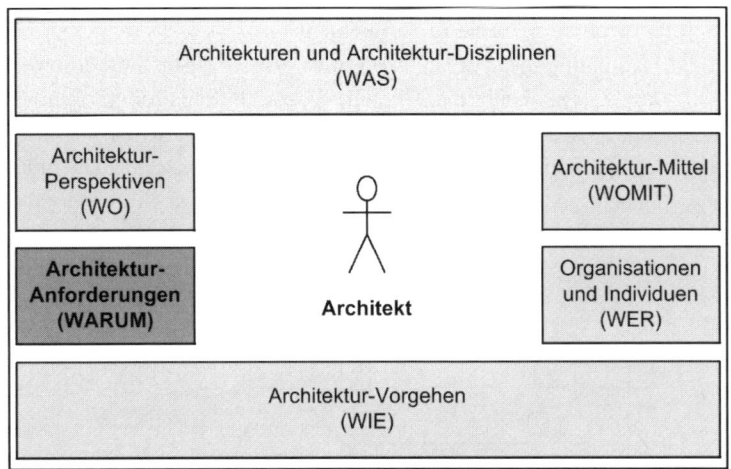

Abb. 5-1: *Positionierung des Kapitels im Ordnungsrahmen.*

Dieses Kapitel befasst sich mit der *WARUM-Dimension* des architektonischen Ordnungsrahmens. Zentrales Element der *WARUM-Dimension* sind Anforderungen. Sie umreißen das zu erstellende IT-System und begrenzen den gestalterischen Spielraum des Architekten. Anforderungen treten in unterschiedlichen Arten und auf verschiedenen Architektur-Ebenen auf. Damit ein Architekt seinen gestalterischen Spielraum nutzen kann, muss er die unterschiedlichen Ausprägungen von Anforderungen und ihre Beziehungen zueinander kennen. Dieses Kapitel gibt einen Überblick über die verschiedenen Anforderungsarten und deren Bezug zu den Architektur-Ebenen. Nach dem Lesen dieses Kapitels können Sie die wichtigsten Anforderungsarten nennen, deren Beziehungen verstehen und sie in den Kontext von Architektur setzen.

Übersicht

5.1 Allgemeines

Anforderungen als Motivatoren

Unterhält man sich mit einem Architekten über die Architektur und fragt ihn, warum er zu dieser architektonischen Lösung gekommen ist, erhält man in den meisten Fällen die Antwort: „Es bestand die Anforderung, dass ...". Das heißt, die Architektur resultiert aus Anforderungen, die bereits zu Beginn bekannt sind oder die sich im Laufe der Zeit ergeben (siehe Abschnitt 3.1). Die Architektur entsteht also nicht willkürlich. Vielmehr stellen die verschiedenen Anforderungen ein Spannungsfeld dar, in dem das System und die zugehörige Architektur entstehen (siehe Abbildung 5.1-1).

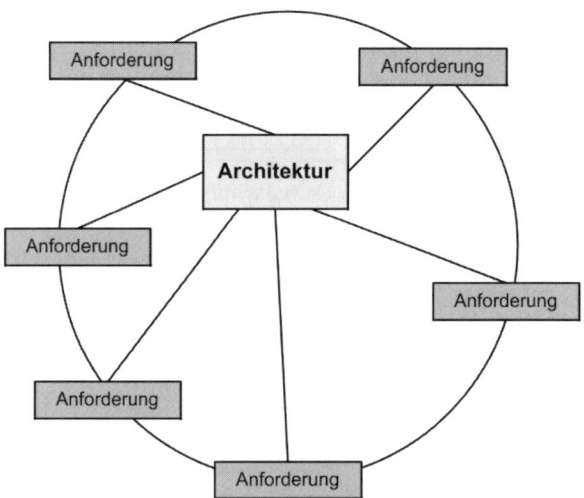

Abb. 5.1-1: *Architektur im Spannungsfeld von Anforderungen.*

Bildlich gesprochen sind Anforderungen Kräfte, die auf das System wirken und es formen. Diese Kräfte wirken in unterschiedliche Richtung, zu unterschiedlichen Zeiten und in unterschiedlicher Stärke. Das System muss nun so gestaltet sein, dass es die gestellten Anforderungen erfüllen kann. Ähnlich wie bei einem Knochen. Bei einem Knochen bilden sich die feinen Knochenstrukturen entlang der Wirkungslinien der von außen wirkenden Kräfte aus und gleichen diese aus. Entsprechend legt die Architektur die Grundstruktur des Systems fest, um die Kräfte der auf das System wirkenden Anforderungen auszugleichen. Weitere Informationen zu Kräften (englisch: *forces*) finden sich in Abschnitt 6.4.

Eine gut handhabbare Definition von Anforderungen stammt von [Dorfmann und Thayer 1990]:

> Eine Anforderung ist
> > eine vom Anwender benötigte Fähigkeit (englisch: *capability*) des Systems, um ein Problem zu lösen oder ein Ziel zu erreichen,
> > eine Fähigkeit, die das System besitzen muss, damit es einen Vertrag, einen Standard, eine Spezifikation oder ein anderes formelles Dokument erfüllt.

Im ersten Ansatz ist dies eine recht weit gefasste Definition einer Anforderung. So entspricht die Anforderung „Das System muss schnell sein" durchaus der Definition, ist aber noch nicht präzise genug, um daraus eine Architektur abzuleiten. Aus diesem Grund müssen Anforderungen zusätzlich die nachfolgenden Eigenschaften erfüllen [Wiegers 2003]. Damit erhalten Anforderungen die notwendige Präzision und können als Grundlage für eine Architektur dienen.

Jede Anforderung muss korrekt sein. Die Korrektheit einer Anforderung kann jedoch nur ein Interessenvertreter beurteilen. Ein Interessenvertreter kann z. B. ein Benutzer, Sponsor, Auftraggeber etc. sein. Aus diesem Grund ist es wichtig, von Anfang an die diversen Interessenvertreter in die Ermittlung der Anforderungen einzubeziehen.

Korrekt

Es muss möglich sein, die Anforderung unter den gegebenen Randbedingungen und den zur Verfügung stehenden Mitteln zu realisieren. Um dies sicherzustellen, sollte jemand mit technischem Verständnis (beispielsweise der Architekt) bei der Definition der Anforderungen mitwirken.

Machbar

Eine Anforderung muss so formuliert sein, dass der Leser nur einen Schluss aus dieser Anforderung ziehen kann. Eine einfache und klare Sprache ist somit sehr hilfreich bei der Formulierung der Anforderungen. Die Aussage, dass alle relevanten Kundendaten im Kundenverwaltungssystem verwaltet werden können, ist z. B. keine eindeutige Anforderung. Um sie zu präzisieren, müssten die relevanten Kundendaten klar spezifiziert werden.

Eindeutig

Die beste Anforderung nützt nichts, wenn sie nicht eindeutig überprüft werden kann. Es ist somit wichtig, schon bei der Formulierung der Anforderung zu überlegen, anhand welcher Tests eine Anforderung überprüft werden kann. Die Anforderung, dass in 90 % der Fälle die Einstiegsbildschirmmaske innerhalb von 5 Sekunden nach dem Aufruf

Nachprüfbar

einer Web Site erscheinen muss, ist eine nachprüfbare Anforderung. Diese kann z. B. mit einem entsprechenden Testwerkzeug (z. B. Apache JMeter), welches die Web Site aufruft und eine entsprechende Last auf dem System verursacht, überprüft werden.

Anforderungskatalog

Ein System definiert sich aber nicht nur über eine einzige Anforderung. Vielmehr ist es immer ein ganzer Katalog von Anforderungen. Ein Anforderungskatalog muss auch als Ganzes folgende Eigenschaften aufweisen.

Vollständig

Natürlich sollte der Anforderungskatalog vollständig sein, damit er ein abgerundetes Bild vom Gesamtsystem abgibt. Aber was sind die Kriterien für Vollständigkeit? Eine gute Möglichkeit ist, die Anforderungen durch einen Dritten auf Vollständigkeit zu überprüfen. Oftmals sind nur die Standardabläufe bei der Anforderungsdefinition betrachtet worden. Fehlersituationen müssen die Anforderungen jedoch auch abdecken. Was passiert beispielsweise, wenn Informationen falsch angeliefert ein Auftrag aus Versehen freigegeben wurde? Diese möglichen Szenarien sollten auch durch Anforderungen abgedeckt werden [Cockburn 2000].

Konsistent

Die Menge aller Anforderungen müssen in sich stimmig sein und dürfen sich nicht gegenseitig widersprechen. Auch hier können nur die Interessenvertreter weiterhelfen, falls Widersprüche auftauchen und diese beseitigen. Es ist jedoch Aufgabe des Architekten, die an die Architektur gestellten Anforderungen kritisch zu hinterfragen und gegebenenfalls auf Inkonsistenzen hinzuweisen. So können sich beispielsweise ein gewünschtes hohes Leistungsverhalten eines Client-/Server-Systems (siehe Abschnitt 6.7.1) und eine geforderte, geringe Netzwerkbandbreite zwischen dem Client und dem Server widersprechen. Dies ist immer dann der Fall, wenn sich aufgrund der physikalischen Eigenschaften des Netzwerkes das geforderte Leistungsverhalten nicht erreichen lässt.

5.2 Anforderungen im Überblick

Um sich als Architekt mit Anforderungen zielgerichtet beschäftigen zu können, ist es wichtig, unterschiedliche Arten von Anforderungen unterscheiden zu können.

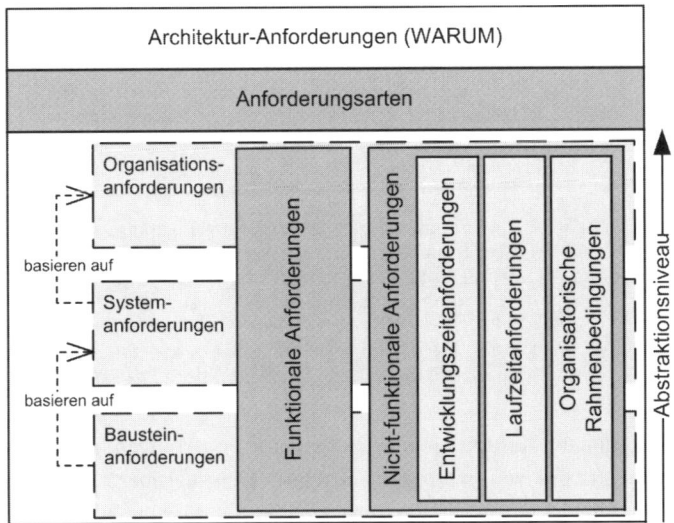

Abb. 5.2-1: *Arten von Anforderungen.*

Wie aus Abbildung 5.2-1 ersichtlich wird, können Anforderungen generell in funktionale und nicht-funktionale Anforderungen unterteilt werden. Diese können an Organisationen (*Organisationsanforderungen*), Systeme (*Systemanforderungen*) und Bausteine (*Bausteinanforderungen*) gestellt werden.

Funktionale Anforderungen definieren benötigte Funktionalitäten. Dabei können Organisationen, Systeme und Bausteine funktionale Anforderungen erfüllen. Tabelle 5.2-1 gibt einen Überblick über die verschiedenen funktionalen Anforderungsarten.

Funktionale Anforderungen

Tab. 5.2-1: *Funktionale Anforderungsarten im Überblick.*

Anforderungsart	Beschreibung
Funktionale Organisations-anforderungen	Funktionale Organisationsanforderungen verkörpern die funktionalen Anforderungen, die an Organisationen z. B. von deren Kunden, Mitarbeitern, Geschäftspartnern oder von Behörden gestellt werden. Der Wunsch von Kunden, Bestellungen bei der Organisation in Auftrag geben zu können, ist ein Beispiel für diese Anforderungsart. Ein weiteres Beispiel ist der Wunsch von Mitarbeitern, von der Organisation ihr Entgelt zu erhalten. Organisationen können auch Anforderungen an sich selbst stellen. Beispielsweise kann eine Organisation fordern, dass ein IT-System zur Erfassung von Aufträgen existieren muss, um die Autragserfassung mittels IT zu unterstützen.

Anforderungsart	Beschreibung
Funktionale System- anforderungen	Funktionale Systemanforderungen drücken die kon- kreten, funktionalen Bedürfnisse von Interessenver- tretern bzw. von Systemen aus, die mit dem betrach- teten System interagieren. Der Wunsch des Benutzers eines Systems, einen Auftrag in dem System erfassen zu können, ist ein Beispiel für diese Anforderungsart.
Funktionale Baustein- anforderungen	Funktionale Bausteinanforderungen verkörpern funk- tionale Eigenschaften, die ein Baustein eines Systems erfüllen muss, damit das System in der Lage ist, seine Anforderungen zu erfüllen. Der Wunsch eines Bausteins durch den Aufruf eines Dienstes eines anderen Bau- steins PDF-Dokumente erzeugen zu können, ist ein Beispiel für diese Anforderungsart (siehe Abschnitt 3.4).

Nicht-funktionale Anforderungen

Nicht-funktionale Anforderungen verkörpern Erwartungen und Not- wendigkeiten, die von Interessenvertretern (Auftraggeber, Benutzer, Architekt, Entwickler) neben den funktionalen Anforderungen als wich- tig erachtet werden und über die reine gewünschte Funktionalität hi- nausgehen. Dabei können unmittelbare und mittelbare nicht-funktionale Anforderungen unterschieden werden.

Unmittelbare nicht- funktionale Anforde- rungen (Qualitäten)

Unmittelbare nicht-funktionale Anforderungen werden häufig auch als Qualitäten bezeichnet, da sie den qualitativen Charakter der durch Organisationen, IT-Systeme oder Bausteine erfüllten funktionalen An- forderungen widerspiegeln. Der Wunsch von Kunden, eine Bestellung innerhalb von 24 Stunden zu erhalten, kann z. B. als nicht-funktionale Anforderung an eine Organisation angesehen werden. Diese Anforde- rung entspricht einer gewünschten Qualität der von einer Organisation angebotenen Funktionalität Bestell- bzw. Auftragsverarbeitung. Im Hinblick auf IT-Systeme drücken nicht-funktionale Anforderungen wie Performanz, Erweiterbarkeit und Wiederverwendbarkeit Qualitäten aus.

Mittelbare nicht- funktionale Anforde- rungen (Rahmenbedin- gungen)

Mittelbare nicht-funktionale Anforderungen wirken auf die Art und Weise der Realisierung der gewünschten Funktionalitäten und Qualitä- ten. Sie repräsentieren Vorgaben oder Gegebenheiten, die eingehalten respektive berücksichtigt werden müssen und somit den Realisierungs- rahmen vorgeben. Daher spricht man in diesem Zusammenhang auch oftmals von Rahmenbedingungen. Das zur Realisierung eines IT- Systems zur Verfügung stehende Budget ist ein Beispiel für eine Rah- menbedingung, da das Budget den finanziellen Rahmen, in dem das IT- System realisiert werden kann, vorgibt.

Relevanz nicht- funktionaler Anforde- rungen

Die Erfüllung nicht-funktionaler Anforderungen ist essenziell für die Akzeptanz der Funktionalitäten einer Organisation, eines Systems oder eines Bausteins. Trotzdem werden nicht-funktionale Anforderungen oftmals unzureichend berücksichtigt, da der Fokus klar auf die funktionalen Anforderungen gelegt wird. Es ist die Aufgabe des Architekten, Interessenvertreter (Auftraggeber, Benutzer, Projektleiter, Entwickler) für dieses Gebiet zu sensibilisieren, da gerade die Architektur wesentlich für die Erfüllung der nicht-funktionalen Anforderungen ist. Durch dieses Bewusstmachen kann der Architekt erreichen, dass bereits in frühen Phasen Zeit für die Berücksichtigung nicht-funktionaler Anforderungen vorgesehen wird.

Neben der Unterscheidung zwischen Qualitäten und Rahmenbedingungen kann die Klasse der nicht-funktionalen Anforderungen weiter unterteilt werden. Tabelle 5.2-2 stellt die verschiedenen nicht-funktionalen Anforderungsarten im Überblick dar.

Tab. 5.2-2: *Nicht-funktionale Anforderungsarten im Überblick.*

Anforderungsart	Beschreibung
Entwicklungszeit-anforderungen	Entwicklungszeitanforderungen drücken Qualitäten und Rahmenbedingungen aus, die bei der Entwicklung eines Systems schwerpunktmäßig berücksichtigt werden müssen. Hierzu gehören die klassischen Qualitätsattribute wie Erweiterbarkeit, Wiederverwendbarkeit oder Plattformunabhängigkeit. Darüber hinaus gehören Vorgaben hinsichtlich einzusetzender Technologien zu dieser Anforderungsart.
Laufzeit-anforderungen	Laufzeitanforderungen beinhalten Erwartungen hinsichtlich des Verhaltens eines Systems zur Laufzeit. Hierzu gehören Anforderungen wie Verfügbarkeit, Stabilität und Performanz, die primär zur Laufzeit sichtbar werden.
Organisatorische Rahmen-bedingungen	Organisatorische Rahmenbedingungen beinhalten Vorgaben wie Budget und Time-to-Market. Ferner gehören hierzu auch Restriktionen hinsichtlich der Architektur-Gestaltung aufgrund von vorhandenem Wissen und Erfahrung innerhalb des Teams, welches mit der Realisierung eines Systems betraut ist.

Baustein-, System- und Organisationsanforderungen basieren aufeinander (siehe Abbildung 5.2-1). Aus Organisationsanforderungen können Systemanforderungen und aus diesen wiederum Bausteinanforderungen abgeleitet werden. Allgemein kann man festhalten, dass Organisationsanforderungen, die mittels IT unterstützt werden sollen, eine vollständige Abdeckung durch Systemanforderungen finden sollten. Ebenso sollten Systemanforderungen entsprechend durch Bausteinanforderungen abgedeckt werden. Durch eine Verknüpfung der Anforderungen kann

Beziehungen zwischen Anforderungsarten

der Architekt somit zum einen die Nachvollziehbarkeit der Anforderungen und zum anderen die Vollständigkeit der Anforderungen prüfen.

Unterscheidung zwischen Entwicklungszeit- und Laufzeitanforderungen

Nicht-funktionale Anforderungen lassen sich nicht immer eindeutig der Entwicklungszeit oder der Laufzeit zu ordnen. Es ist wichtig, sich zu vergegenwärtigen, wann die konkrete nicht-funktionale Anforderung schwerpunktmäßig wirkt und berücksichtigt werden muss. Wenn beispielsweise beim Entwurf einer Architektur zur Entwicklungszeit die nicht-funktionale Anforderung nach Erweiterbarkeit berücksichtigt wurde, kann das System zur Laufzeit um neue Funktionalität erweitert werden. Somit ist Erweiterbarkeit sowohl zur Entwicklungszeit als auch zur Laufzeit sichtbar. Sie muss jedoch primär zu der Entwicklungszeit berücksichtigt werden.

Detaillierungsgrad von Anforderungen

Anforderungen können unterschiedlich detailliert beschrieben werden. So kann z. B. der relativ undetaillierte Wunsch nach einem System zur Erfassung von Aufträgen durch eine Organisationsanforderung „Es muss ein System existieren, mit dem Mitarbeiter Aufträge erfassen können" formuliert werden. Darauf aufbauend kann eine Systemanforderung in Form eines Systemanwendungsfalles beschrieben werden, der detailliert dokumentiert, wie Benutzer in einem Auftragserfassungssystem Aufträge erfassen möchten. Die Detaillierung im Hinblick auf ein zu realisierendes System nimmt daher von den Organisationsanforderungen hin zu den Bausteinanforderungen zu.

Anforderungen und ihre Wechselwirkungen

Anforderungen haben nicht nur Auswirkungen auf die Architektur, sondern treten auch untereinander in Wechselwirkung. Aufgabe der Architektur ist es, diese Wechselwirkungen so gut wie möglich auszugleichen. So können das vorhandene Wissen eines Projektteams und das geforderte Leistungsverhalten (siehe Abschnitt 5.3.4) des Systems sich gegenseitig beeinflussen. Ein hohes Leistungsverhalten legt zum Beispiel eine nebenläufige Architektur nahe. Nun kann es vorkommen, dass die an dem Entwicklungsprojekt beteiligten Personen jedoch keine Erfahrung im Umgang mit nebenläufiger Programmierung besitzen. Der Architekt hat nun verschiedene Möglichkeiten, wie er mit der Wechselwirkung dieser beiden Anforderungen umgeht. Eine Möglichkeit wäre die Integration zusätzlicher Projektmitarbeiter mit dem geforderten Profil. Eine zweite Alternative ist der Einsatz von Architektur-Mitteln wie Applikations-Server, die den Einsatz einer nebenläufigen Architektur erleichtern. Der Architekt muss entscheiden, welche der möglichen Alternativen die Wechselwirkungen zwischen den einzelnen Anforderungen am besten ausgleicht.

5.3 Anforderungen im Detail

Das in Abschnitt 5.2 vorgestellte Klassifizierungsschema erlaubt es, einzelne Anforderungen einzuordnen und zueinander in Beziehung zu setzen. Es erleichtert dem Architekten am Anfang seiner Arbeit, den Überblick zu erhalten. In diesem Abschnitt werden zunächst Organisationsanforderungen, Systemanforderungen und Bausteinanforderungen weiter beleuchtet. Im Anschluss wird auf die nicht-funktionalen Anforderungsarten nochmals näher eingegangen. Hierbei wird das besondere Augenmerk auf Systeme gelegt. In diesem Zusammenhang werden einige Anforderungen, die in der Praxis häufig anzutreffen sind, detaillierter besprochen. Dabei wird jedoch kein Anspruch auf Vollständigkeit gelegt.

5.3.1 Organisationsanforderungen

Organisationsanforderungen verkörpern Anforderungen, die an Organisationen gestellt werden. Sie lassen sich auf die Umwelt der Organisation zurückführen (siehe Abschnitt 7.2). Die Umwelt stellt funktionale und nicht-funktionale Anforderungen, die von der Organisation erfüllt werden müssen.

Anforderungen an die Organisation

Funktionale Organisationsanforderungen beziehen sich auf Dienstleistungen, die die Organisation anbietet. Der Wunsch von Kunden, Bestellungen bei der Organisation in Auftrag geben zu können, ist ein Beispiel für eine funktionale Organisationsanforderung.

Funktionale Organisationsanforderungen

Nicht-funktionale Organisationsanforderungen formulieren den Qualitätsanspruch der Umwelt an die Erbringung der funktionalen Organisationsanforderungen. Ein Lieferservice innerhalb von 24 Stunden oder eine zweijährige Garantiezeit sind Beispiele für nicht-funktionale Organisationsanforderungen.

Nicht-funktionale Organisationsanforderungen

Zur Erfüllung der an sie gestellten Anforderungen kann sich eine Organisation entschließen, IT-Systeme einzusetzen. Sie kann somit eigene Organisationsanforderungen formulieren, die den Bedarf an zu entwickelnde IT-Systeme widerspiegeln. Eine Organisation stellt beispielsweise PCs her. Die einzelnen PCs werden immer genau auf die Wünsche des einzelnen Kunden abgestimmt. Die Mitarbeiter in der Abteilung Auftragseingang werden ständig von einer Flut neuer Aufträge überschüttet. Diese Flut ist nur mit einem extrem hohen Arbeitseinsatz zu bändigen. Der hohe Arbeitseinsatz und die damit verbundene Belastung

Organisation definiert Organisationsanforderungen

der Mitarbeiter ist als Problem identifiziert worden. Im Rahmen der Problemanalyse wird deutlich, dass der hohe Arbeitseinsatz auf eine Vielzahl immer wiederkehrender, manueller Arbeitsschritte zurückzuführen ist. Um die Mitarbeiter des Auftragseingangs bei der Erfüllung ihrer Aufgaben zu unterstützen, entschließt sich die Organisation, ein IT-System zur Lösung dieses Problems einzusetzen. Das System soll den Mitarbeiter entlasten, indem es möglichst viele der manuellen Arbeitsschritte automatisiert. Die Organisation formuliert somit eine Organisationsanforderung nach einem IT-System zur Auftragserfassung.

IT-Standards und -Richtlinien

IT Standards und -Richtlinien sind organisationsweite Vorgaben, denen zu entwickelnde IT-Systeme innerhalb der Organisation genügen müssen. Diese Vorgaben können sowohl funktionalen als auch nicht-funktionalen Charakter besitzen. Der zwingende Einsatz von J2EE als Komponentenplattform ist ein Beispiel für eine nicht-funktionale Organisationsanforderung, die als IT-Standard respektive -Richtlinie festgeschrieben werden kann. Die Grundsätze ordnungsgemäßer Buchführung sehen beispielsweise vor, dass Buchauszüge erstellt werden können. Die Möglichkeit der Erstellung von Buchauszügen ist ein Beispiel für eine funktionale Organisationsanforderung, die ebenfalls als organisationsweite Richtlinie angesehen werden kann. In IT-Systemen muss hierzu entsprechende Funktionalität vorgesehen werden.

5.3.2 Systemanforderungen

Systemanforderungen beschreiben die Anforderungen, die an Systeme gestellt werden. Die innere Struktur des neuen Systems bleibt bei der Betrachtung der Systemanforderungen außen vor.

Funktionale Systemanforderungen

Funktionale Systemanforderungen basieren auf funktionalen Organisationsanforderungen. Im Fokus stehen die Funktionalitäten, die ein Benutzer bzw. ein anderes System von dem System erwarten. Auf das Beispiel des neuen Systems zur Auftragserfassung angewandt könnte eine funktionale Systemanforderung, die mittels eines Systemanwendungsfalles dokumentiert wurde, z. B. lauten „Erfasse einen neuen Auftrag". Diese Systemanforderung beschreibt die einzelnen Tätigkeiten, die der Benutzer mit dem zu entwickelnden System ausübt. Funktionale Systemanforderungen manifestieren sich in konkreten Bausteinen eines Systems. Für das Auftragserfassungsbeispiel bedeutet dies, dass in dem Auftragserfassungssystem Bausteine wie Benutzerdialogsteuerung, Auftragsverarbeitung und Persistenzzugriff existieren, die die Erfassung eines Auftrags ermöglichen. Eine funktionale Anforderung schlägt sich also immer im konkreten, funktionalen Verhalten des Systems nieder. Ebenso kann von dem Auftragserfassungssystem gefordert werden,

> dass neue Aufträge automatisch an das Montageplanungssystem weitergegeben werden

> und dass aus dem Buchhaltungssystem die neusten Informationen zu den momentan offenen Forderungen bezogen werden.

Nicht-funktionale Systemanforderungen

Typische nicht-funktionale Systemanforderungen sind Performanz, Verfügbarkeit, Erweiterbarkeit und Plattformunabhängigkeit. Die Erfüllung nicht-funktionaler Anforderungen ist ein weiteres wichtiges Kriterium für die Akzeptanz eines zu entwickelnden Systems (siehe Abschnitt 2.5). Nicht-funktionale Anforderungen lassen sich schlecht oder gar nicht in einem System lokalisieren. So gibt es beispielsweise keinen Systembaustein, der für Erweiterbarkeit verantwortlich ist. Erweiterbarkeit ergibt sich viel mehr aus einer Reihe von Prinzipien, wie beispielsweise Kapselung, die an einer Vielzahl von Stellen ins System einfließen (siehe Abschnitt 6.1). Um der Anforderung nach Erweiterbarkeit Rechnung zu tragen, können z. B. dedizierte Erweiterungspunkte im System vorhanden sein, die in der Architektur vorgesehen werden müssen. In unserem Auftragserfassungsszenario könnte vom Auftragserfassungssystem beispielsweise gefordert sein, dass in einem nächsten Release Kunden über das Internet den Status ihrer Bestellung abrufen können. Diese mögliche Erweiterung muss bereits in der Software-Architektur des Systems vorgesehen werden. Gerade die nicht-funktionalen System-Anforderungen werden oft vergessen respektive vernachlässigt, da für den Auftraggeber und die Benutzer die funktionalen Systemanforderungen im Fokus stehen. Der Auftraggeber ist daher oft nicht gewillt, einen höheren Aufwand für die notwendige Architektur-Konzeption zu tragen. Der Architekt ist an dieser Stelle gefordert. Er muss erkennen, welche nicht-funktionalen Anforderungen explizit berücksichtigt werden sollten. Die Architektur muss die nicht-funktionalen Anforderungen umsetzen. Dies geschieht nicht nebenbei, sondern muss von Anfang an in die Architektur-Konzeption einfließen.

5.3.3 Bausteinanforderungen

Bausteinanforderungen definieren die funktionalen und nicht-funktionalen Anforderungen an die Bausteine eines Systems.

Funktionale Baustein-anforderungen	Funktionale Bausteinanforderungen definieren dabei die von einem Baustein erwarteten Funktionalitäten. Eine mögliche funktionale Bausteinanforderung an einen fiktiven Datenzugriffsbaustein des Auftragserfassungssystems könnte beispielsweise lauten: > der Datenzugriffsbaustein erlaubt das Suchen nach Kundenobjekten mittels Kundennummer und Kundenname.
Nicht-funktionale Bausteinanforderungen	Ebenso können generelle nicht-funktionale Anforderungen an Bausteine formuliert werden. An den Datenzugriffsbaustein könnte z. B. folgende Entwicklungszeitanforderung gestellt werden: > Es muss Bausteinen aus der Geschäftslogikschicht eine Schnittstelle gemäß Data-Access-Object-Muster [Alur et al. 2003] angeboten werden. Deshalb hat der Datenzugriffsbaustein das Data-Access-Object-Muster umzusetzen. Diese Bausteinanforderung kann auf eine Systemanforderung nach einer Unabhängigkeit von dem eingesetzten Datenbankmanagementsystem zurückgeführt werden.

5.3.4 Laufzeitanforderungen

Qualitäten zur Laufzeit	Laufzeitanforderungen sind nicht-funktionale Anforderungen, die an das zu erstellende System zur Laufzeit gestellt werden. Damit haben sie eine besondere Bedeutung für das System. Sie beschreiben Qualitäten, die stark die Akzeptanz des Systems beim Auftraggeber oder Benutzer beeinflussen. Typische Laufzeitanforderungen sind Verfügbarkeit, Leistungsverhalten, Bedienbarkeit und Sicherheit.
Verfügbarkeit	Verfügbarkeit drückt sich in dem Verhältnis der Fehlzeiten zu den Produktivzeiten aus. Je kleiner die Fehlzeiten gegenüber den Produktivzeiten, desto höher die Verfügbarkeit des Systems. Die Architektur hat nun zwei Möglichkeiten, eine möglichst gute Verfügbarkeit zu erreichen. Sie kann versuchen, die Fehlzeiten an sich zu minimieren, sodass möglichst wenige auftreten. Die zweite Möglichkeit betrifft die Fehlzeiten an sich. Steht ein System aufgrund eines Fehlers nicht zur Verfügung, so sollte die Architektur es ermöglichen, dass die Fehlerursache möglichst schnell lokalisiert und behoben werden kann. Auf diese Weise trägt die Architektur zu einer Verkürzung der Fehlzeit bei.
Leistungsverhalten	Ein System reagiert immer auf äußere Ereignisse. Das Leistungsverhalten beschreibt das Leistungsvermögen des Systems bei der Reaktion auf diese äußeren Ereignisse. Es gibt zwei Möglichkeiten, um das Leistungsverhalten eines Systems auszudrücken. Zum einen kann das Leistungsverhalten anhand der Anzahl der Ereignisse, die ein System in

einem bestimmten Zeitraum bearbeiten kann, gemessen werden. Die zweite Möglichkeit misst die durchschnittliche Zeitdauer, die das System für die Bearbeitung eines Ereignisses braucht. Das Leistungsverhalten eines Systems wird wesentlich durch die Kommunikation an seinen internen und externen Schnittstellen bestimmt. Damit trägt die Architektur durch das Festlegen der Schnittstellen zwischen den einzelnen funktionalen Blöcken wesentlich zum Leistungsverhalten eines Systems bei.

Die Bedienbarkeit (englisch: *usability*) eines Systems drückt sich in erster Linie in der Gestaltung der Benutzeroberfläche aus und steht nicht im unmittelbaren Zusammenhang mit der Software-Architektur eines Systems. Um eine adäquate Bedienbarkeit eines Systems zu erreichen, muss der Architekt jedoch eine passende Architektur (siehe Abschnitt 6.7) auswählen. Eine wesentliche Architektur-Entscheidung ist hierbei die Wahl zwischen einer Rich- oder Thin-Client-Architektur (siehe Abschnitt 6.7.3). Um darüber hinaus ein barrierefreies Arbeiten zu ermöglichen, kann es von der Architektur gefordert sein, unterschiedlichste Benutzerschnittstellen (z. B. eine sprachgesteuerte Benutzerschnittstelle) zu unterstützen. Des Weiteren kann es gefordert sein, dass Benutzer mit dem System in einem Offline-Modus arbeiten können. Dies trifft sehr oft für Außendienstmitarbeiter zu, die Aufträge auf ihrem Laptop erfassen können und später mit einem Auftragserfassungsserver synchronisieren können. Diese Bedienbarkeitsanforderung muss in der Architektur explizit vorgesehen werden. Ebenso kann eine adäquate Architektur für die Präsentationslogik eines Systems die Entwicklung einer Benutzerschnittstelle hinsichtlich Erweiterbarkeit, Wiederverwendbarkeit und Konsistenz erleichtern. Ebenso kann die Architektur die grundlegenden Mechanismen der Fehlerbehandlung eines Systems bereits vorsehen. Dies kommt ebenfalls dem visuellen Teil der Fehlerbehandlung zugute.

Bedienbarkeit

5.3.5 Entwicklungszeitanforderungen

Entwicklungszeitanforderungen beziehen sich auf die einzusetzenden Architekur-Mittel. Sie beziehen sich zum einen auf die in dem IT-System eingesetzten Mittel. Zum anderen bestimmen sie aber auch die Mittel, die zur Herstellung des IT-Systems verwendet werden. Damit wirken sich diese Anforderungen vor allen Dingen während der Entwicklung des Systems aus. Beispiele für Entwicklungszeitanforderungen sind Plattformunabhängigkeit, Wiederverwendbarkeit, Skalierbarkeit und

Zur Entwicklungszeit relevante Anforderungen

Wartbarkeit. Ebenso zählt die Vorgabe bestimmter Technologien (z. B. J2EE oder .NET) zu dieser Anforderungsart.

**Plattform-
unabhängigkeit**

Es wird häufig gefordert, dass ein System auf unterschiedlichen Plattformen (siehe Abschnitt 3.4) betrieben werden kann. So kann es z. B. möglich sein, ein System auf unterschiedlichen J2EE-Komponentenplattformen (z. B. IBM WebSphere Application Server und JBoss Application Server) zu installieren. Aufgabe der Architektur ist es, durch den Einsatz entsprechender Architektur-Mittel (siehe Kapitel 6) diese unterschiedlichen Kombinationen zu ermöglichen. Durch den Einsatz des Prinzips der Modularisierung können beispielsweise die plattformspezifischen von den plattformunspezifischen Systembausteinen getrennt werden. Plattformunabhängigkeit wird auch häufig als Portierbarkeit bezeichnet.

Wiederverwendbarkeit

Der sinnvolle Einsatz von Architektur-Mitteln kann nicht nur zur Erreichung einer Plattformunabhängigkeit eingesetzt werden. Vielmehr können Architektur-Mittel auch dazu beitragen, bereits entwickelte Bausteine in späteren Entwicklungen oder in anderen Systemen erneut einzusetzen, um so den Entwicklungsaufwand zu reduzieren. Mit diesem Sachverhalt befasst sich die nicht-funktionale Anforderung der Wiederverwendbarkeit, indem sie zum einen festlegen kann, dass Bausteine wieder verwendbar zu konzipieren sind und zum anderen dass existierende Bausteine einzusetzen sind. Der Themenkomplex Software-Wiederverwendung wird ausführlich in [Chughtai und Vogel 2001] behandelt.

Wartbarkeit

Der Lebenszyklus eines Systems geht über die anfängliche Entwicklung hinaus. Ist ein System in Betrieb genommen worden, ergeben sich immer wieder neue Anforderungen, die mit dem momentanen Stand des Systems nicht abgedeckt werden können. Entsprechend muss das bestehende System verändert und an die neuen Anforderungen angepasst werden. Mit diesem Szenario befasst sich die nicht-funktionale Anforderung der Wartbarkeit. Sie macht Aussagen über die Möglichkeit, Änderungen an dem System vorzunehmen. Es liegt in der Verantwortung der Software-Architektur, den Aufwand für diese Änderungen möglichst gering zu halten. Der Aufwand einer Änderung hängt immer von der Anzahl der Stellen in dem System ab, die geändert werden müssen. Auch hierzu kann der Software-Architekt unterschiedliche Mittel einsetzen, um die Anzahl der zu ändernden Stellen zu minimieren (siehe Kapitel 6). Die Erweiterbarkeit eines Systems steht in engem Zusammenhang mit dessen Wartbarkeit.

5.3.6 Organisatorische Rahmenbedingungen

Organisatorische Rahmenbedingungen fallen auf den ersten Blick meist in den Verantwortungsbereich des Projektleiters, da es sich hierbei um Themen wie Budget, Zeitpläne und organisatorische Strukturen handelt. Ihr Einfluss auf die Architektur ist jedoch auch vorhanden. Beachtet die Architektur nicht die Einflüsse der organisatorischen Anforderungen, können diese bewirken, dass eine Architektur gar nicht umgesetzt wird (siehe Kapitel 7).

Organisatorische Rahmenbedingungen beeinflussen die Architektur

Die Architektur steht immer unter dem Einfluss der Fähigkeiten und Kenntnisse der Projektmitglieder. Sie haben Erfahrungen und Kenntnisse mit bestimmten Technologien und Vorgehensweisen. Trägt eine Architektur diesem Erfahrungsschatz nicht Rechnung, kann dies nur mit zusätzlichem Aufwand ausgeglichen werden. Der zusätzliche Aufwand entsteht entweder, indem neue Entwickler in das Projektteam geholt werden oder aber die bestehenden Entwickler in der neuen Technologie geschult werden. Aus diesem Grund ist es wichtig für den Architekten, zu wissen, welche Technologien im Projektteam bisher eingesetzt wurden und wie der Entwicklungsprozess aussieht. Mit diesem Wissen kann der Architekt die Architektur an diesen organisatorischen Rahmenbedingungen ausrichten.

Stellenbesetzung

Oft sind Entwicklungsprojekte mit engen Zeitvorgaben konfrontiert. In solchen Fällen lassen sich die Zeitvorgaben nur durch die Verwendung von Halb- oder Fertigprodukten halten. In diesem Fall ist es Aufgabe der Architektur, diese Halb- oder Fertigprodukte in das Gesamtsystem zu integrieren. Damit beeinflussen diese vorgefertigten Bausteine durch ihre Funktionalitäten und Schnittstellen die Aufteilung des Gesamtsystems in einzelne Bausteine.

Projektplanung

Jedes Entwicklungsprojekt hat ein Budget. Dieses Budget beeinflusst natürlich auch die Architektur. Jede Technologie ist mit verschiedenen Kosten verbunden. Seien es Anschaffungskosten oder aber auch Aufwendungen für Ausbildung im Umgang mit einer neuen Technologie. Die Architektur muss dem vorhandenen Budget Rechnung tragen, indem sich die Technologieauswahl und die Umsetzung der Anforderungen an dem zur Verfügung stehenden Budget ausrichten.

Budget

5.4 Anforderungen im Architektur-Kontext

Anforderungen und Architektur-Dimensionen

In diesem Abschnitt werden die zuvor eingeführten Anforderungsarten im Kontext von Architektur betrachtet. Hierzu werden die Anforderungsarten mit den anderen Architektur-Dimensionen des architektonischen Ordnungsrahmens in Beziehung gesetzt. Abbildung 5.4-1 visualisiert diesen Architektur-Kontext. Als zentrales Strukturierungsmerkmal dienen die verschiedenen Architektur-Ebenen aus Kapitel 4, indem die wichtigen Elemente der Architektur-Dimensionen auf den verschiedenen Architektur-Ebenen positioniert werden. Hierdurch können die Elemente auf einem einheitlichen Abstraktionsniveau (Abstraktions-Ebene) betrachtet werden. Das Abstraktionsniveau sinkt dabei von der Organisationsebene hin zur Bausteinebene. Mit anderen Worten nimmt der Detaillierungsgrad im Hinblick auf ein zu realisierendes System respektive dessen Architektur von oben nach unten zu. Elemente auf der Organisationsebene besitzen organisationsweiten Charakter. Elemente auf der Systemebene beziehen sich dahingegen direkt auf ein System und Elemente auf der Bausteinebene entsprechend auf Bausteine eines Systems (siehe Kapitel 4). Abbildung 5.4-1 illustriert die Anforderungsarten im Architektur-Kontext.

Architektonisch relevante Anforderungen

Für die Architektur ist es wichtig, die architektonisch relevanten Anforderungen zu identifizieren. Ganz allgemein kann man sagen, dass die architektonisch relevanten Anforderungen all die Anforderungen sind, die einen wesentlichen Einfluss auf den Entwurf der Architektur besitzen. Unglücklicherweise lässt sich jedoch nicht pauschal festlegen, welche dies nun konkret sind. Dies hängt immer vom jeweiligen Einzelfall ab. Funktionale Anforderungen beeinflussen die Architektur dahingehend, dass sie Systembausteine vorsieht, die zur Realisierung der geforderten Funktionalität verantwortlich sind. In einem Auftragsverwaltungssystem können z. B. fachliche Bausteine zur Auftragserfassung und zur Auftragsbearbeitung vorgesehen werden. Die Berücksichtigung von Entwicklungszeit- und Laufzeitanforderungen macht sich wiederum in der Wahl der eingesetzten Architektur-Mittel bemerkbar.

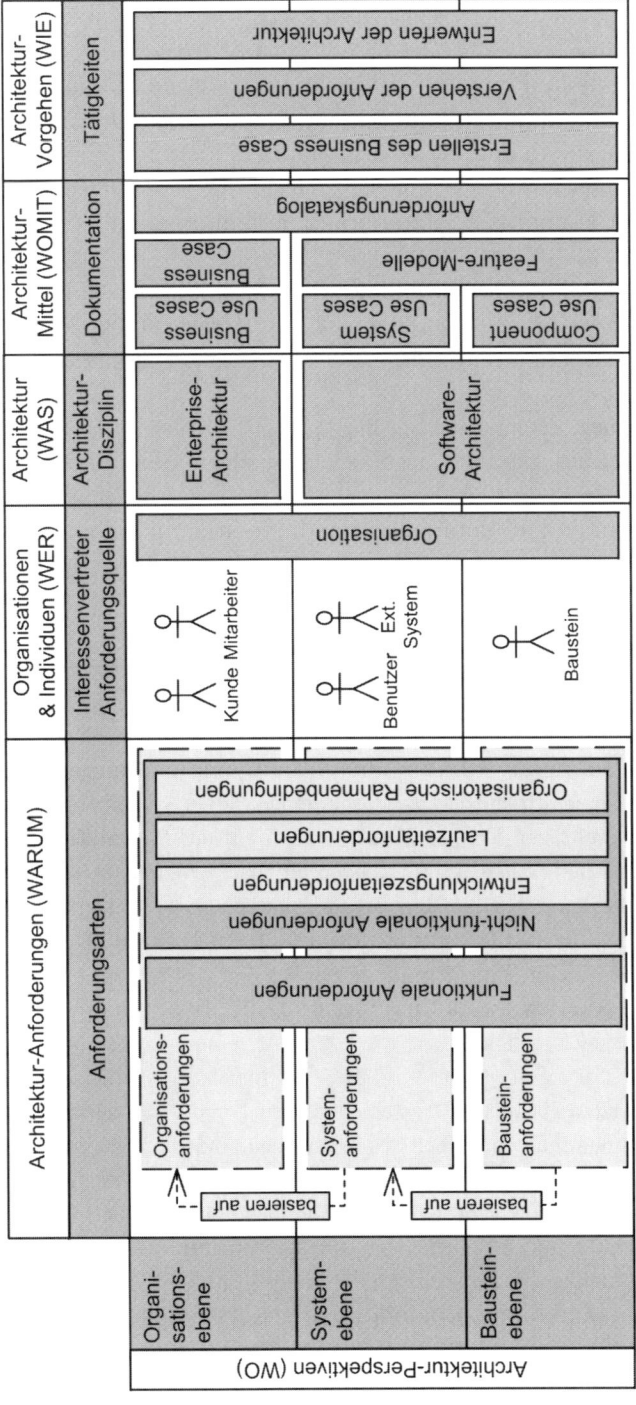

Abb. 5.4-1: *Anforderungen im Kontext von Architektur.*

Organisatorische Rahmenbedingungen können sich zum einen in der Wahl der eingesetzten Architektur-Mittel und zum anderen in den vorgesehenen Systembausteinen niederschlagen. Verfügt das Projektteam beispielsweise nicht über ausreichende, fachliche Qualifikationen in einer Technologie, kann diese nicht eingesetzt werden. Ferner kann eine geforderte funktionale Anforderung nicht umgesetzt werden, wenn das Budget oder der Zeitplan dies nicht ermöglicht.

Anforderungen und Architektur-Perspektiven

Anforderungen können auf unterschiedlichen Architektur-Ebenen angesiedelt werden. Anforderungen auf einer Architektur-Ebene basieren dabei auf Anforderungen der darüber liegenden Architektur-Ebene.

Anforderungen auf der Organisationsebene

Organisationsanforderungen auf der Organisationsebene drücken Anforderungen aus, die von Kunden, Geschäftspartnern, Mitarbeitern oder von Behörden an die Organisation gestellt werden. Aus diesen Anforderungen kann sich die Notwendigkeit nach Systemen zur Unterstützung bzw. zur Erfüllung der Anforderungen auf der Organisationsebene ergeben. Ferner sind auf dieser Ebene auch organisationsweite IT-Standards und -Richtlinien angesiedelt.

Anforderungen auf der Systemebene

Auf der Systemebene liegt das Augenmerk auf Systemen und auf den von ihnen zur Verfügung gestellten Funktionen und Qualitäten. Die Systemanforderungen basieren auf Organisationsanforderungen. Aus der funktionalen Organisationsanforderung, dass ein System zur Erfassung von Aufträgen existieren soll, können auf der Systemebene die konkreten funktionalen Anforderungen an das System abgeleitet werden. Ferner kann z. B. auf der Organisationsebene die Entwicklungszeitanforderung, dass Systeme innerhalb der Organisation auf Basis von J2EE zu realisieren sind, formuliert werden. Für das System bedeutet dies nun beispielsweise, dass das System die JSP, Java Servlets und EJB APIs berücksichtigen muss.

Anforderungen auf der Bausteinebene

Auf der letzten Ebene, der Bausteinebene, tauchen die Bausteinanforderungen in den inneren Aufbau des Systems ein, indem sie die Anforderungen nach bestimmten Bausteinen, deren Funktionalitäten sowie nicht-funktionalen Eigenschaften beschreiben. Für das Beispiel der Auftragsabwicklung heißt dies, auf der Bausteinebene beschreibt eine Bausteinanforderung etwa die Anforderungen an einen Baustein zum Schreiben und Lesen von Aufträgen in eine Datenbank (*funktionale Anforderung*), der mittels JDBC realisiert werden muss (*nicht-funktionale Anforderung*). Basierend auf dem eingeführten J2EE-Beispiel würden nicht-funktionale Bausteinanforderungen vorschreiben, dass Bausteine mittels J2EE-Bausteinen (z. B. JSPs, Servlets, EJBs) realisiert werden müssen.

Anforderungen werden von unterschiedlichen Interessenvertretern formuliert. Organisationsanforderungen ergeben sich beispielsweise aus den Wünschen von Kunden, Mitarbeitern, Geschäftspartnern oder Behörden. Darüber hinaus formuliert die Organisation selbst auf der Organisationsebene IT-Standards und Richtlinien. Systemanforderungen können wiederum den tatsächlichen Benutzern des zu entwickelnden Systems bzw. Systemen, mit denen das System interagiert, zugeordnet werden. Darüber hinaus wirken sich auch Vorgaben der Organisation auf der Systemebene aus. Bausteinanforderungen entspringen den Wünschen der Systembausteine, die mit dem betrachteten Systembaustein kollaborieren.

Je nachdem in welcher Architektur-Disziplin (siehe Kapitel 3) man als Architekt tätig ist, beschäftigt man sich mit unterschiedlichen Anforderungsarten. Agiert man beispielsweise als Enterprise-Architekt, wird man sich primär mit Anforderungen beschäftigen, die auf der Organisationsebene angesiedelt sind. Hierzu gehören funktionale und nicht-funktionale Anforderungen, die im Rahmen einer Enterprise-Architektur festgelegt werden. Diese Anforderungen drücken sich durch von der Organisation vorgegebene IT-Standards und -Richtlinien aus. Dahingegen beschäftigt sich Software-Architektur mit den funktionalen und nicht-funktionalen Anforderungen der System- und Bausteinebene. Als Software-Architekt ist man dafür verantwortlich, eine Architektur zu entwerfen, die es erlaubt, ein System zu bauen, welches die an das System gestellten Anforderungen erfüllt. Hierzu gehört auch, dass man vorgegebene IT-Standards und -Richtlinien berücksichtigt. Der Fokus der Tätigkeit eines Software-Architekten liegt auf dem zu entwerfenden System.

Anforderungen können mit verschiedenen Mitteln dokumentiert werden (siehe Abschnitt 6.6). Anwendungsfälle (englisch: *use cases*) sind ein adäquates Mittel, um funktionale Anforderungen auf allen Architektur-Ebenen zu beschreiben. Organisationsanforderungen können hierbei als Geschäftsanwendungsfälle (englisch: *business use cases*), Systemanforderungen als Systemanwendungsfälle (englisch: *system use cases*) und Bausteinanforderungen als Bausteinanwendungsfälle (englisch: *component use cases*) formuliert werden. Diese Klassifizierung von Anwendungsfällen stammt von Alistair Cockburn [Cockburn 2000]. Eine Komponente kann in diesem Zusammenhang als Systembaustein verstanden werden. Auf der Organisationsebene können auch andere Mittel wie

Geschäftsprozessbeschreibungen oder Business Cases verwendet werden, um Anforderungen zu dokumentieren. Aus Business Cases können wiederum Business Use Cases abgeleitet werden. Auf der System- und Bausteinebene findet man häufig auch Feature-Modelle zur Beschreibung von Funktionalitäten (siehe Abschnitt 8.2). Anforderungskataloge kommen auf allen Ebenen zum Einsatz.

Anforderungen und Architektur-Vorgehen

Anforderungen spielen im Rahmen eines Architektur-Vorgehens eine wichtige Rolle. So ist der Architekt bei der Formulierung des Business Case und den darin enthaltenen Anforderungen beteiligt (Tätigkeit: *Erstellen des Business Case*). Ferner muss der Architekt die an das System gestellten Anforderungen verstehen (Tätigkeit: *Verstehen der Anforderungen*), um eine passende Architektur zu entwerfen (Tätigkeit: *Entwerfen der Architektur*). Die Software-Architektur wird beispielsweise dedizierte Subsysteme respektive Software-Bausteine vorsehen, die zur Erfüllung der definierten funktionalen Anforderungen verantwortlich sind. Ferner wird durch den Einsatz entsprechender Architektur-Mittel in einer Software-Architektur sichergestellt, dass nicht-funktionale Anforderungen wie Erweiterbarkeit und Plattformunabhängigkeit gewährleistet werden. Die architektonischen Tätigkeiten werden in Kapitel 8 näher behandelt. An dieser Stelle wurden nur die Tätigkeiten hervorgehoben, in denen die Berücksichtigung der Anforderungen besonders essenziell ist.

6 | Architektur-Mittel (WOMIT)

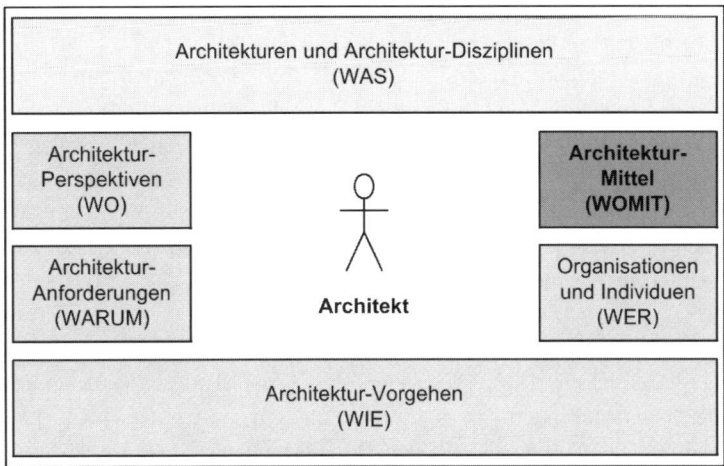

Abb. 6-1: *Positionierung des Kapitels im Ordnungsrahmen.*

Dieses Kapitel befasst sich mit der *WOMIT-Dimension* des architektonischen Ordnungsrahmens, indem es grundlegende Konzepte und Techniken aufzeigt, die heutzutage in den „Werkzeugkasten" eines Software-Architekten gehören. Nach dem Lesen dieses Kapitels haben Sie eine Vorstellung davon erhalten, welche Mittel Sie einsetzen können, um Architekturen zu bewerten, zu beschreiben, zu erstellen und weiterzuentwickeln.

Übersicht

6.1 Architektur-Prinzipien

Einflussfaktoren auf eine Architektur

Wie in den vorhergehenden Kapiteln erläutert, beschäftigt sich die Software-Architektur in erster Linie mit den Komponenten eines Software-Systems und deren Interaktion. Diese übernehmen die Umsetzung der funktionalen Anforderungen an ein Software-System. Zusätzlich dazu spielten eine große Anzahl von nicht-funktionalen Anforderungen, wie beispielsweise Performanz, Produkteinführungszeit, Kosten, Wartbarkeit, Wiederverwendbarkeit, Änderbarkeit, Verfügbarkeit und Einfachheit, eine zentrale Rolle (siehe auch Kapitel 3).

Diese Einflussfaktoren bestimmen wesentlich den Aufbau einer Software-Architektur. Dies heißt aber, dass zwei Software-Systeme mit gleichen technischen Anforderungen, die von zwei unterschiedlichen Architekten in unterschiedlichen Organisationen erstellt werden, unweigerlich voneinander verschiedene Software-Architekturen haben. Es stellt sich die Frage: Wie erkennt man eine „gute" Software-Architektur?

Gute und schlechte Architekturen

In der Tat kann man schwerlich sagen, dass eine Architektur an sich „gut" oder „schlecht" ist – sie erfüllt nur die gesetzten funktionalen und nicht-funktionalen Anforderungen, die an das Software-System gestellt werden, mehr oder weniger gut. D. h. in anderen Worten: Die Architekturen haben unterschiedliche Ausprägungen der Qualitätsattribute. Beispielsweise mag eine hochflexible und konfigurierbare Server-Architektur für einen Enterprise Application Server sehr geeignet sein. Hingegen ist dieselbe Architektur – im Vergleich zu einer weit inflexibleren Architektur – für einen Server im Bereich von eingebetteten Systemen unter Umständen hochproblematisch: Zum einen wird die hohe Flexibilität im eingebetteten System nicht wirklich benötigt und zum anderen ist die flexiblere Architektur auch deutlich komplexer und benötiget mehr Speicher, Rechenleistung und andere Ressourcen.

Architektur-Prinzipien

Nichtsdestotrotz gibt es allgemeine Prinzipien, die man beim Entwurf einer Software-Architektur beachten sollte. In diesem Abschnitt werden einige zentrale Architektur-Prinzipien näher erläutert. Es ist nicht so, dass jede Architektur, die diese Prinzipien missachtet, unweigerlich eine schlechte Architektur wird, aber ein Missachten von wichtigen Architektur-Prinzipien kann als ein deutliches Warnzeichen gesehen werden. Missachten einzelner Prinzipien kann z. B. deshalb vorkommen, weil verschiedene Prinzipien konträr sind. Wichtig hier: Missachtung von Prinzipien darf nicht unbedacht oder aus Faulheit erfolgen.

Wenn, dann sollte dies geplant (bewusst), wohl begründet und dokumentiert geschehen.

Die Architektur-Prinzipien setzen sich mit verschiedenen architektonischen Fragestellungen und Probleme auseinander. Es gibt zwei Hauptprobleme, die für so gut wie alle in der Folge behandelten Prinzipien eine Rolle spielen: die Reduktion der Komplexität einer Architektur und die Erhöhung der Flexibilität (oder Änderbarkeit) einer Architektur. Wir sehen das Prinzip der losen Kopplung im Mittelpunkt der betrachteten Architektur-Prinzipien, da es gerade im Zusammenhang dieser zwei Hauptprobleme die anderen Prinzipien jeweils aufgreift. „Aufgreifen" heißt hier: Es gibt verschiedene Zusammenhänge zu anderen Prinzipien, wie „ist Ausprägung von", „realisiert" u. v. a.

In Abbildung 6.1-1 und 6.1-2 wird ein Überblick über alle behandelten Prinzipien dargestellt. Die einzelnen Prinzipien und ihre Beziehungen werden in der Folge näher erläutert.

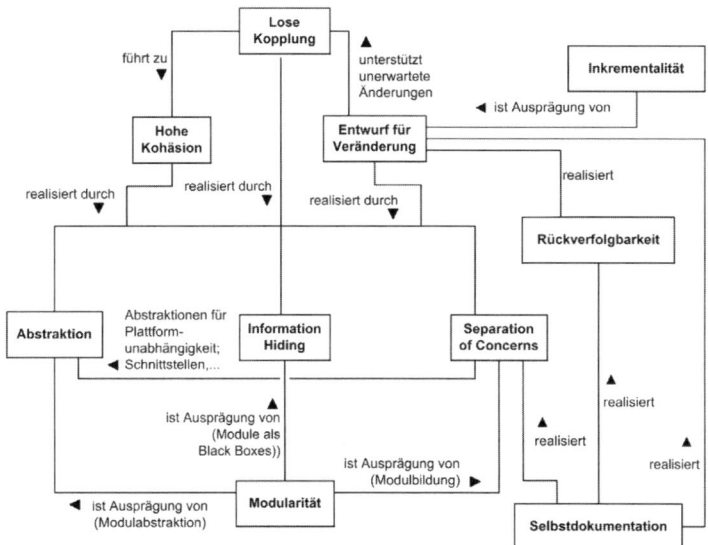

Abb. 6.1-1: *Überblick über die Architektur-Prinzipien.*

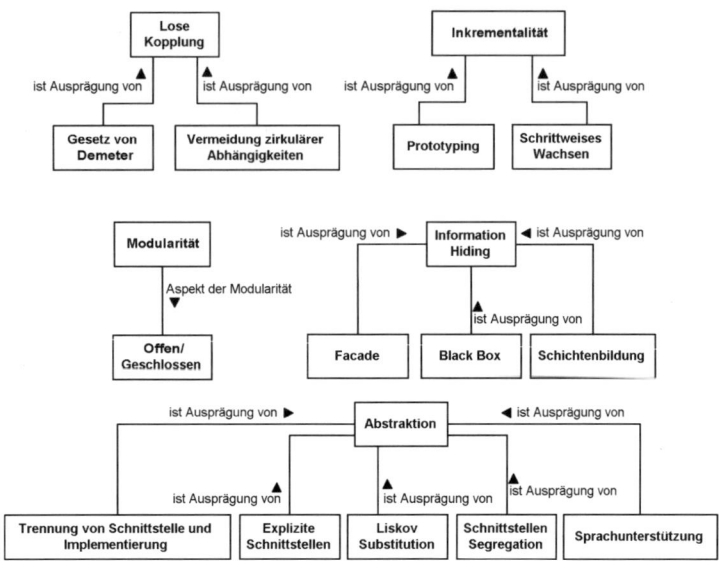

Abb. 6.1-2: *Überblick über die speziellen Architektur-Prinzipien.*

6.1.1 Prinzip der losen Kopplung

Kopplung

Ein wichtiger Kern der Definition von Software-Architektur ist, dass Software-Architekturen sich in erster Linie mit den Bausteinen oder Komponenten eines Software-Systems und deren Interaktion beschäftigen. Die Bausteine können wiederum durch viele Konstrukte realisiert werden, beispielsweise durch Module, Komponenten, Klassen, Prozeduren etc. Einerseits können wir die Bausteine der Software-Architektur unabhängig voneinander betrachten. Andererseits stehen sie aber auch in einer Beziehung zueinander. Solche Beziehungen unter den Bausteinen einer Software-Architektur werden als *Kopplung* bezeichnet. Die Kopplung ist besonders wichtig, da sie gerade die Interaktionen der Bausteine charakterisiert, welche ja zentral für die Betrachtung aus architektonischer Sicht sind.

Machen wir uns den Begriff der Kopplung an einigen Beispielen klar. Eine Klasse kann als ein zentraler Baustein einer beschreibenden Architektur-Sicht eines objektorientierten Systems gesehen werden. Daher macht es Sinn, die Kopplung der Klassen zu betrachten. Allgemein kann die Kopplung eines Bausteins der Architektur durch einfaches Zählen der Beziehungen zu einem anderen betrachteten Baustein gemessen werden. Also, auf Klassen bezogen, können wir z. B. messen, wie stark

Klassen mit anderen Klassen gekoppelt sind. Dies geschieht, indem wir die Anzahl der anderen Klassen ermitteln, die mit einer gegebenen Klasse in Beziehung stehen.

Eine solche einfache Metrik der Kopplung liefert einen ersten Eindruck über die Kopplung in einer Architektur. Es ist aber auch wichtig, zu betrachten, auf welche Weise die Bausteine einer Architektur gekoppelt sind. Verschiedene Realisierungen einer Beziehung zwischen den Bausteinen bedeuten als Resultat oft verschieden starke Abhängigkeiten. Nehmen wir an, zwei Klassen benötigen gemeinsame Daten. Als Beispiel wollen wir die folgenden drei Arten der Kopplung betrachten (es gibt noch viele andere Arten der Kopplung):

> Die Klassen können gegenseitig auf ihre (privaten) Daten zugreifen, was eine sehr starke Form der Kopplung darstellt, denn man kann keine der beiden Klassen mehr ändern, ohne die andere zu betrachten.

> Eine weniger starke Kopplung liegt vor, wenn die Klassen über eine globale Datenstruktur kommunizieren, denn die direkten Abhängigkeiten der Klassen werden aufgelöst und in die globale Datenstruktur ausgelagert. Trotzdem ist die Kopplung noch recht stark, denn alle Änderungen, die die globalen Daten betreffen, betreffen auch alle Klassen, die mit den Daten arbeiten.

> Wenn die Klassen nur über Methodenparameter kommunizieren, ist die Kopplung deutlich geringer: Die beteiligten Methoden enthalten nur die wirklich notwendigen Daten. Somit ziehen Änderungen an dieser Datenkopplung meist auch nur lokale Änderungen an den beteiligten Methoden der beteiligten Klassen nach sich.

Kopplungsmetriken können auch für andere Architektur-Sichten und Arten von Bausteinen betrachtet werden. Eine andere sinnvolle Sicht ist die Betrachtung der Objekt- und Aufrufstrukturen zur Laufzeit. Hier kann man sagen, ein Objekt x hat eine hohe Kopplung zu einem anderen Objekt y dann, wenn es y oft aufruft.

Ein Hinweis: Wie man sieht, kann man Kopplung und auch andere Größen (wie die im Folgenden betrachtete Kohäsion) mit einfachen Metriken messen. Auch wenn diese Metriken einen guten ersten Überblick über die Verhältnisse in einer Architektur geben können, sollte nicht vergessen werden, dass sie nur eine Form der Kopplung messen und andere Aspekte, wie die Kopplung zu anderen Arten von Bausteinen oder die gewählte Art der Kopplung, außer Acht lassen. Daher sollte man immer auch diese Aspekte zusätzlich zu den Metriken in Betracht

Zur Verwendung von Metriken

ziehen. Die geeinigte Gewichtung verschiedener Metriken ist ein grundsätzliches Problem, dass schwerlich allgemein, also unabhängig von einer konkreten Anwendung, gelöst werden kann.

Prinzip der losen Kopplung

Das Prinzip der losen Kopplung besagt, dass die Kopplung zwischen Systembausteinen möglichst niedrig gehalten werden soll. Das Prinzip beschäftigt sich mit dem Problem, dass es für das Verstehen und Ändern eines Bausteins oft auch notwendig ist, weitere Bausteine zu verstehen oder zu ändern [Yourdon und Constantine 1978]. Es wird angenommen, dass diese Qualitätsattribute positiv durch lose Kopplung beeinflusst werden.

Der Zweck der losen Kopplung ist also einerseits, die Komplexität von Strukturen gering zu halten: Je weniger stark ein Baustein mit anderen Bausteinen gekoppelt ist, umso einfacher ist es, den Baustein zu verstehen, ohne viele andere Bausteine gleichzeitig verstehen zu müssen. Ein zweiter Zweck ist, die Änderbarkeit der Architektur zu erhöhen: Je weniger Bausteine durch starke Kopplung von einer Änderung in einem anderen Baustein betroffen sind und je loser die existierenden Beziehungen sind, umso einfacher ist es, Änderungen lokal an einzelnen Bausteinen - ohne Betrachtung ihrer „Umwelt" - durchzuführen.

Zusammenhang zu anderen Prinzipien

Wir sehen, lose Kopplung ermöglicht den Entwurf für Veränderung, ein weiteres wichtiges Prinzip der Software-Architektur. Überdies führt lose Kopplung zum Prinzip der hohen Kohäsion, denn wenn man die externen Beziehungen „lose" hält, ist häufig eine direkt Konsequenz, dass die Bausteine intern stärker zusammenhängend entworfen werden.

Erreicht werden kann lose Kopplung insbesondere durch Umsetzung der Prinzipien Abstraktion, Separation of Concerns und Information Hiding. Die Einführung von Schnittstellenabstraktionen ist hier ein wichtiger Aspekt. D. h., die Belange „Schnittstelle" und „Implementierung" werden separiert und die Implementierungsinformationen werden hinter der Schnittstelle verborgen.

Um dann lose Kopplung zu erreichen, sollte man versuchen, die Anzahl der Schnittstellenelemente gering zu halten und auch die Häufigkeit des Austausches von Informationen über Schnittstellen zu begrenzen. Grundsätzlich sollten Bausteine einer Architektur nur über wohl definierte Schnittstellen kommunizieren. Dies dient der Abstraktion, aber zusätzlich macht es auch die Kopplung von Systembausteinen kontrollierbar.

Ein verwandtes Prinzip zu loser Kopplung ist das Gesetz von Demeter (Law of Demeter) [Lieberherr und Holland 1989], das besagt: ein Systembaustein sollte nur eng verwandte Bausteine benutzen („Sprich nicht mit Fremden"). Dies ist insbesondere wichtig, da Menschen nur eine begrenzte Anzahl an Informationen im Kurzzeitgedächtnis halten können. Somit macht es Sinn, Systembausteine nicht mit zu viel externer Information zu überladen, um ihre Verstehbarkeit zu erhöhen.

Gesetz von Demeter

Ein wichtiges Teilprinzip der losen Kopplung ist die Vermeidung zirkulärer Abhängigkeiten zwischen den Bausteinen eines Systems, weil zirkuläre Abhängigkeiten eine besonders hohe Kopplung der Bausteine nach sich ziehen. Zirkuläre Abhängigkeiten sind die Ursache für viele Probleme in der Software-Entwicklung, wie z. B. Deadlocks und erschwerte Änderbarkeit. Ein wichtiges architektonisches Problem ist hier, dass keiner der zirkulär abhängigen Bausteine verstanden oder getestet werden kann, ohne den gesamten Zyklus zu verstehen oder zu testen. D. h., die arbeitsteilige Entwicklung solcher Bausteine ist beinahe ausgeschlossen.

Vermeidung zirkulärer Abhängigkeiten

Statt zirkulärer Abhängigkeiten sollten die Bausteine sich untereinander nach dem so genannten Hollywood-Prinzip „Don't call us, we call you!" verwenden – also lose gekoppelt sein.

6.1.2 Prinzip der hohen Kohäsion

Kopplung beschäftigt sich mit den Abhängigkeiten von verschiedenen Bausteinen einer Architektur. Ein Baustein besteht aber häufig selbst aus vielen Teilen. Beispielsweise besteht eine Klasse aus Variablen und Methoden. Die Abhängigkeiten innerhalb eines Systembausteins werden als *Kohäsion* bezeichnet.

Kohäsion

Machen wir uns auch die Kohäsion an Beispielen klar. Bezogen auf die Methoden einer Klasse kann man die Kohäsion sinnvoll durch die Aufrufbeziehungen der Methoden dieser Klasse untereinander messen. In der Laufzeitsicht hat ein Objekt x dann eine hohe Kohäsion, wenn es sich oft selbst aufruft.

Die Kohäsion innerhalb eines Systembausteins soll möglichst hoch sein. Wie bei der losen Kopplung geht es auch hier um die lokale Änderbarkeit und Verstehbarkeit von Systembausteinen [Yourdon und Constantine 1978]: Wenn ein Systembaustein alle die zum Verstehen und Än-

Prinzip der hohen Kohäsion

dern relevanten Eigenschaften in seiner Beschreibung vereint, kann man ihn folglich ändern, ohne andere Systembausteine verstehen oder ändern zu müssen.

Zusammenhang zur losen Kopplung

Kopplung und Kohäsion stehen normalerweise miteinander in Wechselbeziehung. Zumeist gilt: Je höher die Kohäsion individueller Bausteine einer Architektur ist, desto geringer ist die Kopplung zwischen den Bausteinen. Dieser Zusammenhang wird schematisch in Abbildung 6.1-3 dargestellt.

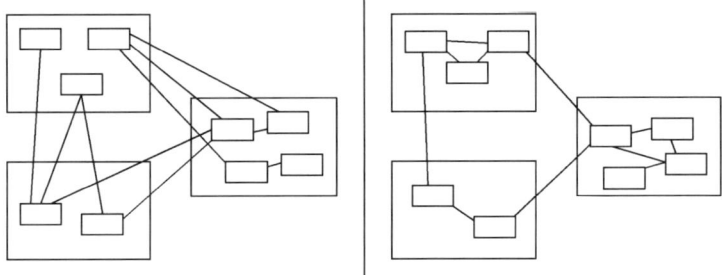

Abb. 6.1-3: *Links sieht man ein Beispiel mit starker Kopplung und geringer Kohäsion; rechts sind lose Kopplung und hohe Kohäsion umgesetzt.*

Eine Architektur mit loser Kopplung und hoher Kohäsion ist gut geeignet, die Gesamtstruktur des Software-Systems schnell zu verstehen. Diese Eigenschaft ist in Architekturen, in denen man jeden einzelnen Systembaustein verstanden haben muss, bevor man das Gesamtsystem verstehen kann, schwer zu erreichen.

Zusammenhang zu anderen Prinzipien

Eine hohe Kohäsion führt oft zu einer losen Kopplung und umgekehrt – also: diese beiden Prinzipien haben in vielen Fällen eine Wechselwirkung untereinander. Erreicht werden kann hohe Kohäsion wiederum insbesondere durch Umsetzung der Prinzipien Abstraktion, Separation of Concerns und Information Hiding. Eine hohe Kohäsion lässt sich durch Kapselung verwandter Anforderungen in einem Systembaustein erreichen. Das heißt insbesondere, man wendet Separation of Concerns und Information Hiding beim Entwurf an: Verwandte Anforderungen tendieren zu hohem Kommunikationsbedarf – daher sollten sie Teil desselben Systembausteins sein, um die Kohäsion des Bausteins zu erhöhen. Ein solcher Baustein sollte alle Interna vor der Außenwelt verbergen, um die Kopplung lose zu halten. Architekturen mit hoher Kohäsion lassen uns die einzelnen Systembausteine als *Black Boxes* betrachten, die unabhängig voneinander geändert und ausgetauscht werden können.

6.1.3 Prinzip des Entwurfs für Veränderung

Das Prinzip des Entwurfs für Veränderung (englisch: *Design for Change*) [Parnas 1994] ist ein sehr allgemeines Prinzip. Hinter dem Prinzip steht das Problem, dass Software sich ständig ändert und Änderungen häufig schwer vorhersehbar sind. Manche Software-Architekturen gehen jedoch tendenziell mit Änderungen leichter um als andere. Die Idee hinter dem Entwurf für Veränderung ist, dass man vorhersehbare Änderungen architektonisch vorausplant.

Zur Idee des Entwurfs für Veränderung

Um diesem Prinzip gerecht zu werden, sollte man zunächst versuchen, die Architektur so zu entwerfen, dass man leicht mit den wahrscheinlichen Änderungen eines Software-Systems umgehen kann. Beispielsweise kann man bereits weitergehende Anforderungen vorab erheben und beachten. Unklarheiten in Anforderungsspezifikationen können beispielsweise auf zu erwartende weitergehende Funktionalitätsanforderungen hindeuten. Oft hat man es auch einfach mit erwartbaren Weiterentwicklungen zu tun. Beispielsweise wenn eine Funktionalität aufgrund von Kostenzwängen nicht implementiert wurde, kann man unter Umständen damit rechnen, dass diese Funktionalität in einer der nächsten Versionen des Systems implementiert werden könnte.

Erwartbare Änderungen

Oder man lässt Erfahrungen aus dem Entwurf ähnlicher Architekturen einfließen – Änderungen, die oft für einen System-Typ benötigt werden, kann man schon bei der Entwicklung einer neuen, ähnlichen Architektur voraussehen. Eine Architektur sollte daher so entworfen werden, dass man mit erwarteten Änderungen leicht umgehen kann.

Die bisher besprochenen Änderungen sind erwartbar – zumindest mit entsprechender Erfahrung des Architekten. Hingegen gibt es auch solche Änderungen, die nicht erwartbar sind. Grundsätzlich ist es problematisch, generell Änderungen vorauszuplanen, wenn keine Erwartungen dafür vorliegen, denn der Entwurf für Veränderung bringt auch Nachteile mit sich. Z. B. kostet ein weitergehender Entwurf Zeit und diese Änderungsanforderungen müssen implementiert werden. Oft haben hoch-flexible Architekturen auch Nachteile gegenüber einfacheren Architekturen. Beispielsweise kann der Ressourcenverbrauch (z. B. Performanz und Speicher) höher sein als bei inflexibleren Architekturen. Daher sollte man sehr vorsichtig sein, Entwurf für Veränderung an Stellen einzusetzen, wo man nicht sicher ist, dass diese Veränderung auch wirklich irgendwann einmal benötigt wird.

Nicht erwartbare Änderungen

Unerwartete Software-Evolution

Der Bereich der Unanticipated Software Evolution (USE, deutsch: *unerwartete Software-Evolution*) [Kniesel et al. 2002] beschäftigt sich mit Abstraktionen die zwar eine konkrete Änderung nicht vorhersehen, aber trotzdem im Fall von unerwarteten Änderungsanforderungen eine einfache Änderbarkeit der Architektur oder des Programms ermöglichen.

Zusammenhang zur losen Kopplung

Generell kann man dies durch den Einsatz des Prinzips der losen Kopplung im Architektur-Entwurf erreichen. Beispiele von bekannten Ansätzen zum Architektur-Entwurf in diesem Bereich sind der Einsatz von serviceorientierten Architekturen, Aspektorientierung (AOP) [Kiczales et al. 1997], Skriptsprachen oder Interzeptor-Architekturen. Generell dienen lose gekoppelte Strukturen hier der raschen Änderbarkeit von bestimmten Stellen einer Architektur, ohne dabei die Änderung an einer Vielzahl an anderen Stellen nachvollziehen zu müssen.

Auch lose gekoppelte Architekturen können Nachteile bergen, wie höhere Komplexität oder gesteigerten Ressourcenverbrauch, wenn sie falsch eingesetzt werden. Daher sollte man sie insbesondere dort einsetzen, wo häufige Änderungen vermutet werden. Dies sind insbesondere Stellen, wo schon oft Änderungen aufgetreten sind oder wo viele verschiedene Aspekte einer Architektur zusammenkommen (so genannte „Hot Spots" einer Architektur [Pree 1995]).

Beispiele für die Nutzung loser Kopplung zum Umgang mit unerwarteten Änderungen

Beispielsweise in verteilten Objekt-Middleware-Systemen, wie CORBA- oder Web-Service-Implementierungen, ist die Auswertung des verteilten Aufrufs ein solcher Hot Spot. Hier kann man daher gut eine AOP- oder Interzeptor-Lösung einsetzen, was viele existierende Systeme auch anbieten. Die meisten Middleware-Systeme, wie CORBA- oder Web-Service-Implementierungen, haben eine so genannte Broker-Architektur [Buschmann et al. 1996], wie in Abbildung 6.1-4 dargestellt (nach [Völter et al. 2004]). Hier sieht man mehrere Aufrufschnittstellen, an denen häufig neue Änderungsanforderungen wie Sicherheitsbelange, Logging, Transaktionen u. v. a. eingebracht werden müssen. Daher sind diese Punkte die Hot Spots der Broker-Architektur.

Wenn die Middleware eine Abstraktion zur Verfügung stellt, die eine einfache Änderung der Hot Spots ermöglicht, so kann man wahrscheinlich dort auch domainen-spezifische Änderungen, die schwer vorhersehbar sind, umsetzen.

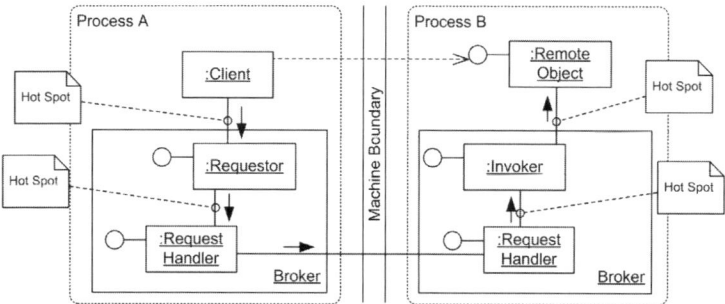

Abb. 6.1-4: *Hot Spots einer Broker-Architektur.*

Betrachten wir als ein zweites Beispiel für den Umgang mit unerwarteten Änderungen eine beliebige Komponenten-Architektur: Hier kann man – ganz ungeachtet der tatsächlichen Funktionalität – damit rechnen, dass die Konfiguration der Komponenten sich öfters ändert. Daher ist es eine gute Idee, den Aspekt „Konfiguration von Komponenten" nicht hart zu kodieren, sondern eine leicht änderbare Abstraktion für Konfigurationsoptionen einzusetzen, wie beispielsweise eine Skriptsprache oder XML-Konfigurationsoptionen.

In beiden Beispielen wurde lose Kopplung eingesetzt, um die Änderbarkeit der Architektur zu erhöhen. Der Entwurf für Veränderung kann aber auch durch andere Prinzipien umgesetzt werden, wie Abstraktion, Modularität, Separation of Concerns und Information Hiding – welche ja auch schon zum Umsetzen der losen Kopplung eine Rolle spielen.

Zusammenhang zu anderen Prinzipien

Viele andere Prinzipien dienen ebenso dem Entwurf für Veränderung. Z. B. kann man den Aspekt „Dokumentation der Architektur" vom System separieren und automatisieren. So kann man die Entwickler „zwingen", architektonische Strukturen im Code zu beschreiben. Dies führt zur Umsetzung des Prinzips der Selbstdokumentation und erhöht die Änderbarkeit des Systems, da die architektonische Rolle eines zu ändernden Bausteins der Architektur so für den Entwickler während der Änderung klar ist [Parnas 1994].

6.1.4 Separation-of-Concerns-Prinzip

Das Prinzip Separation of Concerns (deutsch in etwa: *Trennung von Aufgabenbereichen oder Belangen*) sagt allgemein aus, dass man verschiedene Aspekte eines Problems voneinander trennen soll und jedes dieser Teilprobleme für sich behandeln soll. Separation of Concerns ist ein allgemeines Software-Engineering-Prinzip, das auch in vielen ande-

Zur Idee von Separation of Concerns

ren Software-Engieering-Bereichen als der Software-Architektur zum Einsatz kommt. Es ist zurückzuführen auf das römische Prinzip „Teile und herrsche" – ein generelles Prinzip, das man auch in vielen Situationen des täglichen Lebens einsetzt, um die Schwierigkeiten, auf die man stößt, zu lösen. Generell reduziert Separation of Concerns die Komplexität eines Problems und erlaubt die arbeitsteilige Bearbeitung.

Im Bereich der Software-Architektur wird Separation of Concerns für die Zerlegung eines Software-Systems in eine Struktur von Systembausteinen eingesetzt. Überdies gibt es eine Vielzahl von anderen Software-Architektur-Bereichen, in denen Separation of Concerns angewendet werden kann. Dazu gehören unter anderem:

> die Zerlegung der Anforderungen an eine Software-Architektur,
> die Zerlegung einer komplexen Architektur-Beschreibung in Sichten auf die Architektur,
> die Zerlegung der organisatorischen Verantwortlichkeiten für die Software-Architektur und
> die Zerlegung der Prozesse der Erstellung einer Software-Architektur in Teilprozesse.

Einsatz von Separation of Concerns für die Modularisierung

Zunächst wollen wir als Beispiel auf den vielleicht wichtigsten Einsatz von Separation of Concerns im Bereich Software-Architektur eingehen: die Unterstützung der Modularisierung. Dies heißt in erster Linie, man soll solche Teile eines Software-Systems, die für bestimmte Angelegenheiten, Aspekte oder Aufgaben verantwortlich sind, identifizieren und als eigene Systembausteine kapseln. Dies hat den Sinn, dass man das komplexe Gesamtsystem in verständliche und handhabbare Einzelteile zerlegt. Überdies ermöglicht die sinnvolle Zerteilung des Gesamtsystems in relativ unabhängige Einzelteile das Verteilen von Verantwortlichkeiten für verschiedene Systemteile und somit das parallele Arbeiten an dem Software-System durch mehrere Entwickler. Auch hier ist also ein zentraler Hintergedanke eine möglichst lose Kopplung der Bausteine einer Architektur durch ihre Modularisierung zu erreichen.

Dekompositions-kriterien

Als Kriterium für die Dekomposition eines Software-Systems kommen oft die Funktionalitätsanforderungen infrage. Das heißt, jeder identifizierte Baustein erfüllt eine bestimmte Funktionalität. Es gibt aber auch andere Unterteilungskriterien. Beispielsweise kann man Bausteine identifizieren, die möglichst wiederverwendbar sind, und somit die Wiederverwendung als zentrales Dekompositionskriterium einsetzen.

Stellen wir uns als ein einfaches Beispiel ein Software-System vor, das Bestellungen in einem Unternehmen abwickelt. Dieses System muss die Bestellung mittels einer Benutzerschnittstelle vom Bearbeiter entgegennehmen und dabei die Datenbank der verfügbaren Artikel abfragen. Dann muss es die Eingaben des Bearbeiters prüfen und nach erfolgreicher Prüfung an den Lieferanten weiterleiten. Während dieser Schritte muss auf die Lieferantendatenbank zugegriffen werden und die Bestellung muss in der Bestellungsdatenbank archiviert werden. Nun stellen wir uns weiter vor, dieses System wäre mit einer monolithischen Architektur implementiert worden. Dies würde eine ganze Reihe von Problemen aufwerfen, wie die folgenden:

> Das System wäre sehr komplex und schwer zu verstehen.

> Es wäre nicht einfach möglich, arbeitsteilig verschiedene Teile des Systems zu bearbeiten, da Änderungen an einer Stelle nicht unabhängig von Änderungen an anderen Stellen wären.

> Es wäre problematisch, Änderungen am System durchzuführen. Beispielsweise die Einführung einer weiteren Benutzerschnittstelle hieße, das komplette System nach Benutzerschnittstellencodes zu durchsuchen.

> Einzelteile des Systems könnten nicht wiederverwendet werden.

Beispiel einer Dekomposition

Diese Probleme würden nicht auftreten, wenn man das System nach dem Prinzip Separation of Concerns entwirft. Beispielsweise könnte man das System in die Bausteine Benutzerschnittstelle, Bestellabwicklung, Datenbankzugriff allgemein, Datenbankzugriff für die Artikeldatenbank, Datenbankzugriff für die Lieferantendatenbank und Datenbankzugriff für die Bestellungsdatenbank unterteilen.

Separation of Concerns ist im Bereich von Software-Architekturen schwerlich eindimensional zu betrachten. Beispielsweise erfolgte am obigen Beispiel die Dekomposition entlang der Funktionalität, also der fachlichen Teile. Andere wichtige Aspekte, wie Performanz, Nutzbarkeit, Ressourcenverbrauch, Zusatzdienste wie Logging und Transaktionen etc., wurden nicht explizit berücksichtigt.

Trennung von fachlichen und technischen Teilen

Grundsätzlich wird angestrebt, eine *Trennung von fachlichen und technischen Teilen* zu erreichen. Damit wird letztlich erreicht, dass fachliche Abstraktionen von ihrer konkreten technischen Umsetzung getrennt werden, d. h., die evolutionäre Weiterentwicklung von verschiedenen Bausteinen wird gefördert.

Mehrdimensionales Separation of Concerns und AOP

Man kann allerdings noch einen Schritt weiter gehen und noch weitere Dimensionen als nur die fachlichen und technischen Aspekte betrachten. Beispielsweise kann man in der Modularisierung der Architektur die Hauptfunktionalität von *Aspekten* wie Transaktionsmanagement, Sicherheit, Logging etc. unterscheiden. Auch kann man verschiedene Qualitätsattribute wie Performanz, Nutzbarkeit, Resourcenverbrauch oder Flexibilät von den fachlichen Belangen des Systems separieren.

Die explizite Betrachtung aller dieser Dimensionen bezeichnet man als mehrdimensionales Separation of Concerns [Tarr 2004]. Mehrdimensionales Separation of Concerns wird von einigen Ansätzen unterstützt. Der momentan vielleicht bekannteste ist die Aspektorientierung [Kiczales et al. 1997], welche die verschiedenen Aspekte in eigene Bausteine zerlegt und mit der Funktionalität transparent wieder zu einem lauffähigen System komponieren kann (siehe auch Abschnitt 6.2).

6.1.5 Information-Hiding-Prinzip

Zur Idee des Information Hiding

Information Hiding (deutsch in etwa: *geheim halten von Information*) ist ein fundamentales Prinzip zur Gliederung und zum Verstehen komplexer Systeme. Das Prinzip sagt allgemein, dass man einem Klienten nur den wirklich notwendigen Teilausschnitt der gesamten Information zeigt, der für die Aufgabe des Klienten gebraucht wird und alle restliche Information verbirgt. Da Software-Architekturen inhärent komplex sind, ist dieses Prinzip von enormer Bedeutung für die Verständlichkeit von Architekturen.

Information Hiding und Modularisierung

In einer Software-Architektur findet Information Hiding zum Beispiel Anwendung in der Modularisierung eines Systems: Entwurfsentscheidungen werden in einem Systembaustein gekapselt und nach außen durch wohl definierte Schnittstellen bekannt gegeben. Die Realisierung des Systembausteins ist aber dem verwendenden Systembaustein unbekannt. In Objekt- und Komponentenkonzepten gibt es beispielsweise das Konzept der Sichtbarkeit von Information, das Information Hiding unterstützen soll. Hier findet man die Unterscheidung in öffentliche („public") und private Variablen und Operationen – nur öffentliche Elemente können von Klienten zugegriffen werden, private Elemente sind für Klienten verborgen.

Ein Teilaspekt von Information Hiding ist Data Hiding, also das Verbergen von Daten. Dieser Aspekt wird zum Beispiel durch die Objektorientierung oft umgesetzt, wenn Objekte mit ihren Methoden die Daten verbergen (also: alle Daten sind privat und, wo notwendig, gibt es öffentliche Methoden für den Zugriff). Data Hiding wird aber auch durch Datenbankschnittstellen oder Abfragesprachen realisiert.

Information Hiding ist nicht beschränkt auf einzelne Bausteine einer Software-Architektur. Es ist auch ein wichtiges Strukturierungsprinzip für größere Strukturen der Architektur. Beispielsweise kommt das Facade-Entwurfsmuster [Gamma et al. 1995] in vielen Architekturen zum Einsatz. Eine Facade ist ein Objekt, das ein ganzes Subsystem vor dem direkten Zugriff schützt. Die Facade liefert eine gemeinsame Schnittstelle für die Bausteine eines Subsystems und verbirgt somit das dahinter liegende Subsystem. Abbildung 6.1-5 zeigt ein Beispiel für eine Facade.

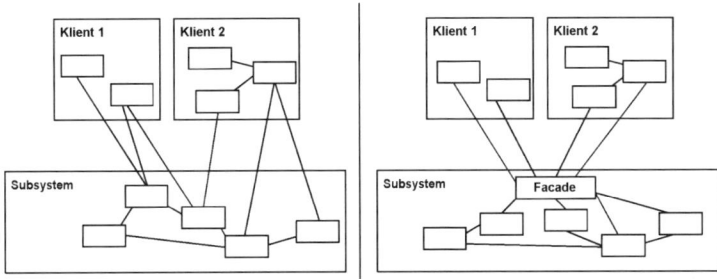

Abb. 6.1-5: *Links sieht man ein Subsystem mit direkten Beziehungen; rechts ist bei dem gleichen Subsysteme eine Facade eingezogen.*

Ein typisches Beispiel für ein Facade-Objekt ist ein Interpreter: Der Interpreter besteht üblicherweise aus einer Vielzahl von Bausteinen, die die Klienten nicht zu Gesicht bekommen, wie Parser, Implementierung von Sprachelementen, Byte-Code Compiler etc.

Man sieht an diesem Beispiel: Auch Information Hiding dient der Umsetzung der losen Kopplung. Im vorangegangenen Beispiel diente die Einführung des Facade-Entwurfsmusters dazu, die Klienten von den internen Bausteinen des Subsystems zu entkoppeln. Dies wurde durch das Verbergen von internen Details dieser Bausteine erreicht.

Information Hiding durch Schichtenbildung

Auch eine Schichten-Architektur ist gewöhnlich so aufgebaut, dass jede Schicht nur die direkt darunter liegende Schicht sieht. Das heißt, aus der Sicht von Schicht *X* verbirgt die Schicht *X-1* alle darunter liegenden Schichten. Eine Schicht sollte möglichst nur über klare Schnittstellen zugegriffen werden. Die nutzende Schicht sollte keine schichtspezifischen Objekte oder andere Implementierungsdetails sehen. Das führt dann z. B. dazu, dass Datenaustausch zwischen verschiedenen Schichten über „neutrale" Datentransferobjekte geschieht.

Ein typisches Beispiel ist ein verteiltes Objektsystem wie CORBA. Eine CORBA-Implementierung verbirgt die darunter liegenden Protokollschichten, die Betriebssystem-APIs, das Netzwerk etc. so weit wie möglich. Sie ist selbst in Schichten, wie Applikationsschicht, Aufrufschicht und Request-Handling-Schicht, unterteilt. Eine solche Schichtenbildung für eine CORBA-Middleware ist in Abbildung 6.1-6 dargestellt.

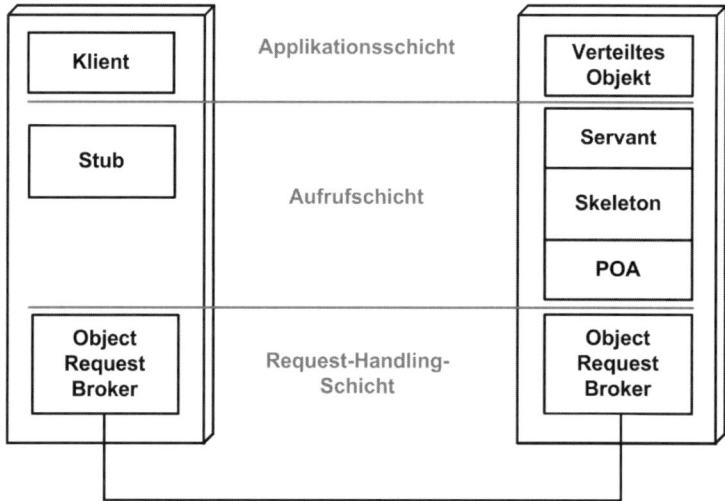

Abb. 6.1-6: *Beispiel zur Schichtenbildung: CORBA-Middleware.*

Black-Box-Prinzip

Eine weitere Ausprägung des Information Hiding ist das Black-Box-Prinzip, welches besagt, dass die Interna eines Systembausteins nicht für den Klienten sichtbar sein sollen, sondern nur die Schnittstelle des Bausteins. Dadurch können die Interna verändert werden, ohne dass Klienten von den Änderungen betroffen sind. Das Black-Box-Prinzip wird häufig durch die Schnittstellenabstraktionsprinzipien, die in dem nächsten Abschnitt besprochen werden, umgesetzt.

6.1.6 Abstraktionsprinzipien

Abstraktion bedeutet, ein komplexes Problem dadurch besser zu verstehen, dass man wichtige Aspekte identifiziert und die unwichtigen Details vernachlässigt. Daraus folgt, dass Abstraktion ein Spezialfall des Separation of Concerns ist: Man separiert die wichtigen Details von den unwichtigeren. Abstraktion ist ein mächtiges Konzept, dass in allen möglichen Ingenieursdisziplinen angewendet wird, um komplexe Probleme zu verstehen und zu bewältigen. Die Abstraktion durchdringt auch die Erstellung von Software: Abstraktionen werden in Programmiersprachen, Software-Prozessen, Entwurfsmethoden, Architektur-Beschreibungssprachen etc. benutzt.

Zum Konzept der Abstraktion

Im Bereich der Software-Architektur gibt es einige spezielle Teilprinzipien der Abstraktion, die sich auf Schnittstellenabstraktionen beziehen. Das Resultat der Anwendung dieser Abstraktionsprinzipien soll ein *Fokus auf die Schnittstellen* sein: Erst durch die Beziehungen der Bausteine eines Systems untereinander kommt eine Architektur wirklich zum Tragen. Wesentlich für das Zustandekommen und die Qualität dieser Beziehungen sind die Schnittstellen der Bausteine. Die Prinzipien für Schnittstellenabstraktionen sind im Einzelnen:

Teilprinzipien mit Fokus auf Schnittstellen

> *Explizite Schnittstellen:* Dieses Prinzip besagt, dass man anhand eines Systembausteins direkt erkennen kann, mit welchen anderen Bausteinen er kommuniziert. Überdies soll jeder Baustein explizit bekannt geben, welche Schnittstellen er an Klienten herausgibt. Typische Beispiele für explizite Schnittstellen sind Header-Files (wie z. B. in C++) und Schnittstellenbeschreibungssprachen (englisch: *interface description language, IDL*). Der Entwurf einer Software-Architektur soll auf Basis dieser Schnittstellen erfolgen und diese sollen nicht umgangen werden.

> *Trennung von Schnittstelle und Implementierung:* Schnittstellen sollen separat von den Implementierungen beschrieben werden, damit der Klient sich auf die Schnittstelle verlassen kann, ohne die Implementierungsdetails zu kennen. Beispielsweise kann man so verschiedene Versionen eines Systembausteins parallel verwenden oder Implementierungen verschiedener Hersteller verwenden, ohne den Klienten ändern zu müssen. Dies macht insbesondere Sinn, wenn die Schnittstelle standardisiert ist. Viele Entwurfsmuster in [Gamma et al. 1995] erreichen dadurch Flexibilität, dass sie eine abstrakte Schnittstelle von konkreten Implementierungen trennen. Dieses Prinzip wird auch als Dependency-Inversion-Prinzip (deutsch: *Prinzip der Umkehrung von Beziehungen*) [Martin 2000] bezeichnet.

> *Liskov-Substitutions-Prinzip* [Liskov 1988]: Bei Vererbungsabstraktionen sollen erbende Klassen von Klienten durch die Schnittstelle der vererbenden Klasse aufrufbar sein. Dieses Prinzip sorgt insbesondere dafür, dass ein Klient sich darauf verlassen kann, dass alle Objekte eines Typs (also: auch ererbte) die gleiche Schnittstelle unterstützen. Bei diesem Prinzip ist es wichtig, zu beachten, dass viele Programmiersprachen (inklusive objektorientierter Sprachen) es erlauben, das Prinzip zu verletzen, indem erbende Klassen Schnittstellen von vererbenden Klassen überschreiben. Dies wird problematisch, wenn erbende Klassen Teile der Schnittstelle „verstecken" (aus öffentlich wird privat) und somit die Signatur einer Schnittstelle verändern; z. B. eine Methode wirft plötzlich keine Ausnahmen (englisch: *exception*) mehr.

> *Schnittstellen-Segregations-Prinzip* [Martin 2000]: Ein Klient sollte nie auf einer Schnittstelle basieren, die er nicht benutzt. Das heißt insbesondere auch, man sollte komplexe Schnittstellen, auf denen mehrere Klientyntypen basieren, in mehrere einzelne Schnittstelle segregieren (auftrennen).

> *Sprachunterstützung für Abstraktionen* [Meyer 1997]: Architektonische Abstraktionen, wie Komponenten oder Schnittstellen, sollten sowohl in der Entwurfssprache wie auch in der Programmiersprache sprachlich unterstützt werden. Ist dies nicht möglich, kann man die Sprache eventuell mit geeigneten Abstraktionen erweitern. Dies hat den Zweck, dass der Architekt oder Entwickler nicht händisch eine Abbildung der Abstraktionen wieder und wieder durchführen muss. Ein weiterer Vorteil ist, dass man Systembausteine und Schnittstellen syntaktisch sofort im Programmtext erkennt.

> *Design-by-Contract* [Meyer 1997]: Ein wichtiger Aspekt zu Schnittstellenabstraktionen ist noch, dass gängige Schnittstellenabstraktionen nur die Syntax standardisieren und nichts über die Bedeutung der Beziehung aussagen. Also z. B. das verwendete Protokoll oder die Semantik der Operationen und Daten bleiben offen. Somit obliegt es dem Architekten, für die Dokumentation der Bedeutung einer Beziehung zu sorgen. Selbstdokumentation ist eine Möglichkeit, dieses Problem anzugehen. Eine andere Möglichkeit ist der Entwurf mit einem Vertrag (englisch: *design by contract*). Hier gibt man zu den Beziehungen geeignete Vor- und Nachbedingungen an sowie Invarianten, die die Beziehung näher charakterisieren.

Zusammenhänge zu anderen Prinzipien

Wie oben bereits erklärt, dienen Schnittstellenabstraktionen oft der Realisierung von loser Kopplung. Diesem Ziel dienen auch andere Abstraktionen, wie Aspekte, Komponenten, Klassen etc., direkt oder indirekt.

Auch das Modularitätsprinzip hängt eng mit Abstraktionen zusammen, da eine sinnvolle Modularisierung üblicherweise eine implizite oder explizite Modulabstraktion erfordert.

Ein Aspekt, bei dem Abstraktion eng mit Information Hiding zusammenhängt, ist die Portabilität. Eine Architektur oder ihre Systembausteine sollten auch in anderen Umgebungen verwendbar sein, nicht nur in denen, in denen sie erstellt wurden. Ein wichtiger Aspekt dabei ist die Plattformunabhängigkeit. Typischerweise werden hier Abstraktionen verwendet, die ein Information Hiding der Plattform-Details leisten. Beispiele sind virtuelle Maschinen, die einen Byte-Code einer Programmiersprache auf mehreren Betriebssystemen ausführen können, und Datenbankzugriffsschichten, die Datenbankoperationen auf einer Anzahl an Datenbankprodukten mit einer einheitlichen Schnittstelle ermöglichen.

6.1.7 Modularitätsprinzip

Die Architektur sollte aus wohl definierten Systembausteinen bestehen, deren funktionalen Verantwortlichkeiten klar abgegrenzt sind. Das heißt, dass die Systembausteine leicht austauschbar und in sich abgeschlossen sind. Insbesondere dient die Modularität der Änderbarkeit, Erweiterbarkeit und Wiederverwendbarkeit von Bausteinen einer Architektur.

Ursprünglich bezog sich das Modularitätsprinzip in erster Linie auf das Komponieren von einzelnen Operationen. Dies reicht jedoch nicht aus, um änderbare, erweiterbare und wiederverwendbare Strukturen in Software-Architekturen zu ermöglichen, da einzelne Operationen keine autonomen, in sich selbst abgeschlossenen Systembausteine sind. Einzelne Operationen haben gewöhnlich komplexe Abhängigkeiten zu anderen Operationen und zu Daten. Im Gegenteil dazu besagt das Modularitätsprinzip jedoch, dass man in sich selbst abgeschlossene Systembausteine mit einfachen und stabilen architektonischen Beziehungen anstreben sollte.

Zur Idee der Modularität

Es mag auffallen, dass Modularität bereits in den Beschreibungen einiger anderer Prinzipien erwähnt wurde. In der Tat ist das Modularitätsprinzip, wie wir es hier im Kontext von Software-Architektur betrachten, eine – besonders wichtige – Kombination der bereits besprochenen Prinzipien Abstraktion, Separation of Concerns und Information Hiding, die gerade dann zum Tragen kommt, wenn diese drei Prinzipien zur Umsetzung der Prinzipien der losen Kopplung und der hohen Kohäsion kombiniert werden.

Modularitätsansätze

Es gibt eine Vielzahl von Ansätzen, die die Modularität einer Software-Architektur unterstützen, wie beispielsweise die Objektorientierung, Komponentenansätze, Schichten-Architekturen, n-Tier-Architekturen und viele andere. Diese werden im Zuge dieses Buches noch näher erläutert.

Grundsätzlich sollte jeder architektonische Modularitätsansatz eine Anzahl an Kriterien erfüllen, die die Modularität auszeichnen. So gesehen ist die Modularität nicht nur von einem speziellen Ansatz abhängig, sondern in erster Linie von dem Entwurf durch den Architekten. Beispielsweise kann ein prozedurales C-System eine hoch modulare Architektur haben, wenn die Entwickler diszipliniert vorgehen. Hingegen kann ein System, das mit einem Komponentenansatz wie EJB entwickelt wurde, trotzdem völlig unmodular sein, wenn die Entwickler wichtige Grundsätze der Modularität verletzen.

Kriterien für die Modularität

In diesem Zusammenhang unterscheidet Meyer [Meyer 1997] fünf Kriterien der Modularität, die zur Bewertung der Modularität einer Software-Architektur herangezogen werden können. Auf Software-Architektur-Ansätze bezogen bedeuten diese Kriterien:

> *Modulare Dekomposition des Problem:* Komplexe Software-Probleme werden in eine Anzahl kleinerer Teilprobleme zerlegt, von denen jedes als eigenständiger Systembaustein (also als Modul) implementiert wird. Diese Systembausteine sind unabhängig genug voneinander, um einzeln bearbeitet zu werden.

> *Modulare Komposition:* Die dekomponierten Teillösungen (die „Systembausteine" oder „Module") können zu verschiedenen Software-Architekturen frei komponiert werden. Die Komposition kann unter Umständen in einer anderen Umgebung als derjenigen, in der der Systembaustein entwickelt wurde, geschehen.

> *Modulare Verstehbarkeit:* Ein menschlicher Leser kann jeden einzelnen Systembaustein verstehen, ohne die anderen Systembausteine zu kennen – oder schlimmer noch, die anderen Systembausteine selbst untersuchen zu müssen.

> *Modulare Kontinuität:* In einer aus Systembausteinen komponierten Software-Architektur bedeutet eine kleine Änderung der Problem-

spezifikation auch eine Änderung an nur einem Systembaustein oder einer kleinen Anzahl von Systembausteinen.

> *Modulare Protektion:* Fehlerzustände sind in der Software-Entwicklung nicht zu vermeiden. In einer modularen Software-Architektur sollte dafür Sorge getragen werden, dass ein fehlerhafter Zustand in einem der Systembausteine zur Laufzeit auf diesen Systembaustein begrenzt bleibt oder schlimmstenfalls auf benachbarte Systembausteine übergreift. Dieses Kriterium besagt nicht, dass Fehler gänzlich vermieden oder korrigiert werden können – aber sie sollten modular weitergemeldet werden.

Als Beispiel für die Modularisierung eines Systems soll ein Heizungssteuerungssystem dienen. Dieses reguliert eine zentrale Ofensteuerung und muss für jeden beheizten Raum einen Temperatursensor, eine Zieltemperatur, die aktuelle Raumbelegung und die Heizzeiten verwalten. Außerdem ist ein Außentemperatursensor für das gesamte Gebäude vorhanden.

Beispiel für die Modularisierung

Ein völlig unmodulares Design würde all diese Elemente in einem Algorithmus, der auf einer Datenstruktur operiert, zusammenfassen. Dies wäre jedoch schwer verständlich und Änderungen an einzelnen Systembausteinen würden jeweils die Betrachtung des gesamten Algorithmus und der gesamten Datenstruktur nach sich ziehen.

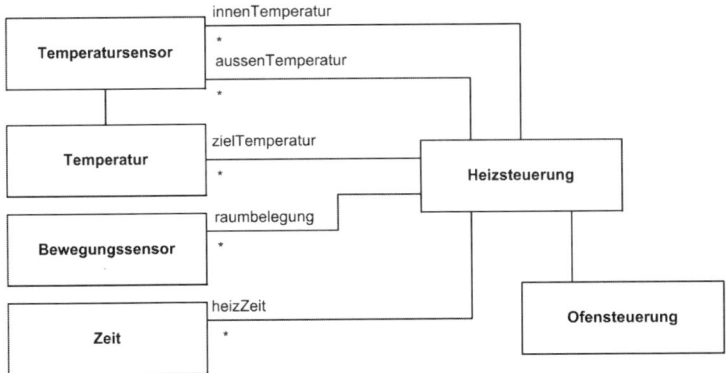

Abb. 6.1-7: *Beispielentwurf mit modularen Systembausteinen, aber noch ist eine Gott-Klasse vorhanden.*

Ein besseres Design wäre, das System in einzelne modulare Systembausteine zu zerlegen, wie in Abbildung 6.1-7, da jeder Einzelbaustein nun unabhängig voneinander betrachtet werden kann. Hier wurden Klassen als modulare Systembausteine verwendet. In diesem Entwurf gibt es aber noch ein großes Problem hinsichtlich der Modularität: Die Klasse „Heizsteuerung" ist eine so genannte „Gott-Klasse" – eine Klasse, die alle Verantwortlichkeiten des Systems (oder Subsystems) in sich vereint. Auch wenn die Belange in modulare Systembausteine zerlegt sind, so sind doch trotzdem ihre Verantwortlichkeiten in der Heizungssteuerung vereint. So gut wie jede Änderung am System zieht eine Änderung an der Gott-Klasse nach sich und betrifft somit gleich mehrere Verantwortlichkeiten. Außerdem ist es schwer, die verschiedenen Abstraktionen, die in einer Gott-Klasse vermischt sind, zu verstehen.

Gott-Klassen sollte man durch geeignete Dekomposition auftrennen. Wie Abbildung 6.1-8 zeigt, kann man dies in dem Beispiel durch Einführung einer Klasse „Raum" erreichen: Die Heizsteuerung kann nun die Entscheidung, ob zu heizen ist, an die einzelnen Räume delegieren, die wiederum ihre Teilbausteine benutzen, um die entsprechenden Information zu erhalten.

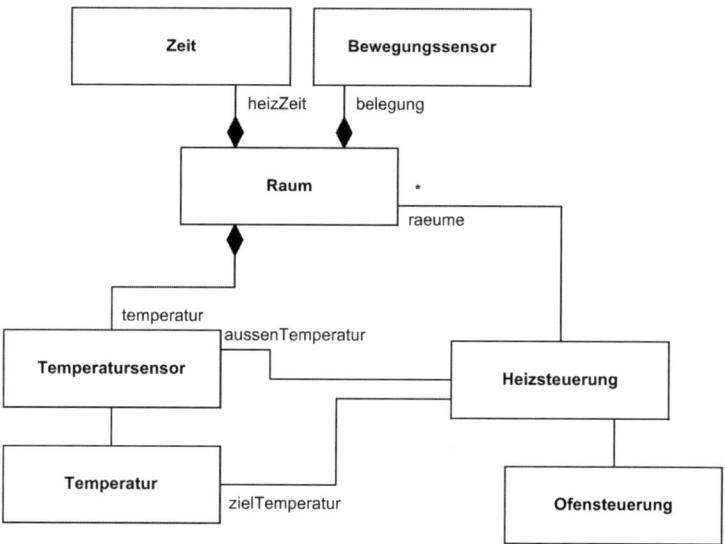

Abb. 6.1-8: *Beispielentwurf mit modularen Systembausteinen, ohne eine Gott-Klasse.*

Zusammenhang zu anderen Prinzipien

Wie oben bereits erläutert, hängt Modularität eng mit einer Reihe an weiteren Architektur-Prinzipien zusammen. Die beiden Prinzipien Separation of Concerns und Information Hiding können genutzt werden, um das Prinzip Modularität umzusetzen. Modularität ist auch eng mit Abstraktion verbunden: Durch geeignete Modul- und Schnittstellenabstraktionen, wie beispielsweise Objektmodelle oder Komponentenmodelle, ist es möglich, die Modularität eines Systems zu unterstützen. Jedoch bleibt das Finden der richtigen Dekomposition noch immer Aufgabe des Architekten – die Ansätze helfen nur bei der Umsetzung eines Entwurfs.

Modularität dient der losen Kopplung und hohen Kohäsion, denn sie ermöglicht es, zusammengehörige Belange in einem modularen Systembaustein zu kapseln. Die Kopplung zwischen den Systembausteinen wird durch die Nutzung expliziter Schnittstellen zwischen den Bausteinen reduziert.

Ein wichtiger Aspekt der Modularität ist das Open-/Closed (deutsch: *Offen-/Geschlossen-*) Prinzip [Meyer 1997]. Dieses Prinzip besagt, dass Systembausteine offen für Änderungen sein sollen, aber geschlossen für die Nutzung ihrer internen Details durch andere Systembausteine. Die Offenheit wird im Wesentlichen durch das Prinzip „Entwurf für Veränderung" erreicht. Die Geschlossenheit wird durch Abstraktionen für stabile Schnittstellen und das Information Hiding Prinzip erreicht.

Offen-/Geschlossen-Prinzip

6.1.8 Rückverfolgbarkeitsprinzip

Die Rückverfolgbarkeit (englisch: *traceability*) architektionischer Strukturen und Entscheidungen zu gewährleisten, ist wichtig für die Verstehbarkeit einer Architektur. Daher sollte es möglich sein, die tatsächlichen architektonischen Strukturen, wie sie im Code umgesetzt werden, auch in anderen Beschreibungen einer Architektur, wie beispielsweise einem Entwurfsmodell oder der Anforderungsspezifikation, wieder zu finden. Umgekehrt sollte es genauso möglich sein, eine Anforderung den Systembausteinen zuzuordnen, die sie umsetzen. Auch unter verschiedenen Beschreibungen auf derselben Ebene sollte eine solche Rückverfolgbarkeit existieren. Beispielsweise sollten verschiedene Entwurfssichten auf die Architektur aufeinander abbildbar sein.

Zur Idee der Rückverfolgbarkeit

Einfache Regeln, wie dass man architektonische Strukturen im Source Code und in Entwurfsdokumenten als solche annotiert (bspw. durch Kommentare) und dass man konsistent die gleichen Namen für die gleichen Bausteine verwendet, können die Rückverfolgbarkeit schon entscheidend verbessern. Es gibt viele Ansätze, die eine weitergehende Unterstützung für die Rückverfolgbarkeit bieten. Beispielsweise kann man im Code Metadaten einbetten, die die Anforderungen an einen Systembaustein referenzieren und so leicht auffindbar machen.

Ansätze für die Rückverfolgbarkeit

Zusammenhang zu **anderen Prinzipien**	Rückverfolgbarkeit dient der losen Kopplung und dem Entwurf für Veränderung insofern, als dass die Strukturen leichter verstehbar werden und somit auch unabhängiger und änderbarer.

6.1.9 Selbstdokumentationsprinzip

Zur Idee der Selbstdo-
kumentation

Selbstdokumentation bedeutet: Der Architekt oder Entwickler eines Systembausteins sollte sich bemühen, jede Information über den Systembaustein zum Teil des Systembausteins selbst zu machen [Meyer 1997]. Dies hat zunächst den Sinn, den Entwurf für Veränderung hinsichtlich der Änderung von Dokumentationen und anderen Zusatzinformationen zu unterstützen.

Im täglichen Geschäft werden Dokumentationen tendenziell oft vergessen, wenn kleinere Änderungen an der Software stattfinden. Dadurch werden der Code, die Dokumentationen, Architektur-Beschreibungen, Entwürfe und andere Beschreibungen des Software-Systems schnell inkonsistent untereinander.

Das Selbstdokumentationsprinzip hängt aber auch mit der Rückverfolgbarkeit zusammen: Information, die direkt im Systembaustein vorhanden ist, kann auch leicht rückverfolgt werden.

Ein wichtiger praktischer Aspekt der Selbstdokumentation ist, dass man mit solchen Informationen auch zusammenhängende Dokumente, die auf Basis von Code und weiterer Information erstellt werden müssen, generieren kann. Beispielsweise die HTML-Beschreibung einer API kann durch eine Reihe von Werkzeugen, wie beispielsweise JavaDoc, automatisch generiert werden.

6.1.10 Inkrementalitätsprinzip

Zur Idee der Inkremen-
talität

Ein erster Architektur-Entwurf wie auch Veränderungen einer bestehenden Architektur sollten möglichst inkrementell umgesetzt werden. Dies hängt damit zusammen, dass Software-Architekturen oft hochkomplex sind. Daher scheitert ein Versuch ein komplettes System direkt komplett zu entwerfen oft, beispielsweise weil auf nebensächliche Aspekte zu viel Wert gelegt wurde oder weil wichtige Aspekte übersehen wurden.

Solche Situationen entstehen zum Beispiel, weil software-technisch ausgebildete Architekten und Entwickler oft nicht dieselbe Sprache sprechen wie Domänenexperten und weil beide Seiten oft manche Dinge für selbstverständlich erachten, die einem Nicht-Experten in dem jeweiligen Bereich nicht unmittelbar klar sind.

Um solche Missverständnisse zu vermeiden, sollte man inkrementell vorgehen und oft ein Feedback einholen. Resultierende Regeln für das Vorgehen sind z. B.:

> erste Versionen eines Systems frühzeitig auszuliefern,

> früh die Meinung von realen Nutzern des Systems einzuholen und

> neue Funktionalität nur schrittweise einzuführen.

Inkrementalität bedeutet also, das Separation-of-Concerns-Prinzip auf die Entwicklungsschritte bei der Systementwicklung anzuwenden.

Schrittweises Wachsen

Schrittweises Wachsen (englisch: *piecemeal growth*) ist eine weitergehende Variante der Inkrementalität, die vom Architekten Christopher Alexander beschrieben wird [Alexander 1977] und auch auf Software-Architekturen angewendet werden kann. Die Idee ist, eine Architektur Schritt für Schritt wachsen zu lassen. Nach jedem Schritt folgt eine Evaluation, die eine Entscheidung, was als Nächstes unternommen werden soll, nach sich zieht. Das heißt, es gibt keine oder nur eine sehr geringe Vorausplanung. Schrittweises Wachsen findet man im Software-Achitektur-Zusammenhang z. B. in den Konzepten Refactoring und Extreme Programming wieder.

Prototyping

Eine weitere Variante der Inkrementalität ist das so genannte Prototyping. Oft macht es Sinn, zunächst einfache Prototypen zu entwickeln, bevor man an die Entwicklung eines Produktes herangeht, um die Problemstellung näher kennen zu lernen. Manchmal kann man solche Prototypen in Produkte verwandeln; manchmal ist es sinnvoller, den Prototyp wegzuwerfen und von Neuem zu beginnen. Trotzdem kann so ein Prototyp von hohem Wert sein, da der Architekt und Entwickler dadurch ein Verständnis für die wirklichen Probleme der Domäne entwickeln. Ein möglicher Mittelweg ist ein evolutionärer Prototyp, also ein Prototyp, der inkrementell zu einem Produkt ausgebaut wird.

6.1.11 Weitere Architektur-Prinzipien

Es gibt einige weitere Architektur-Prinzipien allgemeiner Natur, die wir in diesem Abschnitt knapp zusammenfassen wollen:

> *Bezug zu Anwendungsfällen*: Eine Architektur soll nicht „auf der grünen Wiese" entstehen, sondern sich im Entwurf an den relevanten Anwendungsfällen orientieren. Damit wird erreicht, dass eine Architektur nicht über das angestrebte und gewünschte Ziel des Systems hinausschießt.

> *Vermeidung überflüssiger Komplexität*: Auch bei der Architektur gilt: „Weniger ist mehr." Unnötig komplexe Architekturen sind meist fehleranfällig und werden nur unzureichend verstanden.

> *Konsistenz:* Eine Architektur sollte durchgängig einem einheitlichen Satz von Regeln folgen: Namensgebung, Kommunikation der System-Bausteine, Struktur der Schnittstellen, Aufbau der Dokumentation etc. Dieses Prinzip erleichtert die Entwicklung, das Verständnis und die Umsetzung einer Architektur.

6.2 Grundlegende architektonische Konzepte

In diesem Abschnitt werden einige typischen Konzepte, die ein Architekt heute einsetzt, um Architekturen umzusetzen, besprochen. Wir starten mit einfachen prozeduralen Ansätzen und kommen dann Schritt für Schritt zu weitergehenden Ansätzen, wie Aspektorientierung, Komponentenorientierung und modellgetriebener Entwicklung. Ein Leser, der einige dieser Gebiete schon kennt, mag diese Teile überspringen. Hier wird lediglich ein knapper Überblick der Themen aus der Architektur-Sicht vermittelt, um die Begriffe, die in der Folge verwendet werden, zu erklären. Für eine vollständige Einführung in die Gebiete sei auf die weiterführende Literatur verwiesen.

6.2.1 Prozedurale Ansätze

Überblick Prozeduren

Prozeduren sind ein althergebrachtes und noch immer weit verbreitetes Mittel der Strukturierung von Architekturen. Sie erlauben die Zerlegung eines komplexen Algorithmus in wiederverwendbare Teilalgorithmen. Durch Prozeduren wird das Separation-of-Concerns-Prinzip umgesetzt, denn Prozeduren erlauben die Zerteilung eines komplexen, algorithmischen Problems in einfachere Teilprobleme.

Prozeduren werden heute noch in Systemen, die auf prozeduralen Programmiersprachen wie C und Cobol basieren, sowie in prozeduralen verteilten Systemen eingesetzt. Viele objektorientierte Systeme erlauben auch prozedurale Abstraktionen (wie statische Methoden in Java), denn manchmal sind diese besser geeignet, ein System zu strukturieren als Objekte und Klassen.

Es sei darauf hingewiesen, dass viele synonyme Begriffe für der Begriff Prozedur gebräuchlich sind, wie Unterprogramm (englisch: *sub program*), Funktion (englisch: *function*), Routine (englisch: *routine*) oder Operation (englisch: *operation*).

Eine Prozedurdefinition besteht aus mehreren Teilen:

Aufbau einer Prozedur

> Der *Prozedurname* ist ein Bezeichner, mit dem die Prozedur von außen aufgerufen werden kann.
> Die *Prozedurparameter* sind eine Anzahl von Werten oder Referenzen, die der Prozedur übergeben werden können. Die Prozedur-Definition umfasst formale Parameter mit jeweils einem Parametertyp und einem Parameternamen. Beim Aufruf werden aktuelle Werte für diese Parameter übergeben, die den Typen der Parameterdefinition entsprechen müssen. Man unterscheidet Call-by-Reference-Parameter und Call-by-Value-Parameter Call-by-Reference-Parameter bekommen eine Referenz auf die übergebenen Daten, was bedeutet, dass eine Änderung der Daten in der Prozedur implizit eine Änderung im aufrufenden Gültigkeitsbereich bewirkt. Call-by-Value-Parameter hingegen arbeiten mit einer Kopie der Daten, was bedeutet, dass Änderungen in der Prozedur keinen Einfluss auf die Daten im aufrufenden Gültigkeitsbereich haben.
> Der *Prozedurrückgabetyp* dient der Rückgabe von Ergebnisdaten von der Prozedur an ihre Klienten.
> Der *Prozedurkörper* spezifiziert den Algorithmus, der beim Aufruf der Prozedur durchgeführt werden soll. Hier werden die beim Aufruf angegeben aktuellen Parameter verwendet (d. h., die formalen Parameter werden durch die aktuellen Werte ersetzt). Das Ergebnis der Prozedur muss dem Rückgabetyp entsprechen.

Abbildung 6.2-1 veranschaulicht diese Begrifflichkeiten am Beispiel einer Prozedurdefinition und Abbildung 6.2-2 zeigt einen Aufruf dieser Prozedur.

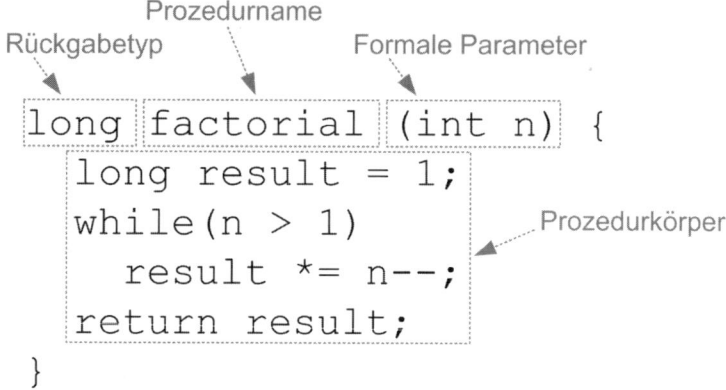

Abb. 6.2-1: *Beispiel einer Prozedurdefinition.*

Die ersten drei Elemente der Prozedurdefinition, also Name, Rückgabe-
typ und Parameter, bilden die *Schnittstelle* der Prozedur, auch *Prozedur-
Signatur* genannt. Auf Basis der Schnittstelle ist es möglich, Prozeduren
mit anderen Daten oder in anderem Kontext wiederzuverwenden.

Abb. 6.2-2: *Beispiel eines Prozeduraufrufs.*

**Prozeduren und Archi-
tektur-Prinzipien**

Zumeist teilen sich die Prozeduren einen gemeinsamen (oft globalen)
Datenbereich mit anderen Prozeduren. Diese Datenbereiche werden oft
als Zwischenspeicher und zum Zweck der Kommunikation mit anderen
Prozeduren genutzt. Falls diese Datenbereiche als globale Strukturen
adressiert werden, werden Prozeduren schnell voneinander abhängig
und es wird schwierig, sie in anderen Zusammenhängen wiederzuverwenden. Hier werden also schnell die Prinzipien der Modularisierung
und des Information Hiding verletzt, was dazu führt, dass man, um eine
Prozedur zu ändern, auch andere Prozeduren ändern muss.
Prozedurale Abstraktionen tendieren dazu, Architekturen mit großen
Ansammlungen von Prozeduren und dazugehörigen Datenstrukturen in
Bibliotheken (englisch: *library*) hervorzubringen. Die Schnittstellen sind
durch die Signaturen der in der Bibliothek enthaltenen Prozeduren
gegeben. Viele prozedurale Programmiersprachen erlauben es, auch auf
der Source-Code-Ebene die prozeduralen Schnittstellen durch so ge-

nannte Header-Files anzugeben und gegen diese Schnittstellendefinitionen zu programmieren. Mit diesem Mittel kann man zwar die Schnittstellenabstraktionsprinzipien aus Abschnitt 6.1 umsetzen, doch diese Art der Strukturierung einer Architektur und ihrer Schnittstellen erschwert es oft, änderbare, erweiterbare und wiederverwendbare Strukturen herzustellen. Dies hat den Grund, dass die einzelnen Prozeduren schnell komplexe Abhängigkeiten zu anderen Prozeduren und zu den Daten haben.

Jedoch ist es durchaus möglich, die Architektur-Prinzipien aus Abschnitt 6.1 gut in einer prozeduralen Sprache umzusetzen. Es gibt eine Vielzahl an erfolgreichen Systemen mit sehr guten prozeduralen Architekturen. Allerdings gibt es auch viele gegenteilige Beispiele. Als Fazit kann gelten: Es macht Mühe und bedarf eines wohl durchdachten Entwurfs, um alle Architektur-Prinzipien gut in einer prozeduralen Programmiersprache umzusetzen.

Man kann beobachten, dass die notwendigen Maßnahmen dazu wiederkehrend sind – dies wird in dem Architektur-Muster Object System Layer beschrieben [Goedicke et al. 2000], das zeigt wie man ein Objektsystem als Ergänzung einer prozeduralen Architektur nachbildet.

Objektorientierte Entwürfe in einer prozeduralen Architektur

Die Beobachtung, dass wiederkehrende Abstraktionen zu guten prozeduralen Systemen führen, haben zur Objektorientierung geführt, die die Prinzipien durch entsprechende sprachunterstützte Abstraktionen einfacher umsetzen lässt („sprachunterstützt" meint hier sowohl Entwurfs- als auch Programmiersprachen).

6.2.2 Objektorientierung

Die Objektorientierung basiert auf der Idee, die Daten, die eine Reihe von zusammenhängenden Prozeduren gemeinsam bearbeiten, mit diesen Prozeduren zu bündeln. Die Prozeduren, in der Objektorientierung Operationen oder Methoden genannt, können ihre Daten exklusiv bearbeiten – somit versucht die Objektorientierung, das Information-Hiding-Prinzip und die Modularisierung unmittelbar umzusetzen.

Idee der Objektorientierung

Von der Idee her sollten Objekte: in erster Linie Real-World-Konzepte abbilden. Beispielsweise kann ein Objekt für einen Autor stehen und dessen Daten wie Name, Anschrift etc. speichern. Es stellt dann auch die Operationen für deren Änderung und Abfrage bereit.

Klassifizierung und Identität

Ein wichtiger Aspekt der Objektorientierung ist die Klassifizierung. Nehmen wir als einfaches Beispiel die Modellierung eines Autors, der in einem Verlag Bücher publiziert. Verlage und Bücher verfügen nicht nur über einen Autor, sondern über viele. Daher ist hier eine Klassifizierung wichtig: Die *Klasse* „Autor" kann somit als Abstraktion für den wiederkehrenden Belang „Autor" angesehen werden. Eine Klasse wird in der Objektorientierung einmal definiert und kann dann vielfach instanziiert werden. Jedes Objekt hat die durch die Klasse spezifizierten Daten exklusiv für sich in einem eigenen Daten- und Namensraum. Das Objekt kann auf die durch seine Klasse definierten Operationen zugreifen. Klassen und ihre Instanziierung zu Objekten sind wichtige Abstraktionen, um die Wiederverwendung in einer Architektur zu erhöhen.

Ein weiteres wichtiges Konzept in diesem Zusammenhang ist das der Objektidentität. Wenn von einer Klasse eine ganze Reihe an Objekten instanziiert werden können, so muss man diese zur Laufzeit unterscheiden können. Deshalb hat jedes Objekt eine eindeutige Objekt-ID, mit der es identifiziert werden kann. Mittels der Objekt-ID kann man dem Objekt Nachrichten schicken, also Operationen des Objektes aufrufen.

Abbildung 6.2-3 zeigt ein UML-Klassendiagramm mit einer Klasse „Autor" und einige von dieser Klasse instanziierte Objekte in einem Objektdiagramm. Man sieht, jedes der abgeleiteten Objekte hat seine eigene Identität und seine eigenen Ausprägungen der in der Klasse definierten Daten.

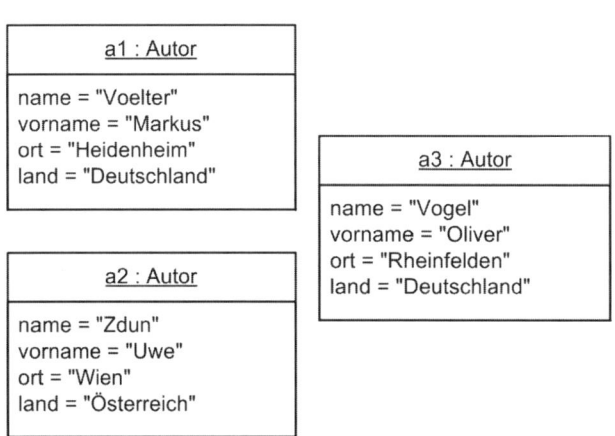

Klassendiagramm

Autor
String name String vorname String ort String land
anschriftAendern(String ort, String land) nameAendern(String vorname, String name)

Objektdiagramm

a1 : Autor
name = "Voelter" vorname = "Markus" ort = "Heidenheim" land = "Deutschland"

a3 : Autor
name = "Vogel" vorname = "Oliver" ort = "Rheinfelden" land = "Deutschland"

a2 : Autor
name = "Zdun" vorname = "Uwe" ort = "Wien" land = "Österreich"

Abb. 6.2-3: *Beispiel eines Klassendiagramms (oben) und eines dazugehörigen Objektdiagramms (unten).*

Objekt-Konzepte bieten in der Regel auch eine Reihe an Beziehungsabstraktionen, mit denen man die möglichen Interaktionen zwischen Objekten näher spezifizieren kann:

> *Assoziation*: Ein Objekt „kennt" ein Objekt eines bestimmten anderen Typs; das heißt, in seinen Daten speichert es die Objekt-ID eines anderen Objektes und kann dieses Objekt in der Folge aufrufen. Beispielsweise kann ein Autorobjekt ein oder mehrere Bücher assoziieren, an denen der Autor mitgewirkt hat.

> *Aggregation*: Ein Objekt ist Teil eines anderen Objektes. Es gibt viele verschiedene Arten von „ist-Teil-von-Beziehungen". Z. B. unterscheidet UML zwei Arten von Aggregationsbeziehungen: solche, die eine Lebenszeitverantwortlichkeit des aggregierenden Objektes für die aggregierten Objekte einschließen (UML-Komposition), und sol-

Beziehungen

che, die dies nicht tun (UML-Aggregation). Ein Beispiel einer Aggregationsbeziehung ist eine Klasse „Verlag", die die verlegten Bücher und Autoren aggregiert.

> *Vererbung*: Eine Klasse X ist eine Spezialisierung einer anderen Klasse Y. Das heißt, alle Instanzen von X können die Eigenschaften von Y auch nutzen. Am Beispiel könnte etwa eine weitere Klasse „Lektor" benötigt werden, die auch einen Namen und eine Anschrift verwalten muss. Dann kann man gemeinsame Eigenschaften und Operationen von Lektor und Autor in eine Superklasse „Person" auslagern, von der beide anderen Klassen erben.

> *Schnittstellen und abstrakte Klasse*: Eine Klasse kann ein Schnittstelle implementieren oder von einer abstrakten Klasse erben. Eine solche Beziehung dient in der Objektorientierung dazu, Schnittstellen explizit zu machen und die Abstraktionsprinzipien, die in Abschnitt 6.1 eingeführt wurden, zu unterstützen, denn Klientenklassen können sich auf die Schnittstelle verlassen, während die Implementierung wechseln oder sich verändern kann.

Die genannten Erweiterungen des Beispiels sind in Abbildung 6.2-4 als UML-Klassendiagramm dargestellt.

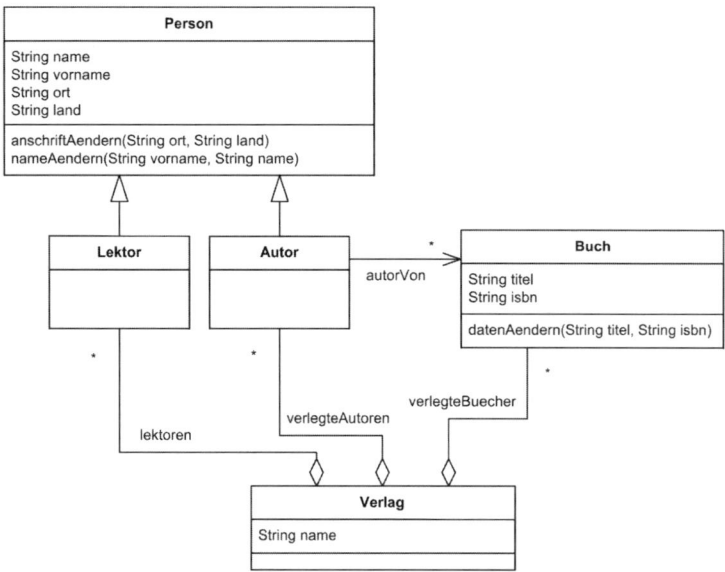

Abb. 6.2-4: *Beispiel eines Klassendiagramms mit einigen Beziehungen.*

Das Konzept der Polymorphie (Vielgestaltigkeit) in der Objektorientie-rung erlaubt es, dass man Objekte und Operationen trotz der Typung durch Klassen flexibel verwenden kann.

Operationen sind immer einem bestimmten Typ bzw. einer bestimmten Klasse zugeordnet. Die Polymorphie sorgt dafür, dass je nach Klasse eines bestimmten Objekts die zugehörige Operation ausgeführt wird. Dies kann man mit dem Schaubild in Abildung 6.2-5 veranschaulichen: Polymophie erlaubt es, eine „Steckerkompatibilität" auf Basis von Schnittstellen zu erreichen. Die Realisierung des Steckers ist für die Komponente unwichtig.

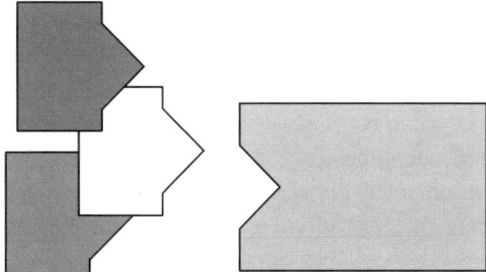

Abb. 6.2-5: *„Steckerkompatibilität" durch Polymorphie.*

Man unterscheidet zwischen:

> *Kompilationszeit-Polymorphie („statisches" Binden):* Bei Kompilati-onszeit-Polymorphie bestimmt der statische Typ des Objekts die aufgerufene Operation. Dies funktioniert nur bei Objektkonzepten mit statischer Typung.

> *Laufzeit-Polymorphie („dynamisches" oder „spätes" Binden):* Laufzeit-Polymorphie hingegen bestimmt die Klasse des Objekts zur Laufzeit und ruft dann die Operation auf dieser Klasse auf. Die gefundene Klasse muss nicht unbedingt identisch mit dem statischen Typ sein. D. h., es hängt vom eingesteckten Objekt ab, welche Operation aus-geführt wird. Diese Operation wird dynamisch auf Basis des Objekt-typs zur Laufzeit bestimmt. Dies wird in Abbildung 6.2-6 veran-schaulicht.

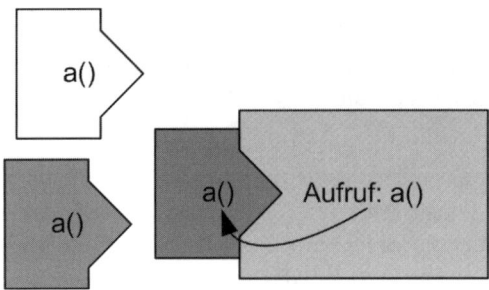

Abb. 6.2-6: *Laufzeitpolymorphie.*

Laufzeit-Polymorphie ist einer der wichtigsten Bestandteile der Objektorientierung. Am Beispiel von oben kann man dies leicht verdeutlichen.
Nehmen wir an, wir wollen einfach auf alle im Verlag beschäftigten
Personen zugreifen. Dies könnte ohne Polymorphie nicht in allgemeiner
Form definiert werden, sondern wir müssten zunächst auf die Autoren
zugreifen, dann auf die Lektoren etc. Nicht nur, dass bei einer solchen
Lösung keine Wiederverwendung möglich wäre, überdies könnten wir
den Code ohne Änderungen nicht für zukünftige Erweiterungen wie
andere Personentypen nutzen.

Somit wäre es sehr schwer, die Prinzipien lose Kopplung und Entwurf
für Veränderung mit objektorientierten Klassenkonzepten umzusetzen.
Laufzeit-Polymorphie löst dieses Problem, in dem wir auf Basis von
Superklassen und Schnittstellen die Architektur entwerfen können und
das Laufzeitsystem die konkreten Objekttypen spät bindet.

**Objektorientierung und
Architektur-Prinzipien**

Objektorientierte Architekturen sind aus architektonischer Hinsicht
prozeduralen Architekturen nicht unähnlich, doch durch die zusätzlichen Abstraktionen bietet die Objektorientierung eine bessere Unterstützung der Modularisierung. Wichtige Abstraktionsprinzipien werden
sprachunterstützt (wiederum sowohl in Programmier- als auch Ent-
wurfssprachen). Besseres Information Hiding wird durch Kapselung von
Daten und zugehörigen Operationen erreicht.

Dies alles ermöglicht es, die Prinzipien aus Abschnitt 6.1 einfacher
umzusetzen. Aber trotzdem ist der Architekt auch bei der Objektorientierung gefragt, um ein geeignetes objektorientiertes Modell zu entwerfen, denn die einfache Gleichung „objektorientierte Architektur = gute
Architektur" geht nicht auf. Z. B. das wichtige Ziel „Wiederverwendung"
in objektorientierten Ansätzen benötigt weit mehr als Klassen und
Objekte. Die Wiederverwendung wird durch Objektorientierung in der

Tat nur ansatzweise unterstützt. Daher muss auch die Objektorientierung richtig verstanden werden und ihre Techniken müssen richtig angewendet werden.

Insbesondere ist es wichtig, Ansätze zur Beherrschung komplexerer objektorientierter Architekturen geeignet zu verstehen. Ein zentraler Ansatz dies zu erreichen sind objektorientierte Frameworks (deutsch: *Rahmenwerk*) [Johnson und Foote 1988].

Framework

Ein Framework ist ein teilweise komplettes Software-System (oder Subsystem), das instanziiert werden soll. Somit definiert ein Framework eine Architektur für eine Familie von (Sub-)Systemen und stellt die elementaren Bausteine dieser Architektur zur Verfügung. Das Framework definiert auch die Stellen, wo Adaptation des Frameworks vorkommen können (so genannte „Hot Spots" [Pree 1995]).

In objektorientierten Systemen besteht das Framework aus Klassen, die instanziiert werden sollen, und abstrakten Klassen/Schnittstellen, die konkretisiert werden sollen. Von den gegebenen Klassen kann man durch Vererbung speziellere Klassen abbilden. Die späte Bindung ist insbesondere für Frameworks von großer Bedeutung, denn dadurch kann man das Frameworks auf allgemeinen Typen basierend definieren und trotzdem z. B. durch Vererbung abgeleitete Klassen verwenden.

Noch ein Hinweis: Frameworks sind nicht immer objektorientiert und viele objektorientierte Frameworks haben auch nicht objektorientierte Teile. Trotzdem erwähnen wir Frameworks hier im Kontext der Objektorientierung behandelt, da der Begriff „Framework" hauptsächlich in diesem Bereich geprägt wurde.

Neben Frameworks, gibt es eine Reihe anderer Ansätze, die komplexere objektorientierte Architekturen beherrschbar machen soll. Einige davon werden wir noch im Laufe dieses Buches ansprechen, wie z. B. objektorientierte Entwurfsmuster in Abschnitt 6.4.

Weitergehende Ansätze

Es gibt eine Vielzahl an weiteren objektorientierten Abstraktionen oder Abstraktionen, die aus der Objektorientierung entstanden sind. Wir besprechen weiter unten noch Komponenten, Meta-Objekte und Aspekte als Beispiele von Weiterentwicklungen der Objektorientierung.

6.2.3 Komponentenorientierung

Komponenten sollen wiederverwendbare, in sich geschlossene Bausteine einer Architektur sein. Komponentenorientierung entstand aus der Problematik, dass Objekte zwar das Modularitätsprinzip umsetzen, aber diese oft als wiederverwendbare Einheiten zu klein sind.

Überdies wünscht man sich oft weitergehende Eigenschaften von einem wiederverwendbaren Systembaustein. Z. B. kann man sich zusätzliche nicht-fachliche Anforderungen vorstellen, wie verschiedene Aktivierungs- oder Passivierungssstrategien oder die konkurrente Bereitstellung mehrerer gleicher Komponenteninstanzen zur Erhöhung der Skalierbarkeit. Solche nicht-fachlichen Anforderungen sich jedoch nicht Teil des objektorientierten Ansatzes.

Zu guter Letzt sind in der der Praxis oft Wiederverwendungseinheiten zu finden, die nicht den Ideen der Objektorientierung entsprechen, zum Beispiel durch das Vorhandensein von Alt-Systemen. Hier findet man beispielsweise große, prozedurale Bibliotheken, die als Wiederverwendungseinheit gesehen werden und somit in praktischen Architekturen konzeptuell eingebettet werden müssen.

Komponenten sind ein recht allgemeines Konzept, das versucht, diese und ähnliche Probleme zu lösen. Es gibt viele Definitionen von Komponenten. Hier wollen wir die Definition von Clemens Szyperski verwenden [Szyperski 1998]:

> Eine Komponente ist eine Kompositionseinheit mit vertraglich spezifizierten Schnittstellen, die nur explizite Abhängigkeiten zu ihrem Kontext hat. Eine Software-Komponente kann unabhängig eingesetzt werden und kann durch Dritte komponiert werden.

Schaut man etwas genauer auf diese Definition, so sieht man, dass die Definition recht breit ist und eine Vielzahl an verschiedenen Dingen meint. Der Begriff Kompositionseinheit besagt schon, dass der Hauptzweck einer Komponente das Zusammenfügen und die Interaktion mit anderen Komponenten ist. Um dies durchzuführen, verfügt eine Komponente über eine oder mehrere Schnittstellen, die als Vertrag zwischen der Komponente und ihrer Umgebung fungieren. Somit definieren die Schnittstellen der Komponente klar, welche Leistungen die Komponente erbringt. Die Komponente hat keine impliziten Abhängigkeiten, sondern jedes Element der Architektur, das die Komponente benötigt, ist auch durch sie spezifiziert – insbesondere sind dies die anderen Komponenten, die von einer Komponente benötigt werden.

Eine Komponente ist in sich selbst geschlossen, daher kann sie unabhängig von einer speziellen Umgebung eingesetzt werden. Insbesondere heißt dics, dass die Komponente nicht verändert werden muss, um sie einzusetzen, und dass ihr Einsatz auch keine Änderung an anderen Komponenten nach sich zieht.

Ein wichtiger Punkt, der durch diese Eigenschaften von Komponenten ermöglicht wird, ist, dass eine Komponente normalerweise nicht nur durch diejenigen eingesetzt wird, die sie erstellt haben, sondern auch von Dritten.

Die Definition ist bewusst recht breit gewählt und umfasst eine Vielzahl an verschiedenen Konzepten, wie beispielsweise Subsysteme, DLLs, JavaBeans, ActiveX controls, Enterprise Java Beans (EJB), COM+-Komponenten, CORBA-Komponenten (CCM), Komponentenansätze von Skriptsprachen (z. B. Tcl, Python, Perl) und viele andere. Natürlicherweise setzen diese Ansätze das Komponentenkonzept unterschiedlich stark um. In den folgenden Abschnitten werfen wir einen genaueren Blick auf Komponentenarchitekturen, insbesondere server-seitige Komponentenarchitekturen, wie sie durch EJB, COM+ und CCM umgesetzt werden.

Die folgende Abbildung 6.2-7 zeigt ein Beispiel für die Komponentenmodellierung mit UML. Eine Komponente „Kurs" bietet eine Schnittstelle für eine Komponente „Student" und eine Komponente „Manager" an. Diese beiden Komponenten benötigen die jeweilige Schnittstelle. Dies wird durch die so genannte Ball-and-Socket-Notation dargestellt. „Manager" hat noch eine weitere Beziehung zu der Komponente „Büro" mit dem Stereotype „uses". Dies bedeutet, dass die Bürokomponente zur vollständigen Implementierung der Managerkomponente benötigt wird.

Beispiel zur Komponentenmodellierung

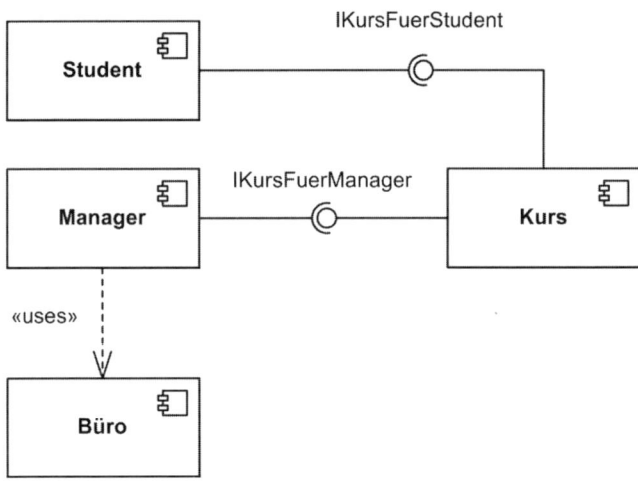

Abb. 6.2-7: *Beispiel für ein UML-Komponentendiagramm.*

Bestandteile einer Komponenteninfrastruktur

In einer Komponentenarchitektur wird die Gesamtfunktionalität einer Anwendung in einzelne Komponenten aufgeteilt. Die Komponenten kommunizieren ausschließlich über die Komponentenschnittstellen. Diese definieren die Operationen, die die Komponenten anbieten. Abhängigkeiten bestehen nur zwischen den Schnittstellen der einzelnen Komponenten, die Implementierungen können unabhängig voneinander weiterentwickelt werden. Implementierung können ausgetauscht werden, ohne dass die Klienten-Komponente geändert werden muss.

In Server-Komponentenarchitekturen werden die technischen Belange durch den Komponenten-Container implementiert. Der Container ist in erster Linie eine Ablaufumgebung für Komponenten. Er kümmert sich um Transaktionen, Sicherheit, Thread-Pooling, Persistierung und andere technische Belange. Diese können in verschiedenen Komponentenarchitekturen recht unterschiedlich sein. Der Komponentenprogrammierer braucht diese Belange nur noch anzupassen und zu konfigurieren, aber muss sie nicht von Neuem programmieren. Ähnliche Architekturen findet man auch in anderen Komponentenarchitekturen als Server-Komponentenarchitekturen. Beispielsweise Komponenten-Frameworks in Skriptsprachen verwenden den Interpreter der Skriptsprache als eine ähnliche Laufzeitumgebung für die Komponenten, die mit der Skriptsprache komponiert werden.

Bsp. technischer Belang: Passivierung

Ein typisches Beispiel eines technischen Belanges ist die *Passivierung*: In großen Server-Komponentenarchitekturen können nicht zu jeder Zeit alle Instanzen einer Komponente aktiv im Speicher des Containers sein, da dies zu Ressourcenproblemen führen würde. Daher persistiert der Container üblicherweise nicht gebrauchte Instanzen temporär in eine Datenbank. Der Entwickler einer Komponente muss sich nicht um das Management des Lebenszyklus der Komponente kümmern, sondern muss lediglich verändernde Operationen implementieren und den Container entsprechend konfigurieren.

Die Elemente von Server-Komponentenarchitekturen werden näher in [Völter et al. 2002] beschrieben.

In Server-Komponentenarchitekturen sind die Komponenten zusätzlich zu anderen Server-Komponentenarchitekturen noch über das Netzwerk erreichbar. Hier kommt üblicherweise eine OO-RPC Middleware, wie CORBA, RMI oder .NET Remoting, zum Einsatz. Um die Komponente im Netz aufzufinden, wird üblicherweise ein Namesdienst, wie man ihn auch aus CORBA oder RMI kennt, verwendet. Für eine nähere Erläuterung siehe [Völter et al. 2004].

Leider kann das Ideal, dass sich der Komponentenentwickler nur um die funktionalen Belange kümmern muss, nicht ganz erreicht werden, denn zumindest muss der Entwickler sagen, was der Container für ihn tun soll. Dies wird üblicherweise über deklarative Konfigurationsoptionen, Metadaten oder Skriptsprachen gemacht, damit bei Änderungen nicht eine Neu-Kompilierung notwendig ist.

In erster Linie setzen Komponentenarchitekturen das Prinzip der Modularisierung um. Komponenten sind oft von größerer Granularität und/oder größerer Unabhängigkeit als Objekte.

Umsetzung von Architektur-Prinzipien

Ein weiteres wichtiges Prinzip, das viele Komponentenarchitekturen stärker als Objekte umsetzen, ist Separation of Concerns: Durch die Laufzeitumgebung werden technische und funktionale Belange getrennt und in verschiedenen Bausteinen gekapselt. Die Trennung dieser Belange ermöglicht, dass die beiden Arten von Belangen unabhängig voneinander weiterentwickelt werden können und dass die technischen Belange in verschiedenen Systemen wiederverwendet werden können.

6.2.4 Meta-Architekturen und Reflection

Die Idee der Meta-Programmierung ist es, durch eine zusätzliche Abstraktionsebene in Software-Systemen eine höhere Flexibilität und Kontrolle zu erreichen. In vielen Programmiersprachen wird zwischen dem

Idee der Meta-Programmierung

Programm als ausführbare Anweisungen und den Daten, mit denen das Programm operiert, unterschieden. In der Tat sind aber die Programme selbst auch Daten. Jedoch kennt das Programm zwar seine Daten, aber sich selbst nicht. Meta-Programmierung ändert dieses Paradigma ab und erlaubt dem Programm einen Zugriff auf sich selbst. MetaProgrammierung heißt also, dass Programme auch als Daten behandelt werden.

Vom Meta-Programm zum Meta-Objekt-Protokoll

Programme, die andere Programme als Daten verwenden, werden an sich sehr häufig eingesetzt. Z. B. eine virtuelle Maschine und ein Interpreter behandeln das ausgeführte Programm als Daten. Zur Meta-Programmierung fehlt nur noch ein Schritt: Das Programm selbst muss auf das Meta-Programm zugreifen können. Die entsprechende Schnittstelle wird als Meta-Objekt-Protokoll (MOP) bezeichnet [Kiczales et al. 1991].

Lesender und schreibender Zugriff

Man kann unterscheiden zwischen lesendem und schreibendem Zugriff eines Programms auf sich selbst bzw. seine Repräsentation im Meta-Programm.

Beim lesenden Zugriff, auch Introspektion oder Reflection genannt, kann das Programm beispielsweise Typinformationen, Informationen über Klassen (Attribute und Operationen) und Vererbungshierarchien abfragen. Oft ist es auch möglich, dynamisch Methoden aufzurufen und Klassen zu instanziieren. Java Reflection ist ein bekanntes Beispiel lesender Meta-Programmierung.

Wenn ein Programm schreibenden Zugriff auf sich selbst hat, kann es zum Beispiel Klassendefinitionen ändern, Klassen hinzufügen und entfernen oder Klassenhierarchien ändern. Beispiele von Sprachen, die schreibenden Zugriff zur Laufzeit erlauben, sind CLOS, Smalltalk und Tcl.

Einige Sprache verfügen über Macro-Sprachen, wie Lisp Macros, die eine statische Meta-Programmierung erlauben – also ein Ändern des Programms vor der Laufzeit.

Bei einigen dieser Sprachen ist ferner zu beachten, dass sie es auch erlauben, die Definition von Sprachelementen zu modifizieren.

Dies alles sind sehr mächtige Sprachinstrumente. Von manchen Entwicklern werden sie aber auch als schwer verständlich oder komplex angesehen, insbesondere weil man die Veränderungen durch die Meta-

Programmierung immer gut verstanden haben muss, um das eigentliche Programm zu verstehen. Mit anderen Worten, Meta-Programmierung kann sehr viel bringen, erfordert aber auch eine hohe Disziplin vom Entwickler.

Lesende Reflection-Techniken haben sich bereits im Mainstream durchgesetzt, wie Java Reflection zeigt. Programmverändernde Techniken sind nicht so weit verbreitet. Sie werden aber intern von vielen höheren Abstraktionen eingesetzt, wie beispielsweise von Aspekten und Interzeptoren, die sich beide langsam als Standardabstraktionen eines Architekten durchsetzen.

Praktischer Einsatz von Meta-Architekturen und Reflection

Oft findet man auch „selbst gebaute" Meta-Architekturen – also Meta-Architekturen, die nicht von einer Sprache oder Laufzeitumgebung unterstützt werden. Zum Beispiel setzen dies viele Analyse-Muster in [Fowler 1996] ein, insbesondere um dynamische Typung zu simulieren. Das Reflection-Muster [Buschmann et al. 1996] zeigt allgemein, wie man eine Meta-Architektur selbst bauen kann. Eine solche Architektur ist beispielhaft in Abbildung 6.2-8 dargestellt.

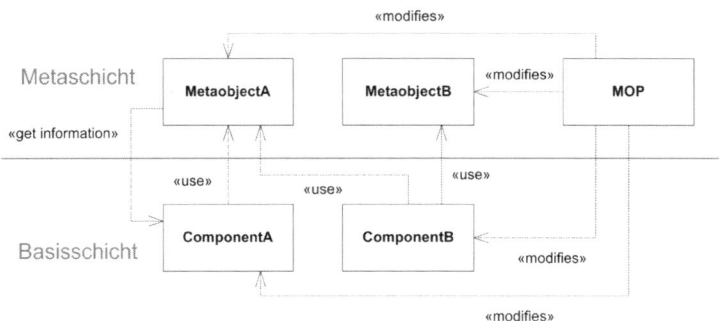

Abb. 6.2-8: Beispiel einer „selbst gebauten" Meta-Architektur nach dem Reflection-Muster.

6.2.5 Generative Erzeugung von Systembausteinen

Die generative Erzeugung von Systembausteinen und das generative Programmieren [Czarnecki und Eisenecker 2000] basieren auf der Idee, das Programm statisch mit einem Generator-Tool zu manipulieren, um Änderungen systematisch einzubringen.

Konzept der Generierung

Codegenerierung kann sinnvoll eingesetzt werden, wenn das zu erstellende System eine große Flexibilität aufweisen muss und andere Mittel,

Einsatzgebiete

wie die der Objektorientierung oder Meta-Programmierung z. B. aus Performancegründen nicht gut einsetzbar sind. Ein anderer Grund des Einsatzes eines Generators ist, wenn man das Programm vor der Änderung einer statischen Analyse unterziehen muss. Statischer Code kann recht einfach mittels eines abstrakten Syntaxbaums analysiert und manipuliert werden. Zum Teil werden auch generative Techniken nur zur Optimierung von Programmen eingesetzt, wie beispielsweise im Bereich Partial Evaluation [Jones et al. 1993], wo nur ein semantisch equivalenter Teil des Programms durchgeführt wird, um eine statische Optimierung zu erreichen.

Verwendung von Generatoren

Generatoren werden auch eingesetzt über höhere Programmabstraktionen zu realisieren, wie z. B.:

> modellgetriebenene Software-Entwicklung (englisch: *model-driven software development*, kurz: MDSD; auch zum Teil englisch: *model-driven architecture*, kurz: MDA),

> Aspekte oder

> Wrapper.

Diese werden unten näher erläutert.

Generatoren und Architektur

Generatoren können für viele Beschreibungselemente einer Software-Architektur zum Einsatz kommen:

> Die Generierung von Programmcode aus Spezifikationen, Modellen oder anderem Code ist sicherlich die häufigste Anwendung von Codegenerierung.

> Modeltransformation beschreibt die Transformation eines Modells in ein anderes.

> Auch zur Ladezeit kann Code generiert werden, üblicherweise direkt ausführbarer Bytecode.

> Code-Generierung kann auch zur Laufzeit angewendet werden. Dies ist einfach in dynamischen, interpretierten Sprachen – hier kann einfach schreibende Meta-Programmierung verwendet werden, um den generierten Code einzubringen. In statischen Sprachen ist eine Kompilierung des Codes, während das Programm läuft, notwendig, um Laufzeitgenerierung zu ermöglichen, was aufwendiger zu realisieren ist und daher seltener verwendet wird.

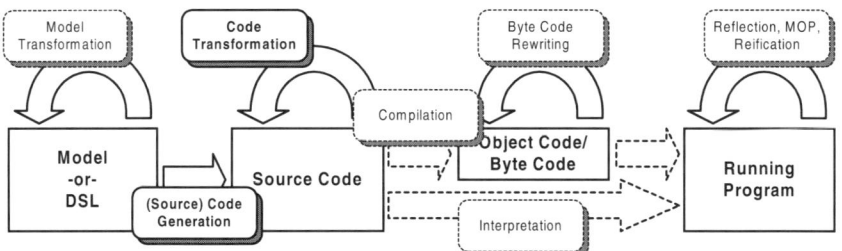

Abb. 6.2-9: *Stellen im Programmablauf für Codegenerierung.*

Bei der Verwendung von Codegenerierung ist es wichtig, abzuschätzen, wie groß der Aufwand für die Erstellung eines Generators ist. Beispielsweise falls ein Generator vorhanden ist, muss dieser für die konkrete Anwendung konfiguriert oder angepasst werden. Die zusätzlichen Abstraktionen des Generators, wie Templates, Aspekte, Metadaten etc., erhöhen potenziell auch die Komplexität einer Architektur – die Architektur kann nur verstanden werden, wenn auch diese Abstraktionen wohl verstanden sind. Auch dies ist zu beachten, um den Nutzen eines generativen Ansatzes abzuwägen. Üblicherweise lohnt er sich dann, einen Generator einzusetzen, wenn der Generator an verschiedenen Stellen verwendet werden kann. So gesehen ist es nicht verwunderlich, dass der generative Ansatz besonders im Bereich von Systemfamilien und Produktlinien oft zum Einsatz kommt.

Praktische Abwägungen

6.2.6 Modellgetriebene Software-Entwicklung

Von modellgetriebener Software-Entwicklung (MDSD, siehe [Stahl und Völter 2005]) spricht man, wenn Software teilweise oder vollständig aus Modellen generiert wird. Dabei ist Applikationslogik nicht, wie bei traditioneller Entwicklung üblich, in einer 3GL-Programmiersprache (wie bspw. Java, C# oder C++) ausformuliert, sondern in Modellen spezifiziert. Solche Modelle müssen, so exakt und so ausdrucksstark wie möglich, die durch die Software zu erbringende Funktionalität beschreiben. Das ist nur dann möglich, wenn die Elemente eines solchen Modells mit Semantik hinterlegt sind, die eindeutig ein bestimmtes Verhalten zur Laufzeit bzw. eine bestimmte Software-Struktur definieren.

Was ist das?

Eine Modellierungssprache, die in beliebigen Kontexten (Domänen) verwendet werden kann, sozusagen „general purpose" ist, wäre entweder unendlich groß oder ihre Elemente so wenig abstrakt und problemspezifisch, dass sie einer herkömmlichen 3GL-Sprache gliche, böte also auch nicht mehr Nutzen als so eine Sprache. Das Definieren einer Mo-

Domain Specific Languages

dellierungssprache rechnet sich nur dann, wenn Modellelemente den Problemraum prägnanter repräsentieren können als 3GL-Programmiersprachen und das ist dann möglich, wenn sie für eine spezielle Domäne entwickelt wird. Solche Modellierungssprachen nennt man domänenspezifische Sprache oder DSLs (englisch für *domain specific language*).

Transformationen und Codegenerierung

Um dann letztendlich Software zu erhalten, die tatsächlich ausgeführt werden kann, müssen die Modelle durch Transformationen bzw. Codegenerierung in ausführbaren Code überführt werden. Dafür sind Tools notwendig, die für die entsprechende DSL erstellt und weiterentwickelt werden müssen.

Vorteile des MDSD-Ansatzes

Die Vorteile des MDSD-Ansatzes sind u. a.:
> größere Entwicklungseffizienz,
> bessere Integration der Fachexperten,
> leichtere Änderbarkeit von Software,
> verbesserte (Umsetzung der) Software-Architektur,
> sowie die Möglichkeit, Fachlogik leichter auf andere Plattformen portieren zu können.

Generatorbau

Wie dieser kurze Abriss zeigt, sind einige der von MDSD verwendeten Konzepte doch etwas anders als im Rahmen traditioneller Software-Entwicklung. Die Übersetzung von abstrakten Spezifikationen in eine weniger abstrakte, ausführbare Implementierung ist zwar nichts Neues (Compiler machen nichts anderes!), allerdings obliegt es nun dem Entwicklungsteam, die Sprache und den Übersetzer zu definieren und zu implementieren – man entwickelt also nicht nur Software, sondern auch „Software-Fabriken": Infrastrukturen, um Software zu entwickeln (siehe auch [Greenfield und Short 2004]).

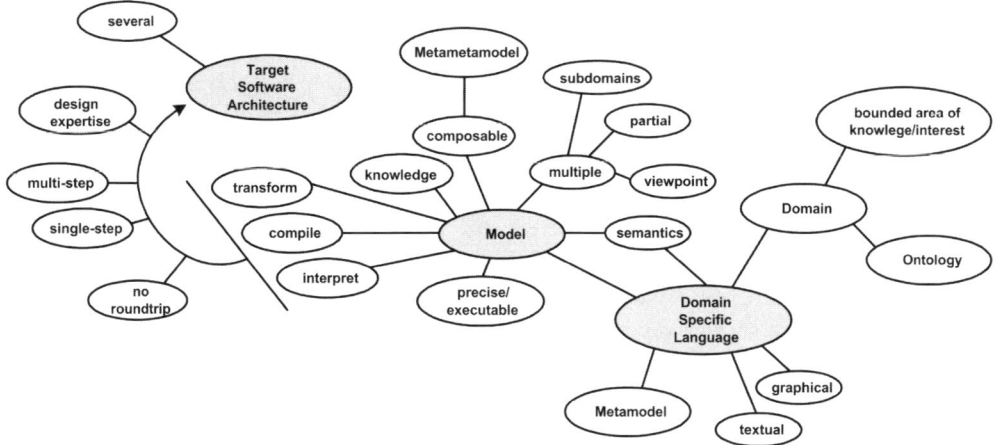

Abb. 6.2-10: *Mindmap zur modellgetriebenen Software-Entwicklung.*

6.2.6.1 Wichtige Begriffe und Konzepte

Abbildung 6.2-10 zeigt eine Mindmap, die die wichtigsten Konzepte modellgetriebener Software-Entwicklung darstellt und in Beziehung setzt.

Im Zentrum von MDSD steht – naheliegenderweise – das Modell. Dieses ist kein Modell, wie wir es von klassischer UML kennen, in dem die programmiersprachlichen Abstraktionen wie Klassen, Objekte und ihre Beziehungen durch Rechtecke und Linien ausgedrückt sind, sondern ein Modell der Applikationsfunktionalität auf dem Abstraktionsniveau der Anwendungsdomäne, ausgedrückt mit einer domänenspezifischen Sprache.

Modelle

Eine domänenspezifische Sprache (DSL, Beispiel s. Abbildung 6.2-12) definiert die Bedeutung des Modells, dessen Semantik. Das Modell ist also präzise in dem Sinne, dass seine Bedeutung durch die DSL exakt definiert ist, es stellt formalisiertes Wissen über die Anwendungsdomäne dar. Die DSL, genauer: deren konkrete Syntax, kann entweder textuell oder grafisch sein, auch tabellarische oder andere Notationen können verwendet werden.

Domänenspezifische Sprache

Entscheidender ist die abstrakte Syntax, auch als Metamodell bezeichnet (siehe Abbildung 6.2-13). Das Metamodell definiert die Modellelemente, mit denen die Modelle der betreffenden Domäne erstellt werden können. Neben einer abstrakten und einer konkreten Syntax muss jede Sprache auch eine Semantik besitzen, die die Bedeutung der Modelle

Metamodell

genau definiert. Im Falle von MDSD wird die Semantik üblicherweise transformationell definiert, was bedeutet, dass die Modelle mittels Transformationen auf eine andere, wohl bekannte Sprache (oft eine 3GL) abgebildet werden. Diese Abbildungsregeln definieren die Bedeutung der DSL bzw. der damit ausgedrückten Modelle.

Die Plattform

Neben den Modellen und der DSL gibt es einen weiteren zentralen Bestandteil modellgetriebener Entwicklung: die Plattform (siehe Abbildung 6.2-11). Eine MDSD-Plattform besteht aus wieder verwendbaren, domänenspezifischen Komponenten, Frameworks und Utilities. Eine gute Plattform für MDSD besteht zunächst aus technischer Middleware wie CORBA, J2EE oder .NET. Darauf aufbauend enthält die Plattform aber auch eine Reihe fachlich spezifischer Frameworks, die fachliche Basisdienste im Rahmen einer bestimmten Domäne erbringen. DSL und Plattform stellen praktisch zwei Seiten derselben Medaille dar: Die Plattform stellt Dienste zur Verfügung. Die DSL ermöglicht die einfache, effiziente und richtige Verwendung dieser Dienste.

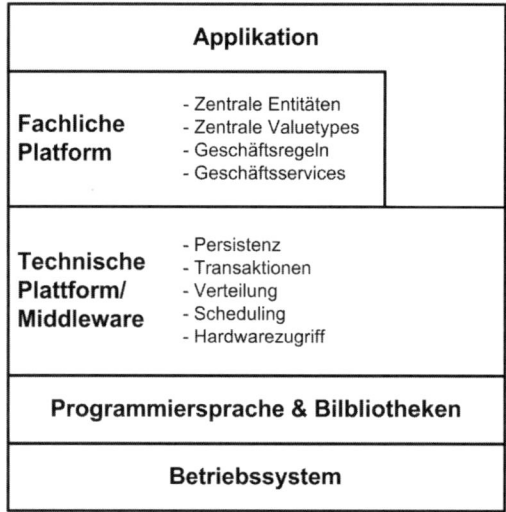

Abb. 6.2-11: *Typische MDSD Plattform.*

Transformation und Codegenerierung

Die Überführung des Modells auf die auf der Zielplattform ausführbare Applikation wird üblicherweise mittels Transformationen oder, im Spezialfall der Codegenerierung, mittels Generierungstemplates erreicht. Diese Transformationsregeln enthalten damit also Wissen über die Verwendung der Plattform und sind, wie die Modelle und die Plattform, ein wertvolles, wiederverwendbares Asset. Die Transformation vom Modell zur Zielapplikation kann in einem oder in mehreren Schritten geschehen, allerdings macht das automatisierte Rückführen von Änderungen am generierten Code ins Modell (englisch: *Roundtripping*) keinen Sinn, weil die Domänensemantik, die die Modelle enthalten, aus den weniger semantisch reichen Quellcodes nicht automatisiert extrahierbar ist.

Das Metametamodell

Oft lässt sich eine komplexe Anwendung nicht mit *einer* DSL alleine sinnvoll abbilden. Man wird für verschiedene Aspekte des Systems verschiedene DSLs verwenden. Für bestimmte Teile des Systems, wo sich die Erstellung einer DSL nicht lohnt und wo sich die Anwendungslogik gut mittels einer 3GL ausdrücken lässt, kann natürlich auch eine 3GL programmiert werden. Da die Transformationen aber meist alle Aspekte gemeinsam berücksichtigen müssen, müssen die verschiedenen Modelle (und damit die DSLs) kombinierbar sein. Damit wird ein gemeinsames Metametamodell benötigt (also: eine gemeinsame Sprache, mit der die DSLs gebaut werden).

MDSD != CASE

Aufgrund der oben erläuterten starken Fokussierung auf eine bestimmte Domäne und der Erstellung *domänenspezifischer* Tools sollte auch offensichtlich sein, dass dieser Ansatz nicht viel mit dem (glorreich gescheiterten) CASE-Ansatz gemein hat (auch wenn das aus Sicht des einen oder anderen Toolherstellers sicherlich anders aussieht).

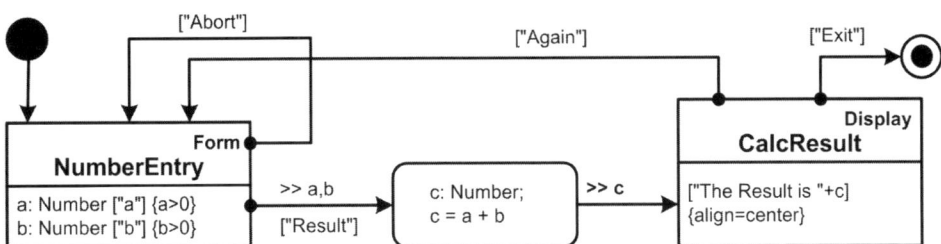

Abb. 6.2-12: *Beispiel einer DSL zu Modellierung von Java-MIDP-Anwendungen, wie sie beispielsweise auf Handys zum Einsatz kommen. Das Modell beschreibt, wie zwei Zahlen mittels eines Formulars eingegeben werden; dann werden sie addiert und ausgegeben.*

6.2.6.2 MDA als Spezialisierung von MDSD

Die MDA der OMG ist letztendlich eine Spezialisierung, eine bestimmte „Geschmacksrichtung" von modellgetriebener Software-Entwicklung, wie oben beschrieben. Die folgende Auflistung zeigt die Teile der obigen Mindmap, wo MDA konkretere Vorstellungen hat als der allgemeine MDSD-Ansatz.

UML + Profile	> *DSL:* MDA-konforme DSLs sind alle Sprachen, die mittels der MOF (siehe Metametamodell) definiert werden. In der Praxis werden meist UML-Profile verwendet, also Anpassungen der UML mittels Stereotypen, Tagged Values und Constraints.
MOF	> *Metametamodell:* Die OMG hat mit der Meta Object Facility (MOF) ein Metametamodell definiert, das u. a. dazu dient, die UML und das Common Warehouse Metamodel (CWM) zu definieren. Das bedeutet, das Metamodell der UML und sowie das CWM sind mittels der MOF beschrieben.
OCL	> *Präzisierung von Modellen:* Um Modelle zu präzisieren und mit mehr Semantik anzureichern bzw. um Verhalten besser spezialisieren zu können, können die OCL (Object Constraint Language) sowie seit UML 2.0 die Action Semantics verwendet werden.
QVT	> *Transformationen*: MDA-konforme Transformationen sollten auf Modelltransformationssprachen aufbauen, die derzeit im Rahmen des Query/Views/Transformations (QVT) RFPs standardisiert werden. Dazu sind bereits Einreichungen eingegangen. Eine Entscheidung bzgl. des Standards liegt noch nicht vor.
PIM, PSM, ...	> *PIM, PSM...*: MDA-Transformationen bilden immer PIMs (Platform Independent Models) auf PSMs (Platform Specific Models) ab. Dabei spielt das PIM die Rolle des Eingabemodells für eine Transformation, das PSM das Ziel.

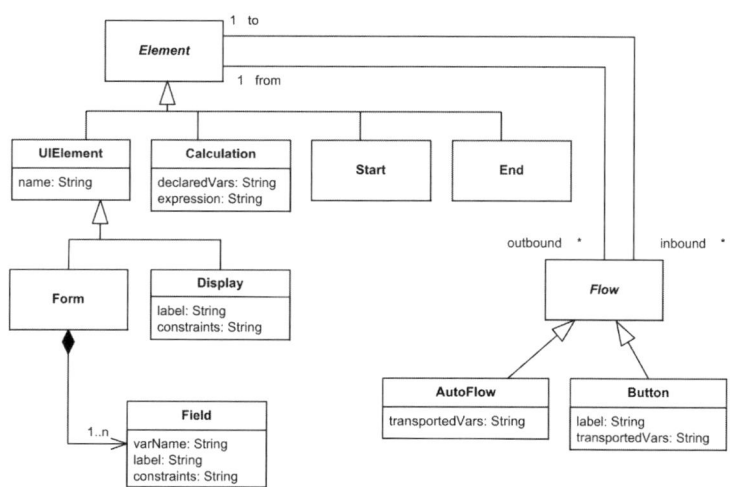

Abb. 6.2-13: *Vereinfachtes Metamodell für die MIDP Entwicklung.*

6.2.6.3 Architekturzentrierte MDSD

AC-MDSD ist eine Spezialisierung von MDSD mit den folgenden Eckpfeilern:

> Die Domäne ist architektonisch motiviert – z. B. „Architektur für Business-Software" oder „Komponenteninfrastrukturen für Embedded-Systeme".

Architektonische Domäne

> Das Metamodell der DSL enthält dementsprechend möglichst abstrakte Architektur-Konzepte.

Architektur-Metamodell

> Die Transformation hat nicht den Anspruch, die gesamte Anwendung zu erzeugen, sondern nur einen Implementierungsrahmen, der den architektonischen Infrastrukturcode enthält (Skelett). Der nicht generierte fachliche Implementierungscode wird manuell in der Zielsprache implementiert.

Manuell- implementierte Anteile

Es sei darauf hingewiesen, dass die Erstellung eines Architektur-Metamodells auch ohne MDSD eine sehr sinnvolle Übung darstellt, weil es den Architekten dazu zwingt, sich systematisch über die Software-Architektur Gedanken zu machen. Inkonsistenzen werden damit leicht aufgedeckt.

Architektur-Metamodellierung

6.2.6.4 Warum MDSD?

Die Gründe, modellgetriebene Software-Entwicklung zu verwenden, können vielfältig sein. MDA verfolgt vor allem das Ziel, die gleiche Anwendungslogik mittels verschiedener Transformationen auf verschiedenen Plattformen zur Ausführung zu bringen. Es gibt aber noch eine ganze Reihe weiterer Gründe für MDSD. Zum Beispiel der, dass die Entwicklung von Software zum Beispiel für J2EE sehr viele, sich oft wiederholende, fehleranfällige Schritte beinhaltet. Diese können mittels MDSD sehr gut automatisiert werden.

Interoperabilität und Effizienzsteigerung

Im Allgemeinen macht MDSD immer dann Sinn, wenn man im Kontext von Software-Systemfamilien arbeitet. Die Familienmitglieder zeichnen sich dadurch aus, dass sie eine Menge von Merkmalen gemeinsam haben, fachlich oder technisch. Oft setzen sie auf derselben technischen Infrastruktur auf. Damit eröffnet sich die Möglichkeit für Wiederverwendung, und zwar eben nicht nur von Komponenten und Frameworks, sondern auch von Metamodellen, Generatoren und Transformationen. Genau diese Wiederverwendungsmöglichkeiten sind es auch, die dafür sorgen, dass sich MDSD rechnet. Es bedarf ja durchaus auch zusätzlichen Aufwands, die MDSD-Infrastruktur zu erstellen.

Product Line Engineering und Software-Systemfamilien

Integration von Domänenexperten

Ein weiterer Vorteil ergibt sich aus der Verwendung von DSLs, um die Anwendungslogik zu „programmieren": Domänenexperten können leichter eingebunden werden. Es wird zwar weiterhin in den meisten Fällen eine Illusion bleiben, dass die Fachexperten selbstständig die Anwendungslogik implementieren. Es ist aber realistisch, dass sich ein Fachexperte mit einem Entwickler vor den Rechner setzt und sie gemeinsam mittels der DSL „programmieren". Durch die Nähe der DSL zur Domäne, und durch schnelle Umsetzung der Anforderungen in Code, wird es erheblich leichter, den Fachexperten direkt in die Entwicklung einzubinden, statt ihn hunderte oder tausende Seiten von Dokumenten schreiben zu lassen. Voraussetzung ist dabei, dass die DSL die Domäne tat-sächlich gut repräsentiert. Zu einer solchen DSL kommt man nicht über Nacht. Fundierte Erfahrungen in der Domäne und in der Definition von DSLs sind nötig. Ein iterativer Ansatz liegt hier nahe.

No Free Lunch

Modellgetriebene Software-Entwicklung erfordert den Aufbau eine Infrastruktur bestehend aus DSL, Modellierungswerkzeugen, Generatoren, Plattformen etc. Auch muss ein beträchtlicher Aufwand in die Domänenanalyse gesteckt werden, sodass man überhaupt zu einer sinnvollen Infrastruktur kommt. Dieser Aufwand rechnet sich nicht für „einmalige Anwendung", sondern nur, wenn man die Infrastruktur mehrmals anwendet. Dies führt uns zu Software-Systemfamilien und Product Line Engineering. Diese Themen werden näher betrachtet in Abschnitt 8.3.

6.2.6.5 Die Rolle der Plattform und der Software-Architektur

Wohl definierte Zielarchitektur

MDSD hat einige sehr nützliche „Nebeneffekte" im Zusammenhang mit Software-Architektur. Modelltransformationen bilden ja Konstrukte des Quell-Metamodells auf Elemente des Zielmetamodells ab. Damit man diese Abbildung prägnant formulieren kann, müssen diese beiden Metamodelle eine begrenzte Menge wohl definierter Konzepte enthalten, es muss klar in Regeln fassbar sein, was worauf abgebildet werden soll. Im Falle der Transformation auf die Zielplattform bedeutet dies, dass die Plattform (bzw. deren Architektur) eine begrenzte Menge wohl definierter Konzepte beinhalten muss. Genau dies ist eines der wesentlichen Merkmale guter Architektur. Insofern „erzwingt" MDSD eine wohldefinierte Architektur und unterstützt die Entwickler, konform zu dieser (Produktlinien-)Architektur zu entwickeln. Regeln im Umgang mit der Architektur sind in den Transformationen codiert.

Was wird generiert?

Abbildung 6.2-11 zeigt die typische Struktur einer Plattform, wie sie im Zusammenhang mit MDSD oft Verwendung findet. Die Inhalte der einzelnen Schichten variieren von Domäne zu Domäne; die Schichtung ist aber praktisch überall gleich. Fragt sich nun, welche Teile davon generiert werden. In vielen Fällen sind es die Anwendungen ganz oben. Im Falle von verteilten eingebetteten Systemen, wo oft über 90 Prozent des Aufwands in die technische Plattform investiert wird, wird aber oft auch die Anwendung manuell erstellt und die Middleware, sowie die Konfiguration des Betriebs-systems generiert (siehe Kapitel 11). Dies hat zur Folge, dass das Image, welches auf dem Gerät landet, wirklich genau an die Anforderungen angepasst ist und keinen überflüssigen Code beinhaltet – Speicher ist in eingebetteten Systemen bekanntlich knapp.

6.2.7 Aspektorientierung

Die Aspektorientierung [Kiczales et al. 1997] vermeidet über den Code oder den Entwurf verstreute Lösungen für so genannte Crosscutting Concerns, also Belange, die übergreifend oder quer liegend zur Applikationslogik sind. Aspektorientierung ist eine wichtige zukünftige Tendenz im Gebiet der Objektorientierung.

Idee der Aspektorientierung

Ein Aspekt ist also ein Belang, der aus der eigentlichen Anwendungslogik herausgelöst betrachtet werden kann. In der Diskussion der Komponentenorientierung haben wir bereits einige solche Belange als technische Belange diskutiert, wie beispielsweise wie Protokollierung, Sicherheit, Aktivierung oder Lebenszeitmanagment von Komponenten. Solche in naiven Implementierungen durch den Code verteilten Aspekte zu separieren, ist die Hauptaufgabe der Aspektorientierung. Das heißt, Aspektorientierung realisiert das Prinzip Separation of Concers für diese Crosscutting Concerns.

Abbildung 6.2-14 zeigt als Beispiel drei Komponenten, in denen die Aspekte Persistenz, Logging und Synchronisation fest codiert sind. Wie durch die gestrichelte Umrandung angedeutet, sind dies also Crosscutting Concerns der drei Komponenten.

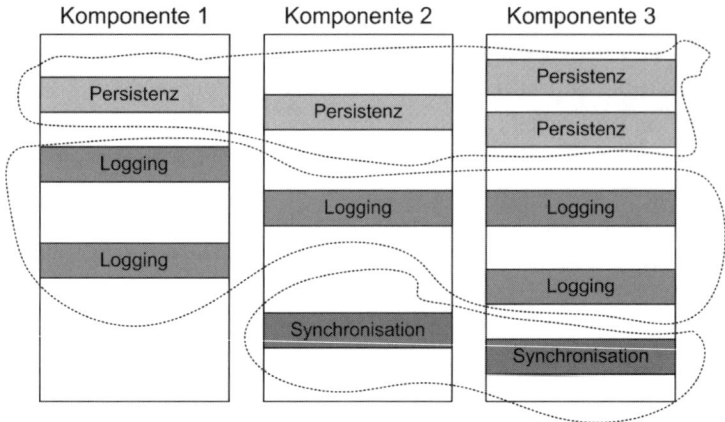

Abb. 6.2-14: *Beispiel Crosscutting.*

Aspektorientierung vermeidet das Problem Crosscutting Concerns über den Code verstreut zu implementieren, indem es den Belang als Aspekt kapselt. Der Aspekt wird automatisch in das System eingewoben, sodass in die eigentlichen Programme nicht direkt eingegriffen werden muss – die Entwickler der Systemkomponenten müssen den Aspekt also gar nicht beachten. Das heißt, Aspekte sind „nicht-invasiv" [Filman und Friedman 2000] aus der Sicht des Programms, das um den Aspekt erweitert wird.

Aspektorientierung und Meta-Programmierung

Die Eigenschaft, „nicht-invasiv" zu sein, stellt eine wichtige Eigenschaft der aspektorientierten Programmierung dar. Aspektorientierung ist aus der Meta-Programmierung entstanden. Hier gibt es die Beobachtung, dass einige Meta-Programmierungskonstrukte recht komplex werden können, da sie es schwer machen, das System zu verstehen, ohne den „Meta-Kontext" in dem es sich gerade befindet, zu verstehen. Ein Beispiel sind Lisp-Macros: Man kann ein gegebenes Lisp-System nur verstehen, wenn man vorher die Macros für dieses System auch betrachtet hat, denn die Macros können die Bedeutung der Sprachelemente verändern. Aspektorientierung vermeidet solche Konstrukte, denn die Aspekte und das System können relativ unabhängig voneinander betrachtet werden.

Aspekt-Systemen und ihre Basis-Konzepte

Aspektorientierung wird durch Systeme zur aspektorientierten Programmierung (AOP) realisiert. Populäre AOP-Implementierungen, wie AspectJ [Kiczales et al. 2001], Hyper/J [Tarr 2004], JBoss AOP [Burke 2004] oder AspectWerkz [Bonér und Vasseur 2004], realisieren dieses Konzept auf recht unterschiedliche Weise und insgesamt befinden sich viele AOP-Konzepte noch stark in der Entwicklung. Intern können AOP-

Konzepte durch Meta-Programmierung, Bytecode-Manipulation oder generative Programmierung realisiert werden. Diese Realisierungstechniken werden näher in [Zdun 2004] erklärt.

Ein bekanntes und inzwischen weit verbreitetes Beispiel eines Tools ist AspectJ. AspectJ behandelt Aspekte auf Sprachebene von Java. Es definiert dazu eine Reihe von Spracherweiterungen, die die oben genannten Konzepte umsetzen. Rein technisch gesehen, funktioniert die Umsetzung mittels Quell- oder Bytecode-Manipulierung, was bedeutet, dass der Aspektcode statisch mit dem Kern-Programm verwoben wird. Damit erlaubt es AspectJ, Java-Bytecode zu erzeugen, der die Aspekte enthält, aber trotzdem bleiben Aspekte und Kern-Programm im Source Code voneinander separiert. Dieses Vorgehen zeigt die Abbildung 6.2-15.

AspectJ

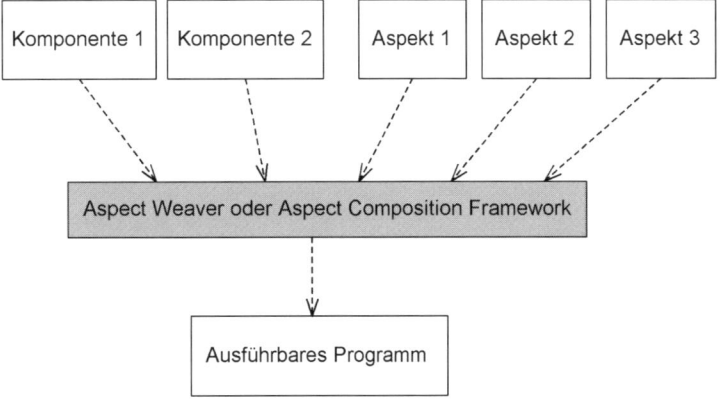

Abb. 6.2-15: *Funktionsweise eines Aspect Weavers bzw. Aspect Composition Frameworks.*

Alle oben genannten Ansätze haben einige Konzepte gemeinsam, die allerdings unterschiedlich realisiert werden. Zum Teil wird auch eine andere Terminologie verwendet. Wir benutzen hier die AspectJ-Terminologie:

Konzepte der Aspekt-orientierung

> *Joinpoints* definieren die Stellen eines Programms, an denen der Aspekt zur Laufzeit eingreifen kann.
> *Advices* definieren ein Verhalten, das der Aspekt dem Programm vor, nach oder anstatt der Ausführung eines Joinpoints hinzufügen kann.
> *Pointcuts* stellen eine Menge von Joinpoints dar, an denen ein bestimmter Advice tatsächlich eingreift. Mit anderen Worten erlaubt der Pointcut es dem Entwickler, den Zusammenhang zwischen Join-

points und Pointcuts für eine bestimmte Anwendung zu spezifizieren.

> *Introductions* stellen Strukturänderungen an einem Programm dar. Beispielsweise kann man einer Klasse eine neue Schnittstelle oder eine neue Methode hinzufügen.

Beispiel mit AspectJ

Betrachten wir ein kurzes Beispiel. Nehmen wir an, gegeben sei folgende einfache Konto-Klasse:

```
public class Konto {
  String kontonummer;
  double guthaben;
  public void abheben(double betrag) {
   guthaben = guthaben - betrag;
  }
  public void einzahlen(double betrag) {
   guthaben = guthaben + betrag;
  }
  public void ueberweisen(double betrag,
            Konto zielKonto) {
   guthaben = guthaben - betrag;
   zielKonto.einzahlen(betrag);
  }
}
```

Nehmen wir an, wir wollen diese Klassen um ein Logging bei jedem Methodeneintritt in Methoden dieser Klasse erweitern. Dazu müssten wir eine Code-Zeile für das Logging in jede Methode einfügen. Das verletzt das Architektur-Prinzip Separation of Concerns, denn der Aspekt Logging ist nicht gekapselt. Mit einem Aspekt können wir dieses Problem beheben.

Der Beispielaspekt unten besteht aus einem Advice, der mit before anfängt, was bedeutet, dass der Advice vor dem Joinpoint ausgeführt wird. Alle betrachteten Joinpoints werden durch den Pointcut execution(* Konto.*(..)) bestimmt: Das sind alle Methodenausführungen auf einem Konto mit beliebigen Argumenten. Immer wenn ein solcher Joinpoint zur Laufzeit erreicht wird, wird der Advice (also der folgende Block in geschweiften Klammern) ausgeführt. Also ist das Resultat, dass jeder Methodeneintritt eines Kontos automatisch mitgeloggt wird.

```
public aspect KontoLogger {
 before(): execution(* Konto.*(..)) {
  Logger.log(thisJoinPoint,
thisJoinPoint.getArgs());
 }
}
```

6.2.8 Wartung von Software-Architekturen

Wartung von Software-Systemen (englisch: *software maintenance*) beschäftigt sich mit Änderungen am System nach dessen Auslieferung. Dies umfasst beispielsweise das Korrigieren von Fehlern, die Verbesserung von Qualitätsattributen wie Performance und die Evolution bzw. Weiterentwicklung des Systems. Laut einer Studie von Nosek und Palvia [Nosek und Palvia 1990] beschäftigen sich nur 20 % des Zeitaufwandes, der in ein Software-System investiert wird, mit der eigentlichen Entwicklung; hingegen entfallen ca. 40 % auf das Verstehen und nochmals ca. 40 % auf das Ändern des Software-Systems – also auf typische Aktivitäten der Wartung von Software-Systemen.

Software-Wartung

In der realen Software-Entwicklung lassen sich zwei wichtige Gesetzmäßigkeiten beobachten [Lehmann und Belady 1985]: das Gesetz des ständigen Wandels und das Gesetz der wachsenden Komplexität. D. h., bezogen auf die Wartung von Software-Architekturen muss der Architekt ständig mit Änderungen rechnen und trotzdem bemüht sein, die Komplexität im Griff zu halten. In der Realität gestaltet sich das aus folgenden Gründen oft schwierig:

> Es ist schwer, sich auf nicht-erwartbare Änderungen vorzubereiten.

> Wissen wird nicht hinreichend dokumentiert oder Dokumentationen gehen verloren – bei manchem Alt-System ist nicht einmal der Source Code mehr vorhanden. Wenn die ursprünglichen Architekten und Entwickler das Unternehmen verlassen haben, ist es schwer, das Wissen über das System wiederzugewinnen.

> Bei raschen Änderungen wird – im hektischen täglichen Geschäft – schnell das Nachziehen der Dokumentation und der Design-, Architektur- und Anforderungsdokumenten vergessen. Das heißt, das Prinzip der Nachvollziehbarkeit wird verletzt.

> Schnelle Änderungen und Korrekturen, insbesondere wenn sie von anderen Personen durchgeführt werden, als denjenigen, die die Architektur ursprünglich entworfen haben, neigen dazu, architektonische Konventionen zu verletzen.

Techniken der Software-Wartung beschäftigen sich damit, diese Probleme zu behandeln. In der Folge wollen wir die wichtigsten Disziplinen der Software-Wartung kurz anreißen.

Reengineering

Aus Architektur-Sicht ist ein wichtiger Teil der Software-Wartung das Software Reengineering. Software Reengineering beschäftigt sich mit den folgenden wesentlichen Aufgaben [Chikofsky und Cross 1990]:

> *Reverse Engineering* bezeichnet Aktivitäten der Wiedergewinnung verlorener Informationen über existierende Software-Systeme. Hier müssen in erster Linie die System-Komponenten identifiziert werden. Ferner müssen deren Interaktionen und Beziehungen rekonstruiert werden. Ziel ist die Beschreibung einer Sicht auf ein System, die einen höheren Grad an Abstraktion hat. Beispielsweise kann dies die Rekonstruktion einer Architektur auf Basis des Codes sein. Viele Reverse Engineering Tools setzen Visualisierungen ein, um eine Architektur zu veranschaulichen.

> *Restrukturierung* bezeichnet alle Aktivitäten der Änderung der Struktur eines Systems. Dies kann sich sowohl auf den Code wie auch auf andere mit dem System zusammenhängende Dokumente beziehen. So können auch Architektur-Dokumente restrukturiert werden. Restrukturierung ist also in erster Linie die Änderung einer Repräsentation in eine andere Repräsentation auf derselben Abstraktionsebene.

> *Software-Evolution* bezeichnet die Implementierung von Änderungen am Software-System. Man unterscheidet hier insbesondere Techniken für die Einbringung erwartbarer und unerwarteter Änderungen.

> *Wrapping* verleiht einem gegebenen System bzw. einer Komponente eine neue Schnittstelle, aber ändert das System selbst nicht. Wrapping wird u. a. häufig für Versionsanpassungen oder andere leichte Schnittstellenänderungen an Software-Bausteinen verwendet. Es wird auch für die Evolution von Software eingesetzt: Wenn man ein großes System komplett ändern will, ist es oft nicht klug, es komplett neu zu schreiben. Oft ist eine schrittweise Änderung besser. Dann müssen aber, beispielsweise für das Testen des Systems, die neuen und alten Teile miteinander kommunizieren können. Hier kann ein Wrapper ein altes Subsystem als Komponente im neuen System zur Verfügung stellen. Zum Teil werden Wrapper auch für Interimslösungen eingesetzt, wenn ein altes System bald ausgewechselt werden soll. In der Realität überleben solche Interimslösungen aber oft länger als geplant.

Der Begriff *Reengineering* umfasst also alle Aktivitäten zum Verstehen und zur Änderung eines Software-Systems, um es in neuer Form zu implementieren.

Beim Software Reengineering hat man es oft mit Alt-Systemen (englisch: *legacy system*) zu tun, also Systemen, die schon eine lange Zeit vorhanden sind, aber trotzdem noch einen Wert für das Unternehmen darstellen. Das Neuentwickeln des Systems wird als problematischer (zum Beispiel als teurer) eingeschätzt, als das Alt-System an neue Gegebenheiten anzupassen.

Einsatzgebiete des Reengineering

Reengineering hat aber nicht nur mit Alt-Systemen zu tun. Gerade moderne objektorientierte oder komponentenorientierte Systeme erlauben durch ihre zusätzlichen Abstraktionen, wie Klassenhierarchien oder explizite Schnittstellen, relativ einfach Restrukturierungen, das Nachvollziehen der Architektur oder Refactoring. Das heißt, durch die zusätzliche Abstraktion und Modularität ist es in diesen Systemen einfacher möglich, die Architektur inkrementell zu verbessern und zu erweitern – was einen stärkeren Fokus auf Reengineering-Aktivitäten bedeutet.

Beispielsweise können hier die anderen, in diesem Abschnitt eingeführte Techniken wie Aspektorientierung, generatives Programmieren und modellgetriebene Entwicklung zum Einsatz kommen.

Leider haben in der Praxis architekturverbessernde Maßnahmen nur einen geringen Stellenwert. Dies ist dadurch begründet, dass diese Maßnahmen relativ viel Aufwand bedeuten, aber der kurzfristige Geschäftsnutzen nicht absehbar ist. Beispielsweise die Verbesserung der Modularität kann sehr wichtig sein für die Verständlichkeit, Änderbarkeit und Wiederverwendbarkeit der Architektur – aber eine neue Funktionalität ist trotzdem meist besser geeignet, einen Kunden von einer Investition in ein Produkt zu überzeugen.

Aus diesem Grund sind wichtige Aufgaben des Reengineering in der Praxis eher durch Änderungen der „Umgebung" beeinflusst; einige Beispiele sind:

> Oft werden Systeme mit neuen Programmiersprachen, neuen Standards, neuen Plattformen, neuen Middleware-Produkten, Datenbanken und anderen neuen Umgebungselementen konfrontiert, die integriert werden müssen oder zu denen die Systeme migriert werden müssen.

> Oft kommt es auch vor, dass ein System eine neue Benutzerschnittstelle benötigt. Beispielsweise Mainframe-Systeme sind oft zeichenorientiert und müssen zu grafischen Benutzerschnittstellen migriert werden. Heutzutage bekommen viele Systeme eine (zusätzliche) Web-Schnittstelle.

> Mainframe-Anwendungen werden auch oft zu Client-Server-Architekturen verändert oder in diese integriert.

Unterscheidung zum Forward Engineering

Im Zusammenhang mit Reengineering unterscheidet man häufig den Begriff „Forward Engineering". Hierunter versteht man in erster Linie Situationen, in denen man ein System neu entwickelt. Im extremen Fall sind beim Forward Engineering das Problem und die möglichen Lösungsalternativen noch völlig unklar und der Aufwand ist nur schwer abschätzbar. Man kann die Architektur mit vielen Freiheitsgraden entwerfen, ohne Abhängigkeiten von Alt-Systemen beachten zu müssen.

Im Reengineering hat man es gewöhnlich mit der gegenteiligen Situation zu tun: Es gibt viele Abhängigkeiten, aber dafür hat man bereits einiges an Erfahrung und kann oft recht gut abschätzen, was der Reengineering-Aufwand bedeutet. Gerade die Abschätzbarkeit bedeutet in der Praxis oft, dass das Reengineering dem Forward Engineering – wenn möglich – vorgezogen wird, um Risiken kontrollierbar zu halten.

Reengineering-Werkzeuge

Für die verschiedenen Reengineering-Techniken gibt es eine Vielzahl an Werkzeugen.
> Für die *Programmanalyse* stehen klassische Werkzeuge, wie grep, diff und Debugger, zur Verfügung, aber auch weitergehende Werkzeuge z. B. zur Architektur-Visualisierungen, Analysewerkzeuge auf Basis von Syntaxbäumen oder Kontrollflüssen sowie Werkzeuge zur statischen und dynamischen Merkmalsanalyse.

> Auf Basis der Programmanalysewerkzeuge kann man automatisch *Metriken* berechnen, also Maßzahlen über die Software-Architektur oder das Software-System. Ein solches Beispiel sind die in Abschnitt 6.1 vorgestellten Kopplungs- und Kohäsionsmaße.

> Mittels Last-Generatoren und Profilern kann man *Performance-Analysen* durchführen.

> Das *Wrapping* kann mit Wrapper-Generatoren automatisiert werden.

Werkzeuge für das *Refactoring* erlauben es, eine Architektur schrittweise zu verfeinern. Einfache Refactorings, wie „Verschiebe Methode" oder „Benenne Klasse um" werden von modernen Entwicklungsumgebungen, wie Eclipse, bereits zur Verfügung gestellt. Weitergehende Tools erlauben die *Remodularisierung*, das *Clustering* von Strukturen, um Modul-Abhängigkeiten aufzufinden, sowie die *Analyse und Restrukturierung von Vererbungshierarchien*.

6.3 Architektur-Stile

Stile und Muster

Die zuvor besprochenen Prinzipien erklären recht abstrakt, wie man eine „gute" Software-Architektur entwirft und (weiter-)entwickelt. Die Prinzipien alleine sind aber zu vage gefasst, um den Systementwurf direkt zu unterstützen. Die im Abschnitt 6.2 besprochenen Konzepte sind zwar konkreter in der Handlungsanweisung, aber auch sie sind nicht auf spezielle Probleme zugeschnittene Lösungen, sondern allgemeine Ansätze. Dieses Abschnitt und das nächste Abschnitt 6.4 beschäftigen sich mit architektonischen Stilen und Mustern, die versuchen, dieses Problem zu lösen.

Stile und Muster haben gemeinsam, dass sie Architektur-Entwürfe als Lösungen für bestimmte Problemstellungen, die wiederkehrend sind, beschreiben. Dies geschieht in einer Form, die auf eine Vielzahl von verschiedenen Anwendungsfällen anwendbar ist. D. h., Stile und Muster repräsentieren schon einmal getroffene Entwurfsentscheidungen, die in ähnlichen Kontexten zu erfolgreichen Software-Architekturen geführt haben. Stile und Muster dienen also der Wiederverwendung von Entwurfsentscheidungen.

Architektur-Stile

Zunächst wollen wir uns in diesem Abschnitt mit architektonischen Stilen befassen. Shaw und Garlan [Shaw und Garlan 1996] definieren einen Architektur-Stil als ein Muster der strukturellen Organisation einer Familie von Systemen. Ein Architektur-Stil besteht bei Shaw und Garlan aus den folgenden Elementen:

> eine Menge von *Komponenten-Typen*, die bestimmte Funktionen zur Laufzeit erfüllen,

> eine *topologische Anordnung* dieser Komponenten,

> eine Menge von *Konnektoren*, die die Kommunikation und Koordination zwischen den Komponenten regeln,

> eine Menge von *semantischen Einschränkungen*, die bestimmen, wie Komponenten und Konnektoren miteinander verbunden werden können.

Mit anderen Worten gibt ein Architektur-Stil die fundamentale Struktur eines Software-Systems und dessen Eigenschaften wieder. Ein Stil kann also genutzt werden, um Architekturen zu kategorisieren. Ferner kann man Stile dazu verwenden, um die Konsequenzen einer fundamentalen Architektur und ihrer Varianten zu verstehen.

Stile vs. Muster

Es ist recht schwer, Architektur-Stile und Architektur-Muster voneinander zu unterscheiden – bis auf den Punkt, dass verschiedene Beschreibungsformen gewählt werden. Beispielsweise wurden viele der Architektur-Stile, die von Shaw und Garlan dokumentiert wurden, auch in Form von Architektur-Mustern dokumentiert (siehe Abschnitt 6.4).

Shaw und Garlan haben einige häufig verwendete Architektur-Stile katalogisiert. Diese werden in Abbildung 6.3-1 zusammengefasst und in Kategorien unterteilt.

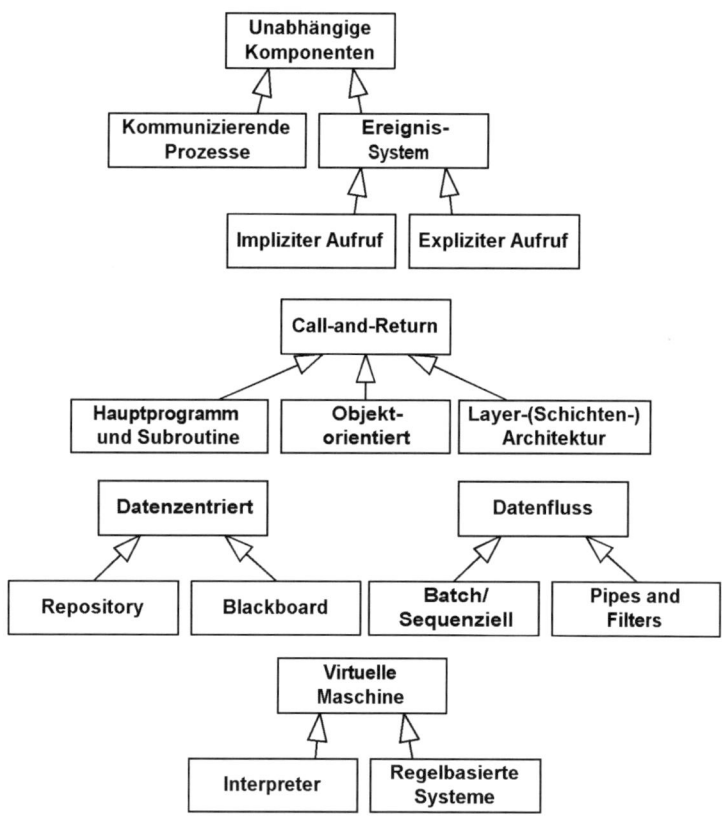

Abb. 6.3-1: *Überblick Architektur-Stile.*

Beispiel: Pipes and Filters

Betrachten wir als Beispiel den Architektur-Stil *Pipes and Filters*. Dieser hat das Ziel, eine flexible Architektur für das sequenzielle Abarbeiten von Datenströmen zu beschreiben. Pipes and Filters hat einen Komponententyp:

> *Filter* transformieren inkrementell Ströme von Eingabedaten in Ströme von Ausgabedaten.

Der Stil hat auch einen Konnektortyp:

> *Pipes* bewegen Daten von einer Filterausgabe zu einer Filtereingabe.

Die topologische Anordnung dieser Komponenten und Konnektoren wird in der folgenden Abbildung 6.3-2 mit einem Beispiel veranschaulicht. Ein Filter kann über mehrere Pipes mehrere andere Filter mit Input-Daten versorgen. Die Verarbeitung läuft (nicht-deterministisch) so lange, bis keine Pipe mehr an dem letzten Filter hängt und somit die Verarbeitung terminiert.

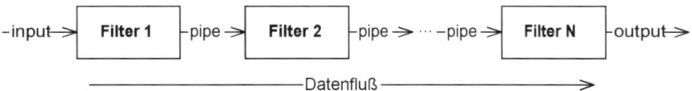

Abb. 6.3-2: *Pipes-and-Filters-Architektur.*

Der Stil hat eine Reihe von Invarianten:

> Filter sind unabhängige Verabeitungskomponenten. Externe Daten werden nur durch Inputs und Outputs in das System gegeben.
> Die Identität anderer Filter ist einem Filter in einer Pipes-and-Filters-Architektur nicht bekannt.
> Filter können mittels Pipes in beliebiger Reihenfolge kombiniert werden.

Typische Beispiele von Pipes-and-Filters-Architekturen sind:

> *UNIX Pipes*, die UNIX-Programme miteinander über Interprozesskommunikation verbinden.
> *Compiler*, die eine Verarbeitung schrittweise durchführen und das Ergebnis jeweils nach jedem Verarbeitungsschritt weiterreichen. Typische Schritte sind: Parsen, Scannen, lexikalische Analyse etc.

Eine Pipes-and-Filters-Architektur bietet den Vorteil, dass sie sehr flexibel ist, was die Kombination von Pipes und Filtern angeht. Filter-Komponenten können leicht wiederverwendet werden. Es ist einfach, Pipes und Filters parallel arbeiten zu lassen, bspw. in getrennten Prozessen oder Threads, da sie recht unabhängig voneinander sind, was die Effizienz des Gesamtsystems erhöhen kann.

Allerdings gibt es auch einige mögliche Nachteile. Das Weiterreichen des Zustandes zwischen Filtern kann einen hohen Aufwand und Ressourcenverbrauch nach sich ziehen. Wenn Daten transformiert werden müssen, um in die Pipe gelegt zu werden, kann es zu unnötigen Hin- und Zurück-Transformationen kommen. Das Debugging oder Verhalten bei Fehlern kann problematischer sein als bei anderen Architekturen, da auch Fehler bzw. Debugging-Information durch die Pipes geschickt werden müssen.

Im POSA-Buch [Buschmann et al. 1996] wird Pipes and Filters auch als Architektur-Muster dokumentiert.

Architektur-Stile konzentrieren sich auf Komponenten und Konnektoren

Architektur-Stile haben generell von der Idee her eine starke Ausrichtung auf die konkrete Beschreibung von Komponenten und Konnektoren. Dies ist ein zentraler Unterschied zu Musterbeschreibungen, die im Abschnitt 6.4 besprochen werden. Dieser Unterschied rührt wohl hauptsächlich aus einem leicht verschiedenen Architektur-Begriff. Software-Architektur wird von Shaw and Garlan in erster Linie als die Beschreibungsebene verstanden, auf der die strukturellen Aspekte eines Software-Systems beschrieben werden – also die Komponenten, aus denen ein System zusammengesetzt ist, und die Konnektoren, mit denen diese Komponenten interagieren.

Die Auffassung nach Alexander [Alexander 1977] versteht Muster eher als Rollen bzw. als ein Vokabular einer Sprache, mit denen Architekten arbeiten. Diese Auffassung durchzieht auch die Software-Muster-Literatur. D. h., die Musterbeschreibung ist allgemeiner, da sie nicht nur von Komponenten und Konnektoren als Architektur-Elementen ausgeht und stattdessen Muster als ein eher sprachliches Mittel einsetzt. Somit kann man Architektur-Stile als ein leicht formaleres Beschreibungsinstrument sehen, wohingegen Muster allgemeinere Strukturen beschreiben können, eben auch jene, die sich nicht in Komponenten und Konnektoren fassen lassen.

Ein weiterer Unterschied von Mustern zu Stilen ist, dass Muster auch konkretere Entwurfentscheidungen beschreiben (so genannte Entwurfsmuster [Gamma et al. 1995]).

6.4 Architektur-Muster

6.4.1 Was ist ein Software-Muster?

In Laufe der letzten Jahre sind Software-Muster (englisch: *software pattern*) zu einem wichtigen Instrument des Software-Entwicklers geworden. Insbesondere im Bereich der Objektorientierung haben Muster eine wichtige Bedeutung bekommen. Hier sind insbesondere das Gang-of-Four-Buch (GoF) [Gamma et al. 1995], das sich mit Entwurfsmustern (englisch: *design pattern*) beschäftigt, sowie die POSA-Bücher [Buschmann et al. 1996, Schmidt et al. 2000], die sich mit Software-Architektur-Mustern beschäftigen, als wichtige Beiträge zu nennen. Es gibt aber auch Muster in vielen anderen Bereichen des Software Engineering, wie beispielsweise Muster für die Analyse von Informationssystemen [Fowler 1996], Muster für die Software-Organisation [Coplien und Harrison 2004] oder pädagogische Muster [Fricke und Völter 2000].

Muster im Software Engineering

Die ursprüngliche Musterdefinition von Christopher Alexander – der das Musterkonzept im Bereich der gebauten Architektur ursprünglich eingeführt hat – besagt [Alexander 1977]:

Kontext, Problem und Lösung und Kräfte

> Ein Muster ist eine dreiteilige Regel, die die Beziehung zwischen einem bestimmten Kontext, einem Problem und einer Lösung ausdrückt.

Alexander geht jedoch in vielen Punkten über diese einfache Definition hinaus. Diese Punkte sollen in den nächsten Paragraphen angesprochen werden. Eine eingängige Zusammenfassung dieser Punkte – bezogen auf ein Software-System – bietet die etwas längere Definition von Coplien [Coplien 2004]:

> Jedes Muster ist eine dreiteilige Regel, die die Beziehung zwischen einem bestimmten Kontext, einem bestimmten System an Kräften (engl: *forces*), die in diesem Kontext wiederkehrend auftreten, und einer bestimmten Software-Konfiguration, die diesen Kräfte erlaubt, sich gegenseitig aufzulösen, ausdrückt.

Ein sehr wichtiger Punkt ist, dass Muster Lösungen für wiederkehrende Probleme bilden. Das heißt, dass sie so allgemein formuliert sein müssen, dass ein Muster nicht nur für ein bestimmtes Problem anwendbar ist, sondern für eine ganze Reihe von konkreten Problemen. Auf der

Wiederkehrende Probleme und Lösungen

anderen Seite sind Muster aber auch ein praktischer Ansatz: das heißt, nach dem Lesen des Musters sollte der Leser eine klare Lösungsanweisung an der Hand haben, wie er ein konkret gegebenes Problem – das auf das Problem in der Musterbeschreibung passt – lösen kann.

Für die Beschäftigung mit der Software-Architektur ist es deshalb wichtig, die zentralen Entwurfsmuster und Software-Architektur-Muster gut zu kennen, da diese die zentralen, wiederkehrenden Lösungen in diesem Bereich darstellen. Dies ist wichtig, um neue Probleme derselben Art lösen zu können, ohne das „Rad neu erfinden" zu müssen. Muster sind also ein Mittel, etabliertes Wissen weiterzugeben.

Dazu gehört auch der Aspekt, dass Muster dem Architekten und Entwickler ein gemeinsames Vokabular an die Hand geben, um wiederkehrende Strukturen benennen zu können. Wenn man die zentralen Muster in einem Bereich einmal gut beherrscht, wird man schnell sehen, dass man diese Muster in gegebenen Architekturen immer wieder vorfindet. Deshalb sind Muster auch ein wichtiges Instrument für die Dokumentation, die Diskussion und das Reverse Engineering von Software-Architekturen. Sie versetzen den Architekten in die Lage, die Gemeinsamkeiten in wiederkehrenden architektonischen Strukturen zu erkennen und zu benennen.

Known Uses

Ein wichtiger Punkt ist, dass Muster keine neuen Ideen beschreiben, sondern bewährte Lösungen darstellen. Für Muster gibt es deshalb allgemein die Forderung, dass ein Software-Muster immer mindestens drei bekannte Nutzungen (englisch: *known uses*) in realen, praktischen Systemen haben müssen. Solche Known Uses sind oft auch in den Musterbeschreibungen aufgenommen, um dem Leser die praktische Nutzung des Musters zu veranschaulichen.

Kräfte

Ein wichtiger Bestandteil jeder guten Musterbeschreibung ist ein System an Kräften (englisch: *forces*). Diese Kräfte sind Teil des Problems, das durch das Muster gelöst wird. In erster Linie bauen sie Spannung auf, die durch die Lösung wieder aufgelöst wird – dies ist sowohl im literarischen Sinne (also im Text der Musterbeschreibung) gemeint als auch im inhaltlichen Sinne. Die Lösung muss eine Balance zwischen den Kräften herstellen. Die folgende Abbildung veranschaulicht dies. Im Bereich der Software-Architektur sind oft die Qualitätsattribute wichtige Kräfte für eine Lösung. In der Abbildung wird gezeigt, wie verschiedene Kräfte, die allesamt typische architektonische Qualitätsattribute sind, eine Lösung beeinflussen.

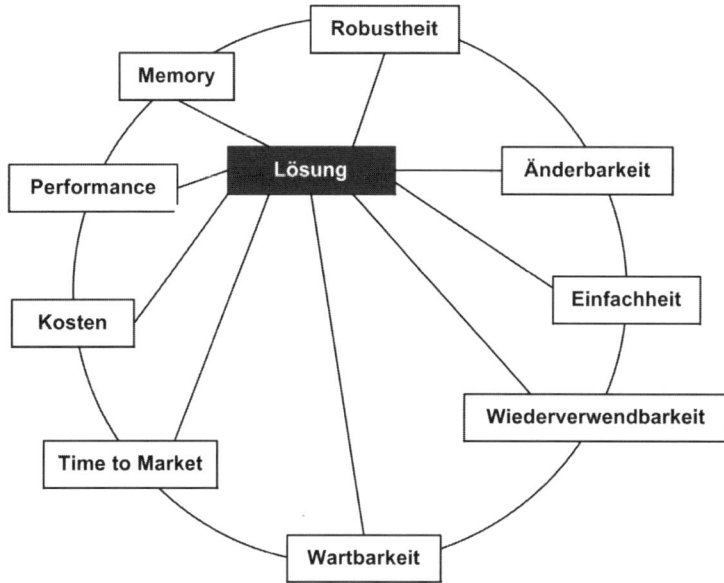

Abb. 6.4-1: *Qualitätsattribute als Kräfte, die eine Lösung beeinflussen.*

Konsequenzen

Nicht immer bietet jede Lösung eine gute Balance von allen gegebenen Kräften in einer Problemsituation. Beispielsweise kann eine sehr effiziente Lösung die Kosten in die Höhe treiben oder den Ressourcenverbrauch negativ beeinflussen. In solchen Fällen können auch mehre Muster, die ein ähnlich gelagertes Problem unterschiedlich lösen, existieren.

In einem Muster werden die Konsequenzen des Einsatzes des Musters explizit angegeben, damit der Leser abwägen kann, ob die Anwendung des Musters infrage kommt und welche positiven wie auch negativen Auswirkungen zu erwarten sind.

Detaillierte Lösung

Um verstehbar für den Leser der Musterbeschreibung zu sein, sollte in einer Musterbeschreibung explizit beschrieben werden, wie die Lösung die Kräfte auflöst und warum die Lösung die Kräfte gerade in dieser Art und Weise auflöst. Verschiedene Musterbeschreibungen machen dies in verschiedener Art und Weise. Insbesondere wird aber häufig eine detaillierte Lösung mit Beispielen, Beschreibung der Teile des Musters (englisch: *participants*), Beschreibung der Interaktion der Teile des Musters, Varianten des Muster und dem Verhältnis des Muster zu anderen Mustern angegeben. Oft findet man Teile der detaillierten Lösung, die sehr konkret sind, zum Beispiel in Form von UML-Diagrammen oder Code-Fragmenten. Diese dienen der Veranschaulichung des Musters. Man sollte sie nicht mit dem *Muster an sich* verwechseln, das allgemeiner ist, als alle diese Lösungsvarianten.

Quality without a Name

Ein Aspekt, den Christoper Alexander sehr betont, ist die so genannte „Quality without a Name" (QWAN, deutsch: *Qualität ohne Namen*). Am besten kann man dies wohl als eine universell erkennbare Ästhetik, Ordnung oder Schönheit beschreiben. Diese Qualität, bezogen auf gebaute Architektur, soll in erster Linie das Leben der Bewohner der Architektur wie auch derjenigen, die die Architektur erstellen oder umsetzen, verbessern.

Auf den ersten Blick mag es so erscheinen, als ob diese Qualität nicht direkt auf Software-Architektur anwendbar ist. Aber die meisten Entwickler und Architekten kennen sicher die Erfahrung, dass man zumeist recht schnell anhand einfacher ästhetischer Indizien den Unterschied zwischen einem gut entworfenen und einem schlecht entworfenen Software-System erkennen kann. Generell lässt sich sagen, dass die meisten Systeme, die keine klare Ordnung, Ästhetik und Schönheit im Entwurf besitzen, oft auch diejenigen sind, in denen andere Probleme auftreten, wie schwere Verstehbarkeit, unnötige Komplexität, geringe Flexibilität, Performanz-Probleme und viele andere. Daher hängen die Ordnung, Ästhetik und Schönheit einer Software-Architektur aus der Sicht des Entwicklers und Architekten oft auch mit der Frage zusammen, ob eine Architektur gut oder schlecht ist, und sollten daher nicht vernachlässigt werden. Indirekt betrifft dies zumeist auch die Nutzbarkeit einer Software-Architektur – ein nicht performantes oder inflexibles System kann auch dem Nutzer Schwierigkeiten bereiten. Allerdings ist in diesem Bereich bisher erst wenig geforscht worden, sodass es schwer ist, allgemein gültige Aussagen über diesen Zusammenhang zu machen.

Entwurfsmuster und Architektur-Muster

Im Kontext der Software-Architektur spielen sowohl Entwurfsmuster als auch Architektur-Muster eine große Rolle. Generell beschreiben Entwurfsmuster eher spezifische Entwurfslösungen, wohingegen Architektur-Muster eher Systemstrukturen beschreiben. Generell jedoch ist der Unterschied zwischen diesen beiden Kategorien von Mustern fließend.

Beispielsweise das Muster Interpreter [Gamma et al. 1995] ist ursprünglich als Entwurfsmuster präsentiert worden und kann mittels einiger weniger Klassen implementiert werden. Dasselbe Muster kann aber auch die Grundlage komplexer Architekturen sein, wie z. B. bei der Verwendung von Interpreter als Architektur einer interpretierten Programmiersprache (siehe auch: Interpreter-Architektur-Stil in [Shaw und Garlan 1996]).

Typische Entwurfsmuster, wie die in [Gamma et al. 1995] beschriebenen Muster, werden oft als Teile der Lösung eines Architektur-Musters eingesetzt. Auch dies ist aber keine allgemeingültige Regel und hängt von der konkreten Architektur und der Betrachtungsweise der Muster ab.

Man sieht, die Unterscheidung zwischen Entwurfsmuster und Architektur-Muster ist von der Sicht des Betrachters und dem Zweck der Betrachtung abhängig.

6.4.2 Beispiele für Muster

Betrachten wir nun zwei Muster als Beispiele: das Entwurfsmuster Proxy und das Architektur-Muster Broker. Betrachten wir zunächst eine Kurzfassung des Proxy Musters [Gamma et al. 1995, Buschmann et al. 1996].

Proxy-Muster

Name:	Proxy
Kontext:	Ein Klient muss auf die Operationen einer Instanz einer bestimmten Klasse zugreifen.
Problem:	Der direkte Zugriff auf die Operationen der Klasse ist nicht möglich, schwierig oder unangebracht. Beispielsweise kann der direkte Zugriff unsicher oder uneffizient sein. Oder man befindet sich in einem verteilten Umfeld. Hier mag es nicht gewollt sein, dass die physikalische Netzadresse für den direkten Zugriff auf ein verteiltes Objekt im Klienten hart kodiert ist. Aber ohne diese Adresse ist ein direkter Zugriff über das Netzwerk nicht möglich.
Kräfte:	Der Zugriff auf eine Instanz einer bestimmten Klasse soll laufzeit-effizient und sicher sein. Dies kann mit einem direkten Aufruf nicht erreicht werden.
	Der Zugriff auf eine Instanz einer bestimmten Klasse soll transparent aus Sicht des Klienten sein. Insbesondere soll es nicht notwendig sein, dass der Klient in seinem üblichen Aufrufverhalten oder seiner üblichen Aufrufsyntax verändert werden muss.

Klientenentwickler sollen mögliche Auswirkungen eines Aufrufs kennen und einschätzen können. Vollständige Transparenz des Aufrufverhaltens aus Sicht des Klienten kann dies erschweren.

Lösung: Der Klient kommuniziert mit einem Platzhalter, dem Proxy, anstatt mit einer Instanz der eigentlichen Klasse. Der Proxy bietet dieselbe Schnittstelle an wie die Instanzen der Klasse, die aufgerufen werden sollen. Intern leitet der Proxy den Aufruf an eine Instanz dieser Klasse weiter. Er kann aber auch zusätzliche Funktionalitäten, wie beispielsweise Sicherheitsaspekte oder das Auslösen eines verteilten Aufrufs, implementieren.

Konsequenzen: Ein Proxy bietet den Vorteil, dass er den Klienten von der implementierenden Instanz entkoppelt. Beispielsweise im verteilten Umfeld heißt dies, dass der Klient die Server-Netzadresse nicht hart kodiert vorhalten muss. Somit erhöht der Proxy die Flexibilität der Applikation, denn er erlaubt es einem Klienten, durch das Wechseln des Proxy-Objektes auch das Verhalten des aufgerufenen „Services" zu beeinflussen. Ein Proxy kann die Laufzeiteffizienz steigern, beispielsweise dadurch, dass er Ergebnisse in einem Cache vorhält und diese dann ausliefert anstatt einer erneuten Berechnung.

Ein Proxy ist aber immer eine zusätzliche Indirektion, also mindestens ein zusätzlicher Aufruf. Das heißt, der Proxy reduziert die Laufzeiteffizienz leicht. Man sollte komplexe Proxy-Varianten vorsichtig einsetzen, denn eine komplexe Logik im Proxy kann einen erheblichen Aufwand, beispielsweise in Bezug auf den Ressourcenverbrauch, produzieren.

Proxy-Beispiel

In der Regel ist die Basis-Struktur eines Proxies mit einigen wenigen Klassen implementiert, wie in dem Beispiel in Abbildung 6.4-2. Die Abbildung zeigt kein Beispiel für eine Anwendung des Proxy-Musters für ein konkretes Problem, sondern ein Beispiel eines Lösungsschemas – ein Teil der Musterbeschreibung.

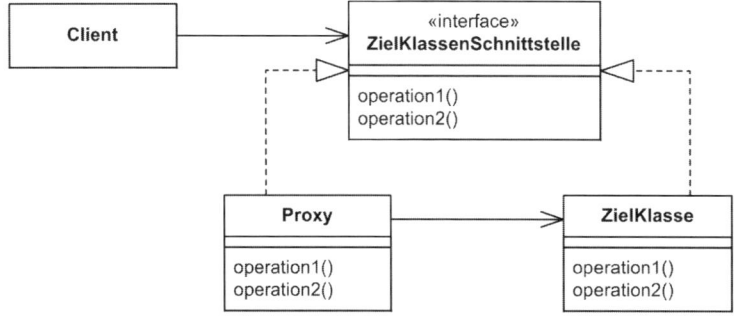

Abb. 6.4-2: *Ein einfaches Proxy-Beispiel als Klassendiagramm.*

Hier sieht man einen Proxy und eine Zielklasse. Beide implementieren die gleiche Schnittstelle. Der Proxy delegiert Aufruf an die Zielklasse mittels einer Assoziationsbeziehung. Somit kann der Proxy als Platzhalter für Instanzen der Zielklasse fungieren. Der Client hat somit nur eine Referenz auf die Schnittstelle, weil er nicht wissen soll, ob er es mit dem Proxy als Platzhalter oder einer Instanz der Zielklasse zu tun hat.

So gesehen sind Proxies typische Entwurfsmuster. Proxies können aber auch wichtiger Teil komplexerer Architekturen sein. Beispielsweise sind Proxies oft ein Teil des Musters Broker [Buschmann et al. 1996, Völter et al. 2004]. Dieses Muster soll im Folgenden als Beispiel eines Architektur-Musters beschrieben werden.

Ein wichtiger Hinweis zu den Beispielen in Musterbeschreibungen: Die Klassendiagramme (und anderen Beispiele) in der Musterbeschreibung sind reine Konzeptdiagramme mit Konzeptklassen, die in der Lösung eines konkreten Problems nicht eins zu eins in „echte" Klassen umgesetzt werden müssen bzw. können. Also die Beispiele zeigen das Lösungsprinzip, aber eine konkrete Umsetzung des Proxy-Musters kann mehr als nur einige wenige Klassen haben oder sogar noch weniger Klassen als im Muster beschrieben.

		Broker-Muster
Name:	Broker	
Kontext:	Ein verteiltes Objektsystem soll entworfen werden. Das heißt, Objekte sollen in einem Server-Prozess zur Verfügung gestellt werden und von verteilten Klienten über das Netzwerk zugegriffen werden.	
Problem:	In einem verteilten System hat man es mit vielen Herausforderungen zu tun, mit denen man es in	

einem lokalen System, das in einem einzigen Prozess läuft, nicht zu tun hat. Eine wichtige Herausforderung in diesem Bereich ist die Kommunikation über nicht zuverlässige Netzwerke – im Gegensatz zu lokalen Aufrufen, kann ein Netzwerk ausfallen, ohne dass Klient oder Server ausfallen. Überdies müssen heterogene Komponenten in eine kohärente Architektur gebracht werden und die verteilten Ressourcen müssen effizient genutzt werden. Wenn Entwickler verteilter Anwendungen alle diese Herausforderungen meistern müssten, ist es wahrscheinlich, dass sie ihre eigentliche Aufgabe vergessen: eine verteilte Anwendung zu entwickeln, die die Probleme der Domäne gut löst.

Kräfte: Die Kommunikation über ein Netzwerk ist komplexer als lokale Aufrufe: Verbindungen müssen aufgebaut werden, Aufrufparameter müssen über das Netzwerk verschickt werden und es müssen netzwerkspezifische Fehler, wie der Ausfall des Netzwerkes, behandelt werden.

Es soll vermieden werden, dass Aspekte verteilter Programmierung über den Code einer verteilten Applikation verstreut sind.

Die Netzwerkadresse und andere Parameter des Servers sollen nicht in der Klientenapplikation hart kodiert werden. Dies ist wichtig, um zu erlauben, dass ein verteilter Service durch andere Server realisiert wird, ohne dass man den Klienten ändern muss.

Lösung: Durch die Verlagerung aller Kommunikationsaufgaben in einen Broker werden die Kommunikationsaufgaben eines verteilten Systems von dessen Applikationslogik getrennt. Der Broker verbirgt und steuert die Kommunikation zwischen den Objekten oder Komponenten des verteilten Systems. Auf der Klientenseite baut der Broker die verteilten Aufrufe zusammen und leitet sie danach an den Server weiter. Auf der Server-Seite nimmt der Broker die Anfrage entgegen und baut daraus einen Aufruf zusammen, den er dann auf einem Server-Objekt durchführt. Auf dieselbe Weise leitet der Broker die Antwort an den Klienten zurück. Der Broker übernimmt alle Details der verteilten Kommunikation, wie Verbindungsaufbau, Marshalling der Nachricht etc., und verbirgt diese Details – so weit wie möglich – vor dem Klienten und dem verteilten Objekt.

Konsequenzen:	Ein Broker hat den Vorteil, dass er verteilte Kommunikation abstrahiert und vereinfacht. Die Broker-Infrastruktur kann von verschiedenen verteilten Anwendungen wiederverwendet werden. Da der Broker dafür verantwortlich ist, den Server bzw. das verteilte Objekt über einen symbolischen Namen oder eine ID aufzufinden, erlaubt der Broker eine Transparenz des Ortes, an dem sich das verteilte Objekt wirklich im Netzwerk befindet.
	Eine Broker-Architektur ist typischerweise leicht weniger performant und verbraucht mehr Ressourcen als eine gut entworfene verteilte Architektur, in der statische, verteilte Objekte direkt ans Netz gebunden werden. Ein Broker hat eine gewisse Komplexität, die verstanden werden muss. Für sehr einfache Anwendungen, beispielsweise im Bereich von eingebetteten Systemen, mögen einfachere Architekturen denselben Nutzen bringen wie eine Broker-Architektur, sind aber leichter zu warten und zu verstehen. Für die meisten anderen verteilten Systeme, wie z. B. Im Enterprise-Bereich, ist eher der Einsatz eines Brokers zu empfehlen.

Die folgende Abbildung 6.4-3 gibt einen Grobüberblick über die Broker-Architektur (für weitere Details siehe [Völter et al. 2004]). Man sieht, wie ein Klient „virtuell" mit einem verteilten Objekt kommuniziert, aber anstatt das Objekt direkt zu adressieren, richtet der Klient die Anfrage an den Broker.

Broker: Beispiel-Architektur

Dieser enthält einen Requestor, der die Anfrage mittels eines Marshallers in eine über das Netzwerk übertragbare Form bringt. Auf der Server-Seite wird die Nachricht wieder mittels eines Marshallers in einen Aufruf übersetzt und ein Invoker ruft damit das verteilte Objekt auf. Was man hier schon sieht, ist, dass das Broker-Muster sich aus vielen anderen Mustern zusammensetzt, die die verschiedenen Einzelaufgaben des Brokers lösen.

Das oben beschriebene Proxy-Muster findet auch oft im Broker Einsatz: Damit der Klient die Schnittstelle des verteilten Objektes zugreifen kann, benötigt er einen lokalen Platzhalter, der dieselbe Schnittstelle implementiert und den Aufruf an den Requestor weitergibt. Dies übernimmt der Client Proxy [Völter et al. 2004], eine Variante des Proxy-Musters für verteilte Objektsysteme.

Proxy-Einsatz im Broker

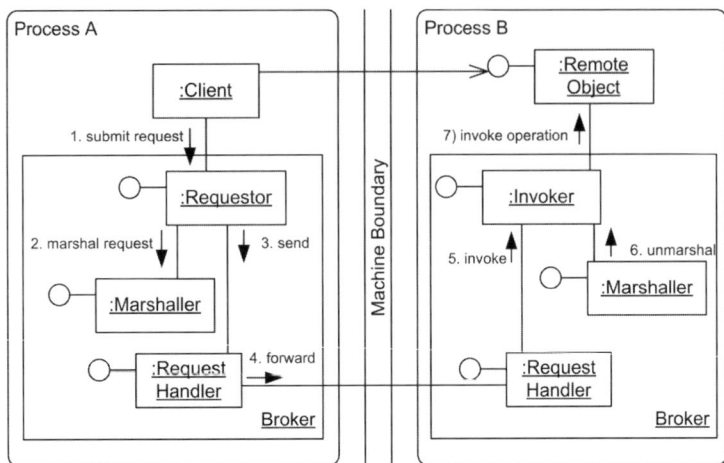

Abb. 6.4-3: *Beispiel-Architektur eines Brokers für verteilte Objekte.*

6.4.3 Mustersprachen

Komplexe Musterbeziehungen

Ein einzelnes Muster beschreibt eine Lösung zu einem einzelnen wiederkehrenden Problem. In der Mehrzahl der Anwendungsfälle ist die Situation jedoch komplexer. Dies gilt sowohl in der gebauten Architektur wie auch in der Software-Architektur und anderen Anwendungsfeldern von Mustern. Typischerweise gibt es mehrere Entwurfsprobleme, die häufig zusammen auftreten und starke Beziehungen zueinander haben. Beispielsweise kann ein Muster Teil der Lösung eines anderen Musters sein oder der Kontext eines Musters ist eine Situation, in der ein anderes Muster angewendet wurde. Daher werden Muster oft nicht isoliert voneinander beschrieben, sondern gemeinsam.

> *Verwandte Muster:* In der einfachsten Form kommen solche Beziehungen in einzelnen Mustern vor, wenn diese Beziehungen zu einem oder mehreren anderen Muster haben. Z. B. kann ein Muster beschreiben, welche anderen Muster Alternativen sind oder welche anderen Muster oft in seinem Zusammenhang zur Anwendung kommen.

> *Zusammengesetzte Muster:* Eine stärkere Art der Musterbeziehung sind zusammengesetzte Muster: Diese bestehen aus einem oder mehreren anderen Mustern und fügen zu diesen Einzellösungen selbst noch ein Inkrement hinzu. Ein Beispiel für ein zusammengesetztes Muster ist das oben beschriebene Broker-Muster, das sich aus einigen Einzelmustern im Bereich des Entwurfs verteilter Objektsysteme zusammensetzt.

> *Mustersysteme:* Einige Autoren beschreiben Mustersysteme, die zum Beispiel in der gleichen Domäne Anwendung zu finden oder die ein anderes Ordnungskriterium erfüllen. Ein Beispiel ist das POSA-Buch [Buschmann et al. 1996], in dem ein System von Mustern im Bereich der Software-Architektur beschrieben wird.

> *Mustersprachen:* Alexander [Alexander 1977] strebt in seiner ursprünglichen Musterdefinition tiefere Beziehungen zwischen den Mustern an, als einfache Mustersysteme. Diese tieferen Musterbeziehungen werden in Mustersprachen (englisch: *pattern languages*) beschrieben, welche in dem restlichen Teil dieses Abschnittes genauer betrachtet werden sollen.

Mustersprachen

Eine Mustersprache ist eine Ansammlung von Mustern, die die Probleme in einer bestimmten Domäne und/oder in einem bestimmten Kontext löst. Als eine Sprache von Mustern ist eine Mustersprache insbesondere auf die Beziehungen der Muster in der Sprache fokussiert. Das heißt konkret, dass die Musterbeschreibungen stark integriert sind – z B. dadurch, dass der Kontext des einen Musters ein anderes Muster aufgreift und dass besonderer Wert auf die Beschreibung der Musterinteraktionen gelegt wird.

Alexander [Alexander 1977] fordert überdies eine „generative" Natur einer Mustersprache: Die Idee ist, dass, wenn man ein Muster anwendet, „automatisch" ein neuer Kontext entsteht, in dem andere Muster der Mustersprache angewendet werden können. So entsteht schrittweise eine bessere Architektur. Jeder inkrementelle Schritt der Weiterentwicklung führt zur Verbesserung der „Quality without a Name" in Bezug auf die Gesamt-Architektur.

Mustersequenzen

Die domänenspezifische Natur einer Mustersprache ist sehr wichtig für deren Anwendung. Bei Sammlungen einzelner Muster ist es oft sehr schwierig, zu bestimmen, wann welches Muster eingesetzt werden soll. Diese Abwägung erleichtert einem eine Mustersprache, da sie die Muster in einer kohärenten Art und Weise präsentiert. Nach jeder Musteranwendung ist unmittelbar aus der Musterbeschreibung heraus bereits klar, welche anderen Muster als Nächstes zur Anwendung kommen können, welche Muster Alternativen zu einem gegebenen Muster bilden etc. Diese Beziehungen werden auch als *Mustersequenzen* bezeichnet. Die Hauptidee hinter dieser Beschreibungsform ist, dass die Anzahl der möglichen Kombinationen von Mustern in einer Mustersprache riesig ist, hingegen aber die Anzahl der Kombinationen, die funktionieren, eher gering ist.

Beispiel einer Mustersprache

In der folgenden Abbildung 6.4-4 sieht man als Beispiel einen Ausschnitt aus einer Mustersprache, die im Bereich der Domäne „Entwicklung verteilter Objektsysteme" operiert [Völter et al. 2004]. Das heißt, diese Mustersprache beschreibt in erster Linie den Aufbau von OO-RPC-Middleware, wie CORBA, Web Service Frameworks, .NET Remoting, Java RMI und vielen anderen. Die Abbildung zeigt einen Ausschnitt aus dieser Mustersprache, der sich mit den grundlegenden Mustern für die Realisierung einer Broker-Architektur beschäftigt.

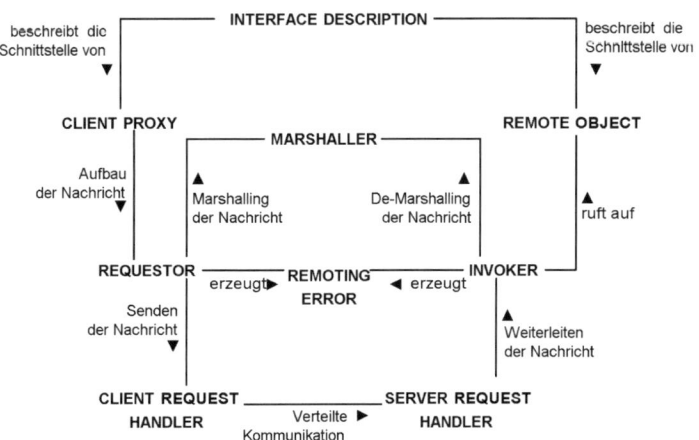

Abb. 6.4-4: *Übersicht eines Ausschnitts einer Mustersprache für verteilte Objektsysteme.*

Beschreibung des Mustersprachen-beispiels

Man sieht, dass es eine ganze Reihe von Mustern gibt, aus denen sich die Basis-Architektur eines typischen Brokers zusammensetzt. Zunächst stellt der Client Proxy, wie bereits im Beispiel oben erwähnt, die Schnittstelle des Remote Objects zur Verfügung. Dieser Client Proxy kann von den Server-Entwicklern an die Klienten ausgeliefert werden.

Als Alternative, die häufig im Bereich verteilter Systeme realisiert ist, kann der Client Proxy aber auch auf der Klienten-Seite erzeugt werden. Um diese Alternative zu realisieren, muss der Klient wissen, wie die Schnittstelle des Remote Objects ist – sonst ist ein typkorrektes Erzeugen des Client Proxies nicht möglich. Dies leistet das Muster Interface Description, welches die öffentliche Schnittstelle eines Remote Objects beschreibt.

Der Requestor ist dafür verantwortlich, die Nachricht aufzubauen und das Senden der Nachricht anzustoßen. Er muss auch für den Klienten auf das Resultat warten. Der Klient kann den Requestor auch direkt verwenden, verliert aber dann die Aufruftransparenz, die das Client-Proxy-Muster ihm bietet. Falls Aufruf-Transparenz gewünscht wird, sollte also ein Client Proxy eingesetzt werden. Dann benutzt der Client Proxy den Requestor intern. Das effiziente Übertragen der Nachricht über das Netzwerk übernimmt der Client Request Handler.

Auf der Server-Seite nimmt der Server Request Handler die Nachricht entgegen: Das heißt, er horcht am Netzwerk-Port und wartet auf eingehende Nachrichten. Wenn Nachrichten hereinkommen, leitet der Server Request Handler die Nachricht an einen Invoker weiter, der aus der Nachricht wieder einen Aufruf macht und damit das Remote Object aufruft.

Requester und Invoker benutzen einen Marshaller für das automatische Marshallen und De-Marshallen der Nachricht.

Im Netzwerk und während des verteilten Aufrufs können Fehler entstehen, die in lokalen Aufrufen nicht entstehen können, wie der Ausfall des Netzwerks. Diese speziellen Fehler werden durch Remoting Error weitergeleitet, die überall in der Aufruf-Kette erzeugt werden können.

Dieser kurze Abriss sollte ausreichen, um einen Ausschnitt aus der architektonischen Mustersprache für verteilte Objektsysteme darzustellen. In der Tat beschreibt die Mustersprache noch eine ganze Menge an weiteren Mustern, die in jeder Broker-Architektur vorkommen.

Zur Rolle der Muster in Mustersprachen

Was aus dem kurzen Beispiel klar geworden sein sollte, ist, dass die Muster in einer Mustersprache normalerweise eher *Rollen* als Komponenten eines Systems beschreiben. Bei einigen der oben genannten Muster wird es sicher in einigen Systemen gerade eine Klasse geben, die dieses Muster implementiert. Oft sind die Muster aber auch über mehrere Klassen hin verteilt implementiert oder eine Implementierungsklasse implementiert mehrere Muster.

Trotzdem ist es ein Leichtes, die oben genannten Muster in so gut wie jeder OO-RPC-Middleware, wie CORBA, Web Service Frameworks, .NET Remoting, Java RMI etc. wieder zu finden. Auch kann man schnell die Sequenzen und Alternativen erkennen, d. h., wie diese Muster zusammenhängen.

Dies alles sind entscheidende Vorteile der Anwendung von Mustersprachen gegenüber der Nutzung einzelner, isolierter Muster. Aus diesem

Grund setzen sich Mustersprachen in der Architektur-Muster-Literatur zunehmend durch.

6.5 Referenzarchitekturen

Unterschiedliche Aspekte und Anforderungen

In den vorangegangenen Abschnitten wurden wichtige, architektonische Gestaltungsmittel wie Architektur-Prinzipien, -Stile und –Muster vorgestellt, die die Grundlage für erfolgreiche Architekturen bilden. Diese Mittel repräsentieren Lösungen für allgemeine, architektonische Anforderungen respektive Qualitäten. IT-Systeme werden jedoch nicht primär aufgrund ihrer architektonischen Eleganz beurteilt. Vielmehr müssen sie fachliche Anforderungen befriedigen und einen konkreten Nutzen für deren Auftraggeber bieten. Dies stellt Architekten vor eine große Herausforderung, da sie zwar zum einen Experten in grundlegenden Architektur-Fragen sein müssen, zum anderen aber auch die besonderen Charakteristika und Bedürfnisse verschiedener Industrien kennen und während der Architektur-Konzeption würdigen müssen. Erst durch das Zusammenführen allgemeiner Architektur-Expertisen und industriespezifischen Kenntnissen können IT-Lösungen entstehen, die Geschäftsstrategien unterstützen und zur Wettbewerbsdifferenzierung beitragen. Die industriespezifischen Kenntnisse erstrecken sich dabei nicht nur auf Geschäftsmodelle und –prozesse sowie deren IT-basierte Unterstützung, sondern vielmehr auch auf die in einer Industrie anzutreffenden IT-Systemlandschaften und -anforderungen. Um in verschiedenen Industrien als Architekt erfolgreich zu agieren, bedarf es Mitteln, die das Wissen und die Erfahrung der allgemeinen Architektur-Disziplinen mit denen der konkreten Industrien vereinen.

6.5.1 Definition und Bestandteile

Definition: Referenzarchitekturen

Referenzarchitekturen kombinieren allgemeines Architektur-Wissen und allgemeine -Erfahrung mit spezifischen Anforderungen zu einer architektonischen Gesamtlösung für einen bestimmten Problembereich. Sie dokumentieren die Strukturen des Systems, die wesentlichen Sytembausteine, deren Verantwortlichkeiten und deren Zusammenspiel.

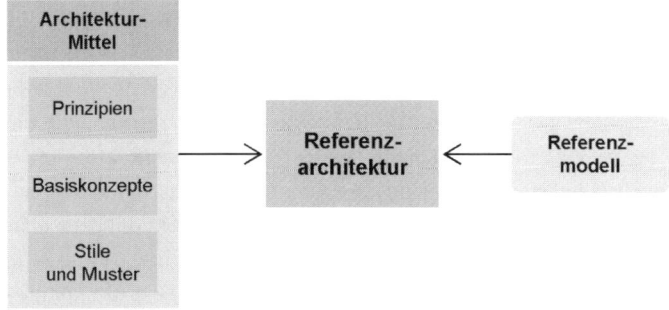

Abb. 6.5-1: *Bestandteile einer Referenzarchitektur.*

Wie aus Abb. 6.5-1 ersichtlich, entstehen Referenzarchitekturen also zum einen auf Basis von bewährten Architektur-Mitteln und zum anderen auf der Grundlage von spezifischen Anforderungen in Form von gewünschter Funktionalität, die in einem Referenzmodell zum Ausdruck kommt.

Bestandteile

Ein Referenzmodell enthält die spezifischen Charakteristika des adressierten Problembereichs. Die Funktionalität wird dabei in dedizierte Funktionsbausteine unterteilt. Ein Referenzmodell dokumentiert diese Bausteine und die Informationsflüsse zwischen den Bausteinen [Bass et al. 2003]. Abb. 6.5-2 illustriert die Struktur eines Referenzmodells exemplarisch.

Referenzmodelle

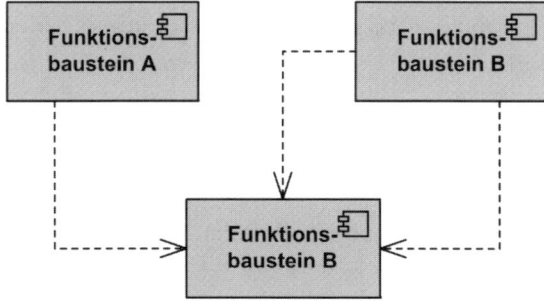

Abb. 6.5-2: *Struktur eines Referenzmodells.*

Die konzeptionellen Funktionsbausteine erfüllen in ihrem Zusammenspiel die Anforderungen des Problembereichs. Ein Referenzmodell besagt noch nicht, wie ein zu realisierendes IT-System diese Funktionalität erfüllt. Diese Aufgabe übernimmt die Referenzarchitektur, indem sie beschreibt, wie die Funktionsbausteine auf Systembausteine verteilt werden. Darüber hinaus erläutert sie deren Verantwortlichkeiten und Zusammenspiel [Hofmeister et al. 1999].

Referenzarchitekturen als Abbild von Referenzmodellen

6.5.2 Einsatz und Vorteile von Referenzarchitekturen

Einsatz von Referenzar-chitekturen

Ein Architekt bedient sich Referenzarchitekturen während der Architektur-Konzeption und überführt diese in konkrete Architekturen. Hierbei gilt es abzuwägen, welche Bestandteile einer Referenzarchitektur für die konkrete Problemstellung benötigt werden. Oftmals sind Referenzarchitekturen sehr umfangreich. Daher ist eine direkte Abbildung in aller Regel nicht sinnvoll. Stattdessen sollten immer nur die Bestandteile umgesetzt werden, die auch wirklich benötigt werden, um die Komplexität der zu konzipierenden Architektur zu reduzieren (siehe Abb. 6.5-3).

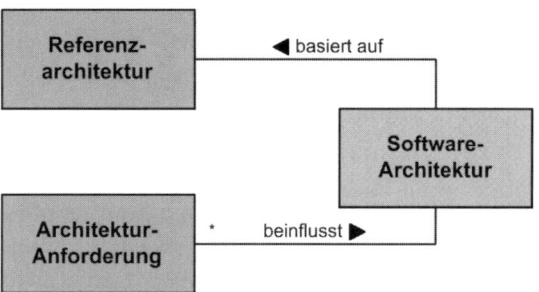

Abb. 6.5-3: *Einsatz von Referenzarchitekturen.*

Vorteile von Referenz-architekturen

Die Wahl einer Referenzarchitektur als architektonisches Gestaltungsmittel bietet große Vorteile, da man auf dem Wissen und der Erfahrung anderer, die zum Entwurf der Referenzarchitektur beigetragen haben, aufbauen kann. Aufgrund dessen senkt eine Referenzarchitektur das Risiko, eine nicht tragfähige Architektur zu konzipieren. Ferner führt eine Referenzarchitektur zu einer gesteigerten Qualität der eigentlichen Architektur, da diese auf einem bewährten Architektur-Mittel beruht. Darüber hinaus senkt eine Referenzarchitektur die Kosten der Architektur-Entwicklung, weil sie bereits wichtige Erkenntnisse aus dem Bereich der Problembereichsanalyse enthält und dadurch den Aufwand für diese Tätigkeit reduziert. Des Weiteren erlaubt der Einsatz einer Referenzarchitektur die schnellere Entwicklung eines IT-Systems und somit einen besseren Time–to-Market.

6.5.3 Anforderungen an Referenzarchitekturen

Anforderungen an gute Referenzarchitekturen

Um auch wirklich diese Vorteile zu bieten, müssen gute Referenzarchitekturen verschiedene Eigenschaften aufweisen:

> Sie müssen auf bewährten Prinzipien, Stilen und Mustern basieren. Durch diese Anforderung wird sichergestellt, dass Referenzarchitekturen den in Kapitel 3 geschilderten architektonischen Anforderungen genügen.

> Sie müssen erfolgreich eingesetzt worden sein. Erst durch den erfolgreichen Einsatz beweisen Referenzarchitekturen ihre Praxistauglichkeit. Bevor man sich für eine Referenzarchitektur entscheidet, sollte also immer sichergestellt sein, dass diese bereits in einem ähnlichen Kontext eingesetzt worden ist.

> Sie müssen an konkrete Bedürfnisse anpassbar sein. Wie bereits zuvor kurz geschildert, können Referenzarchitekturen sehr umfangreich sein. Deshalb muss es möglich sein, die konkrete Architektur auf Basis der Referenzarchitektur zu entwerfen und diese schrittweise zu erweitern, wenn neue Anforderungen auftreten.

> Sie müssen umfassend dokumentiert sein. Eine Referenzarchitektur kann erst erfolgreich eingesetzt werden, wenn dem Architekten eine aussagekräftige Dokumentation zur Verfügung steht. Aus dieser Dokumentation sollte klar hervorgehen, welche Architektur-Mittel angewandt wurden und wie das *Referenzmodell* auf die Referenzarchitektur abgebildet wurde. Ferner sollten die architektonischen Kräfte (englisch: forces) genannt und aufgezeigt werden, wie die Architektur diese ausgleicht. Deshalb bietet sich ein Dokumentationsstil wie bei Architektur-Mustern an.

6.5.4 Arten von Referenzarchitekturen

In der Praxis findet man verschiedene Arten von Referenzarchitekturen. Einige von ihnen besitzen einen Standardcharakter, das heißt sie müssen respektive sollen genauso umgesetzt werden, wie sie beschrieben werden. So existieren z. B. Referenzarchitekturen für Komponentenplattformen, die illustrieren, wie man auf Basis der Plattform Architekturen für unterschiedliche Problemstellungen realisiert. Bekannte Vertreter dieser Art sind die J2EE BluePrints von Sun Microsystems für die J2EE-Plattform [Sun 2004a]. Die Realisierung einer serviceorientierten Architektur oder die Entwicklung einer Web-basierten Shopping-Lösung sind Beispiele für solche Referenzarchitekturen. Der Fokus dieser Architekturen liegt dabei klar auf dem korrekten Einsatz der unterliegenden Plattform. Eine Referenzarchitektur dieser Kategorie umfasst nicht nur konzeptionelle Artefakte, wie Architektur-Diagramme, sondern auch konkrete Implementierungen in Form von Source Code oder lauffähigen Bausteinen.

Plattform-bezogene Referenzarchitekturen

Industrie-bezogene Referenzarchitekturen

Darüber hinaus sind umfangreiche, industriespezifische Referenzarchitekturen zu nennen, die auf die konkreten Bedürfnisse von Unternehmen zugeschnitten sind. Viele IT-Dienstleister und -Beratungshäuser bieten beispielsweise Referenzarchitekturen für die Telekommunikations-, Luftfahrts-, Banken oder Versicherungs-Industrie an, um nur ein paar Bereiche zu nennen. Ihre zugrunde liegenden Referenzmodelle umfassen hierbei Funktionsbausteine und Informationsflüsse, die in der Regel die Unterstützung aller wichtigen Geschäftsprozesse eines Unternehmens ermöglichen. Des Weiteren zeigen diese Referenzarchitekturen, wie die Funktionsbausteine auf konkrete, kommerzielle Software-Produkte abgebildet werden. Die Individualentwicklung beschränkt sich normalerweise auf die Anpassung und Integration der Produkte in die IT-Systemlandschaft des Kunden. NGOSS und OSS/J sind Beispiele für solche Referenzarchitekturen (siehe Abschnitt 6.5.5).

Industrie-übergreifende Referenzarchitekturen

Zwischen die plattform- und industriespezifischen Referenzarchitekturen fallen Referenzarchitekturen, die ein in verschiedenen Industrien anzutreffendes Thema, wie z. B. Supply Chain Management (SCM) und Customer Relationship Management (CRM) behandeln.

Produktlinienarchitekturen

Eine besondere Form von Referenzarchitektur ist eine Produktlinienarchitektur, die die gemeinsame Architektur mehrerer, ähnlicher Software-Produkte definiert [Hofmeister et al. 1999]. Sie umfasst die gemeinsamen Sytembausteine, deren Verantwortlichkeiten und Zusammenarbeit. Produktlinienarchitekturen werden mit dem Ziel entworfen, Produkte kostengünstiger zu entwerfen, indem sie eine gemeinsame Architektur teilen und unter Umständen sogar vorgefertigte, lauffähige Software-Bausteine wieder verwenden können. Das Anwendungsszenario in Abschnitt 8.3 beschäftigt sich näher mit Produktlinien.

6.5.5 Beispiel für eine Referenzarchitektur

Beispiel einer Industrie-bezogenen Referenzarchitektur

Die *Next-Generation-Operation-Support-Systems-Initiative (NGOSS)* des TeleManagement Forums definiert eine umfassende, auf die Telekommunikationsindustrie zugeschnittene Referenzarchitektur [TMF 2004a].

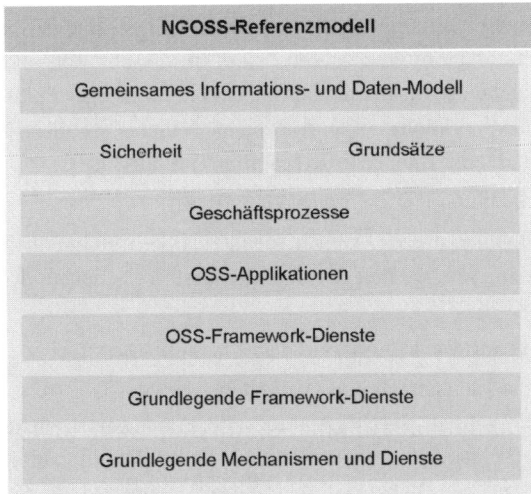

Abb. 6.5-4: *Das NGOSS-Referenzmodell im Überblick.*

Diese basiert auf dem in Abb. 6.5-4 vorgestellten und im Folgenden erläuterten Referenzmodell [TMF 2004b]:

NGOSS-
Referenzmodell

> **Gemeinsames Informations- und Daten-Modell** (*Shared Information and Data Model (SID)*)

Das gemeinsame Informations- und Daten-Modell ist ein standardisiertes Abbild der Telekommunikations-Domäne. Es definiert die Standard-Abstraktionen, wie Kunde, Bestellung und Netwerk-Dienst. Des Weiteren trifft das Modell klare Aussagen über die Bedeutung der Abstraktionen, ihr Verhalten und ihre Kollaboration.

> **Sicherheit** (*Security*)

Dieser Funktionsbaustein definiert die Sicherheitsmechanismen und -Grundsätze. Diese orientieren sich an dem Information-Security-Management-Standard [ISO17799 2001].

> **Grundsätze** (*Policy*)

NGOSS empfiehlt den Einsatz von Policy-Based-Management (PBM). PBM basiert auf Regeln, die festlegen, wie Bausteine behandelt werden sollen. Diese Regeln werden zur Laufzeit vom System ausgewertet und angewandt.

> **Geschäftsprozesse** (*Business Process (eTOM)*)

Dieser Teil des NGOSS-Referenzmodells enthält standardisierte Geschäftsprozesse und -aktivitäten für den Telekommunikationsbereich. Diese werden in der Enhanced Telecom Operations Map (e-TOM) zusammengefasst.

> **OSS-Applikationen** (*OSS Applications*)

Geschäftsbezogene Funktionalität, die von einem NGOSS-konformen IT-System unterstützt werden sollten, sind in diesem Teil des NGOSS-Referenzmodells zusammengefasst. OSS steht in diesem Zusammenhang für Operations Support System. Näheres zu diesem Themengebiet findet der interessierte Leser in [Terplan 2001].

> **OSS-Framework-Dienste** (*OSS Framework Services*)

Grundlegende Dienste, die von verschiedensten OSS-Applikationen genutzt werden können, werden durch OSS-Framework-Dienste definiert.

> **Grundlegende Framework-Dienste** (*Basic Framework Services*)

Primär technische Dienste, wie das Auffinden eines Dienstes in einem Verzeichnis, werden durch grundlegende Framework-Dienste im NGOSS-Referenzmodell abgedeckt. Auf dieser Funktionalität bauen die höherwertigen Dienste (OSS-Framework-Dienste) auf.

> **Grundlegende Mechanismen** (*Basic Mechanisms*)

Grundlegende Mechanismen behandeln die Funktionalität, die notwendig ist, um die Kommunikation zwischen den Bausteinen eines NGOSS-Systems und den Aufruf von Diensten einzelner Bausteinen zu ermöglichen.

NGOSS und RM-ODP

Neben dem Referenzmodell basiert die NGOSS-Referenzarchitektur (Technology Neutral Architecture) auf allgemeinen, architektonischen Mitteln und orientiert sich dabei an dem standardisierten Architektur-Modell RM-ODP (siehe Kapitel 5). Sie definiert die architektonischen Aspekte und Bausteine eines verteilten, NGOSS-konformen IT-Systems [TMF 2004b].

NGOSS-Implementierungen

Allerdings bietet das TeleManagement Forum keine konkrete Implementierung ihrer Referenzarchitektur. Software-Hersteller und IT-Dienstleister nutzen die Referenzarchitektur zur Realisierung konkreter Lösungen. Das TeleManagement Forum bietet die Möglichkeit, diese zu zertifizieren. Dies ist ein Vorteil für Kunden, da sie bei der Auswahl von NGOSS-Implementierungen auf das TMF-Gütesiegel vertrauen können.

OSS/J als NGOSS-Implementierung

Die NGOSS-Referenzarchitektur ist eine technologieneutrale Architektur. Daher muss diese für den jeweiligen Anwendungsfall auf konkrete Komponentenplattformen abgebildet werden. Aus diesem Grund wurde im Rahmen des Java Community Process (JCP) für die J2EE-Plattform die OSS-for-Java-Initiative (OSS/J) von führenden Herstellern ins Leben gerufen, die die Prinzipien der NGOSS-Referenzarchitektur auf Basis von J2EE implementiert [OSSJ 2004].

Die OSS/J-Initiative verfolgt das Ziel, auf OSS/J basierende Software-Komponten respektive -Produkte für den TK-Bereich anzubieten. Dadurch können Produkte unterschiedlicher Hersteller zu einer umfassenden TK-Lösung kombiniert werden, indem die Integrationskosten erheblich reduziert werden.

Ziel von OSS/J

Hierzu definiert die OSS/J-Initiative verschiedene Application Programming Interfaces, die auf eTOM von NGOSS basieren. Die API-Spezifikationen spiegeln zum einen die benötigte Funktionalität und zum anderen die architektonisch relevanten Sytembausteine wider. Eine Übersicht der APIs gibt Tabelle 6.5-1.

Bestandteile von OSS/J

Tab. 6.5-1: *Die OSS/J-APIs im Überblick.*

Java API	Beschreibung
OSS Common API	Bestandteil dieses APIs sind grundlegende Kommunikationsmechanismen und Entwurfsrichtlinien, denen alle anderen APIs genügen müssen.
OSS Service Activation API	In einer Telekommunikationsarchitektur (TK-Architektur) muss es möglich sein, Dienste, wie z. B. SMS für einen Kunden nach Vertragsabschluss automatisch zu aktivieren. Das Service Activation API legt die hierfür benötigte Funktionalität und modelliert die relevanten Bausteine.
OSS Quality of Service API	Das Quality of Service API definiert die Funktionalität und Bausteine zur Überwachung und Ermittlung der Qualität von Telekommunikationsdiensten (TK-Diensten). Es ist beispielsweise wichtig, zu bestimmen, ob die zur Verfügung stehende Bandbreite in einem Netzwerk unter einen bestimmten Wert sinkt.
OSS Trouble Ticket API	Das Trouble Ticket API wird zur Verwaltung von Fehler-Tickets verwendet. Es umfasst die notwendige Funktionalität und Bausteine im Bereich Fehler-Management und –Verfolgung.
OSS IP Billing API	Die Nutzung von TK-Diensten muss Kunden in Rechnung gestellt werden. Aus diesem Grund bedarf es Bausteinen, die die Rechnungsstellung übernehmen. Diesen Bausteinen und deren Funktionalität widmet sich das IP Billing API, indem es ihre notwendigen Charakteristika definiert.
OSS Inventory API	Eine TK-Architektur besteht aus verschiedenen Netzwerk-Bausteinen, wie Servern, Routern und Switches. Diese Bestandteile zu inventarisieren und deren Lokation z. B. im Fehlerfall schnell abrufen zu können sind wichtige Bedürfnisse von TK-Anbietern. Aus diesem Grund müssen Inventare geführt werden können. Die hierfür relevante Funktionalität und die benötigten Bausteine werden durch das Inventory API modelliert.
OSS Service Quality Management	Dieses API widmet sich der benötigten Funktionalität zur Bestimmung der Qualität eines TK-Dienstes und

Java API	Beschreibung
API	zeigt die hierfür benötigten Bausteine auf.

Verantwortlichkeiten

In ihrer Gesamtheit modellieren die OSS/J-APIs die benötigte Funktionalität einer TK-Architektur. Das Common API adressiert hierbei hauptsächlich die OSS-Framework-Dienste des NGOSS-Referenzmodells. Die anderen APIs widmen sich hingegen der durch die OSS-Applikationen modellierten Funktionalität und Bausteine. Der J2EE-Plattform kommt bei OSS/J die Aufgabe der grundlegenden Framework-Dienste sowie der grundlegenden Mechanismen und Dienste zu. Die Verwendung von J2EE als Architektur-Plattform hat den großen Vorteil, dass man sich auf eine bewährte Plattform verlassen kann, die wichtige Basisdienste wie Skalierbarkeit und Transaktionssteuerung bietet.

OSS/J-Architektur-Beispiel

Ein Beispiel für eine einfache, auf OSS/J basierende Architektur kann Abbildung 6.5-5 entnommen werden.

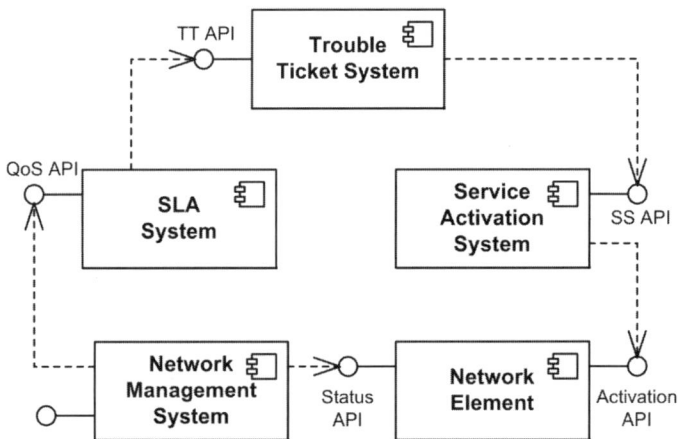

Abb. 6.5-5: *Eine einfache OSS/J basierte Architektur.*

Die dargestellte Architektur basiert auf der Verwendung der standardisierten OSS/J-APIs zur Integration verschiedener Subsysteme eines Telekommunikationssystems. Da die benötigten Systeme entsprechende Schnittstellen anbieten, können die Systeme miteinander kommunizieren, ohne dass auf systemspezifische Schnittstellen zurückgegriffen werden muss. Dies reduziert den Integrationsaufwand erheblich. Bei dem zugrunde liegenden Szenario überwacht ein Netzwerkmanagementsystem Netzwerkelemente. Sobald ein Fehler an einem Netzwerkelement erkannt wird, leitet das Netzwerkmanagementsystem eine entsprechende Nachricht an das SLA System weiter. Die Nachricht genügt dabei einem durch die OSS/J-Initiative definierten Format. Das SLA System prüft nun basierend auf den definierten Service-Level-Vereinbarungen, ob eine Verletzung der Vereinbarungen vorliegt. Falls dies zutrifft, fordert das SLA System das Trouble Ticket System auf, ein entsprechendes Trouble Ticket zu erzeugen. Sobald der Fehler des Netzwerkelements durch einen Techniker behoben wurde, wird das Trouble Ticket geschlossen und eine OSS/J-konforme Dienstaktivierungsanfrage an das Service Activation System gestellt. Dieses aktiviert das entsprechende Netzwerkelement wieder. Dieses Beispiel zeigt vereinfacht, welche Arten von Systemen benötigt werden, um dieses Szenario zu realisieren. Darüber hinaus verdeutlicht es die Struktur einer entsprechenden TK-Architektur sowie die Verantwortlichkeiten und das Zusammenspiel der Subsysteme.

6.6 Architektur-Dokumentationsmittel

Die Liste, der in diesem Abschnitt behandelten Dokumentationsmittel, erhebt keinen Anspruch auf Vollständigkeit. So gibt es weitere Dokumentationsmittel, wie beispielsweise Entity-Relationship-Diagramme oder Notationen aus dem Umfeld von Structured Analysis / Design (SA/D), die ebenfalls dazu verwendet werden können, zumindest Teilaspekte einer Architektur zu dokumentieren. Im weiteren Verlauf dieses Abschnitts wird auf jene Dokumentationsmittel eingegangen, die im Rahmen der Architektur-Konzeption sinnvoller Weise zum Einsatz kommen sollten, um Architektur zu kommunizieren (siehe Abschnitt 8.1.7) und damit eine Realisierung zu ermöglichen. Es werden mit Unified Modeling Language, Architecture Description Languages und Domain Specific Languages (DSL) drei wichtige Dokumentationsmittel mit ihren Notationen hinsichtlich ihrer Möglichkeiten betrachtet, Architektur zu dokumentieren.

Liste der Dokumentationsmittel ist nicht vollständig

Es ist zu beachten, dass ein Dokumentationsmittel kein Vorgehensmodell (Prozess) enthält. Das Dokumentationsmittel dient ausschließlich dazu, zeigen zu können, was gemacht wurde. Wie und wann was gemacht werden muss, das heißt auch, wie ein Dokumentationsmittel überhaupt sinnvoll anzuwenden ist, muss darüber hinaus im Rahmen eines Vorgehensmodells festgelegt werden.

Dokumentationsmittel sind keine Vorgehensmodelle

Zentrale Bedeutung hat bei ADLs und DSLs der spezielle Baustein Komponente. UML geht ebenfalls auf diesen Baustein mit einem speziellen Diagrammtyp ein. Das Verständnis einer Komponente bei den genann-

Baustein Komponente hat zentrale Bedeutung

ten Dokumentationsmitteln basiert weitgehend auf der Definition in Abschnitt 6.2.3. Deshalb wird im Folgenden nicht wie bisher im Buch allgemein von Baustein gesprochen wenn im Kontext der Dokumentationsmittel explizit Komponente gemeint ist.

6.6.1 Architektur-Metamodelle

Formale Architektur-Dokumentation

Oft ist es sinnvoll, eine Architektur formal zu definieren. Insbesondere ist dies dann sinnvoll, wenn man eine Architektur im Rahmen eines großen Projektes standardisieren will oder man mit der Architektur die Basis für eine Produktlinie legen möchte. Eine rein textuelle und mittels Diagrammen informell dokumentierte Architektur reicht nicht mehr aus, da die nötige Präzision fehlt. Auch ADLs können hier nur bedingt helfen – dazu unten mehr.

Architektur-Metamodell

Ein Architektur-Metamodell Architecture Descripion Languages (ADLs) definiert formal die Bausteine, aus denen eine Architektur aufgebaut ist, deren Beziehungen untereinander sowie mögliche Contraints, die festlegen, wann ein System eine gültige Architektur hat und wann nicht. Instanzen dieses Metamodells beschreiben dann Anwendungen dieser Architektur.

Beispielhaftes Metamodell

Abbildung 6.6-1 zeigt ein einfaches Architektur-Metamodell. Das Dokumentationsmittel zur Beschreibung des Metamodells ist hier UML. Das Modell sagt unter anderem aus, dass es im Rahmen der Architektur das Konzept einer Komponente (*Component*) gibt. Komponenten haben Konfigurationsparameter (*ConfigParameter*). Außerdem können Komponenten Abhängigkeiten zu anderen Komponenten besitzen (*ComponentDependency*). Eine Business-Komponente (*BusinessComponent*) besteht aus mindestens einer (technischen) Komponente, darunter genau eine Fassade (*FacadeComponent*). Neben Komponenten als Baustein für die Anwendungslogik beschreibt der obere Teil des Metamodells, wie aus Komponenten Systeme (*System*) zusammengestellt werden können. Ein System besteht aus einer Reihe von Knoten (*Node*), die je wieder Komponenten-*Deployments* haben können. Ein solches Deployment deployed immer genau eine Komponente. Für jede Abhängigkeit dieser Komponente muss eine enstprechende „Verdrahtung" (*Wire*) definiert werden, man muss also definieren, welches andere Deployment die Abhängigkeit befriedigt. Schlussendlich definieren die Deployments auch Werte für die Konfigurationsparameter der Komponente (*ParameterValue*).

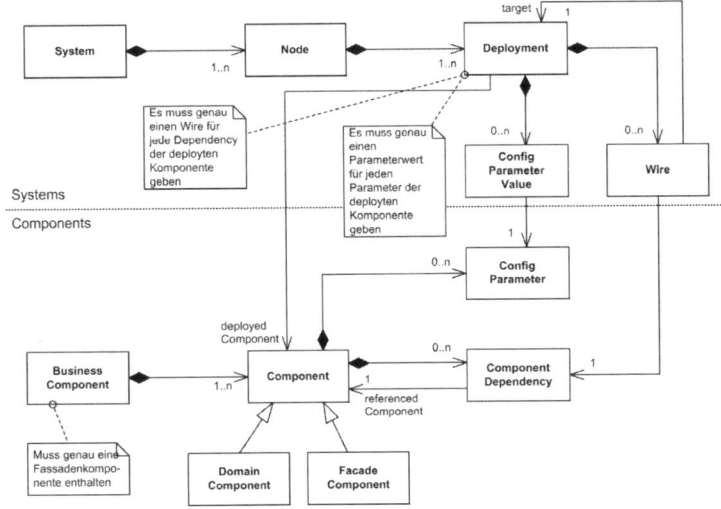

Abb. 6.6-1: *Beispielhaftes Architektur-Metamodell.*

6.6.2 Unified Modeling Language (UML)

Die Unified Modeling Language (UML) ist Ende der 90er-Jahre entstanden, nachdem die so genannten „drei Amigos" und Methoden-Gurus Grady Booch, James Rumbaugh und Ivar Jacobson ihre unterschiedlichen Notationen zusammengeführt hatten. Mit dem großen Erfolg von UML fanden die babylonischen Verhältnisse bei den Notationen in der objektorientierten Gemeinde ein Ende:

Eines der wichtigsten Standard-Dokumentationsmittel

Tab. 6.6-1: *Vom Notationen-Babylon zur UML.*

Zeitraum	Notation	Bemerkung
2005	UML 2.0	Überarbeitetes Metamodell
2001	UML 1.4	Marktbeherrschung erreicht
1999	UML 1.3	XML Metadata Interchange (XMI)
1998	UML 1.2	OMG übernimmt Obhut
1997	UML 1.0	Object Constraint Language (OCL)
1996	Unified Modeling Language (UML) 0.9	Unified Method und OOSE
1995	Unified Method	OMT und OOD
1992	OOD und OOSE	Booch und Jacobson

Zeitraum	Notation	Bemerkung
1991	OMT	Rumbaugh
1987 - 1998	OMT, OOD, OOSE, OOSA und viele mehr	Notationen-Babylon

Dadurch bedingt, dass die UML unter die Obhut der OMG kam, konnte sie sich inzwischen zu einem der wichtigsten anerkannten Standards für die visuelle Dokumentation in der modernen Software-Entwicklung mausern. Aktuell liegt die UML in der Version 2.0 vor und wird annähernd von allen Entwicklungswerkzeugen unterstützt. Für Werkzeughersteller hält die UML ein Meta-Modell und für die Software-Entwicklung zahlreiche Diagrammarten nebst zugehörigen Notationselementen bereit.

Ein Modell, verschiedene Diagramme (Sichten)

Die Leitidee der UML lautet „One Model, different Views" und bedeutet, dass mit der UML die verschiedenen über den Entwicklungsprozess sich entwickelnden Aspekte eines Systems dargestellt werden können. Dies erinnert stark an die in Kapitel 4 vorgestellten Architektur-Sichten. Und tatsächlich können mit der UML alle diese Sichten visuell dokumentiert werden. Dies ist möglich, obwohl die UML ihren Schwerpunkt in der objektorientierten Modellierung hat und deshalb nicht für jede Architektur-Sicht unmittelbar passende Notationselemente besitzt, sodass gelegentlich Notationselemente zweckentfremdet werden müssen. Dieses Vorgehen ist üblich, weil UML als ein noch sehr junger Standard nicht alle in der Praxis existierenden Anforderungen an ein Dokumentationsmittel abdeckt, muss jedoch gut dokumentiert werden. In Tabelle 6.6-2 wird ein Kurzüberlick zu den Diagrammen (UML-Sichten) der UML gegeben. Dabei wird jedoch nur ihre Bedeutung hinsichtlich Architektur-Dokumentation vorgestellt und angegeben, ob sie statische oder dynamische Aspekte der Architektur darstellen. Für einen umfassenden Überblick mit Details zu allen Notationselementen und den spezifischen UML-Begriffen sei auf [Jeckle et al. 2004 und Oestereich 2004] verwiesen.

Tab. 6.6-2: Architektonische Bedeutung der UML-Diagramme.

Diagramm	Zeigt	Statisch/ Dynamisch
Aktivitätsdiagramm	Schritte, die innerhalb eines Systems ablaufen, um eine bestimmte Aufgabe zu erfüllen. Unter Angabe der beteiligten Bausteinen.	Dynamisch

Diagramm	Zeigt	Statisch/ Dynamisch
Anwendungsfall-diagramm	Anwendungsfälle eines geplan-ten oder existierenden Systems und den daran beteiligten Parteien.	*Dynamisch*
Interaktionsüber-sichtsdiagramm	Wann welche Interaktion zwi-schen Bausteinen abläuft.	Dynamisch
Klassendiagramm / Komponenten-diagramm	Schnittstellen und Beziehungen von Bausteinen.	Statisch
Kommunikations-diagramm	Bausteine, die zusammenarbei-ten bzw. kommunizieren.	Dynamisch
Kompositionsstruktur-diagramm	Bausteine hinsichtlich ihrer Schnittstellen und Beziehungen sowie ihres Innenlebens.	Statisch
Objektdiagramm	Innere Struktur eines Bausteins zu einem bestimmten Zeitpunkt zur Laufzeit.	Statisch
Paketdiagramm	Logische Zusammenfassung von kohäsiven Bausteinen.	Statisch
Sequenzdiagramm	Kommunikationsabläufe zwi-schen Bausteinen.	Dynamisch
Timing-Diagramm	Zustände von Bausteinen in Ab-hängigkeit von der Zeit.	Dynamisch
Verteilungsdiagramm	Physikalische Verteilung von Bausteinen zur Laufzeit.	Statisch
Zustandsdiagramm	Zustände eines Bausteins und Ereignisse, welche diese Zustän-de bewirken.	Dynamisch

Tabelle 6.6-3 zeigt, wie die UML verwendet werden kann, um statische und dynamische Aspekte von Architektur-Sichten darzustellen. Dabei wird aufgeführt, mit welchen Diagrammen idealerweise die einzelnen Architektur-Sichten des abstrakten Sichtenmodells aus Kapitel 4 darge-stellt werden sollten.

Tab. 6.6-3: *Architektur-Sichten mit UML darstellen.*

Sicht	UML-Diagramm
Geschäftssicht	> Aktivitätsdiagramm > Anwendungsfalldiagramm > Klassendiagramm > Paketdiagramm > Sequenzdiagramm > Zustandsdiagramm

Sicht	UML-Diagramm
Logische Sicht	> Aktivitätsdiagramm > Klassendiagramm > Komponentendiagramm > Kompositionsstrukturdiagramm > Paketdiagramm > Sequenzdiagramm > Zustandsdiagramm
Datensicht	> Klassendiagramm > Komponentendiagramm > Paketdiagramm
Verteilungssicht	> Komponentendiagramm > Paketdiagramm > Sequenzdiagramm > Verteilungsdiagramm > Zustandsdiagramm
Realisierungssicht	> Klassendiagramm > Komponentendiagramm > Paketdiagramm > Sequenzdiagramm > Verteilungsdiagramm > Zustandsdiagramm

Beispielhafte logische Architektur-Sicht

In Abbildung 6.6-2 sehen Sie ein Beispiel für ein statisches UML-Diagramm für die logische Sicht einer Mehrschichtenarchitektur. Gezeigt werden die wesentlichen Bausteine eines Online-Bestellsystems, ihre Abhängigkeiten und wie sie sich verwenden. Zum Einsatz kommen hier die Architektur-Muster Front Controller, Business Delegate und Data Access Object [Alur et al. 2003]. In diesem Beispiel stehen die Bausteine und ihre Beziehungen im Vordergrund. Um auf die Schnittstellen einzugehen, würden Sie zusätzliche Diagramme erstellen, welche mithilfe weiterer Notationselemente (Schnittstellenklasse, Komponente) die Bausteine detaillierter darstellen würden. Es sollten in einem Diagramm nicht zu viele Aspekte auf einmal dargestellt werden. Damit wird erreicht, dass die Aussagekraft eines Diagramms zu bestimmten Gesichtspunkten nicht in einem Meer unterschiedlicher Aspekte verloren geht.

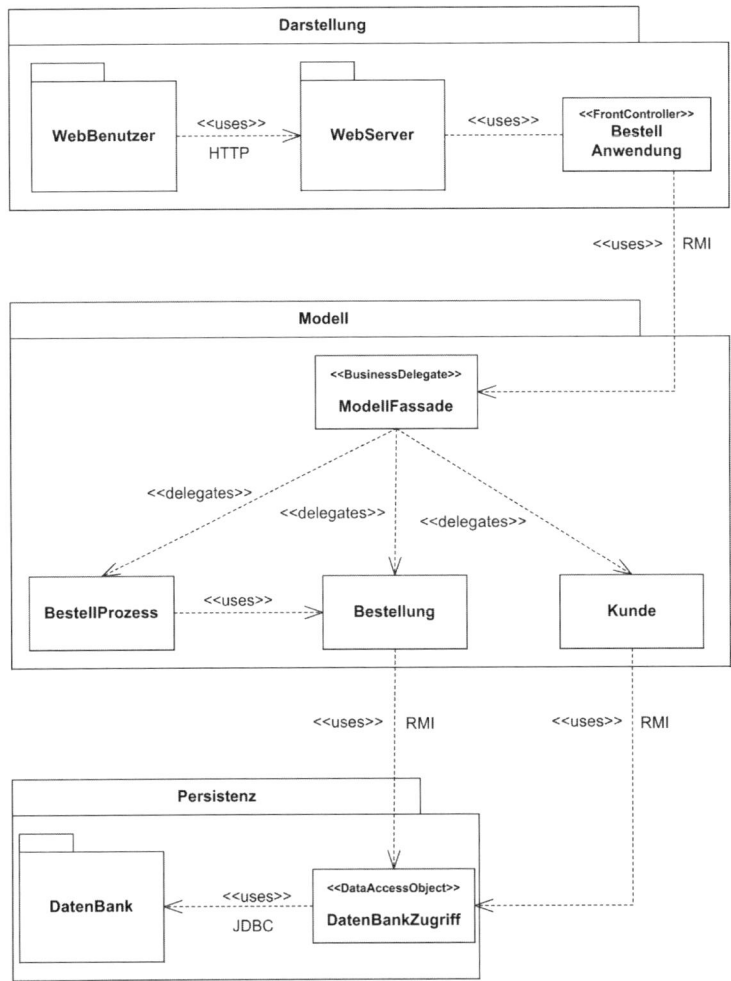

Abb. 6.6-2: *Beispielhafte logische Architektur-Sicht in UML.*

6.6.3 Architecture Definition Languages (ADL)

Architecture Descripion Languages (ADLs) sind semi-formale Sprachen (häufig Backus-Naur-Form) spezialisiert auf die präzise Darstellung von Architekturen, noch bevor ein System implementiert wird [Papoulias 2000]. ADLs unterstützen somit die architekturbasierte Software-Entwicklung. Mit ADLs und entsprechenden Werkzeugen lässt sich eine Architektur entwerfen, analysieren und simulieren. Damit lässt sich Architektur im Vorfeld der Realisierung im Hinblick auf ihre Eigenschaften hin analysieren und auf Probleme bzw. Fehler testen. Insbesondere lässt sich so in einer frühen Phase feststellen, ob die Architek-

Präzise Darstellung von Architektur

tur den vorliegenden Anforderungen gerecht wird. Mit ADLs wird versucht, Verständlichkeit und Wiederverwendbarkeit von Architekturen zu steigern und auf diesem Gebiet bessere Analysemöglichkeiten zu erreichen [Papoulias 2000]. ADLs zeichnen sich aus durch [Opengroup 1999]:

> Formale Repräsentation von Architektur mittels textuellen und grafischen Notationen auf sehr hohem Abstraktionsniveau.

> Lesbarkeit durch Mensch und Machine.

> Analysemöglichkeiten verschiedener Architektur-Aspekte wie z. B. Vollständigkeit, Konsistenz, Performanz etc.

> Teilweise Unterstützung automatischer Code-Generierung.

ADLs noch nicht im breiten kommerziellen Einsatz

ADLs sind noch im Entwicklungsstadium und weit von einer Standardisierung entfernt. Dies zeigt sich in folgenden Punkten [Opengroup 1999]:

> Es ist umstritten, welche Architektur-Aspekte ADLs dokumentieren sollten und welche ADLs für bestimmte Probleme am besten geeignet sind.

> Es gibt keine klare Abgrenzung zu anderen Mitteln wie z. B. formale Spezifikationen oder Simulationssprachen [Medvidovic und Taylor 1997].

> Es gibt nicht die eine Standard-ADL, sondern eine Reihe von ADLs, die sich mit unterschiedlichen Architektur-Aspekten und Domänen beschäftigen.

> Die verschiedenen ADLs unterscheiden sich stark in ihrem Aufbau, in der Mächtigkeit ihrer Analyse- oder Simulationswerkzeuge und als Konsequenz in ihren Analysemöglichkeiten.

> ADLs sind noch ein Forschungsthema an Universitäten und befinden sich nicht auf breiter Front im kommerziellen Einsatz.

> Tendenziell ausgerichtet auf akademische Zwecke ohne Bezug zur kommerziellen Nutzung.

> Notationen der ADLs sind schwierig zu verarbeiten und werden von kommerziellen Entwicklungswerkzeugen nicht unterstützt.

> ADLs sind meist stark vertikal spezialisiert auf die Analyse bestimmter Architektur-Aspekte.

> Einige ADLs können direkt in Code übersetzt werden, für andere ist die Implementierung der spezifizierten Architektur offen.

Im weiteren Verlauf dieses Abschnitts werden die gemeinsamen Merkmale von ADLs behandelt. Die wichtigsten ADLs sind ACME, Rapide Wright und Unicon. Tabelle 6.6-4 gibt in Anlehnung an [Medvidovic und

Taylor 1997, ADML 2002 und Chaudron 2002] eine Übersicht zu existierenden ADLs und ihren Einsatzschwerpunkten:

Tab. 6.6-4: *ADL-Übersicht.*

ADL	Beschreibung
ACME	Entwickelt (wie eine Reihe weiterer ADLs) an der Carnegie Mellon Universität (CMU) im Rahmen des ABLE (englisch: *Architecture Based Languages and Environment*) Projektes [ABLE 2005]. Fokussiert auf statische Architektur-Aspekte und werkzeuggestützte Austauschbarkeit von Architektur-Dokumentation zwischen verschiedenen ADLs. Kann als Basis für neue derartige Werkzeuge dienen.
ADML	Entwickelt von der open group. Basiert auf ACME und führt eine XML-basierte und damit standardisierte Form der Repräsentation ein.
Aesop	Entwickelt an der CMU. Unterstützung hierarchiebasierter Architektur-Stile bei der Spezifikation von Architekturen.
C2 SADL	Entwickelt an der Universität von Kalifornien. Entwicklung von Architekturen für verteilte und dynamische Systeme.
Darwin	Ähnliche Ausrichtung wie C2, jedoch strengerer Formalismus bei der Beschreibung dynamischer Aspekte.
Koala	Entwickelt von Philips. Entwicklung von Produktlinien-Architekturen für den Embedded-Bereich.
MetaH	Entwickelt an den Honeywell Labs. Entwickung von Architekturen für die Domäne Navigationssysteme.
Rapide	Entwickelt an der Universität von Stanford. Modellierung und Simulation des dynamischen Verhaltens von verteilten objektorientierten Systemen.
SADL	Entwickelt am System Design Laboratory der SRI. Definition und formale Analyse architektonischer Hierarchien.
UniCon	Entwickelt an der CMU. Generierung von Konnektoren für existierende Komponenten unter Verwendung verbreiteter Interaktionsprotokolle.
Weaves	Entwickung von Architekturen für Systeme mit Echtzeit-Verarbeitung großer Datenmengen.
Wright	Entwickelt an der CMU. Unterstützung im Bereich Konnektoren. Spezifikation und Analyse von Protokollen.

Allen ADLs ist gemeinsam, dass sie sich auf komponentenbasierte Architekturen fokussieren und sich im Kern mit der Dokumentation folgender Architektur-Aspekte beschäftigen [Medvidovic und Rosenblum 1997 und Torkler 2001]:

Spezifikation von Komponenten und Konnektoren

> Komponenten: syntaktische und semantische Spezifikation funktionaler und nicht-funktionaler Aspekte von Komponenten mittels Schnittstellen. Es werden exportierte und die benötigten importier-

ten Schnittstellen einer Komponente beschrieben. Ebenfalls beschrieben werden Daten und Datenintegrität von Komponenten.

> Konnektoren: Komponenten kommunizieren untereinander über Konnektoren, die festlegen, wie und nach welchen Regeln Komponenten miteinander interagieren. Konnektoren können verschiedene Kommunikationstechniken repräsentieren (z. B. RPC, HTTP oder Unix-Pipes).

> Architektur-Konfiguration: Die Architektur-Konfiguration beschreibt die architektonische Struktur, indem sie festlegt, welche Komponenten auf welche Weise über Konnektoren verbunden werden.

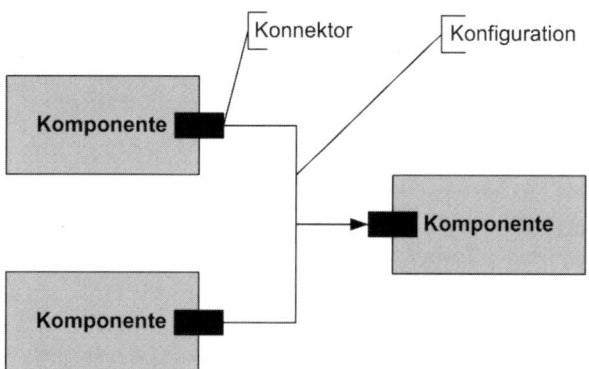

Abb. 6.6-3*: ADL-Kern-Konzepte.*

ADLs unterstützen statische (zur Übersetzungszeit) und dynamische (zur Laufzeit) Analysen. Gegenstände solcher Analysen können zum Beispiel sein:

> Kompatibilität (Typisierung, Syntax und Verhalten) der Schnittstellen von Komponenten einer Konfiguration

> Erfüllungsgrad von spezifizierten Einschränkungen

> Performanz-, Sicherheits-, Stabilitäts- und Zuverlässigkeitsaspekte der Architektur

> Einhaltung von Architektur-Richtlinien

Bezug zu UML

Anhand der Architektur-Aspekte, mit denen sich ADLs beschäftigen, ist der Unterschied zwischen diesen und UML zu ersehen. UML hat einen stärkeren Fokus auf Klassen und Objekte und wird deshalb hauptsächlich zur Beschreibung von Anforderungen und Entwürfen angewendet. Allerdings ist mit der Version 2.0 von UML ein Verschmelzen mit Konzepten der ADLs zu beobachten. Stärken von ADLs gegen über UML sind:

> Präzise Syntax

> Fokusierung auf Schnittstellen

> Konnektoren als zentrales Konzept

UML ist nicht spezialisiert auf bestimmte Domänen und kann deshalb im Unterschied zu ADLs für ein breites Spektrum von Bereichen als Dokumentationsmittel eingesetzt werden. Der Preis für diese Flexibilität ist ein Verlust an Präzision. Damit verbunden sind die im Vergleich zu ADLs nur eingeschränkten Analyse- und Simulationsmöglichkeiten sowie Fehler im Zusammenhang mit Missverständnissen über die Semantik der Notation. Jedoch kann die UML über so genannte Profile um die Kernkonzepte der ADLs (Komponenten, Konnektoren und Konfigurationen) erweitert werden. Dabei kommen Stereotypen und mittels OCL definierte Regeln zum Einsatz.

Abbildung 6.6-4 zeigt die Architektur-Konfiguration eines sehr einfachen Client-Server-Beispiels, dargestellt in einer Lines-and-Box-Grafik. Die Komponente Kunde verwendet die Komponente DatenBankZugriff über einen RPC-Konnektor.

Beispielhafte Architektur-Konfiguration

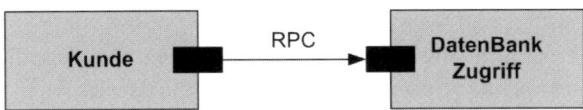

Abb. 6.6-4*: Einfaches Client-Server-Beispiel mit ADL.*

Der folgende Beispiel-Code zeigt die formale Definition der oben dargestellten Architektur-Konfiguration in der ADL ACME. Es wird vorausgesetzt, dass die hier verwendeten Komponenten und der RPC-Konnektor bereits an anderer Stelle formal definiert wurden. Zunächst werden zwei Komponenten (Kunde und DatenBankZugriff) deklariert. Die Komponente Kunde (Client) erhält einen send-request Port und die Komponente DatenBankZugriff (Server) erhält einen receive-request Port. Anschließend wird ein Konnektor (rpc) mit den Rollen caller und callee deklariert. Schließlich werden die beiden Komponenten über den Konnektor verbunden (Attachments), indem die Ports mit den entsprechenden Rollen des Konnektors assoziiert werden.

```
System BeispielSystem = {
Component kunde = {Port send-request}
Component datenBankZugriff = {Port receive-request}
Connector rpc = {Roles {caller, callee}}
Attachments : {
      kunde.send-request to rpc.caller;
      datenBankZugriff.receive-request to rpc.callee
```

```
    }
  }
```

6.6.4 Domain Specific Languages (DSL)

Modelle

Basierend auf einem Metamodell (siehe Abschnitt 6.6.1) können nun konkrete Modelle definiert werden, die Systeme formal beschreiben, die auf dieser Architektur beruhen. Da der Bezug zu dem Metamodell explizit hergestellt wird, ist auch die formale Bedeutung der Konstruktur in dem betreffenden Modell formal klar.

DSLs

Um solche Modelle darzustellen, muss man nun auch wieder ein passendes Dokumentationsmittel verwenden. Solche Dokumentationsmittel sind prinzipiell domänenspezifische Sprachen, wobei die Domäne eben gerade die hier mittels des Metamodells definierte Architektur ist.

Beispielhaftes Komponentenmodell

Abbildung 6.6-5 zeigt einige Beispielkomponenten sowie ihre Abhängigkeiten; als Dokumentationsmittel wird auch hier wieder UML verwendet, angereichert durch einsprechende Stereotypen. Durch die Stereotypen wird auf das Metamodell Bezug genommen. Da hier die UML-Symbole (durch die Stereotypen) nicht die übliche Semantik besitzen, stellt die verwendete Modellierungssprache eine DSL dar.

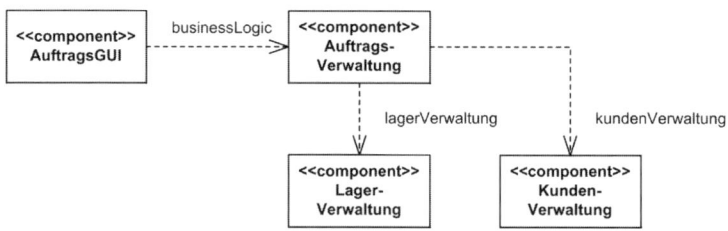

Abb. 6.6-5: *Beispielhafte Komponentendefinition.*

Beispiel für eine Systemdefinition

Der folgende Code zeigt die Definition eines Systems unter Verwendung der oben definierten Komponenten. Die hier verwendete DSL ist textueller Natur und sollte intuitiv verständlich sein. Man beachte, wie für jede Abhängigkeit der betreffenden Komponente ein „Ziel"-Deployment angegeben wird.

```
system BeispielSystem {
  node client {
    gui: AuftragsGui { businessLogic -> av }
  }
```

```
  node server {
    av: AuftragsVerwaltung {
                lagerVerwaltung -> lv,
            kundenVerwaltung -> kv
    };
    lv: LagerVerwaltung;
    kv: KundenVerwaltung {
      dbUrl = "jdbc:odbc:BeispielDatenbank";
      dbBenutzer = "kv"
    }
  }
}
```

Die Beschreibung der Architektur eines Systems mittels einer für die Architektur passenden DSL, basierend auf einem Metamodell für die Domäne, hat einige Vorteile. Zum Beispiel wird die Kommunikation über das System bzw. die Architektur klarer, weil die Konzepte klar definiert sind. Der Anspruch, ein Architektur-Metamodell zu erstellen hilft, dabei, sich über die Architektur klar zu werden – die Formalisierung erzwingt dies! Der Ansatz legt auch eine technologiefreie Architektur-Definition nahe, sprich, er vermeidet, sich zu früh auf Realisierungstechnologien festzulegen und fokussiert damit die Sicht auf das Wesentliche [Völter 2005a]. Außerdem ebnet das Vorgehen den Weg hin zu Automatisierung in der Software-Entwicklung (insbes. die architekturzentrierte Modellgetriebene Entwicklung, siehe Abschnitt 6.2.5.3).

Konsequenzen

Letztendlich ist ein Architektur-Metamodell eine Art strukturiertes Glossar. Glossare sind ja bekanntlich ein wichtiger Bestandteil einer Architektur-Dokumentation. Auch ein Bezug zu UML ist – wie im Beispiel ersichtlich – vorhanden. Metamodelle werden üblicherweise mit dem Klassen-Kern der UML modelliert, OCL kommt oft zur Beschreibung von Constraints zum Einsatz. Unter Verwendung eines zum Metamodell passenden Profils kommt UML auch oft zur Beschreibung von Instanzmodellen zum Einsatz.

Bezug zu UML

Schlussendlich kann man auch einen Bezug zu ADLs herstellen. ADLs definieren ein für Architekturen allgemein verwendbares Metamodell und stellen ein Dokumentationsmittel zur Modellierung zur Verfügung. Wie immer, wenn eine „allgemeine Lösung" für ein Problem gesucht wird, ist die Lösung auch entsprechend allgemein und wenig spezifisch. Hier bedeutet dies, dass ADLs sich auch nur begrenzt zum Einsatz in der Praxis eignen und dementsprechend selten zum Einsatz kommen. Es ist daher eine Tendenz zu erkennen, dass ADLs immer spezifischer für bestimmte Domänen werden. Beispiele dafür ist die EAST-ADL zur

Bezug zu ADLs

Beschreibung der Architektur von Software auf (Fahrzeug-) Steuergeräten [EAST 2004] oder das EDOC-Profil der OMG für verteilte Enterprise-Anwendungen [OMG 2005a].

6.7 Architektur-Strukturen

Überblick

In diesem Abschnitt behandeln wir einige grundlegende Architektur-Strukturen, die in vielen Systemen zum Einsatz kommen. Diese Architektur-Strukturen setzen die verschiedenen Architektur-Mittel, die bereits in den vorhergegangenen Kapiteln diskutiert wurden, in einem größeren Kontext ein. Sie selbst stellen also Architektur-Mittel dar, mit denen man Systeme ganzheitlich strukturieren kann.

Die oftmals „schlimmste" Form der Architektur-Strukturierung ist ein *Monolith*. In einem Monolithen ist die komplette Architektur, die während des Entwurfsprozesses spezifiziert wurde, in einem einzelnen Systembaustein zusammengefasst. Eine solche Architektur kann nur in seltenen Fällen die Architektur-Prinzipien aus Abschnitt 6.1 gut umsetzen. Z. B., da in einer monolithischen Architektur-Struktur keine verschiedenen Bausteine separat betrachtet werden, ist Separation of Concerns nicht zu erreichen. Ebenso ergeht es der losen Kopplung: Bei einem Monolithen sind keine Bausteine gekoppelt, also kann es auch zu keiner geeigneten Umsetzung der losen Kopplung kommen. Im Folgenden werden einige prototypische Lösungen erklärt, in denen eine andere Architektur-Struktur als der Monolith zum Einsatz kommt. Für geeignete Anwendungsfälle setzen diese Strukturen die Architektur-Prinzipien besser als ein Monolith um.

Natürlich kann die folgende, kurze Abhandlung über Architektur-Strukturen nur einen Überblick über wichtige Vertreter in der heutigen Praxis – ohne Anspruch auf Vollständigkeit – geben. Viele andere geeignete Architektur-Strukturen existieren.

Im nächsten Abschnitt 6.8 werden wir dann auf Technologien eingehen, mit denen man heute Architekturen umsetzt. Da diese Technologien auch erfolgreiche Architektur-Strukturen umsetzen, sind dort einige Beispiele für die Architektur-Strukturen, die in diesem Kapitel eingeführt werden, zu finden.

6.7.1 Zentralisierung gegenüber Dezentralisierung

Eine grundlegende Frage, wenn man sich gegen eine monolithische Architektur entscheidet, ist die der Zentralisierung gegenüber der Dezentralisierung. Auf vielen Ebenen des Architektur-Entwurfs muss man sich fragen: Ist es besser, einen Belang in einem Systembaustein zu bündeln (Zentralisierung) oder ihn auf mehrere Systembausteine zu verteilen (Dezentralisierung)? Der vorher angesprochene Monolith stellt eine extreme Form der Zentralisierung dar: Alles ist in einem einzigen Systembaustein gebündelt. Meist muss man eher eine Abwägung zwischen der Zentralisierung und der Dezentralisierung treffen und kommt so zu einem Kompromiss.

Es sei darauf hingewiesen, dass Dezentralisierung im Sinne der Architektur meist bedeutet, dass man es mit einem verteilten System zu tun hat. D. h., die Systembausteine werden z. B. auf verschiedene Rechner, Prozessoren oder Prozesse verteilt.

Allgemein kann man einige Vorteile für Zentralisierung wie auch für Dezentralisierung benennen, die für die meisten Architekturen gelten. Also beispielsweise sowohl für die Hardware- als auch die Software-Architektur.

Ein zentraler Vorteil von Dezentralisierung sind die im Allgemeinen niedrigeren Hardwarekosten. Wenn man auf viele Rechner dezentralisiert, kann man meist auf günstigere Hardware zugreifen, als wenn man die Software-Bausteine auf einem leistungsfähigen und deshalb teuren Rechner bündelt. Dezentrale Architekturen sind auch flexibler gegenüber Veränderungen und können leichter mit Ausfällen einzelner Bausteine umgehen, da meist dieselben Bausteine redundant vorhanden sind. Es ist auch zum Teil einfacher, die Architektur aufgabenorientiert zu strukturieren, da die Systemlandschaft strukturell den Verantwortlichkeiten im Unternehmen (oder der Systemumgebung) folgend modelliert werden kann.

Zentralisierung hingegen hat ihre Vorteile, wo zentrale Aufgaben im Vordergrund stehen. Beispielsweise ist es deutlich einfacher, in einem zentralen System hohe Daten- und IT-Sicherheit, hohe Verfügbarkeit, einfache Auslieferung neuer Software-Bausteine etc. sicherzustellen. Als Resultat ergeben sich Vorteile im Bereich der Kosten für den personellen Betreuungsaufwand. Daher sind typische zentrale Aufgaben die Verwaltung großer Datenbestände, die Netzwerksteuerung, die Steuerung der Transaktionsverarbeitung, die laufende Prüfung der Hard- und

Software im gesamten Netz und die Auslieferung und Bereitstellung von Software-Bausteinen.

Mainframe-Architektur

In den Anfangszeiten der Computer waren diese sehr teuer und sehr groß. Es war nicht möglich, jedem Mitarbeiter einen Computer zur Verfügung zu stellen. Stattdessen stellte man einen teuren und leistungsfähigen Großrechner (englisch: *mainframe*) bereit. Dieser stellte gemeinsame Applikationen zur Verfügung und wurde über so genannte Terminals zugegriffen. Die Terminals wurden über eine serielle Leitung mit dem Mainframe verbunden. Sie waren also Eingabe-Ausgabe-Schnittstelle zwischen Benutzern und dem Mainframe. Auch heute existieren noch Mainframes, aber moderne Formen des Terminals sind mit Arbeitsspeicher, Prozessor und Schnittstellen ausgestattet.

File Sharing

Mit dem Aufkommen kostengünstiger Personal Computer (PCs) fiel der zentrale Vorteil des Mainframes, die hohen Kosten eines Arbeitsplatzrechners, weg. Daher kam es zu einer stärkeren Dezentralisierung. Die ersten PC-Rechnernetze basierten auf dem Prinzip des File Sharing: Der Server stellt Dateien in einem gemeinsamen Speicher zur Verfügung, die von Arbeitsplatzrechnern zugegriffen werden können. File Sharing hat jedoch seine Grenzen. Es arbeitet nur dann gut, wenn die gemeinsame Nutzung gering ist und es nicht oft zu gleichzeitigen Zugriffen kommt. Da die gesamten Daten einer Datei übertragen werden, ist auch die Netzbelastung beim File Sharing relativ hoch.

Client-/Server-Modell

In neuerer Zeit hat sich daher das Client-/Server-Modell durchgesetzt. Hier betreibt der Anwender auf seinem Rechner Anwendungsprogramme (Klienten, englisch: *clients*), welche die Ressourcen des Servers zugreifen. Die Ressourcen werden zentral verwaltet, aufgeteilt und zur Verfügung gestellt. Wie man in Abbildung 6.7-1 sieht, basiert das Client-/Server-Modell auf einem einfachen Anfrage-/Antwort-Schema. Dadurch müssen Dateien nicht mehr als Ganzes übertragen werden, sondern Anfragen können gezielt gestellt werden. Z. B. greift der Server oft auf eine (relationale) Datenbank zu und führt eine Abfrage durch, die in der Anfrage des Klienten spezifiziert wurde.

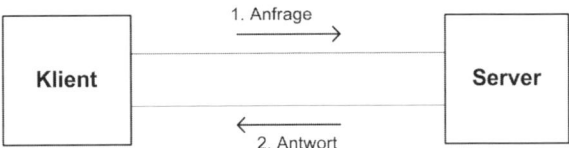

Abb. 6.7-1: *Client-/Server-Modell.*

Es sei darauf hingewiesen, dass ähnliche Entscheidungen für Zentralisierung gegenüber Dezentralisierung auch in „größerem" oder „kleinerem" Kontext getroffen werden müssen. Z. B. wenn die Systembausteine nicht einzelne Rechner sind, sondern ganze Netzwerke, kommt es zu ähnlichen Abwägungen und meist zu einer Mischform aus zentralen und dezentralen Elementen. Abbildung 6.7-2 zeigt beispielhaft ein zentrales Rechenzentrum, das mit mehreren dezentralen Niederlassungen verbunden ist und diesen zentralisierte Server-Dienste anbietet. Jede Niederlassung selbst hat einen oder mehrere zentrale Server. Die einzelnen Rechnerverbindungen realisieren wiederum das Client-/Server-Modell.

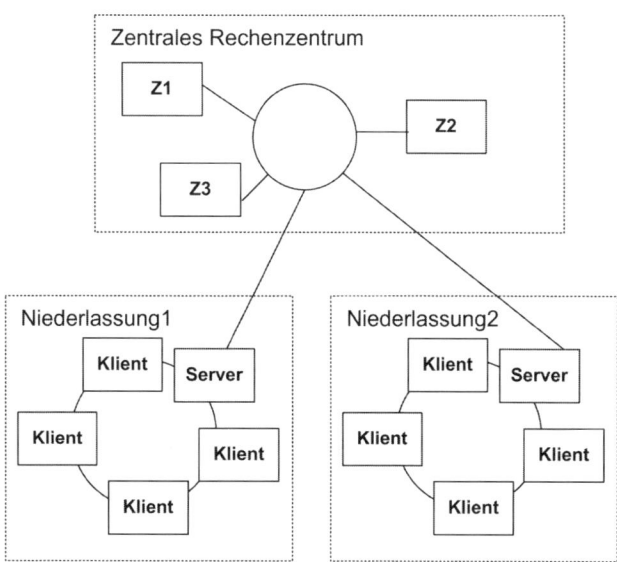

Abb. 6.7-2: *Beispiel eines Rechnernetzes.*

6.7.2 n-Tier-Architektur

Das klassische Client-/Server-Modell basiert auf einer 2-Tier-Architektur: Die Benutzerschnittstelle ist gewöhnlich auf dem PC des Anwenders angesiedelt und das Datenbankmanagement ist auf einem leistungsfähigerem Rechner, der mehrere Klienten bedient, angeordnet. Die Berechnungen und die Ablaufsteuerung sind somit aufgeteilt zwischen dem Klienten und dem Server. Der Datenbank-Server stellt Stored

2-Tier-Architektur

Procedures und Datenbank-Trigger zur Verfügung, um auf der Datenbank Berechnungen durchzuführen.

2-Tier-Architekturen funktionieren bis zu einer bestimmten Anzahl von Klienten, die gleichzeitig auf der Datenbank arbeiten, gut. Bei sehr hohen Nutzerzahlen nimmt die Performance jedoch rapide ab. Überdies ist eine Abhängigkeit vom Hersteller der Datenbank gegeben: Da die Datenbank-Prozeduren proprietär und vom Hersteller abhängig sind, ist ein Wechsel der Datenbank gewöhnlich mit erheblichem Aufwand verbunden.

3-Tier-Architekturen

3-Tier-Architekturen lösen diese Probleme, indem sie eine Zwischenschicht zwischen Klient und Datenbankserver einführen. Die Zwischenschicht übernimmt Aufgaben, wie das Queuing (Aufreihen) von Anfragen, Ablaufpläne für Anfragen durchsetzen (englisch: *scheduling*), Anfragen gemäß von Prioritäten behandeln, und so weiter. Überdies werden zentrale Aufgaben der Applikationslogik hier implementiert. Es gibt eine Reihe von Standardlösungen, die diese Schicht realisieren, wie Transaktionsmonitore, Messaging Server, Applikations-Server und andere. Die zusätzliche Schicht führt zu einer Verbesserung der Performance bei großer Anzahl von Klienten und zu einer Steigerung der Flexibilität. Eine typische 3-Tier-Architektur ist in Abbildung 6.7-3 schematisch dargestellt.

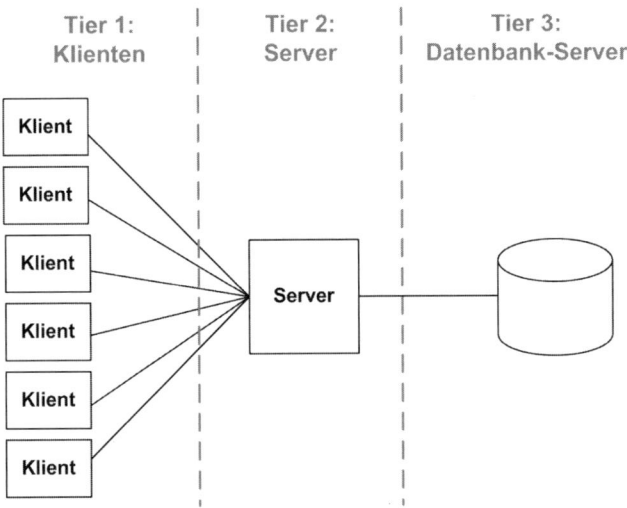

Abb. 6.7-3: *3-Tier-Architektur.*

n-Tier-Architekturen

2-Tier-Architekturen und 3-Tier-Architekturen sind Spezialfälle von n-Tier-Architekturen. Mitunter kommt es zu Architekturen, die mehr Tier haben als zwei oder drei. Dies hat häufig mit hohen Lastzahlen, Sicherheitsanforderungen, Ausfallsicherheitsanforderungen oder ähnlichen Forderungen an bestimmte Qualitätsattribute der Architektur zu tun. Z. B. kann man die Server in der Zwischenschicht redundant anlegen, damit man eine höhere Performance, Ausfallsicherheit oder Verteilung der Last (englisch: *load balancing*) erreicht. Um dies zu erreichen, muss man eine zusätzliche Instanz einfügen, die die Verteilung von Anfragen auf die redundanten Server übernimmt, also kommt es zu einer 4-Tier-Architektur. Genauso kann man auch die Datenbank auf der Datenschicht redundant gestalten. Solche Architekturen kommen insbesondere dann zum Einsatz, wenn eine verteilte Architektur besonders hohe Anforderungen an Lastzahlen, Verfügbarkeit oder Zuverlässigkeit hat. Für eine weitergehende Behandlung sei hier auf [Dyson und Longshaw 2004] verwiesen, wo solche Architekturen im Detail behandelt werden.

Auch bei der Verbindung von mehreren 3-Tier-Architekturen kommt es zu n-Tier-Architekturen mit höherer Ordnungszahl. Oft ist ein Server in einer 3-Tier-Architektur Klient eines anderen Servers in einer anderen 3-Tier-Architektur. Aus der Sicht des eigenen Klienten ist dann die Gesamtarchitektur eine 4-Tier-Architektur.

6.7.3 Rich Client gegenüber Thin Client

Eine zentrale Frage beim Entwurf einer Client-/Server-Architektur ist die Frage, wie man die Funktionalität zwischen dem Klienten und dem Server aufteilt. Diese Frage bezeichnet man allgemein als Entscheidung zwischen einem Rich Client und einem Thin Client.

Rich Client und Thin Client

Das zuvor skizzierte Mainframe-Modell stellt eine extreme Form des Thin Clients dar: Der Terminal als Klient hat so gut wie gar keine Funktionalität. Alle Berechnungen werden auf dem Mainframe durchgeführt.

Mit der Einführung der PCs und dem File-Sharing-Konzept kam es zu einer sehr starken Betonung des Rich Client: Fast alle Berechungen wurden beim Klienten durchgeführt.

Beim Client-/Server-Modell und bei n-Tier-Architekturen kommt es zu Kompromissen zwischen diesen beiden Extremen. Die ersten Client-/Server-Architekturen hatten gewöhnlich einen Rich Client, der speziell für die jeweilige Anwendung geschrieben wurde. Der Rich Client übernimmt einige Funktionalität, aber immer ist auch ein Teil der Funktionalität beim Server angeordnet.

Abwägung: Rich Client oder Thin Client

Es gibt eine Anzahl an Kriterien, um Rich Client und Thin Client zu vergleichen:

> Ein Thin Client belastet die *Server-Ressourcen* generell stärker, denn es müssen mehr Berechungen am Server durchgeführt werden.

> Die *Netzbelastung* ist ein weiteres wichtiges Kriterium, wie auch die damit zusammenhängende *Perfomance des Klienten*, denn auf jede Netzanfrage muss man erheblich länger warten als auf eine lokale Anfrage. Daher spielen die Art und Menge der zu übertragenden Daten eine gewichtige Rolle für die Frage, welches Modell hinsichtlich Netzbelastung und Performance besser geeignet ist.

> Bei Thin Clients ist man generell stärker von der *Funktionsfähigkeit des Netzwerkes* abhängig. Bei Rich Clients ist es gewöhnlich einfacher möglich, eine lokale Arbeitsumgebung zur Verfügung zu stellen. Daher sind Rich Clients z. B. für Laptops von Außendienstmitarbeitern oft besser geeignet.

> Zu guter Letzt ist noch die *Wartung und Auslieferung der Klienten* ein wichtiges Thema: Zentrale Software-Bausteine können am Server, der unter direktem Zugriff der Entwickler steht, ausgetauscht werden. Hingegen müssen für ein Update der Klienten unter Umständen eine Vielzahl von Arbeitsplatzrechnern zugegriffen werden, was einen erheblichen Mehraufwand bedeutet.

Web Browser als Thin Client und Application Server

Insbesondere aufgrund des letzten Punktes kam es mit dem Erfolg des World Wide Webs immer mehr dazu, dass der Web Browser als Thin Client Lösung zum Einsatz kam. Ein *Application Server* beinhaltet die komplette Applikationslogik und jeder Klient benutzt nur seinen Standardbrowser, um auf die Applikationen zuzugreifen. Dies hat den Vorteil, dass man kaum noch Klienten warten muss. Die Nachteile dieser Lösung sind, dass man sich auf die Funktionalität des Browsers – insbesondere die einschränkte Benutzeroberfläche – beschränken muss und dass man jede Anfrage über das Netz verschicken muss. D. h., ohne Netzzugang ist die Arbeit nicht (ohne Weiteres) möglich. Eine Folge ist auch, dass die Performance der Applikation eher gering ist.

Rich-Client-Plattformen

Ein jüngerer Trend ist die Rückkehr zu Rich Clients, weil die auf Browsern beruhenden Thin-Client-Techniken nicht immer allen Ansprüchen genügen. Ein wichtiger Antriebsfaktor dafür sind so genannte Rich-Client-Plattformen, wie Eclipse 3, die automatisches Ausliefern und Updaten von Klienten in einer Standardumgebung bieten, aber in der Benutzerumgebung einer klassischen Desktopanwendungen in nichts nachstehen.

6.7.4 Middleware-Architekturen

Hat man sich einmal für eine Client-/Server-Architektur entschieden, so muss man sich darauf folgend für die Art der Verbindung der System-bausteine entscheiden. Die wichtigsten Architektur-Strukturen in die-sem Bereich sind verschiedene middlewarebasierte Architekturen. Wir wollen uns mit der Kommunikations-Middleware beschäftigen, hier kurz als „Middleware" bezeichnet. (Es gibt noch andere Formen von Middleware, aber diese werden hier nicht näher behandelt.)

Die Middleware beschäftigt sich mit der Verteilungsarchitektur eines Software-Systems. Eine generelle Einführung in das Thema verteilte System bietet das Buch *Distributed Systems* von Tanenbaum und van Steen [Tanenbaum und van Steen 2003]. Die folgende Darstellung orien-tiert sich an der Einführung in [Völter et al. 2004].

Verteilungsarchitektur

Die Anwendungsgebiete für verteilte Systeme sind recht divers: Viele der größten und komplexesten Systeme, die heutzutage im Einsatz sind, sind verteilte Systeme. Beispiele sind Internet-Systeme, Telekommuni-kationsnetzwerke, Business-to-Business-Anwendungen (B2B), internati-onale Finanztransaktionen, eingebettete Systeme und viele andere.

Neben verteilten Problemstellungen, wie der Kollaboration von räumlich verteilten Partnern über das Netzwerk, gibt es viele andere Gründe, warum verteilte Architekturen gewählt werden. Zum Beispiel können die Performance und Skalierbarkeit eines verteilten Systems deutlich besser als bei einem nicht verteilten System sein, weil das System der-art hohe Systemlasten hat, die von einem einzelnen Rechner nicht kos-teneffektiv bewältigt werden können. Oder die Fehlertoleranz des Sys-tems kann durch Verteilung erhöht werden: Viele Fehlertoleranzverfah-ren basieren auf der physikalischen Redundanz von Hardwareeinheiten, wie Rechnern oder Prozessoren – was wiederum eine verteilte Architek-tur nach sich zieht.

Verglichen mit nicht verteilten Systemen muss allerdings eine Reihe von „neuen" Herausforderungen gemeistert werden, wenn man einem System eine verteilte Architektur gibt. Wichtige Herausforderungen sind:

Herausforderungen in verteilten Systemen

> *Latenz des Netzwerkes:* Ein verteilter Aufruf benötigt deutlich mehr Zeit als ein lokaler Aufruf.
> *Vorhersagbarkeit:* Durch die Latenz und den möglichen Ausfall des Netzwerkes ist es auch viel schwieriger, Aufrufzeiten vorherzusa-

gen. Daher ist es in verteilten Architekturen, die Realzeitverhalten benötigen, eine wesentliche Herausforderung, dies zu garantieren.

> *Nebenläufigkeit:* Im Gegensatz zu Ein-Prozessor-Systemen herrscht in verteilten Systemen wirkliche Nebenläufigkeit. Daher muss man sich mit resultierenden Problemen wie Nicht-Determismus und Deadlocks – schon bei der Planung einer verteilten Architektur – beschäftigen.

> *Skalierbarkeit*: Durch die Verteilung ist es in vielen Systemen schwerer vorherzusagen, wann wie viele Klienten auf das System zugreifen. Daher muss man sich in verteilten Systemen tendenziell mehr mit potenziellen Hochlastsituationen beschäftigen und stärker dafür Sorge tragen, dass das Gesamtsystem skaliert.

> *Teilweiser Systemausfall:* Da in einem verteilten System mehrere Hardware-Elemente und Software-Elemente gemeinsam verwendet werden, kann es dazu kommen, dass Teile des Systems ausfallen, andere aber anstandslos weiterfunktionieren. In solchen Fällen können die noch funktionierenden Systemteile versuchen, das System so zu re-konfigurieren, dass es trotz des teilweisen Systemausfalls weiter funktioniert – was allerdings üblicherweise nicht trivial ist (siehe [Tanenbaum und van Steen 2003]).

Kommunikations-Middleware

Man könnte verteilte Systeme direkt auf Basis der Netzwerk-APIs des Betriebssystems entwickeln, z. B. mit den TCP/IP-Protokollen. Aber dann müsste der Entwickler sich mit all den Herausforderungen, die oben angeführt wurden, selbst beschäftigen. Dadurch würde er aber sehr wahrscheinlich seine eigentliche Aufgabe – ein fachliches, verteiltes System zu entwickeln – schnell aus den Augen verlieren. Ferner würden gute Lösungen für die oben genannten Herausforderungen sehr wahrscheinlich nicht wiederverwendet werden.

Diesen Problemen widmet sich eine Kommunikations-Middleware. Diese hat die Aufgabe, die Kommunikationsaufgaben transparent für den Entwickler zu übernehmen und die Komplexität und Heterogenität der darunter liegenden Plattformen zu verbergen.

Abbildung 6.7-4 zeigt den Aufbau einer Middleware schematisch. Die Middleware ist eine zusätzliche Software-Schicht, die zwischen der verteilten Anwendung und den APIs des Betriebssystems sitzt. Klienten und Server-Applikationen dürfen diese Schicht normalerweise nicht umgehen, um Services niedrigerer Schichten direkt auszuführen –

somit erreicht die Middleware die Transparenz der Verteilungsaufgaben aus Anwendungssicht.

Die Middleware macht die Verteilung allerdings nur so weit wie möglich transparent. Entwickler und Architekten müssen den Verteilungsaspekt immer im Hinterkopf behalten, denn zum Beispiel Fehler, die durch einen teilweisen Systemausfall des Netzwerkes oder eines Servers verursacht werden, muss oft die Anwendung direkt behandeln. Beim Beispiel „Ausfall einer Servers" könnte der Klient einen anderen Server kontaktieren oder einfach eine Fehlermeldung weiterreichen – was hier konkret zu tun ist, hängt von der Applikationslogik des Klienten ab und kann daher nicht transparent von der Middleware übernommen werden.

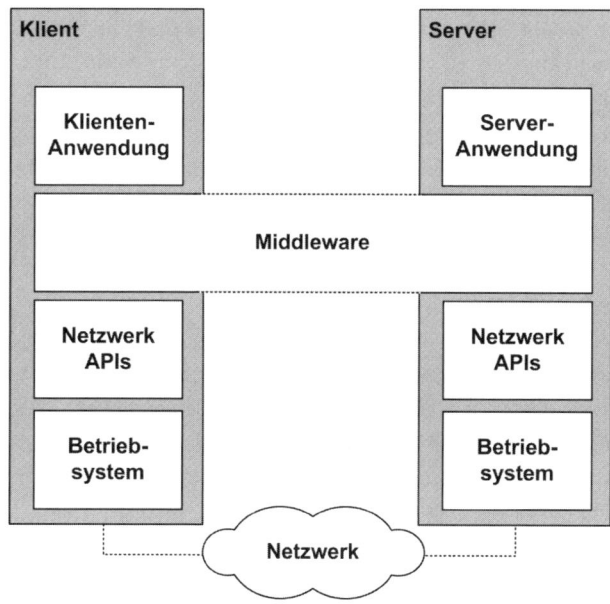

Abb. 6.7-4: Schematische Darstellung einer Middleware-Architektur.

Es gibt eine Anzahl von Verteilungsstilen, die in heutigen Middleware-Systemen verwendet werden. Historisch gesehen basiert die verteilte Berechnung auf einfacher *Datei-Übertragung* (siehe File-Sharing-Diskussion oben). Diese ist jedoch für viele heutige Systeme mit hohen Systemlasten nicht mehr unbedingt zeitgemäß, da sie zu hoher Latenz und hoher Resourcenbelegung führt. Die meisten modernen Middleware-Systeme basieren auf einem oder mehreren der folgenden Verteilungsstilen [Völter et al. 2004]:

Verteilungsstile

> *Remote-Procedure-Call-Systeme (RPC)* nutzen die bekannte und für viele Entwickler gewohnte Prozedurabstraktion im verteilten Um-

feld. Ein verteilter Prozeduraufruf kann sehr ähnlich zu einem lokalen Prozeduraufruf durchgeführt werden und wird durch die RPC-Middleware transparent vom Klienten zum Server weitergeleitet. Eine ganze Reihe von RPC-Systemen unterstützen objektorientierte Abstraktionen – so genannte OO-RPC-Systeme.

> *Messaging-Systeme* versenden so genannte Nachrichten, welche asynchron von einem Sender an ein oder mehrere Empfängersysteme versendet werden. Es gibt verschiedene Nachrichtentypen, wie Anfragen, Antworten, Fehlermeldungen etc. Diese werden in Nachrichtenwarteschlangen so lange zwischengespeichert, bis sie versendet bzw. konsumiert werden können. So können Messaging-Systeme die Auslieferung einer Nachricht garantieren, auch wenn es zeitweise zu Systemausfällen kommt.

> *Gemeinsame Speicher* (englisch: *shared repository*) stellen verschiedenen Klienten einen gemeinsamen Datenraum verteilt zur Verfügung, auf den diese lesend und schreibend zugreifen können.

> *Streaming-Systeme* erlauben – im Gegensatz zu dem diskreten Austausch von Daten in den drei zuvor genannten Stilen – den kontinuierlichen Datenaustausch mit einem Strom von Daten.

6.7.5 Komponentenarchitekturen

Komponenten

Komponenten sollen wiederverwendbare, in sich geschlossene Bausteine eines Software-Systems sein. Es gibt viele Komponentenbegriffe. Die Definition von Szyperski [Szyperski 1998] soll hier als ein Startpunkt dienen. Demnach ist eine Software-Komponente ein wiederverwendbares Stück Software, das eine wohl definierte Schnittstelle hat, in nicht vorher geplanten Kontexten eingesetzt werden kann und auch von Dritten komponiert werden kann.

Diese Definition umfasst Server-Komponenten-Ansätze (wie EJB, CCM und COM+), Java Beans, Komponenten-Frameworks in Skriptsprachen (wie Tcl, Python, Perl und Visual Basic), Active X controls, C-Bibliotheken mit klar abgegrenzten Schnittstellen und viele andere Arten von Komponenten. Die Definition kann somit recht breit interpretiert werden, was wichtig ist, denn in der Praxis hat man es oft nicht mit idealtypischen Komponenten zu tun. Stattdessen sind praktische Komponenten oft groß, haben keine erzwungenen Komponentengrenzen und haben keine definierten Schnittstellen.

Hier sollen exemplarisch serverseitige Komponentenplattformen als wichtige Architektur-Struktur diskutiert werden (siehe auch [Völter et al. 2002]). Es sei jedoch darauf hingewiesen, dass alle anderen genannten Komponentenansätze auch ein großes Gewicht in der Praxis haben und heutzutage in den „Werkzeugkasten" des Software-Architekten gehören.

Serverseitige Komponentenplattformen

Typiche Beispiele für serverseitige Komponentenplattformen im Enterprise-Umfeld sind EJB, CCM und COM+. Serverseitige Komponentenplattformen basieren auf der Trennung von technischen Belangen und den fachlichen Anforderungen an ein Informationssystem. Beispiele für technische Belange im Enterprise-Umfeld sind Verteilung, Sicherheit, Persistenz, Transaktionen, Nebenläufigkeit und Ressourcenmanagement. In anderen Umgebungen, wie eingebetteten Systemen, mögen andere technische Belange eine Rolle spielen. Die technischen Belange werden vom Komponenten-Container – dem zentralen Baustein aller genannter serverseitigen Komponentenplattformen – automatisiert übernommen. Diese Architektur wird in Abb. 6.7-5 dargestellt.

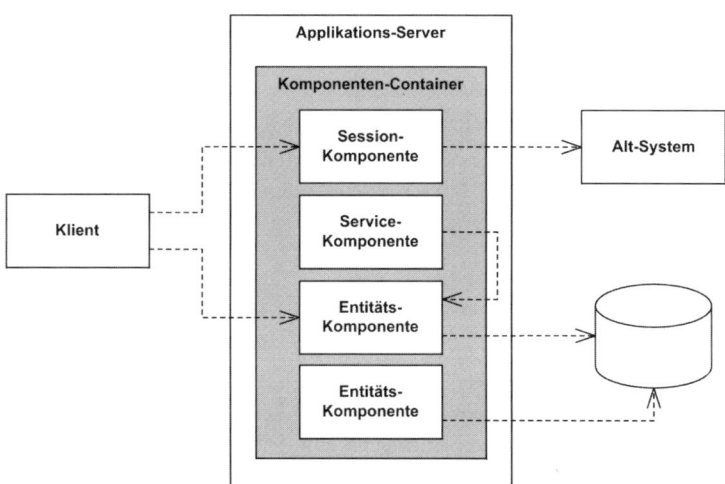

Abb. 6.7-5: *Komponenten-Container-Architektur.*

Die fachlichen Anforderungen an ein komponentenbasiertes System werden durch die Komponenten realisiert. In den genannten Komponentenansätzen werden verschiedene Arten von Komponenten unterschieden, die diverse Aufgaben erfüllen und unterschiedliche Lebenszeiten haben (auch diese Lebenszeiten werden vom Container gemanagt):

Arten von Komponenten

> *Entitäts-Komponenten* repräsentieren persistente Daten. Die Persistenz wird automatisch vom Container gemanagt. Entitäts-Komponenten existieren gewöhnlich vom Start der Applikation bis zu ihrer Terminierung.

> *Session-Komponenten* können einen Zustand während einer Benutzersitzung vorhalten. D. h., ihre Lebenszeit entspricht gewöhnlich einer Benutzersitzung.

> *Service-Komponenten* stellen die Dienste zur Verfügung, die innerhalb eines einzigen Aufrufs abgearbeitet werden. Somit entspricht ihre Lebenszeit genau einem Aufruf.

Black-Box-Wieder-verwendung

Im Gegensatz zu objektorientierten Ansätzen, verwenden komponentenbasierte Systeme ausschließlich Black-Box-Wiederverwendung auf Basis der Komponentenschnittstelle. D. h., die Interaktion zwischen den Komponenten wird durch wohl definierte Komponentenschnittstellen und Delegation an andere Komponenten realisiert, ohne auf konkrete Implementierungen dieser Komponenten angewiesen zu sein. Die Implementierungen der Komponenten können dadurch unabhängig voneinander weiterentwickelt werden und verschiedene Versionen einer Komponente können parallel unterstützt werden.

Komponenenten & Middleware

Gewöhnlich unterstützten serverseitige Komponentenplattformen eine Reihe von Middleware-Systemen zur verteilten Kommunikation, wie bspw. CORBA, RMI oder DCOM. Viele Komponentenplattformen sind in existierenden Applikations-Servern integriert.

Pooling und Passivierung

In vielen Situationen können nicht ständig alle Instanzen einer Komponente aktiv im Speicher des Servers vorgehalten werden, da dies zu Ressourcenproblemen führen würde. Der Container kann einer physikalischen Instanz nacheinander beliebig viele logische Instanzen zuweisen (so genanntes Pooling von Ressourcen). Ferner kann der Container temporär nicht gebrauchte Komponenteninstanzen aus dem Speicher entfernen und in einer Datenbank zwischenspeichern. Dies bezeichnet man als Passivierung. Die Komponenteninstanzen werden automatisch re-aktiviert, wenn sie wieder gebraucht werden. Damit all dies funktioniert, muss der Container den Lebenszyklus der Komponenteninstanzen kontrollieren können. Dazu stellen die Komponenten so genannte Lebenszyklus-Operationen wie *aktivieren, zerstören, passivieren* etc. zur Verfügung.

Für ein tieferes Verständnis von serverseitigen Komponentenplattformen sei das Buch *Server Component Patterns* [Völter et al. 2002] empfohlen.

6.7.6 Serviceorientierte Architekturen

Serviceorientierte Architekturen (SOA:) sind eine spezielle Architektur-Struktur, die beschreibt, wie man eine Middleware nutzen kann, um lose gekoppelte, verteilte Services zu erreichen. SOA erfährt momentan einen grossen Hype.

SOA

Services in einer SOA zeichnen sich allgemein durch folgende Eigenschaften aus:

Service-Eigenschaften

> Services sind generell grob-granularer als Komponentenschnittstellen und stärker hinsichtlich ihrer „Geschäftsrelevanz" strukturiert als Komponenten.

> Services kommunizieren techologie-neutral und standardisiert mit asynchronen Nachrichten.

> Services erlauben oft die anonyme Nutzung. D. h., man weiß nicht, wer den Service verwendet bzw. der Service funktioniert, als ob er seinen Klienten nicht kennen würde. Mit anderen Worten: Der Klient und der Service sind lose gekoppelt.

> Services sind in gewissen Grenzen selbstbeschreibend. Z. B. haben sie oft Metadaten und ihre Eigenschaften können mittels eines Lookup-Services ermittelt werden.

All diese Eigenschaften können eigentlich mit jeder Middleware erreicht werden. Die Ziele von SOAs gehen jedoch über die Ziele von Middleware-Systemen, wie CORBA, DCOM oder RMI, hinaus. SOAs sollen auch die

SOA gegenüber Middleware

> Orchestrierung von Servicen und Prozessen anbieten,

> Enterprise Application Integration (EAI) unterstützten und

> eine „Middleware für andere Middleware-Systeme" sein [Vinoski 2003].

Es ist allgemein nicht so, dass die genannten Middleware-Systeme dies nicht leisten können, sondern im Gegenteil kann man sagen, dass die ersten SOAs und das Konzept „SOA" im Bereich von Middleware-Systemen, wie CORBA, DCOM oder RMI, entstanden sind. Jedoch versucht man heutzutage, die Umsetzung des SOA-Konzeptes durch Maßnahmen wie Standardisierungen und die Nutzung von unterstützenden Komponenten zu vereinfachen. Die im nächsten Kapitel angesprochenen Web Services sind ein Beispiel einer solchen Unterstützung des SOA-Konzeptes.

Beispiel für den Einsatz einer SOA

Ein typisches Beispiel für eine Situation, in der eine SOA sinnvoll zum Einsatz kommen kann, ist eine Fusion zweier Unternehmen. Typischerweise existieren bereits verschiedene IT-Infrastrukturen mit verschiedenen Applikationen, Programmiersprachen, Komponentenplattformen, Middleware-Systemen, Drittsystemen etc. In den zwei Unternehmen ist überdies eine Vielzahl von Geschäftsprozessen bereits definiert und implementiert. Oft ist es so, dass sich die jeweiligen Geschäftsprozesse zum Teil gegenseitig überschneiden. All diese Bausteine müssen irgendwie integriert werden. Solche heterogenen Situationen sind nicht nur auf verschiedene Unternehmen beschränkt: Es gibt viele Beispiele, in denen einzelne Abteilungen eines einzigen Unternehmens heterogene IT-Landschaften und Überschneidungen aufweisen.

6.7.7 Enterprise Service Bus

ESB-Komponenten

Eine Weiterentwicklung des SOA-Konzeptes ist eine Architektur-Struktur, die als Enterprise Service Bus (ESB) bezeichnet wird. Ein Enterprise Service Bus dient in erster Linie der einfachen Integration großer Enterprise-Information-Systeme. Typischerweise umfasst ein ESB folgende Komponenten:

> Ein ereignisgetriebenes und dokumentenorientiertes Verarbeitungsmodell, das auf Dokumentenstandards wie XML basiert und eine SOA für asynchrone Kommunikation benutzt.

> Zusätzlich gibt es inhaltsgetriebene Routing- und Filterungsfunktionen, die dafür sorgen, dass Dokumente immer zum richtigen Empfänger gelangen.

> Ein ESB verfügt über umfangreiche Transformationsfähigkeiten, um Dokumente von einem Datenformat in ein anderes zu konvertieren.

> Eine Vielzahl von Schnittstellen wird unterstützt, beispielsweise gängige Middleware-Systeme, Datenbankschnittstellen, Legacy-Anbindungen etc. Es gibt Konverter, um von einer Schnittstelle auf eine andere zu konvertieren.

> Das Management des ESB ist verteilt und basiert nicht auf einer zentralen Steuerung.

6.7.8 P2P-Systeme

P2P-Modell

Peer-to-Peer-Systeme (P2P-Systeme) haben eine andere Architektur-Struktur als die bisher beschriebenen verteilten Architektur-Strukturen, denn sie verwenden weder das Client-/Server-Modell noch eine n-Tier-Architektur. Im Gegensatz zu diesen auf einem zentralen Server basierenden Architektur-Strukturen bestehen P2P-Systeme aus einer Reihe von gleichwertigen Peers (deutsch in etwa: *Teilnehmer am P2P-System*). Zum Teil werden P2P-Systeme zwar mit gewöhnlichen Middleware-Architekturen intern realisiert, aber der Nutzer eines P2P-Systems bekommt dies nicht mit.

In der reinen P2P-Architektur-Struktur gibt es keine zentralen Server. Jeder Peer kann im Netzwerk Services anbieten und konsumieren. Der Gesamtzustand des Systems ist über die Peers verteilt.

In einer Middleware wird der Lookup-Service als zentraler Service bereitgestellt. Im Gegensatz dazu wird der Lookup-Service in der reinen P2P-Architektur-Struktur durch alle Teilnehmer bereitgestellt. Verschiedene Ansätze existieren, um eine erste Referenz auf die Peers im P2P-System zu bekommen, wie Broadcast-Nachrichten oder der Download von Server-Listen. Sobald einmal eine Verbindung zum Netzwerk hergestellt wurde, kann der Lookup-Service jedes Peers befragt werden.

Ein Dienst in der P2P-Architektur kann zu jeder Zeit hinzugefügt und wieder entfernt werden. Daher müssen Klienten herausfinden, welche Dienste gerade zur Verfügung stehen, bevor sie einen Dienst nutzen.

Nicht alle P2P-Systeme sind „reine" P2P-Systeme. Manche Systeme sind hybrid und benutzen zentrale Server für bestimmte Dienste, z. B. als Einstiegspunkte in das Netzwerk.

6.8 Aktuelle Technologien in Software-Architekturen

Überblick

In diesem Abschnitt behandeln wir einige Kategorien von Technologien, die in modernen Software-Architekturen zum Einsatz kommen und deshalb heutzutage in den „Werkzeugkasten" eines Software-Architekten gehören. Im Detail behandeln wir Kommunikations-Middleware-Systeme, Datenbanken und Persistenz von Geschäftsobjekten, Datenaustausch und Datentransformation mit XML, Web-Application-Server, Komponentenplattformen und Web Services.

Diese Technologien stellen allesamt eine „generelle" Infrastruktur in vielen Software-Architekturen bereit. Natürlich ist dies trotzdem nur eine kleine Auswahl von Technologien: Es existieren ferner viele grundlegende Technologien, wie Compiler oder virtuelle Maschinen, und auch viele spezifische Technologien, wie Content-Management-Systeme oder Enterprise-Resource-Planning-Systeme (ERP), die auch von großer Bedeutung für viele Architekturen sind, aber den Rahmen dieses Abschnitts sprengen würden.

6.8.1 Middleware-Systeme

Wir haben bereits im vorherigen Abschnitt 6.7 die Middleware-Architektur-Struktur angesprochen. Im Folgenden wollen wir einige wichtige Middleware-Systeme beispielhaft genauer beleuchten. Dies sind im Einzelnen: Transaktionsmonitore, RPC- und OORPC-Systeme, Message-oriented Middleware und ein kurzer Überblick über andere Systeme. Später behandeln wir noch Web Services, die ein Sonderfall sind, da sie zwar die Middleware-Architektur-Struktur realisieren, aber auch die weitergehende SOA-Struktur explizit unterstützen.

6.8.1.1 Transaktionsmonitore

Transaktionsmonitore Historie

Transaktionsmonitore (englisch: *transaction processing monitors*, Abkürzung: TP-Monitore) sind eine der ältesten Formen einer Middleware. Sie stellen eine Infrastruktur zur Verfügung, um verteilte Transaktionen zu entwickeln, ablaufen zu lassen und zu kontrollieren.

Transaktionsmonitore sind in der Lage, eine Vielzahl an Anfragen von Klienten an Server oder Datenbanken effizient abzubilden. Viele Transaktionsmonitore unterstützen eine Reihe von Kommunikationsstilen, wie RPC, Publish/Subscribe und Nachrichtenwarteschlagen.

ACID-Eigenschaften

Das Konzept der Transaktion wurde im Datenbankumfeld entwickelt. Transaktionen sollen üblicherweise eine Reihe von Eigenschaften haben (sogenannte ACID-Eigenschaften):

> *Atomarität* (englisch: *atomicity*): Eine Transaktion wird als eine unteilbare Einheit behandelt und wird entweder komplett oder gar nicht abgearbeitet.

> *Konsistenz* (englisch: *consistency*): Wenn eine Transaktion zu Ende geht, muss sich das System in einem konsistenten Zustand befinden.

> *Isolation* (englisch: *isolation*): Das Verhalten einer Transaktion darf nicht durch andere Transaktionen beeinflusst werden.

> *Dauerhaftigkeit* (englisch: *durability*): Änderungen sind nach dem kompletten Durchführen einer Transaktion permanent bzw. persistent – also sie überleben auch einen Crash des Systems.

Eine verteilte Transaktion umfasst mehr als eine verteilte Ressource. RPC behandelt alle Aufrufe, als ob sie unabhängig voneinander wären. Im Gegensatz dazu erlauben Transaktionsmonitore dem Benutzer, eine Reihe von Aufrufen in einer Transaktion zusammenzufassen. Verteilte Transaktionen können durch ein Two-Phase Commit Protocol (2PC, siehe auch [Gray 1978]) realisiert werden. Dieses Protokoll garantiert die ACID-Eigenschaften für eine Transaktion und unterstützt die verteilte Synchronisation von einer Anzahl von Transaktions-Ressourcen.

Two-Phase Commit

Einer der ersten Transaktionsmonitore war IBM's Customer and Controller Systems (CICS) [IBM 2003], der in den späten 60er Jahren entwickelt wurde und noch immer im Einsatz ist. Andere bekannte kommerzielle Transaktionsmonitore sind BEA's Tuxedo [Bea 2003], Transarc's Encina [Transarc 2000] und Microsoft's MTS [Microsoft 2003].

Transaktionsmonitore: Produkte

6.8.1.2 RPC- und OO-RPC-Middleware

RPC- und OO-RPC-Middleware-Systeme benutzen den oben beschriebenen RPC-Verteilungsstil, um Prozeduren bzw. Methoden (in der Folge einheitlich als „Operationen" bezeichnet) verteilt aufzurufen. Verteilte Aufrufe sollen so weit wie möglich – jedoch nicht weiter – aussehen wie lokale Operationsaufrufe. Intern sind RPC- und OO-RPC-Systeme sehr ähnlich realisiert. Der Hauptunterschied ist, dass OO-RPC zusätzlich objektorientierte Abstraktionen, wie insbesondere die Objekt-Identität, aber auch Klassen- und Vererbungsbeziehungen unterstützen.

RPC-/OO-RPC-Systeme

RPC implementiert das Client-/Server-Modell wie folgt: Klienten rufen Operationen auf. Server akzeptieren Operationsaufrufe. Der Server stellt eine Menge an Operationen, die Klienten verteilt aufrufen können, zur Verfügung.

Aus Klientensicht sehen RPC-Operationen identisch zu lokalen Operationen aus: Sie haben auch einen Operationsnamen, Parameter und einen Return-Typ. Ein wesentlicher Unterschied ist, dass es zu zusätzlichen Fehlermeldungen, zum Beispiel weil das Netzwerk ausfällt oder der Server eine aufgerufene Operation nicht implementiert hat, kommen kann. Diese Fehler müssen dem Klienten mitgeteilt werden, d. h. er muss in der Lage sein, sie zu behandeln.

Synchrones und asynchrones RPC

Typischerweise wird der Klientenprozess so lange geblockt, bis die Antwort auf den Operationsaufruf vom Server zurückgeschickt wurde. Diese synchrone Art des RPC ist der Standardfall in den meisten RPC-Systemen. Einige RPC-Systeme unterstützen überdies asynchrones RPC. Bei asynchronen RPC blockt der Klient nicht, sondern setzt seine Arbeit nach der Anfrage unmittelbar fort. Üblicherweise gibt es verschiedene Arten von asynchronen Operationen – unter anderem solche, die ein Resultat zurücksenden, und solche, die kein Resultat senden (so genannte Oneway-Operationen).

Prozedurale RPC-Systeme

Frühe, populäre RPC-Systeme sind das Distributed Computing Environment (DCE) [OSF 1991] und Sun RPC [Sun 1988]. Diese implementieren bereits den typischen einfachen Weg, RPC-Operationen aufzurufen: Der Server registriert eine Prozedur als einen so genannten Endpoint in der Server-Applikation und registriert diesen Service in einem Directory Server – der eventuell auf einem anderen Rechner läuft. Nun kann der Klient diesen Service mittels des Directory Servers auffinden. Der Klient nutzt in der Folge den Endpoint, um die verteilte Prozedur tatsächlich aufzurufen.

OO-RPC-Systeme

DCE ist primär als prozedurales RPC entstanden. Trotzdem verfügt es auch über eine Erweiterung, um verteilte Objekte zu unterstützen. Heute gibt es aber auch viele OO-RPC-Middleware-Systeme, die speziell für diesen Zweck entworfen wurden. Beispiele sind:

> Common Object Request Broker Architecture (CORBA) [OMG 2004c],

> Microsoft's .NET Remoting [Microsoft 2004a],

> diverse Web Service Frameworks (siehe Abschnitt zu Web Services unten),

> Microsoft's DCOM [Grimes 1997] und

> Sun's Java RMI [Grosso 2001].

Für ein tieferes Verständnis dieser Art von Middleware-Systemen sei das Buch *Remoting Patterns* [Völter et al. 2004] empfohlen, das die wesentlichen Entwurfs- und Architektur-Muster von RPC- und OO-RPC-Middleware-Systemen diskutiert.

6.8.1.3 Message-oriented Middleware

Message-oriented-Middleware-Systeme (MOM) bedienen sich der Nachrichten-Metapher, um asynchrone, verteilte Kommunikation zu realisieren. Sowohl Klient als auch Server senden oder empfangen Anfragen, Antworten oder andere Nachrichtentypen nicht direkt, sondern platzieren diese in Nachrichtenwarteschlangen bzw. erwarten diese aus Nachrichtenwarteschlangen. Dies bedeutet, dass Klienten nicht blockieren, sondern im Standardfall unmittelbar nach dem Senden einer Nachricht ihre Arbeit fortsetzen.

Nachrichten und Nachrichtenwarteschlangen

Resultate werden entweder durch:
> einen *Callback* (deutsch: *Rückruf*, eine asynchron als Ereignis aufgerufene Prozedur) zurückgeliefert oder
> vom Klient per Nachfrage an die Nachrichtenwarteschlange erlangt (so genanntes „*Polling*").

Asynchrone Resultate

Beide Varianten sind asynchron. Daher ist es notwendig, dass der Klient in der Lage ist, eine spezifische Antwort einer vorangegangenen Anfrage zuzuordnen, denn nicht unbedingt kommen die Antworten in derselben Reihenfolge an, wie die Anfragen verschickt wurden. Die Zuordnung von Antwort zu Anfragen geschieht üblicherweise durch einen eindeutigen Identifizierer, der mit der Anfrage geschickt wird und mit der Antwort zurückkommt (ein so genannter „Correlation Identifier" [Hoope und Woolf 2003]).

Typischerweise unterstützten MOM-Systeme mehrere Nachrichtenkanäle als Verbindung zwischen spezifischen Sendern und spezifischen Empfängern. Jeder dieser Kanäle hat seine eigene Sende- und Empfangsnachrichtenwarteschlange. Klienten- und Server-Applikationen interagieren typischerweise nicht direkt mit Nachrichtenwarteschlangen oder Nachrichtenkanälen, sondern nutzen so genannte Endpoints als Abstraktionen, welche alle Interaktion mit dem MOM-System übernehmen.

Charakteristische Funktionalitäten und Eigenschaften von MOM

MOM-Systeme zeichnen sich überdies durch eine Anzahl von Eigenschaften aus; diese sind typischerweise:
> Nachrichten werden zuverlässig übermittelt. D. h., der temporale Ausfall von Systemressourcen, wie dem Netzwerk oder dem Server, kann toleriert werden.
> Die Reihenfolge der Auslieferung und des Empfangs von Nachrichten kann garantiert werden.

> Wenn eine Nachricht auch nach langer Zeit nicht ausgeliefert werden kann, kann sie durch das Setzen einer Expiration-Zeit (deutsch: *„Ablauf"-Zeit*) automatisch aus dem MOM-System entfernt werden.

> Das MOM-System erkennt und behandelt fälschlicherweise doppelt ausgesendete Nachrichten automatisch.

MOM: Produkte

Die MOM-Konzepte sind in einer Reihe von Middleware-Systemen implementiert. Beispiele sind IBM's WebSphere MQ (früher MQ Series) [IBM 2004], JMS [Sun 2004b], Microsoft's MSMQ [Microsoft 2004b] und Tibco [Tibco 2004].

Für ein tieferes Verständnis von MOM-Systemen sei das Buch *Enterprise Integration Patterns* [Hoope und Woolf 2003] empfohlen.

6.8.1.4 Weitere Middleware-Systeme

Die drei in etwas mehr Detail besprochenen Arten von Middleware-Systemen, Transaktionsmonitore, RPC-Systeme und MOM-Systeme, sind heute relativ weit verbreitet und kommerziell akzeptiert. Jedoch existiert eine Vielzahl von anderen Middleware-Systemen, die auch häufig eingesetzt werden oder noch in der Entwicklung begriffen sind. Hier soll ein knapper Überblick über einige solche Systeme gegeben werden (siehe das Buch *Remoting Patterns* [Völter et al. 2004] für eine längere Diskussion):

> *Peer-to-Peer-Systeme* (P2P) sind unterschiedlich zu anderen verteilten Architekturen, da sie nicht auf dem Klient-/Server- oder n-Tier-Architektur-Stil aufbauen. Im Gegensatz basieren sie auf einem Netzwerk von gleichberechtigten Peers, die untereinander kommunizieren und sich gegenseitig koordinieren. Viele P2P-Systeme werden intern mit verteilten Objekten realisiert. Beispiele für P2P-System und Projekte sind: Napster [Roxio 2003], SETI@home [UPNP 2004] und JXTA [Sun 2003].

> Eng verwandt mit P2P-Systemen sind *spontane Netzwerke*, die es erlauben, dass beliebige Services im Netzwerk zu jedem beliebigen Zeitpunkt angeboten und auch wieder entfernt werden können. Man kann spontane Netzwerke als eine Infrastruktur für die Implementierung eines P2P-Netzwerkes nutzen. Ein Beispiel für ein spontanes Netzwerk ist Jini [Jini 2003].

> *Grid Computing* [Foster et al. 2001] hat den Zweck, verteilte Ressourcen, wie Rechnerleistung, Information oder Speicher, gemein-

sam zu nutzen. Ein Netzwerk aus zusammengeschlossenen Rechnern wird zu einem System zusammengeschlossen.

> *Mobiler Code* [Fugetta et al. 1998] unterscheidet sich dadurch von anderen Middleware-Ansätzen, dass nicht nur Anfragen und Resultate verschickt werden – also Daten, sondern auch Code. Somit kann Code vom Klienten zur Verfügung gestellt werden und im lokalen Kontext des Servers ausgeführt werden. Dies hat zum Beispiel den Vorteil, dass Klienten die Berechnungsvorschriften beeinflussen können, aber trotzdem die Daten nicht komplett für eine Berechnung übers Netz geschickt werden müssen.

6.8.2 Datenbanken und Persistenz von Geschäftsobjekten

In vielen Architekturen bilden Datenbanken einen wichtigen Teil der Software-Architektur. Wir wollen hier keine Einführung in Datenbanken geben, sondern vielmehr einen Überblick über die architektonischen Anforderungen der persistenten Datenhaltung und das Problem und die Lösungsmöglichkeiten, wenn man Geschäftsobjekte persistent halten muss. *Persistenz* meint allgemein, dass man Daten von flüchtigem Speicher, wie dem Hauptspeicher (RAM), auf beständige Speichermedien, wie Festplatten oder optischen Speichermedien, bringt. Dies geschieht mit den Ziel, die Geschäftsdaten „sicher" zu speichern und, wenn nötig, bei Änderungen entsprechend zu aktualisieren.

Persistenzanforderung

Ein weiteres wichtiges Problem, das zu persistenter Datenhaltung führt, ist, dass der Speicherbedarf vieler Programme deutlich den zur Verfügung stehenden Hauptspeicher übersteigt. Generell lässt sich sagen, dass Speicher umso billiger wird, je langsamer er ist. Generell versucht man daher, soweit möglich, teuren Haptspeicher durch billigere Speicher, wie Festplatten, optische Speichermedien oder Bandspeicher, zu ersetzen. Gewöhnlich basiert die persistente Speicherung von Geschäftsobjekten auf einer Datenbank, also der Speicherung auf Festplatten. Jedoch gibt es auch andere Formen der „sicheren" Speicherung von Geschäftsdaten. Beispielsweise bei sehr großer Datenmenge werden oft optische Speichermedien mit so genannten Jukeboxen (Plattenwechselautomat für optische Speichermedien) verwendet. Diese erlauben heute einen Zugriff auf nahezu unbegrenzte Datenmengen, aber sind noch deutlich langsamer sind als Festplatten.

Neben der grundsätzlichen Persistenzanforderung an eine Datenbank – also ihrer Hauptfunktionalität – gibt es noch eine Reihe an weiteren

Weitere Anforderungen

Anforderungen, die man an die Datenbank bzw. das Datenbankmanagementsystem stellen kann:

> In vielen Systemen kann eine Vielzahl an Anfragen zur gleichen Zeit an eine Datenbank gestellt werden. Daher ist eine gute *Performanz* und *Skalierbarkeit* von Nöten.

> Da die Datenbank ein zentraler Bestandteil der IT-Architektur ist, ist auch die hohe *Verfügbarkeit* ein wichtiger Punkt.

> Die Datenbank sollte *Transaktionen* unterstützen – hier unterscheidet man zwischen kurz laufenden Transaktionen, wie einer Folge von Anfragen, und lang laufenden Transaktionen, die zum Beispiel einem Workflow mit menschlichen Interaktionen. Bei lang laufenden Transaktionen können mitunter die oben genannten ACID-Eigenschaften schwer einzuhalten sein – daher müssen diese gesondert unterstützt werden.

> Eine Datenbank soll *Sicherheit* der Daten unterstützen und verschiedene Sicherheitsrechte managen können, z. B. mit einem Benutzer- und/oder Rollenkonzept.

> Die *Einfachheit* des Zugriffs auf die Daten ist wichtig, um die Datenmodelle verstehen zu können und leicht auf die Daten zugreifen zu können. Dies heißt insbesondere auch, dass die Datenmodelle und Zugriffsstrukturen einfach auf die Applikationsarchitektur abbildbar sein sollen.

> Die Datenbank sollte eine Wartungsschnittstelle für die *Administration* und die *Kontrolle* der Datenbank bereitstellen.

Strukturbruch zwischen Datenbank und objektorientierter Applikation

Ein weiteres Problem ist, dass in vielen Projekten heutzutage objektorientiert entwickelt wird, aber die vorherrschenden Datenbanken auf relationalen Datenmodellen basieren. Mit anderen Worten, man muss sich entscheiden, ob man das üblichere (RDBMS) benutzen will oder aber aufgrund der objektorientierten Natur der Applikation ein objektorientiertes Datenbankmanagementsystem (OODBMS) einsetzen will. Man beachte, dass sich die gleiche Problematik auch bei anderen Programmierparadigmen als der Objektorientierung stellt, wie z. B. prozeduraler Programmierung, logischer Programmierung oder Aspektorientierung. Bei jedem Programmierparadigma muss man sich Gedanken machen, wie man die Applikationsdaten sinnvoll auf die Datenbank abbildet. Die zwei oben beispielhaft angedeuteten Möglichkeiten gibt es immer:

> Die Datenbank ist von sich aus in der Lage, die Daten-Abstraktionen und Beziehungen des Programmierparadigmas abzubilden.

> Die Datenbank unterstützt andere Abstraktionen als das Programmierparadigma. Diese Situation bezeichnet man als einen *Strukturbruch*, auf den man reagieren muss. D. h., man muss sich überlegen, wie man das Applikationsmodell auf das Datenbankmodell abbilden kann.

Betrachten wir nun die Lösungsmöglichkeiten für das Beispiel der Persistierung objektorientierter Geschäftsobjekte genauer. Generell, wenn man objektorientierte Geschäftsobjekte speichert, möchte man gerne deren Eigenschaften, wie Objekt-Beziehungen, Objekt-Identität, Klassenbeziehungen, Vererbung, Polymorphismus etc., auf die Speicherung in der Datenbank abbilden. Ein OODBMS bietet hier den Vorteil, dass es schon objektorientierte Eigenschaften abbildet, also die Abbildung der objektorientierten Modelle in der Programmiersprache sehr einfach ist. Der gravierende Nachteil von OODBMS-Systemen ist jedoch, dass diese deutlich weniger eingesetzt werden als relationale Datenbanksysteme. Da Datenbanken meist äußerst wichtig für Unternehmen sind, wird in vielen Projekten das Risiko, ein OODBMS-System auszuwählen, als zu groß erachtet.

Speicherung objektorientierter Geschäftsobjekte

Bei der Speicherung von Geschäftsobjekten in relationalen Datenbanken hingegen kommt es zu dem oben erwähnten Strukturbruch: Relationen sind Tabellen und Beziehungen werden über Fremdschlüssel abgebildet. Dieses Modell muss auf das objektorientierte Modell mit seinen Beziehungen, Hierarchien und Identitäten abgebildet werden. Diese Abbildung ist nicht eindeutig und daher gibt es eine ganze Reihe von Ansätzen für das Object-Relational-Mapping [Keller 1997].

Object-Relational-Mapping

Ein einfacher Ansatz ist, einfach den SQL-Code für den Zugriff auf die Datenbank in der Applikationslogik einzubetten. Diese hat aber gravierende Nachteile: Schon bei einfachen Datenänderungen muss der Applikationslogik-Code geändert werden. Der Aspekt „Persistenz" ist über das gesamte Programm verteilt; d. h., zentrale Änderungen werden schwierig. Daher ist es generell empfehlenswert, zumindest eigene „Datenklassen" einzuführen, deren Aufgabe es ist, Datenbankzugriffe zu behandeln, und die unabhängig von der Applikationslogik sind.

Oft jedoch sind viele Aufgaben beim Datenbankzugriff wiederkehrend. Um dieser Situation zu begegnen, führt man oft eine eigene Datenbankzugriffsschicht ein, die alle Anfragen an eine Datenbank kapselt und nicht umgangen werden kann. Hier findet also das Object-Relation-Mapping statt. Oftmals besteht die Datenbankzugriffsschicht selbst aus

Datenbankzugriff

zwei Schichten [Keller und Coldewey 1998]: Eine logische Zugriffs-schicht stellt eine stabile Schnittstelle für die Applikationsschicht zur Verfügung. Eine physikalische Zugriffsschicht darunter stellt den tat-sächlichen Zugriff auf die Datenbank her und mag z. B. aus Performanz-gründen oder bei Versionänderungen der Datenbank modifiziert wer-den.

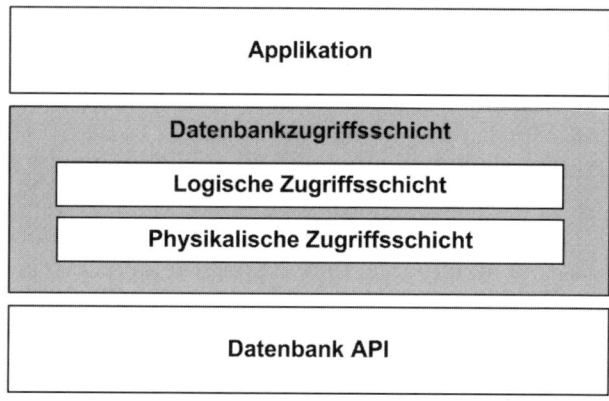

Abb. 6.8-1: *Datenbankzugriffsschicht [Keller und Coldewey 1998].*

Standardbibliotheken für den Datenbank-zugriff

In vielen Sprachen stehen Standardbibliotheken für den Datenbank-zugriff zur Verfügung. In Java zum Beispiel gibt es JDBC (Java Database Connectivity) – eine Bibliothek für den Zugriff auf eine relationale Da-tenbank. Generell bietet JDBC Funktionen für den Verbindungsaufbau zu einer Datenbank, die Benutzung von SQL-Anweisungen für so ge-nannte CRUD-Operationen (create, read, update, delete) und die Auswer-tung der Ergebnisse an. Als Vorteil bieten solche Standardbibliotheken (meist) eine Unabhängigkeit von der Datenbankimplementierung. Al-lerdings ist die Datenbankprogrammierung hier immer noch auf sehr niedrigem Niveau: Entwickler müssen genaue Kenntnisse von SQL haben und alle technischen Details der Persistenz müssen vom Entwick-ler gelöst werden.

Für viele Sprachen gibt es aber auch weitergehende Standardbibliothe-ken, welche eine transparente Persistenz der Objekte ermöglichen. D. h., der Entwickler muss die Persistenz nur konfigurieren (welche Objekte persistent werden, wo die Daten gespeichert werden etc.) und alle anderen Aufgaben der Persistierung werden automatisch über-nommen. Ein Beispiel in Java sind Java Data Objects (JDO).

6.8.3 Datenaustausch und Datentransformation mit XML

Der reibungslose Austausch von strukturierten Daten und deren Transformation ist für viele Informationssysteme von enormer Bedeutung. Ein
typisches Beispiel sind B2B-Transaktionen, wie einfache Online-
Bestellungen. Hier ist es notwendig, dass der Einkäufer auf die Angebote des Anbieters zugreifen, diese interpretieren und dann automatisiert
bestellen kann. Hier stellt sich das Problem, dass unter Umständen
verschiedene Datenbeschreibungen bei den beiden beteiligten Unternehmen benutzt werden, denn meist fehlt ein industrieweiter Daten-
standard. Die gleiche Situation kann selbst innerhalb eines einzigen
Unternehmens entstehen. Z. B. entwickeln Abteilungen Software oft
unabhängig voneinander, was zu unterschiedlichen Konventionen und
Definition der Daten führt.

**Beispiele für Daten-
austauch und Daten-
transformation**

Dieses Problem besteht schon seit Langem und wurde durch eine Reihe
von Lösungsansätzen abgedeckt. Der verbreitete EDI-Standard (Electronic Data Interchange) ermöglicht den elektronischen Austausch von
Daten zwischen Unternehmen. EDI hat jedoch einige Nachteile hinsichtlich heutiger Anforderungen an einen Datenaustauschstandard. Insbesondere ist EDI relativ komplex und schwierig erweiterbar und benötigte – in der Vergangenheit – eine relativ teure, proprietäre Netzwerkinf-
rastruktur.

EDI

Daher wurde in der Vergangenheit – mit dem Aufkommen des Inter-
nets – der Datenaustausch mehr und mehr mit Web-Protokollen abge-
wickelt. HTML – die Sprache, mit der Web-Seiten im WWW beschrieben
werden – ist jedoch nicht gut geeignet, um strukturierte Daten abzubilden. Aufgrund dessen wurde die Extensible Markup Language (XML)
[Bray et al. 1998] mit dem Ziel, einen flexiblen, erweiterbaren und einfachen Standard für den strukturierten Datenaustausch im Internet
bereitzustellen, erstellt. XML erlaubt es, Informationen strukturiert zu
beschreiben. XML selbst ist kein Standard zum Datenaustausch im
Unternehmen, sondern erlaubt es, XML-basierte Austauschformate und
Austauschstandards zu definieren – also XML ist flexibel erweiterbar.
Es ist auch recht einfach, proprietäre Datenformate in XML-Formate zu
transformieren und umgekehrt, was für die Einbindung von Alt-
Systemen, die oft proprietäre Datenaustauschformate verwenden, wichtig ist. Ein weiterer wichtiger Vorteil von XML ist, dass es mittlerweile
große Verbreitung auf einer Vielzahl von Plattformen, Sprachen und
Systemen gefunden hat. Mittlerweile wird XML auch für eine Vielzahl
von anderen Aufgaben verwendet, als Datenaustausch und Datentransformation.

XML

DTD

Mit einer Document Type Definition (DTD) kann der Aufbau von XML-Dokumenten spezifiziert werden. DTDs sind einfach zu verstehen und Validatoren für DTDs sind verbreitet und effizient. DTDs haben jedoch einige Nachteile, insbesondere sind sie selbst keine XML-Dokumente und können daher nicht mit XML-Werkzeugen bearbeitet werden. Überdies sind die Möglichkeiten der Datenspezifikation begrenzt: Z. B. kann die Typisierung von Daten nicht vorgenommen werden.

XML-Schema

Der XML-Schema-Standard [W3C 2004] hat das Ziel, diese Probleme zu lösen. Jedes Schema ist ein gültiges XML-Dokument und XML-Schemata erlauben typisierte Daten, wie primitive und selbst definierte Datentypen.

Die Definition der Datenformate – in DTDs oder Schemas – ist insbesondere für komplexe Anwendungen von großer Bedeutung.

Weitere XML-Standards

Über diese Basiselemente der XML-Sprache hinaus gibt es eine Vielzahl von weiteren Standards, welche XML in verschiedensten Bereichen komplettieren. Hier seien nur einige wenige, zentrale Standards von allgemeiner Bedeutung knapp aufgelistet:

> XML Namespaces dienen der Unterscheidung von Bezeichnern in verschiedenen Kontexten. Dies gestattet dem Entwickler, Bezeichner frei zu wählen, ohne dass es zu Namenskonflikten bei der gemeinsamen Benutzung von zwei unabhängig voneinander entwickelten Dokumenten kommt, da beide ihre Bezeichner eindeutig im Kontext ihres Namesraums spezifizieren.

> XHTML ist ein XML-Variante von HTML, die dieselben präsentationsorientierten Eigenschaften wie HTML hat, aber im XML-Sinne wohl geformt ist (bspw. jedes offene Tag muss auch beendet werden).

> XLink ist ein Verknüpfungsmechanismus für XML-Dokumente. XLink-Verweise gehen deutlich über die aus HTML bekannten Links hinaus. Z. B. kann man auf eine Menge von Dokumenten verweisen und Traversierungen spezifizieren.

> XPath ist eine Sprache zur Lokalisierung und Extraktion von Informationen innerhalb eines XML-Dokumentes.

> XSLT erlaubt die Generierung beliebiger Dokumente aus XML-Dokumenten. Häufigstes Einsatzgebiet in der Praxis ist die Transformation von XML-Dokumenten. In XSLT wird XPath für die Spezifikation von XML-Strukturen benutzt.

> XQuery ist eine SQL-ähnliche Abfragesprache an XML-Dokumente.

> Das Resource Description Framework (RDF) ist eine XML-Sprache, die es erlaubt, Metadaten über Web-Ressourcen anzugeben. Diese Metadaten können u. U. in einer Ontologiesprache beschrieben sein.

Dies ist nur ein kleiner Ausschnitt der vielfältigen XML-Standards. Über diese allgemeinen Standards hinaus gibt es viele weitere domainen- oder branchenspezifische XML-Sprachen.

Neben den XML-Sprachen gibt es noch eine Menge an Standards, De-facto-Standards und APIs für die Verarbeitung von XML, wie z. B.:

XML-Verarbeitung: APIs und Standards

> SAX – eine programmatische API zur Verarbeitung von XML,
> DOM – eine dokumentbaumbasierte API zur Verarbeitung von XML,
> Redland – eine API zum Zugriff auf RDF Daten.

XML wurde hier exemplarisch als ein Standard zur Definition von Datenaustauschsprachen erklärt – wegen seiner weiten Verbreitung. Viele andere Sprachen und Formate existieren. Oft ist es sinnvoll, XML zu verwenden. Die zentralen Vorteile sind, dass XML einfach, flexibel und erweiterbar ist. Allerdings gibt es auch einige Nachteile. XML benötigt gerade wegen seiner Eigenschaften relativ viel Speicherplatz (bzw. Bandbreite beim Datenaustausch), denn es benutzt sprechende Tags und meist eine Darstellung, die lesbar durch Menschen ist. Die String-verarbeitung beim Parsen und Interpretieren von XML kann auch in einigen Fällen zu Performance-Problemen führen. Überdies ist zwar XML selbst recht einfach, aber einige XML-Standards sind bereits sehr komplex. Diese Gründe mögen dafür sprechen, dass ein proprietäres Format doch besser für bestimmte Aufgaben geeignet ist als XML. Überdies kann die Migration zu XML, gerade in Alt-Anwendungen, erhebliche Kosten produzieren.

XML: Vor- und Nachteile

Sicherlich wäre es sehr sinnvoll, eine einheitliche und allgemein akzeptierte Sprache für den unternehmensübergreifenden Datenaustausch zu haben. Jedoch zeigen selbst erfolgreich Beispiele wie RosettaNet oder EDI, wie schwierig dieses Ziel zu erreichen ist. Daher scheinen domainen- bzw. branchenspezifische Lösungen die pragmatischere Lösung zu sein, wie das Beispiel RosettaNet – ein E-Business-Standard für die High-Tech-Industrie – zeigt.

Domainen- und branchenspezifische Datenaustausch-formate

6.8.4 Dynamische Web-Seiten und Web-Application-Server

Dynamische Web-Seiten

Fast alle (größeren) Web-Sites benötigen heutzutage das dynamische Erzeugen von Web-Seiten. D. h., Daten werden dynamisch erzeugt oder von einem Backend, wie einer Datenbank oder Alt-Anwendung, bei einer Web-Anfrage geholt. Dann werden diese Resultate mit HTML aufbereitet und anschließend ausgeliefert. Mittels Web-Anfragen (z. B. ausgelöst durch Klicken auf einen Link im Browser) oder durch HTML-Formulare können die Daten in einem Backend vom Browser aus verändert werden. Solche Änderungen müssen dann zurück ins Backend geschrieben werden.

Web-Application-Server

Um solche dynamischen Interaktionen zu ermöglichen, muss hinter der Web-Seite ein Programm stecken, dass die Seite dynamisch aus den aktuellen Daten des Backends erzeugt und Änderungen am Backend, wenn nötig, durchführt. Einen Web-Server, der dies ermöglicht, bezeichnet man als Web-Application-Server.

Techniken und Architekturen für serverseitige Programmmodule

Es gibt eine Reihe von Techniken und Architekturen, wie man serverseitige Programme in eine Web-Server-Architektur einbinden kann. Diese haben verschiedene Vor- und Nachteile:

> Die *CGI-Schnittstelle* (Common Gateway Interface) ist eine der frühesten und immer noch benutzten Techniken, die praktisch von von jedem Webserver unterstützt wird. Hier wird, wenn eine Web-Anfrage hereinkommt, dynamisch ein Prozess gestartet, der ein „kleines Programm" ausführt. Oft werden hierzu Skriptsprachen wie Perl oder Tcl benutzt, aber jede andere Sprache kann auch verwendet werden. Das Programm erhält die Anfrageparameter über Umgebungsvariablen. Durch den neuen Prozess für jede Anfrage kann es aber zu Performance-Problemen und hohem Ressourcen-Verbrauch kommen. *Fast CGI* ist eine CGI-Erweiterung, die dieses Problem durch Multi-Threading vermeidet. Jedoch stellt sich weiterhin das generelle Problem von CGI, dass „größere" Interaktionen, wie ein kompletter Geschäftsvorgang, durch viele kleine Programme abgebildet werden, die nicht miteinander in Verbindung stehen. Somit sind komplexe CGI-Architekturen nur schwer zu verstehen und zu warten.

> Eine Reihe von *Template-Sprachen* existiert, die Programmtext in HTML-Seiten einbetten und durch den Application-Server dynamisch ersetzen lassen. Beispiele sind PHP, ColdFusion, Active Server Pages (ASP) und Java Server Pages (JSP). In diesen Sprachen besteht der Code aus normalem HTML-Code mit in Kommentaren

(durch „<% ... %>" abgetrennt) eingebetteten Codes in der jeweiligen Template-Sprache. Alle genannten Ansätze bieten eine breite Unterstützung, gute Performance, komfortable Bibliotheken, eine gute Datenbankanbindung und sind relativ leicht zu erlernen. Allerdings haben diese Ansätze zum Teil gerade für komplexe Projekte wiederum eine oder mehrere der folgenden Schwierigkeiten. Zum Teil fehlen einfache Mittel zur Kommunikation mit anderen Applikationen. Auch kann Programmlogik in der jeweiligen Template-Sprache oft nicht für andere Zwecke verwendet werden. Die einzelnen Seiten bleiben relativ lose gekoppelt und sind also – genau wie bei CGI – nur durch Anfragen getrieben.

> Einige der Nachteile von Template-Sprachen werden durch *Applikations-Server*, wie Apache Tomcat, JBoss, BEA WebLogic oder IBM WebSphere, gelöst. Diese sind oft Teil von größeren Standard-Architekturen, wie Microsoft's .NET oder J2EE Server. Applikations-Server sind professionelle, vollständige Systeme, die typischerweise ein serverseitiges Komponentenmodell, Transaktionsmanagement, Skalierung, Load Balancing, Sicherheitsmechanismen, Fail-Over und Integration mit anderer Middleware und Web Services bieten.

> *Web-Content-Management*- und *Community-Systeme*, wie Zope oder Open ACS, basieren auf Web-Application-Servern und bieten zusätzlich gewöhnlich eine Vielzahl von Erweiterungsmodulen, z. B. für Community-Funktionen, Foren, Wikis, Zusammenarbeit in virtuellen Gruppen etc.

Dieser kurze Abriss über Web-Architekturen hat die grundlegenden Architekturen für dynamische Web-Applikationen knapp eingeführt. Weitergehende Software-Muster zu dem Thema Generierung und Konvertierung von Inhalten im Web findet man in [Vogel und Zdun 2002].

6.8.5 Komponentenplattformen

In diesem Abschnitt wollen wir einige bekannte Plattformen, welche die Komponenten-Architektur-Struktur umsetzen, unter architektonischen Gesichtspunkten kurz vorstellen.

Komponentenplatt-formen

6.8.5.1 SUN Java2-Enterprise-Edition (J2EE)

Die Java2-Enterprise-Edition (J2EE) ist eine auf der Java-Technologie (Java2-Standard-Edition) basierende Komponentenplattform mit der Programmiersprache Java. Damit ist diese Komponentenplattform platt-

J2EE

formunabhängig. Die Herstellerunabhängigkeit ist eingeschränkt gegeben, weil sie auf Spezifikationen des Unternehmens Sun basiert. J2EE ist zunächst eine Sammlung von Spezifikationen zu den Bausteinen einer Komponentenplattform. Wenn Sie J2EE einsetzen möchten, müssen Sie aus einer Vielzahl von J2EE-Implementierungen unterschiedlicher Hersteller (kommerziell oder open source) ein Produkt (Container und Dienste) auswählen. Je nach Ausrichtung des Produkts werden nur bestimmte Teile der J2EE-Spezifikationen umgesetzt. Auch kann es proprietäre Erweiterungen geben, die zu einer engen Herstellerbindung führen. All dies ist bei der Auswahl aus architektonischer Sicht zu berücksichtigen. Für welche Implementierungen Sie sich dann letztlich entscheiden, hängt vor allem von Ihren Anforderungen und Ihrem Budget ab.

J2EE schränkt architektonische Freiheit ein

Für die Architektur eines Systems ist von Belang, dass mit J2EE zahlreiche Schnittstellen einhergehen, welche befriedigt werden müssen und dass J2EE-Komponenten zum Zwecke der Auslieferung über XML-Konfigurationsdateien (so genannte Deployment Descriptoren) umfangreich konfiguriert werden müssen. Ebenfalls muss der Container konfiguriert werden. J2EE setzt zahlreiche, der in den Abschnitten 6.1 – 6.4 beschriebenen Konzepte um. Diese Konzepte sollten wiederum auch angewendet werden, wenn J2EE zum Einsatz kommt, das heißt, J2EE muss ganz gezielt in einen architektonischen Rahmen gepackt werden und sollte nicht einfach in seiner „rohen" Form zum Einsatz kommen. Zum einen deshalb, weil mit J2EE architektonische Zwänge entstehen und zum anderen, weil eine unsachgemäße Verwendung von J2EE zu fatalen Problemen für ein System führen kann (z. B. schlechte Performanz). Sehr zu empfehlen ist es, in diesem Zusammenhang bewährte J2EE-Entwurfstechniken, wie sie z. B. in [Alur et al. 2003] geschildert werden, zu verwenden. Es folgt eine Übersicht zu den zentralen Bestandteilen von J2EE. Abbildung 6.8-2 zeigt die J2EE-Komponentenplattform im Überblick. Detaillierte Beschreibungen und weitere Literaturempfehlungen sind bei [Sun 2005] zu finden.

> Servlets/Java-Server-Pages (JSP): Diese Komponenten sind dafür verantwortlich, in J2EE-basierten Web-Applikationen zwischen Browser als Klient und Modell-Schicht zu vermitteln. Angesiedelt sind sie in der Darstellungsschicht.

> Enterprise-Java-Beans (EJB): Diese Komponenten stellen die eigentlichen Modell-Komponenten dar und sind demzufolge in der Modellschicht vorzufinden. Sie liegen in den Ausprägungen Entity-Bean (Entitäts-Komponenten), Session-Bean (Session-Komponente) und Message-Driven-Bean (Nachrichten-Komponente) vor.

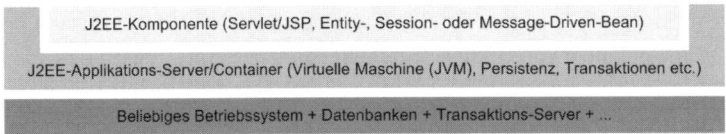

Abb. 6.8-2: J2EE-Komponentenplattform im Überblick.

6.8.5.2 Microsoft .NET

Microsofts Komponentenplattform .NET:. ist konzeptionell J2EE sehr ähnlich. So gibt es beispielsweise auch eine virtuelle Maschine, die Common Language Runtime (CLR). Es gibt jedoch eine ganze Reihe bedeutender Unterschiede in der Umsetzung der Konzepte. So unterstützt .NET verschiedene Programmiersprachen (VB, C++ etc.). Wobei aber nur C# als die eigentliche .NET-Programmiersprache die Komponentenfähigkeit von .NET in vollem Umfang unterstützt. .NET ist mehr daten- als objektorientiert, das heißt, der objektorientierte Entwurf wird stark von Datenstrukturen getrieben. Diese Tatsache zeigt sich dann auch bei der Umsetzung des Komponentenansatzes. Als Komponente im engeren Sinne gibt es bei .NET nur Entitäts-Komponenten. Die gravierendsten Unterschiede zu J2EE sind jedoch, dass .NET zwar grundsätzlich plattformunabhängig in brauchbarer Form jedoch nur für die Windows-Plattform verfügbar ist und eine sehr enge Herstellerbindung besteht, weil es nur einen bedeutenden Hersteller, nämlich Microsoft, gibt. Durch die enge Verzahnung mit dem Betriebssystem ergibt sich im Vergleich zu J2EE ingesamt eine bessere Integration der verschiedenen Bausteine dieser Infrastruktur. Es bleibt festzuhalten, dass die architektonische Situation eine ähnliche ist wie bei J2EE, jedoch erweitert um den Plattform-Aspekt. Für weitere Details zu .NET sei auf [Mircrosoft 2004a] verwiesen. In Abbildung 6.8-3 werden im Vergleich zur Abbildung 6.8-2 die wesentlichen Gemeinsamkeiten und Unterschiede zwischen J2EE und .NET ersichtlich.

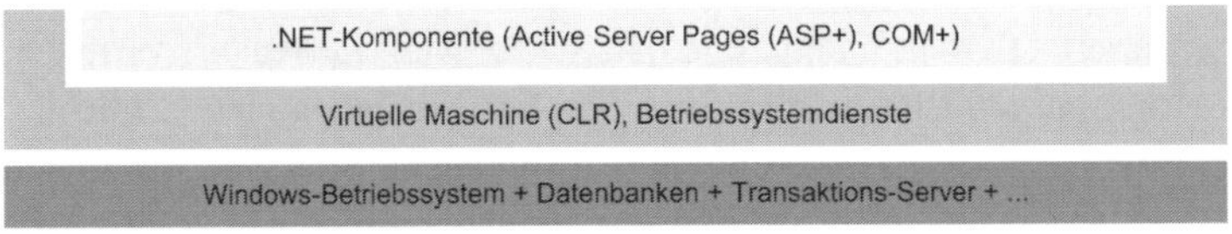

.NET vs. J2EE

> .NET-Komponente (Active Server Pages (ASP+), COM+)
>
> Virtuelle Maschine (CLR), Betriebssystemdienste
>
> Windows-Betriebssystem + Datenbanken + Transaktions-Server + ...

Abb. 6.8-3: .NET-Komponentenplattform im Überblick.

6.8.5.3 Corba-Component-Model (CCM)

Das Corba-Component-Model (CCM) ist seit Version 3.0 Teil der Common Object Request Broker Architecture (CORBA). Es ist die Spezifika-

CCM

tion eines Modells für verteilte Komponenten der Modellschicht und ihren Container. CCM ist programmiersprachen- und (im Unterschied zur Middleware CORBA) plattformunabhängig. J2EE und .NET sind mit Abstrichen CCM-Anwendungen. Mit Ausnahme von wenigen Open-Source-Produkten gibt es bislang keine vollständige Implementierung. Die OMG setzt mittlerweile mehr auf J2EE als Komponententechnologie der Zukunft. Zu den weiter oben beschriebenen Komponentenarten kommen bei CCM noch die Prozess-Komponenten hinzu, die einem Geschäftsvorgang entsprechen und optional persistent sowie von mehreren Clients benutzt werden können. Zu einer CCM-Komponente können folgende Schnittstellen definiert werden:

> Facets: Dienste, welche die Komponente nach außen anbietet.

> Receptacles: Dienste, welche die Komponente von anderen Komponenten benötigt.

In Abbildung 6.8-4 sehen Sie CCM im Überblick. Alle weiteren Informationen zu CCM finden Sie bei [OMG 2005b].

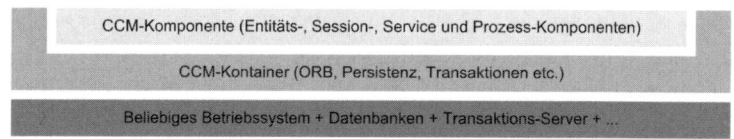

Abb. 6.8-4: *CCM-Komponentenplattform im Überblick.*

6.8.6 Web Services

Web Services sollen hier noch kurz gesondert als eine Middleware-Architektur, die die SOA-Architektur-Struktur umsetzt und stark auf das zuvor beschriebene XML setzt, besprochen werden.

Web Services

Das Konzept SOA beschreibt einen allgemeinen Architektur-Stil zur serviceorientierten Interaktion zwischen verschiedenen, verteilten Software-Applikationen. *Web Services* hingegen stellen eine mögliche – standardisierte – Realisierung dieses Architektur-Stils dar. Wir wollen SOA hier anhand von Web Services betrachten. Es sei darauf hingewiesen, dass er viele andere mögliche Realisierungen des SOA-Stils gibt. Z. B. kann man ohne Weiteres CORBA nutzen, um eine SOA zu realisieren.

Web Services: Entstehung

Web Services sind aus dem World Wide Web (WWW) entstanden. Das WWW wurde ursprünglich für den Austausch von unstrukturierter Information, wie HTML-Texten, entworfen. Aber mit der Zeit wurden

Interaktionen zwischen Programmen, bspw. im Bereich E-Commerce oder EDI, immer wichtiger. Hier kommen insbesondere XML [Bray et al. 1998] und darauf basierende Standards zum Einsatz. Die XML-RPC-Spezifikation [Winer 1999] stellte einen ersten Standard zur RPC-Kommunikation über XML dar.

Heutige Web Services basieren auf einer Schichtenarchitektur aus mehreren standardisierten Protokollen, wie in Abbildung 6.8-5 verdeutlicht:

Web-Service-Protokolle

> SOAP [Box et al. 2000] ist ein XML-basiertes Nachrichtenaustauschprotokoll, das schnell zum De-facto-Standard für Web Services geworden ist. Es ist der – deutlich erweiterte – Nachfolger der XML-RPC-Spezifikation.

> In der Web-Service-Architektur spielt auch WSDL [Christensen et al. 2001] eine zentrale Rolle, da es eine Schnittstellenbeschreibungssprache darstellt, die sowohl von den Nachrichtensendern als auch den Empfängern verstanden wird. Somit ist WSDL sehr wichtig für die Interoperabilität in heterogenen Systemen, beispielsweise wenn verschiedene Web-Service-Systeme interoperieren sollen. Auch WSDL basiert auf XML.

> Web Services benötigen kein spezielles Kommunikationsprotokoll. Zum Beispiel können HTTP oder andere Protokolle, wie SMTP, FTP, JMS, IIOP oder noch andere Protokolle, zum Einsatz kommen. HTTP wird von den meisten heutigen Web-Service-Systemen als Standardprotokoll unterstützt und meistens kann eine Reihe der anderen Protokolle als Plug-ins zusätzlich verwendet werden.

> UDDI ist ein Standard für einen Lookup-Service [OASIS 2002] und erlaubt somit das Auffinden von Web Services und deren WSDL-Beschreibung auf Basis von Eigenschaften. Allerdings hat sich UDDI bislang nicht wirklich kommerziell durchgesetzt und es sind viele andere – zum Teil proprietäre – Lookup-Services im Einsatz.

> Über der Nachrichtenaustauschschicht werden Prozessbeschreibungen für Web Services unterstützt, z. B. mit einer Anzahl von Standards, Geschäftstransaktionen, Sequenzen von Nachrichten und der Aggregation von Elementarprozessen in komplexere Prozesse. Beispielsweise ist die Business Process Execution Language for Web Services (BPEL4WS) [Andrews et al. 2003] eine XML-basierte Workflow-Definitionssprache, die es erlaubt, Geschäftsprozesse zu beschreiben.

> Über diese Standards hinaus gibt es eine Reihe von anderen Web-Service-Standards, z. B. in den Bereichen Sicherheit und lang laufende Geschäftstransaktionen.

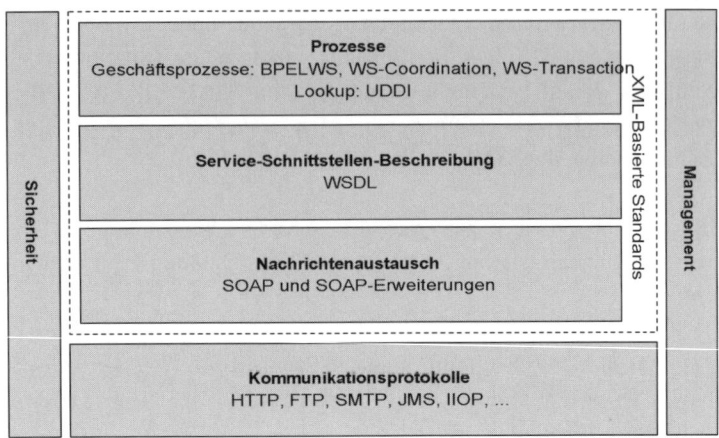

Abb. 6.8-5: *Web-Service-Protokolle: Schichtenarchitektur [Booth et al. 2003].*

Die Rolle von XML

Abbildung 6.8-5 zeigt die typische Schichtenarchitektur von Web-Services-Systemen (siehe auch [Booth et al. 2003]). Wie man sieht, spielt XML in dieser Architektur eine wichtige Rolle, da die zentralen Web-Service-Standards alle auf XML basieren. Die Nutzung von XML in einer Web-Service-basierten SOA hat zwei Hauptgründe [Booth et al. 2003]:

> XML ist erweiterbar und bietet Hersteller-, Plattform- und Sprachunabhängigkeit. Dies alles ist Voraussetzung für eine lose gekoppelte und standardbasierte SOA.

> XML verwischt den Unterschied zwischen Daten, die mit der Nachricht geschickt werden (der so genannte „Payload") und den Protokolldaten der Nachricht. Dies hilft bei der Abbildung zwischen verschiedenen Kommunikationsprotokollen und ermöglicht es, die gleichen Werkzeuge auf Payload und Protokolldaten anzuwenden.

7 | Organisationen und Individuen (WER)

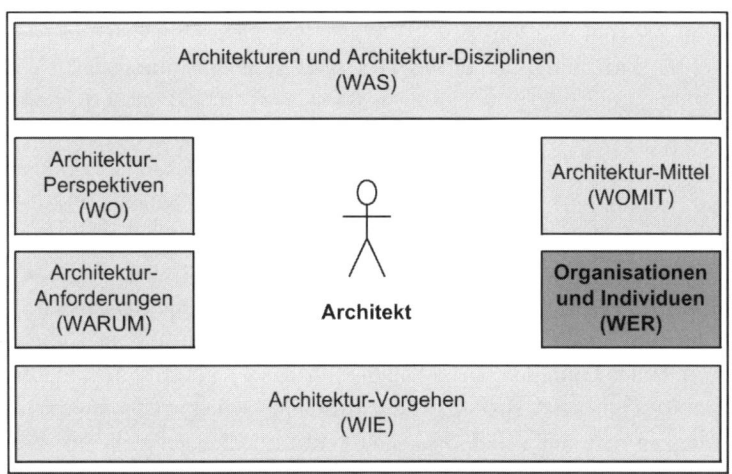

Abb. 7-1: *Positionierung des Kapitels im Ordnungsrahmen.*

In diesem Kapitel wird die *WER-Dimension* des architektonischen Ordnungsrahmens näher betrachtet und vertieft. Dabei werden organisatorische und soziale Einflussfaktoren aufgezeigt, die die Architektur eines Systems berühren und die Arbeit des Architekten beeinflussen können. Ferner wird grundlegendes Wissen zu Gruppen und ihrer Dynamik vermittelt. Darüber hinaus wird die Rolle des Architekten herausgearbeitet. Durch die Berücksichtigung der in dieser Dimension behandelten Themen sind Sie unter anderem in der Lage, die Relevanz der genannten Einflussfaktoren zu verstehen, die Rolle eines Architekten einzuordnen und gruppendynamische Prozesse besser zu beachten.

Übersicht

7.1 Allgemeines

Fokussierung auf technische und architektonische Aspekte reicht nicht aus

Bei der Gestaltung einer Architektur muss der Architekt vielfältige Einflüsse und Aspekte berücksichtigen. Am offensichtlichsten ist hierbei die Beachtung der an das IT-System gestellten funktionalen und nicht-funktionalen Anforderungen durch die Architektur. Um diesen Anforderungen Rechnung zu tragen, können verschiedene Architektur-Mittel genutzt werden (siehe Kapitel 6). Neben diesen Mitteln kann der Architekt die zu erstellende Lösung aus unterschiedlichen Perspektiven betrachten (siehe Kapitel 4). Darüber hinaus kann er nach einem bestimmen Vorgehensmodell handeln, um so eine systematische und Erfolg versprechende Architektur-Gestaltung zu gewährleisten (siehe Kapitel 8). Im Sinne der im Rahmen der WAS-Dimension eingeführten Architektur-Definition (siehe Kapitel 3) behandelt ein Architekt hiermit alle wesentlichen Aspekte, die zur Ausübung seiner architektonischen Tätigkeit notwendig sind. Dies allein reicht jedoch noch nicht aus. Vielmehr müssen auch soziale und organisatorische Einflussfaktoren berücksichtigt werden. Dies erfordert einen Blick über den technologischen Tellerrand hinaus und ein grundlegendes Verständnis von Organisationen und Individuen. Aus diesem Grund behandelt dieses Kapitel Organisationen und Individuen allgemein und zeigt dabei auch die Wechselwirkungen mit Architektur auf.

Architekturen entstehen durch und für Menschen in Organisationen

Architekturen beziehungsweise darauf basierende IT-Systeme werden stets durch und für Menschen entworfen. Ferner erfolgt die architektonische Tätigkeit stets eingebettet in eine Organisation, sei es nun das Unternehmen, für das das IT-System konzipiert wird, oder die Projektorganisation, die die involvierten Personen vereint. Der Organisationsbegriff wird hiermit bewusst weit gefasst. Er kann sich einerseits auf Unternehmen und andererseits auf Projektorganisationen beziehen. Wie in Abbildung 7.1-1 dargestellt, steht eine Architektur somit immer in Wechselwirkung mit der Organisation, in der sie entworfen wird, sowie den Individuen, die an der Architektur beteiligt sind und durch sie berührt werden.

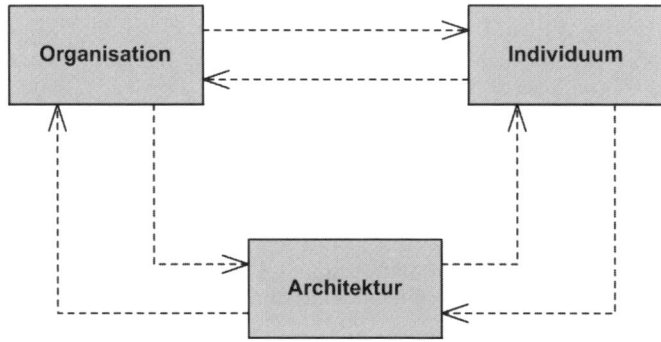

Abb. 7.1-1: *Interdependenzen zwischen Organisation, Individuum und Architektur.*

Einflüsse durch die
Organisationskultur

Eine Organisation zeichnet sich durch ihre Kultur sowie damit verbundene Werte und Normen aus. Diese wirken auf die Architektur ein, indem sie den normativen Rahmen und somit den Freiraum der Architektur-Gestaltung definieren. Dies kann sich dadurch äußern, dass ganz klare Standards und Richtlinien vorgegeben sind und dass die Organisation z. B. neue, unkonventionelle Ansätze ablehnt. Folglich besteht die Gefahr, dass eine Architektur scheitert, die den Werten und Normen der Organisation widerspricht, obwohl sie alle funktionalen und nichtfunktionalen Anforderungen erfüllt. Ferner legt die Kultur einer Organisation die Art und Weise fest, wie Menschen innerhalb der Organisation miteinander umgehen und welche Erwartungen die Organisation an sie stellt. Dadurch existieren auch Wechselwirkungen zwischen der Organisation und dem einzelnen Individuum, die sich wiederum auf die Architektur auswirken. Eine Organisation wirkt somit auch auf die Architektur als Disziplin ein (siehe Kapitel 3). Eine Organisation kann aus weiteren Suborganisationen mit abweichenden Kulturen bestehen. So können in einem Unternehmen als übergeordnete Organisation verschiedene Abteilungen respektive Organisationseinheiten mit eigenen Kulturen existieren. Gerade in der heutigen Zeit, in der Unternehmen international vertreten sind, ist dieser Aspekt von besonderer Relevanz, da sich Organisationen somit über verschiedene Kulturkreise erstrecken, die sich durch andere Werte und Normen auszeichnen.

Einflüsse durch die
Organisationsstruktur

Die Strukturen einer Organisation beeinflussen ebenfalls die Architektur eines IT-Systems. Existieren in einem Unternehmen z. B. dedizierte Abteilungen zur Entwicklung von verschiedenen Teilen eines IT-Systems, wird die Gesamtarchitektur diese organisatorische Trennung widerspiegeln. Dies liegt darin begründet, dass die organisatorische Trennung die Kommunikation über Abteilungsgrenzen hinweg erschwert. Es finden sich viele Beispiele, in denen verschiedene Subsysteme eines IT-Systems nach unterschiedlichen Ansätzen und unter differierenden Annahmen konzipiert wurden. Die Integration zum Gesamtsystem stellte die Projektteams vor große Herausforderungen [Herbsleb und Grinter 1999]. Der Einfluss von Organisationsstrukturen auf die Architektur eines IT-Systems wurde von Melvin Conway erkannt und ist als Conways Gesetz in die Literatur eingegangen [Conway 1968]:

Conways Gesetz

> Organisationen sind darauf beschränkt, Systeme zu entwerfen, deren Strukturen Kopien ihrer organisatorischen Kommunikationsstrukturen sind.

Organisationen beeinflussen Architektur

Organisationen beeinflussen folglich die Architektur. Um dies zu verstehen, ist es wichtig, ein Verständnis von Organisationen zu besitzen. Aus diesem Grund behandelt Abschnitt 7.2 Organisationen genauer. Organisatorische Einflüsse sind vor allem im Zeitalter des Near- und Offshoring von großer Bedeutung, da nur eine übergreifende, regelmäßige Koordination und Kommunikation dazu führen kann, ein homogenes Gesamtsystem zu erhalten [Curtis et al. 1988].

Einflüsse durch Individuen

Menschen unterscheiden sich durch ihre Stärken, Schwächen, Wünsche, Ängste und Mentalität. Menschen tragen durch ihre individuellen Eigenschaften zu einem IT-System bei. Sie agieren in unterschiedlichen Rollen, wie z. B. Architekt, Designer oder Entwickler, und erfüllen die an die Rollen gestellten Erwartungen auf unterschiedliche Art und Weise. Hierbei können Menschen unterschiedliche Rollen gleichzeitig wahrnehmen. Je nach Erfahrungshintergrund wird ein Architekt eine Architektur auf die eine oder andere Weise entwerfen. Ein Designer wird die architektonischen Vorgaben je nach Verständnis und Vorlieben in sein Konzept einfließen lassen und ein Entwickler wird diese auf seine ganz besondere Art und Weise umsetzen. Die Individualität jedes einzelnen Projektmitglieds beeinflusst somit die Architektur, da jedes Mitglied seine zugeteilten Rollen ganz individuell ausfüllen wird. Menschen sind einzigartig und werden auch immer ganz individuelle Beiträge leisten. Die unterschiedlichen Mentalitäten beeinflussen auch die Zusammenarbeit und die Kommunikation zwischen den Projektmitgliedern und wirken sich indirekt auf die Architektur aus, da eventuell wichtige Informationen nicht kommuniziert werden oder aber Verständnisprobleme nicht ausgesprochen werden. Dies kann dazu führen, dass die Architektur auf dem Papier sich deutlich von der letztlich realisierten Architektur unterscheidet. Ferner ist es möglich, dass architektonische Vorgaben nicht angenommen werden, da ihre Zweckmäßigkeit nicht erkannt wird oder aber Vorschläge anderer nicht angenommen werden. Dieses Verhalten wird in der Literatur oft als Not-invented-here-Syndrom bezeichnet [Cockburn 2002]. Darüber hinaus sind Sympathien und Antipathien zwischen Menschen von großer Bedeutung. Wenn z. B. die Zusammenarbeit zwischen dem Architekten und seinen Teammitgliedern aufgrund von zwischenmenschlichen Differenzen beeinträchtigt ist, wird die Architektur nicht mitgetragen werden und letztlich nicht erfolgreich sein. Dies macht es unabdingbar, dass ein Architekt nicht nur ein Experte in fachlichen und methodischen Bereichen ist, sondern vielmehr auch über soziale Kompetenzen verfügt und ein grundlegendes Verständnis von Individuen besitzt. Diesem Verständnis widmet sich Abschnitt 7.3.

Es sind aber nicht nur die Organisation und das einzelne Individuum, die auf die Architektur einwirken. Vielmehr berührt auch die Architektur die Organisation und das einzelne Individuum. Eine Architektur definiert die Strukturen eines IT-Systems, indem es dessen Subsysteme und Bausteine identifiziert. Jedes Subsystem besitzt dedizierte Verantwortlichkeiten und zwischen den Subsystemen existieren Abhängigkeiten. In der Regel wird jedes Subsystem von unterschiedlichen Teams weiter konzipiert und entwickelt. Es erfolgt also eine Strukturierung der Organisation auf Basis der architektonischen Strukturen [Brooks 1995]. Dadurch wirkt die Architektur zum einen auf die Organisation ein. Zum anderen beeinflusst die Architektur auch jedes einzelne Teammitglied, da jedem Mitglied bestimmte Rollen zukommen. So wird es beispielsweise die Rolle des Designers geben, der das Subsystem weiterstrukturiert oder die des Testers, der die Testfälle und -szenarien für das Subsystem entwirft.

Einflüsse durch Architekturen

7.2 Organisationen

Nachdem im vorherigen Abschnitt der Einfluss von Organisationen auf Architektur motiviert wurde, wird im Folgenden wesentliches Wissen zum Verständnis von Organisationen vermittelt. Dabei werden einerseits allgemein gültige Themen aus der Organisationslehre behandelt. Andererseits werden diese Themen aber auch unter dem besonderen Blickwinkel von Architektur betrachtet. Das Thema wird dabei zunächst losgelöst von Architektur eingeführt und danach konkret mit Architektur in Beziehung gesetzt.

Ziele

Eine Organisation kann gemäß folgender Definition beschrieben werden [Kieser und Kubicek 1993]:

Definition: Organisation

> Eine Organisation ist ein soziales Gebilde, das dauerhaft ein Ziel verfolgt und eine formale Struktur aufweist, mit deren Hilfe Aktivitäten der Mitglieder auf das verfolgte Ziel ausgerichtet werden sollen.

Diese Definition kann jedoch unterschiedlich interpretiert werden. Im Laufe der Zeit haben sich unterschiedliche Verständnisse und Interpretationen von Organisationen entwickelt. Die wesentlichen Grundverständnisse werden im Folgenden näher besprochen. Dies sind im Einzelnen:

> Ökonomisch-rationales Verständnis
> Verhaltenswissenschaftliches Verständnis
> Systemisches Verständnis

Ökonomisch-rationales Verständnis

Das ökonomisch-rationale Verständnis hat seine Wurzeln in der frühen Industrialisierung. Ihm liegt das Prinzip der perfekten Arbeitsteilung zugrunde. Der Mensch als Individuum wird dabei als Produktionsfaktor wahrgenommen, der planbar, vorhersagbar und steuerbar ist. Organisationen, die durch dieses Prinzip geprägt sind, zeichnen sich durch starre Organisationshierarchien aus. Die Kommunikation erfolgt streng über die Hierarchie. Dieser Ansatz kann zu einer starken Abgrenzung zwischen den einzelnen Organisationseinheiten respektive Teams führen. In seiner extremen Form erfolgt eine klare Trennung zwischen dem Planen und Ausführen. F. W. Taylor kann als Vater dieses Verständnisses angesehen werden [Taylor 1913]. Deshalb wird in diesem Zusammenhang auch oft vom *Taylorismus* gesprochen.

Conways Gesetz und Taylorismus

Wenn man sich nun Conways Gesetz noch einmal in Erinnerung ruft, wird auch evident, warum Organisationen, die unter rein ökonomisch-rationalen Gesichtspunkten aufgebaut sind, IT-Systeme entwickeln, die ihre Kommunikationsstrukturen widerspiegeln. Die klare Trennung ist in der Organisation vorhanden und ein übergreifendes Verständnis existiert nicht. Wenn nun z. B. unterschiedliche Teams für unterschiedliche Subsysteme eines Systems verantwortlich sind, wird auch die Architektur des IT-Systems diese Struktur aufweisen. Aufgrund dieses Sachverhalts muss sich ein Architekt bewusst sein, dass wesentliche, architektonische Prinzipien (siehe Kapitel 6), wie Separation of Concerns, Modularisierung und Information Hiding, zwar für die Architektur eines IT-Systems wichtig sind, dass sie jedoch nicht im gleichen Maße auf die Organisation, die das IT-System realisiert, angewendet werden dürfen. Stattdessen müssen wichtige Informationen fließen, die Kommunikation muss erleichtert werden und neue Formen der Zusammenarbeit beispielsweise durch den Einsatz von Kollaborationswerkzeugen, wie Wikis, Instant-Messaging-Systemen und Team-Rooms, müssen geschaffen werden.

Das verhaltenswissenschaftliche Verständnis rückt den Menschen in den Mittelpunkt der Betrachtung, indem es ihn nicht mehr als reinen Produktionsfaktor, sondern als soziales Wesen wahrnimmt, das nach Anerkennung und Wertschätzung strebt. Die strikte Arbeitsteilung rückt dabei in den Hintergrund und das Hauptaugenmerk liegt auf der Schaffung von geeigneten Arbeitsbedingungen, die es dem Menschen erlauben, sich zu entfalten. Ein wesentlicher Aspekt ist hierbei die Förderung der Kommunikation und die Steigerung der Arbeitszufriedenheit durch geeignete Motivationsmaßnahmen. Herzberg spricht in diesem Zusammenhang von Motivatoren und Hygienefaktoren [Herzberg 1966]. Als Motivatoren können z. B. Arbeitsinhalte, Verantwortung und Anerkennung genannt werden. Diese steigern zwar zum einen die Arbeitszufriedenheit, zum anderen senken sie aber nicht die Arbeitsunzufriedenheit. Die Arbeitsunzufriedenheit wird durch Hygienefaktoren, wie die Beziehung zu Vorgesetzten und Gleichgestellten sowie die Unternehmenspolitik, beeinflusst. Wenn diese Faktoren als positiv wahrgenommen werden, können sie die Arbeitsunzufriedenheit senken, aber die Arbeitszufriedenheit nicht steigern [Drumm 1995].

Aus dieser Erkenntnis lässt sich für die Gestaltung einer Architektur ableiten, dass zur Minimierung der Arbeitsunzufriedenheit die Prinzipien und Konzepte der Architektur an Teammitglieder kommuniziert werden müssen und geeignete Kommunikationswege und -mittel geschaffen werden müssen. Hierzu kann das gemeinsame morgendliche Meeting gehören, indem über Probleme und nächste Schritte gesprochen wird [Beedle und Schwaber 2001] oder die Etablierung einer Messaging-Umgebung. Zur Steigerung der Arbeitszufriedenheit reicht dies jedoch nicht aus. Vielmehr sollte jedes Teammitglied mit Tätigkeiten betraut werden, mit denen es sich identifizieren kann. Darüber hinaus sollten sie an der Architektur-Gestaltung beteiligt und zur konstruktiven Reflexion ermuntert werden. Architektur sollte letztlich als Teamleistung verstanden werden. Vor diesem Hintergrund wird auch deutlich, dass eine klare Rollentrennung, wie sie z. B. beim Taylorismus gegeben ist, bei der Realisierung von IT-Systemen nicht sinnvoll ist.

Unter systemischen Gesichtspunkten ist eine Organisation nichts anderes als ein System (siehe Kapitel 3) und erfüllt folglich die klassischen Eigenschaften von Systemen (siehe Abbildung 7.2-1).

Verhalteswissenschaftliches Verständnis

Verhaltenswissenschaftliches Verständnis und Architektur

Systemisches Verständnis

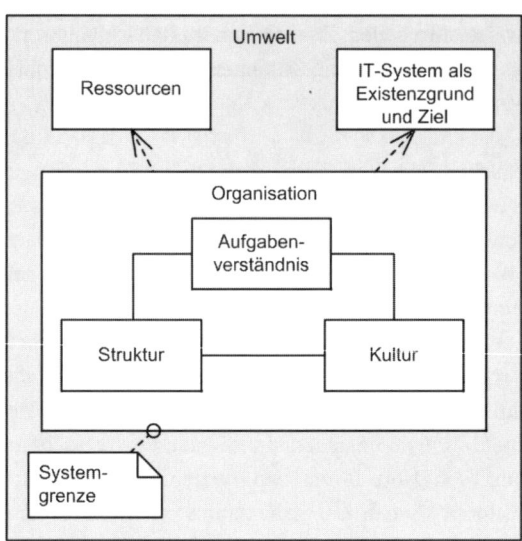

Abb. 7.2-1: *Organisation als System (in Anlehnung an [Steiger und Lippmann 2003]).*

Organisationen besitzen Ziele

Eine Organisation existiert zur Erreichung eines *Ziels*. Die Realisierung eines IT-Systems zur Erfassung und automatischen Abwicklung von Aufträgen ist ein exemplarisches Ziel einer Projektorganisation.

Organisationen interagieren mit ihrer Umwelt

Die Umwelt, beispielsweise der Auftraggeber des IT-Systems, setzt der Organisation dieses Ziel und liefert ihr somit ihren Existenzgrund. Weiter stellt die Umwelt der Organisation *Ressourcen* zur Erfüllung ihrer *Aufgabe* bereit. Dies können materielle Dinge, wie Räumlichkeiten und Arbeitsmittel, oder aber auch immaterielle Dinge, wie Informationen, sein. Ferner können Menschen bis zur Erreichung des Ziels der Organisation zur Verfügung gestellt werden. Sie werden somit Bestandteil der Organisation. Da eine Organisation in ihre Umwelt eingebettet ist, gibt die Umwelt auch die *Rahmenbedingungen* vor, in denen sich die Organisation bewegen kann. Ein wichtiger Aspekt ist hierbei die *Kultur* der Umwelt und die damit verbundenen *Werte* und *Normen*. Darunter können die Art und Weise, wie miteinander umgegangen wird, und konkrete Prozessvorgaben fallen.

Umwelt und Architektur

Als umgebende Umwelt kann ein Unternehmen angesehen werden. Ein Architekt ist nun beispielsweise einerseits Mitglied des Unternehmens und andererseits Mitglied der Projektorganisation. Je nach Kultur wird ein Architekt motiviert sein, bei der Umsetzung der konzipierten Architektur selbst Hand anzulegen oder die eigentliche Handarbeit seinen Teammitgliedern zu überlassen.

Eine Organisation entwickelt ein individuelles Verständnis, wie das von der Umwelt vorgegebene Ziel zu erreichen ist. Dieses *Aufgabenverständnis* basiert auf den Erfahrungen der Organisationsmitglieder. Aufgrund dessen wird jede Organisation eine gestellte Aufgabe auf unterschiedliche Art und Weise lösen. Mit anderen Worten handelt sie *autonom*. Im Fall eines IT-Systems kann eine Architektur mit unterschiedlichen Mitteln gestaltet werden. So kann beispielsweise ein datenzentriertes System gemäß des Repository-Architektur-Stils oder aber des Blackboard-Architektur-Stils strukturiert werden (siehe Kapitel 6.3).

Organisationen besitzen ein Aufgabenverständnis

Zur Erreichung des Ziels der Organisation (z. B. zur Realisierung eines IT-Systems) strukturiert sich die Organisation. Die Struktur betrifft hierbei zum einen die Aufbau- und zum anderen die Ablauforganisation. Die Aufbauorganisation beschreibt dabei die zu besetzenden Stellen und ihre hierarchischen Beziehungen. Die Stellenbeschreibungen charakterisieren die innerhalb der Organisation zu besetzenden Rollen. Prozesse zur effizienten Zielerreichung werden durch die Ablauforganisation definiert. In diesem Zusammenhang können beispielsweise Entwicklungsprozesse wie der Unified Software Development Process [Jacobson et al. 1999] zum Einsatz kommen.

Organisationen besitzen Strukturen

Innerhalb von Organisationen bilden sich formelle und informelle Strukturen. Die formellen Strukturen werden durch die offizielle Projektorganisation vorgegeben. Diese legt z. B. fest, dass die Kommunikation mit Mitgliedern anderer Teilteams eines Projekts nur über den Teamleiter zu erfolgen hat. Die informellen Strukturen umgehen diese Vorgaben und ermöglichen eine unmittelbare Kommunikation über Organisationsgrenzen hinweg. Diese Strukturen kommen durch Beziehungen zwischen Menschen zustande, die über die Projektorganisation hinausgehen. So hat man beispielsweise bereits auf einem vorherigen Projekt miteinander gearbeitet oder man geht demselben Hobby nach und spielt z. B. regelmäßig gemeinsam Tennis. Studien belegen, dass gerade diese informellen Brücken essenziell für die erfolgreiche Erreichung des Organisationsziels sind [Herbsleb und Grinter 1999].

Formelle und informelle Strukturen

Das Aufgabenverständnis sowie die Strukturen der Organisation beruhen auf den Werten und Normen der beteiligten Menschen. Setzt ein Projektleiter beispielsweise auf einen sehr totalitären Führungsstil, wird die Organisationsstruktur streng hierarchisch ausgelegt sein und es wird sehr klare Vorgaben geben, wie die Aufgaben zu erfüllen und zu verstehen sind. Ähnliches gilt für den Architekten. Vertraut er auf die Fähigkeiten seiner Teammitglieder und lässt sie an der Architektur-Gestaltung partizipieren, werden die Organisationsstrukturen eher flach

Organisationen besitzen Kulturen

sein und es wird ein kollektives Aufgabenverständnis vorherrschen. Die besonderen Werte und Normen einer Organisation bezeichnet man als Organisationskultur. Die Organisationskultur legt auch fest, wie die Organisation mit ihrer Umwelt interagiert. Sie kann z. **B.** definieren, ob Teammitglieder, wie Entwickler oder Tester, direkt mit dem Kunden kommunizieren dürfen oder nicht.

Interdependenzen zwischen Struktur, Aufgabenverständnis und Kultur

Die Struktur, das Aufgabenverständnis und die Kultur einer Organisation sind eng miteinander verbunden. Sie beschreiben immer die gesamte Organisation, jedoch aus unterschiedlichen Perspektiven und beeinflussen sich gegenseitig. In komplexen Organisationen lassen sich Ursache und Wirkung nicht eindeutig voneinander trennen [Steiger und Lippmann 2003].

Organisationsverständnis in der IT

Dem Einfluss von Organisationen auf Architekturen wird in Entwicklungsprojekten und generell in der IT immer mehr Rechnung getragen. Im Laufe der Zeit haben sich verschiedene Organisationsprinzipien und -muster entwickelt, nach denen Organisationen strukturiert und gelebt werden sollten. Alistair Cockburn, John Coplien und Neil Harrison behandeln diesen Themenkomplex ausführlich [Cockburn 2002, Coplien und Harrison 2004]. Des Weiteren haben sich in letzter Zeit viele agile Software-Entwicklungs- respektive Projekt-Management-Methoden, wie Scrum, die Crystal-Methodenfamilie oder eXtreme Programming, um nur ein paar zu nennen, entwickelt [Fowler 2003]. All diese Ansätze basieren auf dem verhaltenswissenschaftlichen und systemischen Organisationsverständnis. Sie rücken den Menschen ins Zentrum und betrachten ihn als motiviertes Individuum. Ferner sind nach ihrem Verständnis Organisationen so zu gestalten, dass sich Menschen in ihnen wohl fühlen und entfalten können. Letztlich muss es also das Ziel jeder Organisation sein, die Arbeitszufriedenheit zu erhöhen und die Arbeitsunzufriedenheit zu senken. Darüber hinaus vertrauen sie auf die Selbstorganisation von Organisationen [Cunningham et al. 2001]. Um diesen Forderungen gerecht zu werden, ist es wichtig, grundlegende Kenntnis von Individuen und sich selbst organisierenden Gruppen zu besitzen. Aufgrund dessen wird im nächsten Abschnitt auf den Menschen als Individuum näher eingegangen. Im Anschluss daran wird die Gruppe als sich selbst organisierende Einheit detaillierter behandelt.

7.3 Individuen

Erst durch Individuen werden Architekturen geschaffen. Menschen besitzen unterschiedliche Charaktereigenschaften, Stärken, Schwächen, Vorlieben und Abneigungen. Aus diesem Grund reicht es nicht aus, Menschen als reinen Produktionsfaktor zu betrachten. Stattdessen ist es für einen Architekten wichtig, seine Teammitglieder als Individuen wahrzunehmen und entsprechend zu behandeln. Deshalb wird in diesem Abschnitt grundlegendes Wissen zu Individuen vermittelt.

Individuen gestalten Architektur

Um sich ein Bild von Menschen machen und sie besser verstehen zu können, ist es zunächst einmal bedeutend, zu erkennen, dass jeder Mensch eine eigene Identität besitzt. Die Identität kann dabei als auf fünf wesentlichen Säulen beruhend angesehen werden. Diese Säulen werden in Tabelle 7.3-1 vorgestellt [Petzold und Sieber 1993].

5 Säulen der Identität

Tab. 7.3-1: Die fünf Säulen der Identität.

Soziales Netz	Beruf und Arbeit	Leiblichkeit	Materielle Werte	Werte und Normen
Familie Freunde Nachbarn Kollegen	Status Tätigkeit Verantwortung	Gesundheit Alter Ernährung Geschlecht Sexualität	Geld Auto Kleidung	Religion Politik Normen Tradition

Dabei ist bei jedem Menschen jede Säule unterschiedlich stark ausgeprägt. Dem einen ist das Vorankommen im Beruf wichtig und dem anderen eher unwichtig. Der eine legt viel Wert auf sein Prestige und der andere interessiert sich mehr für seine Familie.

Obwohl jeder Mensch einzigartig ist, können die in Abbildung 7.3-1 dargestellten Menschentypen unterschieden werden [Belbin 1993]. Dies ist nur eine mögliche Theorie, die jedoch die grundsätzlichen Charaktereigenschaften von Menschen gut veranschaulicht. In der Literatur finden sich weitere Ansätze zur Interpretation von Menschen. So z. B. der von Meyer und Briggs entwickelte Ansatz, der auf den Theorien von C. G. Jung basiert. Er skizziert ebenfalls verschiedene Menschentypen und zeigt weiter auf, welche Typen in einem Team zusammenarbeiten können. Weiterführende Informationen hierzu findet man in [Briggs und Myers 1995].

Menschentypen nach Belbin

Belbin identifiziert die in Abbildung 7.3-2 dargestellten Menschentypen. Für das Verständnis von gruppendynamischen Prozessen ist es wichtig, diese grundlegenden Typen zu kennen.

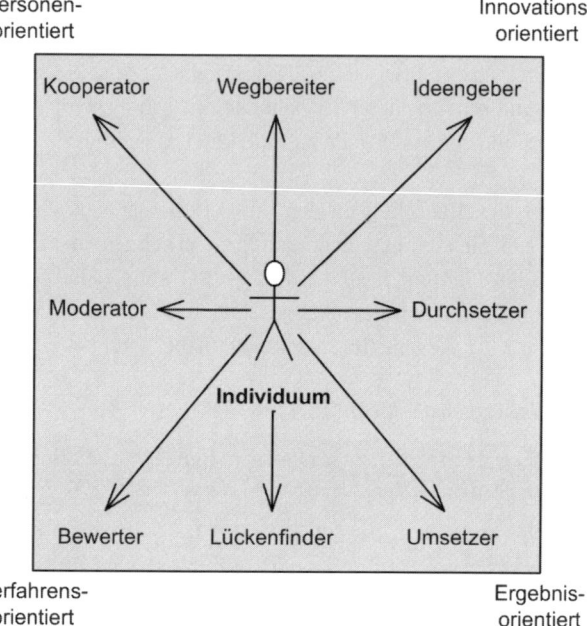

Abb. 7.3-1: *Menschentypen nach Belbin.*

Die einzelnen Menschentypen werden in Tabelle 7.3-2 beschrieben.

Tab. 7.3-2: *Beschreibung der Menschentypen nach Belbin.*

Typ	Beschreibung
Kooperator	Ein Kooperator besitzt die Fähigkeit, aufgrund seines sozialen Wesens auf Menschen einzugehen und den Teamgeist zu fördern. In Krisensituationen tendiert er eher zur Unentschlossenheit.
Wegbereiter	Ein Wegbereiter sucht Herausforderungen, ist extravertiert und kommunikativ. Es ist eine seiner Stärken, menschliche Kontakte aufzubauen und neue Themen zu erforschen. Im Gegensatz hierzu besteht die Tendenz, dass er das Interesse an einem Thema verliert, wenn es zur Routine wird.
Ideengeber	Ein Ideengeber geht unkonventionelle Wege und kann aufgrund seines Wissens und seiner Vorstellungskraft zu Lösungen beitragen. Allerdings neigt er auch dazu, Vorschriften zu übersehen und in den Wolken zu schweben.

Typ	Beschreibung
Durchsetzer	Ein Durchsetzer besitzt eine dynamische Persönlichkeit, ist willensstark und in der Lage, Entscheidungen durchzusetzen. Er ist jedoch auch erregbar und neigt zur Provokation.
Umsetzer	Ein Umsetzer ist ein gewissenhafter Mensch, der eine Aufgabe sorgfältig erledigt. Er neigt teilweise zum Perfektionismus und kann sich an Kleinigkeiten stören.
Lückenfinder	Ein Lückenfinder untersucht Sachverhalte neutral und ist gut im Analysieren. Es liegt ihm jedoch nicht, eigene Ideen einzubringen und andere Menschen zu motivieren.
Bewerter	Ein Bewerter ist ein disziplinierter und hart arbeitender Mensch, der Problemlösungen pragmatisch angeht. Jedoch kann er sich nicht schnell auf sich ändernde Situationen einstellen und ungeprüfte Ideen akzeptieren.
Moderator	Ein Moderator ist ein selbstsicherer Mensch, der kaum Vorurteile hat und ein ruhiges Wesen besitzt. Er kann andere Menschen gut in das Teamgeschehen einbinden und besitzt eine starke Wahrnehmungskraft. Er verfügt jedoch nicht über das übliche Maß an Kreativität.

Menschen lassen sich nicht eindeutig den verschiedenen Menschentypen zuordnen. Hierfür ist jeder Mensch zu einzigartig. Jedoch sind bei jedem Menschen Tendenzen zu erkennen. Da in jedem Team unterschiedliche Individuen zusammenkommen, erhält jede Architektur ihr einzigartiges Gesicht. Die Teamzusammensetzung sagt somit viel über den Erfolg eines Teams aus (siehe Abschnitt 7.4).

7.4 Individuen und Gruppen

Bei der Entwicklung eines IT-Systems respektive bei der Gestaltung einer Architektur kommen für die Dauer eines Projekts unterschiedliche Individuen zusammen, um gemeinsam das gestellte Ziel, die Realisierung des IT-Systems zu erreichen. Individuen schließen sich somit zu einer Gruppe zusammen und übernehmen darin unterschiedliche Rollen und damit verbundene Aufgaben (siehe Abbildung 7.4-1).

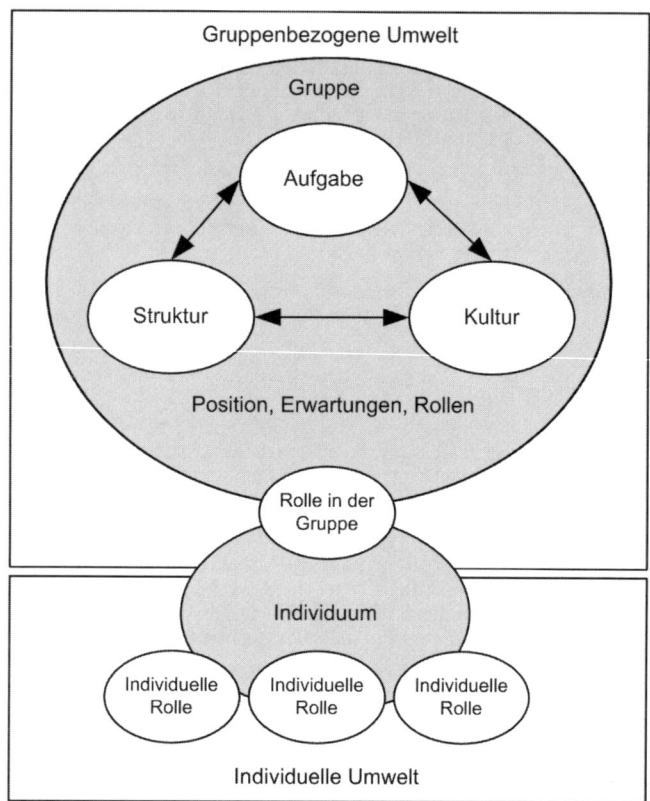

Abb. 7.4-1: *Die Gruppe als System [Steiger und Lippmann 2003].*

Gruppe als besondere Organisationsform

Eine Gruppe kann als eine besondere Form einer Organisation angesehen werden. Sie interagiert mit ihrer Umwelt, verfolgt eine Aufgabe, besitzt eine Struktur und entwickelt eine Kultur (siehe Abschnitt 7.2). Ein wichtiger Aspekt ist hierbei, dass jedes Individuum eine oder mehrere Rollen in der Gruppe wahrnimmt. Dies können zum einen die formellen Rollen, wie Architekt, Designer oder Entwickler, sein und zum anderen informelle Rollen, wie Spaßmacher oder Sündenbock. Über die Rollen definiert eine Gruppe ihre Erwartungen an Gruppenmitglieder. Jeder Mensch besitzt dabei ein eigenes Rollenverständnis und erfüllt diese Erwartungen auf seine individuelle Art und Weise.

Individuelle Umwelt

Darüber hinaus existiert der Mensch nicht nur in der Gruppe, sondern in seiner individuellen Umwelt. In dieser Umwelt nimmt er weitere Rollen, wie z. B. Vater, Ehemann oder Freund, die nicht auf das Ziel der Gruppe ausgerichtet sind, wahr. Aufgrund dessen müssen Menschen auch die Erwartungen ihrer individuellen Umwelt befriedigen. Es ist somit essenziell, sich zu vergegenwärtigen, dass Gruppenmitglieder auch ein Leben außerhalb der Gruppe führen und ihnen hierzu genügend Freiraum eingeräumt werden muss. Dadurch wird letztlich auch die Erfolgswahrscheinlichkeit der Gruppe erhöht, da sich die Menschen in der Gruppe wohl und nicht unter Druck gesetzt fühlen. Edward Yourdon empfiehlt hierzu beispielsweise Projektleitern, ausdrücklich sicherzustellen, dass das individuelle Umfeld jedes Teammitglieds nicht beeinträchtigt wird. Dies kann bedeuten, dass man sich in arbeitsintensiven Phasen bei den Partnern seiner Teammitglieder für deren Verständnis bedankt oder abends gemeinsam essen geht [Yourdon 1997].

Die Erfahrung zeigt, dass die Art der Gruppenzusammensetzung wesentlich für deren Erfolg ist. Überraschenderweise zeigen Untersuchungen, dass Gruppen, die aus hoch intelligenten, analytischen und mentalstarken Menschen bestehen, so genannten Apollo-Teams, bei der Zielerreichung schlechter abschneiden als heterogene Gruppen. Ein Grund für die schlechte Effizienz von Apollo-Teams ist der Wunsch jedes Teammitglieds, seine Ideen durchzusetzen. Ferner achten Teammitglieder von Apollo-Teams seltener auf die Arbeit und Ideen anderer [Belbin 1993]. Belbin nennt folgende Faktoren für gut funktionierende, erfolgreiche Teams:

Gruppenzusammensetzung und Erfolg

> Gruppe wird durch einen guten, kooperativen Moderator geleitet.
> Ein bis zwei Ideengeber sind in der Gruppe als absolute Erfolgsvoraussetzung vorhanden.
> Teammitglieder sind ihren Fähigkeiten entsprechend eingesetzt.

Gruppen sollten somit eine heterogene Gruppenstruktur aufweisen. Dies gilt einerseits für die Charaktereigenschaften und andererseits auch für die Fähigkeiten und den Erfahrungshintergrund. Um das Verständnis für die Problemstellung zu verbessern, schlägt Cockburn z. B. vor, Teams aus Analysten, Designern und Entwicklern zusammenzusetzen. Dies stellt sicher, dass das Geschäftsproblem, beispielsweise die Bewertung der Bonität von Unternehmen, im Team ebenso verstanden wird wie die entwurfs- und entwicklungsbezogenen Probleme [Cockburn 1996].

Heterogene Gruppenstruktur

Neben einer heterogenen Gruppenzusammensetzung ist auch die Identifizierung mit der Gruppe ein kritisches Erfolgsmerkmal. Wenn Gruppen eingespielt sind und sich die einzelnen Gruppenmitglieder kennen, sind sie in der Lage, ein Vielfaches von dem zu leisten, zu dem uneingespielte Gruppen im Stande sind [Cockburn 2002]. Dies hängt damit zusammen, dass sich die Gruppe bereits geformt, also eine Struktur bezie-

Gruppenidentifikation und Erfolg

hungsweise Hierarchie gebildet hat und sich nicht erst wieder finden muss, bevor sie sich an die Erreichung des Gruppenziels macht.

Gruppendynamik

Dieser Prozess zur Gruppenbildung wird in Tabelle 7.4-1 dargestellt. Dabei berücksichtigt das Modell den gesamten Lebenszyklus einer Gruppe von ihrer Bildung bis hin zu ihrer Neubildung.

Tab. 7.4-1: Gruppendynamik nach Tuckmann [Stahl 2002].

Phase	Primäre Aktivität	Gruppen-Leistung	Mittel
Gründungsphase (Forming)	Sich-Kennenlernen Sich-Einschätzen Einordung	Abgrenzung (Separation)	Konventionen
Streitphase (Storming)	Sich-Zeigen Sich-Vertreten Auseinandersetzung	Zuspitzung (Amplifikation)	Konflikte
Vertragsphase (Norming)	Sich-Festlegen Sich-Abfinden Einigung	Entscheidung (Selektion)	Vereinbarung
Arbeitsphase (Performing)	Sich-Einbringen Sich-Engagieren Zusammenarbeit	Bewährung (Restabilisierung)	Kooperation
Orientierungsphase (Re-Forming)	Bilanzieren Sich-Besinnen Erfahrungsaustausch	Veränderung (Variation)	Bilanzen

Gründungsphase

In der Gründungsphase lernen sich die Gruppenmitglieder kennen und schätzen einander ein. Es kommt hier bereits zu einer Einordnung der einzelnen Mitglieder. Des Weiteren grenzt sich die Gruppen gegenüber ihrer Umwelt ab. Dem Umgang miteinander liegen klare Konventionen zugrunde. Die Gruppenmitglieder sind höflich, nett und zuvorkommend. Es ist dabei wichtig, dass eine leitenden Rolle, z. B. der Architekt, die Aufgabe und Ziele der Gruppe kommuniziert und den organisatorischen Rahmen vorgibt. Die Gruppenmitglieder müssen ein klares Bild von den an sie gestellten Erwartungen erhalten.

Streitphase

Auf Basis des in der Gründungsphase erlangten Gruppenverständnisses entscheidet sich in der Streitphase für jedes Gruppenmitglied, ob es in der Gruppe verbleiben will oder nicht. Ferner versucht jedes Mitglied eine für sich adäquate Position innerhalb der Gruppe zu erhalten. Diese kann von der zugedachten Position respektive Rolle durchaus abweichen. Deshalb stehen Meinungsunterschiede, Konkurrenzverhalten und Konfrontationen in dieser Phase im Vordergrund. Diese Auseinandersetzung muss von der Gruppenleitung zugelassen werden, um das Sich-Finden der Gruppe zu ermöglichen. Jedoch sollte sie auf die in der Gründungsphase vereinbarten Regeln hinweisen und die Konfrontation auch nur in diesem Rahmen gestatten.

Die Vertragsphase schließt sich an die Streitphase an. In dieser Phase findet sich die Gruppe. Die Gruppenmitglieder identifizieren sich mit der verhandelten Rolle und einigen sich auf Regeln der Zusammenarbeit. Die Gruppe entwickelt eine Identität und es entsteht ein Wir-Gefühl. Ab diesem Zeitpunkt sollten Aufgaben delegiert werden, um die Selbstständigkeit der Gruppenmitglieder zu fördern. Dabei sind die Stärken und Schwächen der einzelnen Mitglieder zu beachten (siehe Abschnitt 7.3).

Vertragsphase

Die Arbeitsphase kennzeichnet sich durch das Engagement jedes Teammitglieds. Aufgrund des entwickelten Wir-Gefühls erfolgt eine zielorientierte, gemeinschaftliche Zusammenarbeit. Zu diesem Zeitpunkt hat sich die Gruppe eingespielt und ihr Leistungsvermögen erreicht. In dieser Phase sollten die Selbstständigkeit der Gruppe gewährleistet werden und störende Einflüsse von der Gruppe ferngehalten werden. Allerdings bedeutet dies nicht, dass Informationen von außen, die z. B. das Ziel der Gruppe in einem neuen Licht erscheinen lassen, abgeblockt werden sollen. Im Rahmen der Entwicklung eines IT-Systems können dies neue Anforderungen sein, die selbstverständlich berücksichtigt werden müssen.

Arbeitsphase

Nach der Erreichung des Gruppenziels erfolgt in der Orientierungsphase ein Besinnen auf die Leistung und Erlebnisse der Gruppe. Ferner kann sich die Gruppe auflösen oder auf ein neues Ziel ausrichten. Da die Phasen bis zur Arbeitsphase für die Gruppe sehr intensiv und langwierig sein können, empfiehlt es sich jedoch, ein eingespieltes Team beizubehalten und auf ein neues Ziel auszurichten.

Orientierungsphase

Die beschriebenen Phasen werden in der Regel mehrfach durchlaufen, bis sich die Gruppe gefunden und eingespielt hat. Dies gilt vor allem für die ersten drei Phasen des Modells.

Spiralförmiger Ablauf

7.5 Architektur und Entscheidungen

Die Schlüsselaufgabe eines Architekten ist das Treffen von Entscheidungen. In diesem Zusammenhang stellt sich jedoch die Frage, was sind überhaupt Entscheidungen und was sind letztlich architektonisch rele-

Treffen von Entscheidungen als Schlüsselaufgabe

vante Entscheidungen, mit denen sich ein Architekt beschäftigen muss? Dieser Abschnitt widmet sich diesem Themenkomplex, indem zunächst das Thema Entscheiden allgemein betrachtet und anschließend auf Architektur übertragen wird.

Was ist eine Entscheidung?

Nach Vetter kann eine Entscheidung wie folgt definiert werden [Steiger und Lippmann 2003]:

> 1. Eine Entscheidung ist die Wahl einer Handlungs- oder Reaktionsmöglichkeit in einer Situation, in der mehrere Möglichkeiten bestehen.
> 2. Eine Entscheidung ist ein Schritt im Rahmen einer Problemlösung, bei dem nach der Bewertung von Handlungsalternativen eine Alternative ausgewählt wird.

Diese Definition hebt zwei wichtige Merkmale einer Entscheidung hervor. Zum einen bestehen stets mehrere Möglichkeiten, für die man sich entscheiden kann. Zum anderen ist die Wahl einer dieser Möglichkeiten, also die eigentliche Entscheidung, immer eingebettet in einen Problemlösungs- beziehungsweise Entscheidungsprozess.

Architektur als Resultat von Entscheidungen

Wenn man Architektur als das Resultat einer Reihe von Entscheidungen ansieht, wird aufgrund dessen auch deutlich, warum Architektur immer ein Kompromiss ist. Ein Architekt steht vor der Aufgabe, eine Architektur zu konzipieren, die die an sie gestellten funktionalen und nicht-funktionalen Anforderungen würdigt. Dabei wird er entscheiden müssen, welche Anforderungen er priorisiert und welche er eher vernachlässigt. Er muss somit aus einer Reihe von Möglichkeiten wählen und dadurch einen Kompromiss eingehen.

Architektur als Resultat eines Entscheidungsprozesses

Architektur ist ferner das Ergebnis eines Entscheidungsprozesses. Unabhängig davon, nach welchem Vorgehen (siehe Kapitel 8) ein Architekt handelt, lässt sich das Treffen von Entscheidungen in folgende Schritte unterteilen [Steiger und Lippmann 2003]:

> *Entscheidung vorbereiten*
>
> Um eine Entscheidung treffen zu können, muss diese vorbereitet werden. Mit anderen Worten sind die Ziele, die man erreichen möchte, zu definieren. Im Sinne von Architektur ist dies die Erfüllung der funktionalen und nicht-funktionalen Anforderungen. Des Weiteren sind Restriktionen, die durch die Umwelt induziert werden, zu identifizieren und zu berücksichtigen. Ein Beispiel hierfür sind Standards hinsichtlich Plattformen, wie J2EE oder .NET, die in

einem Unternehmen (Umwelt) eingehalten werden müssen. Auf Basis der Anforderungen und der Restriktionen muss sich der Architekt die verschiedenen Möglichkeiten respektive Lösungsvarianten vergegenwärtigen. Es ist dabei empfehlenswert, bereits im Rahmen der Entscheidungsvorbereitung mit betroffenen Personen und Abteilungen zu kommunizieren, um zum einen Informationen zu erlangen und zum anderen die Akzeptanz verschiedener Möglichkeiten zu eruieren.

> *Entscheidung treffen*

In diesem Schritt gilt es, die festgehaltenen Möglichkeiten gegenüberzustellen und sich für eine der Möglichkeiten zu entscheiden. Jede Lösungsvariante adressiert die Anforderungen und Restriktionen unterschiedlich. Die Herausforderung besteht in diesem Schritt darin, für die jeweilige Problemstellung die Variante zu selektieren, die die Anforderungen und Restriktionen zweckmäßig ausbalanciert. Ist in einem Unternehmen z. B. J2EE als Standard gesetzt, so gilt es für den Architekten immer noch abzuwägen, welcher Applikations-Server einzusetzen ist. Dabei sind neben benötigten Diensten (JSP, Java Servlets, EJB etc.) auch Kostenaspekte in die Entscheidung einzubeziehen. Es kann somit also zweckmäßig sein, einen Open-Source-Applikations-Server einzusetzen, um den Budget-Rahmen nicht zu sprengen. Die möglichen Entscheidungsalternativen, die letztlich getroffene Entscheidung sowie die Gründe für die gefällte Entscheidung sind entsprechend zu dokumentieren. Dies stellt sicher, dass man zu einem späteren Zeitpunkt die Entscheidung nachvollziehen kann.

> *Entscheidung kommunizieren*

Eine Entscheidung muss aktiv kommuniziert werden, um das durch die Entscheidung angestrebte Ziel zu erreichen. Es genügt nicht, eine Entscheidung im stillen Kämmerlein zu treffen und diese erst auf Nachfrage zu kommunizieren (siehe Abschnitt 7.2).

> *Entscheidung realisieren*

Neben der Kommunikation der Entscheidung ist es natürlich auch wichtig, diese zu realisieren.

> *Entscheidung evaluieren*

Jeder Entscheidung sollte beurteilt werden, um die Zweckmäßigkeit der Entscheidung zu verifizieren und um aus möglichen Fehlern zu lernen.

Im Rahmen des Entscheidungsprozesses ist es wichtig, Informationen zu sammeln, auf deren Grundlage Entscheidungen getroffen werden

Informationsmenge und Entscheidungen

können. Hier stellt sich die Frage, wie viel Informationen benötigt werden, um zweckmäßige Entscheidungen zu fällen. Man könnte annehmen, dass Entscheidungen umso leichter fallen, je mehr Informationen vorliegen. Psychologische Untersuchungen zeigen jedoch, dass die Entscheidungsfreudigkeit mit zunehmender Informationsmenge sogar deutlich sinken kann [Dörner 1989]. Dies ist letztlich gar nicht so unverständlich, wie es zunächst scheint. Damit man keine Entscheidung aus Unsicherheit heraus trifft, sammelt man Informationen über den zu entscheidenden Sachverhalt. Je mehr man jedoch über den Sachverhalt weiß, umso schwieriger wird die eigentliche Entscheidung, da die Komplexität des Sachverhalts zunimmt. Infolgedessen können Entscheidungen auf purem Aktionismus beruhen, weil man die Informationsflut nicht mehr überblicken kann oder Entscheidungen werden verschleppt, da sich eine Entscheidungsunfähigkeit eingestellt hat. Um diesem Problem zu begegnen, sollte die Menge an Informationen einer kritischen Masse entsprechen, das heißt gerade so groß sein, dass eine zweckmäßige Entscheidung getroffen werden kann [Rüping 2004]. Es ist allerdings relativ schwierig, diese kritische Masse zu bestimmen. Hierbei kann der Architekt oftmals nur auf seine Erfahrung vertrauen. Die Berücksichtigung von Architektur-Mitteln, wie z. B. Architektur-Stilen und -Mustern oder den in Kapitel 8 geschilderten Anwendungsszenarien, können die Entscheidungsfindung erleichtern.

Entscheidungsarten und -methoden

Entscheidungen können auf rationale oder intuitive Art und Weise getroffen werden. Rationale Entscheidungen beruhen auf systematischem Vorgehen und dem analytischen Vorbereiten von Entscheidungen. Hierbei werden Entscheidungen in kleinere, überschaubarere Teilentscheidungen unterteilt. Die Summe der Teilentscheidungen ergibt dann die Gesamtentscheidung [Steiger und Lippmann 2003]. Einige Methoden, die zum Treffen rationaler Entscheidungen herbeigezogen werden, sind:

> Entscheidungsbäume [Vroom und Yetton 1976]

> Lineare Programmierung

> Nutzwertanalyse

> Metaplan-Technik

Bei der intuitiven Entscheidung lässt man sich von seinem Gefühl leiten und vertraut auf seine Intuition. Es erfolgt eine ganzheitliche Betrachtung des zu entscheidenden Sachverhalts und man fällt auf Basis seines Gefühls und seiner Erfahrung eine Entscheidung. Tony Bouzan, der Erfinder der Mind-Mapping-Methode, bezeichnet diese Art der Entscheidung als Superlogik. Das Gehirn analysiert die Problemstellung intuitiv und liefert ein Gefühl, mit dem man „aus dem Bauch heraus" entscheiden kann. Die Relevanz dieser Entscheidungsmethode wird durch eine Untersuchung der Harward Business School untermauert, nach der Angestellte und Vorstände von Unternehmen 80 % ihres Erfolgs auf intuitives Handeln zurückführen [Bouzan und Bouzan 1997].

In der Literatur wird zwischen strategischen und operationalen Entscheidungen unterschieden [Steiger und Lippmann 2003]. Strategische Entscheidungen haben längerfristigen Charakter und umfassende Bedeutung. Dahingegen betreffen operationale Entscheidungen kurzfristige Belange und haben ein geringeres Ausmaß.

Strategische und operationale Entscheidungen

Architektonische Entscheidungen sind von strategischer Natur, da sie ein System maßgeblich prägen und langfristig beeinflussen. Sie betreffen also das Gesamtsystem im jeweiligen Kontext.

Charakter architektonischer Entscheidungen

Architekten müssen Entscheidungen in verschiedenen Bereichen treffen. Zum einen sind an dieser Stelle die Entscheidungen zu nennen, die die Architektur des Systems unmittelbar betreffen, und zum anderen die Entscheidungen, die eher von organisatorischer Natur sind. Zu Letzteren gehört z. B. die Auswahl von geeigneten Mitarbeitern, um die Realisierung des Systems sicherzustellen. Entscheidungen, die das System an sich betreffen, lassen sich aus dem in Abschnitt 3.4 eingeführten Modell ableiten. Abschließend werden typische Entscheidungen vorgestellt, die ein Architekt im Hinblick auf die konkrete Architektur eines Systems fällen muss.

Entscheidungsbereiche

Ein Architekt muss entscheiden,
> aus welchen Subsystemen das zu realisierende System besteht und welche Verantwortlichkeiten die jeweiligen Subsysteme besitzen.
> wie das zu realisierende System auf unterschiedliche Schichten organisiert ist und welche Subsysteme auf welchen Schichten angesiedelt sind.
> welche Beziehungen zwischen den Subsystemen bestehen und wie die Subsysteme miteinander kommunizieren sollen.
> welche architekturtragenden Bausteine im System vorzusehen sind und wie die Schnittstellen dieser Bausteine aussehen.
> auf welcher Plattform das System betrieben wird und welche Dienste benötigt werden.
> wie Software-Bausteine auf der Plattform installiert und über die Hardware-Bausteine verteilt werden.

Beispiele architektonischer Entscheidungen

> welche konkreten Hardware-Bausteine vorzusehen sind und wie
diese zu dimensionieren sind.

7.6 Architekt als zentrale Rolle

**Architekt als
zentrale Rolle**

Ein Architekt ist in vielfältige Aufgaben eingebunden und kommuniziert
mit unterschiedlichsten Interessenvertretern. Er ist in der Regel schon
im Rahmen von Vorstudien, beispielsweise zur Verifizierung der Machbarkeit eines IT-Vorhabens, über die Analyse-Phase eines Projekts bis
hin zur Inbetriebnahme eines IT-Systems involviert. Währenddessen
interagiert er mit vielen verschiedenen Rollen, wie in Abbildung 7.6-1
illustriert.

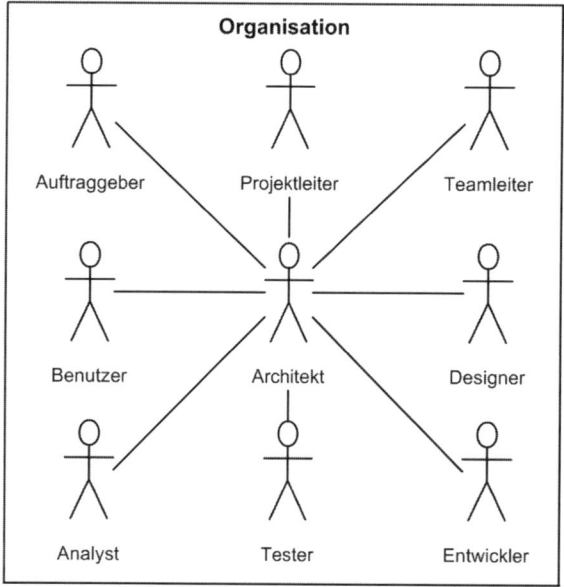

Abb. 7.6-1: *Architekt im organisatorisch sozialen Umfeld.*

**Architekt als
Gestalter**

Aufgrund dieses zentralen Charakters ist ein Architekt mehr als ein
Gestalter einer Architektur, obwohl dies eine seiner wichtigsten Aufgaben ist. Hierbei bringt er all seine Erfahrung ein, identifiziert die architektonisch relevanten Anwendungsfälle, berücksichtigt Architektur-
Prinzipien, wählt passende Architektur-Stile aus und adaptiert erprobte
Referenzarchitekturen. Dies ist jedoch nur ein Teil seines Aufgabenfel-
des.

Durch die Architektur-Gestaltung agiert ein Architekt als Problemlöser, indem er die architektonische Basis für die Erfüllung von funktionalen und nicht-funktionalen Anforderungen schafft.

Architekt als Problemlöser

Mit anderen Worten beantwortet er die in Abschnitt 7.5 vorgestellten klassischen, architektonischen Fragen und trifft strategische Entscheidungen. Von einem Architekten wird somit auch eine Entscheidungsfähigkeit in unsicheren Situationen erwartet.

Architekt als Entscheider

Darüber hinaus muss er als Visionär der Architektur agieren. Er darf die Vision, die durch die Architektur verwirklicht werden soll, nicht aus den Augen verlieren. Vielmehr muss er sicherstellen, dass jeder Beteiligte stets die Grundprinzipien der Architektur kennt und sein Handeln entsprechend ausrichtet. Dies gilt sowohl in Richtung Kunde als auch in Richtung Team.

Architekt als Visionär

Deshalb muss ein Architekt auch über ausgesprochen kommunikative Fähigkeiten verfügen. Er muss aktiv auf Menschen zugehen, Informationen vermitteln und für einen adäquaten Wissensstand aller Beteiligten hinsichtlich der Architektur sorgen. Zu diesem Zweck muss er in der Lage sein, Ideen zu kommunizieren und zielgruppengerichtet zu präsentieren.

Architekt als Kommunikator

Neben der Vermittlung von Informationen sollte ein Architekt natürlich auch offen für Ideen und Fragen anderer sein. Er sollte somit stets aktiv zuhören und beispielsweise auf Vorschläge seiner Teammitglieder eingehen. Die Teammitglieder sind die Spezialisten in ihrem Bereich und können für ihr Gebiet die Zweckmäßigkeit der Architektur beurteilen. Allerdings darf der Architekt dabei nicht die Gesamtsicht der Architektur aus dem Auge verlieren. Er muss hierbei immer die Zweckmäßigkeit für die Gesamtarchitektur beurteilen.

Architekt als Zuhörer

Darüber hinaus ist es die Aufgabe eines Architekten, seine Teammitglieder für die gewählte Architektur zu gewinnen. Aus diesem Grund sollte er sich auch als Motivator verstehen. Ein Architekt sollte im Sinne des Schriftstellers Antoine de Saint-Exupéry motivieren:

Architekt als Motivator

> „Wenn Du ein Schiff bauen willst, so trommle nicht die Männer zusammen, um Holz zu beschaffen und Werkzeuge vorzubereiten oder die Arbeit einzuteilen und Aufgaben zu vergeben, sondern lehre die Männer die Sehnsucht nach dem endlosen, weiten Meer."

Aus De Saint-Exupérys Worten wird deutlich, dass richtige Motivation nur geweckt werden kann, wenn Menschen auf ein Ziel hinarbeiten, mit dem sie sich voll und ganz identifizieren können. Für einen Architekten bedeutet dies, dass er seine Teammitglieder mit ins Boot holen muss. Dies kann durch die Delegation von Verantwortlichkeiten und die Berücksichtigung von Ideen und Vorschlägen anderer gelingen. Ferner sollte jedem Teammitglied seine Nützlichkeit und Wichtigkeit klar kommuniziert werden, um seine Zufriedenheit zu steigern.

Architekt als Leiter

Ein Architekt ist auch der technische Leiter eines IT-Vorhabens. Er muss somit Führungsqualitäten besitzen. Einige diese Qualitäten, wie die Motivation seines Teams, wurden bereits explizit erwähnt. Für die Ausübung seiner Führungsrolle ist es wichtig, einen für die jeweilige Situation und das jeweilige Individuum geeigneten Führungsstil anzuwenden. Sind Teammitglieder beispielsweise hoch qualifiziert und motiviert, sollten Aufgaben delegiert werden. Ein delegativer Führungsstil zeichnet sich dadurch aus, dass der Architekt das Problem aufzeigt und die Grenzen des Entscheidungsspielraums festlegt. Das Team respektive das Individuum entscheidet selbstständig im Rahmen seines Entscheidungsspielraums. Bei Teammitgliedern, die zwar hoch motiviert, jedoch noch nicht über ausreichende Erfahrung verfügen, sollte der Architekt bei der Entscheidungsfindung unterstützend einwirken. Dies kann in seiner Rolle als Zuhörer und durch das Beantworten von Fragen geschehen. Der Entscheidungsspielraum ist dabei durch die Architektur vorgegeben, indem z. B. Architektur-Prinzipien festgelegt und Subsysteme inklusive ihrer Verantwortlichkeiten sowie der Art und Weise der Kommunikation beschrieben werden.

Architekt als Praktiker

Ein Architekt soll jedoch nicht nur Vorgaben entwerfen, sondern auch aktiv mitarbeiten, da dies signifikant zum Architektur-Erfolg beiträgt. Zum einen kann ein Architekt hierdurch unmittelbar die Realisierbarkeit architektonischer Ideen abschätzen. Darüber hinaus wird die Wahrscheinlichkeit erhöht, dass die Teammitglieder die Architektur verstehen, weil eine unmittelbare Kommunikation zwischen Architekt, Designern und Entwicklern entsteht. Ferner wird hierdurch die Akzeptanz des Architekten durch die Teammitglieder gesteigert, da eine direkte Zusammenarbeit soziale Barrieren abbaut [Ambler 2002]. Aus diesem Grund sollte sich ein Architekt immer auch als Praktiker verstehen. Das Organisationsmuster ArchitectAlsoImplements formuliert diese Anforderung [Coplien und Harrison 2004].

Architekt als Generalist

Ein Architekt sollte eine breite Wissensbasis besitzen, die es ihm erlaubt, Zusammenhänge zu erkennen, zu verstehen und daraus Konsequenzen abzuleiten. Im Hinblick auf die in Kapitel 3 vorgestellten Architektur-Disziplinen bedeutet dies, dass er über generelles Wissen in den einzelnen Disziplinen verfügt. Man kann ihn somit als Generalisten bezeichnen, der für tiefer gehende Fragen und Problemstellungen auf das Spezialwissen seiner Teammitglieder zurückgreift. Neben diesen architekturbezogenen Wissensgebieten muss der Architekt jedoch auch über wesentliche Kenntnisse des Problembereichs, für den das IT-System entwickelt wird, verfügen, um die Wünsche und Probleme des Auftraggebers und der Benutzer zu verstehen. Ferner sind Projektmanagementkenntnisse erforderlich, um im Zusammenspiel mit dem Projektleiter den Projektplan zu entwerfen. Nicht zuletzt ist auch fundiertes Wissen im Testen von Systemen notwendig, um die Testpläne und -szenarien mit Testern zu koordinieren.

Die geschilderten Kenntnisse eines Architekten sind sehr umfangreich, jedoch wesentlich für dessen Erfolg. Vitruvius umschrieb die Kompetenzen eines Architekten wie folgt:

Kompetenzen eines Architekten

> The ideal architect should be a man of letters, a mathematician, familiar with historical studies, a diligent student of philosophy, acquainted with music, not ignorant of medicine, learned in the responses of juriconsults, familiar with astronomy and astronomical calculations.

Darin kommt die von einem Architekten erwartete, breite Wissensbasis zum Ausdruck, die sich über fachliche, methodische und soziale Kompetenzen erstreckt.

Die vorgestellten Aufgaben eines Architekten sind sehr umfangreich. Hier stellt sich die Frage, ob diese Aufgaben überhaupt durch eine Person alleine erfüllt werden können. Je nach den individuellen Stärken und Schwächen wird ein Mensch die Aufgaben besser oder schlechter erfüllen können und ggf. mit allen Aufgaben überfordert sein (siehe Abschnitt 7.3). Aus diesem Grund spricht sehr viel für die Etablierung von Architektenteams, deren Mitglieder sich entsprechend ergänzen (siehe Abschnitt 7.4).

Architektenteams

Einige Firmen haben die von einem Architekten erwarteten Kompetenzen konkretisiert und dedizierte Anforderungsprofile für Architekten entwickelt. Ein Beispiel ist das Enterprise Architecture Skills Framework der TOGAF [Jones 2004]. Die TOGAF unterscheidet dabei zwischen folgenden Wissensbereichen:

Dedizierte Entwicklungspfade und Anforderungsprofile

> Allgemeines Wissen (englisch: *generic skills*) ist auf die Sozialkompetenz von Architekten ausgerichtet und behandelt Themen, wie Führung und Teamarbeit

> Geschäftswissen und -methoden (englisch: *business skills and methods*) vermittelt z. B. Geschäftsprozesse und strategische Planung

> Enterprise-Architektur-Wissen (englisch: *enterprise architecture skills*) vermittelt Themen rund um Enterprise-Architektur

> Programm- oder Projektmanagement-Wissen (englisch: *program or project management skills*) fördert die Methodenkompetenz im Rahmen von Projekten

> Allgemeines IT-Wissen (englisch: *IT general knowledge skills*)

> Technisches IT-Wissen (englisch: *technical IT skills*) beinhaltet elementare Themen, wie Software-Entwicklung und Datenmodellierung

> Rechtliches Wissen (englisch: *legal environment*)

Architektur benötigt Erfahrung

Ein entsprechendes Entwicklungsprogramm ist eine nützliche Grundlage für die Weiterentwicklung als Architekt. Architektur ist jedoch immer das Resultat von Erfahrung. Aus diesem Grund muss man offen sein für Neues und erkannt haben, dass man nie auslernen wird. Jedes neue Architektur-Vorhaben ist somit eine Chance, um sich weiterzuentwickeln und seinen Erfahrungsschatz zu vergrößern.

8 | Architektur-Vorgehen (WIE)

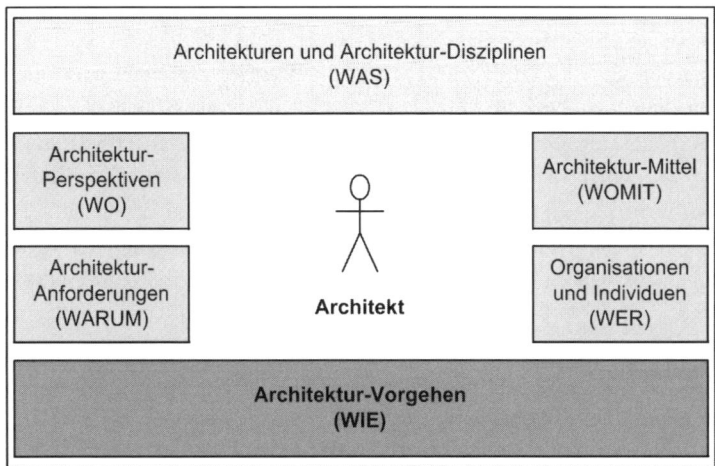

Abb. 8-1: *Positionierung des Kapitels im Ordnungsrahmen.*

In diesem Kapitel steht die *WIE-Dimension* des Ordnungsrahmens im Mittelpunkt. Dieses Kapitel beschreibt die einzelnen Tätigkeiten des Architekten während der Erarbeitung eines zukünftigen Systems. Es zeigt auch, wie sich die Gewichtung der einzelnen Tätigkeiten während der Entwicklung eines Systems verändert. Hierzu ist das Kapitel zweigeteilt. Im ersten Teil des Kapitels werden die einzelnen Tätigkeiten des Architekten und ihre Gewichtung während der Entwicklung des Systems in einer allgemein gültigen Form dargestellt. Im zweiten Teil des Kapitels erfolgt eine Konkretisierung dieser allgemein gültigen Darstellung anhand von ausgewählten Anwendungsszenarien. Die vorgestellten Anwendungsszenarien vernetzen den Ordnungsrahmen sowie den Theorieteil aus dem Kontext eines jeweils spezifischen Anwendungsfalls heraus und bieten auf diese Weise dem Leser einen problemorientierten Zugang zu den übrigen Kapiteln. Jedes Anwendungsszenario gibt eine Orientierung über die wesentlichen Tätigkeiten, mit denen Sie sich als Architekt im ausgewählten Anwendungskontext befassen sollten.

Übersicht

8.1 Architektonisches Vorgehen

Entwicklungsprozesse basieren auf Prozessansätzen

Systeme sind immer das Ergebnis eines Entwicklungsprozesses. Oftmals basiert ein Entwicklungsprozess auf einem einzelnen oder einer Zusammenstellung mehrerer Prozessansätze (Methoden, Vorgehen bzw. Vorgehensmodelle). So können Projekte z. B. für ihren Entwicklungsprozess einen iterativ-inkrementellen Prozessansatz, wie es im Unified Software Development Process (USDP) [Jacobson et al. 1999] definiert ist, verwenden und zusätzlich Prozessansätze wie „Fortlaufende Integration" aus dem Bereich Extreme Programming (XP) [Beck 2000] einsetzen.

Prozessansätze sind Leitfäden

Die Prozessansätze fungieren hierbei als Leitfäden zur Strukturierung der einzelnen Disziplinen im Rahmen eines Entwicklungsprozesses für die Entwicklung eines Systems. Bei den Disziplinen handelt es sich in der Software-Entwicklung typischerweise um Anforderungserhebung, Analyse, Design etc. Hierbei legen Prozessansätze den Inhalt und die Reihenfolge dieser Disziplinen fest.

Architektonisches Vorgehen ist Teil eines Entwicklungsprozesses

Architektonisches Vorgehen ist wiederum eingebettet in einen Entwicklungsprozess. Es beinhaltet bestimmte Tätigkeiten (innerhalb der Disziplinen eines Entwicklungsprozesses), in denen ein Architekt entweder eine führende Rolle einnimmt oder involviert ist.

8.1.1 Entwicklungsprozess

Von der Vision zum Ergebnis

In einem Entwicklungsprozess entsteht aus einer anfänglichen Vision etwas Neues. Diese Entwicklung ist keine plötzliche, schlagartige Veränderung, sondern es ist, wie bei Prozessen üblich, ein schrittweiser, kontinuierlicher Übergang von der anfänglichen Vision zum endgültigen Ergebnis. Ist die anfängliche Vision noch vage und nicht bis ins letzte Detail ausformuliert, so ist das Ergebnis jedoch konkret und faktisch. Von Schritt zu Schritt geht die vage anfängliche Vision so in ein konkretes Ergebnis über. Dieser Übergang ist keine geradlinige Abfolge von Schritten. Vielmehr ist die anfängliche Vision nur ein Startpunkt. Sie wurde entworfen aufgrund der anfänglichen unvollständigen Kenntnisse. Bedingt durch neue oder verbesserte Erkenntnisse sowie veränderte Anforderungen und Rahmenbedingungen kann sich das Ergebnis der einzelnen Entwicklungsschritte von der anfänglichen Vision jedoch entfernen. Entwicklung ist also immer auch ein Sichvortasten in einem unbekannten Gebiet.

Diesem eben geschilderten Sachverhalt tragen moderne Prozessansätze wie USDP, XP etc. durch ein iterativ-inkrementelles Vorgehen Rechnung. Bei einem solchen Prozessansatz wird der gesamte Entwicklungsprozess in einzelne, aufeinander folgende und aufbauende Entwicklungsschritte unterteilt, den so genannten Iterationen. Das Besondere dabei ist nun, dass innerhalb jeder Iteration alle typischen Tätigkeiten einer Software-Entwicklung wie Analyse, Design etc. stattfinden. Das heißt, in jeder Iteration wird die Aufgabenstellung ein Stück weit analysiert, für das Analysierte wird ein Design entworfen und anschließend umgesetzt etc. Am Ende einer Iteration hat man sich so ein Stück weiter in die Aufgabenstellung eingearbeitet und die Lösung um ein weiteres Stück vervollständigt. Jedes dieser Stücke, welches die Lösung vervollständigt, bezeichnet man als Inkrement und stellt ein in Teilen bereits funktionierendes System dar. So kommt man schrittweise, Stück für Stück, sprich iterativ-inkrementell, zum endgültigen System. Allerdings benötigt dieses Vorgehen Planung. Insbesondere sind hierbei die Iterationen zu planen. Dabei wird die Anzahl an benötigten Iterationen und welche Anforderungen in den jeweiligen Iterationen realisiert werden bestimmt. Abbildung 8.1-1 zeigt die wesentlichen Elemente eines iterativ-inkrementellen Entwicklungsprozesses am Beispiel USDP.

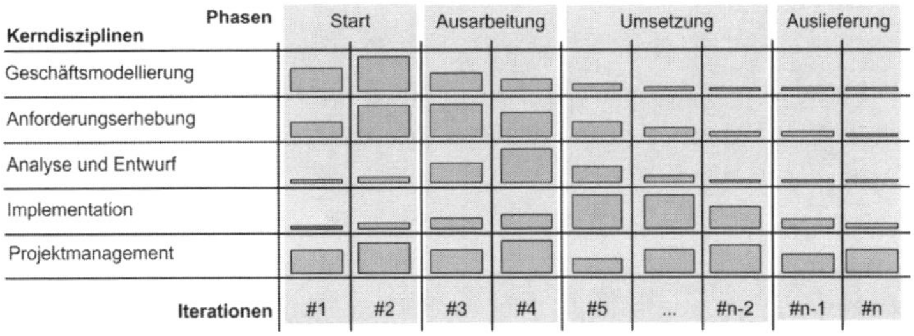

Iterativ-inkrementelles Vorgehen

Abb. 8.1-1: *Elemente des USDP.*

In Abbildung 8.1-1 wird gezeigt, wie ein iterativ-inkrementelles Vorgehen auf der vertikalen Achse über die Zeit (Phasen und Iterationen) und auf der horizontalen Achse über Kerndisziplinen gegliedert ist. Abbildung 8.1-1 zeigt nur die für einen Architekten relevantesten Kerndisziplinen (englisch: *core process disciplines*). Im USDP sind noch weitere Kerndisziplinen vorgesehen. In einem itcrativ-inkrementellen Vorgehen werden zur besseren Übersicht bestimmte Phasen (Zeitabschnitte) unterschieden, die bei der Entwicklung eines Systems durchlaufen werden. Diese Phasen sind nicht zu verwechseln mit den Phasen traditioneller Wasserfallmodelle. Jede dieser Phasen kann mehr oder weniger Iterationen umfassen als in Abbildung 8.1-1 dargestellt. Die Kerndisziplinen sind dabei unterschiedlich stark gewichtet, abhängig von der Phase, zu der eine Iteration gehört. In Abbildung 8.1-1 wird die Gewichtung der Kerndisziplinen zu unterschiedlichen Zeitpunkten mittels verschiedener großer Blöcke in den Kreuzungspunkten der Zeit- und Aktivitätsachsen angedeutet. Abbildung 8.1-1 zeigt hier jedoch nur die Tendenz in der Gewichtung der Kerndisziplinen. In einem konkreten Projekt kann dies in absoluten Zahlen im Detail anders aussehen. Anforderungen spielen in einem iterativ-inkrementellen Entwicklungsprozess eine zentrale Rolle. Sie sind der Ausgangspunkt für sämtliche Handlungen. Deshalb werden im Folgenden kurz die einzelnen Phasen hinsichtlich ihrer Behandlung von Anforderungen beleuchtet.

Startphase

In der Startphase (englisch: *inception*) verschafft man sich einen groben Überblick über die funktionalen und nicht-funktionalen Anforderungen (siehe Kaptiel 5). Eine tiefere Durchdringung und Verfeinerung der einzelnen Anforderungen bleibt an dieser Stelle zunächst außen vor. Aufgrund dieses Überblicks erfolgt eine Gewichtung der einzelnen Anforderungen. Basis für die Gewichtung einer Anforderung sind Kriterien wie:

> Nutzen einer Anforderung für den Anwender

> mit der Realisierung einer Anforderung verbundene Risiken

> Komplexität einer Anforderung

Ausarbeitungsphase

Während der Ausarbeitungsphase (englisch: *elaboration*) erfolgt die weitere Analyse der Anforderungen sowie der Entwurf auf Basis der Analyseergebnisse.

Umsetzungs- und Auslieferungsphase

Die inkrementelle bzw. schrittweise Umsetzung der einzelnen Anforderungen erfolgt dann während der Umsetzungsphase (englisch: *construction*). In der abschließenden Auslieferungsphase (englisch: *transition*) wird das neu erstellte System dann in Betrieb genommen.

Iterationsplanung

Die Analyse der Anforderungen liefert unter anderem als Ergebnis die Gewichtung der einzelnen Anforderungen. Beispielsweise könnten Anforderungen mit einem großen Nutzen für den Anwender und/oder mit einem hohen Risiko eine hohe Gewichtung erhalten. Anforderungen mit einem geringen Nutzen und/oder einem geringen Risiko würden dagegen entsprechend eine geringere Gewichtung erhalten. Im Rahmen der Iterationsplanung erfolgt eine Verteilung der einzelnen Anforderungen anhand ihrer Gewichtung auf die einzelnen Iterationen. Anforderungen mit einer hohen Gewichtung werden möglichst früh in einer der ersten Iterationen realisiert. Anforderungen mit einer geringen Gewichtung werden für spätere Iterationen eingeplant. Diese Verteilung der Anforderungen auf einzelne Iterationen ist jedoch kein Fixum. Vielmehr kommt es während der Bearbeitung der einzelnen Iterationen auch zu Veränderungen in der Gewichtung der einzelnen Anforderungen, neue Anforderungen ergeben sich und bestehende Anforderungen verändern sich. Diese Veränderungen in den Anforderungen bewirken auch eine Veränderung und Anpassung der anfänglichen Iterationsplanung. Ein iterativ-inkrementelles Vorgehen bietet hier den entscheidenden Vorteil, dass sich der Entwicklungsprozess und seine Ergebnisse kontinuierlich an sein sich veränderndes Umfeld anpassen können. Diese kontinuierliche Anpassung an das sich verändernde Umfeld erfordert aber auch ein besonderes Vorgehen des Architekten bei seiner Arbeit. Im Folgenden wird das von einem Architekten zu verfolgende Architektur-Vorgehen auf einem allgemeinen Niveau vorgestellt.

8.1.2 Architektonische Tätigkeiten

Ein Architekt muss architektonische Entscheidungen rechtzeitig treffen und dabei mögliche zukünftige Änderungen bewerten und wenn sinnvoll berücksichtigen. Hierzu ist die iterative Ausübung bestimmter architektonischer Tätigkeiten notwendig. Bei einem iterativ-inkrementellen Vorgehen kann der Architekt in seiner Arbeit nicht davon ausgehen, zuerst eine komplette Architektur bis ins Detail zu entwerfen, dann die benötigten Infrastrukturdienste zu realisieren und abschließend die anfänglich ermittelten Anforderungen mithilfe der erstellten Architektur umzusetzen. Veränderungen an den Anforderungen können so nicht ausreichend schnell berücksichtigt werden. Außerdem erfolgt so eine vollumfängliche Validierung der Architektur erst ganz am Ende eines Entwicklungsprozesses. Fehler in der Architektur lassen sich dann nur schwer und mit großem Aufwand beseitigen. Ein architektonisches Vorgehen muss sich also auf Veränderungen einstellen können und sollte deshalb in ein iterativ-inkrementelles Vorgehen eingebettet werden. Bevor auf die Zusammenhänge zwischen den architektonischen Tätigkeiten und einem iterativ-inkrementellen Vorgehen eingegangen wird, sollen hier zunächst die grundlegenden Tätigkeiten eines Architekten vorgestellt werden. Ein architektonisches Vorgehen besteht aus einer Kombination der folgenden Tätigkeiten [Bass et al. 2003]:

Die Arbeit eines Architekten setzt sich aus unterschiedlichen Tätigkeiten zusammen

> Erstellen des Business Case

> Verstehen der Anforderungen

> Entwerfen der Architektur

> Umsetzen der Architektur

> Kommunizieren der Architektur

Architektonische Tätigkeiten im iterativ-inkrementellen Entwicklungsprozess

Alle diese Tätigkeiten werden von einem Architekten kontinuierlich im Rahmen eines iterativ-inkrementellen Entwicklungsprozesses ausgeführt. In jeder Iteration setzt sich die Arbeit des Architekten aus einer Kombination dieser fünf Tätigkeiten zusammen. Allerdings verändert sich der Anteil der einzelnen Tätigkeiten von Iteration zu Iteration. Während in der Startphase das Hauptgewicht der Arbeit des Architekten auf den Tätigkeiten „Erstellen des Business Case" und „Verstehen der Anforderungen" liegt, verschiebt sich der Schwerpunkt seiner Arbeit während des Entwicklungsprozesses hin zu den Tätigkeiten „Kommunizieren der Architektur" und „Umsetzen der Architektur". Damit passen sich die architektonischen Tätigkeiten in die Struktur des umgebenden iterativ-inkrementellen Entwicklungsprozesses ein. Das Handeln des Architekten im Rahmen der einzelnen architektonischen Tätigkeiten kann sich so, im gleichen Maße wie der Entwicklungsprozess, an die sich verändernden Anforderungen anpassen. Tabelle 8.1-1 zeigt, welche architektonischen Tätigkeiten innerhalb welcher Kerndisziplinen eines iterativ-inkrementellen Entwicklungsprozesses zum Tragen kommen.

Tab. 8.1-1: *Architektonische Tätigkeiten und USDP-Kerndisziplinen.*

Architektonische Tätigkeiten	USDP-Kerndisziplinen
> Erstellen des Business Case	Geschäftsmodellierung
> Verstehen der Anforderungen	Anforderungserhebung
> Verstehen der Anforderungen > Entwerfen der Architektur	Analyse und Entwurf
> Umsetzen der Architektur	Implementation
> Kommunizieren der Architektur	Projektmanagement

Wichtiges Ergebnis der architektonischen Tätigkeiten ist die iterativ-inkrementelle Erstellung der verschiedenen in Kapitel 4 beschriebenen Architektur-Sichten. Ein Architekt muss sich für die Erstellung der Architektur-Sichten aus einem Fundus von Architektur-Mitteln (siehe Kapitel 6) bedienen. In Tabelle 8.1-2 wird aufgezeigt, welche Architektur-Sichten in den einzelnen architektonischen Tätigkeiten bearbeitet werden.

Tab. 8.1-2: *Architektonische Tätigkeiten und Architektur-Sichten.*

Architektonische Tätigkeiten	Architektur-Sichten
> Erstellen des Business Case > Verstehen der Anforderungen > Kommunizieren der Architektur	Geschäftssicht
> Entwerfen der Architektur > Kommunizieren der Architektur	Logische Sicht
> Umsetzen der Architektur > Kommunizieren der Architektur	Datensicht
> Umsetzen der Architektur > Kommunizieren der Architektur	Realisierungssicht
> Umsetzen der Architektur > Kommunizieren der Architektur	Verteilungssicht

Im Rahmen der Tätigkeit „Erstellen des Business Case" erfolgt die Beschreibung der Aufgabenstellung sowie der Zielsetzung für das zu entwickelnde System. Ein Architekt fungiert in dieser Tätigkeit hauptsächlich als technischer Berater, mit dem Fokus auf die technische Machbarkeit.

Erstellen des Business Case

„Verstehen der Anforderungen" ermittelt und analysiert die Anforderungen und sucht nach Möglichkeiten, wie die sich zum Teil widersprechenden Anforderungen umgesetzt werden können.

Verstehen der Anforderungen

Im Rahmen der Tätigkeit „Entwerfen der Architektur" entsteht die eigentliche Architektur. Hierzu bedient sich der Architekt eines breiten Fundus an Architektur-Mitteln (siehe Kapitel 6). Oftmals hat der Architekt mehr als eine Architektur-Alternative, um die gegebenen Anforderungen umzusetzen. In diesem Fall gilt es, eine der Architektur-Alternativen für die spätere Umsetzung auszuwählen.

Entwerfen der Architektur

Beim „Umsetzen der Architektur" liegt das Hauptaugenmerk des Architekten darauf, dass die Realisierung des neuen Systems mit der von ihm erstellten Architektur übereinstimmt.

Umsetzen der Architektur

Ein Architekt muss nicht nur eine Architektur entwerfen, sondern er muss sie ebenfalls den unterschiedlichen Interessenvertretern vermit-

Kommunizieren der Architektur

teln. „Kommunizieren der Architektur" hat somit das Ziel, den einzelnen Interessenvertretern (z. B. Projektleiter, Entwickler, Kunde etc.) ein möglichst gutes Verständnis der Architektur zu vermitteln. Dieses Verständnis ist dann wiederum Grundlage für die Tätigkeiten der einzelnen Interessenvertreter.

Architekt benötigt breites Spektrum an Fähigkeiten

Damit ein Architekt alle diese recht unterschiedlichen Tätigkeiten wahrnehmen kann, benötigt er ein breites Spektrum an Fähigkeiten, die über das rein fachliche Wissen eines Technologen hinausgehen. Abschnitt 7.5 beschäftigt sich näher mit diesem Themenkomplex und gibt einen Überblick über die benötigten Fähigkeiten eines Architekten.

8.1.3 Erstellen des Business Case

Erarbeiten der Lösungsbeschreibung

Der Ausgangspunkt für einen Entwicklungsprozess ist immer eine Aufgabenstellung. Ziel des Entwicklungsprozess ist es, eine Lösung für diese Aufgabenstellung zu erarbeiten. Die architektonische Tätigkeit „Erstellen des Business Case" erarbeitet die Zielsetzung des Entwicklungsprozesses. Das heißt, das Ergebnis dieser Tätigkeit ist eine Beschreibung der gesuchten Lösung und fließt in die Geschäftssicht eines Architektur-Modells (siehe Abschnitt 4.2) ein.

Architekt als technischer Berater

Ein Architekt übernimmt in dieser Tätigkeit die Rolle eines technischen Beraters in einem Team von Fachleuten aus unterschiedlichen Bereichen. Andere Teammitglieder sind zum Beispiel Domänenexperten. Erst durch eine Teamzusammensetzung mit Mitgliedern aus den unterschiedlichen Bereichen ist es möglich, eine Zielsetzung zu erarbeiten, die nicht nur die Aufgabenstellung der Domäne berücksichtigt, sondern auch alle anderen Aspekte, wie zum Beispiel die der Architektur.

Aufgabenstellung klar stellen

Um jedoch eine Zielsetzung erarbeiten zu können, muss zuerst die Aufgabenstellung klargestellt werden.

Eine Aufgabenstellung sollte aus den folgenden Punkten bestehen [Leffingwell et al. 2003]:

> Kurze Beschreibung der Aufgabenstellung an sich
> Die von der Lösung der Aufgabenstellung Betroffenen
> Die Auswirkungen der Aufgabenstellung auf die Betroffenen
> Die beabsichtigten Verbesserungen durch die Lösung der Aufgabenstellung.

Basierend auf einer solchen Aufgabenstellung ist es nun möglich, eine Zielsetzung, sprich eine Beschreibung der Lösung, zu erarbeiten. Die Beschreibung der Lösung besteht aus einer Liste von Anforderungen (siehe Kapitel 5), die die Lösung erfüllen soll. Bei jeder einzelnen Anforderung ist es wichtig, die ursprünglichen Gründe und Ziele sowie die Zusammenhänge und Wechselwirkungen mit den restlichen Anforderungen in der Liste zu berücksichtigen. Auf diese Weise ist gewährleistet, dass die durch die Anforderungen beschriebene Lösung auch wirklich der ursprünglichen Aufgabenstellung genügt.

Beispielhafte Anforderungen (nicht-funktionale und funktionale) sind:

> Zukünftige Produkt-Kosten, d. h., bei einem Produkt werden die späteren, maximalen Herstellungskosten festgelegt. Diese Kosten haben dann wiederum direkte Auswirkung auf den Preis, zu dem das Produkt später auf dem Markt angeboten werden kann.

> Eine Beschreibung der späteren Benutzer des zu entwickelnden Systems, wie zum Beispiel „Alle Mitarbeiter im Bereich Kontoführung sollen mit dem neuen Zahlungssystem arbeiten".

> Der Zeitraum, in dem die Lösung zur Verfügung stehen muss, damit die anvisierte Zielsetzung erreicht werden kann (englisch: *Time-to-Market*).

> Benötigte Funktionalitäten, wie beispielsweise: „Es muss möglich sein, mit dem System eine Überweisung auf ein anderes Konto zu erfassen".

Es ist wichtig, dass bei der Erarbeitung des Business Case bereits ein Architekt involviert ist, der die Aufgabenstellung und die daraus resultierenden Anforderungen aus einem technischen Blickwinkel betrachtet. Seine Aufgabe ist es, der technische Berater zu sein, der die einzelnen Anforderungen auf ihre technische Machbarkeit hin beurteilt. Ein Beispiel soll dies verdeutlichen. Es besteht die Anforderung, dass ein System bis zu einem bestimmten Zeitpunkt produktiv zur Verfügung stehen soll. Um eine möglichst große Freiheit bei der Weiterentwicklung zu haben, besteht außerdem die Forderung, das System selbst zu entwickeln. Allerdings ist der Funktionsumfang des Systems so groß, dass es nicht in dem gegebenen Zeitraum entwickelt werden kann. Es ist nun Aufgabe des Architekten, auf diesen Konflikt zwischen den einzelnen Anforderungen hinzuweisen und Lösungsalternativen aufzuzeigen. Mögliche Lösungsalternativen können in diesem Fall sein, den gewünschten Produktivstart des Systems zu verschieben oder aber das System durch eine Integration von zugekauften Produkten und Eigenentwicklungen zu realisieren. Hierzu werden Eigenentwicklungen in

Zielsetzung erarbeiten

Beispiele für Anforderungen

Überprüfen der technischen Machbarkeit

den Bereichen eingesetzt, in denen es wichtig ist, nicht von Produktlebenszyklen eines Produktanbieters abhängig zu sein.

8.1.4 Verstehen der Anforderungen

Architekt sollte sehr früh involviert werden

Im Rahmen dieser architektonischen Tätigkeit wird ein Architekt schon sehr früh während der Analyse mit dem Kontext eines Projektes konfrontiert. Dies ist sehr wichtig, damit sich ein Architekt von Beginn an fundierte Informationen als Basis für spätere architektonische Entscheidungen aneignen kann. Dabei erhält ein Architekt nicht nur Einblick in die Anforderungen, sondern lernt auch Interessenvertreter kennen und kann sich bereits ein Bild über mögliche Projektrisiken machen.

Analysieren der Anforderungen

Diese architektonische Tätigkeit ist in die Ermittlung und stufenweise Analyse der Anforderungen eingebettet. Ein Mittel hierzu sind die so genannten Anwendungsfälle oder auch Use Cases [Cockburn 2000]. Anwendungsfälle repräsentieren Szenarien, in denen das Verhalten des zukünftigen Systems beschrieben wird. Durch das Beschreiben der gesuchten Lösung in den einzelnen Anwendungsfällen verfeinern und konkretisieren sich die Anforderungen immer weiter. Aus einer Liste von nicht zusammenhängenden, benötigten Anforderungen entsteht so eine Menge von Szenarien, die das Verhalten der zukünftigen Lösung beschreiben und in die Geschäftssicht eines Architektur-Modells (siehe Abschnitt 4.2) einfließen.

Schrittweises Verfeinern der Anforderungen

Wie in Kapitel 5 aufgezeigt, treten Anforderungen auf den unterschiedlichen Architektur-Ebenen auf. Die einzelnen Anforderungen stehen über die Architektur-Ebenen hinweg in Beziehung. So verfeinern sie von Architektur-Ebene zu Architektur-Ebene schrittweise das zu erstellende System. Das Gleiche gilt auch für die Anwendungsfälle. Anwendungsfälle können ebenfalls auf jeder Architektur-Ebene eingesetzt werden und sie stehen ebenfalls über die Grenzen von Architektur-Ebenen hinweg in Beziehung. Somit gibt es auch auf jeder Architektur-Ebene Anwendungsfälle. Beginnend auf der Systemebene werden die einzelnen Anwendungsfälle des zukünftigen Systems beschrieben. Auf dieser Architektur-Ebene betrachtet man das Zusammenspiel des zukünftigen Systems mit dessen Benutzern und anderen Systemen in seiner Umgebung. Die innere Struktur des zukünftigen Systems bleibt noch außen vor. Diese wird dann im nächsten Verfeinerungsschritt auf der Bausteinebene beschrieben.

Eine weitere Möglichkeit, ein besseres Verständnis für die einzelnen Anforderungen zu erhalten, ist der Einsatz von Prototypen. Ein Architekt ist mit unterschiedlichsten Architektur-Mitteln vertraut. Für die einzelnen Interessenvertreter ist die Terminologie eines Architekten jedoch mehr oder weniger fremd. Umgekehrt muss sich der Architekt in die Begriffswelt der einzelnen Interessenvertreter einfinden. Vor einem solchen Hintergrund kann es leicht zu Missverständnissen zwischen Architekt und Interessenvertreter kommen. Aus diesem Grund ist neben der Beschreibung des Verhaltens des zukünftigen Systems in Anwendungsfällen die Erstellung von Analyse-Prototypen ein wichtiges Werkzeug zur Verfeinerung der ursprünglichen Anforderungen. Analyse-Prototypen visualisieren einzelne Aspekte des zukünftigen Systems. So können sie z. B. zu folgenden Zwecken eingesetzt werden:

Prototypen machen Anforderungen anschaulich

> Erarbeiten des Aufbaus der Benutzeroberfläche

> Verifikation von Abläufen

Aufgabe des Architekten im Rahmen dieser Tätigkeit ist es, Anforderungen zu spezifizieren, die architektonischer Natur sind. Solche Anforderungen betreffen zum Beispiel die Art und Weise der Integration in bestehende Infrastrukturen und Applikationslandschaften, Verwendung bestimmter Technologien etc. So gibt es in Banken und Versicherungen häufig schon Anwendungsdienste zur Benutzerverwaltung und -berechtigung, die verwendet werden müssen (siehe Abschnitt 8.4). Es fällt in die Verantwortlichkeit des Architekten, zu gewährleisten, dass diese Anwendungsdienste in die Gesamtarchitektur integriert werden. Somit ergibt sich die Anforderung, dass das zu erstellende System zur Autorisierung der Benutzer auf den vorhandenen Anwendungsdienst zugreift.

Spezifizieren von Anforderungen

8.1.5 Entwerfen der Architektur

Im Fokus dieser Tätigkeit steht die Dekomposition eines zu realisierenden Systems in Bausteine und die Festlegung ihrer Verantwortlichkeiten, Schnittstellen und Kollaborationen. Hierzu greift ein Architekt auf verschiedene Architektur-Mittel zurück (siehe Kapitel 6).

Bausteine werden entworfen

Das Entwerfen der Architektur beginnt bereits in der Startphase und überschneidet sich mit den Tätigkeiten „Erstellen des Business Case" und „Verstehen der Anforderungen". Zu diesem Zeitpunkt liegt das Hauptgewicht der Arbeit des Architekten zwar noch auf den beiden Tätigkeiten „Erstellen des Business Case" und „Verstehen der Anforde-

Architektur-Vision

rungen", aber parallel zur Ermittlung der Anforderungen entsteht ebenfalls der erste Architektur-Entwurf. Man bezeichnet ihn auch als Architektur-Vision. Im Rahmen der Architektur-Vision erfolgt die grundlegende Auswahl der Architektur-Mittel (siehe Kapitel 6). Anhand von Architektur-Mustern (siehe Abschnitt 6.4), -stilen (siehe Abschnitt 6.3) und Referenzarchitekturen (siehe Abschnitt 6.5) erfolgt eine grobe Strukturierung der Architektur. Des Weiteren legt die Architektur-Vision auch die Technologien (siehe Abschnitt 6.8) für die spätere Umsetzung fest.

Auswahl der Architektur-Mittel

Bei der Architektur-Vision steht ein Architekt vor der Aufgabe, durch den geschickten Einsatz der ihm zur Verfügung stehenden Architektur-Mittel und deren Kombination eine erste Skizze einer Architektur zu entwerfen, welche möglichst gut die gestellten Anforderungen erfüllt. Dies ist allerdings nicht einfach, da nicht alle Anforderungen im gleichen Maße von den einzelnen Architektur-Mitteln erfüllt werden. Aufgabe eines Architekten ist es, eine Kombination von Architektur-Mitteln zu finden, die möglichst die gesamte Bandbreite der gestellten Anforderungen abdeckt.

Ein Beispiel soll dies verdeutlichen. Für ein System besteht die Anforderung, dass es auf der einen Seite einfach installierbar sein soll. Zum anderen soll sich das System durch eine ergonomisch besonders gute Benutzeroberfläche auszeichnen. Dem Architekten stehen zur einfachen Installierbarkeit Web-Application-Server zur Verfügung. Allerdings bringt die Web-Technologie einige Einschränkungen bei der Gestaltung der Benutzeroberfläche mit sich. Was sich wiederum schlecht mit den erhöhten Anforderungen bzgl. der Ergonomie der Benutzeroberfläche vereinigen lässt.

In diesem Beispiel könnte ein Architekt eine möglichst gute Abdeckung der gestellten Anforderungen erreichen, indem er zum Beispiel in der Web-Benutzeroberfläche zusätzlich Technologien wie Java Applets einsetzt. Eine andere Möglichkeit wäre, bestimmte Teile der Applikation, die einfach und schnell installiert werden müssen, als Web-Applikation zu entwickeln und andere Teile der Applikation, die sich weniger häufig ändern, aber erhöhte Anforderungen an die Ergonomie der Benutzeroberfläche haben, mit einer anderen Technologie zu realisieren.

Strukturierung der logischen Sicht

Mit der Architektur-Vision als ersten Architektur-Entwurf führt der Architekt auch eine erste Dekomposition des Systems in Bausteine durch. Diese erste Dekomposition des Systems legt somit auch das erste

Mal den Aufbau der logischen Sicht im Architektur-Modell (siehe Abschnitt 4.2) fest. Der Architekt hat hier prinzipiell zwei Vorgehensmöglichkeiten. Er kann zum einen auf Dekompositionen aus bekannten Architektur-Stilen, -Mustern und Referenzarchitekturen aufsetzen. Zum zweiten kann er aber auch eine eigene Dekomposition erarbeiten. In der Praxis schließen sich die beiden Vorgehensmöglichkeiten nicht gegenseitig aus. Vielmehr ist es eher so, dass der Architekt meistens eine Mischung aus beiden Vorgehensmöglichkeiten anwendet.

Das obige Beispiel soll hier weitergeführt werden, um diese Aussage zu illustrieren. Der Architekt hat sich in der Architektur-Vision für die Verwendung von Web-Seiten zur Darstellung der Benutzeroberfläche entschieden. Nun stellt sich die Aufgabe, das System möglichst sinnvoll in Bausteine aufzuteilen.

Möchte der Architekt auf bewährten Lösungen aufsetzen, so stehen ihm Architektur-Muster (Abschnitt 6.4), -stile (Abschnitt 6.3) und Referenzarchitekturen (Abschnitt 6.5) zur Verfügung. In dem konkreten Beispiel kann sich der Architekt entscheiden, das Model-View-Controller-Muster (MVC) [Buschmann et al. 1996] einzusetzen, um das System zu strukturieren, da es sich bei der Realisierung von Benutzeroberflächen bewährt hat. Durch die Wahl dieses Architektur-Musters führt die logische Architektur-Sicht drei Bausteine auf, die die Zuständigkeiten für Modell, View und Controller erhalten.

Strukturierung anhand von bereits bekannten Lösungen

Es kommt aber immer wieder vor, dass dem Architekten keine bewährte Lösung zur Verfügung steht. In diesem Fall ist er gezwungen, eine eigene Dekomposition des Systems in Bausteine zu erarbeiten. Zu diesem Zweck stehen dem Architekten die verschiedenen in Abschnitt 6.1 aufgezeigten Architektur-Prinzipien zur Verfügung. Die einzelnen Prinzipien ermöglichen als Mittel die Umsetzung von jeweils spezifischen Anforderungen. So ermöglicht das Prinzip der Abstraktion die Umsetzung von Portabilitätsanforderungen (siehe Kapitel 5). Besteht z. B. die Anforderung der Datenbankportabilität, so kann dies in der Architektur durch die Einführung eines dedizierten Datenbanksubsystems mit einer abstrakten Schnittstelle erreicht werden. Durch die Entwicklung von unterschiedlichen Bausteinen für die einzelnen Datenbankprodukte, welche wiederum alle die gemeinsame abstrakte Schnittstelle unterstützen, ist so die gesamte Architektur unabhängig von einem bestimmten Datenbankprodukt und erfüllt hierdurch die Anforderung der Portabilität. Der Architekt kann nun diese Architektur-Prinzipien verwenden, um die Geschäftssicht des abstrakten Architektur-Modells (siehe Abschnitt 4.2) in Bausteine aufzuteilen. Die so erstellten Bausteine sind

Strukturierung anhand von Architektur-Prinzipien

jedoch nicht Bestandteile der Geschäftssicht, sondern gehören in die logische Sicht eines Architektur-Modells.

Für die Umsetzung der oben aufgeführten Anforderung der Datenbank-portabilität mittels des Abstraktions-Prinzips bedeutet dies, dass alle Bausteine aus der Geschäftssicht, die gespeichert werden sollen, in der logischen Sicht in dem oben beschriebenen Datenbanksubsystem zu-sammengefasst werden.

Iterative Verfeinerung der Architektur-Vision

Mit der Architektur-Vision hat der Architekt eine erste grobe Struktur für das neue System festgelegt. Damit ist die Architektur aber noch nicht fertig. Vielmehr wird die Architektur immer weiter verfeinert, je besser das Verständnis für die Aufgabenstellung wird. Dieses bessere Verständnis für die Aufgabenstellung erwirbt der Architekt von Iterati-on zu Iteration während der zeitgleichen Bearbeitung der Tätigkeiten „Erstellen des Business Case" und „Verstehen der Anforderungen". Die so erworbenen Kenntnisse aus diesen beiden Tätigkeiten fließen dann direkt in die Verfeinerung der Architektur ein.

Es gibt mehr als eine Architektur-Alternative

Während dieser iterativen Erstellung der Architektur ist der Architekt immer wieder in der Situation, dass er aus einer Vielzahl unterschiedli-cher Architektur-Alternativen eine auswählen muss. Diese Vielfalt resultiert zum einen aus den vielen Kombinationsmöglichkeiten der einzelnen Architektur-Mittel untereinander, von denen jede ihre spezifi-schen Vor- und Nachteile hat. Zum anderen lassen die einzelnen Anfor-derungen auch Interpretationsspielraum. Während funktionale Anfor-derungen sehr präzis und konkret sein können, ist dies bei nicht-funktionalen Anforderungen nicht gewährleistet. So lässt die nicht-funktionale Anforderung „Das System soll erweiterbar sein" einen brei-ten Interpretationsspielraum. Bezieht sich die Erweiterbarkeit auf zu-sätzliche Funktionalitäten und wenn ja, welche? Oder soll die Möglich-keit gegeben sein, nachträglich weitere Benutzeroberflächen wie zum Beispiel für Web-Browser oder mobile Geräte zur Verfügung zu stellen? Diese Interpretationsspielräume lassen somit auch unterschiedliche Architektur-Alternativen zu. Es gilt nun, aus der Menge der unter-schiedlichen Gestaltungsalternativen die passende auszuwählen. Die Schwierigkeit dieser Auswahl liegt in der bewussten und rationalen Bewertung der einzelnen Alternativen und der sich daraus ergebenden letztendlichen Selektion der endgültigen Architektur.

Bewertung der Architektur-Alternativen

Zu diesem Zweck stehen unterschiedlich stark formalisierte und struk-turierte Methoden zur Bewertung der einzelnen Architektur-Alternati-ven zur Verfügung. Diese Methoden können sowohl bei der Erarbeitung der initialen Architektur eingesetzt werden als auch während der nachfolgenden Entwicklung des Systems, um so zu überprüfen, ob die Architektur noch mit den anfänglich gestellten oder mittlerweile geänderten Anforderungen übereinstimmt.

Die einfachste Möglichkeit zur Evaluierung einer Architektur bedient sich einer Checkliste. Die Checkliste besteht aus einer Liste detaillierter Fragen, welche die Umsetzung der unterschiedlichen Anforderungen widerspiegelt. Am Beispiel der Anforderung Erweiterbarkeit kann die Frage lauten: „Erlaubt es die Architektur, dass man nachträglich eine zusätzliche Web-Benutzeroberfläche zur Verfügung stellen kann?". Anhand dieser Fragen kann auf einfache Weise festgestellt werden, wie gut eine Architektur die gegebenen Anforderungen unterstützt. Bei dieser Methode ergibt sich nur die Schwierigkeit, dass man zum Aufstellen der Checkliste bereits ein sehr genaues Verständnis der Anforderungen haben muss. In dem oben genannten Beispiel muss bereits bekannt sein, dass sich Erweiterbarkeit auf das zusätzliche Anbinden einer Web-Benutzeroberfläche bezieht und eine zusätzliche Benutzeroberfläche für mobile Geräte nicht benötigt wird.

Checklisten

Hilfe bieten in diesem Rahmen so genannte szenariobasierte Methoden. SAAM [Kazman et al. 1994] und die daraus weiterentwickelte ATAM [Kazman et al. 1998] sind Vertreter dieser Kategorie. Sie adressieren die Problematik des Interpretationsspielraums nicht-funktionaler Anforderungen. Hierzu erarbeiten sie konkrete Szenarien, welche eine nicht-funktionale Anforderung weiter konkretisieren. Die Erarbeitung der einzelnen Szenarien erfolgt in einer Gruppenarbeit, bei der alle Interessenvertreter – Benutzer, Auftraggeber, Architekt etc. - vertreten sind. Auf diese Weise entsteht bei allen Interessenvertretern ein besseres Verständnis für die einzelnen Anforderungen. Ein Beispielszenario für die Anforderung der Erweiterbarkeit könnte zum Beispiel lauten: „Das System soll mit einem Aufwand von einem Personenjahr in ein unternehmensweites Portal integriert werden". Basierend auf den so erarbeiteten Szenarien erfolgen eine Bewertung der Architektur und eine Beurteilung der Auswirkungen der Szenarios auf die Architektur. So kann die Beurteilung anhand des Beispielszenarios hervorbringen: „Die Regeln zur Programmierung der Seitenabfolge sind noch nicht vollständig ausgearbeitet, sodass diese Logik über die gesamte Präsentationsschicht verteilt ist. Im Falle einer Umstellung bei der Benutzerführung sind somit alle Programmteile der Präsentationsschicht anzupassen." Anhand dieser Beispielszenarien ist somit eine detaillierte, qualitative Beurteilung einer Architektur möglich. Allerdings basiert diese Evaluierungs-Methode auf der Architektur-Dokumentation (siehe Abschnitt

Szenariobasierte Methoden

8.1.7). Sie bedingt somit eine sehr detaillierte Kenntnis der zu bewertenden Architektur und der durchzuführenden Änderungen, um alle Auswirkungen eines solchen Szenarios einschätzen zu können.

Architektur-Prototypen

Abhilfe können hier Architektur-Prototypen schaffen. Mithilfe von Architektur-Prototypen können typische Abläufe der Architektur realisiert werden. Die Architektur wird dann anhand von rudimentären Bausteinen implementiert, sodass die wichtigsten Abläufe im begrenzten Maße ausprobiert werden können. Häufig sind Teile dieser rudimentären Bausteine schon aus vorhergehenden Evaluationen von Architektur-Mitteln vorhanden, sodass sich der Aufwand für den Architektur-Prototyp reduziert.

Anhand der hier vorgestellten Methoden lassen sich die einzelnen Architektur-Alternativen den anfänglich aufgestellten Anforderungen gegenüberstellen und auf ihre Konformität hin überprüfen. Die Architektur mit der größten Übereinstimmung ist dann die Alternative, welche die Grundlage für die Realisierung bildet.

8.1.6 Umsetzen der Architektur

Die Tätigkeit „Umsetzen der Architektur" hat zum Ziel, die im Architektur-Entwurf konzipierten Bausteine in einer konkreten Technologie umzusetzen. Im Wesentlichen geht es hier um folgende Aspekte:

> Realisierung eines Skelettsystems.

> Kontrolle der Architektur-Konformität.

> Auswahl der Architektur-Mittel für die Umsetzung.

> Erstellung von Richtlinien für die Verwendung der Architektur-Mittel.

> Make-or-buy-Entscheidungen.

> Verstärkte Kommunikation auch in Form von Schulungen.

Skelettsystem

Bei der Umsetzung eines Architektur-Entwurfs bietet es sich an, mit der Entwicklung eines Skelettsystems zu beginnen. Dieses System entspricht in seiner Struktur bereits der Architektur des endgültigen Systems. Die einzelnen Bausteine hingegen stellen jedoch noch nicht eine vollständige Implementierung der Funktionalität zur Verfügung. Vielmehr stellen sie nur die Funktionalität zur Verfügung, die zur Abbildung eines klar abgegrenzten Anwendungsfalls benötigt wird. Alle weiteren Funktionalitäten sind entweder nicht implementiert oder mit provisorischen Implementierungen hinterlegt.

Ein Ziel dieses Ansatzes ist es, möglichst früh ein „komplettes, lauffähiges" System für einen klar abgegrenzten Anwendungsfall zu realisieren („Durchstich"), welches alle tragenden Bausteine des Systems bereits beinhaltet, wenngleich noch nicht vollständig realisiert. Der funktionale Umfang des Anwendungsfalls ist hierbei zweitrangig. Er muss jedoch so gewählt sein, dass auch alle tragenden Bausteine in die Realisierung des Anwendungsfalls involviert sind. Nachdem so das Skelett des Gesamtsystems realisiert wurde, können nun die einzelnen Bausteine weiter entwickelt werden und so der funktionale Umfang des Systems weiter erhöht werden. Dieser Ansatz hat den Vorteil, dass zu jedem Zeitpunkt der Entwicklung ein „lauffähiges" System zur Verfügung steht. Auf diese Weise ist eine kontinuierliche Überprüfung der gestellten Anforderungen an dem bereits existierenden System möglich. Außerdem kann das Augenmerk zu Anfang auf kritische oder komplexe Aspekte des Systems gerichtet werden, wodurch sich eine Risikoreduktion ergibt.

Ziele eines Skelettsystems

Kritisch bei der Umsetzung der Architektur ist die Fragestellung: „Wie gut stimmt die Umsetzung der Architektur mit der anfänglichen Planung überein? " (englisch: *architectural enforcement*). Der Architekt hat hierzu unterschiedliche Mittel an der Hand, um die Konformität des implementierten Systems mit der geplanten Architektur sicherzustellen.

Architektur-Konformität

Das einfachste Mittel hierzu ist die kontinuierliche, manuelle Überprüfung des geschriebenen Codes auf seine Übereinstimmung mit der Architektur. Aufgrund seiner Einfachheit ist dieses Mittel recht schnell und kurzfristig verfügbar. Nachteil der manuellen Überprüfung ist der damit verbundene Aufwand und die unvollständige Abdeckung der überprüften Bausteine.

Kontinuierliche, manuelle Überprüfung

Eine Möglichkeit, um die korrekte Umsetzung einer Architektur sicherzustellen, besteht darin, dass ein Architekt die Architektur über ein Skelettsystem quasi als Schablone vorgibt. Den Entwicklern ist es dabei nur noch gestattet, sich im Rahmen des Skelettsystems zu bewegen. Voraussetzung hierfür ist jedoch, dass ein derartiges Skelettsystem alle architektonsichen Entscheidung auch umsetzt.

Skelettsystem als Schablone

Andere Möglichkeiten zur Erzielung einer guten Übereinstimmung von Architektur und Realisierung sind Frameworks. Frameworks sind Halbfertigprodukte zur Lösung einer Aufgabenstellung. Sie geben dem Framework-Anwender anhand von Schnittstellen und abstrakten Imp-

Frameworks

lementierungen Richtlinien für die Realisierung einer Lösung vor. Diese Schnittstellen und abstrakten Implementierungen reflektieren dabei die vom Architekten erstellte Architektur. Damit bewirken sie eine gute Übereinstimmung der fertig implementierten Lösung mit einer vorgegebenen Architektur.

Generative Ansätze

Eine andere Möglichkeit zur Erzielung einer möglichst guten Übereinstimmung von implementiertem System und Architektur-Vorgaben ist der Einsatz von Code-Generatoren – siehe Abschnitt 6.2.4. Sie ermöglichen die Generierung von Code anhand von Spezifikationen. Spezifikationen können in Form von Modellen vorliegen und ermöglichen so eine Beschreibung des gesamten Systems oder auch von Teilen auf einem höheren Abstraktionsniveau. Der Generator verwendet dann diese Modelle zur Erstellung von Code für größere Teile des Gesamtsystems. Hierbei bewirkt der Generator, dass der erzeugte Code der Architektur genügt.

Auswahl der Architektur-Mittel für die Umsetzung

Bei der Umsetzung einer Architektur muss ein Architekt nicht nur auf die Übereinstimmung der Realisierung mit dem ursprünglichen Konzept achten, sondern auch darauf, dass die Umsetzung möglichst effektiv und reibungslos verläuft. Dies bedingt, dass ein Architekt neben der Strukturierung des Systems auch die Auswahl der Architektur-Mittel für die Umsetzung (Entwicklungsumgebung, Programmiersprache etc.) in seine Arbeit miteinbezieht.

Zielsetzung bei der Auswahl dieser Architektur-Mittel ist ein möglichst effizientes Zusammenarbeiten der einzelnen Entwickler am Gesamtsystem. Um dies zu erreichen, muss es standardisierte Vorgehensweisen geben, die festlegen, wie beispielsweise

> Änderungen in das Gesamtsystem integriert werden,

> die einzelnen Bestandteile des Gesamtsystems erzeugt und installiert werden,

> das Gesamtsystem getestet wird.

Die konkrete Ausgestaltung der Vorgehensweisen ist dabei stark von den jeweiligen Gegebenheiten abhängig. Neben den eingesetzten Architektur-Mitteln nehmen auch solche Faktoren wie die Anzahl der involvierten Entwickler, die Verteilung auf ein oder mehrere Entwicklungsstandorte etc. Einfluss auf die Vorgehensweisen.

Für die Verwendung der Architektur-Mittel sollte ein Architekt so früh wie möglich Richtlinien erstellen. Sehr wichtig sind Richtlinien für

> Verwendung von Programmiersprachen (Codier-Richtlinien)

> Namen und Struktur von Verzeichnissen

> Namen von Dateien

> Konfiguration von Architektur-Mitteln

8.1.7 Kommunizieren der Architektur

Eine Architektur stellt für alle Beteiligten ein Modell zur Verfügung, mit dem sie arbeiten und untereinander kommunizieren können. Voraussetzung hierfür ist jedoch, dass ein Architekt gezielt die von ihm entworfene Architektur laufend an alle Projektbeteiligten vermittelt. Dadurch erhalten die einzelnen Projektmitarbeiter ein Verständnis sowohl für ein zu realisierendes System als auch für die vor ihnen liegende Arbeit und die Zusammenarbeit im Team bzw. der Projektorganisation (siehe Kapitel 7). Es ist sehr wichtig für die Akzeptanz, das Verständnis und die korrekte Umsetzung einer Architektur, dass ein Architekt „seine" Entwickler in architektonische Entscheidungen miteinbezieht. Für den einzelnen Interessenvertreter dient die Kommunikation einer Architektur dazu, zu sehen, wie ein zukünftiges System die gestellten Anforderungen erfüllt. Ein Architekt verwendet für das Kommunizieren einer Architektur ihre Dokumentation. Aus diesem Grund kommt der Architektur-Dokumentation für diese architektonische Tätigkeit die Schlüsselrolle zu.

Eine Architektur hat nur dann eine Chance, tatsächlich wie geplant zur Anwendung zu kommen, wenn eine zugehörige nach bestimmten Regeln erstellte Architektur-Dokumentation verfügbar ist und der Architekt diese aktiv kommuniziert (siehe Abschnitt 7.6). Erst eine derart explizierte Architektur kann vermittelt, verstanden und umgesetzt werden. Andernfalls wird alle Mühe vergebens sein, auch wenn die Architektur noch so gut durchdacht ist (sich aber weitgehend nur im Kopf des Architekten befindet). Ein bedeutender Nebeneffekt von Architektur-Dokumentation ist, dass es oft erst durch ihre Erstellung bestimmte Erkenntnisse zur Architektur selbst geben kann [Jeckle et al. 2004], die dann der Architektur und damit ihrer Qualität zugute kommen. Architektur steht also in Wechselbeziehung zu ihrer Dokumentation. Nach folgenden zwei Zielsetzungen sollte Architektur-Dokumentation ausgerichtet werden [Bredemeyer und Malan 2004]:

> Die Entscheidungen des Architekten vollständig und unmissverständlich festhalten.

> Die Architektur abgestimmt auf die verschiedenen Interessensvertreter bzw. Zielgruppen (Kunde, Projektleiter, Software-Entwickler etc.) kommunizieren.

Unzureichende Architektur-Dokumentation verstaubt im Regal

Architektur-Dokumentation, in welcher diese Ziele nicht ausreichend gewürdigt werden, wird dazu führen, dass die Architektur nur teilweise oder falsch umgesetzt wird. Oder die Architektur-Dokumentation wird dazu bestimmt sein, zusammen mit der zugehörigen Architektur im Regal zu verstauben.

Aspekte, die in keiner Architektur-Dokumentation fehlen sollten

Architektur-Dokumentation sollte in jedem Fall zumindest die folgenden Aspekte beschreiben [Bredemeyer und Malan 2004]:

> Architektur-Entscheidungen (siehe Abschnitt 8.1)

> Architektur-Sichten (siehe Kapitel 4)

> Architektur-Anforderungen (siehe Kapitel 5 und Abschnitt 8.1)

Kontext von Architektur-Dokumentation

In Abbildung 8.1-2 wird der Kontext gezeigt, in dem sich Architektur-Dokumentation befindet. Auf die in der Abbildung 8.1-2 dargestellten und bisher noch nicht erläuterten Sachverhalte wird anschließend näher eingegangen.

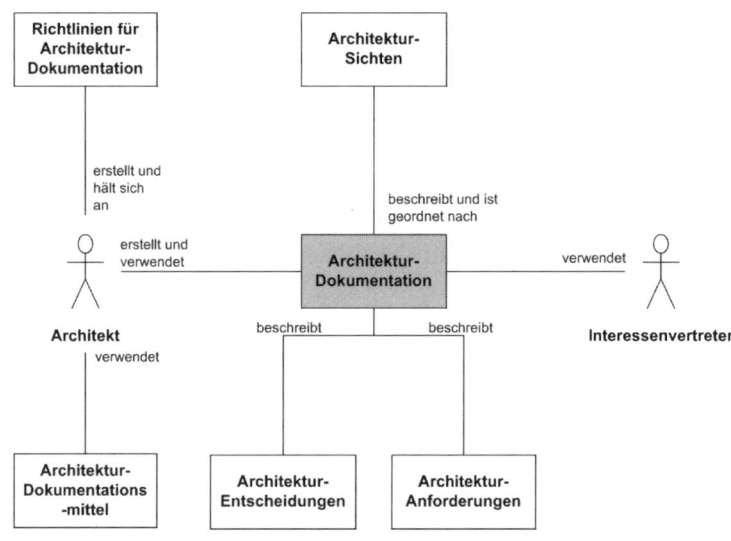

***Abb. 8.1**-2: Architektur-Dokumentation im Kontext.*

Der Architekt erstellt weite Teile der Architektur-Dokumentation. Jedoch werden auch andere am Projekt beteiligte Personen (Analysten, Entwickler etc.) Beiträge für die Architektur-Dokumentation liefern. Die Architektur-Dokumentation wird unter Beachtung von Richtlinien erstellt, die der Architekt vorgibt.

Architekt erstellt Architektur-Dokumentation nicht allein

An einem Projekt ist meist mehr als eine Person beteiligt. Die Architektur-Dokumentation sollte deshalb in unterschiedlicher Form vorliegen, damit sie den verschiedenen Blickwinkeln der unterschiedlichen Zielgruppen gerecht werden kann. Z. B. ist für die Zielgruppe der Entscheidungsträger eine Folienpräsentation, welche mit einfachen grafischen Mitteln (Box-and-Lines-Diagramme) nur die wesentlichen Bausteine einer Architektur aufzeigt, ohne dabei auf technische Details wie Schnittstellen einzugehen, völlig ausreichend. Die Darstellung eines semi-formalen Modells mittels der Unified Modeling Language (UML) oder einer Architecture Description Language (ADL) für diese Zielgruppe hätte nicht die gewünschte Wirkung. Hingegen wäre es fatal, ausgehend von der Folienpräsentation, ein System zu entwerfen und zu realisieren, weil wichtige Architektur-Aspekte in einer Folienpräsentation fehlen. Das heißt, man würde eine Pseudo-Architektur (siehe Abschnitt 1.1) verwenden. Die Auswahl der Dokumentationsmittel (siehe Abschnitt 6.6) und die Form der Architektur-Dokumentation darf also nicht dem Zufall überlassen werden, sondern müssen ganz bewusst mit einer bestimmten Zielsetzung erfolgen.

Architektur-Dokumentation muss Zielgruppen berücksichtigen

Wenn wir davon sprechen, Architektur zu dokumentieren, impliziert dies, dass neben den Architektur-Entscheidungen und Architektur-Anforderungen die Architektur-Sichten dokumentiert werden, weil gerade Sichten ein wesentlicher Aspekt von Architektur sind. Alle in Kapitel 4 beschriebenen Sichten eines Systems können und sollten mit den Möglichkeiten des ausgewählten Dokumentationsmittels beschrieben und als Modelle dargestellt werden. Dabei sind dann sowohl die statischen wie auch die dynamischen Sachverhalte zu berücksichtigen.

Architektur-Sichten werden dokumentiert

Darüber hinaus sollten bei der Architektur-Dokumentation die unterschiedlichen Architektur-Ebenen und -Sichten (siehe Kapitel 4) nicht miteinander vermischt werden. Vielmehr sollte eine explizite Unterteilung der Architektur-Dokumentation in die unterschiedlichen Ebenen und Sichten vorgenommen werden. So erleichtert man dem Leser der Architektur-Dokumentation ein schrittweises Verständnis der verschiedenen Architektur-Aspekte. Das Anwendungsszenario Enterprise Application Integration verdeutlicht dies beispielhaft (siehe Abschnitt 8.3). Falls Aspekte unterschiedlicher Architektur-Ebenen in einem Diagramm

Unterschiedliche Architektur-Ebenen und –Sichten nicht vermischen

dargestellt werden, sollten die unterschiedlichen Ebenen hervorgehoben werden. Ist dies nicht (in überschaubarer Form) möglich, sind verschiedene Diagramme zu verwenden (siehe Kapitel 9).

Standard-Dokumentationsmittel verwenden

Wichtig für die Wartung und die Kommunikation ist die Auswahl des Dokumentationsmittels. Die Verwendung von etablierten Standards bringt hier erhebliche Vorteile:

> Verwendung des Dokumentationsmittels ist dokumentiert

> Dokumentationsmittel ist getestet und hat sich bewährt

> Bessere Unterstützung bei Fragen und Problemen

> Unterstützung des Dokumentationsmittels durch Werkzeuge verschiedener Hersteller

Folgen falscher Verwendung von Dokumentations-mitteln

Bei der Verwendung von Dokumentationsmitteln gibt es Freiheitsgrade (z. B. in der Wahl der Landessprache für Bezeichner oder bei der Ausschöpfung bestimmter Möglichkeiten eines Dokumentationsmittels). Werden in einem Projekt diese Freiheitsgrade ungeplant genutzt, kann die Qualität der Architektur-Dokumentation in folgenden Punkten Schaden nehmen:

> Konsistenz

> Verständlichkeit

> Eindeutigkeit

> Wartbarkeit

Mangelhafte Architektur-Dokumentations-qualität führt zu mangelhafter Software-Qualität

Eine derart „schadhafte" Architektur-Dokumentation hat weit reichende unerwünschte Auswirkungen. Sie wirkt sich in der Folge negativ auf die Architektur an sich aus, das heißt, in letzter Konsequenz leidet schließlich die Software-Qualität des Systems. Beispielsweise wirkt sich eine ungeschickte Namensgebung (z. B. für Bausteine) in der Architektur-Dokumentation bis auf den Code aus. Der Code wird als Folge unleserlich und damit schwer wartbar.

Richtlinien für Architektur-Dokumentation aufstellen

Deshalb ist es erforderlich, dass der Architekt im Projekt Richtlinien für die Erstellung von Architektur-Dokumentation und die Verwendung von Dokumentationsmitteln festlegt. Dies sollte geschehen, noch bevor damit begonnen wird, eine Architektur-Dokumentation zu erstellen. Solche Richtlinien erst im Nachhinein umzusetzen, ist, wenn überhaupt, nur mit großem Aufwand machbar. Diese Richtlinien müssen bei der täglichen Arbeit einfach zu verwenden sein. Liegen die Richtlinien als bürokratisches Machwerk von etlichen Seiten Papier vor, werden sie nicht konsequent benutzt oder sogar missachtet. Deshalb sollten sich die Richtlinien auf eine überschaubare Anzahl wirklich relevanter und nachvollziehbarer Festlegungen beschränken. Diese Festlegungen sind prägnant, einheitlich und verständlich zu beschreiben. Es folgt eine Liste der Fragen (kann bei Bedarf ergänzt werden), die durch Richtlinien für die Architektur-Dokumentation beantwortet werden sollten:

> Was sind die Inhalte der Architektur-Dokumentation?

> Was ist die Struktur der Architektur-Dokumentation?

> Wie wird die Architektur-Dokumentation organisiert?

> Wie wird die Architektur-Dokumentation auf einem aktuellen Stand gehalten?

> Welche Regeln gelten für den Schreibstil?

> Auf welche Weise sind Dokumentationsmittel zu verwenden?

> Welche Landessprache ist für Bezeichner (aller Art) zu verwenden?

> Welche Schreibweisen sind für Bezeichner zu verwenden?

Ein erhebliches Problem bei der Verwendung einer Architektur-Dokumentation stellen Begriffe (aus der Architektur-Dokumentation) dar, wenn diese von verschiedenen Interessenvertretern unterschiedlich interpretiert werden. Dies gilt ganz besonders für Schlüsselbegriffe aus einer Domäne. Um dieses Problem zu entschärfen, werden in [Evans 2004] folgende Richtlinien vorgeschlagen:

Begriffe sorgfältig auswählen

> Ausschließlich Begriffe aus dem Domänenmodell verwenden

> Alternativen zu einem Begriff hinsichtlich ihrer Bedeutung diskutieren und festlegen, welcher der zur Auswahl stehenden Begriffe zukünftig einheitlich verwendet werden soll

> Sicherstellen, dass sich Änderungen hinsichtlich verwendeter Begriffe im Domänenmodell widerspiegeln

> Begriffe bewusst auf Korrektheit (Konsistenz, Widersprüche, Verständlichkeit etc.) prüfen

Wichtig ist es, im Projekt die Verwendung von Richtlinien nicht bloß anzuweisen, sondern eine konkrete Anleitung zu deren Benutzung zu geben. Damit wird eine bessere Akzeptanz erreicht und einer falschen Verwendung vorgebeugt, die erheblichen Aufwand bei der anschließenden Fehlerbehebung nach sich ziehen würde.

Richtlinien müssen vermittelt werden

Bevor damit begonnen wird, in einem Projekt Richtlinien für die Verwendung von Dokumentationsmitteln und die Erstellung von Architektur-Dokumentation zu erstellen, sollte geprüft werden, ob an anderer Stelle derartige Richtlinien oder allgemeine Vorlagen hierfür bereits existieren und diese als Basis für die eigenen Richtlinien verwendet

Richtlinien nicht auf der grünen Wiese entwickeln

werden könnten. So gibt es beispielsweise im Umfeld von UML Regeln für die Schreibweise von Bezeichnern als Quasi-Standard. Ein Beispiel für eine Vorlage für Architektur-Dokumentation ist der ANSI/IEEE Standard 1471-2000 [Chaudron 2002, IEEE 2000 und Opengroup 2001]. In [Bass et al. 2003] finden sich ebenfalls nützliche Anregungen und Vorlagen für die sinnvolle Strukturierung von Architektur-Dokumentation. Solche Standards bzw. Vorlagen sollten jedoch nicht ohne weiteres angewendet werden, sondern müssen auf die spezifischen Rahmenbedingungen (z. B. Projektgröße oder Anforderungen) eines Projektes angepasst werden. Erfolgt die Verwendung des Dokumentationsmittels werkzeugunterstützt, sollte geklärt werden, ob sich bestimmte Teile der Richtlinien automatisieren lassen zum Zwecke einer effizienteren Umsetzung der Richtlinien.

Visuelle Architektur-Dokumentation ergänzt schriftliche Architektur-Dokumentation

Um Architektur zu dokumentieren und ihre Vermittlung zu erleichtern, ist es unerlässlich, neben der Architektur-Dokumentation in Textform die wesentlichen Merkmale einer Architektur auch als visuelles Modell des zu entwickelnden Systems zu dokumentieren. Am visuellen Modell können grundlegend die Ideen einer Architektur und die Auswirkungen sich ändernder Anforderungen klarer dargestellt werden. Dazu gibt es eine Reihe von mehr oder weniger formalen Dokumentationsmitteln, die in diesem Abschnitt später noch vorgestellt werden. Die visuelle Architektur-Dokumentation durch ein bestimmtes Dokumentationsmittel kann jedoch auf keinen Fall die schriftliche Architektur-Dokumentation ersetzen, sondern nur ergänzen. Sie tut dies, indem sie dazu verhilft, zu einer Architektur rasch einen Überblick erlangen zu können und bestimmte Aspekte gezielt zu fokussieren, ohne sich in den Details eines Textes zu verlieren. Zudem dient die visuelle Darstellung gleichsam als Wegweiser durch die textuelle Beschreibung. Der letztgenannte Sachverhalt kommt besonders zum Tragen, wenn Sie sich beispielsweise als Architekt und/oder Entwickler neu in eine Architektur einarbeiten müssen.

Visuelle Architektur-Dokumentation muss das Wesentliche zeigen

Damit die Visualisierung von Architektur einen wirklichen Nutzen beitragen kann, sollte sie nicht versuchen, alle Details der textuellen Beschreibung darzustellen, sondern nur die wichtigen Aspekte (z. B. Schnittstellen und Schichtenzugehörigkeit), die andernfalls von den Details verdeckt nicht im Blickfeld liegen würden. So erleichtert die visuelle Architektur-Dokumentation den Zugang zu den Konzepten und Ansätzen, die in der textuellen Architektur-Dokumentation enthalten sind. Darüber hinaus sollte es nicht allein bei einer simplen Darstellung der Bausteine einer Architektur belassen werden, sondern mindestens

folgende Fragen/Aspekte zu den dargestellten Bausteinen sollten be-
antwortet/dargestellt werden:

> Welche Rollen haben die Bausteine?
> Welche Beziehungen zwischen den Bausteinen gibt es?
> Wie kommunizieren die Bausteine untereinander?

Wichtig ist es, sicherzustellen, dass auf die Architektur-Dokumentation schnell und einfach zugegriffen werden kann. Hierzu ist einerseits eine entsprechende technische Infrastruktur (z. B. Verwendung eines CMS oder eines Repository) mit der Möglichkeit der Versionskontrolle wichtig, da sich Architektur-Dokumente über die Zeit weiterentwickeln werden. Andererseits ist eine gute Strukturierung der (textuellen und visuellen) Architektur-Dokumentation eine wichtige Voraussetzung. Dazu gibt es zahlreiche Vorgehensweisen. Z. B. kann die Architektur-Dokumentation nach Subsystemen, Komponenten oder Schichten aufge-teilt bzw. organisiert werden.

Einfachen Zugriff auf Architektur-Dokumentation sicherstellen

Die Dokumentation einer Architektur kann mehr oder weniger umfang-reich sein und Texte, Modelle, Präsentationen etc. umfassen. Umfang und Form von Architektur-Dokumentation ist abhängig von der Kom-plexität des zu entwickelnden Systems.

Umfang der Architektur-Dokumentation ist unterschiedlich

8.2 Anwendungsszenario: Product Line Engineering

Dieses Anwendungsszenario beschäftigt sich mit der Konzeption und Realisierung von Produktlinien. Es konkretisiert die allgemeinen archi-tektonischen Tätigkeiten aus Abschnitt 8.1 hinsichtlich Product Line Engineering. Bevor jedoch diese Tätigkeiten näher diskutiert werden, werden zunächst einige Begriffe und Konzepte im Zusammenhang mit Product Line Engineering eingeführt und definiert. Ferner ist es wichtig, festzuhalten, dass eine Produktlinie nur dann sinnvoll erstellt werden kann, wenn Erfahrungen mit mindestens zwei Produkten in einer Do-mäne vorhanden sind. Eine Organisation kann also kein Product Line Engineering in einer für sie unbekannten Domäne betreiben.

Inhalt und Aufbau

Abbildung 8.2-1 zeigt die wichtigsten Elemente des Product Line Engi-neering. Die gestrichelten Pfeile sollen zum Ausdruck bringen, dass die einzelnen Tätigkeiten Inkremente darstellen und iterativ wiederholt werden, um die Produktlinie inkrementell zu verfeinern.

PLE-Tätigkeiten

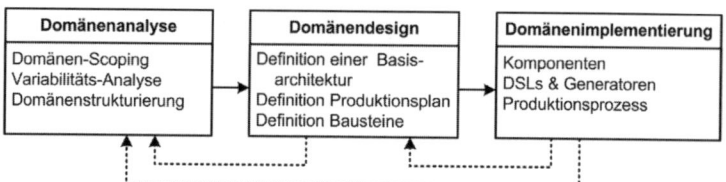

Abb. 8.2-1: *Tätigkeiten des Product Line Engineering.*

Die PLE-spezifischen Tätigkeiten können gemäß Tabelle 8.2-1 den allgemeinen, architektonischen Tätigkeiten aus Abschnitt 8.1 zugeordnet werden.

Tab. 8.2-1: *Zuordnung von PLE-Tätigkeiten zu allgemeinen, architektonischen Tätigkeiten.*

PLE-Tätigkeit	Allgemeine Tätigkeit
Domänenanalyse	Verstehen der Anforderungen
Domänendesign	Entwerfen der Architektur
Domänenimplementierung	Umsetzen der Architektur

Beispiele dieses Vorgehens finden sich übrigens in der Fallstudie „Eingebettete Komponenteninfrastrukturen" in Kapitel 11.

8.2.1 Produktlinien und Software-Systemfamilien

Was ist eine Produktlinie?

Eine Produktlinie besteht aus einer Menge von fachlich aufeinander abgestimmten Einzelprodukten mit einem gemeinsamen Zielmarkt – d.h., die Zusammenstellung ist kundengruppenspezifisch. Die einzelnen Produkte einer Produktlinie können zueinander in verschiedenen Beziehungen stehen:

> Die Produkte können sich gegenseitig ergänzen (Beispiel: Microsoft Word, Excel, Access).

> Sie können ein ähnliches oder gleiches Problem für verschiedene Umgebungen lösen (Beispiel: Opera für PC, Mac, PocketPC [OPERA 2005]).

> Oder sie können auch aus primär marketingtechnischen Gründen miteinander in Beziehung stehen (Beispiel: IBM Websphere Familie [IBM 2005]).

Produktlinien und Software-Systemfamilien

Es ist zunächst einmal essenziell festzuhalten, dass eine Produktlinie zunächst aus *Sicht der Anwender* Sinn machen muss. Die einzelnen Produkte müssen nicht zwangsläufig technisch Dinge gemeinsam haben. Natürlich ist Letzteres aus verschiedenen Gründen wünschenswert (weswegen man dieses bei Product Line Engineering auch meist implizit voraussetzt). Ist dies der Fall, so spricht man von einer Software-Systemfamilie.

Software-Systemfamilien stellen also eine technische Basis zur effizienten Umsetzung von Produktlinien dar. Deshalb wird im Kontext von Product Line Engineering (PLE) auch oft implizit davon ausgegangen, dass die Produkte einer Produktlinie eine Software-Systemfamilie darstellen. Auch wir werden dies im Rest dieses Anwendungsszenarios tun.

Aus Platzgründen kann dieses Anwendungsszenario nur einen Überblick über PLE darstellen. Weitere Details finden sich in [Clements und Northrop 2001], [Weiss und Lai 1999], [Bosch 2000] und [Eisenecker und Czarnecki 2000].

Weiterführende Literatur

Der Begriff Software-Systemfamilie ist folgendermaßen definiert:

Definition: Software-Systemfamilie

> We consider a set of programs to constitute a family whenever it is worthwhile to study programs from the set by first studying the common properties of the set and then determining the special properties of the individual family members [Parnas 1976].

Kern des Vorgehens ist also, den Fokus der Software-Entwicklung nicht auf einzelne Anwendungen bzw. Systeme zu legen, sondern Familien von ähnlichen Systemen zu betrachten.

Solche Ähnlichkeiten betreffen meist entweder die Architektur des Systems oder eine gemeinsame Fachlichkeit (bzw. beides: die Erfahrung zeigt, dass bestimmte Fachlichkeiten meist auch bestimmte Architekturen nahe legen). Das Fachgebiet, für welches eine solche Software-Systemfamilie entwickelt wird, wird als Domäne bezeichnet.

Fachlich vs. technisch

Natürlich sind die betreffenden Mitglieder der Familie nicht identisch – sonst müsste man ja bildlich gesprochen nur „die CD kopieren". Stattdessen unterscheiden sich die Systeme an wohl definierten Stellen in wohl definierter Hinsicht. Man nennt diese auch Variabilitäten – die Analyse dieser Variabilitäten im Rahmen einer Domäne ist ein wichtiger Bestandteil von Product Line Engineering und wird weiter unten näher erläutert. Ein weiterer wichtiger Aspekt ist die systematische Wiederverwendung. Gemeinsam genutzte Artefakte sollen möglichst unverän-

Variabilitäten

dert zwischen den verschiedenen Produkten wieder verwendet werden können.

Architektur-Aspekte

Produktlinien und Software-Systemfamilien sind besonders aus architektonischer Sicht interessant:

Reife

> Wenn eine gemeinsame Architektur eine ganze Produktlinie für eine bestimmte Domäne tragen können soll, muss die Architektur natürlich eine gewisse Reife aufweisen.

Flexibilität

> Weiterhin muss die Architektur auch die betreffenden Variabilitäten unterstützen können, muss also die betreffenden Hooks (Stellen, an denen die produktspezifische Funktionalität eingehängt werden kann) bzw. Konfigurationsoptionen zur Verfügung stellen.

Erfahrung

> Auf der anderen Seite reift eine Architektur auch durch die Erfahrung, die man im Rahmen der Entwicklung der verschiedenen Produkte der Produktlinie im Lauf der Zeit sammelt.

Beispielhafte Variabilitäten von Software-Systemfamilien

Software-Systemfamilien (SSF) lassen sich bzgl. verschiedenster Aspekte eines Systems definieren. Bevor wir einige Beispiele dafür betrachten, möchten wir noch erwähnen, dass man nicht nur eine Reihe ganzer Systeme als SSF sehen kann, sondern natürlich auch Subsysteme oder Komponenten. SSF bzw. ein Produktlinienansatz lassen sich auf den verschiedensten Granularitätsstufen sinnvoll einsetzen (siehe Kapitel 4).

In welcher Hinsicht können sich nun die einzelnen Mitglieder einer SSF unterscheiden? Hier einige Beispiele:

Umgebung

> Umgebung: Systeme (mit identischer Funktionalität) können für verschiedene Umgebungen entwickelt werden. Solche „Umgebungen" umfassen bspw. das Betriebssystem, die Datenbank, den Applikationsserver oder das Widget-Kit. Verschiedene Programmiersprachen sind eher unüblich (dies wird durch MDSD möglicherweise etwas realistischer, siehe unten).

Skalierung

> Skalierung: Skalierbarkeit ist eine interessante Variabilität. Dabei geht es nicht darum, dass ein *fest gefügtes* System mit steigendem Nutzer- bzw. Datenaufkommen skalieren soll. Die Variabilität besteht viel mehr darin, dass man das System für verschiedene Skalierungen unterschiedlich realisiert (bspw. mit/ohne Applikationsserver in der J2EE-Welt).

> Fachlichkeit: Die „klassische" Variabilität besteht in ähnlichen, aber nicht identischen Fachlichkeiten. Bankanwendungen sind beispielsweise immer mehr oder weniger gleich aufgebaut; sie unterscheiden sich fachlich vor allem in den Prozessen bzw. Kontenarten, die unterstützt werden sollen. Andere Beispiele sind z. B. Zündsteuergeräte für verschiedene Motoren.

8.2.2 Realisierungstechnologien und Zusammenhang zu MDSD

Offensichtlich muss man im Rahmen von Produktlinien eine Software-Architektur vorsehen, die die verschiedenen Variabilitäten gebührend unterstützt. Krzysztof Czarnecki hat die verschiedenen Möglichkeiten anhand Abbildung 8.2-2 illustriert.

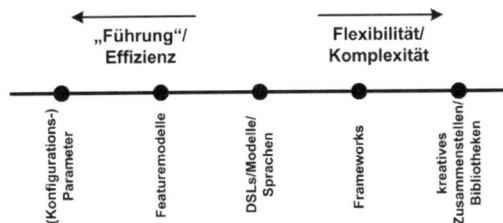

Abb. 8.2-2: *Flexilität vs. Effizienz.*

Am ganz rechten Ende, das bedeutet maximal flexibel, aber auch maximal komplex, finden sich Systemfamilien, die schlicht aus einer Sammlung von Bausteinen bestehen (Komponenten, Klassen, Libraries etc.). Es ist Aufgabe des Produktarchitekten, aus diesen Bausteinen ein Produkt zu erstellen. Natürlich werden die Bausteine technisch kompatibel sein (Klassen alle in derselben Sprache, Komponenten basierend auf derselben Komponenteninfrastruktur), aber es existiert keine weitere Führung, wie die Bausteine zu einem Produkt zusammengesetzt werden sollen.

Weiter links auf der Skala finden sich daher Frameworks. Frameworks definieren die prinzipielle Architektur eines Produktes der Produktlinie und definieren wohl definierte Hooks, an denen der Produktentwickler Produktspezifika „einhängen" kann. Aufgrund der Tatsache, dass die Architektur bereits durch das Framework vorgegeben ist, ist das Zusammensetzen eines Produktes bereits etwas einfacher.

Domänenspezifische Sprachen

Frameworks haben aber immer noch das Problem, dass sie (zumindest wenn sie eine bestimmte Größe überschreiten) recht schwer benutzbar sind – letztendlich stellen sie eine Form von White-Box Wiederverwendung dar. Um diese Situation zu entschärfen, kann man nun domänenspezifische Modellierungs-Sprachen (DSLs – Domain Specific Languages) auf das Framework aufsetzen (siehe Abschnitt 6.6.3). Anstatt dass der Entwickler nun manuell gegen das Framework implementiert, werden ihm zum Framework passende Modellierungssprachen zur Verfügung gestellt. Dadurch wird der Entwickler besser geführt, die Verwendung des Frameworks wird erheblich vereinfacht. Natürlich wird auch die Flexibilität etwas eingeschränkt.

Zusammenhang zu MDSD

An dieser Stelle wird auch der Zusammenhang zu modellgetriebener Entwicklung deutlich: Die Verwendung von DSLs, um – spezifisch für eine Plattform – Anwendungen zu definieren, ist genau das Hauptmerkmal von MDSD. Damit ist MDSD *ein* Mittel zur Implementierung von Produktlinien.

Feature-Modellierung

Noch weiter links auf dem „Flexibilitätsstrahl" finden sich Feature-Modelle – dazu später mehr. Kurz zusammengefasst stellen Feature-Modelle eine effiziente Möglichkeit dar, aus einer Menge von Konfigurationsoptionen eine erlaubte, sinnvolle Untermenge zu selektieren und damit ein Produkt der PL zu spezifizieren. Feature-Modelle eignen sich schlecht zur Definition von strukturellen Modellen, weswegen sie weiter links liegen als DSLs.

Konfigurations-parameter

Schlussendlich finden sich am ganz linken Ende die klassischen Konfigurationsparameter. Wenn die Konfigurationsmöglichkeiten der Produkte ausschließlich aus einer vordefinierten Menge von Konfigurationsparametern bestehen, so hat man natürlich nur noch sehr begrenzte Variabilitäten.

Wann verwendet man was?

Evolution „von rechts nach links"

Es stellt sich die Frage, wann man was verwenden soll. Unserer Erfahrung nach wird man auf dem Strahl ganz rechts beginnen und mit zunehmender Erfahrung bzgl. der Produkte der SSF weiter nach links wandern: Je reifer die Domäne, desto weiter links auf dem Strahl finden sich die Konfigurationsmöglichkeiten. Zu dieser Daumenregel gibt es aber durchaus Ausnahmen: Die Ausdrucksfähigkeit von Konfigurationsparametern ist in der Praxis oft nicht groß genug, weswegen man für strukturelle Beschreibungen bei der DSL und für strukturfreie bei Feature-Modellen hängen bleibt.

Man kann also sagen, dass die Produkte in guten Software-Systemfamilien mittels DSLs und Feature-Modellen beschreibbar sind.

8.2.3 Erstellen des Business Case

In diesem Abschnitt möchten wir kurz auf die Vorteile und Herausforderungen im Zusammenhang mit Produktlinien und deren Erstellung eingehen, die bei der Erstellung eines Business Case berücksichtigt werden können. In diesem Fall geht es wohlgemerkt nicht um den Business Case für ein einzelnes System, sondern um eine ganze Reihe von Systemen innerhalb einer Software-Systemfamilie.

Produktlinien machen immer dann Sinn, wenn eine Organisation mehr als ein „Produkt" in einer Domäne entwickelt. Die Verwendung von Software-Systemfamilien zur Implementierung bringt in diesem Zusammenhang eine ganze Reihe von Vorteilen:

Vorteile

> Die Architektur wird qualitativ hochwertiger, da sie im Laufe vieler Anwendungen in der gleichen Domäne optimiert wird.
> Durch die Vereinfachung der Anwendungsentwicklung („Programmierung" mittels DSLs) wird die Entwicklung von Produkten innerhalb der Produktlinie erheblich beschleunigt.
> Durch die Wiederverwendung von nicht-variablen Bestandteilen und die explizite Beschreibung von Variabilitäten steigt die Qualität des Systems.
> Außerdem lassen sich Domänenexperten besser in die Entwicklung integrieren.

Natürlich sind auch Produktlinien keine Silver Bullets. Der Aufbau einer Produktlinie kostet Zeit und Geld; das Einarbeiten in Techniken und Tools ist nicht umsonst. Die Umstellung des Entwicklungsprozesses und der Organisation ist oft der härteste Brocken – dazu später mehr.

Herausforderungen

8.2.4 Verstehen der Anforderungen (Domänenanalyse)

Im ersten Schritt sollte man sich zunächst über die Abgrenzung der Domäne Gedanken machen und vor allem klar festlegen, was man nicht mehr als Teil der Domäne – und damit der späteren Produktlinie – sehen möchte.

Abgrenzung der Domäne

Wenn wir als Beispiel Motorsteuergeräte (für Automobile) annehmen, so ist es beispielsweise entscheidend, festzulegen, ob diese nur für Benzin- oder auch für Dieselmotoren verwendbar sein sollen oder ob sowohl PKW- als auch LKW-Motoren dazugehören.

Glossar und Ontologie

Um die Domäne nun weiter zu verstehen, ist es eine gute Idee, ein Glossar oder eine Ontologie der Konzepte der Domäne zu erstellen. Dies ist ein erster Schritt hin zu einem Domänenmetamodell (siehe Abschnitt 6.2.5.3), welches die Konzepte der Domäne formal beschreibt und diese miteinander in Beziehung setzt. Ein gutes Domänenmetamodell ist die Basis für erfolgreiches Product Line Engineering.

Architektur-Metamodell

Falls man die Domäne nahe an die technische Architektur der zu erstellenden Systeme anlehnt, spielt das Domänenmetamodell die Rolle des Architektur-Metamodells. Die dadurch entstehende Formalisierung der Architektur ist ein nützliches Mittel zu deren Verbesserung!

Variabilitätsanalyse

Im weiteren Verlauf ist es nun essenziell, die Variabilitäten innerhalb der Domäne zu erfassen. Für die Anteile, die in allen Produkten identisch sind, müssen entsprechend qualitativ hochwertige Bausteine zur Verfügung gestellt werden. Für die Dinge, die unterschiedlich sind, muss eine geeignete Konfigurations-/Beschreibungsmöglichkeit gefunden werden.

Feature-Modelle

Es hat sich herausgestellt, dass sich Feature-Modellierung [Eisenecker und Czarnecki 2000, FODA 2005] sehr gut zur Variabilitätsanalyse eignet. Ein Feature-Modell – bzw. ein Feature-Diagramm als seine grafische Repräsentation – beschreibt die Variabilitäten einer SSF, und zwar *frei von Realisierungsaspekten!*

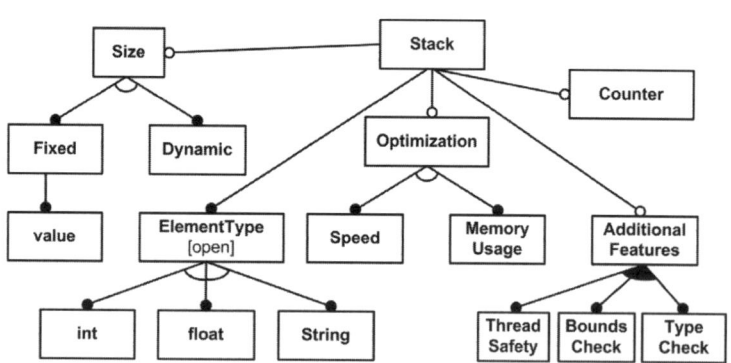

Abb. 8.2-3: *Feature-Modell der Systemfamilie Stack.*

Abbildung 8.2-3 zeigt das Feature-Modell für eine Systemfamilie Stack. Es beschreibt, dass jeder *Stack* einen *ElementType* haben muss („muss": dargestellt durch den ausgefüllten Kringel). Dieser kann vom Typ *int*, *float* oder *String* sein (*1-aus-n*: erkennbar durch den nicht-ausgefüllten Bogen zwischen den Assoziationen *ElementType-int*, *ElementType-float* und *ElementType-String*). Die Größe des Stacks kann entweder fix (wobei man dann einen Wert für die Größe angeben muss) oder dynamisch anpassbar sein. Optional (*optional:* leerer Kringel) kann der Stack einen statischen *Counter* mitführen – tut er das nicht, wird beim Aufruf von *size()* die Größe jedes Mal neu berechnet. Weitere Features sind Thread-Sicherheit, Bounds-Checking sowie Typsicherheit. Eines oder mehrere dieser Features können in einem Produkt vorhanden sein (*n-aus-m*: erkennbar durch den ausgefüllten Bogen). Auch kann die Implementierung entweder auf Geschwindigkeit oder Speicherverbrauch hin optimiert werden.

Beispiel Feature-Modell

Das Diagramm in Abbildung 8.2-3 beschreibt damit den „Konfigurationsraum" für Mitglieder der Systemfamilie *Stack*. Einzelne Mitglieder müssen gültige Kombinationen aufweisen. Beispiele:

Beispiele für gültige Konfigurationen

> Dynamische Größe, ElementType: int, Zähler, Threadsafe
> Statische Größe mit dem Wert 20, ElementType: String
> Dynamische Größe, geschwindigkeitsoptimiert, Bounds-Check

Abgesehen von den in der grafischen Notation direkt darstellbaren Angaben kann ein Feature-Modell noch weitere Informationen enthalten, dies werden wir hier aus Platzgründen jedoch nicht näher erläutern.

Das Interessante an dieser Methode und Notation ist, dass sie absolut nichts über die spätere Implementierung der Features aussagt. Würde man eine Systemfamilie in dieser Phase bereits mittels UML modellieren, dann müsste man bereits zu diesem frühen Zeitpunkt Entscheidungen treffen bzgl. Vererbung, Typgenerizität, Assoziationen etc. Dies ist zu dieser Zeit der Domänenanalyse aber weder notwendig noch hilfreich.

Frei von Implementierungsaspekten

Des Weiteren können Merkmale in obigen Diagrammen zu verschiedenen Kategorien gehören, die das Feature-Modell nicht unterscheidet:

Aspektuelle Features

> Klassische Komponentenmerkmale geben das Vorhandensein modularer Features an – d. h. ob ein Produkt einen bestimmten Systembaustein besitzt oder nicht.

> Aspektuelle Merkmale (siehe Abschnitt 6.2.6) sind im Gegensatz dazu solche, die nicht als Komponente realisiert werden können (z. B. das Merkmal „optimiert auf Performance" oder „optimiert auf Codegröße"). Solche Merkmale schlagen sich später möglicherweise an vielen Stellen im System nieder, indem verschiedene Komponenten anders implementiert werden.

Feature-Diagramme können beide Arten von Merkmalen nebeneinander aufweisen.

8.2.5 Entwerfen der Architektur (Domänendesign)

Implementierung der Plattform

Im Rahmen des Domänendesigns geht es nun darum, die Software-Struktur der Domäne festzulegen. Beginnen wird man damit, die gemeinsamen Merkmale der Produkte einer Domäne in Form einer Plattform zu implementieren. Dadurch, dass diese gemeinsamen Merkmale eben bei allen Produkten identisch sind, ist es nicht nötig, sie in irgendeiner Weise generativ zu implementieren. Sie stellen die Basis für die gemeinsame Zielarchitektur dar.

Bindungszeiten

Für die variablen Merkmale (in denen sich die verschiedenen Produkte unterscheiden) muss nun entschieden werden, wann ein Merkmal „gebunden" werden soll – d. h. zu welchem Zeitpunkt man sich bei einem Produkt für oder gegen ein bestimmtes Merkmal entscheidet. Dabei gibt es verschiedene Alternativen:

Quellcode

> Auf Quellcodeebene: Hier wird die Entscheidung für oder gegen ein Feature bereits im Rahmen der Programmierung festgelegt, also im Quellcode „fest verdrahtet".

Übersetzungszeit

> Zur Übersetzungszeit: Dem Compiler können bestimmte Entscheidungen überlassen werden (Beispiele: überladene Funktionen, Präprozessoren, Code/Aspekt Weaver)

Linkzeit

> Zur Link-Zeit: Auch der Linker kann durch Hinzubinden der einen oder anderen Bibliothek dazu dienen, ein Produkt zu konfigurieren (Beispiel: ein Makefile, welches bestimmte Bibliotheken statisch zum Code bindet – oder auch nicht).

Installationszeit

> Zur Installationszeit: Bei Produkten, die einen expliziten Deployment-Schritt enthalten, kann man typischerweise auch hier noch bestimmte Konfigurationen vornehmen (Beispiel: J2EE bietet mittels der Deployment-Deskriptoren die Möglichkeit, bestimmte Einstellungen bei der Installation anzupassen).

> Zur Ladezeit: Auch beim Laden der Anwendung kann man noch eingreifen, DLLs sind ein Beispiel (Beispiel: das optionale Laden verschiedener DLLs, die die gleichen Funktionen unterschiedlich implementieren).

Ladezeit

> Zur Laufzeit: Zu guter Letzt kann man Entscheidungen natürlich auch zur Laufzeit treffen (Beispiele: Polymorphismus, Dynamic Classloading in Java, interpretierte Konfigurationsparameter).

Laufzeit

All diese verschiedenen Möglichkeiten haben ihre Vor- und Nachteile bzgl. Performance, Flexibilität, Codegröße und Komplexität. Beispielsweise sind Dinge, die zur Laufzeit mittels Polymorphismus entschieden werden, sehr flexibel, führen aber auch zu großen Images. Generell kann man sagen, dass je früher im Prozess eine bestimmte Entscheidung getroffen wird, desto performanter und kleiner wird das System sein. Spätere Entscheidungen führen zu erhöhter Komplexität des Codes, größeren Images und meist schlechterer Performance.

Vor- und Nachteile

Auch hier ist wieder eine interessante Verbindung zu MDSD zu sehen. MDSD erlaubt Flexibilität (auf Modellebene), die dann, wenn der Code des Systems einmal generiert ist, aber aus Sicht des Systems statisch realisiert wird. Insofern kann MDSD helfen, die Probleme, die man sich mit erhöhter Flexibilität einhandelt, zu minimieren.

Ein weiterer Aspekt des Domänendesigns ist die Festlegung der gemeinsamen Architektur der Produkte der PL. Wie oben bereits erläutert, muss diese Architektur in der Lage sein, die Produktlinie „zu tragen", muss also die Variabilitäten der verschiedenen Produkte abbilden können.

Gemeinsame Architektur

Schlussendlich bleibt noch, den Produktionsprozess zu definieren. Es muss entschieden werden, welche variablen Anteile wie spezifiziert werden. Frameworks, DSLs, Feature-Modelle oder Konfigurationsparameter müssen festgelegt und ihre Auswirkungen auf die Variabilitäten definiert werden. Vor allem bei der Frage, wie man gute DSLs baut, ist einiges an Erfahrung nötig.

Produktionsprozess

8.2.6 Umsetzen der Architektur (Domänenimplementierung)

Im Rahmen der Domänenimplementierung wird nun das vorher Definierte in die Tat umgesetzt. Komponenten und Frameworks werden implementiert, Editoren für DSLs werden gebaut und Generatoren bzw.

Interpreter konfiguriert bzw. programmiert. Hier kommen dann in erster Linie wieder die Techniken der modellgetriebenen Software-Entwicklung zum Einsatz (siehe Abschnitt 6.2.5).

Intelligente IDEs

Es sei noch erwähnt, dass es neben DSLs und Frameworks noch andere Möglichkeiten gibt, die Entwicklung von Software-Systemfamilien für die Entwickler zu vereinfachen, und zwar insbesondere „intelligente", domänenspezifische IDEs. Damit sind hier jetzt nicht nur die Editoren für die DSLs und deren Integration in IDEs wie Eclipse gemeint, sondern darüber hinausgehende Features wie zum Beispiel:

> Verschiedene Perspektiven/Konfigurationen der IDE für die verschiedenen Sichten auf eine Produktlinie, spezifisch für die mit dieser Sicht betrauten Entwickler

> Speziell dafür angepasste Richtlinien, Muster und Dokumentationen, die den Entwickler in seine Arbeit führen

> Wizards, die bestimmte wiederkehrende Aufgaben übernehmen, und schlussendlich

> Aufgabenbasierte IDEs die, abhängig vom Fortschritt der Entwicklung und anderer Informationen in der IDE, den Entwickler auf die nächsten anstehenden Aufgaben hinweisen

Ein Beispiel für die kombinierte Anwendung all dieser Konzepte sind Microsoft's Software Factories [Greenfield und Short 2004].

8.2.7 Rollen und Aufgaben

Um Produktlinien sinnvoll umsetzen zu können, muss natürlich auch die Struktur der zugrunde liegenden Organisation passen. Dieser Abschnitt spezialisiert also die Aussagen aus Kapitel 7 im Zusammenhang mit PLE.

Trennung Produktlinien- und Anwendungsentwicklung

Makroskopisch muss zunächst zwischen der Entwicklung der Produktlinieninfrastruktur (also all den wieder verwendbaren Artefakten sowie der Implementierung des Produktionprozesses) und der Entwicklung einzelner Produkte basierend auf dieser Infrastruktur unterschieden werden. Es ist dabei zielführend, die beiden Stränge personell zu trennen. Da die Produktentwicklung die Infrastruktur der Produktlinie verwenden soll, ist es essentiell, dass die beiden Stränge eng koordiniert werden. Aus Sicht der Produktlinie sind die Anwendungsentwickler die „Kunden"! Eine iterative Weiterentwicklung, Feedback sowie ggfs. der

Austausch von einzelnen Mitarbeitern zwischen den beiden Strängen sind dabei sehr wichtig.

Im Folgenden seien noch einige der für PLE charakteristischen Rollen erläutert; es versteht sich, dass nicht jeder Rolle zwangsläufig von einer separaten Person durchgeführt werden muss:

Rollen

> Domänenexperten sind für die Analyse der Domäne zuständig, identifizieren Variabilitäten und Gemeinsamkeiten.

Domänenexperten

> Der Domänenarchitekt kümmert sich um die Implementierung der Infrastruktur für die Produktlinie. Dies umfasst die u. a. die Erstellung von Frameworks, DSLs und Generatoren. Bei großen Projekten können diese Dinge möglicherweise eigenständige Rollen darstellen.

Domänenarchitekt

> Aufseiten der Anwendungsentwicklung gibt es nun natürlich den Anwendungsexperten, der mit dem Kunden die Anforderungen für eine Anwendung im Rahmen der Produktlinie definiert.

Anwendungsexperte

> Der Anwendungsarchitekt ist zuständig dafür, die Anwendung basierend auf der Produktlinie umzusetzen. Seine Aufgabe ist es insbesondere auch, neue Features bei der Produktlinieninfrastruktur einzufordern, wenn dies für die Entwicklung von Produkten nötig ist.

Anwendungsarchitekt

8.3 Anwendungsszenario: Enterprise Application Integration

Unternehmen betreiben eine Vielzahl von IT-Systemen auf unterschiedlichen Plattformen, die in verschiedensten Programmiersprachen entwickelt wurden und differenzierte Geschäftsanforderungen erfüllen. Die wenigsten IT-Systeme können dabei ohne den Austausch von Informationen mit anderen IT-Systemen existieren. Dies hat in der Praxis zu einer Integration von IT-Systemen in einer Ad-hoc-Manier geführt, indem IT-Systeme über Punkt-zu-Punkt-Verbindungen (PzP-Verbindungen) aneinander gekoppelt wurden. Wenn man davon ausgeht, dass ein durchschnittliches Unternehmen 50 IT-Systeme besitzt und diese alle miteinander verbunden sind, ergeben sich daraus 2450 PzP-Schnittstellen. Daraus resultieren heutzutage sehr komplexe IT-Systemlandschaften. Wenn sich Geschäftsprozesse ändern und neue Geschäftsstrategien umgesetzt werden sollen, ist die Integration weiterer IT-Systeme notwendig. Um der geschilderten, komplexen Situation zu begegnen und neue Geschäftsstrategien zu unterstützen, haben sich Enterprise Application Integration (EAI) innerhalb von Unternehmen und B2B-

Ausgangssituation

Applikationsintegration (B2BAI) über Unternehmensgrenzen hinweg als konkrete Ausprägungen von Integrationsarchitektur zu unternehmens-kritischen Architektur-Disziplinen in der Informations-Technologie entwickelt (siehe Kapitel 3). Im Folgenden liegt der Fokus auf EAI. EAI verfolgt das Ziel, die Anzahl der Schnittstellen zwischen IT-Systemen zu verringern und zu standardisieren sowie die mit Integration verbundene Komplexität zu reduzieren.

Abgrenzung

Dieses Anwendungsszenario widmet sich Projekten, die das Ziel haben, heterogene IT-Systeme innerhalb von Unternehmen (EAI) zu integrie-ren. Dabei wird beschrieben, welche Gesichtspunkte zu beachten sind und welche Anforderungen an eine geeignete Integrationsarchitektur (EAI-Architektur) gestellt werden. Der Leser erhält mit diesem Szenario eine Orientierungshilfe, die er nutzen kann, um ein besseres Verständ-nis von EAI zu erlangen. Dieses Szenario beschränkt sich auf busbasier-te EAI-Ansätze, wie sie beispielsweise mittels entsprechender Integrati-onsprodukte von Herstellern, wie IBM, TIBCO, Vitria oder BEA, umge-setzt werden können (siehe Kapitel 6.8.1). Primär datenorientierte Ansätze, wie sie mit entsprechenden ETL-Werkzeugen verfolgt werden können, werden nicht näher betrachtet. ETL steht für Extract, Trans-form, Load. ETL-Werkzeuge werden eingesetzt, um Daten aus einer Quell-Datenbank zu extrahieren (englisch: *extract*), diese in ein anderes Format zu transformieren (englisch: *transform*) und in eine Ziel-Datenbank zu laden (englisch: *load*). Das Szenario skizziert ein architek-tonisches Vorgehen, wie es in typischen Integrationsprojekten ange-wendet wird.

8.3.1 Erstellen des Business Case

EAI als Mittel zur Errei-chung von Geschäfts-zielen

EAI erfolgt nicht zum Selbstzweck, sondern dient immer nur als Mittel, um geschäftliche Ziele zu erreichen. Einige der Gründe für EAI werden im weiteren Verlauf kurz vorgestellt.

Geschäftsstrategien und -prozesse als Grund für EAI

Customer Relationship und Supply Chain Management sind beispiels-weise Schlüsselthemen, denen Unternehmen begegnen, um im Markt zu bestehen und erfolgreich zu sein. Hierzu ist eine ganzheitliche Sicht auf das Unternehmen notwendig. Dies bezieht sich auf Geschäftsprozesse als auch auf IT-Systeme, die die jeweiligen Geschäftsprozesse abbilden und unterstützen. Viele Systeme können jedoch als abteilungszentrisch charakterisiert werden. Dies bedeutet, dass sie für einzelne Abteilungen eines Unternehmens entwickelt wurden und die Anforderungen der jeweiligen Abteilung erfüllen. Zur Realisierung einer unternehmensweiten Geschäftsstrategie reicht dies jedoch nicht aus, da diese mehrere Abteilungen, wenn nicht sogar Unternehmen betreffen. Aus diesem Grund ist es nötig, IT-Systeme, die zu den übergreifenden Geschäftsprozessen beitragen, sinnvoll zu integrieren.

Neben der Etablierung neuer Geschäftsstrategien können auch klare Kosteneinsparungsziele als Initiatoren für EAI genannt werden. Analystenberichten zu Folge wenden Unternehmen bis zu 40 % ihres IT-Budgets für die Integration von IT-Systemen auf. Dies liegt vor allem darin begründet, dass die klassische PzP-Integration mit zunehmender System-Anzahl im Vergleich zu EAI mit höheren Kosten verbunden ist.

Kosteneinsparungen als Grund für EAI

Gerade im Rahmen von Fusionen besteht eine wichtige Aufgabe in der Konsolidierung der verschiedenen IT-Systemlandschaften. In diesem Zusammenhang kann EAI als Mittel der Integration einen wichtigen Beitrag leisten.

Fusionen als Grund für EAI

Im Vergleich zur PzP-Integration kann EAI folgende Vorteile bieten:

Vorteile von EAI

> *Standardisierte Integrationsmittel*

EAI etabliert standardisierte Integrationsmittel innerhalb eines Unternehmens oder sogar über Unternehmensgrenzen hinweg. Das Rückgrat einer EAI-Initiative bildet in aller Regel eine nachrichtenbasierte Middleware (siehe Abschnitt 6.8.1), an welche IT-Systeme angeschlossen werden. Diese bietet eine Vielzahl von Möglichkeiten, um IT-Systeme anzubinden. Durch standardisierte Integrationsmittel können weitere Systeme leichter angebunden werden.

> *Reduktion der Anzahl von Schnittstellen zwischen IT-Systemen*

Ein wesentlicher Vorteil von EAI ist die Reduktion vorhandener Schnittstellen. Dadurch reduziert sich die Komplexität der gesamten IT-Systemlandschaft. Hierdurch kann diese besser durchschaut, betrieben und erweitert werden.

> *Reduktion des Aufwands für den Unterhalt von IT-Systemen*

Aus der reduzierten Anzahl von Schnittstellen leitet sich auch ein geringerer Unterhaltsaufwand ab. Analysten sprechen hier von Einsparungen zwischen 25 und 70 % im Vergleich zur PzP-Integration.

> *Reduktion des Entwicklungsaufwands neuer IT-Systeme*

Durch EAI sinkt auch der Entwicklungsaufwand im Verhältnis zur PzP-Integration, da die Integration neuer IT-Systeme an Komplexität verliert. Hierbei finden sich Aussagen über Aufwandsreduktionen zwischen 20 und 40 %.

> *Unternehmensweite Verfügbarkeit von Informationen*

Durch EAI kann auf dieselben Informationen in derselben Qualität zur selben Zeit an verschiedenen Stellen in einem Unternehmen zugegriffen werden. Im Rahmen von CRM ist es beispielsweise essenziell, dass jedes CRM-System über dieselben Kundenstammdaten verfügt. Dies kann durch EAI ermöglicht werden (siehe Kapitel 11).

> *Schnellere Reaktionsfähigkeit auf sich ändernde Marktbedingungen*

Aufgrund der einfacheren Integration von IT-Systemen mittels EAI können Unternehmen auch schneller auf sich ändernde Marktbedingungen reagieren.

> *Höherer Investitionsschutz*

Des Weiteren erhöht sich durch die Etablierung von EAI in Unternehmen der Investitionsschutz in die IT-Systemlandschaft. Dies liegt darin begründet, dass EAI auf standardisierter Middleware basiert. Diese kann zum einen für weitere Integrationsvorhaben genutzt werden. EAI rechnet sich somit mit jedem weiteren IT-System, welches an die Middleware angeschlossen wird. Zum anderen ist es für Unternehmen einfacher, qualifizierte Mitarbeiter auf dem Arbeitsmarkt zu finden, die über fundierte Erfahrung mit der Middleware verfügen. Dies steht im Gegensatz zu dem in aller Regel sehr proprietären Charakter existierender PzP-Verbindungen.

Nachteile und Risiken von EAI

Nach der Schilderung der Vorteile mag der Eindruck entstehen, dass mit EAI alle Integrationsprobleme in Unternehmen gelöst sind. Dies ist jedoch nicht der Fall. EAI ist kein Wundermittel. EAI kann zunächst einmal mit einem großen Aufwand und damit einhergehenden Kosten verbunden sein, da es eine große Herausforderung ist, IT-Systemlandschaften zu entflechten, Schnittstellen abzulösen und zu standardisieren sowie die eingesetzte Middleware zu verstehen. Ferner kann es notwendig sein, Änderungen an bestehenden IT-Systemen vornehmen zu müssen, um sie mittels EAI zu integrieren. Dies kann ein Risiko für den Betrieb der IT-Systeme bedeuten. Des Weiteren ist für den Erfolg von EAI-Projekten auch die breite Unterstützung des Managements wichtig, da Veränderungen auf Geschäftsprozessebene und etwaige Verschiebungen von Verantwortlichkeiten zu politischen Widerständen führen kann, die auf Managementebene abgebaut werden müssen. EAI ist eine Chance für ein Unternehmen, wenn EAI als langfristige Investition betrachtet wird. Die Vorteile kommen erst dann richtig zum Tragen, wenn eine langfristige Strategie besteht, viele Systeme mittels EAI zu integrieren. Dann werden sich die Anfangsinvestitionen in eine EAI-Architektur voll auszahlen.

8.3.2 Verstehen der Anforderungen

Unabhängig davon, in welcher Industrie man tätig ist, welche Geschäftsstrategie realisiert und welche Geschäftsprozesse unterstützt werden sollen, können eine Reihe von Integrationsherausforderungen identifiziert werden, denen man bei der Konzeption und Realisierung einer Integrationsarchitektur gegenüber steht. Einige dieser Herausforderungen werden im Folgenden besprochen:

Allgemeine Integrationsherausforderungen

IT-Systemlandschaften bestehen aus verschiedenen Systemen, die auf unterschiedlichen Plattformen betrieben werden und in unterschiedlichen Programmiersprachen entwickelt wurden. Jede Plattform hat ihre eigenen Schnittstellen und Kommunikationsprotokolle. Im Sinne der PzP-Integration ergibt sich das in Abbildung 8.3-1 dargestellte Bild. Das Beispiel illustriert vereinfacht die im Rahmen einer Auftragsabwicklung involvierten IT-Systeme und ihre Beziehungen zueinander. Es wird ersichtlich, dass mit jedem hinzukommenden System die Schnittstellenkomplexität steigt.

Heterogene IT-Systemlandschaften mit vielfältigen Schnittstellen

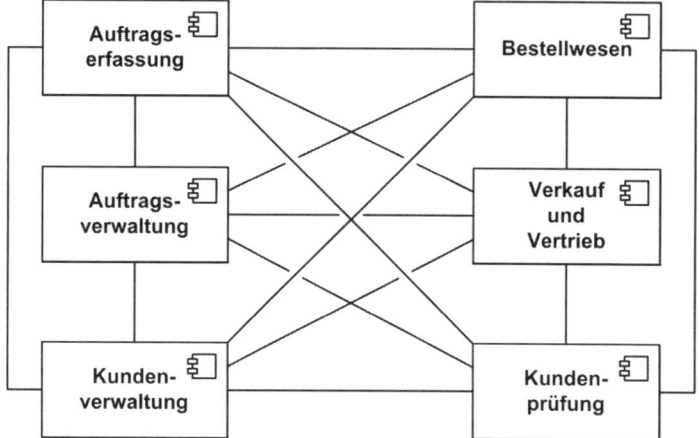

Abb. 8.3-1: *Komplexe auf Punkt-zu-Punkt basierende Systemlandschaft.*

Eine Integrationsarchitektur muss diese unterschiedlichen Schnittstellen und Kommunikationsprotokolle unterstützen, indem sie diese abstrahiert und ineinander übersetzt. Darüber hinaus ist die Anzahl der Schnittstellen zu reduzieren, um die geschilderten EAI-Vorteile zu erreichen.

Integration existierender IT-Systeme und neuer Paket-Lösungen

Neben existierenden IT-Systemen, oftmals als Legacy-Systeme bezeichnet, müssen auch häufig neue Paket-Lösungen, wie z. B. Siebel oder PeopleSoft im CRM-Bereich integriert werden. Dabei trifft man oft auf einen technischen Paradigmenwechsel zwischen Altsystemen, die beispielsweise in COBOL realisiert sind und neuen Lösungen, die z. B. auf J2EE beruhen. Integrationsarchitekturen müssen als Mittler zwischen diesen Paradigmen fungieren.

Inkonsistente Datenmodelle und -konzepte

Wie bereits erwähnt, werden Systeme in der Regel auf die konkreten Bedürfnisse einer Abteilung zugeschnitten. Aus diesem Grund repräsentieren die zugrunde liegenden Datenmodelle und -konzepte die spezifische Sicht der jeweiligen Abteilung. Im Hinblick auf EAI ist dies ein großer Nachteil, da kein ganzheitliches, unternehmensweites Datenmodell existiert. Deshalb ist eine wichtige Aufgabe jeder EAI-Vorhaben die Konsolidierung, Transformation und Zuordnung von Daten.

Wechselnde Geschäftsanforderungen

EAI ist ein fortlaufendes Vorhaben, da sich mit der Zeit neue Geschäftsanforderungen entwickeln. Dies kann zu neuen Geschäftsprozessen und auf IT-Ebene zu neuen IT-Systemen führen, welche mit existierenden integriert werden müssen. Aufgrund dessen muss EAI diese Änderbarkeit und Erweiterbarkeit unterstützen.

Kontext von EAI

Wie aus den Herausforderungen deutlich wurde, behandelt EAI nicht nur IT-Gesichtspunkte, sondern berücksichtigt auch geschäftliche Aspekte. EAI erstreckt sich über alle Architektur-Ebenen (siehe Kapitel 4). Daraus ergibt sich der in Abbildung 8.3-2 dargestellte Kontext von EAI. Es ist wichtig, sich diesen verschiedenen Ebenen bewusst zu sein, um die Anforderungen an EAI zu verstehen und eine entsprechende Architektur abzuleiten. EAI sollte also immer aus unterschiedlichen Architektur-Perspektiven betrachtet werden.

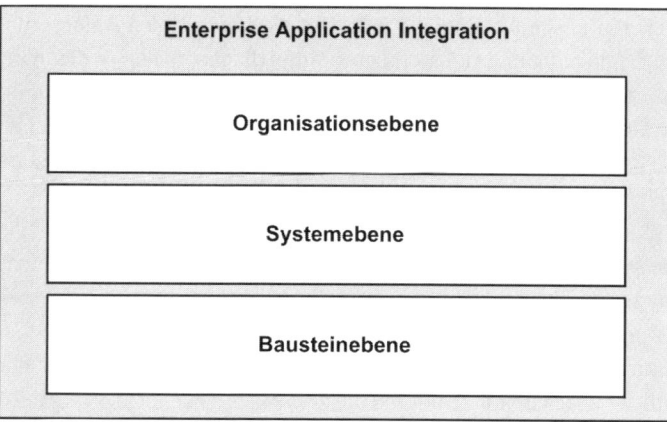

Enterprise Application Integration

Organisationsebene

Systemebene

Bausteinebene

Abb. 8.3-2: Kontext von EAI.

Je nachdem, auf welcher Architektur-Ebene man sich bewegt, sind unterschiedliche Tätigkeiten zum Verständnis der Anforderung notwendig. Diese werden im Folgenden beginnend bei der Organisationsebene vorgestellt.

Tätigkeiten auf der Organisationsebene

> In einem ersten Schritt, zum Verstehen der Anforderungen, sind die Geschäftsprozesse und die damit verbundenen Geschäftsobjekte zu identifizieren, die durch IT-Systeme unterstützt werden sollen.

> Auf Basis dieser sind in einem nächsten Schritt die IT-Systeme zu identifizieren, die einzelne Prozessschritte unterstützen. Diese sollten in einem Kontext-Diagramm dokumentiert werden.

> Darauf aufbauend sind die Verantwortlichkeiten der IT-Systeme festzuhalten.

Auf der Organisationsebene sind Geschäftsstrategien und damit verbundene Geschäftsprozesse als auch Geschäftsobjektmodelle angesiedelt. Geschäftsprozesse beschreiben, wie die Organisation ihr Ziel (die Strategie) verfolgt. In den Geschäftsobjektmodellen sind die Geschäftsobjekte und ihre Beziehungen dokumentiert. Aus den Geschäftsprozessen ergibt sich die Anforderung der Unterstützung einzelner Geschäftsprozessschritte durch IT-Systeme. Bei der Erfassung eines Auftrags kann es beispielsweise notwendig sein, die Bonität oder die Adresse des Kunden zu prüfen und nach erfolgreicher Prüfung den Auftrag in einer Auftragsverwaltung abzulegen. Hierzu ist es erforderlich, Systeme miteinander zu verbinden. In genanntem Beispiel müssen ein Auftragserfassungs-, ein Kundenprüfungs- und ein Auftragsverwaltungs-System

Identifikation der Geschäftsprozesse und -objekte

interagieren (siehe Abbildung 8.3-1). Um die funktionalen Anforderungen zu erfüllen, kann EAI als probates Mittel dienen, indem es die Interaktion der IT-Systeme ermöglicht. Die Identifikation der zu unterstützenden Geschäftsprozesse respektive -schritte als auch der betroffenen Geschäftsobjekte auf Organisationsebene kann als der erste Schritt zum Verstehen der Anforderungen angesehen werden.

Homogene und konsistente Geschäftsprozesse und objektmodelle

EAI ist somit mehr als die reine Verbindung von IT-Systemen. Vielmehr sollten neben der Integration von IT-Systemen auch immer die Geschäftsprozesse und Geschäftsobjektmodelle auf ihre Homogenität und Konsistenz überprüft werden. Dadurch wird sichergestellt, dass der eigentliche Geschäftsnutzen durch die zu realisierende EAI-Lösung auch erreicht wird. Darüber hinaus sollte jede beteiligte Abteilung ein gleiches Verständnis der unternehmensweiten Geschäftsobjekte besitzen. Die Struktur eines Kunden oder eines Auftrags sollte sich beispielsweise in der Auftragserfassung nicht zu sehr von der Struktur im Verkauf und Vertrieb unterscheiden. Die Etablierung eines unternehmensweiten Geschäftsobjektmodells ist jedoch kein leichtes Unterfangen. Neben technischen Schwierigkeiten fehlt auch oft der politische Wille, um ein solches Modell zu realisieren, obwohl es die Chance für eine effizientere Geschäftsprozessabwicklung bietet. Der Aspekt der Geschäftsprozessanalyse und der Etablierung eines unternehmensweiten Geschäftsobjektmodells wird in diesem Szenario nicht näher behandelt.

Identifikation der beteiligten Systeme

Auf Basis der auf der Organisationsebene identifizierten Geschäftsprozesse und -objektmodelle sind in einem nächsten Schritt die Systeme zu identifizieren, die einzelne Prozessschritte unterstützen. Es ist empfehlenswert, die beteiligten Systeme in einem Kontext-Diagramm festzuhalten, welches die Abhängigkeiten zwischen den einzelnen Systemen dokumentiert. Für das Auftragsabwicklungsbeispiel können die in Abbildung 8.3-3 dargestellten Systeme exemplarisch genannt werden.

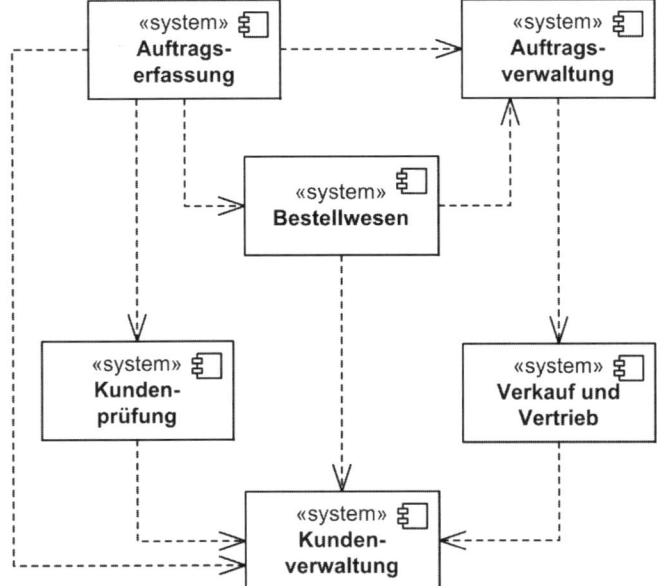

Abb. 8.3-3: *Kontext-Diagramm zu integrierender Systeme.*

Die Auftragserfassung kommuniziert beispielsweise mit der Kunden-prüfung, um die Bonität des Kunden festzustellen. Es empfiehlt sich, die Verantwortlichkeiten der einzelnen Systeme festzuhalten, um ihre Rolle im zu realisierenden IT-Systemverbund zu dokumentieren.

Durch die Identifikation der beteiligten Systeme kann die grundlegende Frage „*Welche Systeme sind miteinander zu verbinden?*" beantwortet werden. Nach der Beantwortung dieser Frage kann auf die Systemebene gewechselt werden.

Tätigkeiten auf der Systemebene

> Identifikation der funktionalen Anforderungen, die durch jedes zu integrierende IT-System zu erfüllen sind.

> Konkretisierung der funktionalen Anforderungen in Form von Anwendungsfallbeschreibungen und -diagrammen.

> Auf Basis dieser sind die Schnittstellen der IT-Systeme zu bestimmen, die die benötigte Funktionalität bereitstellen.

> Jede identifizierte Schnittstelle ist hinsichtlich ihres Funktionsumfangs, ihrer Technologie, der verarbeiteten Datenstrukturen und -formate sowie ihres Kommunikationsstils zu untersuchen.

> Identifikation und Dokumentation des Zusammenspiels der IT-Systeme

---

Identifikation der funktionalen Anforderungen

Bei der Arbeit auf der Systemebene geht es zunächst um die Konkretisierung der Verantwortlichkeiten. Mit anderen Worten ist es wichtig, ein Bild von der von dem jeweiligen System anzubietenden Funktionalität zu erhalten. Hierzu wird das System auf der Systemebene als Black Box betrachtet. Es erfolgt eine holistische Betrachtung der Systeme (siehe Kapitel 3). Diese Funktionalität respektive Geschäftslogik kann mittels Anwendungsfall-Diagrammen und dazu gehörenden Beschreibungen dokumentiert werden. Indem für jedes anzubindende System entsprechende Anwendungsfälle beschrieben werden, erhält man ein Verständnis über die mittels EAI zu erreichende Gesamtfunktionalität. Im Fall des Auftragsabwicklungsbeispiels sind dies alle funktionalen Anforderungen, die zur Erfassung eines Auftrags bis hin zur Auslieferung der bestellten Ware erfüllt sein müssen. Die Ermittlung der funktionalen Anforderungen muss selbstverständlich in enger Zusammenarbeit mit dem Kunden erfolgen. Hierzu können beispielsweise entsprechende Anforderungsanalyse-Workshops durchgeführt werden. Ebenso ist die effektive Dokumentation der Anwendungsfälle wichtig. Dieser Aspekt wird in diesem Szenario jedoch nicht weiter vertieft. Interessierte Leser finden zu diesem Thema in [Cockburn 2000] weitere Informationen.

Identifikation der Systemeigenschaften

Nachdem die Funktionalität, die jedes System in den Systemverbund einbringt, identifiziert und dokumentiert wurde, müssen in einem nächsten Schritt die Eigenschaften der Systeme bestimmt werden. Die Eigenschaften ergeben sich aus den Architektur-Mitteln (z. B. Plattformen, Technologien etc.), die zur Realisierung der jeweiligen Systeme eingesetzt wurden (siehe Kapitel 6).

Plattformen und Technologien

Für jedes System sollte festgehalten werden, auf welcher Plattform es basiert und welche Technologien eingesetzt wurden. Das Spektrum der zu integrierenden Systeme kann sehr breit sein. Es kann von einer Host-Applikation über die mittels IMS-Transaktionen zugegriffen wird bis hin zu einem modernen, Web-Service-orientierten System reichen. Aus diesem Spektrum lässt sich ableiten, welche Technologien sowie damit verbundene Kommunikationsprotokolle und -formate von der EAI-Lösung unterstützt werden müssen.

Existierende Schnittstellen

Eng verbunden mit der Betrachtung der eingesetzten Plattformen und den verwendeten Technologien ist die Identifikation bereits existierender Schnittstellen. Dabei sind für jede Schnittstelle folgende Fragen zu beantworten:

Fragen im Rahmen der Schnittstellenanalyse

> Welche Schnittstelle ermöglicht den Zugriff auf die in den Anwendungsfällen dokumentierte Funktionalität?

> Auf welcher Technologie basiert die Schnittstelle? Handelt es sich z. B. um ein Java-basiertes API oder eine DB-basierte Schnittstelle (beispielsweise Datenbank-Prozedur) und über welches Protokoll (z. B. SQL Net, TCP/IP, CORBA IIOP) wird zugegriffen?

> Wie sehen die über die Schnittstelle ausgetauschten Datenstrukturen aus? Welches Format und welche Semantik weisen sie auf?

> Auf welchem Kommunikationsstil basiert die Schnittstelle? Erfolgt eine synchrone beziehungsweise asynchrone Kommunikation?

Es kann durchaus vorkommen, dass eine Schnittstelle nicht die vollständig benötigte Funktionalität bereitstellt. Aufgrund dessen ist es oftmals notwendig, ein System über mehrere Schnittstellen zu integrieren. Das fiktive Kundenprüfungssystem im Auftragsabwicklungsbeispiel verfügt über zwei getrennte Schnittstellen zur Prüfung der Bonität und der Adresse eines Kunden. Die Adressprüfungs-Schnittstelle ist dabei datenbankbasiert und ermöglicht die Prüfung von Adressen über den Aufruf einer Datenbank-Prozedur. Die Übergabe der Werte (Ort, Straße, Hausnummer) einer Adresse erfolgt über Parameter an die Datenbank-Prozedur. Die Rückgabe des Prüfungsergebnisses erfolgt synchron an den Aufrufer. Im Gegensatz hierzu basiert die Bonitätsprüfung auf einer asynchronen Kommunikation. Das aufrufende System stößt die Prüfung der Bonität eines Kunden durch das Absetzen einer HTTP-Anfrage an, bei der er die Kundendaten in XML-Form übertragen werden. Das Kundenprüfungs-System teilt dem aufrufenden System mit, dass es den Prüfungsauftrag erhalten hat und initiiert die Bonitätsermittlung. Um das Ergebnis der Bonitätsprüfung zu erhalten, muss das aufrufende System nun in regelmäßigen Abständen ebenfalls über HTTP bei der Kundenprüfung nachfragen, ob die Bonitätsermittlung abgeschlossen ist. Liegt die Bonität vor, erhält das aufrufende System eine entsprechende XML-Nachricht als Antwort auf die HTTP-Anfrage. Die Adress- und die Bonitätsprüfung basieren somit auf unterschiedlichen Technologien, Datenstrukturen und -formaten als auch Kommunikationsstilen.

Neben der Analyse der existierenden Schnittstellen ist es auch wichtig, das Zusammenspiel der involvierten Systeme zu kennen. Daraus lassen sich die Informationsflüsse innerhalb des IT-Systemverbunds ableiten

Identifikation der Interaktionen

und die dabei anzusprechenden Schnittstellen bestimmen. Die Dokumentation kann mittels Sequenz-Diagrammen erfolgen. Ausgangspunkt für diese Tätigkeit sind die zuvor erfassten Anwendungsfälle.

Anforderungen an EAI zusammengefasst

Aus den auf der Systemebene gewonnenen Erkenntnissen ergeben sich zusammenfassend folgende Anforderungen an EAI:

> Unterstützung unterschiedlicher Plattformen und Technologien
> Unterstützung unterschiedlicher Kommunikationsstile
> Unterstützung unterschiedlicher Datenformate und -strukturen
> Unterstützung des Informationsflusses zwischen Systemen
> Unterstützung von Geschäftsprozessen

Die letzten beiden Punkte beziehen sich hierbei auf die Steuerung von Informationsflüssen und auf die Abbildung von Geschäftsprozessen durch EAI. Dabei soll EAI beispielsweise den Nachrichtentransport (Routing) von einem Sender zum richtigen Empfänger gewährleisten. Ferner soll EAI auf Basis von übertragenen Informationen entscheiden, an welche angeschlossenen Systeme diese Informationen zu übermitteln sind. Man spricht in diesem Zusammenhang auch von inhaltsbasiertem Routing von Informationen [Keller 2002]. Im Sinne der Abbildung von Geschäftsprozessen soll es EAI ermöglichen, Geschäftsprozesse auf abstraktem Niveau zu modellieren und systemisch zu unterstützen. Die Abbildung der Systeminteraktionen durch einen Prozess hat den Vorteil, dass die Kommunikation zwischen Benutzern und den betroffenen Systemen nicht hart verdrahtet ist, sondern bei sich ändernden Anforderungen auf Prozessebene angepasst werden kann, ohne dass an der Implementierung Änderungen vorgenommen werden müssen.

Neben diesen spezifischen EAI-Anforderungen gelten bei der Konzeption einer EAI-Architektur selbstverständlich auch die klassischen Architektur-Anforderungen, wie z. B. Bedienbarkeit, Wartbarkeit und Erweiterbarkeit (siehe Kapitel 5).

Tätigkeiten auf der Bausteinebene

> Detaillierte Tätigkeiten auf der Bausteinebene sind nur insoweit notwendig, als dass sie zum Verständnis der einzelnen Systeme notwendig sind.

> Die Analyse einer Schnittstelle bringt es beispielsweise mit sich, dass man die Software-Bausteine des Systems betrachtet, welche die Schnittstelle implementiert.

Auf der Bausteinebene betrachtet man zum besseren Verständnis der Systeme diese als White Box. Primäres Ziel ist hierbei die Identifikation der Software-Bausteine, über die der Zugriff auf die Funktionalität des Systems ermöglicht wird.

EAI auf Bausteinebene

Bevor im nächsten Schritt mit der Konzeption der Integrationsarchitektur begonnen wird, sollte man folgende Fragen beantworten können:

Zu beantwortende Fragen

> Zu beantwortende Fragen:
> - > Welche Geschäftsprozesse und -objekte sollen unterstützt werden?
> - > Welche Systeme unterstützen die fachlichen Anforderungen?
> - > Welches sind die Verantwortlichkeiten der Systeme?
> - > Wie ist das Zusammenspiel zwischen den Systemen?
> - > Auf welcher Plattform und auf welchen Technologien beruhen die Systeme?
> - > Über welche Schnittstellen verfügen die Systeme?
> - > Welche Funktionalität bieten die Schnittstellen?
> - > Welche Datenformate und -strukturen werden an den Schnittstellen erwartet?
> - > Wie ist der Kommunikationsstil der einzelnen Schnittstellen charakterisiert?
> - > Welche konkreten Anforderungen ergeben sich aus den gewonnenen Erkenntnissen an die zu konzipierende EAI-Lösung (zu unterstützende Plattformen, Technologien, Kommunikationsstile, Datenformate etc.)?

Auf der Grundlage des in diesem Schritt erlangten Verständnisses der Anforderungen an die EAI-Lösung kann als Nächstes mit der Konzeption einer passenden Integrationsarchitektur begonnen werden.

8.3.3 Entwerfen der Architektur

Dieser Abschnitt beschreibt die wesentlichen Tätigkeiten, die beim Entwurf einer EAI-Architektur durchgeführt werden müssen.

> Wesentliche Tätigkeiten beim Entwurf einer EAI-Architektur:
> - > Grundlegende Struktur(en) der EAI-Architektur festlegen
> - > Benötigte EAI-Dienste identifizieren
> - > Schnittstellen standardisieren (generisches Datenformat)

> Benötigte Integrationsarten festlegen und Adapter identifizieren
> Geeignete Architektur- und Entwurfs-Muster einsetzen

Grundlegende Struktur(en) der EAI-Architektur festlegen

Als Architekt steht man somit vor der Herausforderung, eine Architektur zu entwerfen, die die quadratische Komplexität von traditionellen PzP-Architekturen nicht aufweist (siehe Abbildung 8.3-1). Es gilt daher eine architektonische Struktur zu wählen, die die Abhängigkeiten zwischen den zu integrierenden Systemen reduziert. Um eine solche Struktur zu entwerfen, sollte man sich geeigneten Architektur-Mitteln bedienen. Als architektonische Leitprinzipien können an dieser Stelle lose Kopplung und hohe Kohäsion genannt werden (siehe Abschnitt 6.1). In einer PzP-Architektur ist die Kopplung zwischen den IT-Systemen hoch, da tendenziell jedes System mit jedem anderem in Verbindung steht. Eine Integrationsarchitektur muss dahingegen eine lose Kopplung ermöglichen, das heißt, die Anzahl der Schnittstellen muss gering sein. Darüber hinaus sollte die Kohäsion der einzelnen Software-Bausteine hoch sein. Dies kann dadurch erreicht werden, dass jeder Software-Baustein eine dedizierte Verantwortlichkeit besitzt. Dies gilt zum einen für die fachlichen Anforderungen als auch für die nicht-funktionalen, im Sinne von EAI integrativen Anforderungen. Die fachlichen Anforderungen sind im eingeführten Beispiel klar auf die verschiedenen IT-Systeme verteilt. Die integrativen Anforderungen sollten ebenso klar auf entsprechende Software-Bausteine verteilt werden. Dies entspricht der Anwendung des Separation-of-Concerns- und Modularitäts-Prinzips. Für die Strukturierung der Integrationsarchitektur können Architektur-Stile und -Muster angewandt werden, die die genannten Prinzipien berücksichtigen.

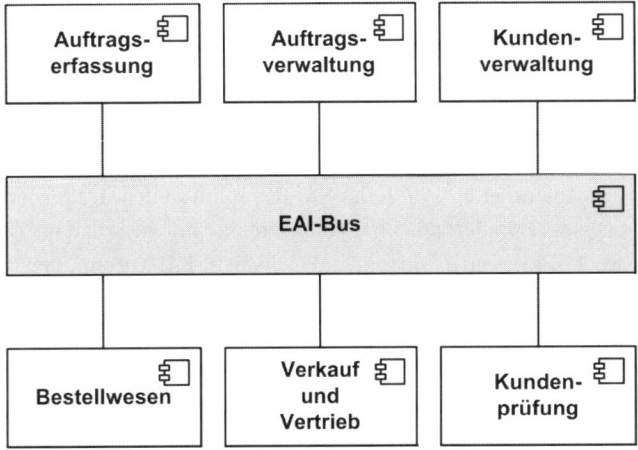

Abb. 8.3-4: *Busbasierte EAI-Architektur.*

Im Sinne der Modularisierung und des Separation-of-Concerns sollte aus diesem Grund zunächst ein grob-granularer Software-Baustein vorgesehen werden, welcher die integrativen Anforderungen realisiert. In Abbildung 8.3-4 übernimmt diese Aufgabe ein EAI-Bus. Die fachlichen IT-Systeme werden an den Bus angeschlossen und kommunizieren indirekt über den Bus miteinander. Dadurch wird eine Entkopplung der IT-Systeme und somit eine Reduktion der vorhandenen Schnittstellen erreicht. Die Komplexität aufgrund der Anzahl der Schnittstellen reduziert sich dabei von einer quadratischen auf eine lineare, da nur noch $O(n)$ statt im Extremfall $O(n^2)$ Schnittstellen benötigt werden.

Modularisierung und Separation-of-Concerns

Die gewählte architektonische Struktur aus Abbildung 8.3-4 basiert auf dem Component-Bus-Muster [Völter et al. 2002]. Eine Bus-Architektur sieht vor, dass die angeschlossenen Systeme nur über den Bus miteinander kommunizieren. Der Bus übernimmt dabei die Aufgabe der Übermittlung der Nachrichten zwischen den angeschlossenen IT-Systemen. Dies hat den Vorteil, dass sich die IT-Systeme nicht direkt kennen müssen. Die daraus resultierende Transparenz erlaubt es beispielsweise, mit geringerem Aufwand IT-Systeme auszutauschen oder neue hinzuzufügen, da die Systeme nur lose gekoppelt sind. Des Weiteren stellt der EAI-Bus sicher, dass die Nachrichten von den Systemen in der Form empfangen werden können, wie sie sie benötigen. Die angeschlossenen Systeme müssen also nicht mehr das konkrete Format und die Technologie der Schnittstellen der anderen Systeme kennen. Die Aufgaben des EAI-Busses können durch verschiedene Middleware-Produkte realisiert werden (siehe Abschnitt 6.8.1).

Component-Bus-Muster als grundlegende Struktur

EAI und Layering

Indem ein EAI-Bus in die Gesamtarchitektur integriert wird, entsteht eine dedizierte Schicht, die sich um die Aufgaben der Integration von Systemen kümmert. Der EAI-Bus kann als ein Subsystem der gesamten IT-Lösung betrachtet werden, welches auf der Integrationsschicht angesiedelt ist. Dies entspricht der Anwendung des Layers-Architektur-Musters [Buschmann et al. 1996]. Der EAI-Bus sollte weiter strukturiert werden, um eine erweiterbare Integrationsarchitektur zu erhalten. Zu diesem Zweck sollte man sich die allgemeinen EAI-Anforderungen (siehe Abschnitt 8.3.2) ins Gedächtnis rufen und die Anforderungen gemäß des Separation-of-Concerns-Prinzips unterschiedlichen Schichten zuordnen. In Abbildung 8.3-5 wird eine entsprechende Referenzarchitektur vorgestellt.

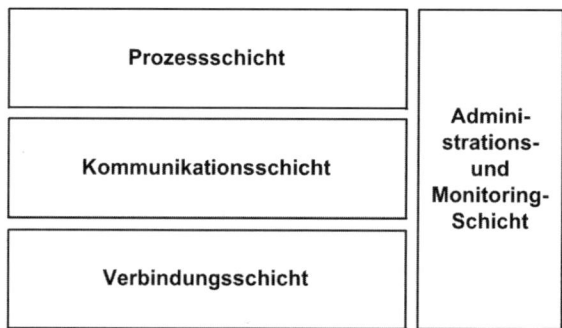

Abb. 8.3-5: *Erweiterte EAI-Referenzarchitektur nach Keller [Keller 2002].*

Jeder Schicht der Architektur sind dedizierte EAI-Aufgaben zugeordnet, die im Folgenden kurz vorgestellt werden.

Verbindungsschicht

Das Verbindungs-Management hat die Aufgabe, die Anforderung nach der Unterstützung unterschiedlicher Plattformen und Technologien zu erfüllen. Aus diesem Grund enthält diese Schicht Funktionalität, um Verbindungen herzustellen. Integrationsprodukte bieten zu diesem Zweck beispielsweise Adapter zu verschiedenen ERP-Systemen, Datenbanken und Hostsystemen. Ein Adapter ist in der Lage, Nachrichten vom EAI-Bus an das angeschlossene IT-System mittels der hierfür notwendigen Technologie und dem passenden Kommunikationsprotokoll zu übermitteln. Darüber hinaus können Adapter Nachrichten des IT-Systems entgegennehmen und dem EAI-Bus zur Verfügung stellen. Dabei können sie die notwendigen Umwandlungen durchführen, um das Nachrichtenformat des angeschlossenen Systems in das des EAI-Busses zu transformieren.

Die Kommunikationsschicht kümmert sich um den Nachrichtentransport zwischen den angeschlossenen IT-Systemen. Sie kann synchrone als auch asynchrone Kommunikation unterstützen. Darüber hinaus hat sie auch die Aufgabe des Routings von Nachrichten. Sie muss also dafür Sorge tragen, dass zu einer Nachricht der richtige respektive die richtigen Empfänger gefunden werden. Um eine asynchrone Kommunikation zu gewährleisten, muss sie Nachrichten in Nachrichtenschlangen zwischenspeichern. Ferner können Datentransformationen und –formatierungen auch auf der Kommunikationsschicht durchgeführt werden. Sie müssen also nicht zwangläufig nur auf der Verbindungsschicht erfolgen.

Die Prozessschicht bietet Funktionalität zur Abbildung und Steuerung des Informationsflusses zwischen den partizipierenden Systemen auf Basis von Geschäftsprozessen. Hierbei kann ein Prozess Nachrichten versenden und auf eintreffende Nachrichten reagieren. Durch die Prozessschicht können die Interaktionen zwischen den Systemen, wie sie zuvor identifiziert wurden, aus den betreffenden Systemen extrahiert und im EAI-Bus angesiedelt werden. Dies erhöht die Flexibilität, da Änderungen im Ablauf nicht mehr hart in der Programmlogik vorliegen, sondern konfigurativ angepasst werden können.

In komplexen Systemen ist die Nachvollziehbarkeit der über den EAI-Bus gesendeten Nachrichten essenziell, um bei eventuellen Unregelmäßigkeiten rechtzeitig reagieren zu können. Außerdem sollte es möglich sein, den Zustand des EAI-Systems zu überwachen und das System zu administrieren. Aus diesem Grund sollte bereits bei der Konzeption der Integrationsarchitektur die Administrierbarkeit und Wartbarkeit des Systems berücksichtigt werden. Dies kommt in der Referenzarchitektur dahingehend zum Ausdruck, dass eine dedizierte Administration- und Monitoring-Schicht vorgesehen ist, der entsprechende Funktionalität zugeordnet ist. Dies setzt natürlich voraus, dass die EAI-Bausteine der anderen Schichten auch so konzipiert sind, dass sie sich administrieren und überwachen lassen. Bei der Wahl eines Produkts ist dies ein wichtiges Auswahlkriterium.

Die Tabelle 8.3-1 ordnet die EAI-Anforderungen den Schichten der EAI-Referenzarchitektur zu.

Tab. 8.3-1: Zuordnung der EAI-Anforderungen zu den EAI-Schichten.

EAI-Schicht	EAI-Anforderung
Verbindungsschicht	> Unterstützung unterschiedlicher Plattformen und Technologien > Unterstützung unterschiedlicher Datenformate und -strukturen
Kommunikationsschicht	> Unterstützung unterschiedlicher Kommunikationsstile > Unterstützung des Informationsflusses zwischen Systemen
Prozessschicht	> Unterstützung von Geschäftsprozessen
Administrations- und Monitoring-Schicht	Allgemeine architektonische Anforderungen: > Nachvollziehbarkeit > Bedienbarkeit > Wartbarkeit

Wahl der benötigten EAI-Dienste

Bei der Konzeption der Integrationsarchitektur gilt es zu entscheiden, welche der genannten Dienste im Einzelnen überhaupt zur Erfüllung der konkreten, integrativen Anforderungen benötigt werden. Diese Frage kann mittels der dokumentierten Anforderungen im vorherigen Schritt beantwortet werden. Auf Basis der identifizierten Dienste kann auch ein entsprechendes EAI-Produkt evaluiert und ausgewählt werden.

Standardisierung der Schnittstellen

Ein wesentlicher Vorteil der Bus-Architektur ist die Verringerung der Schnittstellen. Dieser Vorteil lässt sich noch verstärken, indem die Schnittstellen hinsichtlich des Datenformats standardisiert werden. Es empfiehlt sich, zu diesem Zweck ein generisches Datenformat einzuführen, welches zur Kommunikation über den Bus genutzt wird [Vogel und Zdun 2002]. Dadurch sinkt die Anzahl notwendiger Transformationen, da nun für jede Verbindung mit einem System nur zwei Datenformate verwendet werden müssen. Zum einen das des adaptierten Systems und zum anderen das generische Format. Es ist vorteilhaft, das generische Datenformat in XML zu formulieren. Hierfür spricht unter anderem die mittlerweile recht große Verbreitung von XML auf unterschiedlichen Plattformen (siehe Abschnitt 6.8.3).

Benötigte Adapter und Integrationsarten identifizieren

Ein weiterer Aspekt, der auf architektonischem Niveau entschieden werden muss, ist die Art und Weise, wie die anzuschließenden Systeme in die EAI-Architektur integriert werden. Je nach Integrationsart sind für die Systeme unterschiedliche Adapter zu konzipieren. In EAI-

Projekten kann man normalerweise folgende Integrationsarten unterscheiden [Linthicum 2001]:

> *Integration über eine Systemschnittstelle*

Bei dieser Integrationsart wird mit dem anzuschließenden System über seine hierfür vorgesehene Schnittstelle kommuniziert. Zu diesem Zweck programmiert man gegen das API des Systems. Dieser Ansatz hat den großen Vorteil, dass man gemäß des Information-Hiding-Prinzips (siehe Abschnitt 6.1) nur die Aspekte des Systems kennen muss, die über das API zur Verfügung gestellt werden. Die internen Strukturen bleiben dem Verwender der Schnittstelle verborgen. Hierdurch können Änderungen im Innern des Systems leichter antizipiert werden, wenn sich die Schnittstelle nicht ändert. Nach Möglichkeit sollte ein System immer über dessen Schnittstelle respektive dessen API integriert werden. Verschiedene Integrationsprodukte verfügen zu diesem Zweck bereits über Standardadapter für Systeme, wie SAP oder Siebel.

> *Integration über eine Benutzerschnittstelle*

Falls das anzubindende System über keine Systemschnittstelle verfügt, bietet sich als Nächstes die Integration über die Benutzerschnittstelle an. Hierzu muss der Adapter die Aktionen eines Benutzers simulieren, um die gewünschten Aktionen im System auszulösen. Dies ist eine weitaus komplexere und fehleranfälligere Integrationsart. Sie bietet jedoch trotzdem den Vorteil, dass man auch hier die interne Struktur und Charakteristik des Systems nicht kennen muss. Beispiele für Systeme, die über die Benutzerschnittstelle angeschlossen werden, sind alte Hostsysteme, die nur über ein Benutzerterminal angesprochen werden können. Bei dieser Art von Systemen ahmt der Adapter Benutzereingaben nach und interpretiert die daraus resultierenden Textausgaben. Diese Technik bezeichnet man auch als Screen Scraping. Sie wird nicht nur bei Hostsystemen angewendet, sondern kann auch zum Interpretieren von HTML-Seiten eingesetzt werden.

> *Integration über eine Datenschnittstelle*

Bei der Integration über die Datenschnittstelle greift man direkt auf das dem System zugrunde liegende Datenmodell zu, indem man die Datenbank des Systems anspricht. Diese Integrationsart sollte soweit wie möglich nur dazu verwendet werden, um lesend auf das System zuzugreifen. Ansonsten besteht die Gefahr, dass man die Integrität des Systems verletzt. Selbst rein lesende Zugriffe sind problematisch, da man die interne Struktur des Systems kennen muss. Diese Struktur ist oftmals sehr komplex und es ist nicht auszuschließen, dass man die falschen Daten selektiert. Es kann beispielsweise vorkommen, dass ein System Kundendaten in verschiedenen Tabellen hält und man nicht entscheiden kann, welche der Tabellen für den Zugriff verwendet werden müssen. Für den Zugriff via Datenschnittstelle können ETL-Werkzeuge eingesetzt werden.

Minimal-invasive Integration

Eine Integration von Systemen sollte weitgehend minimal-invasiv sein. Mit anderen Worten sollten so wenige Änderungen wie möglich an dem bestehenden System vorgenommen werden müssen, um den Betrieb des Systems nicht zu gefährden. Ansonsten besteht die Gefahr, dass wichtige Kernfunktionen eines Unternehmens nicht mehr zur Verfügung stehen.

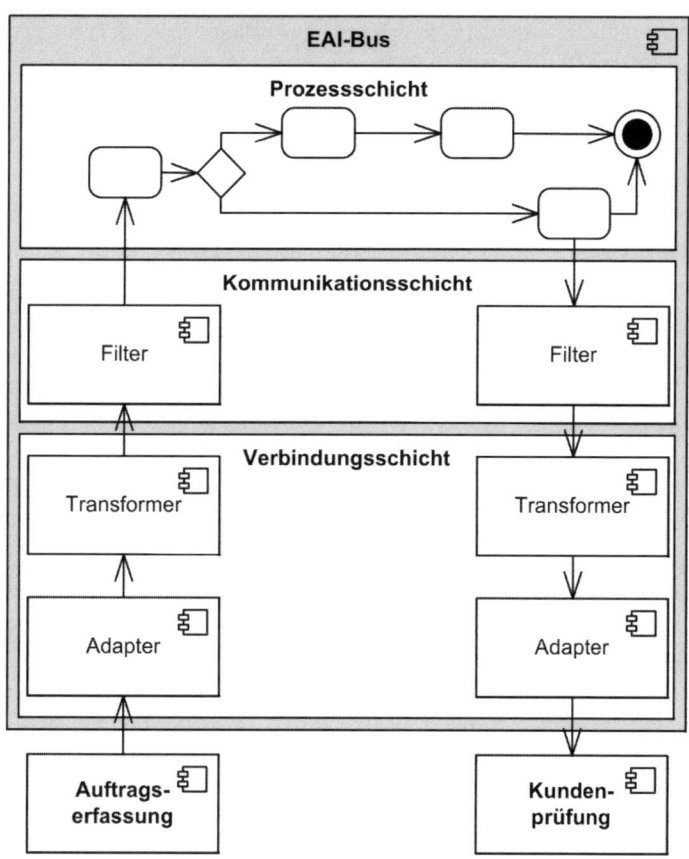

Abb. 8.3-6: *EAI-Bus mit Pipes-and-Filters-Ansatz.*

Einsatz von Architektur-Mustern am Beispiel Pipes and Filters

Abbildung 8.3-6 konkretisiert die Architektur eines EAI-Busses und illustriert verschiedene benötigte Software-Bausteine. Dies sind nur beispielhafte Software-Bausteine, die in einer EAI-Architektur Verwendung finden können. Sie visualisieren jedoch, wie das Pipes-and-Filters-Architektur-Muster [Buschmann et al. 1996] eingesetzt werden kann, um den Nachrichtenaustausch und die -verarbeitung zwischen den verbundenen Systemen zu ermöglichen. Filters sind Software-Bausteine, die Nachrichten verarbeiten. Pipes stellen dahingegen die Verbindung zwischen Datenquellen, Filtern und Datenzielen her. Im dargestellten Beispiel agieren die Adapter als Pipes, die die Nachrichten entgegennehmen. Im konkreten Fall empfängt der Adapter eine Nachricht von der Auftragserfassung und leitet diese an einen Transformer weiter. Dieser transformiert die empfangene Nachricht in das generische Datenformat. Es kann also durchaus vorkommen, dass es dedizierte Software-Bausteine gibt, die sich um die Transformation von Nachrichten kümmern. In diesem Fall hat der Adapter nur die Aufgabe der Entgegennahmen und des Versendens von Nachrichten. In genanntem Beispiel leitet der Transformer die umgewandelte Nachricht an einen Nachrichten-Filter weiter. Dieser entscheidet, ob die erhaltene Nachricht von Interesse ist und erzeugt ein entsprechendes Ereignis. Aufgrund dessen startet ein Prozess, der die Nachricht an den Nachrichten-Filter, der in die Verarbeitungskette zum Kundenprüfungssystem eingebettet ist, weiterleitet. Dieser filtert beispielsweise Anfragen, die nicht vollständig sind, da die Kundenprüfung diese nicht verarbeiten kann. Gültige Anfragen übergibt der Filter an einen Transformer, der aus dem generischen Datenformat ein spezielles Datenformat für das Kundenprüfungssystem erzeugt. Im Anschluss ruft der Adapter das konkrete API des Kundenprüfungssystems auf. Es ist üblich, dass sich zwischen den einzelnen Software-Bausteinen Nachrichtenschlangen befinden, die dafür sorgen, dass die Nachricht von einem Software-Baustein zum nächsten gelangt. Dadurch wird sichergestellt, dass die Nachricht auch dann den Empfänger erreicht, wenn dieser zeitweise nicht zur Verfügung steht.

Der Pipes-and-Filters-Ansatz hat den Vorteil, dass auf einfache Art und Weise weitere Software-Bausteine integriert werden können. So ist es z. B. denkbar, einen weiteren Software-Baustein aufzunehmen, der einzelne Aufträge zu mehreren zusammenfasst und diese dann als Ganzes an die Auftragsverwaltung übergibt. Solch ein Software-Baustein übernimmt in einer EAI-Architektur die Aufgabe eines Aggregators.

Vorteile des Pipes-and-Filters-Ansatzes

Es ist sehr empfehlenswert, Erfahrungen und bewährte Lösungen aus verschiedenen EAI-Projekten für eigene EAI-Vorhaben zu nutzen. Für die Konzeption einer EAI-Architektur gibt es in der Literatur viele weitere Architektur- und Entwurfsmuster, deren Berücksichtigung zum

EAI-Muster

Erfolg der Architektur beitragen kann. An dieser Stelle sei auf das Buch von Hoope und Woolf verwiesen [Hoope und Woolf 2003].

Abhängigkeit von eingesetztem EAI-Produkt

Ein oft genannter Nachteil beim Einsatz eines EAI-Produkts ist die Herstellerabhängigkeit aufgrund des proprietären Charakters der Middleware. Dies liegt vor allem daran, dass Standardadapter des Herstellers genutzt werden, mittels denen die Systeme an den EAI-Bus angeschlossen werden. Die Standardadapter stellen dabei jedoch nur die Verbindung zu einem System, wie SAP oder PeopleSoft, her. Die eigentliche Implementierung der benötigten Funktionsaufrufe und der Nachrichtenumwandlung innerhalb eines Adapters kann sehr aufwendig und somit kostenintensiv sein. Daher ist ein späterer Austausch des EAI-Produkts so gut wie ausgeschlossen, wenn sich die Investition rechnen soll. Um diese Problematik zu entschärfen, kann ein Enterprise-Service-Bus (siehe Abschnitt 6.7.7) konzipiert werden. Ein ESB basiert auf einem EAI-Produkt. Allerdings erfolgt die Anbindung von Systemen über offene Standards. Viele Hersteller setzen dabei auf die Java 2 Enterprise Edition mit ihrem Java Messaging Service und ihrer Web-Services-Unterstützung. Dies hat den Vorteil, dass die Adapter auf einem technologischen Standard und nicht auf einem herstellerspezifischen Format beruhen. Dies ist ein Schritt in die richtige Richtung. Allerdings reicht eine technologische Standardisierung eigentlich noch nicht aus. Vielmehr ist es erstrebenswert, auch eine geschäftliche Standardisierung zu erreichen. Darunter ist zu verstehen, dass die fachliche Funktionalität, die von Paketlösungen bereitgestellt wird, ebenfalls standardisiert ist. In der Telekommunikationsindustrie arbeitet man beispielsweise an einer Standardisierung von Schnittstellen für TK-Produkte, die auf J2EE basieren und definierte Methoden bereitstellen (siehe Abschnitt 6.5.5). Solch eine Standardisierung hätte für den Anwender den großen Vorteil, dass er für seine jeweilige Problemstellung das am besten geeignete Produkt auswählen kann und auf einfache Art und Weise mit anderen Produkten integrieren kann, die auf demselben Standard basieren.

Anbindung von Geschäftspartnern (B2BAI)

Die Integration von Geschäftspartnern im Rahmen von B2BAI sollte ebenso über technologische als auch geschäftliche Standards erfolgen. Um eine möglichst hohe Plattformunabhängigkeit zu erreichen, bietet sich hier der Einsatz von Web Services und die Verwendung von standardisierten XML-Vokabularen, wie RosettaNet, an (siehe Abschnitt 6.7.2).

Überprüfen der Architektur

Zum Überprüfen der Architektur sollte auf jeden Fall ein Architektur-Prototyp entwickelt werden. Dies gilt insbesondere zur Verifizierung der einzusetzenden Middleware. Der Architektur-Prototyp sollte dabei folgende architektonischen Aspekte verifizieren:

> Benötigte EAI-Dienste (z. B. Verbindung, Transformation, Routing, Administration und Monitoring)

> Verhalten der Middleware unter Last

> Einfache Abbildung wesentlicher Geschäftsprozesse und Systeminteraktionen

> Adapter-Entwicklung auf Basis der von der Middleware bereitgestellten Mittel

> Unterstützung der notwendigen Kommunikationsstile (Synchron vs. asynchron)

> Unterstützung der notwendigen Integrationsarten (Systemschnittstelle, Benutzerschnittstelle, Datenschnittstelle)

> Unterstützung bei der Datentransformation

Aufgrund der in einem Pilot-Projekt gewonnenen Erfahrungen kann über das weitere Vorgehen und über eine etwaige Ausweitung des EAI-Vorhabens auf andere anzuschließende Systeme entschieden werden.

8.3.4 Kommunizieren und Umsetzen der Architektur

Die Tätigkeiten Kommunizieren und Umsetzen der Architektur werden in diesem Szenario nur kurz behandelt, da das Hauptaugenmerk auf dem Verstehen der Anforderungen und dem Entwerfen der Architektur liegt.

Kurzer Überblick

Bei der Kommunikation der Architektur ist es wichtig, die wesentlichen Architektur-Entscheidungen an den Kunden, Systemverantwortliche und Teammitglieder zu kommunizieren. Zu den wesentlichen Architektur-Entscheidungen gehören:

Kommunizieren der Architektur

> die gewählte grundlegende EAI-Struktur

> die benötigten EAI-Dienste

> die benötigten Integrationsarten und Adapter

> die zu verwendenden Architektur- und Entwurfsmuster

> die Verantwortlichkeiten der IT-Systeme

Diese Entscheidungen müssen zum einen von den Menschen verstanden und akzeptiert werden, die den EAI-Bus aufbauen. Zum anderen sind auch die Systemverantwortlichen der anzubindenden Systeme in das EAI-Vorhaben einzubinden. Sie sind die Experten der existierenden Systeme. Der Erfolg von EAI hängt sehr stark mit der Mitarbeit der Systemverantwortlichen zusammen. Dies gilt zum einen auf der technischen, fachlichen und zum anderen auf der politischen Ebene.

Umsetzen der Architektur

Die Umsetzung der Architektur erstreckt sich von der Definition eines generischen Datenformats über die Konzeption und Realisierung von Adaptern bis hin zur Abbildung von Geschäftsprozessen auf der EAI-Plattform. Diese Tätigkeiten werden von unterschiedlichen Menschen in verschiedenen Rollen ausgeübt. Für den Architekten bedeutet dies, dass er ihnen das allgemeine Bild der Architektur und die Zusammenhänge erläutern und für die Bewahrung des Allgemeinbildes sorgen muss.

Evolution der Architektur

Eine Architektur kann einer Evolution unterliegen. Diese kann verschiedene Bereiche berühren. Ein Beispiel ist die Anbindung eines neuen Systems über eine bislang noch nicht eingesetzte Integrationsart. Dies sollte durch den Einsatz einer nach den vorgestellten Prinzipien und Mitteln strukturierten Architektur jedoch ohne größeren Aufwand möglich sein. Schwieriger gestaltet sich eine Änderung des generischen Datenformats, welches auf dem Bus gesprochen wird, da hiermit eine Änderung der Schnittstellenvereinbarung verbunden ist. Hiervon wären alle Adapter betroffen. Ebenso schwierig gestaltet sich ein möglicher Austausch der eingesetzten Middleware (siehe Abschnitt 8.3.3). Dies kann durch den Einsatz eines Enterprise-Service-Busses und offenen Standards zwar verringert werden, jedoch ist dies trotzdem kein leichtes Unterfangen. Ein Ersetzen des ESB ist zwar prinzipiell möglich, aber die im Bus integrierten Software-Bausteine, insbesondere das Workflow-Management, ist oft nicht ohne weiteres zu ersetzen.

8.4 Anwendungsszenario: Anwendungsdienst

Anwendungsdienste als anwendungsneutrale Teillösungen

IT-Systeme müssen in zunehmendem Maße komplexeren funktionalen wie nicht-funktionalen Anforderungen genügen. Anwendungsdienste helfen dabei, die Komplexität in IT-Systemen zu reduzieren, indem sie eine Antwort auf einen solchen Satz funktionaler wie nicht-funktionaler Anforderungen in abgeschlossener Form etablieren und IT-Systemen entsprechend zur Verfügung stellen. Anwendungsdienste können also als generische bzw. anwendungsneutrale Teillösungen verstanden werden, die den nutzenden IT-Systemen Schnittstellen zur Integration der durch sie angebotenen Funktionalität zur Verfügung stellen.

Unter einem *Anwendungsdienst* wird ein Dienst verstanden, der anwendungsneutrale Basisfunktionalität zusammenfasst und diese entsprechend interessierten IT-Systemen zur Verfügung stellt. Anwendungsdiensten liegt die Idee zugrunde, dass eine betrachtete anwendungsneutrale und damit generische Basisfunktionalität in potenziell vielen IT-Systemen benötigt wird und dass es daher sinnvoll ist, diese genau einmal zu konzipieren, zu implementieren und zu testen.

Der Begriff IT-System wird hier als Synonym für den Begriff Anwendung verwendet.

Definition Anwendungsdienst

Das Granularitätsniveau einer angebotenen Basisfunktionalität kann stark variieren. Ein zentraler Logging-Dienst auf der einen Seite ist ein Beispiel für einen eher feingranularen Anwendungsdienst. Eine komplette Web-Hosting-Plattform, auf der anderen Seite, ist ein Beispiel für einen umfassenden und damit eher grobgranularen Anwendungsdienst.

Granularität von Anwendungsdiensten

Es ist wichtig zu verstehen, dass zu einem Anwendungsdienst nicht nur dessen Hard- und Software-Bausteine gehören. Neben den unmittelbar Funktionalität anbietenden Software-Bausteinen eines Anwendungsdienstes sind dienstspezifische Administrationswerkzeuge, Dienstleistungskatalog inklusive betrieblicher Gewährleistungsaussagen, Beratung sowie Dokumentation genauso Teil dessen Angebots wie eine vollständige Unterstützung des Anwendungsentwicklungszyklus durch entsprechende Betriebsumgebungen. Der angesprochene Umfang von Anwendungsdiensten und damit der Tätigkeiten zu deren Konzeption und Erstellung macht die Arbeit eines Anwendungsdienst-Architekten sehr anspruchsvoll. Bevor wir aber näher auf die Arbeit eines Anwendungsdienst-Architekten eingehen, möchten wir das grundlegende Konzept von Anwendungsdiensten erörtern, da uns dieses Thema weit weniger gut eingeführt erscheint als zum Beispiel das Thema Enterprise Application Integration (→ EAI). Die Einführung, mit der wir hier beginnen, ist gleichzeitig Voraussetzung für die Erläuterungen der sich anschließenden Abschnitte. In diesen Abschnitten bieten wir dem Architekten einen generischen Leitfaden für die Konzeption, den Aufbau sowie den Betrieb eines Anwendungsdienstes.

Anwendungsdienste sind mehr als „nur" IT-Systeme

Definition Basisfunktionalität

Unter *Basisfunktionalität* wird jede Funktionalität verstanden, die zwar wesentlich ist für die Implementierung anwendungsspezifischer Funktionen, die dabei aber selber als weitgehend anwendungsneutral gelten kann und für die potenziell die Möglichkeit besteht, sie einem IT-System extern anzubieten. Beispiele für Basisfunktionalitäten sind Logging, Suchen, Benutzerverwaltung, Authentifizierung- und Autorisierung, Content Management oder auch Internationalisierung.

Das zentrale Motiv für den Aufbau eines Anwendungsdienstes ist es, grundlegende sowie anwendungsneutrale Funktionalität aus dem Verantwortungsbereich gegebener IT-Systeme zu lösen und diese stattdessen genau einmal, angemessen generisch und zentral kontrolliert allen IT-Systemen gemeinsam zur Verfügung zu stellen. Diese Neuaufteilung der Verantwortung zwischen IT-System und Plattform ist das Kernmotiv aller Anwendungsdienste. In den Abbildungen 8.4-1 und 8.4-2 ist das beschriebene Prinzip noch einmal illustriert.

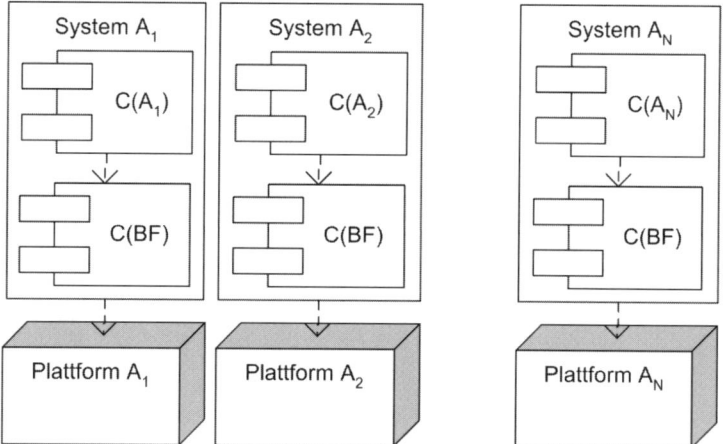

Abb. 8.4-1: *Basisfunktionalität ohne Anwendungsdienst.*

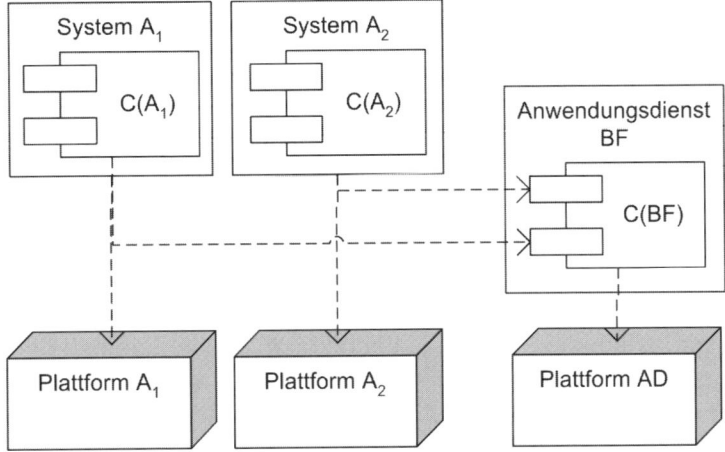

Abb. 8.4-2: *Basisfunktionalität realisiert in einem Anwendungsdienst.*

In Abbildung 8.4-1 enthalten die IT-Systeme A_i einen Baustein C(BF). Dieser Baustein realisiert Basisfunktionalität, die in allen dargestellten IT-Systemen benötigt wird. In der Zuordnung von C(BF) zu IT-Systemen in Abbildung 8.4-1 soll deutlich werden, dass die Konzeption, Entwicklung sowie Wartung des C(BF)-Bausteins vollständig im Verantwortungsbereich des jeweiligen IT-Systems liegt. Und dies, obwohl sich der Baustein C(BF) des IT-Systems A_i funktional nicht oder lediglich unwesentlich unterscheidet vom Baustein C(BF) des IT-Systems A_2. In Abbildung 8.4-2 wird ein Baustein C(BF) nun extern zu den IT-Systemen A_i und als Teil eines Anwendungsdienstes angeboten. Darüber hinaus wird im dargestellten Fall der Anwendungsdienst auf einer eigenen Plattform betrieben.

Der Einsatz von Anwendungsdiensten bietet potenziell eine Reihe von Vorteilen, die in Tabelle 8.4-1 zusammengefasst sind.

Vorteile von Anwendungsdiensten

Tab. 8.4-1: *Vorteile von Anwendungsdiensten.*

Vorteil	Beschreibung
Vorgabe und Kontrolle von Architektur-Standards	Basisfunktionalität, die ein Anwendungsdienst zur Verfügung stellt, wird zur abgeschlossenen Teillösung eines, diesen Dienst nutzenden, IT-Systems. Die Architektur dieser Teillösungen wird zentral kontrolliert und kann, bei entsprechender Anlage, direkt und umfassend Einfluss auf die Architektur der zu betreibenden IT-Systeme nehmen.
Erhöhung des Wiederverwendungsgrads	Bausteine, die Basisfunktionalität realisieren, werden nur einmal konzipiert, entwickelt und getestet und können anschließend von allen

Vorteil	Beschreibung
	IT-Systemen immer wieder verwendet werden.
Spezialisierung von Domänen-Wissen	Der Zentralisierungsansatz führt zur Spezialisierung und damit Optimierung von Experten-Wissen in der entsprechenden Anwendungsdienst-Domäne. Dieses Wissen wird IT-Systemen unmittelbar und in Form von Software-Bausteinen zur Verfügung gestellt.
Standardisierung funktionaler wie nicht-funktionaler Anforderungen	Funktionale Anforderungen (zum Beispiel in Form standardisierter Funktionssignaturen oder unterstützter, technischer Zugriffsprotokolle) sowie nicht-funktionale Anforderungen (zum Beispiel Verfügbarkeit, Performanz oder Sicherheit) werden durch die Anwendungsdienst-Architektur allen IT-System konsistent angeboten.
Positive betriebswirtschaftliche Effekte	Betriebswirtschaftlich sind Anwendungsdienste in zweierlei Hinsicht interessant. Zum einen führt ihr Einsatz zu einer Reduktion von Entwicklungskosten auf der Seite der IT-Systeme (→ Wiederverwendbarkeit). Darüber hinaus kann der Betrieb eines Anwendungsdienstes zentral organisiert und mit Betriebsdienstleistern verhandelt werden. Für die Basisfunktionalität, die ein Anwendungsdienst anbietet, können so zum Beispiel viele lokal betriebene Betriebsplattformen durch eine zentral betriebene Plattform abgelöst werden.
Optimierung der Gewährleistung im Bereich System-Betrieb	Maßnahmen zur Überwachung oder Wiederherstellung eines IT-Systems setzen eine entsprechende System-Management-Infrastruktur voraus. Die Konzeption, Implementierung, Wartung sowie Integration von IT-Systemen in eine System-Management-Infrastruktur sind aufwendig und kostenintensiv. Ein Anwendungsdienst adressiert diesen Aspekt bereits für die Teillösung, die er den IT-Systemen zur Verfügung stellt.

Es folgt eine weiterführende Definition des Begriffs Anwendungsdienst aus diesen vier Perspektiven:

> Die Perspektive „Anwendung versus Anwendungsdienst" erläutert das Anwendungsdienst-Konzept über die Abgrenzung von IT-System zu Anwendungsdienst.

> Die Perspektive „Generische Anwendungsdienstarchitektur" definiert die generischen Bausteine, aus denen Anwendungsdienste bestehen sowie die Beziehungen dieser Bausteine untereinander.

> Die Perspektive „Anwendungsdienst Laufzeitumgebung" setzt sich mit den drei wichtigsten Schichten der Laufzeitumgebung

von Anwendungsdiensten auseinander. Darüber hinaus wird dargestellt, wie der Architekt eines Anwendungsdienstes steuernden Einfluss nimmt auf die Architekturen angeschlossener IT-Systeme.

> Die Perspektive „Framework versus Bibliothekansatz" diskutiert zwei unterschiedliche Ansätze für die Etablierung des Laufzeitaspekts eines Anwendungsdienstes.

Anwendung versus Anwendungsdienst

Die Informationstechnologie entwickelt sich kontinuierlich weiter. Funktionalitäten, die zu Beginn dieser Entwicklung noch in die Verantwortung der IT-Systeme fielen, sedimentierten sukzessive in den Verantwortungsbereich neuer Dienst-Schichten. Als Folge des beschriebenen evolutionären Prozesses befreien diese neuen Dienst-Schichten alle zukünftigen IT-Systeme von der Notwendigkeit, zentrale und häufig anwendungsneutrale Basisfunktionalität immer wieder „neu zu erfinden" und implementieren.

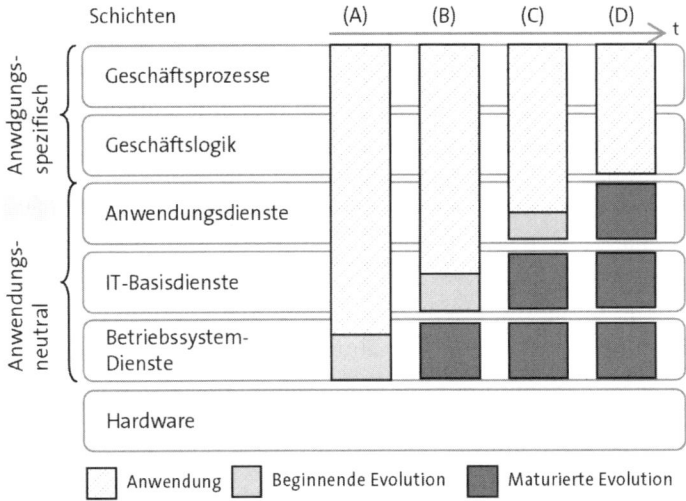

Abb. 8.4-3: *IT-Evolution und Entstehung neuer Diensteschichten.*

Ein IT-System umfasst alle Bausteine, die zur Laufzeit und für den Betrieb des Systems vorhanden und miteinander verbunden sein müssen. Damit gehören neben den Software-Bausteinen, die in Abbildung 8.4-3 hervorgehoben werden, auch die Hardware-Bausteine zu einem vollständigen IT-System. In Abbildung 8.4-3 wird weiter unterschieden zwischen Bausteinen, die sich noch in einer frühen Phase ihrer Entstehung befinden (→ Beginnende Evolution), und Bausteinen, die bereits industrielle Reife besitzen (→ Maturierte Evolution).

Anwendungsneutrale versus anwendungsspezifische Dienste

Abbildung 8.4-3 unterscheidet zwischen anwendungsneutraler und anwendungsspezifischer Funktionalität. Aus der Verantwortung betrachteter IT-Systeme wird in erster Linie deren anwendungsneutrale Funktionalität genommen. Die folgenden anwendungsneutralen Schichten werden ihrem Dienst-Charakter entsprechend auch als Dienst-Schichten bezeichnet:

> *Betriebssystem-Dienste.* Dienste, ohne die sich jede weitere Dienst-Ebene weder installieren, ausführen noch überwachen lässt. Betriebssystem-Dienste machen die unterliegende Hardware allen anderen Dienst-Schichten überhaupt erst zugänglich. Einige Beispiele dieser elementaren Dienste sind Prozess-Management, Präsentations-Systeme, Geräte-Dienste sowie Datei- und Verzeichnis-Systeme. Prozess-Management beschäftigt sich mit der prozessseitigen Gestaltung eines Unternehmens. Im Mittelpunkt des Prozess-Management stehen die Ablauforganisation eines Unternehmens.

> *IT-Basisdienste.* Diese Dienstgruppe bietet ein breites funktionales Spektrum, ohne das IT-Systeme heute quasi nicht mehr betrieben werden können. Dabei sind die angesprochenen Funktionalitäten nicht elementar genug, um noch direkt den Betriebssystem-Diensten zugeordnet werden zu können. Als Beispiele sind hier heute vor allem Middleware-Plattformen (siehe Kapitel 6) zu nennen, die Transaktions-Monitore, Messaging- und verteilte Objekt-Infrastrukturen oder Namens- und Verzeichnis-Dienste umfassen (siehe Kapitel 6).

> *Anwendungsdienste.* Dienste dieser Gruppe aggregieren IT-Basisdienste auf ein semantisch höheres Niveau. Damit stellen Anwendungsdienste den sie nutzenden IT-Systemen unmittelbar nützliche Basisfunktionalität zur Verfügung. Anwendungsdienst-Kandidaten sind BenutzerManagement, Authentifizierungs- und Autorisierungs-Dienste, Internationalisierungs-Systeme, Workflows (siehe Abschnitt 8.3) und Prozess-Management, aber auch hoch integrierte Domänenlösungen, wie Enterprise-Resource-Planning-Systeme oder Portal-Frameworks. Internationalisierungs-Systeme sind IT-Systeme, welche die Anpassung einer gegebenen Anwendung an eine Reihe ausgewählter Sprachen und Kulturen unterstützt.

Anwendungsspezifische Funktionalität wird wie in Abbildung 8.4-3 zusammengefasst realisiert auf den letzten beiden Schichten:

> *Geschäftslogik- und Geschäftsprozess-Schicht.* Auf dieser Ebene fügt der Anwendungsentwickler dem betrachteten IT-System geschäftsspezifische Funktionen hinzu, für deren Realisierung er die unterliegenden Dienst-Schichten nutzt. Beispiele von Funktionalitäten, die auf diese Schichten abgebildet werden, sind:

  - Geschäfts-Funktion (Beispiel: „Füge einer gegebenen Bestellung ein Bestellelement hinzu")
  - Geschäftsprozesse (Beispiel: Bestellprozess)

In den frühen Phasen der IT-Evolution (siehe Phase A in Abbildung 8.4-3) war der Verantwortungsbereich des einzelnen IT-Systems sehr umfangreich. Dies führte dazu, dass auch anwendungsneutrale Funktionen immer wieder neu entworfen, implementiert, getestet und betrieben werden mussten. Die so entstandenen Lösungen charakterisiert man heute als monolithisch. Technologie-Standards, die hätten helfen können, Systemarchitekturen zu entzerren und Verantwortungsbereiche zu trennen, fehlten noch nahezu vollständig. Aus den resultierenden proprietären Strukturen der wenigen, anwendungsexternen Lösungskomponenten ergab sich fast zwangsläufig eine entsprechend hohe Herstellerbindung, die zu frühen Produkt-Monopolen führte. Der verantwortliche Software-Architekt war gezwungen, auf allen Dienst-Schichten eigene Lösungen zu entwerfen. Die Beachtung nicht-funktionaler Anforderungen fiel ebenfalls vollständig dem verantwortlichen Software-Architekten zu.

Funktionsverantwortung liegt bei IT-Systemen

In der mit B bezeichneten Phase blieb die Realisierung von Diensten, die heute durch Middleware-Plattformen angeboten werden, in der Verantwortung des einzelnen IT-Systems. Beispiele von Funktionen, die heute durch IT-Basisdienste angeboten werden, sind:

> Funktionen von Namens- und Verzeichnisdiensten

> Funktionen von Transaktions-Monitoren

> Funktionen höherer Kommunikationsprotokolle (→ RPC und MOM)

Fehlende Middleware-Standards

Phase B ist gekennzeichnet durch eine weitere, stetige Erhöhung des Standardisierungsgrads in der Informations-Technologie. Die entstehenden IT-Standards erlaubten eine deutlich stärker produktabgeschlossene Etablierung von Teillösungen und konfrontierten damit den Software-Architekten mit Produkt- und Integrationsentscheidungen. Anwendungen mussten an anwendungsexterne Teillösungen adaptiert werden. Nicht-funktionale Merkmale entsprechend produktabgeschlossener Teillösungen wurden wichtiges Unterscheidungs- und Abgrenzungsmerkmal aufseiten der Hersteller wie auch aufseiten der Anwender.

Erhöhung des funktionssemantischen Niveaus durch Anwendungsdienste

Die mit C bezeichnete Phase entspricht der aktuellen IT-Evolutionsstufe. Der fortschreitenden Standardisierung auf allen beschriebenen Dienst-Schichten folgt eine Spezialisierung im Bereich der Architektur-Disziplinen. Anwendungen sind weitgehend befreit von Aufgaben, die der IT-Basisdienste-Schicht zugeordnet werden können. Dennoch wird die Aggregation von IT-Basisdiensten auf ein höheres semantisches – damit der anwendungsnahen Logik nützlicheres – Niveau immer noch überwiegend in den einzelnen IT-Systemen realisiert. Es existieren Lösungen, die generische oder domänenspezifische Funktionalität anbieten. Diese Lösungen isolieren das einzelne IT-System von anwendungsneutraler Logik. Sie unterstützen den Software-Architekten darin, die Realisierung anwendungsspezifischer Funktionalität auf ein geringes Maß zu reduzieren. Beispiele hierfür sind:

> Enterprise-Resource Planning-Systeme (→ ERP)

> Portal-Frameworks

> Authentifizierungs- und Autorisierungsdienste

> Customer-Relationship-Management-Lösungen (→ CRM)

> Content-Management-Systeme (→ CMS)

Fortschreitende Standardisierung

Weiter bestehende Standardisierungslücken erfordern immer noch eine enge Bindung von IT-Systemen an proprietäre Lösungsansätze und -strukturen. Anwendungsdienste entstehen, neben vollständig produktabgeschlossenen Varianten, auch individuell und im Rahmen unternehmensinterner Initiativen. Eine weitere Form der Dienstrealisierung ist die Auslagerung der Anwendungsdienst-Verantwortung an externe Lösungsanbieter und Dienstleister. Als Beispiel seien hier Angebote von Application Service Providers (→ ASP) genannt. Standardisierungsgremien arbeiten weiter fehlende IT-Standards auf und sorgen damit in vielen Bereichen für eine sukzessive Überführung ursprünglich proprietärer und produktabgeschlossener Lösungen in gemeinsame und für die Zukunft verbindliche Konzepte und Strukturen. Ein Beispiel dieser Kategorie ist der J2EE Portlet.

Anwendungsneutrale versus anwendungsspezifische Logik

Die Trennlinie zwischen den anwendungsspezifischen Dienst-Schichten *Geschäftslogik* und *Geschäftsprozesse* auf der einen und der anwendungsneutralen Anwendungsdienst-Schicht auf der anderen Seite ist unscharf. Einheitliche Termini sind auch in klar abgegrenzten Bereichen nur selten fest etabliert. Für Hersteller, Architekten, Projektleiter und Entwickler ist oft ein und derselbe Begriff völlig unterschiedlich besetzt. Dadurch bleibt die Positionierung entsprechender Produkte und Dienstleistungen inklusive der notwendigen Bewertung und Risikoabschätzung durch den Software-Architekten eine Herausforderung. Anwendungsdienste erfordern eine dedizierte Betriebsumgebung und erwarten von den nutzenden IT-Systemen die Einhaltung vorgegebener Architektur-Muster. Der Software-Architekt muss verstehen, Anwendungsdienste zu beurteilen und deren Einfluss auf die Architektur eines von ihm entworfenen IT-Systems abzuschätzen.

Die Phase D in Abbildung 8.4-3 beschreibt eine ideale Zukunft, in welcher das einzelne IT-System durch offene Standards von der Anwendungsdienst-Schicht isoliert und entkoppelt ist. Anwendungsdienste sind weitgehend als produktabgeschlossene Lösungen etabliert beziehungsweise in Form neuer Geschäfts- und Betriebsmodelle verfügbar. Eine Spezialisierung der Architektur-Disziplinen kann entlang der dargestellten Dienst-Schichten beobachtet werden.

Anwendungsdienst-Standards in Zukunft

Bis hierhin wurde aufgezeigt, wie sich die Informations-Technologie historisch und entlang der vorgestellten Dienst-Schichten entwickelte. Erst durch die fortschreitende Standardisierung konnten Dienst-Schichten klar voneinander getrennt werden. Abgeschlossene Dienst-Schichten besitzen nicht nur reife und präzise umrissene funktionale, sondern auch klar definierte nicht-funktionale Merkmale. Darüber hinaus werden dem Software-Architekten, der für die Realisierung eines konkreten IT-Systems verantwortlich ist, Architektur-Entscheidungen abgenommen, die bereits innerhalb einer Dienst-Schicht getroffen wurden. In dem Maß, in dem diese Verantwortung beim Software-Architekten abnimmt, nimmt dessen Verantwortung für die Beurteilung funktionaler wie nicht-funktionaler Merkmale produktabgeschlossener Teillösungen zu. Für den Software-Architekten wird es wichtig, zu verstehen, dass er sich mit einem ausgewählten Anwendungsdienst nicht nur für eine definierte Menge von Funktionen entscheidet. Er muss erkennen, dass er sich zusätzlich zu diesen Funktionen für eine „als gut befundene" und in der Praxis bewährte Anwendungsarchitektur entscheidet. Der folgende Abschnitt gibt einen Überblick über die generische Topologie von Anwendungsdiensten.

Etablierung abge-schlossener Dienst-Schichten

Generische Anwendungsdienstarchitektur

Generische Topologie von Anwendungsdiensten

Bei der historischen Betrachtung der IT-Entwicklung im Abschnitt oben stand der Laufzeitaspekt im Vordergrund. Es wurde bei dieser Annäherung jeweils von bereits eingeführten Anwendungsdiensten ausgegangen. Dadurch blieben die Aspekte ...

> Initiierung, Planung, Aufbau und Management

> Architektur sowie Architektur-Entwicklung

> Kommunikation, Angebot und Dienstleistung

> Betrieb und Wartung

... eines Anwendungsdienstes weitgehend unberücksichtigt. Da der Laufzeitaspekt nur einer unter mehreren, grundsätzlich gleichberechtigten, Aspekten eines Anwendungsdienstes ist, sollen im Folgenden *alle* generischen Bausteine betrachtet, definiert sowie deren Beziehungen zueinander beschrieben werden.

Mehr als nur IT-Systeme

Ein wesentlicher Schlüssel zum Verständnis von Anwendungsdiensten ist die Erkenntnis, dass diese nicht einfach nur IT-Systeme sind. So gehören neben dem eigentlichen IT-System, das ein Anwendungsdienst immer auch ist, zu diesem noch eine Unterstützungs-Organisation, Dienst-Management, angemessene Darstellung und Kommunikation funktionaler wie nicht-funktionalen Fähigkeiten, systematisch und kontinuierlich betriebene Weiterentwicklung der Anwendungsdienst-Architektur sowie die Organisation und Durchführung des Anwendungsdienst-Betriebs.

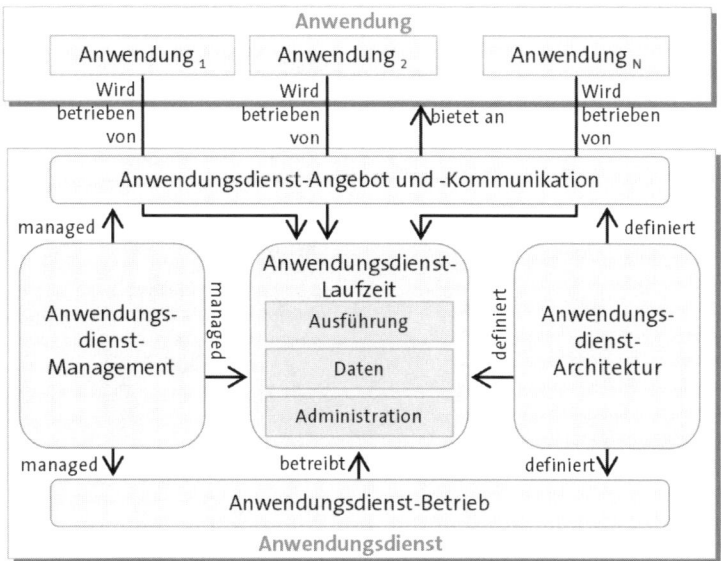

Abb. 8.4-4*: Generische Anwendungsdienst-Topologie.*

Abbildung 8.4-4 zeigt die generische Topologie eines Anwendungsdienstes, zu der die folgenden Bausteine gehören:

> Anwendungsdienst-Management

> Anwendungsdienstarchitektur

> Anwendungsdienst-Laufzeitumgebung

> Anwendungsdienst-Betrieb

> Anwendungsdienst-Angebot und -Kommunikation

Ein Anwendungsdienst erweitert das IT-Dienst-Portfolio bzw. hilft, dieses zu konsolidieren. Technisch wie organisatorisch kann ein Anwendungsdienst sehr unterschiedlich umgesetzt werden. Einen Überblick
über die Bandbreite der Möglichkeiten dieser Umsetzung gibt Tabelle
8.4-2.

Tab. 8.4-2: *Anwendungsdienstbaustein-Aspekte und –skala.*

Baustein	Aspekt	Skala
Anwendungsdienst-architektur	Organisation	Einbettung der Architektur-Verantwortung in die Management-Gruppe *bis hin zu* dedizierter Architektur-Gruppe, die Architektur-Aspekte des Anwendungsdienstes horizontal über andere Bausteine hinweg anbietet.
	Umfang	Architektur-Verantwortung nur für den Anwendungsdienst selbst *bis hin zu* Architektur-Verantwortung, die sich auch in die IT-Systemarchitekturen hinein erstreckt.
	Architektur-Management-Prozess	Keine Lebenszyklus-Regelung der Anwendungsdienstarchitektur *bis hin zu* vollständig prozessgeregeltem Architektur-Evolutionsprozess.
Anwendungsdienst-Angebot und Kommunikation	Flexibilität	Festes Angebot mit definiertem feinkörnigen Satz von Dienstleistungen *bis hin zur* völlig situationsabhängigen Möglichkeit der Angebotsabsprache und Anpassung in Reaktion auf IT-System-Anfoderungen.
	Zielgruppe	IT-Manager, -Projektleiter, -Entwickler, -Architekten.
	Automatisierungsgrad	Dienstleistungen werden über nicht-automatisierte Abläufe angeboten *bis hin zur* Aufstellung eines 100 % Selbstbedienungsangebots.
Anwendungsdienst-Management	Autonomie	Autonomes Anwendungsdienst-Controlling und Erweiterungsplanung *bis hin zur* Vorgabe von Erfolgsmetrik, Preismodell etc. durch IT-Strategie bzw. eine entsprechend etablierte Enterprise–architektur.
	Umfang	Festlegung der durch das Anwendungsdienst-Management erfasste Schichten und Funktionen (zum Beispiel Netzwerk, Middleware, Datensicherung, Fehlerbehandlung und Wiederherstellung).

Baustein	Aspekt	Skala
Anwendungsdienst-Laufzeit	IT-System-Integration und API	Bibliothekansatz mit IT-Systemen, die hohe Kontrolle über API-Einsatz bedingen *über* Famework-Ansatz, bei dem IT-Systeme ihre Kontrolle über Aufrufreihenfolge an Dienst-Bausteine abgeben *bis hin zum* Angebot völlig nicht-invasiver Integrationsansätze zwischen IT-System und Anwendungsdienst.
	Werkzeug-Unterstützung	Völlige Abschirmung des Laufzeit-Systems von administrativen Zugriffen durch nutzende IT-Systeme *bis hin zum* Angebot einer kontrollierten und gleichzeitig funktional vollständigen Landschaft entsprechender Administrations-Werkzeuge.
	Stufen	Völlig ungestufte Laufzeit-Umgebung *bis hin zu* sehr feinstufigem Ansatz, der für Entwicklungs-, Integrations-, Pre-Produktions- und Produktions-Stufe eine jeweils dedizierte Laufzeitumgebung vorsieht.
Anwendungsdienst-Betrieb	Auslagerung – Betriebsverantwortung	Betrieb der Anwendungsdienst-Infrastruktur mit eigenen Mitarbeitern *bis hin zur* vollkommen ausgelagerten Betriebsverantwortung.
	Umfang – Betriebsverantwortung	Betriebsverantwortung erstreckt sich auf unmittelbar systemnahe Aufgaben *bis hin zum* Angebot einer Unterstützungsorganisation, die Problemaufnahme und Bearbeitung weit über den system– und infrastrukturnahen Bereich hinaus übernimmt.
	Auslagerung – Betriebsmittel	Verwendung eigener Betriebsmittel *bis hin zur* Nutzung betriebsfremder Anwendungsdienst-Infrastruktur.

Tabelle 8.4-2 stellt weder Aspekte noch Aspekt-Skalierung je Baustein vollständig dar. Dennoch erkennt man in den beschriebenen Aspekten unschwer die kombinatorisch große Menge an Optionen, die sich dem Architekten für die Ausgestaltung eines Anwendungsdienstes bieten.

Anwendungsdienst am Beispiel „Web-Hosting-Plattform"

Im Kasten unten wird ein Anwendungsdienst beispielhaft beschrieben. Dabei wird speziell auf die in Abbildung 8.4-4 dargestellten generischen Bausteine eingegangen.

Dieses Anwendungsdienst-Beispiel beschreibt die Konzeption sowie den Aufbau einer Web-Hosting-Plattform – das heißt einer Betriebsplattform für Internet-Lösungen.

Das funktionale Angebot des beschriebenen Anwendungsdienstes sowie dessen nicht-funktionalen Merkmale ergeben sich aus der Summe sowie dem Zusammenspiel der zu Beginn ausgewählten operationalen Bausteine:

> Content-Management-System (→ CMS)

> Web Server

> Web-Application-Server

> Portal-Framework

> Datenbanksystem

> Suchmaschine

> Reporting- und Analyse-Werkzeuge

> Loadtest-Framework

Zunächst wird eine organisatorische Einheit (→ Gruppe) gebildet, die dediziert für den Aufbau sowie den Betrieb des „Web-Hosting- Plattform"-Anwendungsdienstes verantwortlich ist. Diese Gruppe erhält das Mandat, eine WebHosting-Plattform aufzubauen und diese allen Geschäftsbereichen des Unternehmens zugänglich zu machen. Die oben bereits aufgeführten operationalen Bausteine werden organisatorisch dadurch in den Architektur-Prozess eingebunden, dass je Baustein ein produktverantwortlicher Mitarbeiter zum Produkt-Manager bestimmt wird. Hauptaufgabe des Produktverantwortlichen ist die Handhabung des Produkt-Lebenszyklus. Beispiele hierfür sind die Evaluation neuer Produkt-Versionen oder das Vermitteln bei Problemmeldung und -verfolgung. Zusätzlich zu den Produkt-Managern wird ein Plattform-Architekt ernannt, welcher die Plattformarchitektur horizontal und über Produktgrenzen hinweg zu entwerfen und später weiter zu entwickeln hat.

Die Verantwortung des Plattform-Architekten erstreckt sich über die folgenden Schichten bzw. Domänen:

> Netzwerk- und Hardware-Knoten

> Betriebssystem

> Middleware

> IT-System. Beschränkt allerdings auf indirekte Einflussnahme, bzw. Referenzlösungen, Architektur-Muster, Architektur-Beratung sowie definierte Ausgangskonfigurationen

Eher generell zu beachtende Anforderungen für den Architektur-Entwurf des Anwendungsdienstes sind:

> Sicherheit

> Skalierbarkeit und Verfügbarkeit

> Einfache Integrierbarkeit des Anwendungsdienstes mit den diesen Dienst nutzenden IT-Systemen

> Unterstützung des gesamten Anwendungsentwicklungsprozesses

> Integration des Anwendungsdienstes in die bestehende IT-System- und Dienste-Infrastruktur des Unternehmens

> Kommunikation von Nutzen, Einsatzszenarien und Mustern, die eine Verwendung des Anwendungsdienstes motivieren

Es wird entschieden, dass die Architektur-Verantwortung des Anwendungsdienstes sich nur indirekt in die Architektur des betriebenen IT-Systems hinein auswirken darf. Man sucht damit zu vermeiden, die Grenze zwischen Anwendungsdienst und funktionaler Lieferverantwortung entsprechender IT-Systeme zu entschärfen. Unter „indirekt auswirken" versteht man, dass die Architektur der Web-Hosting-Plattform von den IT-Systemen die Einhaltung definierter architektonischer Muster verlangt.

Die Gruppe, die mit der Etablierung des neuen Dienstes betraut wird, startet bewusst mit einem leichtgewichtigen Architektur-Management-Prozess. Das heißt konkret, dass man repräsentativ IT-Vertreter aus den zu unterstützenden Geschäftsbereichen auswählt und diese zu einem Gremium (→ Architektur-Zirkel) zusammenfasst, das die notwendigen Architektur-Evolutions- Schritte verabschiedet. Der Architektur-Zirkel tritt auf Anfrage des Plattform-Architekten hin zusammen, um architekturrelevante Entscheidungen zu treffen. Eine spätere Erweiterung und Formalisierung des Architektur-Management-Prozesses wird vorgesehen.

Bezüglich Betrieb und Betriebsverantwortung entscheidet man sich für das folgende Auslagerungsmodell: für den Betrieb von Netzwerk-Infrastruktur, Hardware-Knoten, Betriebssystem-Schicht sowie einer Reihe ausgewählter Produkt-Dienste wird ein externer Dienstleister ausgewählt. Ein Teil der Betriebsverantwortung für die Produkte der Web-Hosting-Plattform verbleibt in der eigenen Produkt- und Architektur-Gruppe. Diese Mischung ist notwendig, weil es nicht möglich ist, Betriebsdienstleistungen für das *gesammte* Produkt-Portfolio vom ausgewählten Internet Service Provider (➔ ISP) zu beziehen. Zur Betriebsverantwortung des ISP gehört weiter:

> Unterstützungsorganisation

> Monitoring- und Alerting-Systeme (siehe Abschnitt 8.3)

> Backup- und Recovery-Systeme. Backup und Recovery-Systeme dienen der Datensicherung sowie der Wiederherstellung von Datensituationen nach Systemabstürzen

> Problem- und Änderungs-Management-Prozesse. Problem-Management befasst sich mit der Erfassung, Kontrolle sowie Behebung von Fehlermeldungen aus dem Anwendungsfeld. Das Änderungsmanagement befasst sich mit der Kontrolle von Änderungen an Anwendungs-Systemen, indem die Änderungsgründe bzw. -ursachen, die Änderungsschritte sowie etwaige Auswirkungen dokumentiert werden

> Administrationswerkzeuge

Architektur-Entscheidungen werden innerhalb der Architektur-Gruppe vorbereitet und im Architektur-Zirkel abgenommen. Die Implementierung solcher Entscheidungen wird mit Betriebs-Architekten des ISP gemeinsam besprochen und geplant. Die eigentlichen Implementierungsaktivitäten werden anschließend ohne Beteiligung der Architektur-Gruppe des Unternehmens und exklusiv durch den ISP erledigt, der die Betriebsverantwortung trägt.

Die gesamte Laufzeitumgebung wird auf allen folgenden, voneinander physisch isolierten, Stufen angeboten. Die Stufen Integration, Pre-Produktion und Produktion werden zentral und durch den Web-Hosting-Plattform-Anwendungsdienst angeboten.

> *Entwicklungsstufe.* Diese Stufe stellt der entsprechende Geschäftsbereich des Unternehmens bzw. der externe System-Integrator selber zur Verfügung.

> *Integrationsstufe.* Diese Stufe stellt allen interessierten Internet-IT-Systemen eine dedizierte Laufzeitumgebung der Web-Hosting-Plattform zur Verfügung. So können IT-Systeme installiert, initial konfiguriert und anschließend bezüglich deren Integrationsfähigkeit getestet werden. Es wird in dieser Stufe davon ausgegangen, dass entsprechende Internet-Anwendungen funktional bereits abschließend getestet wurden. Software-Architekten

und Entwickler der entsprechenden IT-Systeme haben auf diese Stufe noch nahezu uneingeschränkt Zugriff.

> *Pre-Produktionsstufe.* IT-Systeme erreichen die Pre-Produktion Stufe nur nach erfolgreich durchgeführten Integrationstests. Der Zugriff auf diese Stufe ist stark eingeschränkt und es wird Software-Architekten wie Entwicklern lediglich das Lesen von anwendungseigenen Log-Dateien gestattet. Wesentliches Merkmal hier ist, dass die Laufzeitumgebung der Stufe ein nahezu vollständiger Clone der Produktionsstufe ist. So können potenziell lastkritische IT-Systeme intensive Belastungstests durchführen, ohne die Produktionsstufe selber mit diesen Untersuchungen negativ zu beeinflussen.

> *Produktionsstufe.* Internet-IT-Systeme, die diese Stufe erreicht haben, werden produktiv betrieben. Das heißt, dass diese Lösungen im Internet sichtbar und zugreifbar sind. Auf die Laufzeit-umgebung, die diese Stufe dediziert realisiert, hat lediglich noch der betriebsverantwortliche ISP Zugriff.

Die Art der Integration der IT-Systeme mit dem unterliegenden Anwendungsdienst ist stark abhängig vom jeweils betrachteten operationalen Baustein. Mit der folgenden Auswahl soll das Spektrum dieser sehr unterschiedlichen Optionen aufgezeigt werden:

> Ein als unternehmensweiter Web-Standard gesetzter Web Server bietet eine rein konfigurative Option zur Anwendungsintegration an.

> Man entscheidet sich für Java 2 Enterprise Edition (J2EE) als Komponentenmodell. Dieses Komponentenmodell impliziert das Java-Programmiermodell. Es wird ein J2EE-Server-Produkt ausge-wählt und zum Unternehmens-Standard deklariert. Über das J2EE Programmiermodell wird bereits ein großer Bereich der Integra-tionsproblematik zwischen IT-System und Anwendungsdienst adressiert. Potenziell gefährlich bleiben für die IT-Systeme aber doch proprietäre Erweiterungen des ausgewählten J2EE-Server-Produktes.

> Im Bereich des Portal-Frameworks entscheidet man sich ebenfalls für ein kommerzielles Produkt. Bei diesem Produkt handelt es sich selbst um eine J2EE-Applikation, die es entsprechend geschulten Anwendungsentwicklern erlaubt, über definierte Erweiterungs-punkte eine komplexe Portalanwendung zu entwickeln. Die Anpassungs-Technologie, über die hier die entsprechend anwen-dungsspezifischen Erweiterungen realisiert werden, umfasst Tag-Bibliotheken, ein proprietäres X-Doclet-Derivat zur codenahen

Einbettung von Konfigurations-Informationen sowie weitere Administrations- und Konfigurations-Werkzeuge. Der noch nicht abgeschlossene Standardisierungsprozess im Portlet-Bereich macht IT-Systeme, die das ausgewählte Framework nutzen, anfällig für zukünftige Produkt-Anpassungen.

> Das Content-Management-System (→ CMS), für das man sich entscheidet, ist eine – wegen noch völlig fehlender Standards in diesem Bereich – komplett proprietäre Lösung. Die Entwicklung von IT-Systemen, die dieses CMS nutzen bzw. in dasselbe hinein integriert werden, folgt ausschließlich der durch den Hersteller vorgegebenen Integrations-Strategie und -Muster. Die proprietäre Bindung von IT-Systemen an einen Anwendungsdienst sind bei Produkten dieser Kategorie am größten.

Das Angebot der Web-Hosting-Plattform wird in eine Menge von etwa 50 feingranulare Einzeldienste aufgebrochen und steht auf einem eigens hierfür erstellten Internet-Portal den Kunden des Anwendungsdienstes zur Verfügung.

Der Automatisierungsgrad der Diensterbringung liegt bei ca. 80 %, sodass ein Anwendungsdienst-Kunde einen logisch isolierten Betriebsraum für sein neues Internet-IT-System ohne zusätzlich manuelle Eingriffe bestellen und erhalten kann.

Neben dem Dienstleistungskatalog und den dahinter liegenden, weitgehend automatisierten Dienstleistungsprozessen vervollständigen diese Bausteine das genannte Internet:

> Organisations- und Rollenmodell, das Verantwortungsbereiche klar darstellt und regelt

> Prozessbeschreibungen, die organisatorische Abläufe beschreiben

> Statische Artefakte und Dokumente, zu denen beispielsweise Richtlinien, Formulare oder Schablonen zählen

> IT-Werkzeuge, die für die Bereiche Analyse, Administration oder Entwicklung zur Verfügung gestellt werden

> Weitere Werkzeuge und Übersichten (zum Beispiel Newsletter, Statistiken, Ankündigungen)

Anhand des hier ausführlicher geschilderten Beispiels wird lediglich eine von vielen möglichen Varianten der Umsetzung eines Anwendungsdienstes dargestellt. Ganz gleich, welche konkrete Ausprägung ein gegebener Anwendungsdienst besitzt, müssen alle in Abbildung 8.4-4 beschriebenen, generischen Anwendungsdienst-Bausteine von diesem berücksichtigt werden. Der Anwendungsdienst Architekt benötigt ein

Verständnis dieser Bausteine, da er das Zusammenspiel derselben maß-geblich mitgestaltet.

Zum Abschluss wird jeder der vorgestellten generischen Anwen-dungsdienst-Bausteine noch einmal allgemein definiert.

> Das Anwendungsdienst-Management ist verantwortlich für die Verankerung des Anwendungsdienstes in den umgebenden organisatorischen sowie betriebswirtschaftlichen Kontext.

Definition Anwen-dungsdienst-Management

Vorgegebene Termine, Vertrags-Management, Budget-Management, allgemeine Verwaltungstätigkeiten sowie führende Koordination und Abstimmung zwischen den übrigen Dienstbausteinen sind die wesent-lichen Verantwortungen, die in den Bereich des Anwendungsdienst-Managements fallen.

> In den Verantwortungsbereich des Bausteins Anwendungsdienst–architektur fallen alle Fragestellungen, welche die Architektur des Anwendungsdienstes betreffen. Hierzu gehört weiter die Vernet-zung des Architektur-Aspekts mit den anderen generischen An-wendungsdienst-Bausteinen.

Definition Anwen-dungsdienst–architektur

Beispiele für architektonische Fragestellungen, die hier behandelt wer-den, sind Laufzeit-, Betriebs- und Auslieferungsfestlegungen für den Anwendungsdienst. Hinzu kommen Festlegungen, welche die Schnitt-stelle zwischen Anwendungsdienst und nutzendem IT-System betreffen, Architektur-Beratung, Entscheidungen im Bereich Kommunika-tionsstrategie oder Architektur-Dokumentation.

> Mit Anwendungsdienst-Laufzeitumgebung ist das IT-System be-zeichnet, das den Anwendungsdienst im engen, technischen Sinn realisiert. Der Baustein Anwendungsdienst-Laufzeit wird logisch weiter unterteilt in eine Ausführungs-Schicht, Persistenz-Schicht (siehe Kapitel 6) sowie Administrations-Schicht.

Definition Anwen-dungsdienst-Laufzeitumgebung

Auf die Definition der Anwendungsdienst-Laufzeitumgebung wird der nachfolgende Abschnitt weiter eingehen.

> Der Baustein Anwendungsdienst-Betrieb ist verantwortlich für das Zurverfügungstellen der Anwendungsdienst-Laufzeitumgebung im Sinne und entsprechend der an diese formulierten qualitativen wie quantitativen Betriebsanforderungen.

Definition Anwen-dungsdienst-Betrieb

Hierzu gehören beispielsweise Betriebskonzept, Betriebs- sowie System-Management-Infrastruktur (siehe Kapitel 3) oder eine etwaige betriebsnahe Unterstützungsorganisation. Der Anwendungsdienst-Architekt leitet die Betriebsanforderungen vor allem aus den nicht-funktionalen Anforderungen ab, die an den entsprechenden Anwendungsdienst formuliert wurden. Diese werden in Service Level Agreements (→ SLA) vertraglich festgeschrieben und sind die zentrale Messgröße für die Beurteilung der Güte dieses Bausteines.

Definition Awendungs-dienst-Angebot und -Kommunikation

> Dem Baustein Anwendungsdienst-Angebot und -Kommunikation fällt die Aufgabe zu, den Anwendungsdienst entsprechend interessierten IT-Systemen gegenüber zu positionieren, zu erläutern, gegebenenfalls abzugrenzen und prozesseitig zugänglich zu machen.

Dieser Baustein kann durchaus verteilt auf die anderen Dienst-Bausteine realisiert werden. So muss Architektur-Dokumentation direkt von Kundenseite aus abrufbar sein oder auch das Beratungsangebot des Bausteines Anwendungsdienst-Architektur für den Kunden direkt zugreifbar gemacht werden. Weitere Aspekte, die in den Bereich Anwendungsdienst-Angebot und -Kommunikation fallen, sind die Definition von Kommunikationsstrategie und -plan, das schlüssige Vermitteln der Nutzen, Kosten und Verantwortlichkeiten des entsprechenden Angebots sowie die Definition und Umsetzung entsprechender Marketingaktivitäten.

Anwendungsdienst-Laufzeitumgebung

Der Baustein Anwendungsdienst-Laufzeitumgebung untergliedert sich, wie in Abbildung 8.4-5 dargestellt, weiter in diese logischen Schichten:

> *Ausführungsschicht.* Alle Programme und Schnittstellen des IT-Systems, das den Anwendungsdienst im technischen Sinn darstellt.

> *Persistenzschicht.* Erfasst in dieser Schicht sind alle Persistenzsysteme, die der Anwendungsdienst den diesen nutzenden IT-Systemen zur Verfügung stellt.

> *Administrationsschicht.* Alle Programme und technischen Schnittstellen, welche Administratoren der nutzenden IT-Systeme für die Dienstdatenverwaltung zur Verfügung stehen müssen.

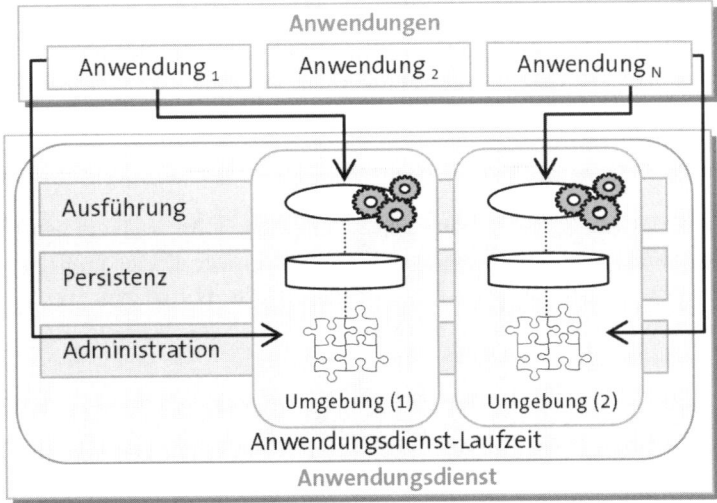

Abb. 8.4-5: Anwendungsdienst-Laufzeitumgebung.

Über die Architektur der Anwendungsdienst-Laufzeitumgebung nimmt der Anwendungsdienst-Architekt direkt und zentral Einfluss auf die Architekturen betriebener IT-Systeme. So könnte der Architekt im Rahmen eines zentral aufgebauten Authentifizierungsdienstes ausschließlich strenge (zum Beispiel zertifikatbasierte) Authentifizierungsmethoden zur Verfügung stellen. IT-Systeme, die den Authentifizierungsdienst nutzen möchten, besäßen dadurch alle und zwangsläufig ein entsprechend hohes Authentifizierungsniveau. In einem anderen Beispiel könnte, wieder vorgegeben durch die Architektur des Anwendungsdienstes, den IT-Systemen die Möglichkeit verwehrt sein, Daten mittels Datei-Operation direkt auf einen Festplattenspeicher zu schreiben. Der verantwortliche Software-Architekt eines IT-Systems würde durch das beschriebene architektonische Merkmal des Anwendungsdienstes dazu gezwungen, ausschließlich Datenbanksysteme für die notwendigen Datenpersistenz-Operationen zu verwenden.

IT-System- versus Anwendungsdienst–architektur

Kontrolle zu erreichen darüber, dass IT-Systeme unternehmensweite Architektur- oder Technologie-Standards einhalten, ist ein Motiv für den Wunsch der zentralen Einflussnahme auf IT-Systemarchitekturen. Diese Kontrolle unternehmensweiter Standards kann mithilfe von Anwendungsdiensten nicht nur organisatorisch erreicht werden, sondern wird aktiv und gegenüber nutzenden IT-Systemen durch die Anwendungsdienst-Laufzeitumgebung forciert. Funktionale wie nicht-funktionale Merkmale können von Domänen-Spezialisten zentral definiert, geplant und umgesetzt werden. Der Software-Architekt ist – beim Nutzen des

Forcierung und Einhaltung unternehmensweiter Standards

entsprechenden Dienstes – in dem Maße von Architektur-Entscheidungen, und damit Architektur-Risiken, befreit, in dem er das zentral zur Verfügung gestellte Angebot des Anwendungsdienstes verwendet.

Framework- versus Bibliothekansatz

Dieser Abschnitt, der die allgemeine Einführung in Anwendungsdienste abschließt, geht noch einmal knapp auf zwei Ansätze ein, die primär die Schichten Ausführung wie Persistenz des Bausteins Laufzeitumgebung eines Anwendungsdienstes betreffen:

> Framework

> Bibliothek

Anwendungsdienste als Frameworks

Die Idee des Framework-Ansatzes ist bereits in Kapitel 6 beschrieben worden. Aus Sicht von Anwendungsdiensten stellt ein Framework den IT-Systemen eine Menge von Basisfunktionalitäten in Form einer halbfertigen Lösung zur Verfügung. Die genannten Basisfunktionalitäten sind dabei vom Anbieter des Anwendungsdienstes miteinander integriert. Frameworks bieten den sich an sie anschließenden IT-Systemen definierte Erweiterungspunkte für die Abbildung anwendungsspezifischer Logik. Erweiterungspunkte definieren sich gegenüber den nutzenden IT-Systemen unter anderem über deren ...

> Funktionale Schnittstelle

> Nicht-funktionalen Merkmale

> Administrations-Schnittstelle

Das bestimmende Prinzip von Frameworks wird auch als „Hollywood Principle" (→ „don't call us – we call you") bezeichnet. Dieses Prinzip belässt das prozedurale Rückgrat eines IT-Systems in der Verantwortung des Frameworks. Dadurch kann ein hohes Maß an Integration der Bausteine erreicht werden, die zum Framework selbst gehören. Diese Art der Integration ermöglicht das Anbieten domänenspezifischer Lösungsmuster auf Prozessebene, die den IT-Systemen gegenüber transparent bleiben. Domänenkonzepte oder Anpassungs-Technologie, die von Frameworks angeboten wird, kann jedoch in einem Maße proprietär sein, das den direkten Vorteil speziell im Hinblick auf zukünftige architektonische Änderungen in einen Nachteil verkehrt. Frameworkschnittstellen sollten wenn möglich über offene Standards realisiert worden sein.

Ein Anwendungsdienst „Unternehmensportal" ist ein gutes Beispiel für einen Dienst, bei dem sich der Anwendungsdienst-Architekt für den

Framework-Ansatz entscheidet. Das breite Spektrum funktionaler wie nicht-funktionaler Anforderungen entsprechender IT-Systeme legt eine hohe und den IT-Systemen gegenüber transparente Integration der vielen Einzelfunktionen nahe. Zu diesen Funktionen gehören bei Unternehmensportalen unter anderen:

> *Personalisierung* bezeichnet das Anpassen eines Dienstes oder IT-Systems an die persönlichen Vorlieben (Präferenzen), Bedürfnisse, Aversionen oder Fähigkeiten eines Benutzers.

> *Internationalisierung*

> *Look & Feel (→ L&F).* Mit Look and Feel (LAF) werden, teilweise durch Hersteller oder Konsortien standardisierte, Darstellungsaspekte von Benutzerschnittstellen entsprechender IT-Systeme bezeichnet. Beispiele dieser Darstellungsaspekte sind Farben, Layout, Fontgröße, die Benutzung von grafischen Elementen, Bedienung über Maus und Tastatur.

> *Authentifizierung und Autorisierung*

> *Daten- sowie IT-System-Integration*

Beim Bibliothek-Ansatz wird die Basisfunktionalität isoliert zur Verfügung gestellt. Eine Bibliothek stellt eine Menge von Funktionen zur Verfügung, die einer ausgewählten Anwendungsdomäne gemeinsam zugeordnet werden können. Bibliotheksfunktionen sind in Tendenz eher zustandslos konzipiert. Jedoch ist Zustandslosigkeit kein notwendiges Merkmal des Bibliotheksansatzes. Das prozedurale Rückgrat eines IT-Systems ist beim Bibliotheksansatz durch das IT-System selbst zu realisieren. Das Anbieten von Schnittstellen, die offenen Standards genügen, ist für die Akzeptanz des Anwendungsdienst, der dem Bibliothek-Ansatz folgt, von entscheidender Bedeutung.

Anwendungsdienste als Bibliotheken

Anwendungsszenario – Aufbau eines Anwendungsdienstes

Bis zu diesem Abschnitt wurde Ihnen eine Beschreibung von Anwendungsdiensten aus vier verschiedenen Perspektiven geboten. Die Einführung zeigte unter anderem, dass eines der Ziele von Anwendungsdiensten das ist, die Software-Architektur unterstützter IT-Systeme aktiv mitzugestalten. Diese Form der Mitgestaltung wird dadurch erreicht, dass durch die Architektur des Anwendungsdienstes die Software-Architektur der IT-System-Ebene implizit vorgegeben und damit auf dieser Ebene forciert wird. Der Anwendungsdienst-Architekt erreicht eine Führung und Anleitung von Software-Architektur auf IT-System-Ebene dadurch, dass er im Dienst selber den interessierten IT-Systemen definierte Anschlusspunkte vorgibt. Im Idealfall erkennt der Anwen-

Aufbau von Anwendungsdiensten

dungsdienst-Architekt von vornerein die gesamte Bandbreite möglicher Einsatzszenarien. Im vorliegenden Abschnitt wird der Aufbau eines Anwendungsdienstes entlang der folgenden Aktivitäten besprochen:

> Erstellen des Business Case für das System

> Verstehen der Anforderungen

> Entwickeln und Überprüfen der Architektur

> Kommunizieren der Architektur

> Implementierung des Systems konform zur entwickelten Architektur

8.4.1 Erstellen des Business Case für das System

Ausloten der betriebswirtschaftlichen Zweckmäßigkeit geplanter Initiativen

Ein Business Case lotet die betriebswirtschaftliche Zweckmäßigkeit einer Initiative aus. In betriebswirtschaftlicher Hinsicht ist es das erste Anliegen von Anwendungsdiensten, eine Grundlage zu schaffen zum Nutzen versteckter bereits existierender Synergien. Anwendungsdienste erreichen dieses Ziel in der Regel dadurch, dass noch nicht hauptverantwortlich koordinierte Funktionalität konsolidiert und anschließend allen interessierten Anwendungen zentral zur Verfügung gestellt wird. Betriebswirtschaftlich sinnvoll wird ein Anwendungsdienst also in dem Moment, in dem das einmal Etablieren und Zurverfügungstellen der durch den Dienst realisierten Domänenlogik kurz- oder doch zumindest mittelfristig günstiger ist als das immer wieder Realisieren der entsprechenden Funktionalität im Projektkontext betroffener IT-Systeme. Bei der Darstellung eines Business Case für einen Anwendungsdienst geht es daher weniger um eine technische oder funktionale Machbarkeitsstudie als vielmehr darum, für das technisch Machbare eine signifikante, ökonomische Verbesserung gegenüber dem jeweiligen Ist-Zustand nachzuweisen.

Vorbedingungen & Motivatoren

Anwendungsdienst-Motivatoren

Die folgenden Punkte geben einen Eindruck über Motive für den Aufbau eines Anwendungsdienstes:

> Der Grad an Überlappung von Funktionalitäten zwischen aktuell oder in Zukunft betriebener IT-Systeme ist angenommen oder nachgewiesen hoch.

> Neue Standards entstehen, reifen und machen eine Zusammenfassung von Funktionalitäten technisch und ökono-

misch da sinnvoll, wo diese zuvor noch als unmöglich oder zu aufwendig galten.

> Für die Anpassung von operativer an strategische IT-Ebene möchte man die Durchsetzungseffekte nutzen, die Anwendungsdienste bieten.

> Die Zusammenlegung von Betriebsinfrastruktur erlaubt eine Konsolidierung der IT-System-Schicht da, wo diese zuvor wirtschaftlich oder technisch noch nicht sinnvoll war.

> Bestimmte funktionale wie nicht-funktionale Anforderungen können alleine organisatorisch bzw. über das Aufstellen von Architektur- oder Entwicklungs-Richtlinien nicht durchgesetzt werden. Durch das Adressieren solcher Anforderungen auf der Ebene eines zentral kontrollierten Anwendungsdienstes möchte man das Einhalten solcher Vorschriften auf hohem Niveau zuverlässig garantieren. Unmittelbar geschäftsrelevanter Hintergrund für den Wunsch einer derart strikten Kontrolle über die Einhaltung architektonischer Vorgaben könnten zum Beispiel gesetzliche Regelungen sein.

> Konsolidisierungsinitiativen auf Architektur-Ebene, die das Ziel haben, Software-Architekturen an eine unternehmensweit vorgegebene Leitlinie anzupassen. Zum Beispiel um die Adaptionsgeschwindigkeit von Anwendungen an ein technisch sich beständig veränderndes Umfeld in Zukunft zu erhöhen.

Vorgehen

Die im Folgenden beschriebenen Aktivitäten werden nicht alleine durch den Architekten eines Anwendungsdienstes geleistet. Für die sinnvolle Gestaltung der unten beschriebenen Modelle ist das fachliche Verständnis des Anwendungsdienst-Architekten jedoch von großer Bedeutung.

Vorgehensleitfaden

> Festlegung der betriebswirtschaftlichen Hauptargumente
> Erstellen eines Wertemodells
> Erstellen eines Mengenmodells
> Auswahl der Hauptanwendungen

Ein Wertemodell ist ein mathematisches Modell, das man einsetzt, um die ökonomischen Argumente zu formalisieren. Ein Wertemodell strukturiert betriebswirtschaftlich motivierte Hauptargumente und hilft dabei, diese kompakt zu formulieren. Auf Basis des Wertemodells können später direkt Aussagen über die Zweckmäßigkeit einer entsprechend untersuchten Veränderung des Ist-Zustandes durch die Einführung eines Anwendungsdienstes abgeleitet werden.

Wertemodell

Im ersten Schritt geht es darum, einen sinnvoll kompakten Satz von Argumenten zu identifizieren, die den betrachteten Anwendungsdienst

Hauptargumente

motivieren und dessen Wirtschaftlichkeit nachweisen. Aus diesen Argumenten werden dann und mit Unterstützung des Anwendungsdienst-Architekten Messgrößen abgeleitet, die Kosten-Nutzenbetrachtungen zulassen. Beispiele für Hauptargumente:

> Konsolidierung zuvor nicht zentral koordinierter Funktionalität mit dem Ziel, wirtschaftlich wirksame Synergieeffekte zu erzielen. Hier verspricht man sich Kosteneinsparungen durch das zentrale Anbieten von Kernfunktionalität.

> Die Nicht-Einhaltung bestimmter funktionaler bzw. nicht-funktionaler Anforderungen auf Ebene des einzelnen IT-Systems ist potenziell kostenwirksam in dem Sinn, dass bei entsprechender Nichtbeachtung kostenwirksamer Schaden entstehen kann (Opportunitätskosten. Kosten also, die dadurch entstehen, dass Möglichkeiten zur maximalen Nutzung von Ressourcen nicht wahrgenommen wurden. Umgangssprachlich spricht man auch von Reue-Kosten). Ein Beispiel hierfür ist der Imageschaden, der einem Unternehmen entsteht, wenn dieses seine IT-Systeme nicht ausreichend vor unbefugtem Zugang schützt, was in der Folge zum Beispiel zur Veröffentlichung vertraulicher Informationen führen könnte.

> Reduzierung von Lizenz- oder Wartungskosten durch eine Homogenisierung von System- und Betriebslandschaft, welche Teil des Anforderungsprofils für einen entsprechenden Anwendungsdienst ist. Würde man es zum Beispiel erreichen, eine heterogene Systemlandschaft von N unterschiedlichen WebApplication-Server-Produkten auf zukünftig nur noch ein solches Produkt zu reduzieren und damit zu homogenisieren, dann hätte man entsprechende Lizenzkosten auf ein N-tel der Ursprungskosten verringert.

Erstellen eines fiktiven Wertemodells

Der Aufbau eines Wertemodells soll im Folgenden anhand eines fiktiven und stark vereinfachten Beispiels dargestellt werden. Es soll dabei lediglich ein Gefühl für den Umfang sowie die Bandbreite dieser Thematik vermittelt werden. Darüber hinaus soll dargestellt werden, wie man entsprechenden Sponsoren mit klar formalisierten und auf quantitative Betrachtungen ausgerichteten Modellen den Armortisationsmechanismus eines betrachteten Anwendungsdienstes deutlich machen kann.

Das betriebswirtschaftliche Hauptargument des fiktiven Beispiels:

> „Wir erwarten zukünftige Kosteneinsparungen durch die Erhöhung der Adaptionsgeschwindigkeit aller Anwendungen an ein sich veränderndes Geschäftsumfeld, wenn die bedeutende Funktion f aus allen Anwendungen gelöst und in Form eines zentralen Anwendungsdienstes F zur Verfügung gestellt werden kann".

Der verantwortliche Architekt stellt in einem ersten Schritt diese zwei Betrachtungen wertmässig einander gegenüber:

1. Es wird kein Anwendungsdienst eingeführt. Die aktuelle Situation bleibt unverändert bestehen
2. Es wird ein Anwendungsdienst eingeführt und Funktionen werden konsolidiert

Der Teil des Wertemodells, der zur Erfassung der Ist-Situation erstellt wird, könnte so aussehen:

Ist-Situation Werte-modell

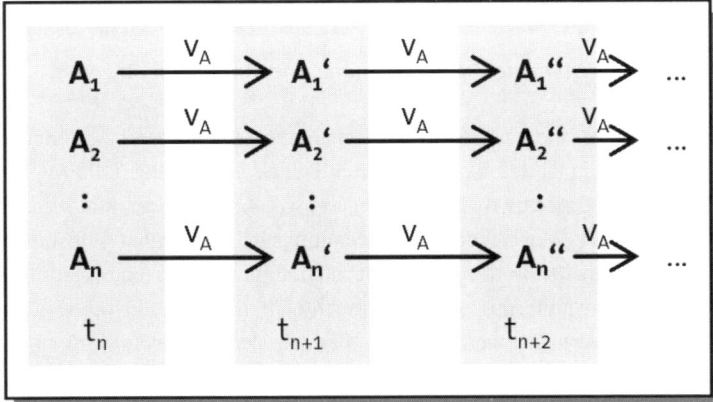

Abb. 8.4-6: *Wertemodell ohne Einführung eines Anwendungsdienstes.*

Die vereinfachende Annahme, die hier gemacht wird, ist die, dass die Kosten v_A, die dabei entstehen, ein IT-System A in seine angepasste Version A' zu verändern, konstant und gleich sind für alle IT-Systeme A_i sowie Änderungszeitpunkte t_i. Ein weiteres Merkmal dieses Modells ist, dass der Architekt davon ausgeht, dass bei jedem Veränderungsschritt $t_m \rightarrow t_{m+1}$ konstant hohe Veränderungskosten anfallen. Daraus ergibt sich für Fall I die folgende Formel:

$$K_I(n,m) = v_A \, n \, m \, ,$$

wobei v_A die konstant hohen Kosten einer Anwendungsänderung sind, n die Anzahl der betrachteten IT-Systeme bezeichnet sowie m

die Anzahl der notwendigen Funktionsänderungen (mit t_m als Ver-
änderungszeitpunkte) über die Zeit hinweg.

**Soll-Situation Werte-
modell**

Das Wertemodell, das die Situation *nach* Einführung eines Anwendungsdienstes darstellt:

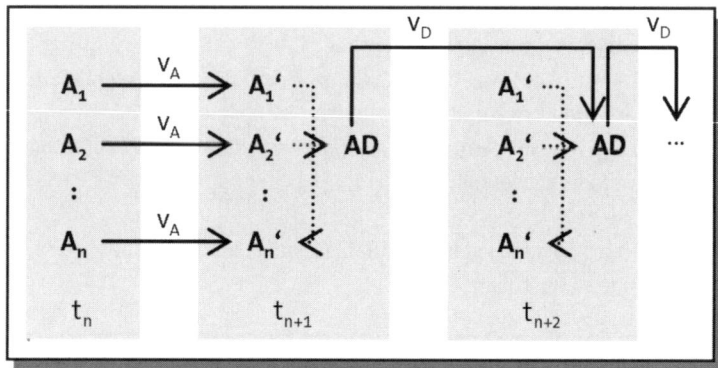

Abb. 8.4-7*: Wertemodell nach Einführung eines Anwendungsdienstes.*

Der entscheidende Unterschied zwischen den beiden oben betrachteten
Wertemodellen ist der, dass im zweiten Fall als erster Schritt die Anpassung aller IT-Systeme A_i auf einen neu eingeführten Anwendungsdienst
AD sowie der Aufbau dieses Anwendungsdienstes selbst notwendig
wird. Dies bewirkt in der Folge aber auch, dass sich bei jeder zukünftigen Funktionsänderung in der betrachteten Domäne alle notwendig
werdenden Anpassungen auf den Bereich des Anwendungsdienstes
beschränken. Aus dieser Betrachtung ergibt sich ein Fixkostenblock für
den Veränderungszeitpunkt t_i, der alle IT-Systeme A_i erfasst sowie ein
Block variabler Kosten ($\forall\ t_m$, $m \geq 2$), in den lediglich noch Anwen-
dungsdienst-Änderungen Eingang finden. Die hier dargestellte Formel
fasst diese Überlegungen formal zusammen:

$$K_{II}(n,m) = v_A\, n + AD + m\, v_D\,,$$

wobei v_A die konstanten Kosten einer Anwendungsänderung darstellen, n die Anzahl der IT-Systeme und m die Anzahl der notwendigen Funktionsänderungen über die Zeit hinweg.

Mit AD sind die Kosten bezeichnet, die für die einmalige Etablierung des Anwendungsdienstes entstehen sowie mit v_D die Kosten, die bei allen zukünftigen Änderungen des Anwendungsdienstes entstehen.

An diesem – zugegeben sehr rudimentären – Wertemodell können mithilfe der unten dargestellten Gleichung Break-Even-Analysen durchgeführt werden. Mit entsprechenden Analyse-Resultaten können Entscheidungen *für* oder *gegen* die Etablierung eines Anwendungsdienstes gefällt werden.

$$K_I(n, m) = K_{II}(n, m)$$

In diesem Schritt wird die Erfassung der Mengendaten für das zuvor etablierte Wertemodell durchgeführt. Hierzu wird mit der Unterstützung des Anwendungsdienst-Architekten ein entsprechendes Mengenmodell erstellt. Versteht man das Wertemodell als mathematisches Formelwerk, dann verwendet man ein Mengenmodell für die Ermittlung der Variablenwerte in diesem Formelwerk. Das Mengenmodell erlaubt die Abbildung der gemessenen Realität auf die Ebene der Variablenwerte des Wertemodells. So werden für die Beurteilung der durchschnittlichen Kosten einer Anwendungsänderung v_A zunächst reine Mengengrößen ermittelt (zum Beispiel „lines of code" oder „Anzahl stark gekoppelter Systeme"). Auf der Basis dieser Grössen kann anschließend eine Kostenkalkulation durchgeführt werden. Ganz generell hängt die Möglichkeit, ein präzises Mengenmodell zu erstellen, von der im betrachteten Unternehmen bereits existierenden und gelebten Messkultur ab. Die Aussagegüte eines Mengenmodells korreliert streng mit dem Maß, in dem ein Anwendungs-Portfolio aktiv bewirtschaftet wird. Aus Anwendungs-Portfolios lassen sich Informationen über die weitere Entwicklung einer gesamthaft betrachteten Anwendungslandschaft ableiten.

Mengenmodell

Das Beispiel, das zur Erläuterungen des Wertemodells diente, wird nun um ein Mengenmodell erweitert.

Mengenmodell Beispiel

Im ersten Schritt werden aus dem oben erstellten Wertemodell ...
$$K_I(n,m) = v_A\, n\, m \,,$$
$$K_{II}(n,m) = v_A\, n + AD + m\, v_D$$
... die grundsätzlich relevanten Mengenmodell-Grössen extrahiert.

In diesem Fall sind dies:
n	:= Anzahl IT-Systeme
m	:= Anzahl antizipierter Funktionsänderungen
v_A	:= Durchschnittliche Änderungskosten je IT-System
AD	:= Erstellungskosten des Anwendungsdienstes
v_D	:= Änderungskosten des Anwendungsdienstes

Im nächsten Schritt wird mithilfe des Anwendungsdienst-Architekten und je betrachtete Grösse festgelegt, wie diese mengenmäßig zu ermitteln ist.

Darüber hinaus weist der Architekt auf Aussagunsicherheiten hin, die seiner Grössenermittlung potenziell zugrunde liegen und erläutert Annahmen, auf denen seine Zukunftsprojektion basiert.

In diesem Beispiel könnte eine entsprechende Aufstellung so aussehen:

n := Es wurden alle bekannten IT-Systeme im Geschäftsbereich X_1 erfasst. Diese Anzahl wurde anschließend und basierend auf einem Mitarbeiterschlüssel über die übrigen Bereiche (X_2, X_3, X_4, ..., X_N) des Unternehmens hinweg hochgerechnet. Das Anwendungsportfolio-Wachstum wird als linear bis leicht progressiv für die Zukunft angenommen. Die Aussagesicherheit für n wird auf 80 % geschätzt. Für n ergab sich so der Wert 10 (Art: Menge, Einheit: Anzahl Anwendungen).

m := Aus allen Y erfassten IT-Systemen des Bereiches X_1 wurden die IT-Systeme A_1, A_2 und A_3 als repräsentativ für die jährliche Funktionsänderungshäufigkeit identifiziert. Bezüglich der Funktionsänderungshäufigkeit wurde ein Zeitraum von 3 Jahren betrachtet und die tatsächliche Häufigkeit von Funktionsänderungen im Rahmen dieser IT-Systeme ermittelt. Der ermittelte Wert wurde linear auf alle Y erfassten IT-Systeme des Bereiches X_1 projiziert und anschließend entsprechend weiter auf alle Bereiche X_2, X_3, X_4 bis X_N. Für m ergab sich so der Wert 6 (Art: Menge, Einheit: Anzahl Funktionsänderungen).

v_A := Für das als repräsentativ erachtete IT-System A_1 wurden die Kosten einer betrachteten Funktionsänderung ermittelt, indem der bekannte zeitliche Änderungsaufwand mit dem marktüblichem Durchschnitts-Kostensatz für einen Software-Entwickler multipliziert wurde. Diese Kosten wurden weiter ergänzt um Installations- und Testaufwand, der mit 30 % (vom Funktionsänderungsaufwand) angenommen wurde.

Die Aussagesicherheit für v_A wird auf 70 % geschätzt. Für v_A ergab sich so der Wert 50 (Art: bewertete Menge, Einheit: 1000 EUR).

AD := Unter Verwendung einer domänenspezifischen Referenz-Lösung, die ihrerseits Erstellungskosten umfasste, wurde als erste Annäherung für die Erstellungskosten des betrachteten Anwendungsdienstes der Wert 300 ermittelt (Art: bewertete Menge entsprechend Referenz-Lösung, Einheit: 1000 EUR). Die Aussagesicherheit wird mit 60 % bewertet.

v_D := Für die Abschätzung dieser Grösse standen weder Erfahrungswerte im betrachteten Unternehmen noch im Rahmen von Referenz- oder Domänen-Lösungen zur Verfügung. Diese Grösse wird daher auf einen konstanten Wert F festgelegt, der im Modell zur Untersuchung von Kosten- bzw. Nutzen-Grenzen und -schwellen eingesetzt wird (Art: bewertete Menge, Einheit: 1000 EUR). Für v_D ist zu beachten, dass davon ausgegangen wird, dass Änderungen aufseiten des Anwendungsdienstes vollständig transparent sind gegenüber den von diesem Dienst abhängigen IT-Systemen.

Die Übertragung der so ermittelten Mengengrößen in das Wertemodell und dessen anschließende Visualisierung wird als Werkzeug zur Argumentation wie auch zur Kontrolle von Veränderungen des Anwendungsdienstes in der Zukunft eingesetzt.

Die Schaubilder unten zeigen die Kostenentwicklung für die Fälle I und II und die hier ermittelten Mengengrößen. In dieser Abbildung wurde für F der Wert 40 (Art: bewertete Menge, Einheit: 1000 EUR) angenommen.

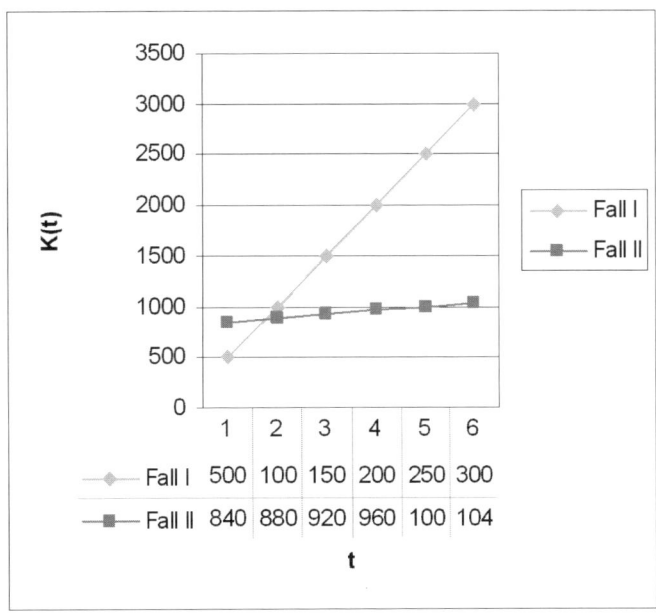

	1	2	3	4	5	6
Fall I	500	100	150	200	250	300
Fall II	840	880	920	960	100	104

Im zweiten Schaubild wurde für F nun ein Wert von 100 (Art: bewertete Menge, Einheit: 1000 EUR) angenommen:

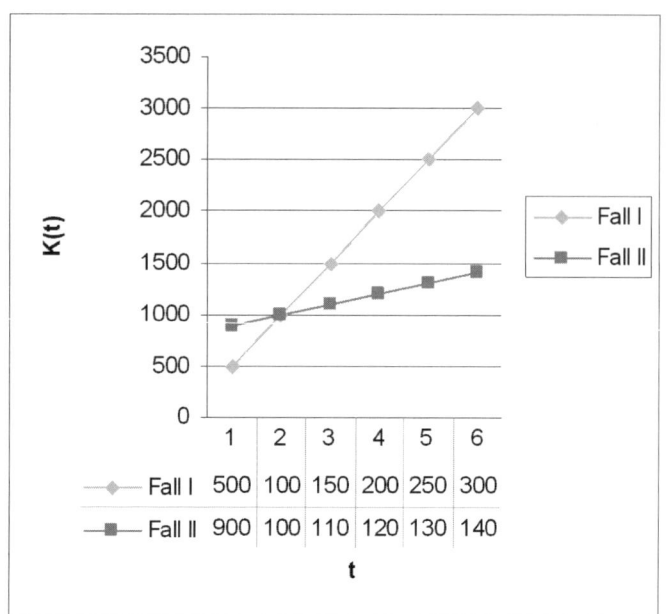

	1	2	3	4	5	6
Fall I	500	100	150	200	250	300
Fall II	900	100	110	120	130	140

In der vorgestellten ersten Modellrechnung (v_D = 40'000 EUR) ergibt sich für Fall II eine Reduzierung des Kostenaufkommens auf 1/3 gegenüber Fall I. In der zweiten Modellrechnung (v_D = 100'000 EUR) ist der Kosteneffekt, den Fall II gegenüber Fall I erreicht immer noch 50 % zum Zeitpunkt der 6. Funktionsänderung.

Aus diesen Darstellungen können Kosten-Nutzeneffekte sowie Break-Even-Points (Break-Even-Point ist die Absatzmenge, bei der ein Anbieter seine Kosten gedeckt hat und in die Gewinnzone eintritt. An diesem Punkt werden die Fixkosten von den durch den Verkauf erzielten Deckungsbeiträgen vollständig abgedeckt) abgeleitet und damit *für* bzw. *gegen* die Etablierung eines entsprechenden Anwendungsdienstes argumentiert werden.

Mengengrößen-Kandidaten

Diese folgende Liste grundsätzlich mengenorientierter Grössen ist unvollständig, gibt aber doch einen Überblick über das Spektrum der für Mengenmodelle ermittelbaren Informationen:

> Anzahl Anwendungen

> Anwendungskategorien (zum Beispiel für ABC-Analyse auf Kategorie-Ebene)

> Anzahl Rechenzentren

> Anzahl und Art unterstützter Funktionen

> Anzahl eingesetzter Technologien inklusive Technologiekategorien

- Anzahl eingesetzter Produkte inklusive Produktkategorien
- Durchschnittliche Innovationszykluslänge von IT-Systemen
- Anzahl erfasster Problemfälle je Tag und IT-System
- Durchschnittliche Anzahl Wartungsstunden je Tag und IT-System
- Durchschnittliche Anzahl von Bedienpersonal je Tag und IT-System
- Anzahl durchgeführter Transaktionen (zum Beispiel: Anmeldungen, Änderungen)

Kostengrößen-Kandidaten

Über die dargestellten mengenrelevanten Grössen hinaus können für die Beurteilung von Migrations- und Transformationskosten der einzelnen IT-Systeme die folgenden Aspekte eine Rolle spielen:

- Kostenwirksame Bindungen an existierende, langfristige Verträge
- Kosten für notwendigen Parallelbetrieb von Anwendungen
- Datenmigrations- und Transformationskosten
- Kosten für Schulungen insbesondere im Administratoren-Umfeld

Werte- und Mengen-modelle müssen überzeugen

Der Einsatz mathematischer Notation darf nicht darüber hinwegtäuschen, dass weder Werte- noch Mengenmodelle Werkzeuge zur exakten Messung sind. Die Anforderungen an die Erfassungsgenauigkeit beider Modelle variieren situationensabhängig. Dies ist zum Beispiel dann der Fall, wenn keine echte Entscheidung *für* bzw. *gegen* einen Anwendungsdienst mehr notwendig ist, weil diese auf politischer Ebene bereits getroffen wurde. Für Werte- wie Mengenmodelle gilt aber stets, dass diese im gegebenen Kontext sinnvoll, nachvollziehbar, in sich stimmig und akzeptabel sein müssen. Auf Annahmen bzw. Vereinfachungen, die aus einem gegebenen Modell heraus nicht unmittelbar offensichtlich werden, sollte ausdrücklich hingewiesen werden. Die Grössen, die in Werte- wie Mengenmodellen Eingang finden, sind später gute Kandidaten für eine kontinuierliche Beurteilung der Wirtschaftlichkeit und damit die Relevanz eines entsprechenden Anwendungsdienstes. Daher sollte die systematische Erhebung dieser Informationen von Anfang an geplant und beim Aufbau des Anwendungsdienstes berücksichtigt werden.

Hauptanwendungen Auswahl

Hauptanwendungen sind all diejenigen IT-Systeme, die ihren funktionalen wie nicht-funktionalen Bedarf in der Anforderungsanalyse-Phase des Anwendungsdienstes mit einbringen. Diese IT-Systeme sind initiale Treiber beim Aufbau eines Anwendungsdienstes.

Die folgenden Punkte sollte man beachten, wenn es darum geht, für ein gegebenes IT-System über dessen Aufnahme in die Gruppe der „ausgewählten Hauptanwendungen" zu entscheiden:

> Tatsächliche oder politische Bedeutung des IT-Systems im Unternehmen

> Grösse des IT-Systems im Sinn von „Anzahl angeschlossener Benutzer"

> IT-System ist geeigneter Kandidat in dem Sinn, dass es als sehr guter Repräsentant eines breiten Spektrums von Anforderungen oder aber auch als einziger Repräsentant einer sehr wichtigen Anforderung gilt

Risiken

Der Anwendungsdienst-Architekt wird bereits in einer frühen Phase der Business-Case-Erstellung mit einer Reihe von Beurteilungsrisiken konfrontiert. Er muss sehr bald die – dem Anwendungsdienst inhärente – Komplexität verstehen sowie die an diesen formulierten Erwartungen möglichst umfassend abschätzen.

> *Akzeptanzprobleme.* Das wahrscheinlich am schwersten abzuschätzende Risiko, mit dem sich ein Anwendungsdienst-Architekt auseinander zu setzen hat. Das liegt mit daran, dass Probleme dieser Kategorie sehr selten nur offen kommuniziert werden. Das Etablieren eines neuen und zentralen Anwendungsdienstes und damit die Ablösung von Funktionalität, die bis dahin inhärenter Bestandteil einzelner IT-Systeme war, bedeutet auf der Seite dieser IT-Systeme immer auch ein Abtreten von Verantwortung an den zentralen Anwendungsdienst. Wird diese Verschiebung von Verantwortung bei den entsprechenden Anwendungs-Verantwortlichen als „Verlust" wahrgenommen, kann man auf Widerstand treffen. Die Aufgabe des Anwendungsdienst-Architekten ist es hier, die entstehende Diskussion zu versachlichen. Dabei sollte man versuchen, IT-Systeme und deren Verantwortlichen gegenüber darzustellen, dass der zu erwartende Nutzen durch Einsatz eines zentralen Anwendungsdienstes den befürchteten Verlust an Einfluss übersteigt.

> *Fehler bei der Einschätzung des ökonomischen Hauptarguments.* Fehler dieser Art führen zwangsläufig zu einem falschen Ansatz in der Argumentation. Fehler dieser Art sollten bei sorgfältiger Ausarbeitung des Werte- und Mengenmodells aufgedeckt werden können.

- *Unterschätzung von Kosteneffekten nicht-funktionaler Anforderungen*. Nicht-funktionale Anforderungen können signifikante Kosteneffekte haben. Diese werden jedoch in frühen Anforderungsanalysephasen oft nicht angemessen beachtet. Der Anwendungsdienst-Architekt muss insbesondere darauf achten, nicht-funktionale Anforderungen in das Werte- wie Mengenmodell mit einzubeziehen. Man kann davon ausgehen, dass funktionale Anforderungen deutlich eher und in der geforderten Vollständigkeit von den zuvor identifizierten Hauptanwendungen beigetragen werden.

- *Fehleinschätzung der technischen Machbarkeit*. Vom Anwendungsdienst-Architekt wird erwartet, dass dieser ein breites Spektrum technischer Optionen überblickt und in der Lage ist, zu beurteilen. Die technische Machbarkeit ist ein Lösungsmerkmal, von dem – nicht zuletzt auch unter dem zeitlichen Druck, unter dem ein Business Case entsteht – häufig zu schnell als „gegeben" ausgegangen wird. Der Architekt des Anwendungsdienstes sollte daher den kritischen, technischen Pfad bei der Planung der Realisierung des Anwendungsdienstes überprüfen. Eine Möglichkeit, technische Risiken aktiv zu kontrollieren, ist es, in *Proofs of Concept* (→ POCs) wenig bekannte oder als kritisch eingestufte technische Optionen zunächst als „grundsätzlich machbar" zu bestätigen.

- *Adaptionsaufwand der Anwendungen wird unterschätzt*. Es besteht ebenfalls grundsätzlich die Gefahr, den Aufwand zu unterschätzen, der notwendig ist, einzelne Anwendungen an den einmal etablierten Anwendungsdienst zu adaptieren. Auch hier können POCs helfen, dem Anwendungsdienst-Architekten einen frühen Überblick über das technologische, aber auch organisatorische Risikospektrum zu verschaffen.

8.4.2 Verstehen der Anforderungen

Als Teil dieser Aktivität ermittelt der Anwendungsdienst-Architekt die funktionalen wie nicht-funktionalen Anwendungsdienst-Anforderungen. Diese ergeben sich aus der Summe der anwendungsdienstrelevanten Anforderungen der Hauptanwendungen. Die ermittelten Anforderungen markieren allerdings lediglich einen Ausgangspunkt der Anforderungsanalyse-Aktivität. Die kreative Aufgabe des Anwendungsdienst-Architekten ist es, im nächsten Schritt künftige, bis heute noch nicht formulierte, Anforderungen vorherzusehen. Der Architekt wird dazu

Ermitteln funktionaler und nicht-funktionaler Anforderungen

Anforderungen suchen, mit denen er das Anwendungsdienst-Angebot den nahe liegenden Erweiterungswünschen gegenüber funktional komplettiert. Auf der anderen Seite wird er Anforderungen an – zum Beispiel – die Änderungsleichtigkeit des Anwendungsdienstes mit in das bearbeitete Anforderungsprofil aufnehmen. Der Architekt des Anwendungsdienstes hat also im Rahmen der Anforderungsanalyse-Aktivität auch Forderungen zu identifizieren und zu erfassen, die nicht bereits durch die ausgewählten Hauptanwendungen vorgegeben wurden.

Vorbedingungen & Motivatoren

Vorbedingungen der Anforderungsanalyse-Aktivität

> Werte- und Mengenmodell sind abgeschlossen und ausgewertet, ein entsprechender Business Case ist formuliert und von allen Entscheidungsträgern akzeptiert.

> Die Hauptanwendungen sind ausgewählt und für relevant befunden.

> Alle wichtigen Anforderungen an die Projektgestaltung selbst sind bekannt. Also zum Beispiel Budget-Limiten oder Abgabetermine.

> Die Projektorganisation ist etabliert.

> Werkzeuge zur Unterstützung der Anforderungsanalyse-Aktivität sind installiert und stehen den Projektmitarbeitern zur Verfügung.

> Die Verantwortlichen der ausgewählten Hauptanwendungen sind informiert und unterstützen Ziel, Zweck und Einsatz des Anwendungsdienstes.

Vorgehen

> Bilden von Schnittmengen über die funktionalen Anforderungen identifizierter IT-Systeme.

> Ermittlung von Anforderungen, die sich nicht unmittelbar aus der Gruppe der Hauptanwendungen ergeben.

> Anwendung von „Quality-Attribute-Szenarios" zur Identifizierung weiterer nicht-funktionaler Anforderungen.

> Ermittlung der Anforderungen, die sich aus der Zielsetzung nach zentraler Einflussnahme auf die Software-Architektur unterstützter Anwendungen ergeben.

> Anforderungen, die sich aus Forderungen nach einem Architektur-Management-Prozess ergeben.

> Ermittlung von Anforderungen, die sich aus dem Mehrfachverwendungsmerkmal von Anwendungsdiensten ergeben.

> Erstellen des Anforderungskatalogs.

> Bestätigung des Anforderungskatalogs durch die Verantwortlichen der Hauptanwendungen.

Die Gesamtanforderungen von Anwendungsdiensten ergeben sich in einem ersten Schritt aus der Summe der Anforderungen aller identifizierten Hauptanwendungen. Wurde eine Unterscheidung von funktionalen gegenüber nicht-funktionalen Anforderungen durch die Hauptanwendungen selber noch nicht vorgenommen, dann bleibt es dem Anwendungsdienst-Architekt überlassen, entsprechende Fallunterscheidungen selbst durchzuführen. Diese Fallunterscheidungen basieren auf den Anforderungen in den Pflichtenheften der Hauptanwendungen. Es gibt einen wesentlichen Unterschied zwischen dem Software-Architekten, der für die Architektur eines einzelnen IT-Systems verantwortlich ist und dem Architekten, der den Auftrag erhält, die Architektur eines Anwendungsdienstes zu entwerfen. Der Software-Architekt eines einzelnen IT-Systems ist gefordert, funktionale wie nicht-funktionale Anforderungen aus den gegebenen Geschäftsanforderungen abzuleiten und im Dialog mit seinen Auftraggebern bzw. entsprechenden Domänenspezialisten zu ermitteln. Der Anwendungsdienst-Architekt ist über diesen ersten Schritt hinaus damit beschäftigt, eine redundanzfreie Summe aller Anforderungen über die Menge der identifizierten Hauptanwendungen hinweg zu bilden. In einem weiteren Schritt werden diese Anforderungen vom Anwendungsdienst-Architekten sinnvoll generalisiert. Das Hauptziel dieses Generalisierungsschrittes ist es, den Anwendungsdienst einer möglichst großen Gruppe heute noch nicht identifizierter IT-Systeme gegenüber nützlich zu gestalten. Die ermittelten Funktionen der Hauptanwendungen werden zu den Standard-Anwendungsfällen des Anwendungsdienstes.

Summe funktionaler Anforderungen der Hauptanwendungen

Im nachfolgend beschriebenen Beispiel ist ein Architekt mit der Etablierung eines Anwendungsdienstes betraut worden. Der betrachtete Anwendungsdienst soll nutzenden Anwendungen einen externen Authentifizierungs- und Autorisierungs-Baustein zur Verfügung stellen.

> Die Anforderung einer identifizierten Hauptanwendung „System A" lautete: „Wir benötigen eine zertifkatbasierte Login-Methode sowie Möglichkeiten, Benutzer *extern* zu unserer Anwendung zu verwalten". Ein Use-Case-Diagramm, das diese Anforderungen zusammenfasst, ist in Abbildung 8.4.10 dargestellt. Man sieht dort die zwei Anwendungsfälle „Am System anmelden" und „Benutzer anlegen", welche die funktionalen Anforderungen von „System A" repräsentieren. Beiden Anwendungsfällen sind über Annotationen nicht-funktionale Anforderungen zugeordnet.

Beim ersten Anwendungsfall ist dies die Forderung nach der Art der zu unterstützenden Authentifikations-Methode (→ „Zertifikat-basierte Authentifizierung"). Im zweiten Anwendungsfall wird eine Reaktionszeit des IT-Systems von weniger als drei Sekunden für das abgeschlossene Anlegen eines Benutzers gefordert.

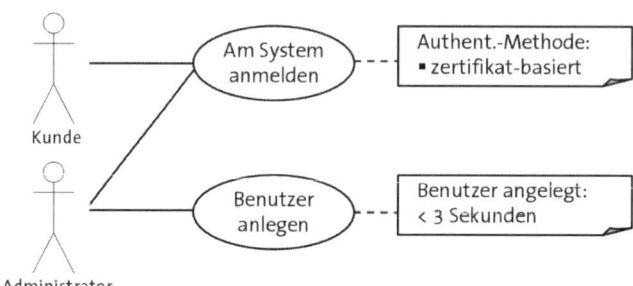

Abb. 8.4-8: *Hauptanwendung „System A"-Anforderungen.*

Bei der identifizierten Hauptanwendung „System B" findet sich die Anforderung „Wir benötigen eine Login-Methode, die uns eine 2-Faktor starke Authentifikation von Benutzern erlaubt". Abbildung 8.4-9 zeigt uns diesen Anwendungsfall inklusive der angehängten nicht-funktionalen Anforderung nach einer 2-Faktor starken Authentifizierungsmethode.

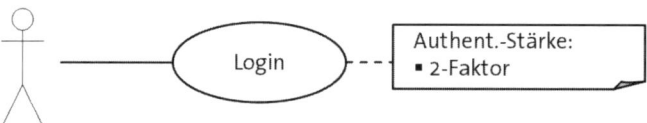

Abb. 8.4-9: *Hauptanwendung „System B"-Anforderungen.*

Der Anwendungsdienst-Architekt generalisiert die Anforderungen, die durch die beiden Hauptanwendungen „System A" und „System B" geliefert wurden, befreit diese von Redundanzen und erhält die zwei Standard-Anwendungsfälle „Authentifizieren Benutzer" und „Anmelden Benutzer".

Der Anwendungsdienst-Architekt generalisiert daraufhin die nicht-funktionalen Anforderungen, die ebenfalls durch die Hauptanwendungen „System A" und „System B" gegeben waren, zu:

„Der ‚Authentifizieren Benutzer'-Anwendungsfall muss unterschiedliche Authentifizierungsmethoden umfassen. Die Entscheidung für eine Authentifizierungsmethode soll in der nutzenden Anwendung konfigurierbar sein. Das ‚Authentifizierungs-Stärke'-Attribut ist implizit durch die einstellbaren Authentifizierungs-Methoden adressiert. Es muss mindestens zertifikatbasierte Authentifizierung sowie eine Methode der Kategorie 3-Faktor Authentifizierung für diesen Anwendungsfall angeboten werden". Beispiele für weitere Authentifizierungs-Methoden sind http-basic, form-based oder NTLM (→ MS NT Lan Manager Protocol)".

„Die Implementierung des ‚Anlegen Benutzer'-Anwendungsfalls sowie anderer Anwendungsfälle der Kategorie ‚Provisionierungssystem' müssen performant sowie skalierbar (zum Einhalten der 3-Sekunden-Forderung bei Belastungsspitzen) ausgelegt sein".

Neben der Generalisierung der funktionalen wie nicht-funktionalen Hauptanwendungs-Anforderungen werden die Anwendungsfall-Akteure zu einem Akteur „<System>" zusammengefasst. Abbildung 8.4-10 stellt diesen Sachverhalt dar.

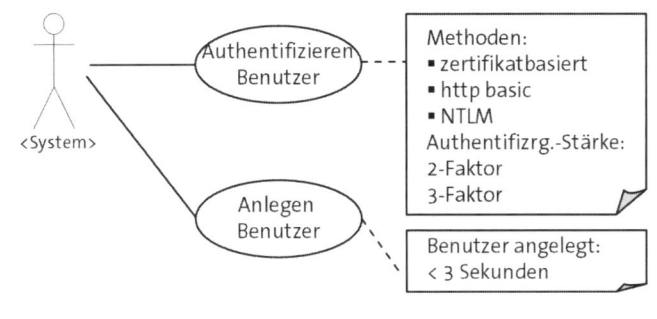

Abb. 8.4-10: *Anwendungsdienst Anforderungen.*

Die identifizierten Hauptanwendungen tragen einen wichtigen und großen Teil der unmittelbar domänenspezifischen Anforderungen bei. Dennoch besteht die Gefahr der domänenspezifischen Falschausrichtung eines zu etablierenden Anwendungsdienstes. Die Aufgabe des Anwendungsdienst-Architekten ist es, dieses Risiko zu minimieren. Dazu ist er bestrebt, all jene Anforderungen zu erfassen, die nicht bereits durch die ausgewählten Hauptanwendungen geliefert wurden, aber eben dennoch essenzielle Anforderungen im Sinne zukünftiger Anwendungen darstellen. Als wesentliches Hilfsmittel zur systematischen Ermittlung dieser Anforderungen dienen dem Anwendungsdienst-Architekten hier Referenzarchitekturen von Anwendungen sowie Anwendungsdiensten innerhalb der gegebenen Geschäftsdomäne.

Anforderungen, die sich nicht aus Hauptanwendungen ergeben

Ein Teil der nicht-funktionalen Anforderungen an einen Anwendungsdienst werden im Rahmen der Analyse funktionaler Anforderungen bereits ermittelt. Diese bilden eine erste Anforderungen-Basis im Anforderungskatalogs des Anwendungsdienstes. Die Gemeinsamkeit aller Anforderungen dieser ersten Gruppe ist, dass sie sich jeweils mindestens genau einer funktionalen Anforderung zuordnen lassen. Die so ermittelten nicht-funktionalen Anforderungen machen jedoch lediglich eine Aussage bezüglich der funktionalen Qualität des Systems. Qualitätsanforderungen, die sich nicht direkt aus der funktionalen Hülle des betrachteten Anwendungsdienstes ergeben, müssen auf anderem Weg

Identifizierung nicht-funktionaler Anforderungen mithilfe von „Quality-Attribute-Szenarios"

systematisch ermittelt werden. „Quality-Attribute-Szenarios" [Bass et al. 2003] erlauben dem Anwendungsdienst-Architekten, Qualitäts-Stimuli zu beachten, auch wenn sich diese nicht aus System-Funktionen ableiten lassen.

„Quality-Attribute-Szenarios"

Ein „Quality-Attribute-Szenario" ist eine qualitätsattributspezifische Systemanforderung, die mithilfe der folgenden Elemente so konkret beschrieben wird, dass eine Überprüfung auf operativer Ebene unmittelbar möglich wird:

Quelle. System oder Benutzer, der ein Ereignis bzw. Stimulus generiert.

Stimulus. Ereignis, auf welches das System reagieren muss.

Artefakt. Der Teil des Systems, der von dem eintreffenden Ereignis betroffen ist.

Kontext. Beschreibt den Kontext, in dem das Ereignis eintrifft. Zum Beispiel: „System befindet sich unter mehr als 80 % Last".

Reaktion. Beschreibt die Aktivität, die der Stimulus im System auslöst.

Reaktion-Metrik. Beschreibt die Art und Weise, wie der Erfolg bzw. Misserfolg der erfolgten Reaktion zu messen ist.

Wir zeigen in der folgenden Box, wie „Quality-Attribute-Szenarios" eingesetzt werden, um konkrete „Veränderbarkeits"-Anforderungen an Anwendungsdienste zu beschreiben.

Ähnlich zur Definition der konkreten „Änderbarkeits"-Anforderung im vorliegenden Beispiel können auch generische „Änderbarkeits"-Anforderungen mithilfe von „Quality-Attribute-Szenarios" beschrieben werden.

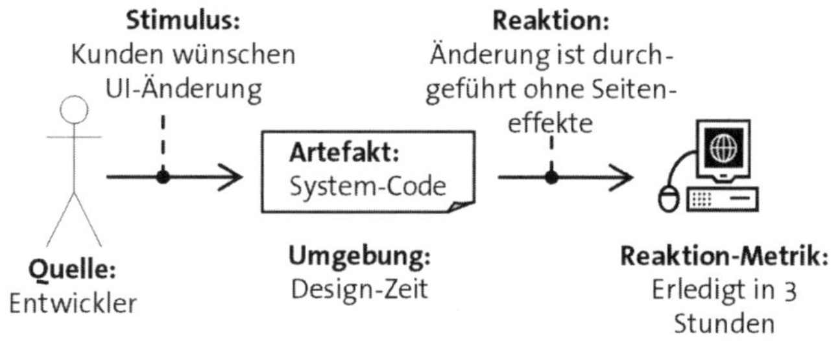

Stimulus: Kunden wünschen UI-Änderung

Reaktion: Änderung ist durchgeführt ohne Seiteneffekte

Artefakt: System-Code

Quelle: Entwickler

Umgebung: Design-Zeit

Reaktion-Metrik: Erledigt in 3 Stunden

Abb. 8.4-11: Beispielhaftes „Änderbarkeits"-Szenario.

Bass [Bass et al. 2003] diskutiert die folgenden Szenario-Typen:

> Verfügbarkeits-Szenarien

> Änderbarkeit-Szenarien

> Performanz-Szenarien

> Sicherheits-Szenarien

> Testbarkeits-Szenarien

> Benutzbarkeits-Szenarien

Neben der Erhöhung des Formalisierungsgrades von Anforderungsbeschreibungen bereiten „Quality-Attribute-Szenarios" unmittelbar die Überprüfbarkeit der Realisierungsgüte vor. Dadurch erlauben sie schnelles und direktes Operationalisieren entsprechender Messmetriken. In Ergänzung zu den „Quality-Attribute-Szenarios" bietet Bass überdies eine Sammlung genereller Taktiken im Umgang mit wiederkehrenden Problemen und je Szenario-Typ an.

„Quality-Attribute-Szenario"-Taktiken

> Eine Taktik ist eine Design-Entscheidung, die Einfluss nimmt auf die Realisierung der „Quality-Attribute-Szenario"-Reaktion.

Definition Taktik

Abbildung 8.4-12 gibt einen Überblick über Taktiken des „Änderbarkeits"-Szenarios.

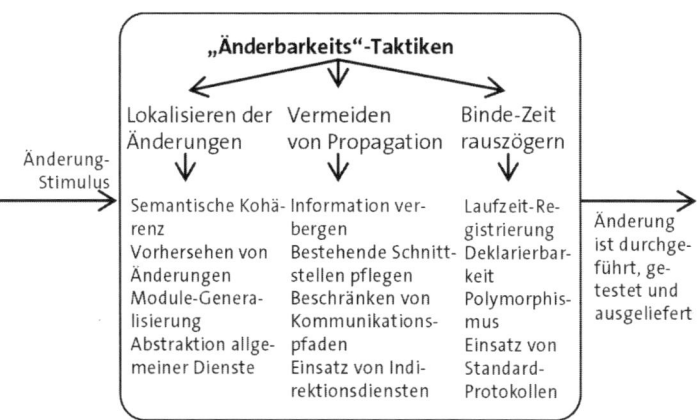

Abb. 8.4-12: *„Änderbarkeits"-Taktiken nach Bass.*

Der Anwendungsdienst-Architekt nutzt „Quality-Attribute-Szenarios" sowie entsprechende Taktiken, um die Vollständigkeit der ermittelten nicht-funktionalen Anwendungsdienst-Anforderungen zu gewährleisten.

Anforderungen, die sich aus Zielsetzung nach zentraler Einflussnahme ergeben

Eine weitere Menge von Anforderungen ergibt sich aus der Zielsetzung von Anwendungsdiensten, die Architektur unterstützter IT-Systeme zentral zu beeinflussen. Die genannten Zielsetzungen hängen ganz generell stark vom Typ des betrachteten Anwendungsdienstes ab. Diese können, wie in Tabelle 8.4-3 beschrieben, variieren:

Tab. 8.4-3: Zielsetzungen der Einflussnahme auf Anwendungsarchitekturen.

Zielsetzung	Beschreibung
Qualität	Qualitätsziele sind vielfältig und reichen von der Verbesserung der Skalierbarkeit über die Erhöhung der Baustein-Wiederverwendbarkeit bis hin zur Verbesserung der IT-System-Verfügbarkeit.
	Ansatz: Die Architektur eines Anwendungsdienstes kann die Architektur betriebener IT-Systeme zum Beispiel dahingehend beeinflussen, dass in diesen zustandslose Komponenten favorisiert und damit die Verbesserung der Skalierbarkeit dieser IT-Systeme erreicht wird.
Sicherheit	Sicherheit ist ein großes und selber stark tiefer strukturiertes Gebiet. Ein Beispiel eines Sicherheits-Zieles ist die Einführung von 3-Faktor-Authentifizierung für jedes IT-System eines Unternehmens.
	Ansatz: Die Architektur eines Anwendungsdienstes kann zum Beispiel so gestaltet sein, dass der gesamte Authentifizierungs-Prozess extern zu einem IT-System gehalten und dieser als Black Box über eine Standardschnittstelle angeboten wird.
Standardisierung	Standardisierung kann sowohl eigenständiges Ziel sein wie auch ein Mittel zur Erreichung übergelagerter Ziele. Die Erhöhung des Standardisierungsgrades wirkt in der Regel in Richtung einer Homogenisierung der vorhandenen IT-Systemlandschaft und verbessert dadurch häufig den Aspekt der Integrierbarkeit. Unter Standardisierung werden hier in erster Linie die Vorgabe von Technologie-, Daten- sowie Format-Standards verstanden.
	Ansatz: Die Architektur eines Anwendungsdienstes kann den Einsatz ausgewählter Technologie-Standards im Rahmen unterstützter Anwendungen zum Beispiel dadurch fördern, dass der Anwendungsdienst eine technologische Schnittstelle nur für die angestrebte Zieltechnologie anbietet.
Evolution	Erweiterbarkeit einzelner Anwendungen, aber auch Erweiterbarkeit auf der Ebene eines insgesamt betrachteten Anwendungs-Portfolios ist ein weiteres Optimierungsziel.

Zielsetzung	Beschreibung
	Ansatz: Ein Anwendungsdienst kann dieses Ziel dadurch erreichen, dass seine Architektur eine Aufteilung der IT-Systemarchitektur in Komponenten oder Schichten begünstigt. Die Komponenten- bzw. Schichtenarchitektur der betriebenen IT-Systeme fördert die Verbesserung deren Erweiter- und Entwickelbarkeit.
System-Management	System-Management-Ziele können zum Beispiel die Anbindung aller IT-Systeme an eine zentrale Betriebsüberwachung sein oder auch die Definition und Vorgabe einheitlicher Log-Formate. Ansatz: Die Architektur eines Anwendungsdienstes kann dieses System-Management-Ziel in die Architektur eines IT-Systems tragen, indem die Anwendungsdienstarchitektur die Implementierung von System-Management-Komponenten aufseiten der IT-Systeme verlangt.

Anwendungsdienstarchitekturen sind, wie Architekturen einzelner IT-Systeme auch, einem Lebenszyklus unterworfen. So müssen zum Beispiel neue funktionale Anforderungen bedient und technologischer Fortschritt berücksichtigt werden. Aus der Forderung nach einer kontrollierten Weiterentwicklung von Anwendungsdiensten ergibt sich ein eigenes Anforderungsspektrum.

Anforderungen, die sich aus Forderungen nach Architektur-Management-Prozess ergeben

Einige der Aspekte, die der Anwendungsdienst-Architekt zur Ermittlung konkreter Anforderungen beachten wird, sind hier zusammengefasst:

> Wie stabil bzw. wie offen muss die funktionale sowie nicht-funktionale Schnittstelle eines Anwendungsdienstes sein? Gibt es Bereiche in der Anwendungsdienstschnittstelle, die ausdrücklich für Dienst-Erweiterungen vorgesehen werden?

> Wie darf sich die Weiterentwicklung des Anwendungsdienstes auf die Architekturen betriebener IT-Systeme auswirken? Wie muss mit notwendigen Anpassungen auf dieser Seite umgegangen werden? Was gilt es im Zusammenhang mit eventuell notwendigen Migrationen zu beachten?

> Wie wird der Evolutionsprozess definiert, dem die Weiterentwicklung des Anwendungsdienstes unterworfen ist?

> Auf welche Umgebungsinitiativen muss der Evolutionsprozess eines betrachteten Anwendungsdienstes abgestimmt werden? Ein Beispiel für eine solche Umgebungsinitiative wäre eine firmenweite Enterprise-Architektur-Initiative.

> Wie werden neue Anwendungsdienst-Anforderungen kontinuierlich erhoben und in den Evolutionsprozess eingearbeitet?

> Welche Werkzeuge kommen zur Evolutionsüberwachung zum Einsatz?

> Wie wird eine Metrik zur Beurteilung der Güte und Relevanz im Zuge der Weiterentwicklung eines Anwendungsdienstes berücksichtigt? Darf auch diese geändert werden?

Anforderungen, die sich aus dem „Mehrfachverwendungsmerkmal" ergeben

Der Anwendungsdienst-Architekt ermittelt neben den Anforderungen, welche die ausgewählten Hauptanwendungen liefern, weitere, die sich aus dem „Mehrfachverwendungsmerkmal" von Anwendungsdiensten ergeben. Dieses Merkmal bezeichnet das Ziel, Anwendungsdienste stets vielen Anwendungen gleichzeitig zur Verfügung zu stellen. Die folgende Liste gibt einen Überblick über Fragen, mit denen sich ein Anwendungsdienst-Architekt in diesem Zusammenhang beschäftigt:

> Wie wird eine Anwendung bei einem Anwendungsdienst registriert?

> Wie wird eine Anwendung in einen genutzten Anwendungsdienst integriert?

> Auf welcher Ebene (zum Beispiel auf Daten-, Prozess-, Instanzebene) werden IT-Systeme, die der Anwendungsdienst parallel betreibt, voneinander isoliert?

> Ist die Isolation auf Ebene des Isolationsniveaus rein logischer bzw. physischer Natur?

> Wie wird die Einhaltung der Isolationsgrenzen durch die IT-Systeme garantiert?

> Gibt es standardisierte Tests, welche die IT-Systeme zu durchlaufen haben, bevor sie mit dem entsprechenden Anwendungsdienst betrieben werden?

Anforderungskatalog

Der Anwendungsdienst-Architekt erfasst alle identifizierten Anforderungen in einem Anforderungskatalog. Beim Erstellen des Anforderungskatalogs ist es sinnvoll, die Anforderungen der Hauptanwendungen parallel zu den Anwendungsdienst-Anforderungen festzuhalten. So lässt sich der Zusammenhang ursprünglicher, anwendungsspezifischer Anforderung und der aus diesen abgeleiteten Generalisierungen später noch nachvollziehen. Ein Anforderungskatalog sollte darüber hinaus beachten, dass Anwendungs–dienste kontinuierlich weiterentwickelt werden. So kann zum Beispiel der Zusammenhang zwischen Anforderungen und Ausbaustufen bzw. Versionen eines Anwendungsdienstes aufgezeigt werden. Für die Erstellung des Anforderungskatalogs sowie dessen kontinuierliche Pflege können Werkzeuge verwendet werden.

Die Verantwortlichen der Hauptanwendungen akzeptieren den Anforderungskatalog formell. Dadurch wird bereits früh eine hohe „Auslastung" des zu erstellenden Anwendungsdienstes durch entsprechend betriebene Anwendungen unmittelbar nach dessen Einführung sichergestellt.

Risiken

> *Nichterfassen wesentlicher Anforderungen.* Wesentliche funktionale oder nicht-funktionale Anforderungen werden durch die ausgewählten Hauptanwendungen und auch durch die später durchgeführte Projektion nicht erfasst.
> *Falsche Schwerpunkte.* Anforderungsschwerpunkte und Prioritäten werden falsch gesetzt.

8.4.3 Entwerfen der Architektur

Im Rahmen dieser Aktivität erarbeitet der Anwendungsdienst-Architekt die Architektur des Anwendungsdienstes. Für den Architekten ist es dabei neben der Erfüllung der unmittelbar gegebenen Anforderungen wichtig, den Aspekt der Skalierbarkeit des betrachteten Anwendungsdienstes über viele IT-Systeme hinweg zu garantieren. Wir betrachten in diesem Kapitel die Architektur des Anwendungsdienstes insgesamt und entsprechend der generischen Anwendungsdienst-Topologie (siehe Abbildung 8.4-4). Daneben betrachten wir auch die Architektur des Anwendungsdienst-Laufzeitsystems, das der Baustein ist, mit dem die nutzenden IT-Systeme betrieben werden.

Vorbedingungen & Motivatoren

> Der Anforderungskatalog ist erstellt und von den Verantwort-lichen der Hauptanwendungen akzeptiert.

Vorgehen

> Betrachten des Integrationsaspekts der generischen Anwendungsdienst-Topologie
> Definition der Anwendungsdienst-Architektur
> Überprüfen der Anwendungsdienst-Architektur

Integrationsaspekts bei generischer Anwendungsdienst-Topologie

Bei dieser Betrachtung ist es wichtig, die Architektur des IT-Systems, das den Anwendungsdienst zur Laufzeit repräsentiert, nicht losgelöst zu entwickeln von dessen Gesamtarchitektur. Die einzelnen Bausteine eines Anwendungsdienstes wurden im Abschnitt „Generische Anwendungsdienst-Architektur" bereits besprochen. Alle nachfolgenden Schritte des Abschnitts „Entwicklung und Überprüfung der Architektur" befassen sich insbesondere mit dem Baustein Anwendungsdienst-Laufzeit. Dieser wird durch den Baustein Anwendungsdienstarchitektur architektonisch beschrieben und damit konzeptuell definiert. Im ersten Schritt liegt das Augenmerk des Anwendungsdienst-Architekten jedoch noch auf der Architektur des gesamten Anwendungsdienstes. Dabei ganz besonders auf dem Aspekt der Integration des Anwendungsdienst-Architektur-Bausteins mit denen hier aufgeführten Bausteinen:

> Anwendungsdienst-Angebot und -Kommunikation

> Anwendungsdienst-Betrieb

> Anwendungsdienst-Management

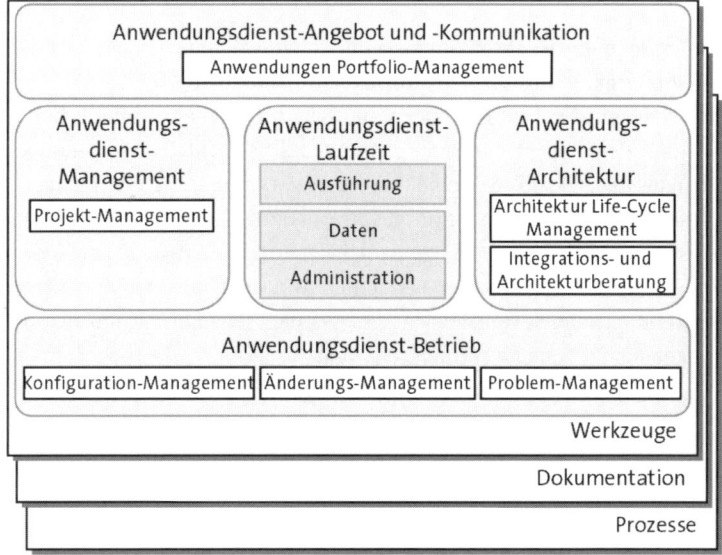

Abb. 8.4-13: *Integration generischer Anwendungsdienst-Bausteine.*

Die in Abbildung 8.4-13 dargestellte Werkzeuge-Ebene dient in erster Linie der Implementierung von Anwendungsdienst-Prozessen. Dokumentations-Management legt die Dokumentationsstrategie, Notationen, Formate und Medien fest. Prozesse schließlich sind die Mittel, mit denen eine ablauftechnische Integration über die Einzelbausteine hinweg erreicht und notwendige Abstimmung garantiert wird.

In Tabelle 8.4-4 werden die Integrationsaspekte aus dem Blickwinkel des Architektur-Bausteins besprochen. Dabei wird dargestellt, wie der Anwendungsdienst-Architekt diese bei der Konzeption der Gesamtarchitektur beachtet.

Tab. 8.4-4: *Integrationaspekte bei Integration mit Architektur-Baustein.*

Anwendungs-dienst-Baustein	Integrationsaspekte mit Architektur-Baustein
Anwendungsdienst Kommunikation und Angebot	Eine Portfolio-Management-Lösung, die alle betriebenen Anwendungen erfasst, erlaubt die Pflege der vollständigen Anwendungsbasis. Darüber hinaus sind hier Funktionen wie Anwendungs-Registrierung oder Anforderungs-Management angesiedelt. Portfolio-Management liefert dem Architektur-Baustein systematisch Anforderungtrends sowie Details zu Anwendungsarchitekturen und häufig wiederkehrenden Architektur-Mustern. Neue Anforderungen bewirken auch Änderungen an der Anwendungsdienstarchitektur. Details der IT-Systemarchitekturen betrachtet der Architekt, wenn Anwendungsdienst-Änderungen entsprechende Refactorings auf der Seite der Anwendungen erfordern. Auch Integrations- und Architektur-Beratung basiert auf Kenntnissen über die Architektur von IT-Systemen. Der Anwendungsdienst-Architekt identifiziert Klassen von IT-Systemarchitekturen und kann für diese Lösungsmuster und Referenzimplementierungen bzw. Integrations-Muster zur Verfügung stellen.
Anwendungsdienst-Betrieb	Durch diesen Baustein wird die Implementierung sowie der Betrieb des Anwendungsdienst-Laufzeit-Bausteins geleistet. Im Konfiguration-Management werden Installationsdetails wie Parameter und System-Konfigurationen werkzeug- und prozessgestützt festgehalten. Im Architektur-Baustein wird die Architektur des Bausteins Anwendungsdienst-Laufzeit entworfen und vorgegeben. Auf System-Ebene spiegelt sich diese Architektur sowie deren Evolution wider in den Konfigurations-Versionen des betrachteten Dienstes. Änderungs-Management befasst sich mit Änderungen auf System-Ebene, die durch den Architektur-Baustein ausgelöst wurden, sowie deren Auswirkung auf den Betrieb. Durch einen präzise beschriebenen Änderungs-Prozess wird die notwendige Systematik bei der Durchführung von System-Änderungen garantiert. Im Problem-Management ist der Umgang mit Problemen auf System-Ebene definiert. Für den Anwendungsdienst-Architekten schließt das Problem-Management den Regelkreis zu den Anforderungen als Eingangsgröße für Architektur-Erweiterungen eines betrachteten Anwendungsdienstes.

Anwendungs-dienst-Baustein	Integrationsaspekte mit Architektur-Baustein
Anwendungsdienst-Management	Das an den Anwendungsdienst formulierte Anforderungsprofil und die betriebswirtschaftliche Wirklichkeit (Zeit, Geld und Ressourcen) muss in Einklang gebracht und gehalten werden. In vielen Organisationen existieren hierfür bereits verbindliche Richtlinien.

Die Integration der Einzelbausteine eines Anwendungsdienstes gemäss der generischen Anwendungsdienst-Topologie wurde nur sehr knapp erörert. Detailliertes Planen und Abstimmen einer optimalen Integration bedeutet bereits einen erheblichen Aufwand für den Aufbau eines Anwendungsdienstes.

Architektur der Anwendungsdienst-Laufzeit

Die generische Topologie von Anwendungsdiensten ist der Ausgangspunkt der Architektur-Entwicklung. Neben der Vernetzung der Anwendungsdienst-Bausteine definiert der Architekt die Architektur des Anwendungsdienst-Laufzeit-Bausteins. Diese wird von vielen Anwendungen als *die* Architektur des Anwendungsdienstes verstanden, stellt aber dennoch für den Anwendungsdienst-Architekten nur einen – wenn auch sehr wichtigen – Meilenstein bei der Entwicklung der Gesamtarchitektur des Anwendungsdienstes dar. Die folgenden vier Aspekte beschreiben den Entscheidungsraum, in dem der Anwendungsdienst-Architekt sich bewegt und in dem er grundlegende Architektur-Entscheidungen trifft:

> Bibliothek- versus Framework-Ansatz

> Invasiver versus nicht-invasiver Ansatz

> Integrierte Anwendungsdienst-Plattform versus Einzeldienst

> Anwendungsdienst-Facade zur Integration von Einzeldiensten

Bibliothek- versus Frameworkansatz

Diese beiden unterschiedlichen Ansätze wurden bereits beschrieben. Der Framework-Ansatz ist grundsätzlich leistungsfähiger, weil er in der Lage ist, Domänen-Prozesse abzubilden. Dadurch können Einzelentscheidungen zwischenzeitlich an betriebene Anwendungen abgeben werden. Der Framework-Ansatz erfordert allerdings die Möglichkeit, den Anwendungsdienst anwendungsabhängig zu konfigurieren, was die Komplexität des Anwendungsdienstes selbst erhöht. Auch ist die Kopplung zwischen Anwendung und Anwendungsdienst beim Framework-Ansatz in dem Sinn höher, dass die Anwendung nicht leicht durch eine anderes Framework ersetzt werden kann.

> Beispiel: Wird bei einem SAP-System der unveränderbare SAP-Standard als Anwendungsdienst verstanden, dann sind die Anwendungsänderungen an den dafür im Standard vorgesehenen Programmeinsprungpunkten die Einzelfunktionen, welche im Rahmen der Anwendungsentwicklung beigetragen werden müssen. Das resultierende IT-System besteht schließlich aus dem unveränderbaren SAP-Standard einschließlich der implementieren Einzelfunktionen.

Beim invasiven Ansatz sind für die Integration einer Anwendung mit einem Anwendungsdienst Änderungen der Code-Basis notwendig. Dies bedeutet Re-Compilationen auf der Seite der Anwendungen. Darüber hinaus erfordern invasive Ansätze typischerweise die Installation zusätzlicher Komponenten bzw. konfigurative Anpassungen aufseiten der Anwendungen.

Invasiver versus nicht-invasiver Ansatz

> Ein Anwendungsdienst stellt seinen Anwendungen zum Beispiel eine Bibliothek zur Verfügung, welche die Anwendungsdienst-Funktionalität über eine API nutzenden Anwendungen anbietet.
>
> Der Anwendungsentwickler integriert seine Anwendung mit dem Anwendungsdienst, indem er die entsprechende Anwendungsdienst-Bibliothek mit seiner Anwendung zusammen installiert. Er wird zusätzlich bibliotheksspezifische Konfigurationen an der installierten Anwendung vornehmen sowie die Anwendung auf Code-Ebene anpassen müssen. Mit Anpassungen sind hier die Änderungen der Anwendung auf Quellcode-Ebene gemeint. Der Anwendungsentwickler baut – entsprechend der Bibliothek-API – Funktionsaufrufe an geeigneter Stelle in seine Anwendung ein.
>
> Schließlich wird die gesamte Code-Basis neu kompiliert, die Anwendung inklusive der Bibliotheks-Komponenten neu ausgeliefert und in der Betriebsumgebung korrekt konfiguriert.

Abbildung 8.4-14 stellt die Integration zwischen Anwendung und Anwendungsdienst beim invasiven Ansatz dar.

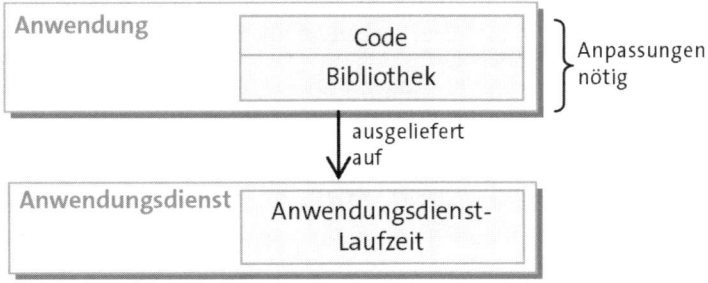

Abb. 8.4-14: Invasiver Ansatz.

Im Gegensatz zum invasiven Ansatz sind beim nicht-invasiven Ansatz Code-Änderungen keine Bedingung für die Integration zwischen IT-System und Anwendungsdienst. Die zusätzliche Installation von Bibliotheks-Komponenten sowie deren Konfiguration auf der Seite des IT-Systems mag erforderlich sein. Diese erzwingt jedoch keine Neu-Compilation der Anwendungsquellen. Möglich ist dieser Ansatz in der Regel nur da, wo Standards existieren, die zwischen Anwendung und generischem Anwendungsdienst mediieren. Bedingung ist aber, dass die betrachtete Anwendung den entsprechenden Standard bereits berücksichtigt.

Ein Beispiel für die nicht-invasive Architektur eines Dienstes im J2EE-Umfeld ist JDBC. Die Implementierung eines JDBC-Treibers, der die Anbindung eines Persistenz-Anwendungsdienstes realisiert, ist ein Beispiel für eine nicht-invasive Lösung.

Vorausgesetzt wird natürlich, dass die Anwendung für ihre Persistenzoperationen tatsächlich die JDBC API verwendet.

Ein zweites Beispiel im J2EE-Umfeld ist die Implementierung eines JAAS Custom Authentication Provider, über den eine Anwendung mit einem Authentifizierungs- und Autorisierungs-Anwendungsdienst integriert werden könnte. Voraussetzung zur nicht-invasiven Integration wäre auch hier die Verwendung der Standard-Sicherheits-API, die J2EE zum Beispiel für die Realisierung von Autorisierung auf IT-System-Ebene vorsieht. So müsste der Anwendungsentwickler bei der Realisierung von Servlets zum Beispiel die Methode isUserInRole() für die Realisierung von Privileg-Logik verwenden:

```
...
boolean bAllowWrite = false;
if ( req.isUserInRole(„Admin") )
  bAllooWrite = true;
...
```

Ein drittes Beispiel für einen nicht-invasiven Ansatz ist ein LDAP-Verzeichnisdienst, der für Benutzerauthentifizierung zuständig und über eine Standard-LDAP-Schnittstelle an ein IT-System angebunden ist. Das LDAP-Verzeichnis ist in diesem Beispiel Teil des Anwendungsdienstes. Das IT-System respektiert den LDAP-Standard und führt eine Benutzer-Authentifizierung über eine LDAP-bind-Operation durch.

Abbildung 8.4-15 stellt die Integration zwischen IT-System und Anwendungsdienst beim nicht-invasiven Ansatz dar.

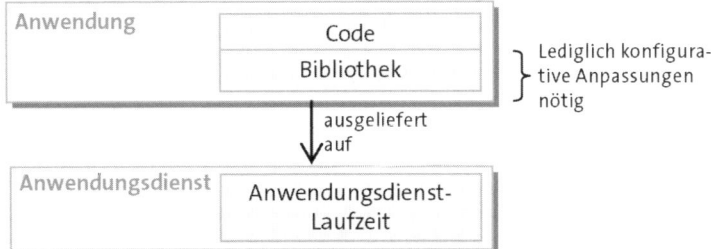

Abb. 8.4-15: *nicht-invasiver Ansatz.*

Der Vorteil des nicht-invasiven Ansatzes ist, dass Quellcode-Änderungen am IT-System nicht Voraussetzung sind für die Integration mit einem Anwendungsdienst. IT-Systeme, deren Quellcode nicht zugänglich ist, könnten sonst einen gegebenen Anwendungsdienst nicht nutzen. Auf der anderen Seite müssen Standards existieren, die von IT-Systemen wie Anwendungsdienst gleichermaßen beachtet werden. Die nicht-invasive Integration ist generell und da, wo diese möglich ist, vorzuziehen. Sie ist in der Regel kostengünstiger sowie einfacher und damit schneller zu erreichen, da diese kein Anpassungen im Code des IT-Systems erfordert.

In den Abbildungen 8.4-16 und 8.4-17 sind die Ansätze Anwendungsdienst-Plattform und einzelner, unabhängiger Anwendungsdienst einander gegenübergestellt.

Anwendungsdienst-Plattform versus Einzeldienst

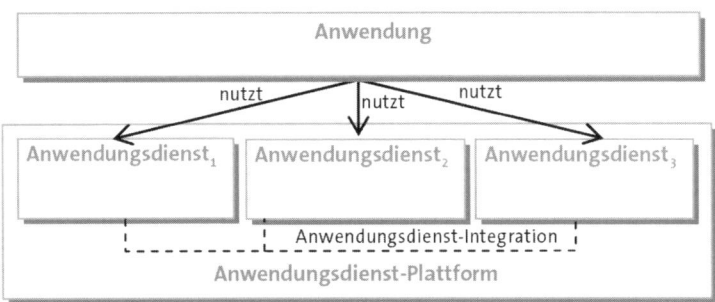

Abb. 8.4-16: *Anwendungsdienst-Plattform.*

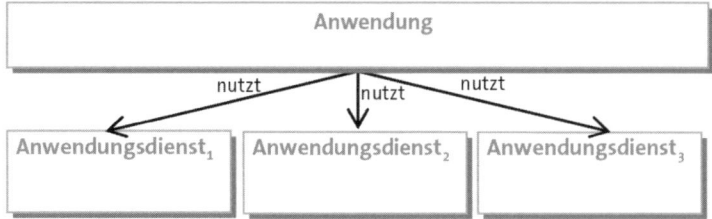

Abb. 8.4-17: *Unabhängiger Anwendungsdienst.*

Der isoliert und unabhängig bestehende Anwendungsdienst stellt den einfacheren Fall dar. Synergien über eine Reihe solcher Anwendungsdienste hinweg zu erzeugen bzw. Einzelfunktionen sinnvoll zu integrieren, ist ausschliesslich Aufgabe des nutzenden IT-Systems. Im Gegensatz dazu wird eine Menge untereinander integrierter Anwendungsdienste als Anwendungsdienst-Plattform bezeichnet. Die Art der Integration über Anwendungsdienste einer entsprechenden Plattform hinweg kann sehr unterschiedlich sein.

> Eine Form der Integration ist zum Beispiel die, dass für ein gegebenes IT-System und über alle Anwendungsdienste dieser Plattform hinweg ein zusammenhängender, logischer Betriebs-Container erstellt wird.
>
> Für ein neu registriertes und zu betreibendes IT-System würde man einen logisch zusammenhängenden Betriebsraum dadurch schaffen, dass die einzelnen Anwendungsdienste aufeinander abgestimmt konfiguriert werden. Diese Abstimmung könnte man zum Beispiel durch Installationsscripte implementieren.

Eine integrierte Anwendungsdienst-Plattform ist sehr viel schwieriger zu konzipieren und zu betreiben als eine lose Menge von einzelnen Anwendungsdiensten. Änderungen in einem Anwendungsdienst, der in eine Anwendungsdienst-Plattform integriert ist, wirken sich mit hoher Sicherheit auf die Plattform selbst – im schlimmeren Fall auf weitere angeschlossene Anwendungsdienste – aus. Auf der anderen Seite wird die funktionale Kombination von einzelnen Anwendungsdiensten nicht mehr alleine der Anwendung überlassen, was signifikant den Grad der Kontrolle über die Verwendungssemantik der Anwendungsdienst-Plattform erhöht. Die Komplexität der Anwendungsdienst-Plattform im Hinblick auf deren Etablierung wie auch Weiterentwicklung hängt stark von Form und Grad der Kopplung der einzelnen Anwendungsdienste untereinander ab. Plant man zunächst unabhängige Anwendungsdienste, die erst sukzessive und eingebettet in eine Anwendungsdienst-Plattform integriert werden sollen, dann ist sicherzustellen, dass dieses

Fernziel von den heute schon nutzenden Anwendungen berücksichtigt wird. Nur so können aufwendige Migrationen in Zukunft und auf Anwendungsseite vermieden werden.

Eine weitere Form der Integration verschiedener Anwendungsdienste ist die Etablierung einer Anwendungsdienst-Facade. Folgt man dem Facade-Muster für Anwendungsdienste, dann können Anwendungsdienste, die domänenneutral sind (zum Beispiel System-Management) mit Anwendungsdiensten integriert und funktional kombiniert werden, die domänenspezifische Lösungen anbieten.

Anwendungsdienst-Facade

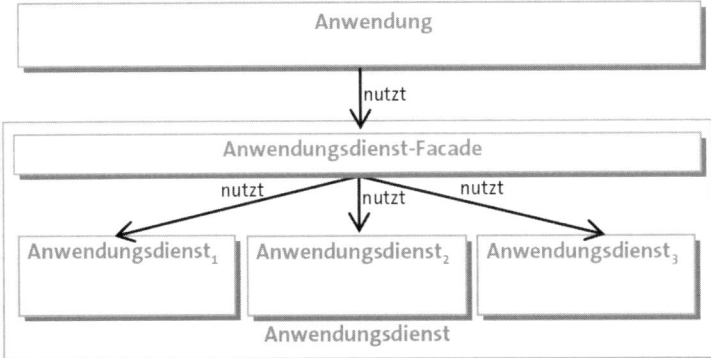

Abb. 8.4-18: *Grundmodell einer Anwendungsdienst-Facade.*

Zwei Ausprägungen von Anwendungsdienst-Facaden können grundsätzlich unterschieden werden. In der ersten Ausprägung realisiert die Anwendungsdienst-Facade neben der Kombination von Funktionalität unterliegender Anwendungsdienste keine eigene Logik. Bei dieser Variante ist die Anwendungsdienst-Facade eine reine funktionale Facade. Beispiel für diese Ausprägung ist ein Viel-Kanal-Nachrichtendienst wie in Abbildung 8.4-19 dargestellt.

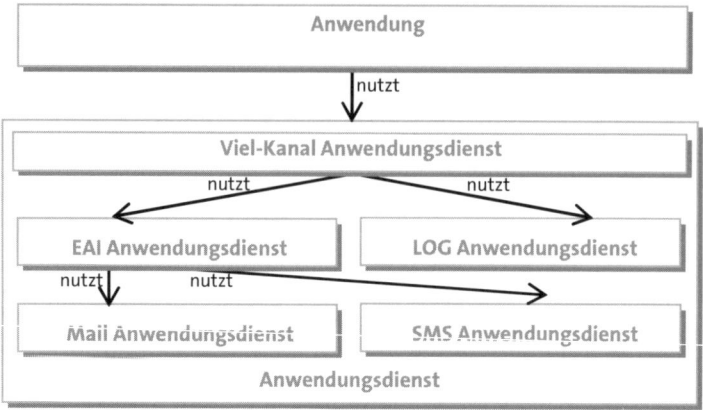

Abb. 8.4-19: *Viel-Kanal-Nachrichtendienst.*

Der vorgestellte Nachrichtendienst ist eine rein funktionale Facade, die den betriebenen Anwendungen Facaden-Methoden zentral zur Verfügung stellt. Beispiel einer solchen Methode könnte die Methode `send-Message()` sein:

```
Function sendMessage(IN Channel channels[],
                     IN Message message,
                     IN int persistenceLevel) {
  ...
  // nutzen des EAI-Anwendungsdienstes mit EAI-AD
  EAIMessage eaiMsg := EAI-AD -> createMessage();
  eaiMsg.targetChannels := channels;
  eaiMsg.message := message;
  eaiMsg.persLevel := persistenceLevel;

  // nutzen des LOG-Anwendungsdienstes mit LOG-AD
  LOG-AD -> log(message, persistenceLevel);

  // abhängig von der Parameter-Ausprägung von
  // eaiMsg wird der EAI-Anwendungsdienst die Nach-
  // richt an den Mail- und SMS-Anwendungsdienst
  // weiter leiten
  EAI-AD -> sendEAIMessage(eaiMsg);
}
```

In der zweiten Ausprägung realisiert eine Anwendungsdienst-Facade – neben ihrer Aufgabe der funktionalen Kombination und damit Integration weiterer Anwendungsdienste – eigene Domänenlogik. Beispiel hierfür ist ein Content-Management-System (→ CMS), das den von ihm unterstützten Anwendungen transparent die Integration mit einem Portal-Framework anbietet. Dadurch können Content-Autoren ihren

Inhalt mit Portal-Attributen qualifiziert publizieren, was wiederum eine Voraussetzung dafür ist, dass Portal-Benutzer ihre Inhalte personalisiert angezeigt bekommen. Benutzt das Content-Management-System für die Inhalte-Publikation darüber hinaus noch einen bestehenden EAI-Anwendungsdienst, dann ist auch dieser durch die entsprechende Anwendungsdienst-Facade integriert. Der Unterschied zur rein funktionalen Facade oben ist, wie dargestellt, der, dass auf Ebene der Anwendungsdienst-Facade eigene, domänenspezifische Dienste angeboten werden:

> Gestuftes attributbasiertes Publizieren
> Workflow
> Templating
> Viel-Kanal-Darstellungen
> Internationalisierung
> Werkzeuge
> Inhaltsverwaltung und Versionierung

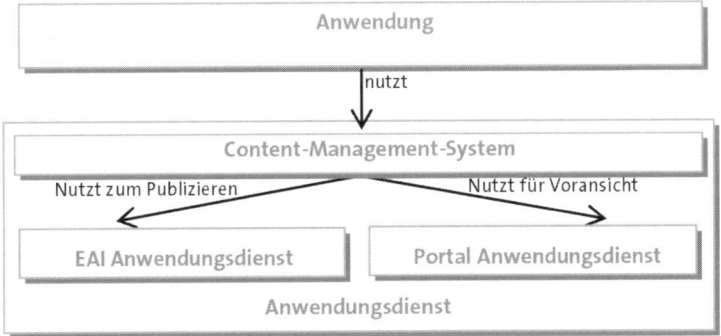

Abb. 8.4-20: *Anwendungsdienst-Facade am Beispiel eines CMS.*

Die Architektur eines Anwendungsdienstes ergibt sich aus den folgenden drei Elementen:

> Identifizierte Anforderungen
> Betrachtung des Integrationsaspekts auf Ebene der generischen Topologie eines Anwendungsdienstes
> Architektur-Muster Auswahl

Überprüfen der Anwendungsdienst-architektur

Die Gesamtarchitektur eines Anwendungsdienstes wird kontinuierlich durch den Anwendungsdienst-Architekten weiterentwickelt. Am Ende jedes Entwicklungsschritts steht jeweils die Überprüfung der Architektur. Diese Überprüfung wird durchgeführt, indem für alle identifizierten Anforderungen deren „Erfüllung" festgestellt wird.

Die Architektur-Überprüfung kann mehr oder weniger formal erfolgen. Sie kann zusätzlich durch Referenz-Anwendungen ergänzt werden, welche bewusst die gesamte Bandbreite der Anwendungsdienst-Funktionalität abdecken. Die Überprüfung der Architektur erfolgt in einer Betriebsumgebung, die losgelöst ist von der Umgebung, die produktiv entsprechenden IT-Systemen zur Verfügung gestellt wird, die aber dennoch der produktiven Betriebsumgebung in ihren Grundzügen entspricht.

Risiken

> Die beschriebene Architektur berücksichtigt den Betrieb nicht ausreichend.

> Die Architektur des Anwendungsdienstes skaliert nicht über viele Anwendungen hinweg.

> Prozesse sind unvollständig und finden keine Entsprechung in den Geschäftsanforderungen. Die Gefahr besteht hier darin, dass ein Anwendungsdienst aus einem primär technischen Verständnis heraus entwickelt wird und das Potenzial, ein Angebot auf geschäftlicher Ebene aufzubauen, ungenutzt bleibt.

> Die Architektur skaliert nicht im Hinblick auf die Berücksichtigung zukünftiger Anwendungsdienst-Anforderungen bzw. Änderungen im entsprechenden Anforderungsprofil.

> Die gewählte Architektur nimmt Implementierungsdetails vorweg und wird dadurch unflexibel im Hinblick auf spätere technologische Adaptionen.

> Preismodell und Maßeinheit, die als Verrechnungsbasis angesetzt wird, erlauben ein „Sichtragen" des entsprechenden Anwendungsdienstes nicht.

8.4.4 Kommunizieren und Umsetzen der Architektur

Umsetzen der Architektur

Im vorangegangenen Abschnitt wurde immer wieder auf den Implementierungs-Aspekt bei Anwendungsdiensten hingewiesen. Die Implementierungsrichtlinien insbesondere des Anwendungsdienst-Laufzeit-Bausteins entsprechen den Richtlinien bei IT-Systemen ganz generell. Daher werden diese im Rahmen des vorliegenden Abschnitts nicht weiter erörtert. Wichtig bleibt jedoch zu verstehen, dass die Implementierung der Gesamtarchitektur eines Anwendungsdienstes alle Bausteine der generischen Anwendungsdienst-Topologie umfasst und sich nicht auf den Anwendungsdienst-Laufzeit-Baustein beschränkt. Auch wenn dieser Baustein das IT-System des Anwendungsdienstes im engeren Sinne ausmacht.

Die Kommunikation der Architektur eines Anwendungsdienstes sowie des Dienstleistungsspektrums eines solchen Dienstes selbst ist von entscheidender Bedeutung für dessen Erfolg. Nur ein Dienst, der bei seinen potenziellen Kunden bekannt ist, wird von diesen in deren Entwicklungsplanung mit einbezogen und früh als Lösungsbaustein einer angestrebten Geschäftslösung eingeplant.

Kommunizieren der Architektur

Frühes Bekanntmachen ist zielführend, wenn es darum geht, IT-Systeme bereits bei ihrer Planung dazu zu bringen, den Anwendungsdienst zu berücksichtigen und weitere, eigene Anforderungen an die Etablierung des Anwendungsdienstes einzubringen. Dabei ist es sehr wichtig, angesprochenen IT-Systemen gegenüber deutlich die Linie zu kommunizieren, die den Verantwortungsbereich des Anwendungsdienstes von dem des IT-Systems trennt. Werden IT-Systeme zum Beispiel in Umgebungen betrieben, die lediglich logisch voneinander isoliert sind, dann kann ein schlecht funktionierendes IT-System leicht negativen Einfluss auf alle parallel betriebenen IT-Systeme haben.
Zur Kommunikation des Leistungsspektrums sowie der Leistungsfähigkeit eines Anwendungsdienstes eignen sich speziell zu diesem Zweck entwickelte IT-Systeme. Der Vorteil dieses Ansatzes der Kommunikation ist der, dass hierfür speziell entwickelte IT-Systeme neben ihrer Vorführtauglichkeit quasi einen Lebendbeweis für das Funktionieren des präsentierten Anwendungsdienstes darstellen und dass aus ihnen Code- sowie Architektur-Muster extrahiert und anderen interessierten IT-Systemen direkt zur Verfügung gestellt werden können.
In der Kommunikation eines Anwendungsdienstes darf der zugrunde liegende Business Case nicht fehlen, der den IT-Systemen gegenüber eine betriebswirtschaftliche Begründung und Motivation für den Einsatz des Anwendungsdienstes liefert. Außerdem sollten Einstiegs- sowie Ausstiegsszenarien beschrieben sein, die den IT-Systemen einen Weg aufzeigen, wie sie sich in den Anwendungsdienst integrieren bzw. diesen wieder verlassen können.

In Tabelle 8.4-5 sind Fragen aufgeführt, die den Kunden eines Anwendungsdienstes durch eine entsprechende Kommunikations-Plattform beantwortet werden sollten.

Tab. 8.4-5: *Angebot der Kommunikations-Plattform eines Anwendungsdienstes.*

Fragestellung	Mittel
Steht Funktionalität, die ich benötige, zentral als Anwendungsdienst zur Verfügung?	Bei dieser Frage geht es darum, IT-Systemen gegenüber darzustellen, dass eine ganz bestimmte Anwendungs- bzw. Domänenfunktionalität bereits gelöst und durch einen Anwendungsdienst angeboten ist. Diese Frage kann aufseiten des Anwendungsdienstes wie folgt adressiert werden: > Der Anwendungsdienst wird zum verbindlichen Unternehmensstandard erklärt und in einem IT-Standard-Katalog aufgenommen. > Road-Shows, die den Anwendungsdienst gezielt und aktiv in entsprechenden IT-Organisationen bekannt machen. > Etablieren eines verbindlichen Anwendungsentwicklungs-Prozesses, durch den die Berücksichtigung des bestehenden Anwendungsdienst-Angebots verpflichtende Aktivität bei der Neuentwicklung von Anwendungen wird. > Erreichen eines attraktiven Dienstleistungspreises.
Wo erhalte ich weitere Informationen?	Ist ein IT-System auf das zentrale Angebot einer Anwendungsdienst-Funktion aufmerksam gemacht, wird diese anschliessend weitere Details benötigen, um sich für oder gegen den Einsatz des Anwendungsdienst-Angebots entscheiden zu können. Ein Portal, auf welchem umfassend über den Anwendungsdienst berichtet wird, ist eine gute Lösung. Ein Anwendungsdienst-Portal sollte das Informationsangebot abgestimmt auf die folgenden Zielgruppen anbieten: > Geschäftskunden, Anwendungs-Architekten und -Entwickler > Plattform-Sponsoren und Controller > Betriebspersonal Der Gruppe der Geschäftskunden, Anwendungs-Architekten und -Entwickler ist dabei zur Verfügung zu stellen: > Dienstleistungskatalog und Prozess-Beschreibungen inklusive SLAs. Der Katalog sollte dabei als online-Angebot interaktiv zur Verfügung stehen und die Prozess-Beschreibungen in Form eines implementierten Workflow-Systems so weit wie möglich automatisiert sein > Zusammenfassung des Leistungsspektrums des beschriebenen Anwendungsdienstes

Fragestellung	Mittel
	> Newsletter zur aktiven Verteilung von Informationen und letzten Änderungen bzw. Erweiterungen > Entwicklungswerkzeuge > Architektur- und Entwicklungsrichtlinien sowie definierte Standards > Informationen, die auf die Unterstützung des Anwendungsentwicklungs-Zyklus abzielen > Der für die entsprechenden Anwendungen relevante Ausschnitt des Anwendungs-Portfolios Der Gruppe der Plattform-Sponsoren und -Controller sind die folgenden Informationen aufzuzeigen: > Messmetrik und Messsystematik > Aktuelle Messzahlen Der Gruppe der Betriebsverantwortlichen bzw. des Betriebspersonals sollten die folgenden Informationen auf dem Anwendungsdienst-Portal zur Verfügung gestellt werden: > Betriebshandbücher > Betriebswerkzeuge (zum Beispiel Anwendungsdienst-Monitore) > Zugriff auf Informationen im Anwendungs Portfolio-Management-System
Wie wird der Anwendungs- entwicklungszyklus unterstützt?	Für die Analysephase sollten zur Verfügung stehen: > Anforderungschecklisten für funktionale wie nicht-funktionale Anforderungen, die der Anwendungsdienst bedient Für die Architektur-Phase sollte ein Anwendungsdienst-Portal die folgenden Informationen anbieten: > Referenzarchitekturen und Architektur-Muster > Architektur- und Integrationsberatung durch entsprechende Anwendungsdienst-Experten Informationen, die den IT-Systemen während der Implementierungsphase dienen, sind: > Code-Muster > Referenzlösung > Entwicklungsumgebung und Installationshilfen

Fragestellung	Mittel
	Für den Test sowie den Betrieb einer Anwendungen können weiterhin angeboten werden: > Testfälle, die der Anwendungsdienst vorsieht > Klare Beschreibung der Verantwortungsabgrenzung zwischen Anwendungen und Anwendungsdienst

9 | Risikofallmanagementsystem

Die Fallstudie Risikofallmanagementsystem bezieht sich schwerpunktmäßig auf die WARUM-Dimension und die WOMIT-Dimension des architektonischen Ordnungsrahmens.

Wir stellen hierzu die Entwicklung eines IT-Systems zur Risikoüberwachung für eine Bank vor. Verschiedene bereits isoliert bestehende IT-Systeme zur Risikoüberwachung sind dabei zu integrieren und die zugehörigen Geschäftsprozesse zu extrahieren. Eine entscheidende Anforderung ist darüber hinaus die leichte Erweiterbarkeit für weitere Geschäftsbereiche der Bank.

Der Leser soll durch diese Fallstudie insbesondere den Weg von den Anforderungen zur Strukturierung eines IT-Systems, die Einordnung eines konkreten Projekts in die Dimensionen des Ordnungsrahmens und den Einsatz modellbasierter Verfahren für die Umsetzung von Aspekten eines IT-Systems vertiefen.

Übersicht

9.1 Zusammenfassung

Erfahrungen aus zahlreichen Projekten

In dieser Fallstudie sind wichtige Erfahrungen aus zahlreichen tatsächlich durchgeführten Projekten in verschiedenen Branchen zusammengefasst. Obwohl im Detail an zahlreichen Stellen vereinfacht und didaktisch aufbereitet, büßt der synthetisierte Erfahrungsbericht dabei nichts an Authentizität ein. Um die Fallstudie aber möglichst plastisch zu machen, schildern wir sie nicht branchenneutral, sondern stellen sie als Projekt im Bankenbereich wie folgt dar.

RMS: Ein IT-System zur Risikoüberwachung

Eine Europäische Großbank gibt die Entwicklung eines IT-Systems zur Risikoüberwachung in Auftrag, das verschiedene bereits isoliert bestehende IT-Systeme integrieren soll. Durch die Entwicklung eines Risikofallmanagementsystems (RMS) soll ein für die ganze Bank einheitliches Überwachungsinstrument geschaffen werden, das die Überwachung verschiedener Risikobereiche und die Abwicklung der damit verbundenen Risikofälle für alle Beteiligten erleichtert.

Standardisierter Bearbeitungsprozess für Risikobereiche

Über alle Risikobereiche hinweg sollen auf einheitliche Weise die Definitionen der nötigen Bearbeitungsprozesse möglich sein. Für jeden Risikobereich soll bei einem auftretenden Risikofall ein standardisierter Bearbeitungsprozess erzeugt werden. Das RMS soll alle weiteren nötigen Aktionen gemäß dem zugrunde liegenden Bearbeitungsprozess koordinieren und überwachen. Damit wird eine effiziente Überwachung der Risiken ermöglicht, die Bearbeitung jedes einzelnen Risikofalls gewährleistet und die Kontrolle und Übersicht über laufende und abgeschlossene Bearbeitungsprozesse sichergestellt.

Der zentrale Risikobereich Kredite

Als zentraler Risikobereich soll die Überwachung von Krediten integriert werden, für das bereits ein IT-System Kreditrisikodetektor (KRD) existiert, das monatlich alle Kredite untersucht, dazu die Kreditrisikofälle auffindet und je einen standardisierten Kreditbericht erstellt.

Kurz- und langfristiges Business-Ziel

Die Haupteinsparnisse sollen durch Vereinheitlichung des Kreditfallbearbeitungsprozesses und einer damit verbundenen effizienteren Abwicklung der Risikofälle sowie einer Verminderung des Kreditrisikos erzielt werden. Eine weitere Kostensenkung soll vor allem auch die spätere Integration weiterer Risikobereiche ermöglichen.

Projektvolumen und -team

Das Projekt soll mit einem Team von weniger als acht Mitgliedern in zwei Jahren realisiert werden. Die Projektbudgetierung sieht ein Ver-

hältnis von Personal zu Hardware- und Lizenzkosten von etwa eins zu
drei vor. Das RMS wird zur Ausbreitung an ca. 1500 Mitarbeiter des
Risikomanagements entwickelt.

Im Projekt werden intensiv modellbasierte generierende und generische
Verfahren eingesetzt. Bei Projektstart ist UML noch sehr neu, XPath,
XQuery, XSL und XSLT sind erst in oder kurz vor der Spezifikationspha-
se, XML-Schema ist noch Zukunftsmusik und die Begriffe MDA und
MDSD sind noch nicht geprägt. Wir werden sehen, wie dennoch, durch
Anwendung der im Buch beschriebenen grundlegenden Architektur-
Mittel, die wesentlichen Konzepte dieser Technologien eingesetzt wer-
den können. Eine spätere Migration auf diese Technologien ist daher als
unkritisch einzuschätzen.

**Eingesetzte
Architektur-Mittel**

9.2 Architektur-Anforderungen (WARUM)

Zunächst soll auf die WARUM-Dimension in dieser besonders auf die
Motivatoren für das Projekt und die entscheidenden Anforderungen an
das RMS eingegangen werden. Diese werden wir nach Ebene, Klasse
und Art aufgliedern (siehe Kapitel 5). Die Verwendung der UML erleichtert es dabei, die Anforderungen korrekt, nachprüfbar, eindeutig und
konsistent zu spezifizieren (siehe Kapitel 5). Wir verwenden bewusst
nur ein Minimum an Ausdrucksmitteln der UML, um keine unnötig
hohen Vorkenntnisse diesbezüglichen vorauszusetzen.

**Motivatoren und
Anforderungen**

Für das Verständnis der Anforderungen an das RMS sind ausreichend
detaillierte Kenntnisse über das zu unterstützende Business nötig. Wir
formulieren die zentralen Anforderungen zunächst in einem Business
Case und formalisieren diese dann in den folgenden Abschnitten auf
den verschiedenen Abstraktionsniveaus mit der UML. Dies stellt sicher,
dass die Anforderungen richtig verstanden werden und die technische
Machbarkeit verifiziert wird. Am Ende eines jeden Abschnitts fassen
wir die Anforderungen tabellarisch zusammen.

**Anforderungen mit der
UML formalisieren und
verstehen**

9.2.1 Business Case

Die involvierten Organisationseinheiten des Risikomanagements der
Bank müssen eine Vielzahl von Berichten verschiedener Risikobereiche
bearbeiten. Die Form, die Qualität, die Übermittlungswege dieser Informationen und deren Weiterverarbeitung sind sehr unterschiedlich. Dies

führt zu einer wenig effizienten Überwachung und damit zu vermeidbaren Abwicklungs- und Risikokosten. Die Ziele sind hierbei:

> Der Aufwand für die Überwachung und die bislang manuelle Bearbeitung der Kreditberichte wird für alle Mitarbeiter vermindert.

> Vom Kreditrisikodetektor (KRD) erkannte Kreditrisikofälle können sicher und kontrolliert bearbeitet werden, d. h., es bleiben keine Risikofälle versehentlich unbearbeitet. Die Bearbeitung kann überwacht und nachvollzogen werden.

> Die Motivation der beteiligten Mitarbeiter, das Kreditüberwachungsinstrument wirklich einzusetzen, wird verbessert.

> Die Integration von Überwachungsinstrumenten für weitere Risikobereiche verbessert die Früherkennung von Risiken und deren standardisierte Bearbeitung wird ermöglicht.

> Es besteht die Möglichkeit einer differenzierteren Vorgabe der notwendigen Folgemaßnahmen durch standardisierte Prozesse.

> Eine Möglichkeit zur Überwachung und Auswertung der Bearbeitung der Risikofälle durch den verantwortlichen Kundenberater und die übergeordneten Organisationseinheiten wird geschaffen.

> Bei einer durchschnittlichen Anzahl von 5000 Kreditberichten, die vom KRD pro Monat erstellt werden, wird durch das RMS eine Zeiteinsparung von 15 Minuten pro Kreditrisikofall erwartet. Zusätzlich wird bei ca. 2000 dieser Kreditberichte von einer zusätzlichen Ersparnis von weiteren 10 Minuten ausgegangen.

9.2.2 Organisationsanforderungen

Wir wollen nun zunächst die zentralen Business Entities und die Akteure sowie deren Zusammenhänge analysieren (siehe Abbildung 9.2-1).

Die Mitarbeiter des Risikomanagements der Bank führen eine Risikoüberwachung für ein bankfachliches Risiko durch, das in einem relevanten Risikobereich, zum Beispiel bei Krediten, vorliegt. In einem Risikobereich stellen so genannte Risikofälle, die durch Berichte beschrieben werden, dieses Risiko dar. Für jeden Risikofall ist ein Mitarbeiter des Risikomanagements verantwortlich. Zur Risikoüberwachung setzen die Mitarbeiter ein bankfachliches Überwachungsinstrument ein, auf dem die Risikoüberwachung basiert. Diese wird ihrerseits wieder durch einen Überwachungsprozess festgelegt, der die Definition eines Bearbeitungsprozesses für die Risikofälle beinhaltet. Solch ein Bearbeitungsprozess wird für jeden Risikofall initiiert und hängt vom Inhalt des jeweiligen Berichts ab. Für den speziellen Risikobereich Kredite existieren entsprechende spezialisierte, kreditbezogene Business Entities.

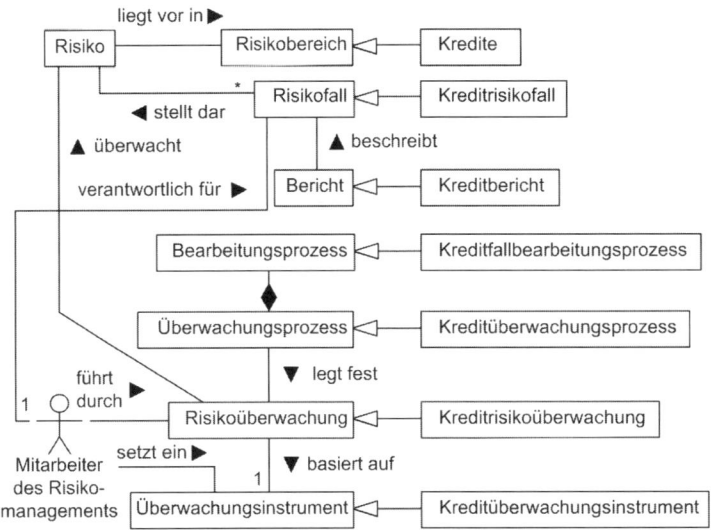

Abb. 9.2-1: *Struktur der zentralen Business Entities.*

Das RMS stellt demzufolge die Realisierung des Kreditüberwachungsinstruments als IT-System dar. Die zentrale Organisationsanforderung an das RMS ist es, den Mitarbeitern des Risikomanagements zu ermöglichen, die Kreditrisikoüberwachung durchzuführen.

Anforderung A-KRÜ: Kreditrisikoüberwachung ermöglichen

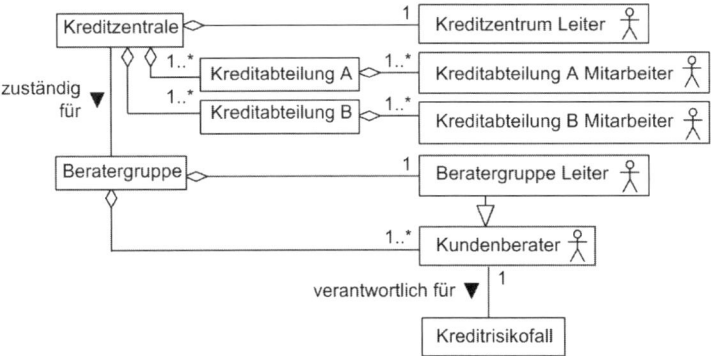

Abb. 9.2-2: *Organisationsstruktur im Risikobereich Kredite.*

Die Aufbauorganisation des Risikomanagements im Risikobereich Kredite ist in Abbildung 9.2-2 dargestellt. Die Mitarbeiter des Risikomanagements sind hier auf mehrere organisatorische Einheiten der Bank

Aufbauorganisation im Risikobereich Kredite

verteilt: Dies sind Kreditzentralen mit Unterabteilungen A und B für verschiedene Aufgaben sowie Beratergruppen von Kundenberatern.

Jeweils ein Kundenberater ist verantwortlich für einen Kreditrisikofall. Der Leiter einer Beratergruppe arbeitet zusätzlich auch als Kundenberater. Welche Mitarbeiter in die Kreditrisikoüberwachung für einen Kreditrisikofall involviert sind, kann durch festgelegte Regeln aus dem verantwortlichen Kundenberater und der Organisationsstruktur abgeleitet werden. Auf diese Regeln werden wir in Abschnitt 9.4.2 näher eingehen.

Die Teilnahme dieser verschiedenen Mitarbeiter an der Risikoüberwachung wird durch verschiedene Akteure modelliert, die am zentralen Use Case beteiligt sind.

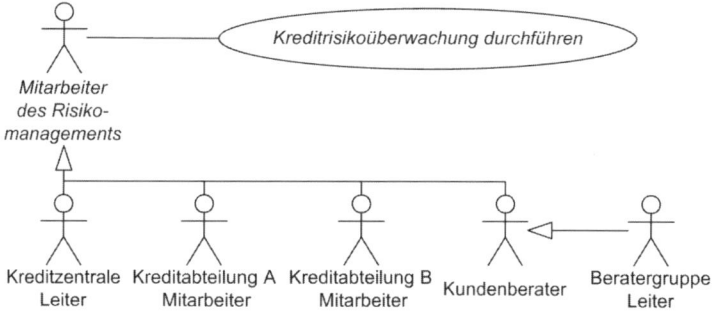

Abb. 9.2-3: *Zentraler Use Case und Akteure im RMS.*

Anforderung A-INT:
Anbindung IT-Systeme

Das RMS ist kein isoliertes System und muss sich in den Systemkontext der Bank integrieren. In Abbildung 9.2-4 sind die Akteure und die anderen IT-Systeme zu sehen, mit denen das RMS interagieren soll.

Kreditrisikodetektor
KRD

Der Kreditrisikodetektor ist ein bereits bestehendes Host-System, das monatlich alle Kreditrisikofälle als Kreditberichtdateien zur Verfügung stellt.

Authentisierungs-
system

Das Authentisierungssystem ermöglicht es bankinternen webbasierten IT-Systemen, ohne eigene Benutzer- und Kennwortverwaltung auszukommen und somit die zentrale Benutzerverwaltung der Bank zu nutzen.

Berechtigungsdaten-
system

Das Berechtigungsdatensystem verwaltet für sämtliche Mitarbeiter der Bank deren Berechtigungen für alle IT-Systeme. Die entsprechenden Daten werden in einer Berechtigungsdatei mit täglicher Aktualisierung zur Verfügung gestellt. Die Bereitstellung dieser Datei erfolgt täglich bis spätestens 1:00 Uhr nachts.

Im Organisationsdatensystem sind sämtliche verfügbaren Informationen über die Aufbauorganisation der Bank hinterlegt. Die Aktualisierung und Bereitstellung der Organisationsdatei, die diese Daten vollständig enthält, erfolgt völlig analog zur Berechtigungsdatei. **Organisationsdaten-system**

Das Operating-System wird in der Bank firmenweit verwendet, um das Operating sämtlicher IT-Systeme zu überwachen und zu managen. **Operating-System**

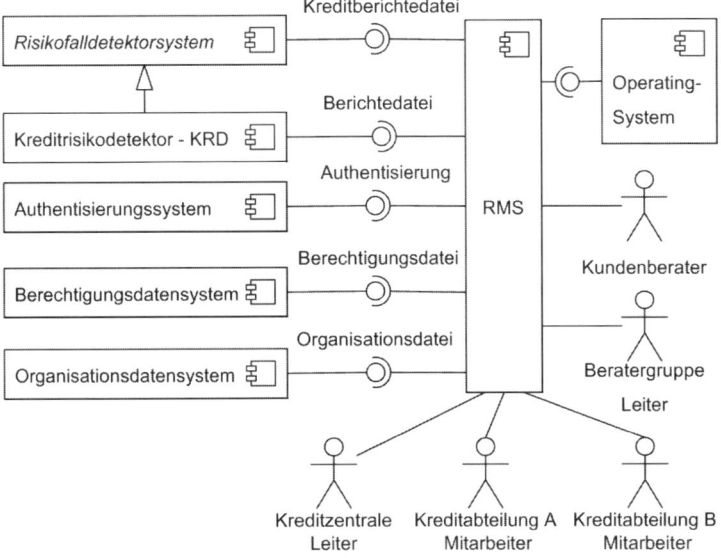

Abb. 9.2-4: *RMS-Systemkontext.*

Die Anforderung zur Anbindung der aufgeführten IT-Systeme zerfällt in verschiedene einzelne Anforderungen, die sich auf die verschiedenen IT-Systeme beziehen:

Das RMS soll keine eigene Benutzerverwaltung mit eigener Kennwortverwaltung betreiben. Hier muss eine Anbindung an das bankeigene Authentisierungssystem erfolgen. Jede Anmeldung am RMS und die damit verbundene Authentisierung ist über die vorgegebene Schnittstelle abzuwickeln. **Anforderung A-AUT: Zentrale Authentisierung**

Anforderung A-BZV: Abgeleitete Berechtigungen, Zuständigkeiten und Verantwortlichkeiten	Die Berechtigungs- und die Organisationsdatei muss einmal täglich aktuell per FTPS, einer sicheren bankeigenen Variante des FTP-Protokolls, importiert werden. In welchen durch die Akteure spezifizierten Rollen ein Benutzer mit dem RMS arbeiten kann, muss aus der Berechtigungsdatei und der Organisationsdatei automatisch abgeleitet werden. Ebenso müssen sämtliche Zuständigkeiten und Verantwortlichkeiten bezogen auf die Kreditrisikofälle aus diesen Dateien abgeleitet werden.
Anforderung A-KRD: Import der Kreditrisikoberichte vom KRD	Die vom Kreditrisikodetektor (KRD) monatlich erstellten Kreditberichte werden direkt nach der Zurverfügungstellung durch den KRD als Datei per FTPS importiert und stehen den Mitarbeitern des Risikomanagements am nächsten Arbeitstag zur Verfügung. Das Format der Kreditberichtedatei ist durch den Kreditrisikodetektor festgelegt, der allerdings zeitgleich zum RMS reimplementiert wird, sodass das endgültige Format erst in einer späteren Projektphase feststehen wird.
Anforderung A-PRI: Automatische Instanziierung der Bearbeitungsprozesse	Für jeden Kreditbericht wird automatisch eine Instanz des Kreditfallbearbeitungsprozesses erzeugt. Diese hat ebenfalls bis zum nächsten Arbeitstag den jeweiligen Mitarbeitern des Risikomanagements als Instanz eines Kreditfallbearbeitungsprozesses zur Weiterbearbeitung zur Verfügung zu stehen.
Anforderung A-OPS: Anbindung Operating-System	Das Operating-System muss über die vorgegebene Schnittstelle angebunden werde. Fehler, die das RMS während des Betriebs feststellt, müssen an dieses IT-System automatisch übermittelt werden. Zudem werden alle Daten des RMS durch das Operating der Bank einmal nächtlich gesichert. Dafür muss das RMS während eines Zeitfensters von 1 Uhr bis 3 Uhr heruntergefahren sein.
Anforderung A-ERW: Einfache Erweiterbarkeit für Risikobereiche	Die Integration von Risikofalldetektorsystemen für weitere Risikobereiche und die zugehörigen Überwachungs- und Bearbeitungsprozesse sollen ohne großen Entwicklungsaufwand in Folgeprojekten realisiert und eingeführt werden können. Es werden auch in diesen Risikobereichen Anforderungen analog zu den Anforderungen A-KRD und A-PRI bestehen.
Anforderung A-TRS: Transaktionssicherheit IT-Systeme	Transaktionale Sicherheit soll während der gesamten Interaktion mit den anderen IT-Systemen gewährleistet sein. Wenn also die Übertragung oder Verarbeitung einer Datei unterbrochen wird, darf es nicht etwa zu inkonsistenten Zuständen im RMS kommen. Es soll möglich sein und automatisch versucht werden, Interaktionen so lange zu wie-

derholen, bis sie erfolgreich sind. Bis dahin kann im letzen gültigen Zustand weitergearbeitet werden.

Insgesamt besteht die Anforderung, sämtliche Standardvorgaben bezüglich der eingesetzten Technologien und die Styleguides im IT-Bereich der Bank einzuhalten.

Anforderung: A-STD Einhaltung der IT-Standards

Das RMS soll den Mitarbeitern des Risikomanagements täglich von 8 Uhr bis 18 Uhr zur Verfügung stehen.

Anforderung A-VFÜ: Verfügbarkeit

Zusammenfassung der Anforderungen

Tab. 9.2-1: Organisationsanforderungen nach Art.

Anforderung	Art
Kreditrisikoüberwachung ermöglichen (A-KRÜ)	Funktionale Anforderung
Anbindung IT-Systeme (A-INT):	Funktionale Anforderung
Abgeleitete Berechtigungen, Zuständigkeiten und Verantwortlichkeiten (A-BZV)	Funktionale Anforderung
Import der Kreditrisikobericht vom KRD (A-KRD)	Funktionale Anforderung
Automatische Instanziierung der Bearbeitungsprozess (A-PRI)	Funktionale Anforderung
Anbindung Operating-System (A-OPS)	Funktionale Anforderung
Einfache Erweiterbarkeit für Risikobereiche (A-ERW)	Entwicklungszeitanforderung
Transaktionssicherheit IT-Systeme (A-TRS)	Laufzeitanforderung
Einhaltung der IT-Standards (A-STD)	Entwicklungszeitanforderung
Verfügbarkeit (A-VFÜ)	Laufzeitanforderung

9.2.3 Systemanforderungen

Die geforderten Funktionen für die Mitarbeiter des Risikomanagements der Bank lassen sich durch ein verfeinertes Use-Case-Diagramm wie folgt charakterisieren.

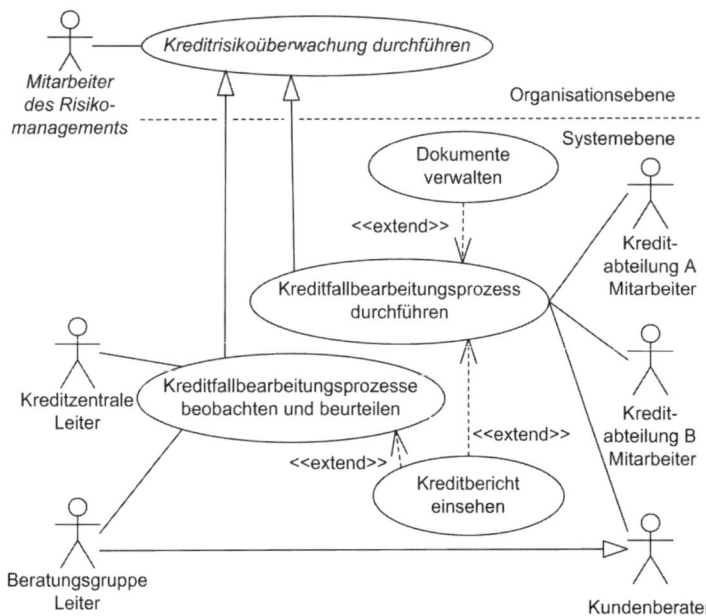

Abb. 9.2-5: *Use-Case-Diagramm Kreditrisikoüberwachung.*

Kreditfallbearbeitungsprozess durchführen

Der Kreditfallbearbeitungsprozess, d. h. die Ablauforganisation für die Bearbeitung der Kreditberichte, ist wie folgt näher spezifiziert (siehe Abbildung 9.2-6).

Anforderung A-PRB: Aktionen des Kreditfallbearbeitungsprozesses ermöglichen

Für jeden Kreditrisikofall wird eine Prozessinstanz bearbeitet. Der verantwortliche Kundenberater hat dabei zu unterscheiden, ob es sich um den Falltyp I oder den Falltyp II handelt. Je nachdem hat er verschiedene Aktionen durchzuführen. Beim Falltyp I kann der Kundenberater erst einmal den Bericht selber beurteilen und dann durch Rücksprache mit dem Kunden den Risikofall vielleicht direkt bereinigen. Eventuell wird hierbei aber auch eine Anpassung des Kredits durch die zuständige Kreditabteilung B nötig, die dann allerdings noch von der zuständigen Kreditzentrale genehmigt werden muss. Möglich ist es aber auch, dass weitere Maßnahmen nötig sind: In diesem Fall hat dann, wie auch bei allen Risikofällen vom Falltyp II, der Kundenberater sämtliche Unterlagen zum Kunden aufzubereiten und der Kunde wird dann weiter von der zuständigen Kreditabteilung A betreut. Auf jeden Fall werden der Kreditfall, also der Kreditbericht, und die Audit-Daten, d. h. der Verlauf des Kreditfallbearbeitungsprozesses, archiviert.

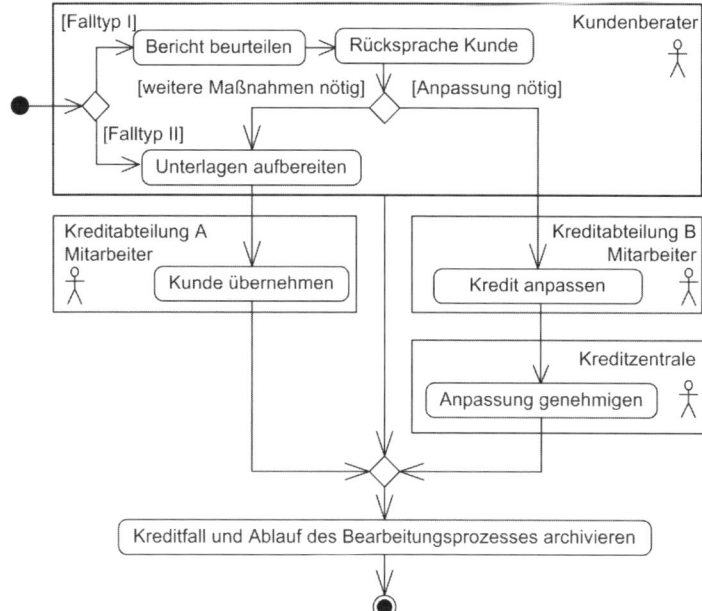

Abb. 9.2-6: *Kreditfallbearbeitungsprozess mit den einzelnen Aktionen, die den Akteuren zugewiesen sind.*

Während der gesamten Abarbeitung einer Instanz des Kreditfallbearbeitungsprozess wird Transaktionssicherheit bezüglich den Aktionen gefordert.

Anforderung A-TRP: Transaktionssicherheit für Prozessaktionen

Die meisten Benutzer werden mit dem Kreditfallbearbeitungsprozess und mit den zugehörigen Aktionen beschäftigt sein. Deshalb ist es von besonderer Bedeutung, dass der Schulungsaufwand hierfür sehr gering ist.

Anforderung A-SCH: Geringer Schulungsaufwand

Kreditbericht einsehen

Während der Abarbeitung, Beobachtung oder Beurteilung eines Kreditfallbearbeitungsprozesses soll jederzeit der ursprüngliche Bericht zum Risikofall einsehbar sein.

Anforderung A-BER: Berichtansicht

Dokumente verwalten

Während des Bearbeitungsprozesses für einen Risikofall sollen sowohl unstrukturierte als auch stark strukturierte Dokumente dem Bericht hinzugefügt und verwaltet werden können.

Anforderung A-DOK: Dokumente verwalten

Kreditfallbearbeitungsprozesse beobachten und beurteilen

Anforderung A-STA:
Status- und Archivan-
sicht

Die involvierten Akteure, also die Leiter der Beratergruppen und die Leiter der Kreditzentralen, sollen jeweils eine Liste der Kreditrisikofälle sehen, für die sie zuständig sind. Für Risikofälle, die noch in Bearbeitung sind, soll deren Bearbeitungszustand ersichtlich sein, für archivierte der Verlauf des Bearbeitungsprozesses. Für die Liste der Risikofälle sollen Such- und Auswertemöglichkeiten bestehen.

Weitere Anforderungen

Anforderung A-AUS:
Einfache Ausbreitung

Wegen der hohen Zahl und der örtlichen Verteilung der beteiligten Mitarbeiter des Risikomanagements wird ein einfacher und damit kostengünstiger Ausbreitungsprozess für das RMS und für neue oder geänderte Versionen des Kreditfallbearbeitungsprozesses benötigt.

Anforderung A-PRD:
Einfach erstellbare
Prozessdefinition

Die Erstellung und Änderungen der Definition des Kreditfallbearbeitungsprozesses soll versioniert möglich sein, wenig IT-Wissen benötigen und im Idealfall von einem Bankfachmann durchgeführt werden können.

Anforderung A-PER:
Persistenz der Berichte,
Prozesse und Doku-
mente

Die Anforderungen A-TRP, A-BER, A-STA, A-DOK und A-PRD bedingen sofort ihrerseits eine weitere Anforderung: Die Berichte, die Prozessdefinitionen und deren Instanzen sowie die Dokumente müssen persistent gehalten werden.

Zusammenfassung der Anforderungen

Tab. 9.2-2: *Systemanforderungen nach Art.*

Anforderung	Art
Aktionen des Kreditfallbearbeitungs-prozesses ermöglichen (A-PRB)	Funktionale Anforderung
Transaktionssicherheit für Prozessaktionen (A-TRP)	Laufzeitanforderung
Geringer Schulungsaufwand (A-SCH)	Organisatorische Rahmenbedingung
Berichtansicht (A-BER)	Funktionale Anforderung
Status- und Archivansicht (A-STA)	Funktionale Anforderung
Dokumente verwalten (A-DOK)	Funktionale Anforderung
Einfache Ausbreitung (A-AUS)	Organisatorische Rahmenbedingung
Einfach erstellbare Prozessdefinition (A-PRD)	Entwicklungszeitanforderung (Funktionale Anforderung)

Anforderung	Art
Persistenz der Berichte, Prozesse und Dokumente (A-PER)	Laufzeitanforderung

9.2.4 Bausteinanforderungen

Es sollen nun bezüglich Strukturierung des RMS die relevanten Systembausteine vorgestellt werden (siehe Abschnitt 6.2.3), um die zuvor formulierten Anforderungen auf die Bausteinebene herunterzubrechen und formulieren zu können. Um zu dieser Strukturierung zu gelangen und damit den Anforderungen der Organisations- und Systemebenen adäquat zu begegnen, sind natürlich bereits Entscheidungen verschiedener Architektur-Disziplinen zu treffen, Architektur-Mittel einzusetzen sowie Methoden und Vorgehen anzuwenden. Darauf werden wir allerdings erst etwas später, in den Abschnitten zu den entsprechenden Dimensionen, genauer eingehen.

Ausbreitung und Authentisierungssystem

Die Bank bietet bereits eine Referenzarchitektur (siehe Abschnitt 6.5) für die Integration des bankeigenen Authentisierungssystems für Web Applications an (siehe Abschnitt 6.8.4). Hierzu ist die in der Bank standardisierte Webserver-Technologie vorgeschrieben, was in dieser Beschreibung durch Verwendung der Systembausteine Standard-Web-Client und Standard-Web-Server zum Ausdruck gebracht wird. Damit ergeben sich folgende RMS-Systembausteine.

Entscheidung E-REFA: Einsatz der bankeigenen Web-Referenzarchitektur

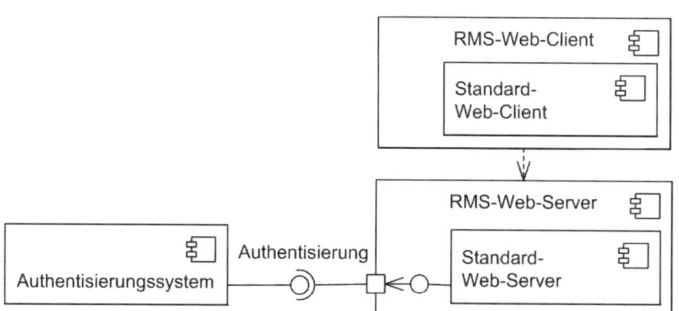

Abb. 9.2-7: *Webbasierte Client/Server-Architektur mit bankeigener Authentisierung.*

Durch diese Architektur-Entscheidung kann so die Anforderung nach Integration des Authentisierungssystems (A-AUT) und gleichzeitig die

Anforderung der einfachen und kostengünstigen Ausbreitung an die Benutzer (A-AUS) gewährleistet werden. Zudem wird in dieser Struktureinheit die Standardisierungsanforderung erfüllt (A-STD).

Anforderung A-SWI: Standard-Web-Client und -Server-Integration

Natürlich muss nun der Standard-Web-Client und -Server in das RMS integriert werden. Für den RMS-Web-Client wird die Umsetzung dieser Anforderung lediglich bedeuten, dass der Standard-Web-Client mit Bookmarks auf das RMS angereichert wird und auf dem Desktop des Client-Rechners ein entsprechender Shortcut zum Starten des Standard-Web-Clients mit den entsprechenden Bookmarks eingerichtet wird.

Anforderung A-WUI: Web-User-Interface

Aus der Anforderung A-SWI erwächst aber für die betroffenen Systembausteine des RMS die Anforderung, ein Web User Interface zu unterstützen, was das Aussehen und Bedienbarkeit beeinflusst (siehe Kapitel 5). Wir werden noch sehen, dass dies die RMS-Systembausteine RMS-Kern und RMS-WD betrifft.

Workflow und Document Management

Entscheidung E-WDMS: Verwendung der Systembausteine Std-WDMS mit Std-WDMS-Archiv

Zur Verwaltung der Dokumente (A-DOK), der einfachen Erstellung der Definition von Bearbeitungsprozessen (A-PRD), der geforderten Status- und Archivansichten (A-STA) sowie der Transaktionssicherheit für die Prozessaktionen (A-TRP) wird die Architektur-Entscheidung getroffen, ein in der Bank zum Standard erklärtes IT-System einzusetzen. Es handelt sich um ein webbasiertes Document-Management-System (WDMS) mit grundlegender Workflow-Management-Funktionalität, das im Folgenden durch die Systembausteine Std-WDMS und Std-WDMS-Archiv modelliert wird. Das WDMS besitzt ein grafisches Prozessmodellierungswerkzeug, das bereits die Anforderung A-PRD erfüllt. Der Systembaustein Std-WDMS stellt einen Web-Application-Server dar (siehe Abschnitt 6.8.4). Die Dokumente können selbstverständlich versioniert und persistent gehalten werden. Prozessdefinitionen und Prozessinstanzen sind für dieses IT- System lediglich Dokumente. Somit ist die Anforderung A-PER zum größten Teil schon erfüllt. Es bleiben nur noch die Berichte. Diese sollen explizit nicht als Dokumente gespeichert werden, sondern separat, stark strukturiert und transparent. Dies verbessert den für später denkbaren Austausch der WDMS-Systembausteine.

Anforderung A-WDI: Std-WDMS und Std-WDMS-Archiv-Integration

Um diese spätere Austauschmöglichkeit dieser Systembausteine im Auge zu behalten und die Funktonalität erweitern zu können, werden die Systembausteine Std-WDMS und Std-WDMS-Archiv in eigene Systembausteine RMS-WD und RMS-WD-Archiv für das RMS eingebettet. RMS-WD fungiert dabei als eigener Web Application Server.

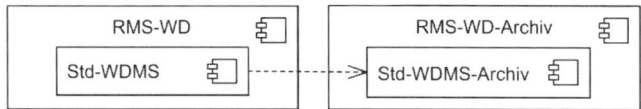

Abb. 9.2-8: *Integration der Standard-Systembausteine zum Workflow und Document Management.*

Organisations- und Berechtigungsdatensystem

Sowohl das Organisations- und als auch das Berechtigungsdatensystem steht ebenfalls bereits zur Verfügung. Insoweit Daten aus diesen Bereichen benötigt werden, besteht nach Anforderung A-BZV die Verpflichtung, diese nicht redundant zu pflegen, sondern von den verfügbaren IT-Systemen zu beschaffen und davon abzuleiten.

Um das RMS jedoch von Änderungen der zugehörigen Dateiformate abzukapseln (siehe Interfaces Berechtigungsdatei und Organisationsdatei), werden diese jeweils in ein durch das RMS vorzugebendes, möglichst universelles und standardisiertes Format gebracht. Dazu wird ein eigener Systembaustein Org-Ber-Konverter zur Konvertierung der Dateien in XML-Dateien entwickelt (siehe Abschnitt 6.8.3). Dies wird durch die Interfaces Org-XML und Ber-XML ausgedrückt (siehe Abbildung 9.2-9). Der zentrale Systembaustein RMS-Kern wird damit so weit als möglich technologisch von den Zuliefersystemen unabhängig (siehe Abschnitt 6.1).

**Entscheidung E-KONV:
OrgBer-Konverter und XML-Schnittstellen Org-XML und Ber-XML**

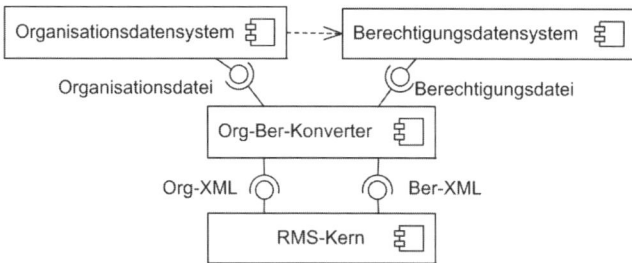

Abb. 9.2-9: *Integration der Organisations- und Berechtigungsdatensysteme.*

Dies bedeutet, dass die Schnittstellen Org-XML und Ber-XML zu konzipieren, in einem Systembaustein RMS-Kern zu realisieren und von den Konvertern zu benutzen sind. Auf die innere Struktur von RMS-Kern werden wir später noch genauer eingehen.

**Anforderung A-OBX:
Dateiimporte via Org-XML und Ber-XML**

Anforderung A-OBV: Organisations- und Berechtigungsdaten-Verarbeitungsdauer	Aus der Anforderung für die Dateiimporte und deren Aufbereitung (A-BZV) und der Verfügbarkeitsanforderung (A-VFÜ) folgt, dass die Verarbeitung und Aufbereitung der Dateien durch den Org-Ber-Konverter und den RMS-Kern zwischen 3 Uhr und 8 Uhr erfolgen muss.
Entscheidung E-META: Erweiterbarkeit durch Berichte-Metamodell	Aufgrund der Anforderung zur einfachen Erweiterbarkeit für neue Risikobereiche (Anforderung A-ERW) wird die weit reichende Entscheidung getroffen, die Berichte als zentralen Aspekt (siehe Abschnitt 6.2.6) im gesamten RMS zu betrachten. Dieser Aspekt soll durch ein Berichte-Metamodell technisch berücksichtigt werden. Hierzu soll ein spezielles Entwicklungswerkzeug RMS-Gen mit einem Editor für die Berichte-Modelle und einem Generator für die betroffenen RMS-Systembausteine entwickelt werden. Dies soll den Aspekt Berichte effizient und konsistent in die einzelnen RMS-Systembausteine einweben.
Anforderung A-BMM: Aspekt Berichte basiert ausschließlich auf Berichte-Metamodell	Als Anforderung folgt hieraus, dass alle RMS-Systembausteine, die den Aspekt Berichte besitzen, auf dem Berichte-Metamodell basierend operieren. Für den jeweiligen Risikobereich sind die Systembausteine damit sozusagen über die Berichte-Modelle der Risikobereiche, also den Instanzen des Berichte-Metamodells, parametrisiert.

Anbindung der Risikofalldetektorsysteme

Entscheidung E-GENX: Berichte-Konverter mit generischer Schnittstelle Berichte-XML basierend auf Berichte-Metamodell	Von den Risikofalldetektorsystemen, insbesondere vom Kreditrisikodetektor, sind laut Anforderung A-KRD periodisch Risikoberichte zu importieren. Als Technologie an der Schnittstelle Berichte-XML soll wie bei den Schnittstellen Organisations- und Berechtigungendatei XML (siehe Abschnitt 6.8.3) verwendet werden. Das Mittel generatives Programmieren (siehe Abschnitt 6.2.5), unterstützt durch ein extra zu entwickelndes Werkzeug RMS-Gen, wird hierbei basierend auf dem oben erwähnten Berichte-Metamodell eingesetzt. Wie damit die generalisierte Schnittstelle Berichte-XML genau umgesetzt ist, wird im Abschnitt zur Dimension WOMIT genauer diskutiert und erläutert.

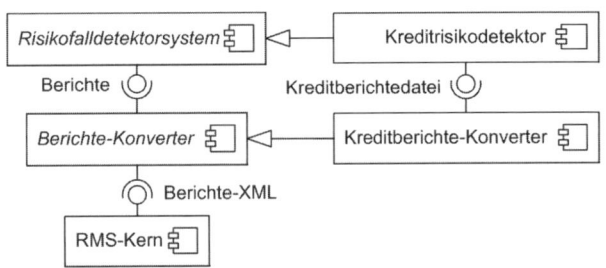

Abb. 9.2-10: *Anbindung der Risikofalldetektorsysteme.*

Damit wird durch Berichte-XML ein Teil der Anforderung A-ERW umgesetzt und die Realisierung und Benutzung der Schnittstelle selbst zu einer Bausteinanforderung für die Systembausteine Kreditberichte-Konverter und RMS-Kern.

Anforderung A-GBI: Berichte-Import via generischer Schnittstelle Berichte-XML

Der abstrakte Systembaustein Berichte-Konverter versammelt dabei Funktionalität zur Validierung und Verifikation der XML-Dateien, die über die Schnittstelle Berichte-XML ausgetauscht werden. Dies ermöglicht es, die Berichte-Konverter, wie den Kreditberichte-Konverter, extern oder vom Kunden selbst entwickeln zu lassen und oft anzupassen ohne die Interna von RMS dabei anzutasten. Damit ist der Berichte-Konverter selbst vom RMS-Kern optimal entkoppelt. Gleichzeitig aber entkoppelt er das RMS zum einen vom KRD, der selbst noch unter laufender Entwicklung steht, und zum anderen von zukünftigen Risikodetektorsystemen weiterer Risikobereiche.

Aus der Anforderung für den Import der Kreditrisikoberichte (A-KRD) und der automatischen Instanziierung der Bearbeitungsprozesse (A-PRI) zusammen mit der Verfügbarkeitsanforderung (A-VFÜ) folgt, dass die Verarbeitung und Aufbereitung der Dateien durch den Berichte-Konverter und den RMS-Kern ebenfalls zwischen 3 Uhr und 8 Uhr erfolgen muss.

Anforderung A-KBV: Kreditberichte-Verarbeitungsdauer

Generisches Berichte-Archiv

Für das Berichte-Archiv wird entschieden, dieses ebenfalls auf dem oben bereits genannten Berichte-Metamodell basierend als generisches Datenbankschema in der Berichtedatenbank umzusetzen (siehe Abschnitt 6.2.4). Dieses ermöglicht es, für einen neuen Risikobereich ein entsprechendes Berichte-Modell zu erstellen und die Instanzen dazu, d. h. die Berichte des Risikobereichs, ohne Änderung des Datenbankschemas zu speichern und wieder auf diese zuzugreifen. Dies setzt einen weiteren Teil der Anforderung A-ERW um. Zudem ist damit die Anforderung A-PER in Bezug auf die Persistenz für Berichte erfüllt.

Entscheidung E-GENDB: Berichte-Archiv als relationale Datenbank mit Berichtezugriff, beides basierend auf Berichte-Metamodell durch Metaprogrammierung

Auch für die Systembausteine RMS-Kern und RMS-WD bedeutet dies, dass diese betreffend Zugriffe auf das RMS-Berichte-Archiv ebenfalls generisch bezüglich der Berichte-Modelle sein müssen.

Anforderung A-GBA: Zugriff auf Berichte über das generische Interface Berichtezugriff

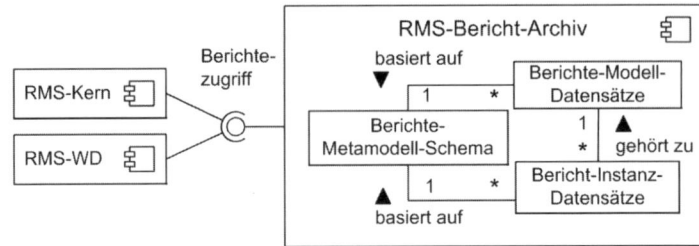

Abb. 9.2-11: *Zugriff auf das generische RMS-Berichte-Archiv.*

Schließlich muss nun noch das Operating-System angebunden werden (Anforderung A-OPS).

Entscheidung E-OPER: Verwendung des Systembausteins Operating-Client

Hierzu bietet die Bank wieder eine Teillösung zur Verwendung an: den Systembaustein Operating-Client.

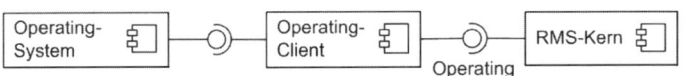

Abb. 9.2-12: *Integration des Operating-Systems mit dem Operating-Client.*

Anforderung A-OPC: Benutzung der Schnittstelle Operating

Hieraus leitet sich aber die neue Bausteinanforderung ab, dass der RMS-Kern für diese Anbindung die Schnittstelle Operating des Operating-Clients benutzt. Wie zu sehen ist, übernimmt RMS-Kern auch Integrationsaufgaben zwischen den Systembausteinen des RMS.

Zusammenfassung der Anforderungen

Tab. 9.2-3: *Bausteinanforderungen nach betroffenen Systembausteinen und Art.*

Anforderung	Betreffende RMS-Systembausteine	Art
Standard-Web-Client und -Server Integration (A-SWI)	RMS-Web-Client, RMS-Web-Server	Funktionale Anforderung
Web-User-Interface (A-WUI)	RMS-Kern, RMS-WD	Entwicklungszeitanforderung
Std-WDMS und Std-WDMS-Archiv Integration (A-WDI)	RMS-WD, RMS-WDMS-Archiv	Entwicklungszeitanforderung
Dateiimporte via Org-XML und Ber-XML (A-OBX)	OrgBer-Konverter, RMS-Kern	Entwicklungszeitanforderung
Organisations- und Berechtigungsdatenverarbeitungsdauer (A-OBV)	OrgBer-Konverter, RMS-Kern	Laufzeitanforderung

Anforderung	Betreffende RMS-Systembausteine	Art
Berichte-Aspekt basiert ausschließlich auf Berichte-Metamodell (A-BMM)	Berichte-Konverter, RMS-Kern, RMS-WD, Berichte-Archiv	Entwicklungszeitanforderung
Berichte-Import via generischer Schnittstelle Berichte-XML (A-GBI)	Berichte-Konverter, RMS-Kern	Entwicklungszeitanforderung
Kreditberichte Verarbeitungsdauer (A-KBV)	Kreditberichte-Konverter, RMS-Kern	Laufzeitanforderung
Zugriff auf Berichte über das generische Interface Berichtezugriff (A-GBA)	RMS-Kern, RMS-WD, Berichte-Archiv	Entwicklungszeitanforderung
Benutzung der Schnittstelle Operating (A-OPC)	RMS-Kern	Entwicklungszeitanforderung

Zu dieser Liste der Anforderungen gehören außerdem die aus den Use Cases abgeleiteten funktionalen Bausteinanforderungen, die wir hier weggelassen haben. Mit welchen Mitteln nun diese Bausteinanforderungen umgesetzt werden, wird in den folgenden Abschnitten genauer erläutert.

9.3 Architekturen und Architektur-Disziplinen (WAS)

Das RMS-Projekt verlangt vom Architekten zahlreiche wichtige Entscheidungen in den verschiedenen Disziplinen. Diese sollen in diesem Abschnitt behandelt werden.

9.3.1 Disziplinen

Die Enterprise-Architektur ist in diesem Projekt keine relevante Disziplin, da diese durch interne IT-Abteilungen der Bank und die bestehende IT-Infrastruktur bereits vorgegeben ist. Architektur-Aufgaben ergeben sich allerdings bezüglich einer angemessenen Integrationsarchitektur, die durch die Anforderung zur Anbindung der verschiedenen IT-Systeme (siehe Anforderung A-INT) vorgegeben sind.

Enterprise-Architektur und Integrationsarchitektur

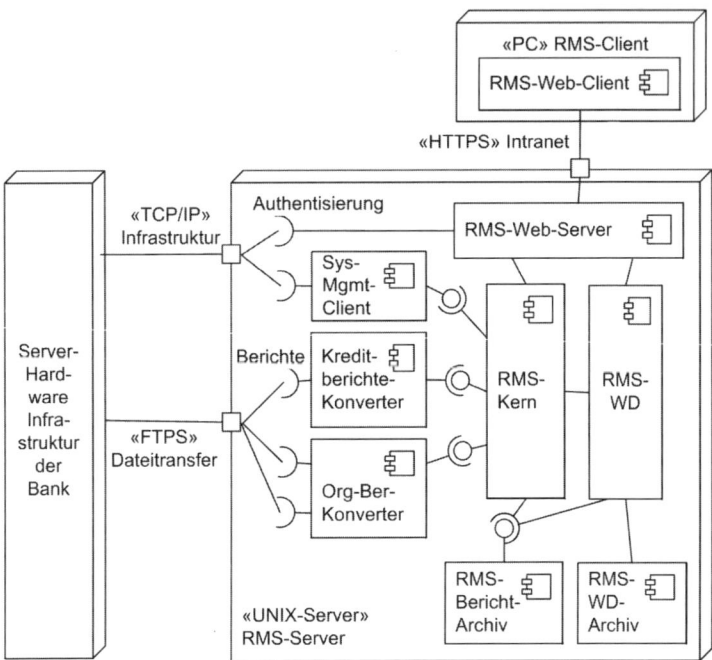

Abb. 9.3-1: *RMS-Netzwerkarchitektur.*

Netzwerkarchitektur

Die in Abbildung 9.3-1 dargestellte Netzwerkarchitektur wird weitgehend festgelegt durch den Einsatz der bankeigenen Web-Referenzarchitektur (siehe Abbildung 9.2-7) und damit der Realisierung einer HTTPS-basierten Web Application. Wegen der Verwendung der bankeigenen Systembausteine Std-Web-Server und Operating-Client ist die Kommunikation TCP/IP-basiert und durch die Infrastruktur bereits umgesetzt. Es bleibt der durch die Anforderungen A-BZV und A-KRD verlangte FTPS-Dateitransfer als Kommunikationsprotokoll.

Datenarchitektur

Die Datenarchitektur ist einerseits durch den Einsatz des Std-WDMS-Archivs und die Anforderungen A-STD und A-SDB bezüglich der in der Bank vorgeschriebenen Datenbanksysteme für das Berichte-Archiv abgeleitet. Dabei entspricht die bereits in Abbildung 9.2-11 dargestellte generische Lösung den Vorgaben zu den Datenbankschemata aus A-STD.

System-Management-Architektur

Die System-Management-Architektur ist ebenfalls bereits durch die Anbindung des Operating-Systems durch die Verwendung des Operating-Clients festgelegt (A-OPC).

Bezüglich der Sicherheitsarchitektur wurde durch die Integration des bestehenden Authentisierungssystems, der Verwendung einer bankeigenen sicheren FTP-Variante FTPS und die HTTPS-basierte Web-Referenzarchitektur Genüge geleistet.

Sicherheitsarchitektur

Die entscheidenden Herausforderungen stellen sich in der Disziplin Software-Architektur. Wo und womit diesen Herausforderungen begegnet wird, folgt ausführlich in den nächsten Abschnitten.

Software-Architektur

9.3.2 Entscheidungen zur Software-Architektur

Zunächst sei hier eine Zusammenstellung der wichtigen Entscheidungen (siehe Abschnitt 7.5) dargestellt, die in Abschnitt 9.2 bei der Strukturierung der RMS-Systembausteine bereits getroffen wurden.

Tab. 9.3-1: *Übersicht der Entscheidungen (Teil 1).*

Entscheidung zur Architektur	Motivator	Folge-anforde-rung	operational	strategisch
Einsatz der bankeigenen Web-Referenzarchitektur (E-REFA)	A-AUT, A-AUS	A-WUI, A-SWI		x
Verwendung der Systembausteine Std-WDMS mit Std-WDMS-Archiv (E-WDMS)	A-DOK, A-PRD, A-STA, A-TRP, A-PER	A-WDI	x	
OrgBer-Konverter und XML-Schnittstellen Org-XML und Ber-XML (E-KONV)	A-BZV, A-VFÜ	A-OBX, A-OBV		x
Erweiterbarkeit durch Berichte-Metamodell (E-META)	A-ERW	A-BMM		x
Berichte-Konverter mit generischer Schnittstelle Berichte-XML basierend auf Berichte-Metamodell (E-GENX)	A-KRD, A-ERW	A-GBI, A-KBV		x
Berichte-Archiv als relationale Datenbank mit Berichtezugriff, beides basierend auf Berichte-Metamodell durch Metaprogrammierung (E-GENDB)	A-ERW, A-PER	A-GBA		x
Verwendung des Systembausteins Operating-Client (E-OPER)	A-OPR	A-OPC		x

Hier sollen nun weitere Entscheidungen vorgenommen werden, die nicht die Systembaustein-Struktur des RMS betreffen. Dabei wollen wir die weiteren Folgeanforderungen zur Vereinfachung nicht mehr mit einer eigenen Anforderungsbezeichnung explizit gemacht werden, da wir auf dieser feinen Granularität nicht auf Anforderungen Bezug nehmen wollen.

Entscheidung E-BERA: Berichtansicht basierend auf Berichte-Metamodell

Die Entscheidung, das Berichte-Metamodell als einen zentralen Aspekt Berichte (siehe Abschnitt 6.2.7) von RMS zu betrachten, führt konsequenterweise dazu, auch die Berichtansicht (Anforderung A-BER) basierend auf dem Berichte-Metamodell zu realisieren. Dies führt zu einer weiteren Teilumsetzung der Erweiterbarkeit (Anforderung A-ERW).

Entscheidung E-JAVA: Einsatz von Java

Bei der Frage nach der Programmiersprache für die völlig neu zu entwickelnden Systembausteine des RMS, d. h. für die Konverter und den RMS-Kern, kommt wegen den bankeigenen Standards (Anforderung A-STD) als objektorientierte Sprache (siehe Abschnitt 6.2.2) nur Java infrage.

Entscheidung E-RELDB: Wahl des relationalen Standard-Datenbanksystems

Bei der Wahl des Datenbanksystems für die Umsetzung des generischen Berichte-Archivs steht wegen Anforderung A-STD ebenfalls als zu verwendendes System das relationale Standard-Datenbanksystem der Bank fest. Das eingesetzte Std-WMDS-Archiv erfüllt bereits diese Anforderungen. Für die darüber hinausgehende Funktionalität ist dies also auch eine Anforderung an das RMS-WD-Archiv.

Entscheidung E-GENW: Entwicklung eines Generatorwerkzeugs RMS-Gen

Da der Aspekt Berichte sehr stark in den verschiedenen Schnittstellen und Systembausteine vertreten ist, sollen die betroffenen Artefakte so weit als möglich automatisch erzeugt werden. Dazu soll ein eigenes RMS-spezifisches Werzeug RMS-Gen entwickelt werden (siehe Abschnitt 9.5.3).

Tab. 9.3-2: *Übersicht der Entscheidungen (Teil 2).*

Entscheidung zur Architektur	Motivator	operational	strategisch
Berichtansicht basierend auf Berichte-Metamodell (E-BERA)	A-ERW, A-BER		x
Einsatz von Java (E-JAVA)	A-STD		x
Wahl des relationalen Standard-Datenbanksystems (E-RELDB)	A-STD		x

Im Folgenden wird nun näher darauf eingegangen, wo die beschriebenen Entscheidungen in der RMS-Architektur ihren Niederschlag finden.

9.4 Architektur-Perspektiven (WO)

Nachdem wir bereits genau untersucht haben, warum das RMS entwickelt wird und wie die Anforderungen auf den verschiedenen Ebenen sind, soll nun auf die innere Struktur der Systembausteine genauer eingegangen werden. Dabei wollen wir diskutieren, wo Architektur-Mittel eingesetzt werden sollen, wo die einzelnen Anforderungen umgesetzt werden und wirken und wo Architektur-Entscheidungen zu treffen sind.

In Abschnitt 9.2.3 haben wir das RMS bereits in Systembausteine strukturiert. Nun soll diese Strukturierung anhand der Granularität der entsprechenden Architektur-Ebenen dargestellt werden. Die Ebene Organisation spielt allerdings hier keine Rolle.

Architektur-Ebenen

9.4.1 Systemebene

Das RMS wurde bereits in Abbildung 9.2-4 als Black Box dargestellt. Seine Interaktionspartner sind als IT-Systeme und Akteure modelliert. In Abschnitt 9.2 zur WARUM-Dimension wurde das RMS in Systembausteine auf der Systemebene strukturiert. Die Systembausteine dort besitzen zur Laufzeit jeweils eine direkte Entsprechung, die als Instanz zur Ausführung in die Laufzeitumgebung geladen wird. Solche Systembausteine nennen wir in Anlehnung an die UML physikalische Systembausteine.

Entscheidung E-PHYS: Struktur der physikalischen Systembausteine

Wir wollen nun eine weitere Strukturierung in so genannte logische Systembausteine für die RMS-Domänen Organisation- und Berechtigungen, Berichte und Workflow einführen. Diese besitzen in der ersten RMS-Version, die in der hier beschriebenen Fallstudie entwickelt wird, noch keine direkten Instanzen zur Laufzeit, sondern werden indirekt durch Instanzen der bereits beschriebenen physikalischen RMS-Systembausteine instanziiert. Abbildung 9.4-1 zeigt den Zusammenhang durch eine Abhängigkeitsbeziehungen vom Stereotyp «realize». So sind die Systembausteine am Fuß des «realize»-Pfeils rein logische

Entscheidung E-LOGK: Logische Systembausteine Org-Ber, Berichte und Workflow

Systembausteine, also zunächst reine Spezifikation, und die RMS-Systembausteine an der Pfeilspitze sind die physikalischen Systembausteine, die die Funktionalität der logischen Systembausteine in der Laufzeitumgebung operativ machen.

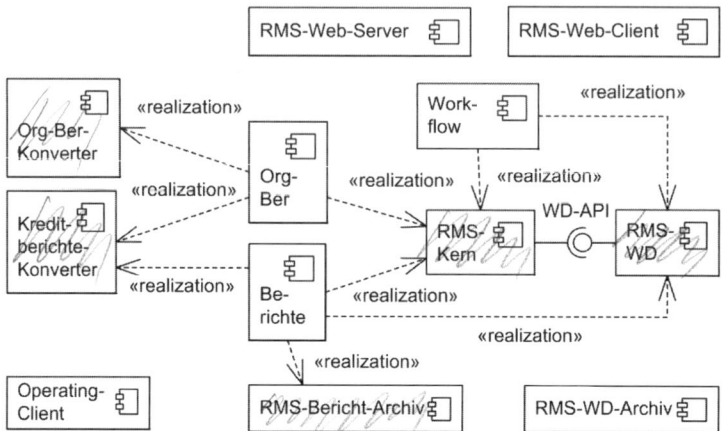

Abb. 9.4-1: *Zusammenhang der physikalischen und logischen Systembausteine des RMS auf der Systemebene.*

Fehlende Komponentenplattform

Die Idee hinter der Entscheidung, die Spezifikation in diese logischen Systembausteine gegliedert vorzusehen, ist Folgende: Wir möchten die logischen Systembausteine möglichst flexibel handhaben und in späteren Versionen des RMS als Komponenten direkt instanziierbar machen, sobald eine, bislang fehlende, standardisierte Komponentenplattform in der Bank zur Verfügung steht.

Tab. 9.4-1: *Übersicht der Entscheidungen (Teil 3).*

Entscheidung zur Architektur (WO-Dimension)
Struktur der physikalischen Systembausteine (E-PHYS)
Logische Systembausteine Org-Ber, Berichte und Workflow (E-LOGK)

9.4.2 Bausteinebene

Auf der Bausteinebene werden nun die logischen Systembausteine in den folgenden Abschnitten weiter verfeinert.

Domäne Organisation und Berechtigungen

Der logische Systembaustein Org-Ber ist spezifiziert durch eine vertikale Schicht auf der Bausteinebene, die eine eigene Domäne Organisation und Berechtigungen des Risikomanagements darstellt. Diese soll ein Konzept für Berechtigungen und Verantwortlichkeiten auf der Basis der Organisations- und Berechtigungsdaten der Bank modellieren (siehe Anforderung A-BZV), das möglichst flexibel einsetzbar ist. Damit sollen auch alle in Zukunft noch zu erwartenden Risikobereiche modelliert werden können (siehe Anforderung A-ERW). Zudem soll das Konzept unabhängig von den entsprechenden Berechtigungs- und Rollen-Konzepten der anzubinden IT-Systeme Organisations-, Berechtigungsdatensystem und dem Std-WDMS sein. Wie sind diese Konzepte aber aufgebaut?

Flexibles Konzept für Berechtigungen und Verantwortlichkeiten

Der eingesetzte Systembaustein Std-WDMS operiert bezüglich Rollen- und Berechtigungen lediglich mit dem Konzept von Benutzergruppen (WD-Benutzer und WD-Gruppe). Bei der Definition eines Bearbeitungsprozesses (siehe Abbildung 9.2-6) wird jeder einzelnen Aktion des Bearbeitungsprozesses, im Std-WDMS modelliert als WD-Aktion, jeweils genau eine WD-Rolle zugeordnet, die festlegt, wer die WD-Aktion auszuführen hat.

Gruppenkonzept des Std-WDMS

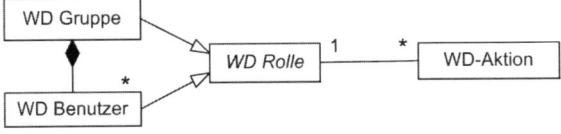

Abb. 9.4-2: *Std-WDMS-Benutzergruppenkonzept.*

Das RMS soll hier aber für eine spätere Ersetzung des Std-WDMS durch einen anderen Systembaustein optimal vorbereitet sein.

Organisation-Metamodell

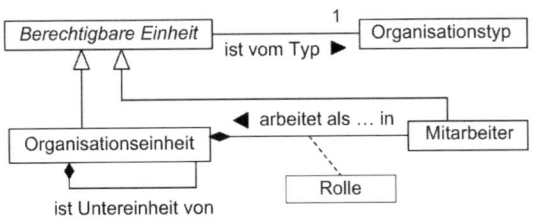

Abb. 9.4-3: *Metamodelle für die Organisation.*

Informationen aus dem Organisationsdatensystem

Aus dem Organisationsdatensystem lassen sich die Instanzen der Klassen Organisationseinheit und -typ, Mitarbeiter, Rolle und der Assoziationen „arbeitet als … in", „ist Untereinheit von" und „ist vom Typ" des Organisation-Metamodells gewinnen. Zusammen stellen diese Instanzen dann ein Organisation-Modell gemäß dem Organisations-Metamodell dar. Dieses repräsentiert dann für den Kreditrisikobereich die in Abbildung 9.2-2 dargestellte Aufbauorganisation.

Berechtigungen-Metamodell

Für die Berechtigungen benutzen wir ebenfalls ein eigenes Metamodell.

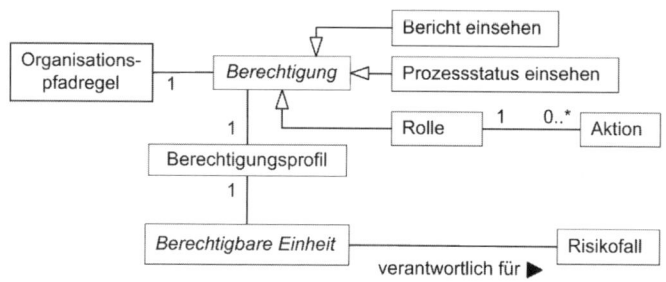

Abb. 9.4-4: *Metamodelle für die Berechtigungen.*

Informationen aus dem Berechtigungsdatensystem

Aus den Informationen des Berechtigungsdatensystems sind die Instanzen der Klasse Berechtigungsprofil und der Subklassen von Berechtigung sowie die Instanzen der Assoziationen zwischen der Klasse Berechtigungsprofil und den Klassen Berechtigung und Berechtigbare Einheit ableitbar. Damit wird im Berechtigungsdatensystem anhand des Berechtigungsprofil festgelegt, mit welchen Berechtigungen ein Mitarbeiter das RMS überhaupt prinzipiell benutzen darf. Ob er für einen konkreten Überwachungsprozess tatsächlich diese Berechtigung wahrnehmen kann, hängt von der jeweiligen Zuständigkeit zum Risikofall ab. Zur Ermittlung dessen wird ein Konzept der Organisationspfadregeln konzipiert, das wir noch näher beschreiben werden. Die Instanz der Assoziation „verantwortlich für" wird aus dem jeweiligen Bericht ermittelt, den der Risikofalldetektor erstellt.

Zuweisung der Aktionen für eine Instanz des Kreditfallbearbeitungsprozesses zu Mitarbeiter oder Organisationseinheit

Die den Akteuren zugeordnete Partitionen in Abbildung 9.2-6 legen fest, welche Aktionen des Prozesses durch welche Rolle zu bearbeiten sind. Ist dort für eine Aktion der Akteur Kundenberater zuständig, so muss z. B. für einen Kreditbericht ermittelt werden, welcher Mitarbeiter nun zuständig für die Aktion ist, und daher die Aktion zu bearbeiten hat. Dies hängt natürlich davon ab, wer für den Bericht verantwortlich ist. Für einen Kreditbericht ist dies z. B. der Kundenberater, der für den Kreditrisikofall verantwortlich ist. Aus der Assoziation „verantwortlich für" wird zur Laufzeit der Prozessinstanz für jede Aktion die entsprechende Instanz der Assoziation „zuständig für" berechnet.

Für diese Berechnung der tatsächlichen Berechtigungen zu einem Risikofall wird eine spezielle domänenspezifische Regelsprache entwickelt (siehe Abschnitt 6.2.5), die es erlaubt, die Berechnungsregel basierend auf dem Organisations-Model der Bank durch sogenannte Organisationspfadregeln einfach zu formulieren. Als aktuelle Standardtechnologie für Organisationspfadregeln wäre ein Einsatz von XPath und XQuery nahe liegend.

Organisations-pfadregeln

Domäne Berichte

In der Domäne Berichte wird die mögliche Struktur der Inhalte und deren mögliche Darstellung im RMS-Web-Client durch zwei Metamodelle festgelegt.

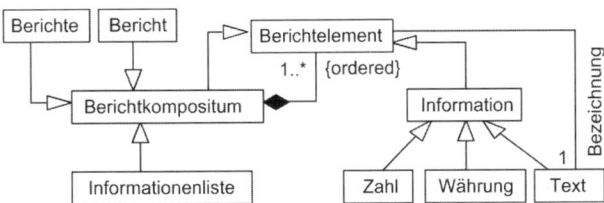

Abb. 9.4-5: *Vereinfachtes Berichte-Metamodell.*

Zur Beschreibung der Berichte eines Risikobereichs wird ein Risikoberichte-Modell als Instanz des dargestellten Berichte-Metamodells erstellt.

Berichte-Metamodell

Die Darstellung der Berichte eines Risikobereichs wird durch ein separates Berichte-Visualisierung-Modell gemäß dem folgenden Berichte-Visualisierung-Metamodell festegelegt. Für die Erstellung beider Modelle wird ein speziell entwickeltes visuelles Generatorwerkzeuge eingesetzt (siehe Abschnitt 9.5.3).

Berichte-Visualisierung-Metamodell

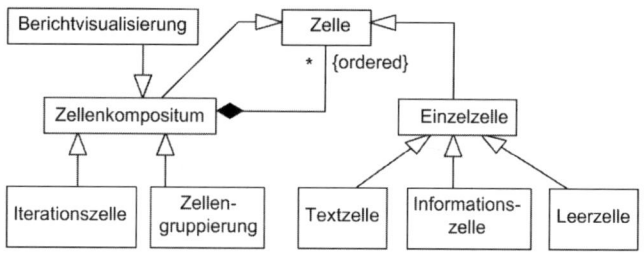

Abb. 9.4-6: *Vereinfachtes Berichte-Visualisierung-Metamodell.*

Rahmenwerke

Für die Umsetzung der beschriebenen Konzepte werden verschiedene Rahmenwerke eingesetzt, insbesondere im Bereich Web Client.

Mikro-Architekturen

Wir nutzen intensiv zahlreiche Entwurfsmuster z. B. zur Entkopplung von Schichtung im Design oder zur Umsetzung von Composite-Strukturen.

Architektur-Modelle und Sichten

Das RMS wurde bereits in zahlreichen UML-Diagrammen dargestellt, die ein zu Grunde liegendes UML-Modell für das RMS visualisieren. Die Diagramme selbst sind bereits feingranulare Bestandteile verschiedener Sichten auf dieses Modell. Zudem wurde die gesamte Fallstudie nach den Architektur-Dimensionen aufgegliedert, die ihrerseits bereits verschiedene Sichten auf das RMS sind.

9.5 Architektur-Mittel (WOMIT)

In diesem Abschnitt soll zunächst auf die für das RMS wesentlichen Architektur-Prinzipien eingegangen werden.

9.5.1 Architektur-Prinzipien

Fehlende Komponentenplattform

Wie bereits im Abschnitt 9.2 zu sehen war, wird das Modularitätsprinzip zur Dekomposition des RMS in Systembausteine eingesetzt und dabei auf lose Kopplung und hohe Kohäsion geachtet (siehe Abschnitt 6.1). Da im RMS-Projektkontext keine Komponentenplattform zur Verfügung steht, werden die verschiedenen physikalischen Systembausteine des RMS als Betriebsystemprozesse instanziiert, die über XML-Dateien kommunizieren oder sich gegenseitig mit Prozessparametern aufrufen. Das somit bei Komponentenplattformen automatisch durch das Konzept von Schnittstellen der Komponenten umgesetzte Prinzip des Information Hidings steht also im RMS nicht automatisch zur Verfügung.

Dem Fehlen einer Komponentenplattformen wird durch die eingesetzte XML-Technologie für die RMS-internen Schnittstellen Org-XML, Ber-XML und Berichte-XML (siehe Abbildungen 9.2-9 und 9.2-10) wie folgt Rechnung getragen: Für jede dieser Schittstellen wird eine zugehörige DTD erstellt. Für die Schnittstellen Org-XML und Ber-XML werden diese Organisation-DTD und Berechtigungen-DTD äquivalent zu den Metamodellen für die Organisation (siehe Abbildung 9.4-3) und die Berechtigungen (siehe Abbildung 9.4-4) erstellt. Für die Schnittstelle Berichte-XML wird die äquivalente Berichte-DTD (siehe Abbildung 9.5-2), der Entscheidung E-GENX und E-GENW folgend, generativ mit dem Entwicklungswerkzeug RMS-Gen erzeugt (siehe Abschnitt 9.5.3).

Kommunikation zwischen den physikalischen Systembausteinen über die XML-Schnittstellen

Die XML-Dateien sind somit die Übergabeparameter für eine zugehörige Schnittstellenoperation „import" und die zugehörigen DTDs spezifizieren deren Typ. Die Operation „import" liefert für Transaktionszwecke einen Fehlercode zurück. Wie der RMS-Kern die entsprechenden XML-Dateien weiter intern aufbereitet, ist somit vor den Konvertern versteckt. Hier findet also eine Trennung von Schnittstelle und Implementierung statt. Eine Typprüfung der „import"-Parameter (also die XML-Dateien) zur Laufzeit erfolgt insofern, als die XML-Dateien dabei mit einem validierenden XML-Parser untersucht werden. Für die Berichte-XML-Dateien können zusätzliche semantische Überprüfungen bei einem Aufruf von „import" stattfinden, da hier im Berichte-Modell zusätzliche Angaben über den Inhalt der Berichte gemacht werden können, wie zum Beispiel der Informationstyp (Subtypen der Modellierungsklasse Information eines Berichtelements (siehe Abbildung 9.4-4). Die vergleichbare aktuelle Standardtechnologie, die hier eingesetzt werden kann, ist XML-Schema.

XML-Dateien als Import-Parameter

Beim gesamten Aspekt Berichte wird das Prinzip der Abstraktion besonders intensiv angewendet: Die Struktur der Berichte eines Risikobereichs, definiert durch das Berichte-Modell (der Typ des Berichts), wird durch eine noch abstraktere Struktur, das Berichte-Metamodell (der Typ des Berichte-Modells), beschrieben (siehe Abbildung 9.5-2).

Hohe Abstraktion durch Berichte-Metamodell

Modularitätsprinzip und Separation-of-Concern-Prinzip durch logische Systembausteine	Die logischen Systembausteine befinden sich auf einer höheren semantischen Ebene als die physikalischen Systembausteine. Dies führt dazu, dass das RMS für die in Zukunft für die Bank als IT-Standard zu erwartende Komponentenplattform gerüstet ist (siehe Abschnitt 6.8.5). Das Modularitätsprinzip wird hier angewendet, um die logische Struktur innerhalb der Systembausteine zu modularisieren. Dazu wird das Separation-of-Concerns-Prinzip zunächst grobgranular angewendet, um verschiedene Domänen zu identifizieren und zu trennen. In den Domänen bzw. den logischen Systembausteinen des Systembausteines RMS-Kern, werden durch den Einsatz der ausgewählten objektorientierten Programmiersprache natürlich zahlreiche dieser Prinzipen zusätzlich unterstützt. Dort wird auch, wie schon erwähnt, im Design eine Schichtung bei den Klassen vorgenommen.
Inkrementalitätsprinzip	Das Inkrementalitätsprinzip wird angewendet, indem zunächst ein Prototyp des Systembausteins RMS-WD entwickelt wird, bei dem die Umsetzung der Anforderungen zur Prozessdefinition A-PRD, der Ansicht auf Berichte und Prozesse (Anforderungen A-BER und A-STA) und insbesondere auch die Verifikation des geforderten geringen Schulungsbedarf (Anforderung A-SCH) im Vordergrund steht. In einer späteren Phase des Projekts findet ein User-Acceptance-Test statt, bei dem die Funktionalitäten der Systembausteine RMS-Kern und RMS-WD und RMS-Web-Server weitestgehend bereits zur Verfügung steht, sämtliche Infrastruktur-Anbindungen (A-INT) allerdings noch nicht umgesetzt ist.

9.5.2 Grundlegende architektonische Konzepte

Objektorientierung	Durch Verwendung objektorientierter Programmiersprachen und den Einsatz einer UML-basierten Java-Entwicklungsumgebung, die auch für Sourcecode-Generierung eingesetzt wird, wird das Konzept der Objektorientierung nahezu im gesamten RMS-Projekt eingesetzt.
Metaprogrammierung und MDSD	Über die eingesetzten Konzepte Metaprogrammierung, generatives Programmieren und Model Driven Architecture werden eigene Abschnitte ausführlicher deren Einsatz im RMS-Projekt beschrieben.
Aspektorientierung	Für die eingesetzte Aspektorientierung gibt es drei erwähnenswerte Einsatzbeispiele im RMS:
	> ganz grobgranular der Aspekt Berichte, getragen durch das Berichte-Metamodell im Zusammenhang mit generativen und generischen Verfahren;

> sehr feingranular auf der Ebene von Klassen und Objekten, wo es um Navigations- und Manipulationsoperationen in Bezug auf Assoziationen zwischen Klassen geht, umgesetzt durch Sourcecode-Generierung aus dem verwendeten Java-Entwicklungswerkzeug;

> ebenfalls sehr feingranular, wenn es um das Logging von Warn- und Fehlermeldungen geht, ebenfalls umgesetzt durch Sourcecode-Generierung aus dem verwendeten Java-Entwicklungswerkzeug.

Im Folgenden werden nun die bereits erwähnten generativen und generischen Verfahren näher beschrieben.

9.5.3 Generative und generische Verfahren

Um einen zusätzlichen Risikobereich dem RMS hinzuzufügen, ist es nötig,

> dass Berichte des entsprechenden Risikofalldetektorsystems periodisch importiert werden können (analog zu Anforderung A-KRD),

> dass der Überwachungsprozess abgebildet wird und pro Risikofall eine entsprechende Instanz des Bearbeitungsprozesses abgearbeitet werden kann (insbesondere Anforderung A-PRB) und

> dass die Anforderungen an das Archiv (A-STA) für den Überwachungsprozess und für die Ansicht für die Berichte des Risikofalldetektorsystems (A-BER) erfüllt werden können.

Einen Risikobereich dem RMS hinzuzufügen

Um die gewünschte Erweiterbarkeit aus A-ERW mit wenig Entwicklungsaufwand zu ermöglichen, wenden wir generative (siehe Abschnitt 6.2.5) und generische Verfahren (siehe Abschnitt 6.2.4) an.

Die schnelle Integration weiterer Risikobereiche wird entscheidend durch ein speziell für das RMS entwickeltes Generatorwerkzeug unterstützt. Dies verkürzt die Entwicklungs- und Testzeiten und verbessert die Stabilität und die Qualität der Implementierung entscheidend.

RMS-Gen steigert die Entwicklungseffizienz und -qualität

Zur Zeit der Entwicklung des RMS ist zwar die Standardtechnologie XML-Schema noch gar nicht verfügbar, XML-Datenbanken sind noch nicht etabliert und XSL, XSLT, XPath und XQuery befinden sich gerade erst in der Definitionsphase. Deswegen konzipieren wir eigene analoge Technologien und entwickeln die dazu passenden Werkzeuge für die Entwickler. Dies geschieht natürlich bei weitem nicht in dem Umfang, wie dies mittlerweile für die entsprechenden verfügbaren Standardtechnologie verfügbar ist, sondern ganz speziell auf das RMS zugeschnitten.

XML-Schema, XML-Datenbanken, XSL, XSLT, XPath, XQuery

**Generisches Daten-
bankschema**

Damit beim Hinzufügen eines neuen Risikobereichs keine Datenbank-
schemaänderung nötig ist, wird ein generisches relationales Datenbankschema, das Berichte-Metamodell-Schema, für das RMS-Berichte-
Archiv erstellt. Dieses ist äquivalent zum Berichte-Metamodell und
ermöglicht es, einerseits jedes konforme Berichte-Modell als Berichte-
Modell-Datensätze sowie andererseits die zugehörigen Berichte als
Berichte-Instanz-Datensätze abzulegen (siehe Abbildung 9.2-11).

Das Generatorwerkzeug RMS-Gen

Mit dem RMS-Gen wird das Editieren von Berichte-Modellen und Berich-
te-Visualisierung-Modellen und das Generieren daraus abgeleiteter
Artefakte ermöglicht, die auf den Modellen basiert.

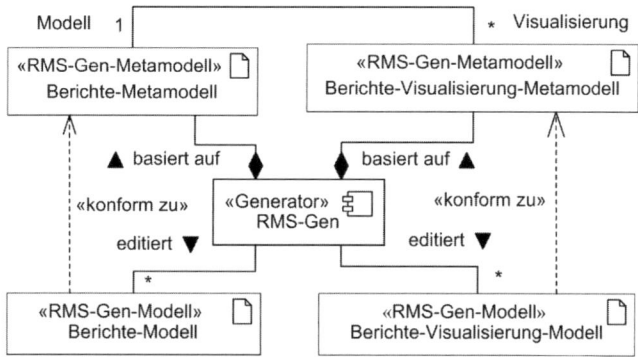

Abb. 9.5-1: *Modelle und Metamodelle des Werkzeugs RMS-Gen.*

RMS-Gen-Modelleditor

RMS-Gen achtet dabei während des Editierens auf Konformität zu den
entsprechenden Metamodellen. Das Editieren wird grafisch ermöglicht
und orientiert sich dabei an UML-Klassendiagrammen. Den Modelleditor
des RMS kann man z. B. mit aktueller Standardtechnologie für Eclipse
basierend etwa auf den Plugins GEF, EMF und UML2 umsetzen.

Die generierten Artefakte gliedern sich dabei in folgende Bereiche:

**Spezifikation für die
Schnittstelle Berichte-
XML**

Aus den Modellen für einen Risikobereich, die man mit dem RMS-Gen
editiert, generiert dieser für die Schnittstelle Berichte-XML folgende
Artefakte:
> Eine Berichte-Modell-XML-Datei, vergleichbar mit einem XML-
  Schema für die Struktur der Berichte eines Risikobereichs.

> Eine Berichte-DTD-Datei, die der RMS-Kern beim Importieren über Berichte-XML benutzt, um die Berichte auf Korrektheit zu überprüfen.

> Eine HTML-basierte Dokumentation für die Schnittstelle Berichte-XML, die den Entwicklern für einen Berichte-Konverter zusammen mit der Berichte-DTD-Datei als Spezifikation dient.

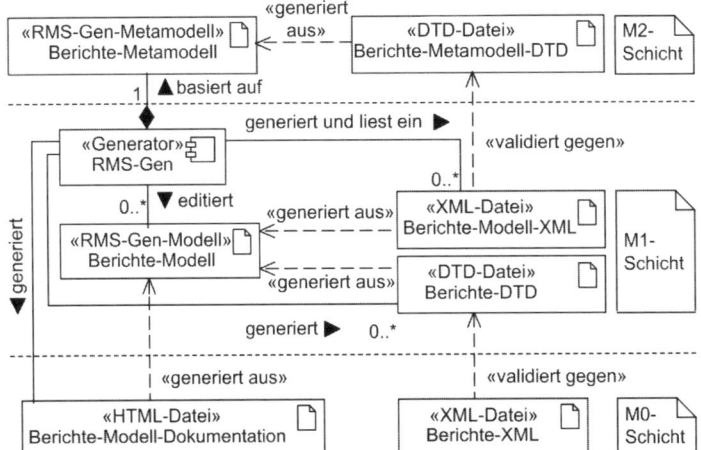

Abb. 9.5-2: *Generierte Artefakte für die Schnittstelle Berichte-XML.*

Darüber hinaus kann RMS-Gen Berichte-Modelle auch als Berichte-Modell-XML-Dateien einlesen, die mit anderen Werkzeugen erstellt wurden. Zur Validierung solcher Dateien mit XML-Standardwerkzeugen kann RMS-Gen auch eine Berichte-Metamodell-DTD-Datei erzeugen.

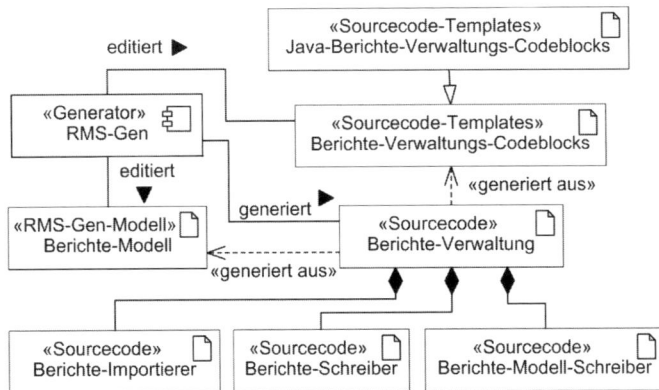

Abb. 9.5-3: *Generierte Artefakte für die Berichte-Verwaltung.*

Sourcecode-Template-Sprache

Neben diesen XML-basierten Dateien generiert RMS-Gen pro Risikobereich auch Sourcecode. Der Sourcecode kann unabhängig von einer konkreten Programmiersprache, basierend auf so genannten Codeblocks, die als Templates dienen, in einer eigenen Template-Sprache geschrieben werden. Es genügt dann, für die gewünschte Zielprogrammiersprache die Codeblocks zu spezialisieren, um den lauffähigen Sourcecode dafür zu generieren.

Sourcecode für die Berichte-Verwaltung

Für die Berichte-Verwaltung in den Systembausteinen RMS-Kern und RMS-Berichte-Archiv (siehe Abbildung 9.2-11) wird auf diese Weise der Sourcecode generiert. Dieser beinhaltet folgende Bestandteile:

> Berichte-Importierer: implementiert das Importieren von Berichten nach RMS-Kern über die Schnittstelle Berichte-XML.

> Berichte-Schreiber: implementiert das Ablegen der Berichte von RMS-Kern aus über die Schnittstelle Berichtezugriff ins Berichte-Archiv als Bericht-Instanz-Datensätze. Dazu liest RMS-Kern die Berichte-Modell-XML-Datei ein und benutzt diese als Metainformation.

> Berichte-Modell-Schreiber: implementiert das Ablegen von Bericht-Modellen vom Systembaustein RMS-Kern aus als Berichte-Modell-Datensätze im RMS-Berichte-Archiv. Dazu liest RMS-Kern Bericht-Modelle als Berichte-Modell-XML-Datei ein.

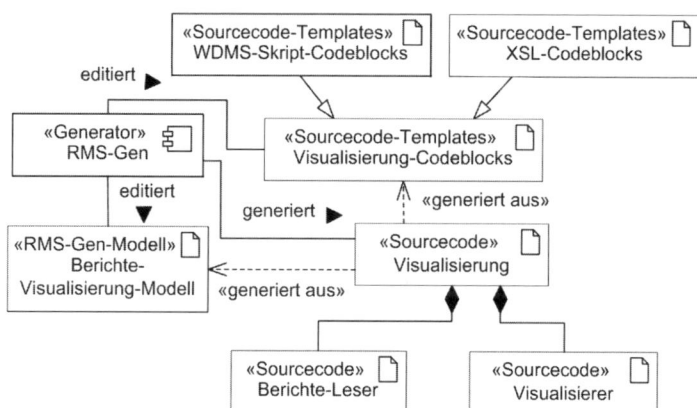

Abb. 9.5-4: *Generierte Artefakte für die Berichte-Visualisierung.*

Sourcecode für die Berichte-Visualisierung

Mit dem RMS-Gen wird passend zum Berichte-Modell ein Berichte-Visualisierung-Modell für jeden Risikobereich erstellt. Dabei kann RMS-Gen ebenfalls durch entsprechende Sourcecode-Templates für verschiedene Visualiserungstechnologien konfiguriert werden. Dafür werden die nötigen Codeblocks für die entsprechenden Zieltechnologien implementiert. Dabei handelt es sich z. B. um die Std-WDMS-eigene HTML-basierte Template-Sprache WDMS-Skript oder auch XSLT. RMS-Gen generiert je nach gewünschter Zielsprache folgende Bestandteile für die Berichte-Visualisierung:

> Berichte-Leser: implementiert das Lesen von Berichten ausgehend von RMS-WD aus dem RMS-Berichte-Archiv über die Schnittstelle Berichtezugriff. Dazu liest der RMS-WD Application Server die Berichte-Modell-XML-Datei ein und benutzt diese als Metainformation.

> Berichte-Visualisierer: implementiert das Visualisieren von Berichte durch RMS-WD basierend auf dem zugehörigen Berichte-Visualisierung-Modell. Dazu liest der RMS-WD Application Server die Berichte-Visualisierung-Modell-XML-Datei ein und benutzt diese als Metainformation.

Probleme und Lektionen

Der Einsatz von generativen Verfahren bringt im Projekt nicht nur die bereits diskutierten Vorteile, sondern führt zu zusätzlichen Problemen. So wird mit dem RMS-Gen und der Sourcecode-Generierung aus der Java-Entwicklungsumgebung im Grunde die Entwicklung eines Entwicklungswerkzeugs betrieben. Dies erhöht die Komplexität bei der Fehlersuche zusätzlich. Auch bei der Bereinigung von Fehlern ist jeweils zu entscheiden, ob ein Fehler im Werkzeug oder in den Sourcecode-Templates liegt. So muss bei jedem Verändern von RMS-Gen sichergestellt bzw. getestet werden, ob auch die anderen, bislang nicht fehlerhaft erzeugten Artefakte weiterhin fehlerfrei bleiben. Hinzu kommt, dass jede Zielsprache ihre eigene Debugging-Umgebung besitzt und im Grunde eine integrierte Umgebung hierzu benötigt wird, die bei einer Fehlermeldung direkt in die zugehörigen Modellelemente verweist, aus denen der fehlerhafte Bestandteil des Artefakts generiert wurde. Eine solche Debugging-Umgebung zusätzlich zu entwickeln sprengt aber in der Regel den vertretbaren Rahmen eines Anwendungsentwicklungsprojekts.

Komplexere Debugging-Struktur

9.6 Organisationen und Individuen (WER)

Wir wollen uns nun in diesem Abschnitt mit den Einflüssen und Auswirkungen von Organisation und Individuen auf das RMS-Projekt beschäftigen.

9.6.1 Organisation

Organisatorische Anforderungen der Bank

Die Projektorganisation, die Kommunikationswege wie auch der anzuwendende Projektmanagementprozess sind in unserem Projekt durch die Bank vorgeschrieben.

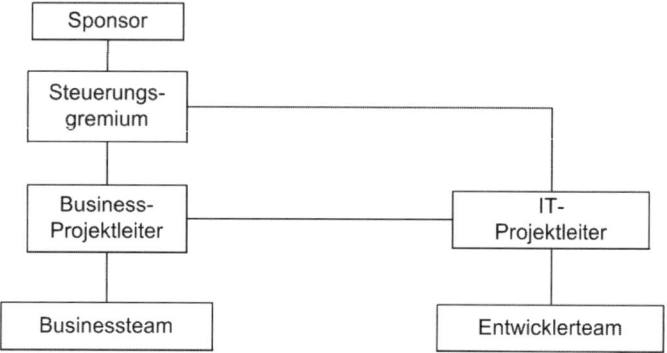

Abb. 9.6-1: Projektorganisation und Kommunikation (internes Projekt).

Business- und Entwicklerteam werden separat geleitet. Kommunikation zwischen den Teams findet nur vertreten durch die Projektleiter oder in Absprache mit den Projektleitern statt. Beide Projektleiter berichten direkt an ein Steuerungsgremium für das Projekt, das seinerseits direkt an den Sponor innerhalb der Bank berichtet.

Änderung der Organisation

Diese Strukturen ändern sich aber in unserer hypothetischen Bank während des Projekts: In einem Outsourcing-Prozess wird der Projektauftrag an einen externen Auftragnehmer vergeben, gleichzeitig wird eine organisatorische Umstrukturierung in der Bank vorgenommen.

Vorteile einer Skalierende Struktur

Als entscheidender Vorteil wirkt sich jetzt aus, dass das Projekt, bereits während der Entwicklungszeit innerhalb der Bank, ähnlich einem externen Projekt durchgeführt wird. Es gibt wie in Abbildung 9.6-2 dargestellt nun aber zwischen der Bank und dem IT-Projektleiter einen IT-Verantwortlichen der Bank, der die Schnittstellenfunktion zwischen Bank und IT wahrnimmt. Zusätzlich erweitert sich die Organisation um einen Kundenmanager und ein Steuerunggremium beim Auftragnehmer, die im Eskalationsfall die Kommunikation mit der Bank übernehmen. Dadurch wird zusätzliche Kommunikationskomplexität eingeführt, die sich nicht immer positiv auswirkt.

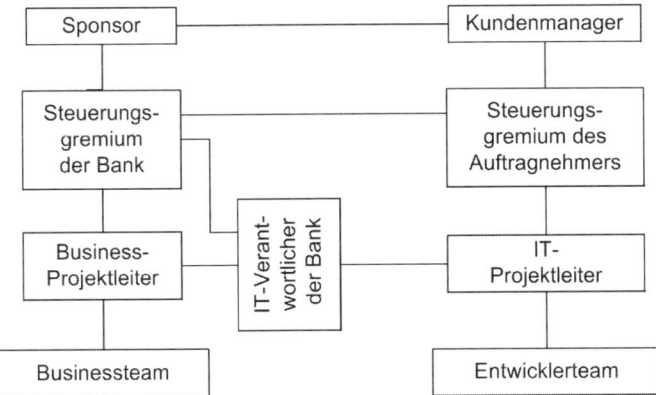

Abb. 9.6-2: Projektorganisation und Kommunikation (externes Projekt).

Die organisatorische Umstrukturierung der Bank wirkt sich aber auch auf die betrieblichen Prozesse der Bank aus und beeinflusst insbesondere auch die Risikofallbearbeitungsprozesse (siehe Abbildung 9.2-6 und 9.2-2). Nun zahlt sich die während des Projekts getroffene Architektur-Entscheidung E-KONV aus, die die Organisationsstruktur der Bank auf ein RMS-internes Organisationsmodell abbildet, das auf einem eigenen Metamodell (siehe Abbildung 9.4-3) basiert und damit die Risikofallbearbeitungsprozesse optimal entkoppelt.

Auswirkungen auf das IT-System RMS

Das Projekt RMS wird in einer Zeit entwickelt in der modellgetriebene generative Verfahren nicht auf breiter Ebene akzeptiert werden. Ganz allgemein gibt es bei Auftraggebern für neuartige Technologien eine oft berechtigte Zurückhaltung. Will der Auftragnehmer hier erfolgreich sein, ist entweder viel Überzeugungskraft nötig oder es ist möglich, die neue Technologie als Risiko für den Auftragnehmer zu transformieren und trotzdem bei den Kosten konkurrenzfähig zu bleiben. Für generative Verfahren ist dies möglich: Das Werkzeug RMS-Gen erzeugt Artefakte auf der Basis von Zielsprache wie Java und XML, auf der diese Artefakte hätten genauso manuell erstellt werden können.

Generative Verfahren erhöhen die Verhandlungsflexibilität zwischen den Vertragspartnern

Der Projektvertrag kann somit vorsehen, dass RMS-Gen, die Generierungskonfigurationen des Java-Entwicklungswerkzeugs und die zugehörigen Metamodelle nicht zum Lieferumfang gehören, sondern nur die generierten Artefakte. Für Folgeprojekte kann die Bank basierend auf diesen Artefakten von einem anderen Auftraggeber das RMS weiterentwickeln lassen. Das Risiko des Einsatzes der modellgetriebenen Technologie liegt somit beim Auftragnehmer. Diesem Risiko des Auftragnehmers steht hier aber auch die Chance gegenüber, bei Folgeprojekten zur Integration weiterer Risikobereiche durch Einsatz von RMS-Gen und der

Risiko und Chance

generativen Verfahren wesentlich effizienter und damit kostensparender zu arbeiten als Mitkonkurrenten. Eine Investition in RMS-Gen kann sich also durch Folgeaufträge lohnen, auch wenn sie sich für das Erstprojekt nicht lohnt.

Vertragsvarianten

Die Bank kann hier also wählen, wer das Risiko der Mehrkosten und die Chance zur Kosteneinsparung bei Folgeprojekten trägt. Die denkbare Option, als IT-Projektmanager den Einsatz des generativen Vorgehens gänzlich vor der Bank und vor dem eigenen Steuerungsgremium und auch dem Kundenmanager zu verschweigen, ist als sehr kritisch einzustufen.

9.6.2 Individuen

Individuen als Faktoren für Kontinuität

Das bereits angesprochene Outsourcing des Projekts kann nur dann ohne wesentliche Verluste bei den bereits erlangten Fortschritten und Ergebnissen bleiben, wenn nicht alle bereits getroffenen erfolgreichen Architektur-Entscheidungen wieder infrage gestellt oder falsch verstanden werden. Dies bewahrheitet sich auch in diesem Projekt: Kontinuität im Projekt wird durch die entscheidungstragenden Individuen sichergestellt. Ein Projekt läuft nicht frei von Individuen rein rollenbasiert ab. So wird zwar fast das gesamte Entwicklerteam ersetzt, der IT-Projektleiter und der Architekt bleiben aber dem Projekt erhalten.

Heterogene Teamzusammensetzung als Vorteil nutzen

Im RMS-Projekt wird von den Entwicklern ein hoher Grad an Abstraktionsvermögen abverlangt. Die stark modellgetriebene Vorgehensweise schafft nicht nur Vorteile, sondern auch einige Probleme im Team. Der Schulungsbedarf ist nicht allein dadurch zu bewältigen, dass die Mitarbeiter etwa auf einen UML-Modellierungskursus geschickt werden. Diese Maßnahmen können allenfalls als Basis dienen. Als wesentlich stellt sich heraus, dass nur ein Coaching durch erfahrenere Projektmitglieder und eine dem modellbasierten Vorgehen angepasste Werkzeugunterstützung falsche Vorgehensweisen und Verletzung getroffener Architektur-Entscheidungen verhindern. Auf der anderen Seite zeigt es sich gerade auch als Vorteil, dass für die Projektmitglieder selber erkennbar wird, dass es deutliche Kompetenzunterschiede gibt und somit eine fachliche Unterordnung zu anderen Entwicklern auch bei etwas detaillierteren Entscheidungen, wie etwa in der Mikro-Architektur, leichter hingenommen werden können.

Als äußerst praktikabel erweist es sich auch, dass bei der Strukturierung des Systems in Systembausteine pro Systembaustein entschieden werden kann, wie hoch der Abstraktionsgrad der dafür eingesetzten Technologie ist. So können gezielt die nicht so zentralen Systembausteine ohne generative Verfahren, also zunächst auf herkömmliche Weise, entwickelt werden, solange sich dies bei der Kommunikation an den Schnittstellen zu den anderen Systembausteinen nicht zeigt. Im RMS sind hierfür der Org-Konverter und der Ber-Konverter typische Beispiele. Diese können von einem weniger erfahrenen oder weniger abstraktionsfähigen Entwickler durchaus basierend auf dem momentanen Organisationsmodell „hartverdrahtet" werden und sich trotzdem an den Schnittstellen auf dem zugehörigen Metamodell basierend darstellen.

Architektur muss unterschiedlich qualifizierte Entwickler zulassen

9.7 Architektur-Vorgehen (WIE)

Das Vorgehen im Projekt orientiert sich am Entwicklungsprozess wie er in Kapitel 8 dargestellt und besitzt starke Bezüge zum Szenario der Produktlinienentwicklung.

Anwendungsszenarien

Wie in Abschnitt 9.6 bereits beschrieben, wird das RMS-Projekt zunächst in der Bank selbst, nach einem Fertigstellungsgrad von etwa 30 % aber bei einem externen Auftragnehmer weitergeführt. Insofern ändert sich auch der zugrunde liegende Entwicklungsprozess. Hier zeigt sich, dass dies für den Projekterfolg unproblematisch ist, solange der Projektleiter und der maßgebliche Architekt dieses Projekt weiterführen. Es ergibt sich allerdings ein gewisser Overhead dadurch, dass zahlreiche Projekt-Artefakte, insbesondere im Projektleitungsbereich, gemäß den neuen Richtlinien umstrukturiert oder zusätzlich erzeugt werden müssen.

Auswechslung des Entwicklungsprozess

Wir wollen hier im Weiteren auf den gemeinsamen Kern beider Entwicklungsprozesse eingehen. Beide Vorgehen waren iterativ und inkrementell und im wesentlichen analog zu den Grundlagen, die dazu in diesem Buch beschrieben sind (siehe Kapitel 8). Viele der architektonischen Tätigkeiten haben wir bereits in den vorausgehenden Abschnitten zu den anderen Dimensionen des Ordnungsrahmens beschrieben, die wir hier noch einmal zusammenfassen wollen.

Architektonische Tätigkeiten

Den zunächst zu erstellenden Business Case haben wir in Abschnitt 9.2.1 als Ausgangspunkt für das Modellieren und Verstehen der Anforderungen im gesamten Abschnitt 9.2 formuliert. Das Entwerfen

Anforderungen verstehen und Architektur entwerfen

der Architektur stellen wir für das RMS durch das schrittweise Ableiten von Architektur-Entscheidungen aus diesen Anforderungen in den Abschnitten 9.3 und 9.4 vor. Für das Kommunizieren der Architektur wird als zentrales und durchgängiges Mittel die UML eingesetzt. Das Umsetzen der Architektur beleuchten wir ausführlicher dann in den Abschnitten 9.5. und 9.3.

Anwendungs-entwicklung

Die Entwicklung des RMS kann man als reine Anwendungsentwicklung für den Kreditrisikobereich auffassen. In diesem Fall wird konsequenterweise eine Variante des Projektvertrag geschlossen, die insbesondere die Entwicklung des Werkzeugs RMS-Gen nicht zum Gegenstand hat, sondern nur an den generierten Artefakten interessiert ist (siehe Abschnitt 9.6.1).

Produktlinien-entwicklung

Wird jedoch das Entwickeln des RMS-Gen explizit als Vertragsgegenstand formuliert, lässt sich der Charakter der Produktlinienentwicklung nicht verleugnen. In diesem Szenario lösen verschiedene RMS-Varianten mit eigenen Berichte-Modellen das Problem der Risikoüberwachung für verschiedene Risikobereiche. Innerhalb eines solchen Risikobereichs kooperieren dann diese mit dem jeweiligen Risikofalldetektorsystem. Insofern wird der Fokus beim Entwickeln des RMS auch nicht auf die Anwendung Kreditrisikoüberwachung allein gelegt, sondern auf eine ganze Software-Systemfamilie der Produktlinie Risikoüberwachung. Der in den vorausgegangenen Abschnitten herausgearbeitete Aspekt Berichte spielt dabei die zentrale Rolle. Folgerichtig werden daher auch die typischen Mittel wie Frameworks, DSLs und MDSD eingesetzt. Die Analyse, das Design und die Implementierung bezogen auf eine Modellierung nach Domänen ist daher auch in dieser Fallstudie entscheidend und schlägt sich in einerseits domänen- und andererseits anwendungsbezogenen Entwicklerrollen nieder.

10 | CRM-Kundendatenrepository

Diese Fallstudie beschreibt die Konzeption und den Aufbau eines zentralen Kundendatenrepository im Rahmen der Einführung eines umfangreichen CRM-Programmes. Voraussetzung für die erfolgreiche Einführung des CRM-Programmes war es, einen konsistenten Bestand an Kundenstammdaten zu haben. Diese Daten sollten allen Systemen des Auftraggebers zentral zur Verfügung gestellt werden. Um Plattformunabhängigkeit zu gewährleisten, sollten alle Daten über Web Services angeboten werden. Eine weitere wichtige Anforderung war die fortlaufende Sicherstellung der Konsistenz der Kundendaten über die angeschlossenen Systeme und die Schaffung einer Möglichkeit, bei Datenverlust in einem System die verlorenen Daten wieder herstellen zu können.

Dieses Kapitel betrachtet den Aufbau des zentralen Kundendatenrepository, wobei besonders die Software- und Integrationsarchitekturen näher beleuchtet werden sollen. Die im Anwendungsszenario EAI (siehe Abschnitt 8.4) beschrieben Vorgehensweisen finden hier ihre praktische Anwendung.

IT-Architekten, die sich mit der Integration verschiedener Systeme beschäftigen, werden hier interessante Lösungsansätze für immer wieder auftretende Integrationsprobleme finden und erfahrene IT-Architekten werden ihre Erfahrungen bestätigt finden.

Übersicht

10.1 Zusammenfassung

Mit dem Wechsel in das neue Jahrtausend nahm mit dem verstärkten Trend zur Konzentration in internationalem Maßstab auch der Wettbewerb zwischen den verschiedenen Unternehmen zum Personentransport zu. Für den Auftraggeber des dieser Fallstudie zugrunde liegenden Projektes ergab sich daher die Notwendigkeit, sich auf den Kernkunden zu konzentrieren mit dem Ziel der langfristigen Bindung durch Aufbau einer optimalen Kundenbeziehung. Der Zielkunde sollte an allen Kundenkontaktpunkten schnell erkannt werden, damit ihm ein entsprechender Service geboten werden konnte. Die bestehende Systemlandschaft ließ jedoch die Bereitstellung der benötigten Informationen aufgrund mangelnder Vernetzung nicht zu.

Die folgende Fallstudie beschreibt die Konzeption und den Aufbau eines zentralen Repository für Kundendaten, das im Rahmen eines CRM-Programmes den Auftraggeber in die Lage versetzt, die benötigten Kundeninformationen an allen Kundenkontaktpunkten zur Verfügung stellen zu können.

Der initiale Aufbau des zentralen Kundendatenrepository hat etwa zwei Jahre gedauert und wurde Mitte 2003 abgeschlossen. Für die Anbindung weiterer Systeme und für das Anbieten neuer Dienste ist ein Prozess etabliert worden, der diese Aufgaben als Kombination von Projekt und Wartung abdeckt.

Die Zusammensetzung des Projektteams, das für den Aufbau des zentralen Kundendatenrepository verantwortlich ist, wird kontinuierlich den gestellten Aufgaben angepasst. Während zunächst das Herausarbeiten der Anforderungen im Vordergrund stand, ist es jetzt eher die Übergabe an das Wartungsteam und die Weiterentwicklung zur Bereitstellung neuer Dienste.

Ebenso wie die Zusammensetzung des Projektteams hat sich auch die Anzahl der Teammitglieder den Aufgaben angepasst. Während das Team in der Analyse- und Konzeptionsphase bis zu sechs Mitglieder hatte, bestand es während der Umsetzungsphase aus bis zu 25 Spezialisten unterschiedlichster Ausrichtung.

Für den Betrieb des Kundendatenrepository sind zwei weitere Teams verantwortlich. Die Verfügbarkeit der Infrastruktur wird durch den technischen Betrieb, bestehend aus zwei Mitarbeitern, sichergestellt. Der fachliche Betrieb hingegen soll fachliche Probleme wie Sicherstellung der Datenkonsistenz, Auflösen von Problemsituationen und Start und Stoppen von einzelnen Komponenten sicherstellen. Diese Aufgaben werden von zwei Mitarbeitern des Auftraggebers wahrgenommen.

Die Kosten für die Einführung eines solchen CRM-Systems sind natürlich nicht unerheblich, besonders wenn bestehende Schnittstellen zwischen Bestandssystemen entfallen, neue geschaffen und Datenflüsse geändert werden. So kann für die Einführung des gesamten CRM-Systems eine Summe im mehrstelligen Millionenbereich veranschlagt werden, wovon etwa 30 % auf das Kundendatenrepository entfallen. Hiervon wiederum müssen die Anteile für Infrastruktur, Beratungsleistungen und Betrieb bestritten werden.

10.2 Architektur-Anforderungen (WARUM)

Die Liberalisierung des Luftverkehrs, der daraus resultierende Wettbewerbsdruck sowie die zunehmende Markt- und Preistransparenz bestimmen das Marktumfeld, in dem der Auftraggeber des dieser Fallstudie zugrunde liegenden Projektes bestehen muss. Dieses Umfeld zwingt zur Entwicklung neuer Strategien, die eine eindeutige Differenzierung gegenüber den Wettbewerbern ermöglichen. Produktqualität und Preis reichen für eine solche strategische Differenzierung nicht mehr aus und sind zudem leicht durch die Wettbewerber imitierbar. Eine langfristige Differenzierung und damit das Erlangen von Wettbewerbsvorteilen kann deshalb nur mit einer durchgängigen Ausrichtung an den Bedürfnissen der Kunden erreicht werden.

Basierend auf dieser Erkenntnis sollte ein Customer-Relationship-Management-Programm (CRM) eingeführt werden mit dem Ziel, die wichtigen Kunden durch den Aufbau einer optimalen Kundenbeziehung langfristig an unseren Auftraggeber zu binden.

Die Konzentration auf den Kernkunden ermöglicht es, diesen gezielt anzusprechen und entsprechende Dienstleistungen anbieten zu können. Dadurch ist ein hoher Differenzierungsgrad im Vergleich zu den Mitbewerbern gegeben. Eine Imitation ist aufgrund der komplexen Kundenbeziehung kaum möglich.

Ebenso ist die Nutzung der Kundeninformationen durch Integration und Verteilung über die gesamte Prozesskette nicht auf Mitbewerber transferierbar. Das Ergebnis ist ein starker Informationsvorsprung.

Die vorhandenen Kundeninformationen können effektiv in der gesamten Organisation verwendet werden, was zu einer Verbesserung der internen Abläufe führt. Hieraus resultiert eine hohe Mitarbeiterzufriedenheit, da die Befähigung zum kundenorientierten Handeln durch verbesserte Werkzeuge und vereinfachte Prozesse Einfluss auf die Motivation und Zufriedenheit der Mitarbeiter hat.

Voraussetzung für die Umsetzung dieser ehrgeizigen Ziele war die Realisierung eines Repository, das alle Daten der Kunden enthalten sollte, die aus CRM-Sicht für die Schaffung dieser komplexen Kundenbeziehung benötigt wurden.

Die Architektur des Kundendatenrepository wurde daher mit dem Ziel entworfen, eine gute Integration der betroffenen Anwendungen und Datenquellen in den CRM-Verbund zuzulassen und die Qualität der Kundeninformationen fortlaufend zu verbessern. Der Fokus wurde dabei sowohl auf die Geschäftslogik zur Sicherung der Datenkonsistenz als auch auf die Einhaltung der nicht-funktionalen Anforderungen gelegt.

Im Rahmen des Anwendungsszenarios EAI (siehe Abschnitt 8.4.1) wird auf mögliche Treiber für eine Integrationslösung eingegangen.
Für die Umsetzung des zentralen Kundendatenrepository werden die folgenden drei Hauptziele formuliert:
> Reduzierung und Vereinheitlichung der Schnittstellen und der Datenflüsse und damit Senkung der Kosten,
> Verbesserung der Datenqualität und
> Schaffung einer Möglichkeit, einfach auf konsistente Kundendaten zugreifen und diese modifizieren zu können.

Aus diesen Hauptzielen ergeben sich eine Reihe von Anforderungen.

Wichtige funktionale Anforderungen sind dabei:
> die Schaffung einer einheitlichen Sicht auf Kundenstammdaten aus CRM-Sicht,
> die Bereitstellung von Diensten, über welche Kundendaten abgefragt und modifiziert werden können und
> die Sicherstellung der Konsistenz der Kundendaten über alle angeschlossenen Systeme.

Darüber hinaus lassen sich aber auch nicht-funktionale Anforderungen ableiten:

> Gewährleistung einer sehr hohen Verfügbarkeit und Skalierbarkeit,

> trotz der hohen Komplexität muss das System mit wenig Aufwand betreibbar sein,

> die Antwortzeit für die Abfrage einzelner Kunden soll in den meisten Fällen unter einer Sekunde bleiben.

> Reduktion der Prozess- und Verwaltungskosten für das Management der Kundendaten.

Die Einhaltung dieser Ziele soll unter der organisatorischen Rahmenbedingung sichergestellt sein, dass die Plattform (siehe Abschnitt 3.4), die dem Kundendatenrepository zugrunde liegt, durch den Auftraggeber vorgegeben ist.

10.3 Organisationen und Individuen (WER)

Auftraggeber für das gesamte CRM-Programm – und damit auch des Kundendatenrepository als dessen integraler Bestandteil – ist eine bedeutende europäische Fluggesellschaft.

Die Dienste des zentralen Kundendatenrepository stehen jedem Bereich des Auftraggebers zur Verfügung, der Zugriff auf Kundendaten benötigt. Das sind in erster Linie Bereiche, die in das CRM-Programm eingebunden sind, sowie Bereiche, die Dienstleistungen im Zusammenhang mit Kundenkontaktpunkten (Check-in, Lost-and-found, Call-Center, ...) anbieten.

Anwendungen mit Zugriff auf diese Services werden von den Geschäftsbereichen an Generalunternehmer innerhalb oder außerhalb des Konzerns in Auftrag gegeben und unter Mitwirkung Externer realisiert.

Der Generalunternehmer des dieser Fallstudie zugrunde liegenden Projektes war ein international agierendes Beratungsunternehmen, das Leistungen, die es nicht selbst erbringen konnte, bei Unterauftragnehmern einkaufte.

Die fünf wesentlichen Rollen, die der Auftraggeber im Rahmen des Aufbaus sowie des Betriebs des zentralen Kundendatenrepository unterschied, waren

Rollen und deren Beziehungen

> *Betreiber der anzuschließenden Systeme und Datenquellen*: Diese Gruppe ist zuständig für den Betrieb des jeweiligen Systems und arbeitete bei der Erstellung der entsprechenden Schnittstellendefinition mit und setzte sich aus Mitarbeitern des Auftraggebers und Externen zusammen.

> *Technischer Betreiber CRM-Kern*: die Gruppe, die zuständig ist für das Zurverfügungstellen der technischen Infrastruktur für die zentralen CRM-Anwendungen, worunter im Wesentlichen Hardware, Netzwerk, Betriebssystem sowie entsprechende System-Management und Dienstleistungen wie Support zu verstehen sind. Für diese Aufgabe hat der Auftraggeber einen Dienstleister aus dem eigenen Konzern ausgewählt.

> *Fachlicher Betreiber CRM-Kern*: die Gruppe, die fachliche Fragen rund um CRM und dessen Zusammenspiel klären und deren Umsetzung initiieren soll. Mitglieder dieser Gruppe sind Mitarbeiter des Auftraggebers und Externe.

> *Anwender*: Diese Gruppe arbeitet mit den Daten aus dem CRM-Verbund und ist daher über das ganze Unternehmen des Auftraggebers verteilt.

> *Projektteam*: Diese Gruppe hatte als zentrale Aufgabe die Konzeption und die Umsetzung des IT-Systems Kundendatenrepository. Mitglieder dieser Gruppe waren Externe.

Die Beziehungen der einzelnen Rollen untereinander sind in Abbildung 10.3-1 dargestellt.

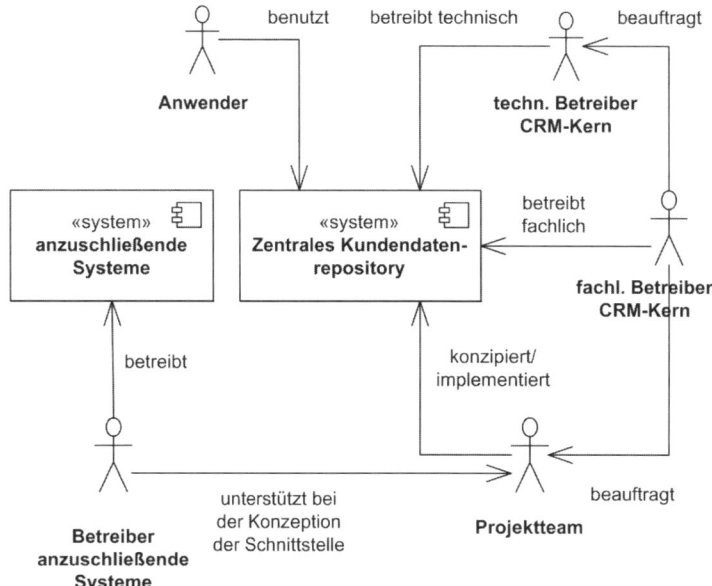

Abb. 10.3-1: *Rollen und deren Beziehungen.*

10.4 Architekturen und Architektur-Disziplinen (WAS)

Wie weiter oben im Abschnitt WARUM (siehe Abschnitt 10.1.1) schon ausgeführt, gab es von vornherein drei Architektur-Aspekte, die Berücksichtigung finden mussten:

> die Integrationsarchitektur, die bestimmen soll, wie Kundendaten im CRM-Verbund ausgetauscht werden,

> die Datenarchitektur, die beschreibt, wie Kundendaten in der Datenbank abgebildet werden und

> die Software-Architektur, die Aussagen zu dem Aufbau des IT-Systems macht.

10.5 Architektur-Perspektiven (WO)

Innerhalb des dieser Fallstudie zugrunde liegenden Projektes wurde auf unterschiedlichen Architektur-Ebenen operiert.

Die Operationen auf der Organisationsebene wie

> die Identifikation der Geschäftsprozesse und der damit verbundenen Geschäftsobjekte,

Organisationsebene

> die Identifikation der betroffenen IT-Systeme und

> die Definition der Verantwortlichkeiten der IT-Systeme

waren bereits im Vorfeld durch den Auftraggeber abgeschlossen.

Systemebene

Auf der Systemebene waren die funktionalen Anforderungen für jedes zu integrierende System abzuleiten und zu konkretisieren. Basierend darauf mussten die Schnittstellen für die benötigte Funktionalität definiert und hinsichtlich ihres Funktionsumfangs, ihrer Technologie, der verarbeiteten Datenstrukturen und -formate sowie ihres Kommunikationsstils untersucht werden.

Bausteinebene

Auf der Bausteinebene wurden Vorgaben erarbeitet bezüglich der Struktur und der Verteilung der Aufgaben unter den Bausteinen. Um eine Durchgängigkeit bei der Lösung von Kernproblemen zu gewährleisten und Doppelarbeit zu vermeiden, wurden systemübergreifende Frameworks geschaffen. Durch die Vorgabe von Benutz-Standards, die teilweise in der Form von Code-Mustern vorgegeben waren, wurden architektonische Richtlinien aufgestellt. Darüber hinaus gab es Vorgaben hinsichtlich der Namenskonventionen und Ableitungshierarchie für Bausteine.

10.6 Architektur-Mittel (WOMIT)

Werkzeuge

Das Projekt CRM-Kundendatenrepository hat in seiner Laufzeit eine Reihe von Änderungen hinsichtlich der Verantwortlichen wie auch der Beteiligten erfahren. Verbunden mit diesen Änderungen hat auch ein Wandel der Architektur-Mittel stattgefunden. Während zu Beginn in erster Linie auf die Unterstützung der Datenmodellierung fokussiert wurde, rückte später der gesamtheitliche Modellierungsaspekt in den Vordergrund und es wurden UML-Modellierungswerkzeuge eingesetzt. Neben den Werkzeugen fanden auch Architektur-Prinzipien und -Muster wie *Separation of Concerns* und das Schichten-Architektur-Muster (*Layers*) Anwendung.

Dokumentation

Die Dokumentation der entstandenen Architektur erfolgte mittels UML, um eine konsistente Notation für die Beschreibung aller wichtigen Aspekte zu benutzen.

Technologien

Als Technologien kamen Datenbanken, Middleware, XML und Web Services zum Einsatz.

Die eingesetzte Plattform beinhaltete eine integrierte Entwicklungsum- **Plattform**
gebung sowie ein einfaches Versionierungssystem. Darüber hinaus
kamen ein Defekt-Verfolgungssystem, ein selbst entwickeltes Build-
System und eine Menge verschiedener Test-Werkzeuge zum Einsatz.

10.7 Architektur-Vorgehen (WIE)

Das Projekt wurde nach einem vom Auftraggeber eingesetzten Vorge- **Wasserfall**
hensmodell umgesetzt, das sich stark am Wasserfallmodell orientiert.
Dabei wurden alle Architektur-Aktivitäten wie

> Verstehen der Anforderungen,

> Entwickeln und Überprüfen der Architektur und

> Kommunizieren, Implementieren und Evolution der Architektur

durchgeführt.

Für Teilaktivitäten wie z. B. die Konzeption und Umsetzung einzelner **iterativ**
Bausteine kam eine iterative Vorgehensweise zum Einsatz.

10.8 Ausgangssituation

Die wichtigste Voraussetzung für die erfolgreiche Umsetzung der Vision
des Auftraggebers ist die Fähigkeit, Kundenwissen durchgängig an allen
Kundenkontaktpunkten verfügbar zu machen.

Ausgehend von dieser Vision wurde analysiert, in welchen Systemen **Analyse**
wichtige Kundeninformationen zu finden waren und welche Datenflüsse
bezüglich dieser Daten vorlagen.

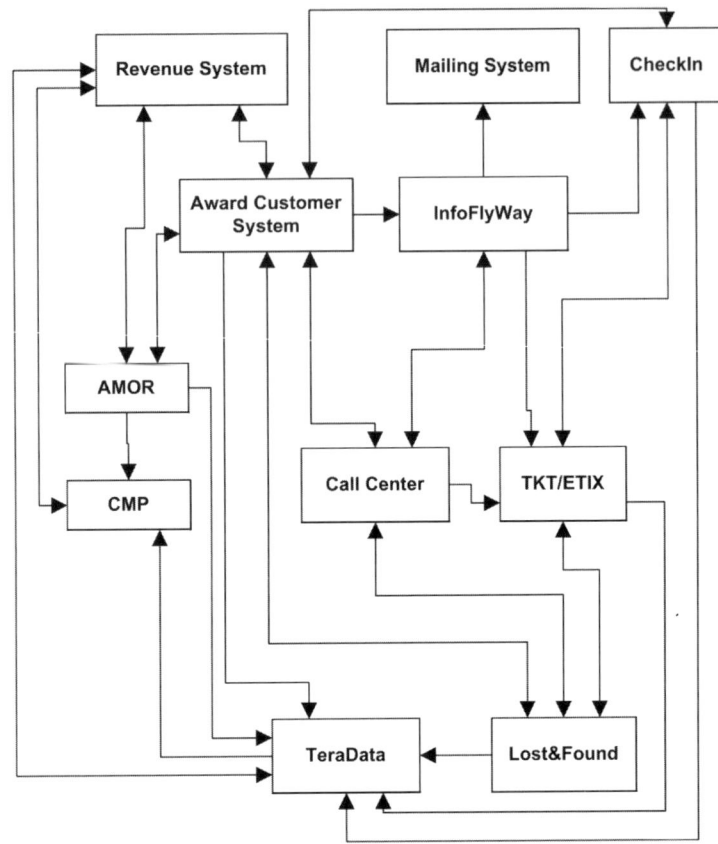

Abb. 10.8-1: *Ausgangssituation – Schnittstellen zwischen den Systemen.*

Das Ergebnis dieser Analyse zeigt, dass

> die für das CRM-System wichtigen Kundendaten über eine Vielzahl von Systemen verstreut waren,

> eine Vielzahl von Schnittstellen zwischen diesen Systemen existierten (siehe Abbildung 10.8-1),

> keine klare Hoheit über die Änderung von wichtigen Kundendaten zwischen den Systemen bestand,

> Datenflüsse und die daraus resultierenden Änderungen nicht immer nachvollziehbar waren,

> zwischen den einzelnen Systemen unterschiedliches Verständnis über den Inhalt von gleichnamigen Datenentitäten bestand und

> Inkonsistenzen zwischen den Kundendaten in den Systemen nicht auszuschließen waren.

Als Voraussetzungen für die erfolgreiche Einführung eines CRM-Systems konnten daher folgende Ziele formuliert werden:

> Reduzierung und Vereinheitlichung der Schnittstellen und der Datenflüsse und damit der Kosten,

> Verbesserung der Datenqualität,

> Nutzung von Kundendaten durch alle interessierten Systeme.

Die Umsetzung des für den Auftraggeber zu implementierenden CRM-Systems wurde aufgrund der hohen Komplexität in eine Reihe von Einzelvorhaben untergliedert, die unter gemeinsamer Steuerung in einer definierten Abfolge angegangen wurden. Diese Vorhaben waren:

> Implementierung einer Customer-Relationship-Management-Software,

> Gestaltung einer modernen Call-Center-Infrastruktur,

> Aufbau eines zentralen Data Warehouse,

> Schaffung einer einheitlichen Sicht auf Kundendaten durch eine zentrale Kundendatenbank und

> Konzeption und Realisierung einer integrierten Systemlandschaft.

Das Vorhaben, das in dieser Fallstudie weiter betrachtet werden soll, ist die Konzeption und Umsetzung der zentralen Kundendatenbank.

10.9 Anforderungen

Die Einführung einer zentralen Kundendatenbank soll die Basis für den Erfolg des gesamten CRM-Programmes schaffen – konsistente Kundendaten.

Wie in der Mehrzahl aller Unternehmen ist auch die Systemlandschaft des Auftraggebers dieser Fallstudie stark heterogen. Hostsysteme bestehen neben UNIX-basierten Client-Server-Systemen, es kommen verschiedenste Technologien und Programmiersprachen zum Einsatz. Daraus und aus den in Abschnitt 10.8 formulierten übergeordneten Zielen ergibt sich eine Reihe von Anforderungen, anhand derer der IT-Architekt unter Einsatz seiner Erfahrungen und eines bewährten methodischen Vorgehens eine tragfähige Architektur erstellen soll.

Anforderung A-RedSch: Reduzierung und Vereinheitlichung der Schnittstellen

Eine solche historisch gewachsene Systemlandschaft mit einer großen Anzahl von Systemen, deren Aufgaben sich zum Teil überschneiden und von denen einige zudem als Zwischenlösung konzipiert waren, erfordert eine Neugestaltung, wenn neue Anforderungen nicht mehr mit sinnvollem Aufwand umgesetzt werden können. Die Forderung nach der Bereitstellung konsistenter Kundendaten an allen Kundenkontaktpunkten war mit der bestehenden Systemlandschaft so nicht mehr realisierbar, sodass eine Konsolidierung stattfinden musste. Diese Konsolidierung sollte die Reduzierung und Vereinheitlichung der Schnittstellen und Anpassung der Datenflüsse zum Ziel haben.

Anforderung A-Integ: Integration aller relevanten Systeme

Verstreut über diese Landschaft sind die wichtigen Daten – die Kundendaten, Herzstück und Grundlage jedes CRM-Systems. Das Kontextdiagramm (siehe Abbildung 10.9-1) zeigt die Zusammenhänge zwischen den wichtigsten Systemen, die im Rahmen der ersten Projektphasen an das Kundendatenrepository angebunden werden sollten. Es gibt Aufschluss darüber, zwischen welchen Systemen Schnittstellen bestehen werden und über die Einbettung von Systemen in eine Systemlandschaft.

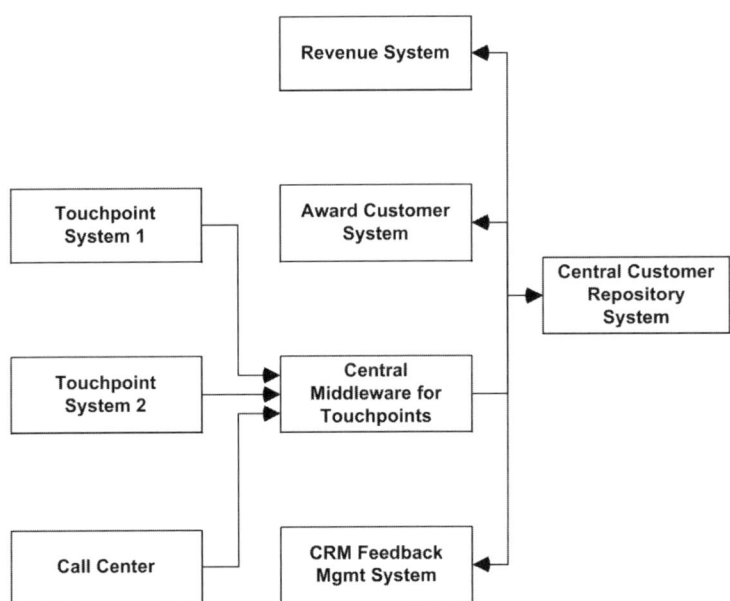

Abb. 10.9-1: *Kontextdiagramm.*

Touchpoint-Systeme

Die Touchpoint-Systeme dienen direkt der Unterstützung der Mitarbeiter des Auftraggebers bei verschiedenen Prozessen rund um den Kunden.

Das Call-Center ist ein Beispiel für ein Touchpoint-System, mit dem Mitarbeiter des Auftraggebers Kundenanfragen bearbeiten. Eine solche Bearbeitung kann auch die Änderung der Kundenstammdaten beinhalten.

Call-Center

Mithilfe des Revenue-Systems werden Dienstleistungen abgerechnet, die von Auftragnehmern wie Reisebüros erbracht wurden.

Revenue-System

Das Awardkundensystem dient den speziellen Belangen der Kunden, die im Besitz einer Kundenkarte sind und besondere Aufmerksamkeit verdienen.

Award-Customer-System

Die zentrale Middleware ist konzipiert, um Touchpoint-Systemen einfachen Zugang zu Kundendaten und der dazugehörigen Pflegefunktionalität zu ermöglichen und Komplexität zu verbergen.

Central Middleware for Touchpoints

Das CRM-Feedback-Management-System hat neben der Verwaltung von Kundenfeedback die Aufgabe, Marketingmaßnahmen zu unterstützen.
Alle diese Systeme haben mit Kundendaten zu tun, die auch für CRM interessant sind und müssen sich daher nahtlos in ein CRM-System integrieren lassen.

CRM-Feedback-Mgmt-System

Neben den vorstehend genannten Systemen gibt es eine Vielzahl weitere mit Kundendaten operierende Systeme. Bestehende Systeme werden abgelöst und durch neue ersetzt werden. Um die Integration weiterer Systeme zu ermöglichen, muss das Kundendatenrepository erweiterbar sein. Der Aufwand für eine Erweiterung muss dabei in einem vernünftigen Rahmen bleiben.

Anforderung A-Erw: Erweiterbarkeit

Einhergehend mit der Erweiterbarkeit muss das Antwortzeitverhalten des Kundendatenrepository im Auge behalten werden. Das System muss daher gut skalieren.

Anforderung A-Sk: Skalierbarkeit

Wie aus der Beschreibung der Ausgangssituation erkennbar wird, ist die Qualität der Kundendaten aufgrund der Verteilung über eine Anzahl von Systemen mit unterschiedlichen Blickwinkeln auf die Daten schlecht. Das Kundendatenrepository soll helfen, die Datenqualität spürbar zu verbessern.

Anforderung A-DQ: Verbesserung der Datenqualität

Anforderung A-DK: Sicherstellung der Konsistenz der Daten über alle Systeme

Aus der Ausgangssituation ist darüber hinaus zu erkennen, dass die Konsistenz der Daten mangelhaft ist. Zur Erlangung qualitativ hochwertiger Daten soll das Kundendatenrepository sicherstellen, dass die Konsistenz der Kundendaten über alle angeschlossenen Systeme gewährleistet wird.

Anforderung A-Tr: Transaktionssicherheit

Eine der Hauptaufgaben des Kundendatenrepository ist das Ändern von Kundendaten. Dabei können verschiedene Teile der Kundendaten in einer Anfrage geändert werden. Die Anforderung in diesem Zusammenhang ist, dass entweder alle Änderungen innerhalb einer solchen Anfrage geändert werden oder die ganze Anfrage abgewiesen wird.

Anforderung A-HV: Hochverfügbarkeit

Die Verfügbarkeit von Kundenstammdaten ist eine wichtige Voraussetzung für das Funktionieren einer Vielzahl von Systemen des Auftraggebers. Daher ist eine Verfügbarkeit von über 99,9 % sicherzustellen.

Anforderung A-Betr: Betreibbarkeit

Bei der Konzeption des Kundendatenrepository ist dem Aspekt der Betreibbarkeit besonderes Augenmerk zu schenken. Die Hauptaufgabe des technischen Betreibers ist es, rund um die Uhr den Betrieb des Kundendatenrepository sicherzustellen. Dazu muss der Zustand aller Komponenten des Kundendatenrepository beobachtet und ein Ausfall sofort gemeldet werden. Alle System-Komponenten sollen im Fehlerfall über einen einheitlichen Loggingmechanismus Meldungen in entsprechende Logdateien schreiben.

Tab. 10.9-1: Zusammenfassung der Anforderungen.

Anforderung	Art
Reduzierung und Vereinheitlichung der Schnittstellen (A-RedSch)	funktional
Integration aller relevanten Systeme (A-Integ)	funktional
Erweiterbarkeit, um weitere Systeme integrieren zu können (A-Erw)	funktional
Skalierbarkeit (A-Sk)	nicht-funktional
Verbesserung der Datenqualität (A-DQ)	funktional
Sicherstellung der Konsistenz der Daten über alle Systeme (A-DK)	funktional
Transaktionssicherheit (A-Tr)	funktional
Hochverfügbarkeit (A-HV)	nicht-funktional
Betreibbarkeit (A-Betr)	nicht-funktional

Anwendungsfälle

Aus dem Kontextdiagramm (siehe Abbildung 10.9-1) ist ersichtlich, dass eine Vielzahl von Systemen als Akteure gegenüber dem Kundendaten-repository auftritt.

Akteure

Die Definition und Beschreibung der Anwendungsfälle ist üblicherweise keine zentrale Aufgabe von IT-Architekten. Dennoch hat es sich als zweckmäßig erwiesen, wenn diese Tätigkeit von IT-Architekten begleitet wird. So kann bereits in dieser frühen Phase

Anwendungsfälle

> die Machbarkeit sichergestellt,

> die architektonische Relevanz der Anwendungsfälle untersucht,

> eine Priorisierung der Anwendungsfälle vorgenommen und

> eine genauere Schätzung für eine spätere Realisierung abgegeben

werden.

Der Funktionsumfang des zentralen Kundendatenrepository soll anhand der wichtigsten Anwendungsfälle (siehe Abbildung 10.9-2) näher beschrieben werden.

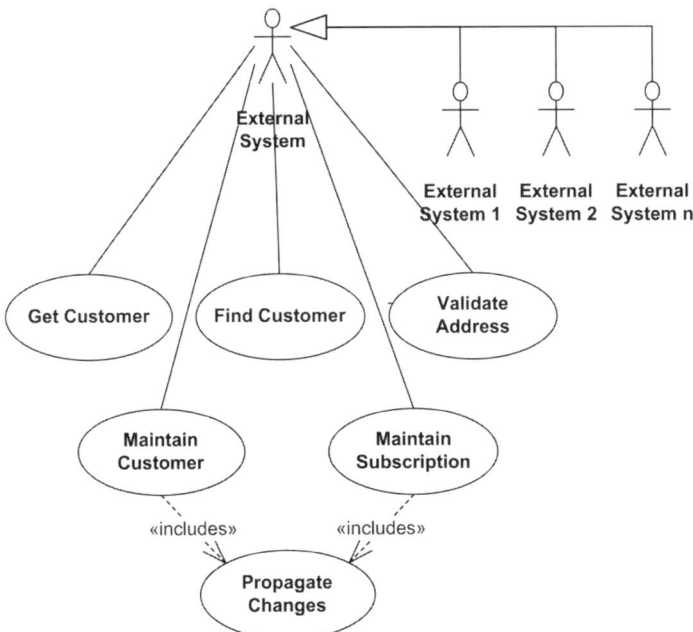

Abb. 10.9-2: *Hauptanwendungsfälle und Akteure.*

Maintain Customer	Der Anwendungsfall *Maintain Customer* beinhaltet alle Möglichkeiten, Kundenstammdaten zu modifizieren. So ist hier neben der Anlage von Kunden im Kundendatenrepository auch deren Änderung möglich.
Get Customer	Der Anwendungsfall *Get Customer* erlaubt es, gezielt über einen Identifikator (z. B. die Kundennummer) die Daten eines Kunden abzurufen.
Find Customer	Der *Find Customer* erlaubt die Suche nach Kundenstammdaten über eine Reihe festgelegter Suchkriterien. Als Ergebnis der Suche wird eine Liste von Kundennummern zurückgegeben.
Maintain Subscription	Jedes der betrachteten Systeme verwendet Identifikatoren zur eindeutigen Kennzeichnung von Entitäten wie Kunde (Kundennummer) oder Adresse (Adress-ID). Gleiche Instanzen einer Entität haben in unterschiedlichen Systemen verschiedene IDs. Um eine integrierte Sicht der Daten zu bekommen und Daten zwischen den Systemen korrekt auszutauschen, ist das Wissen über die Beziehungen dieser IDs von essenzieller Bedeutung. Im Kundendatenrepository werden neben Kundenstammdaten und Katalogen auch die Beziehungen der IDs für die einzelnen Instanzen jeder Entität zwischen Kundendatenrepository und externen Systemen als Crossreferenz hinterlegt. Dieses Verfahren wird auch als *KeyMapping* bezeichnet. Mit der Hinterlegung einer solchen Beziehung wird gleichzeitig das Interesse eines externen Systems bekundet, über jede Veränderung dieser Datenentität informiert zu werden. Der Mechanismus der Hinterlegung solcher Beziehung ist Thema des Anwendungsfalls *Maintain Subscription*.
Validate Address	Adressen sind ein zentraler Bestandteil von Kundenstammdaten. Um sicherzustellen, dass die Adressdaten eine hohe Qualität haben, wird externen Systemen über den Anwendungsfall *Validate Address* die Möglichkeit geboten, Adressen vor dem Einpflegen nach festgelegten Kriterien zu validieren und erforderlichenfalls zu korrigieren.
Propagate Changes	Ein aus der Sicht der Konsistenzhaltung der Daten im CRM-Verbund wichtiger Anwendungsfall ist *Propagate Changes*. Er stellt sicher, dass die angeschlossenen externen Systeme über alle Änderungen an Kundenstammdaten und an Katalogeinträgen informiert werden, indem für jede Änderung eine entsprechende Nachricht an die angeschlossenen Systeme gesendet wird. Jedes System schickt nach erfolgreicher Verarbeitung eine Bestätigung an das Kundendatenrepository.
Kind-Entität	Die Kundendaten sind in verschiedene Entitäten strukturiert. Somit ergibt sich, dass zu der Hauptentität Kunde eine Anzahl Kind-Entitäten

gehören, die wiederum durch andere Kind-Entitäten beschrieben sein können. Die Struktur der Kundendaten (siehe Abbildung 10.9-3) erlaubt es, dass ein Kunde verschiedene Sprachen, Präferenzen und Adressen haben kann, wobei jede einzelne Adresse wiederum verschiedene Typen und Kanäle haben kann.

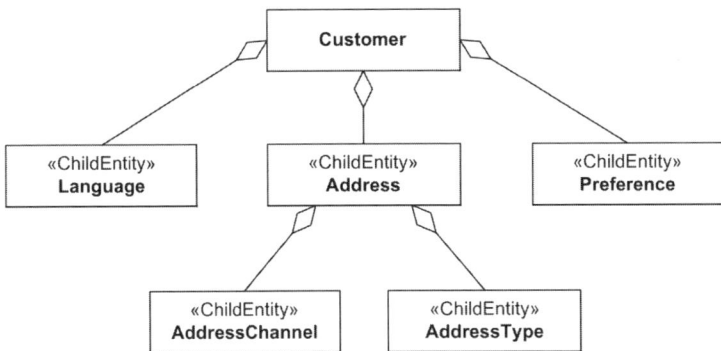

Abb. 10.9-3: *Hierarchische Struktur der Kundendaten.*

Ausgehend von dieser hierarchischen Struktur lässt sich der Anwendungsfall *Maintain Customer* weiter detaillieren (siehe Abbildung 10.9-4):

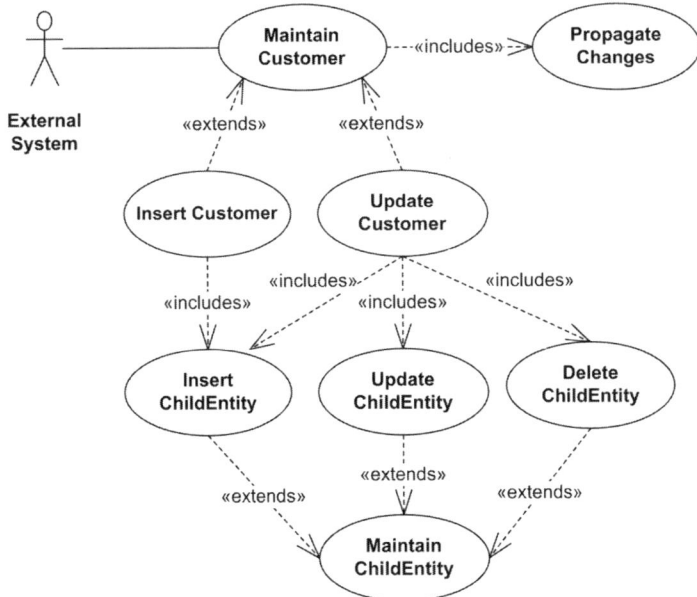

Abb. 10.9-4: *Anwendungsfall Customer Maintain.*

Insert Customer

Externe Systeme im CRM-Verbund sollen die Möglichkeit haben, Kunden im Kundendatenrepository anzulegen. Der Anwendungsfall *Insert Customer* betrachtet genau diese Funktionalität. Bei der Anlage eines Kunden können auch die damit verbundenen Entitäten wie z. B. Adressen nur angelegt werden, sodass der Anwendungsfall auch nur eine Beziehung zu *Insert Child Entity* haben kann.

Update Customer

Der Anwendungsfall *Update Customer* beschreibt die ganze Palette möglicher Änderungen an Kundenstammdaten und umfasst somit *Insert*, *Update* und *Delete ChildEntity*. Solche Kind-Entitäten können Adressen, Präferenzen oder Sprachen u. a. sein. Im Rahmen des *Update Customer* kann mit einem Aufruf eine Vielzahl von Kind-Entitäten eines Kunden bearbeitet werden.

Maintain Child Entity

Die gemeinsamen Aspekte der Pflege von Kind-Entitäten werden im Anwendungsfall *Maintain Child Entity* beleuchtet. Die drei Anwendungsfälle Insert, Update und Delete Child Entity stellen eine Erweiterung von *Maintain Child Entity* dar.

Insert Child Entity

Der Anwendungsfall Insert Child Entity deckt dabei die Neuanlage von Kind-Entitäten innerhalb der Kundenstammdaten ab.

Update Child Entity

Die Änderung existierender Kind-Entitäten wird durch den Anwendungsfall *Update Child Entity* sichergestellt. Dabei können beliebige Attribute der Kind-Entität geändert werden, die nicht Bestandteil des Primärschlüssels sind.

Delete Child Entity

Über den Anwendungsfall *Delete Child Entity* können Kind-Entitäten als Teile der Kundenstammdaten auch wieder gelöscht werden.

Architektonisch relevante Anforderungen

In diesem Abschnitt soll der Einfluss der Anforderungen auf architektonische Entscheidungen untersucht werden.

A-RedSch

Die Anforderung, Schnittstellen zu reduzieren und zu vereinheitlichen, hat einen wesentlichen Einfluss auf die Integrationsarchitektur, da sie letztlich zu der Definition und Einführung einer Schnittstelle führt, die in der Lage ist, alle oben genannten Anwendungsfälle abbilden zu können. Die Integrationsarchitektur muss Funktionalität für diese Schnittstelle vorsehen.

Die Integrierbarkeit aller relevanten Systeme beinhaltet zumindest zwei wesentliche Aspekte:

> Das Kundendatenrepository muss über eine Datenarchitektur verfügen, die generisch genug ist, um die Daten aus unterschiedlichen Systemen abbilden zu können. Dies ist umso schwieriger, als die Liste der zu integrierenden Systeme ständig wächst.

> Die zu integrierenden Systeme müssen in der Lage sein, mit dem Kundendatenrepository zu kommunizieren. Dieser Aspekt hat starken Einfluss auf die Integrationsarchitektur, da diese für alle zu integrierenden Systeme eine Lösung bereitstellen muss. Die Ansätze unterscheiden hierbei nach Online- und Offline-Anbindung sowie danach, ob das zu integrierende System direkt die gemeinsame Schnittstelle bedienen kann oder ob eine Umsetzung erfolgen muss.

A-Integ

Die Integration neuer Systeme hat neben den bereits genannten Aspekten Einfluss auf die Software-Architektur. Diese muss eine einfache Erweiterung erlauben. Im Idealfall soll dies durch Anpassung der Konfiguration möglich sein, was jedoch nicht immer gewährleistet sein wird, wenn beispielsweise für ein System ein neuer Integrationsbaustein geschaffen werden muss.

A-Erw

Der Anforderung nach Skalierbarkeit wird in erster Linie durch eine entsprechende Gestaltung der Applikationsarchitektur Rechnung getragen. Diese stellt sicher, dass Engpässe vermieden werden und stark frequentierte Komponenten redundant ausgelegt sind, sodass dynamisch auf die Auslastung des Systems reagiert werden kann. Die Auslegung der Software-Architektur erfolgt auch im Hinblick auf die optimale Ausnutzung der Möglichkeiten des Applikationsserver bezüglich der Verteilung von Bausteinen. Die Anforderung hat ebenfalls Auswirkungen auf die Gestaltung der Hardwarearchitektur, die eine solche Verteilung ermöglichen muss.

A-Sk

Die Verbesserung der Datenqualität stellt Ansprüche an die Software-Architektur, da diese eine entsprechende Geschäftslogik bereitzustellen hat.

A-DQ

Die Sicherstellung der Konsistenz der Daten über alle Systeme erfordert, dass die Hoheit über Daten und die Reaktion auf Konfliktsituationen festgelegt sind und sich in den Integrations- und Software-Architekturen widerspiegeln. Dies hat Auswirkungen auf die Gestaltung der Schnittstelle selbst wie auch auf die Auslegung der Integrationsbausteine der zu integrierenden Systeme.

A-DK

A-Tr

Aus der Sicht des Kundendatenrepository ist eine Änderungsanfrage gleichzeitig eine Transaktion. Das bedeutet, dass entweder alle Änderungen innerhalb dieser Anfrage ausgeführt werden oder der vorherige Stand erhalten bleibt. Die Software-Architektur muss sicherstellen, dass jede Anfrage als eine Transaktion behandelt wird. Darüber hinaus muss auch die eingesetzte Datenbank Transaktionen unterstützen.

A-HV

Das Kundendatenrepository soll als zentrales System im CRM-Verbund und in der Systemlandschaft des Auftraggebers eine Verfügbarkeit von 99,5 % haben.

A-Betr

Die Anforderung, das System soll möglichst einfach betreibbar sein, hat starken Einfluss auf die Software-Architektur. So sind etwa zentrale Komponenten für Logging, Arbeit mit Konfigurationsdateien und Überwachung des Systems vorzusehen.

10.10 Architektonische Entscheidungen

Die angerissenen Anforderungen beeinflussen die Architektur des Kundendatenrepository, sodass sich direkt einige architektonische Entscheidungen ableiten lassen.

E-Layer

Die Vielzahl unterschiedlicher Funktionen, die das Kundendatenrepository haben soll, macht es entsprechend der Muster *Separation of Concerns* und *Layers* erforderlich, in der Software-Architektur verschiedene Schichten vorzusehen, die Funktionalitäten auf dem gleichen Abstraktionsgrad beinhalten (siehe Abbildung 10.10-1). Solche Schichten sind

> der *Published Services Layer*, der die aufrufbaren Services und die Schnittstelle nach außen realisiert,

> der *CORE Services Layer*, welcher die Geschäftslogik für die einzelnen Entitäten beinhaltet,

> der *Persistence Services Layer*, der für jede Entität ein entsprechendes Datenobjekt mit der benötigten Funktionalität zur Persistierung bereitstellt sowie

> der *Enterprise Layer* für die persistente Speicherung der Daten.

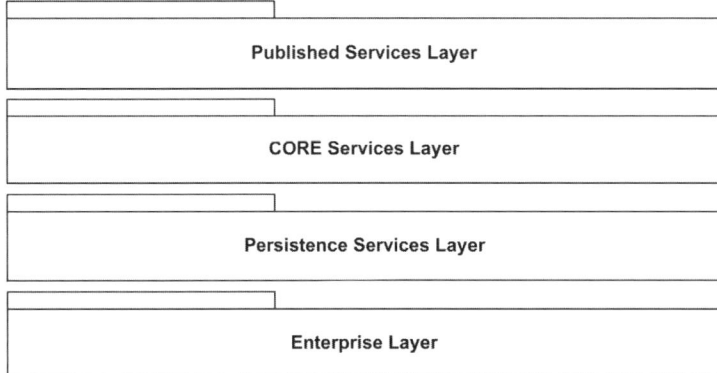

Abb. 10.10-1: *Schichten des Kundendatenrepository.*

Darüber hinaus lassen sich Schichten getrennt installieren, was eine bessere Skalierbarkeit ermöglicht.

Die durch die einzelnen Schichten bereitzustellende Funktionalität ist wiederum so komplex und vielfältig, dass diese aus Gründen der Wartbarkeit und der Vermeidung von Redundanzen in Subsysteme strukturiert wird. Es findet somit wiederum das Muster *Separation of Concerns* Anwendung, was am Beispiel des *CORE Services Layer* verdeutlicht wird (siehe Abbildung 10.10-2).

E-Subsystem

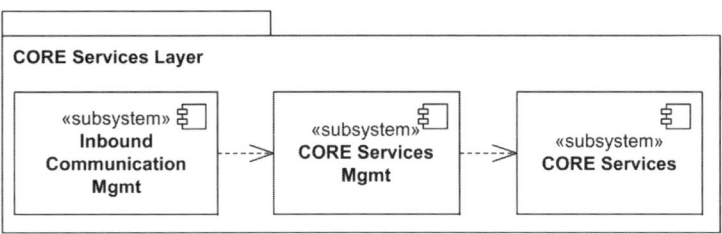

Abb. 10.10-2: *Subsysteme des CORE Services Layer.*

Die Anforderung nach Reduktion der Schnittstellen führt letztlich dazu, eine generische Schnittstelle für Kundenstammdaten und die entsprechenden Services zu definieren. Auch wenn sich der Auftraggeber für eine strategische Zielplattform entschieden hat, existiert noch eine Vielzahl an Systemen, die nicht auf dieser Plattform basieren. Die Erfordernis, diese generische Schnittstelle in einer heterogenen Systemlandschaft zu etablieren, führt zu der Entscheidung, diese als Web Service auszuführen.

E-Web Service

E-XML

In welchem Format sollen jedoch die Inhalte transportiert werden? Auch hierbei ist der heterogenen Systemumgebung Rechnung zu tragen. Um allen Systemen Zugang zu den Kundendaten zu geben, wird ein speziell auf diesen Anwendungsfall zugeschnittener XML-Dialekt für den Transport der Kundendaten eingeführt.

E-Adapter

Trotz der Verwendung von Web Services und XML gibt es Systeme, die aus den unterschiedlichsten Gründen nicht direkt mit der Schnittstelle für Kundendaten kommunizieren können. Für diese Systeme kommen Adapter zum Einsatz, die zum Umsetzen der XML-Nachrichten in ein für das anzuschließende System verarbeitbares Format über eine systemspezifische Geschäftslogik verfügen können. Diese Adapter werden entweder als eigenständige Komponenten oder als Bestandteil des anzuschließenden Systems ausgeführt.

E-PXMLFW

Um der Anforderung nach einfacher Erweiterbarkeit gerecht zu werden, wurde als Abbild des Kundendaten-XML eine Objektstruktur geschaffen, die auf einem generischen Framework beruht und das vollständig konfigurierbar ist. Das Hinzufügen von Attributen oder Entitäten ist damit sehr einfach möglich.

Auch das Mapping von durchzuführender Operation (Insert, Update, Delete) auf die Serviceoperation in der Geschäftslogik ist konfigurierbar. Abbildung 10.10-3 zeigt die Struktur der Konfigurationsdatei des PXML-Framework als XML-Schema.

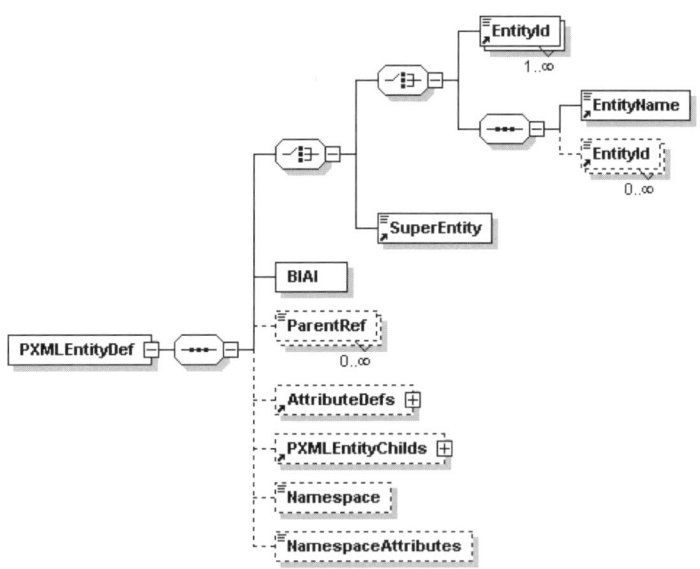

Abb. 10.10-3: *XML-Schema PXML-Framework.*

Das gewünschte Antwortzeitverhalten wie auch die erforderliche Skalierbarkeit lassen sich nur realisieren, wenn eine hohe Parallelität der Verarbeitungsprozesse vorliegt. Die für die Verarbeitung erforderliche Logik ist demzufolge so in Bausteine zu strukturieren, dass eine hohe Parallelität ermöglicht wird.

E-Parallel

Hochverfügbarkeit kann nicht alleine durch Software-Architektur sichergestellt werden, jedoch kann diese einen Beitrag leisten. Wirksamstes Mittel zur Erhöhung der Verfügbarkeit ist Redundanz und die Vermeidung von Singularitäten, deren Ausfall den Ausfall des gesamten Systems nach sich ziehen. Mit Redundanz auf Bausteinebene kann die Software-Architektur für eine erhöhte Verfügbarkeit sorgen. Darüber hinaus soll sie dafür Sorge tragen, dass die Verteilung von Bausteinen und Subsystemen auf die Hardware ebenso möglich ist wie ein dynamisches Verschieben von Bausteinen. Das alles setzt jedoch voraus, dass der Applikationsserver solche Mechanismen auch unterstützt. Daneben ermöglicht die Integrationsarchitektur durch Nutzung einer generischen Schnittstelle den Einsatz von Hardware-Loadbalancern, sodass eine Redundanz auf Systemebene erreicht wird, was sich in einer weiter erhöhten Verfügbarkeit niederschlägt. Nicht unerwähnt sollte dabei auch die Verfügbarkeit der Datenbank bleiben, da dies ein zentraler Bestandteil des Systems ist. Moderne Datenbank-Managementsysteme bieten hier Mechanismen wie Clustering und Parallelbetrieb, die auch in diesem Bereich eine entsprechende Verfügbarkeit sichern.

E-Redundanz

Neben der Redundanz ist Robustheit ein weiterer wesentlicher Faktor für eine hohe Verfügbarkeit. Die Software-Architektur hat einen wesentlichen Einfluss auf die zu erreichende Robustheit. Dabei muss jedoch berücksichtigt werden, dass Robustheit und Performanz komplementäre Eigenschaften sind, sodass hier ein sinnvoller Kompromiss gefunden werden muss.

E-Robust

Das Kundendatenrepository soll das zentrale System für Kundendaten werden und für Datenqualität und -konsistenz verantwortlich sein. Diese Anforderungen lassen sich nur mit einer Umgestaltung der bestehenden Integrationsarchitektur erreichen, indem alle relevanten Systeme Kundendaten nur vom Kundendatenrepository abfragen und Veränderungen an Kundendaten an das Kundendatenrepository melden.

E-Hub

Allein das Melden von Veränderungen an Kundenstammdaten an das Kundendatenrepository reicht jedoch nicht aus, um die Konsistenz der Daten über die gesamte Systemlandschaft sicherzustellen. Dazu müssen die relevanten Systeme von Änderungen, die andere Systeme vorge-

E-Propagation

nommen haben, informiert werden. Dieses Verfahren wird auch als *Propagation* bezeichnet. Das Kundendatenrepository soll hierbei die Priorität haben und als *single point of truth* fungieren, sodass die angeschlossenen Systeme Konflikte auflösen können.

E-DBMS

Die Transaktionssicherheit beim Ändern von Daten wird primär vom Datenbank-Managementsystem sichergestellt. Bei der Auswahl des DBMS ist darauf zu achten, dass Transaktionen entsprechend unterstützt werden.

E-Konfig

Dic Betreibbarkeit eines Systems wird im Wesentlichen durch zwei Faktoren bestimmt. Einer davon ist die Art und Weise, wie die Konfiguration durchzuführen ist. Für das Kundendatenrepository sind dabei folgende Festlegungen getroffen worden:

> Verwendung von XML-basierten Konfigurationsdateien,
> Trennung maschinenunabhängige und maschinenspezifische Konfiguration,
> Konfigurationselemente für ähnliche Aufgaben sind auch ähnlich oder identisch aufgebaut.

E-Monitor

Ein weiterer wichtiger Faktor für die Betreibbarkeit von Systemen ist deren Überwachung mit der Möglichkeit, regulierend eingreifen zu können. Zu diesem Zweck wird

> eine Konsole für die Überwachung, das Starten und Stoppen von Komponenten sowie
> eine Konsole für die Überwachung des Workflow-Layers und der Queues bereitgestellt und
> die Struktur der Logdateien mit einheitlichen Markierungen zur Erleichterung der Auswertbarkeit für das gesamte System festgeschrieben.

10.11 Logische Sicht

Nachdem die Anwendungsfälle betrachtet wurden, soll im Weiteren ein Blick auf die logische Sicht geworfen werden. Begonnen wird dabei mit dem Kontextdiagramm.

Kontextdiagramm

Das bereits gezeigte Kontextdiagramm (siehe Abbildung 10.9-1) macht deutlich, dass das Kundendatenrepository in eine komplexe Umgebung eingebunden ist. Eine Vielzahl von Systemen bedient sich der Daten und Funktionen dieser zentralen Komponente innerhalb des CRM-Verbundes.

Eine Reihe von Systemen wie beispielsweise das Awardkundensystem sind direkt angebunden, andere benutzen eine zentrale Middleware zur Kommunikation mit dem Kundendatenrepository. Betrachtet man die Anbindung der Systeme vom heutigen Standpunkt, hätte es sicher Sinn gemacht, alle Systeme über eine gemeinsame Middleware zu verbinden. Eine Reihe von Rahmenbedingungen wie verfügbare Zeit und Mittel, politische Aspekte, Stand des Wissens u. a. führen jedoch besonders in umfangreichen Systemlandschaften dazu, dass keine optimale Lösung entsprechend dem aktuellen Stand der Technik erreicht werden kann und Kompromisse eingegangen werden müssen.

Unter den angeschlossenen Systemen gibt es solche mit eigener Daten-haltung (Awardkundensystem, CRM-Feedback-Managementsystem) wie auch solche, die keine eigenen Kundenstammdaten halten (alle Touch-point-Systeme, Call-Center).

Das hier gezeigte Kontextdiagramm stellt nur einen mehr oder weniger aktuellen Schnappschuss dar. Aktuell werden in laufenden Projekten weitere Systeme auf die Nutzung der Datenbasis des Kundendatenrepo-sitory umgestellt.

Wie sieht denn nun die Struktur eines Systems aus, das die oben ge-nannten Anforderungen realisieren muss? Abbildung 10.11-1 zeigt die während der Konzeption entstandene und in vielen Iterationsschritten verfeinerte Schichtenstruktur mit den wesentlichen Subsystemen und deren Abhängigkeiten.

Schichtenstruktur

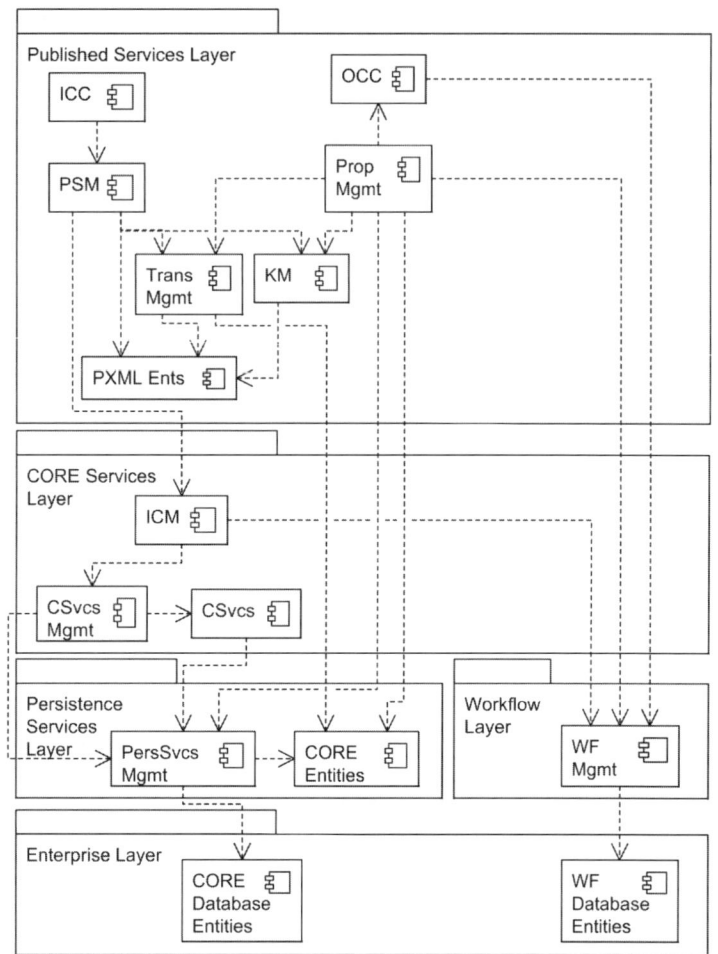

Abb. 10.11-1: *Schichtenstruktur des Kundendatenrepository.*

Lehre vs. Performanz

Betrachtet man die Schichtenstruktur, fällt auf, dass entgegen der reinen Lehre auch Schichten übersprungen werden. Es kann nicht nur sinnvoll, sondern aus verschiedenen Gründen (z. B. Performanz) sogar zwingend erforderlich sein, von der Lehre abzuweichen, um Ziele zu erreichen. Dabei darf nur nicht vergessen werden, dass eine solche Abweichung immer mehr oder weniger negative Konsequenzen hat. In dem vorliegenden Fall wurde der Performanz der Vorzug gegeben und Konsequenzen wie schlechtere Wartbarkeit bewusst in Kauf genommen.

Da in dem Projekt die gesamte Dokumentation in englischer Sprache erstellt wurde, sind auch die Bezeichnungen der Schichten und Subsysteme in Englisch. Zum einfacheren Verständnis werden auch in den Beschreibungen die englischen Bezeichnungen verwendet.

Der *Published Services Layer* stellt alle benötigte Funktionalität für die Kommunikation mit den angeschlossenen Systemen, Prüfung und Aufbereitung der Anfragen und die erforderliche Transformationslogik zur Verfügung. Die Subsysteme in dieser Schicht sind im Einzelnen:

Tab. 10.11-1: *Subsysteme des Kundendatenrepository.*

Subsystem	Beschreibung
Inbound Communication Controlling (ICC)	Das Subsystem *Inbound Communication Controlling* stellt Funktionalität für die Behandlung von SOAP-Anfragen und –Antworten über HTTP zur Verfügung. Angeschlossene Systeme kommunizieren mit Komponenten dieses Paketes.
Outbound Communication Controlling (OCC)	Das Verpacken von Änderungsnachrichten in einen SOAP-Umschlag und dessen Versenden an angeschlossene Systeme über HTTP ist Aufgabe des Subsystems *Outbound Communication Controlling*. Die Änderungsnachrichten werden an die Web-Services-Schnittstelle, die jedes potenzielle Zielsystem bereitstellen muss, geschickt.
Published Services Management (PSM)	Das Subsystem *Published Services Management* implementiert die so genannten *Published Services* (z. B. die *Customer-* und die *Central Services*) und verarbeitet Anfragen und Antworten protokoll-neutral. > Anfragen werden dabei zunächst in eine *CORE-Services* konforme Repräsentation transformiert. > Diese wird an den *CORE Service Layer* delegiert und dort verarbeitet. > Das Ergebnis der Verarbeitung wird in eine Anwort des aufgerufenen *Published Service* transformiert und > in einen SOAP-Umschlag verpackt dem anfordernden System zugestellt.
Propagation Management (Prop Mgmt)	Das Subsystem *Propagation Management* realisiert alle erforderliche Funktionalität zum Generieren einer PXML-Änderungsnachricht: > Vervollständigung der Daten, um eine PXML-schemakonforme PXML-Nachricht erzeugen zu können, > zielsystemspezifisches Filtern der Elemente der vervollständigten Kundendaten, > Aufruf der Transformation für das Erzeugen einer PXML-Nachricht auf Basis der vervollständigten und gefilterten Kundendaten sowie > Aufruf des *Key Mappings* zur Anreicherung der PXML-Nachricht um die Schlüssel des Zielsystems.

Subsystem	Beschreibung
Transformation Management (Trans Mgmt)	Das Subsystem *Transformation Management* realisiert alle erforderlichen Funktionalitäten für > die Transformation von *Published-Service*-Aufrufen in Aufrufe von *CORE-Services* sowie > die Transformation der Verarbeitungsergebnisse in *Published-Service*-Antworten.
Key Mapping (KM)	Das Subsystem *Key Mapping* stellt Funktionalität zur Anreicherung von *Published-Services*-Anfragen und -Antworten um Schlüssel-Attribute bereit. Dabei werden > *Published-Services*-Anfragen, die nur Schlüssel des anfragenden Systems enthalten, um die benötigten Schlüssel des Kundendatenrepository angereichert und > *Published-Services*-Antworten um die Schlüssel des anfragenden Systems ergänzt. Die Ergänzung erfolgt natürlich nur dann, wenn auch entsprechende Einträge vorhanden sind.
PXML Entities (PXML Ents)	Die Kommunikation mit den angeschlossenen Systemen erfolgt mittels eines speziell dafür entworfenen XML-Dialektes, des *Published-Service*-XML (kurz PXML). Das Subsystem *PXML Management* stellt eine objektorientierte Repräsentation von PXML-Nachrichten zur Verfügung. Mit seiner Hilfe können PXML-Nachrichten erzeugt und bearbeitet werden. Darüber hinaus erlaubt dieses Paket den Zugriff auf alle Elemente von solchen Nachrichten.

Core Services Layer

Der *Core Services Layer* bietet granulare Abfrage- und Bearbeitungsfunktionalität für jede Entität der Kundenstammdaten. Hier ist die gesamte Geschäftslogik zur Sicherung der Datenqualität mit einer Vielzahl von Bedingungen bezogen auf Operationen auf Entitäten und Transaktionen implementiert. Folgende Subsysteme stellen hier Funktionalität bereit:

Tab. 10.11-2: Subsysteme des Core Services Layer.

Subsystem	Beschreibung
Inbound Communication Management (ICM)	Das Subsystem *Inbound Communications Management* nimmt Anfragen in CORE-Services-Repräsentation entgegen und reicht diese an das *CORE Service Management* weiter. Dabei erfolgt eine Unterscheidung von synchronen und asynchronen Aufrufen und ob eine Anfrage zum wiederholten Mal geschickt wurde im Zuge der Bereinigung von Fehlersituationen. Darüber hinaus generiert dieses Subsystem eindeutige Transaktionsnummern und stellt die Kommunikation mit dem *Workflow Layer* sicher.

Subsystem	Beschreibung
CORE Services Management (CSvcs Mgmt)	Das Subsystem *CORE Services Management* steuert anhand der Anfrage die Aufrufe der *CORE Services* und überwacht deren Ausführung. Darüber hinaus übernimmt es die Steuerung der Transaktionen und stellt die Änderungsnachrichten zur Verfügung.
CORE Services (CSvcs)	Die Dienste, die für jede Entität zur Verfügung stehen, werden durch das Subsystem *CORE Services* bereitgestellt. Darunter befinden sich Dienste für das Anlegen, Modifizieren, Löschen von und die Suche nach Adressen. In diesem Subsystem ist die Geschäftslogik implementiert, die durch die einzelnen Dienste sichergestellt werden muss.

Der Persistence Services Layer stellt die Abstraktionsschicht für den Zugriff auf die Datenbank über die Subsysteme *Persistence Services Management* und *CORE Entities* dar.

Persistence Services Layer

Tab. 10.11-3: *Subsysteme des Persistence Services Layer.*

Subsystem	Beschreibung
Persistence Services Management (PersSvcs Mgmt)	Das Subsystem *Persistence Services Management* stellt eine Fassade zur Verfügung, über die alle Zugriffe auf Datenbankobjekte der Kundenstammdaten gesteuert werden.
CORE Entities	Das Subsystem *CORE Entities* stellt eine objektorientierte Repräsentation für alle Entitäten der Kundenstammdaten zur Verfügung.

Der Workflow Layer stellt ein konfigurierbares Workflow-Management und Queue-Funktionalität zur Verfügung.

Workflow Layer

Tab. 10.11-4: *Subsysteme des Workflow Layer.*

Subsystem	Beschreibung
Workflow Management (WF Mgmt)	Das einzige Subsystem im Workflow Layer ist *Workflow Management*. Es bietet alle Funktionalität, um Aktivitäten in einen Workflow zu stellen und sichert die Abarbeitung der im Workflow definierten Arbeitsschritte. Mit jeder Aktivität können verschiedene Daten als Prozessattribute gespeichert werden, sodass auch Queue-Funktionalität zur Verfügung steht.

Der Enterprise Layer wird durch ein relationales Datenbank-Managementsystem repräsentiert und stellt die Persistenz der Kundenstammdaten sicher. Es beinhaltet zwei Subsysteme:

Enterprise Layer

Tab. 10.11-5: *Subsysteme des Enterprise Layer.*

Subsystem	Beschreibung
CORE Database Entities	Die *CORE Database Entities* sind die relationale Repräsentation der Entitäten der Kundenstammdaten in Form von Datenbank-Tabellen.
Workflow Database Entities (*WF Database Entities*)	Die *Workflow Database Entities* sind Datenbank-Tabellen, die für Workflow und Queueing benötigt werden.

10.12 Umsetzung ausgewählter Anforderungen

In diesem Abschnitt soll aufgezeigt werden, welche Wege gegangen wurden, um ausgewählte Anforderungen umzusetzen.

> Das Kundendatenrepository soll in der Lage sein, alle Systeme mit wichtigen Kundendaten zu integrieren.

Betrachtet man diese Anforderung näher, beinhaltet sie eigentlich zwei grundlegende Aspekte.

Integrationsaspekt

Zum einen soll das Kundendatenrepository in der Lage sein, die Kundenstammdaten aus allen Systemen, die solche Daten halten, zu integrieren. Dieser Aspekt wird etwas weiter unten beleuchtet. Zum anderen wird hier gefordert, Daten mit einer großen Anzahl verschiedener Systeme austauschen zu können. In diesem Kontext bezieht sich der Datenaustausch auf die Systeme, in denen Kundendaten gepflegt werden. Da jedoch die Integration von Systemen ein umfassenderer Punkt ist, wird auch dieser Aspekt weiter unten genauer diskutiert.

> Jedes System, das Kundendaten benötigt, soll in der Lage sein, auf einfache Art darauf zugreifen zu können.

Einfacher Zugriff in heterogener Systemlandschaft

In großen Unternehmen findet man oft eine Systemlandschaft, die historisch gewachsen ist. Hostsysteme koexistieren mit Client-Server-Systemen auf UNIX-Basis und Linux-Serverfarmen. Daneben gibt es für die Desktops meistens Windows als Architektur-Plattform und darauf basierende Anwendungssysteme. In einer solchen heterogenen Systemlandschaft sollen Dienste zur Verfügung gestellt werden, die mit der Pflege und Abfrage von Kundenstammdaten in Zusammenhang stehen.

Diese Dienste sollen allen betroffenen Systemen zur Verfügung stehen. Welche Systeme sind aber betroffen? Diese Frage ist zunächst einfach zu beantworten. Betroffen sind alle Systeme, die selbst Kundenstammdaten halten und pflegen. Das ist aber nur die Spitze des Eisberges. Die Frage, die sich nun nämlich stellt, ist: Welche Systeme benötigen Kundenstammdaten oder würden davon profitieren? Eine Analyse der Systemlandschaft des Kunden dieser Fallstudie ergab eine sehr lange Liste von Systemen, für die Kundenstammdaten von Bedeutung sind. Vor diesem Hintergrund hat die Anforderung, alle diese Systeme integrieren zu können, ein entsprechendes Gewicht.

Identifikation der betroffenen Systeme

Die Ausgangssituation ist die klassische in großen Unternehmen. Die Systeme, die mit Kundenstammdaten arbeiten, sind über ein Geflecht von Schnittstellen miteinander verbunden. Es gibt keine Nachvollziehbarkeit, was eine Änderung in einem System für Datenflüsse und Änderungen in anderen Systemen nach sich zieht. Dementsprechend ist es auch um die Qualität und Konsistenz der Daten bestellt. Die Tätigkeiten, die im Anwendungsszenario EAI in 8.4 beschrieben sind, um zu einer Lösung der genannten Probleme zu kommen, wurden im Rahmen dieser Fallstudie durchgeführt. Somit ist die vorliegende Fallstudie ein konkreter Anwendungsfall für das EAI-Szenario.

Die Lösung, die letztendlich zum Tragen kommt, ist individuell auf die Bedürfnisse und Anforderungen des Auftraggebers zugeschnitten.
Die Heterogenität der Systemlandschaft bei dem Auftraggeber ist bereits angesprochen worden. Ein weiterer wichtiger Punkt ist, dass zu dem Zeitpunkt, als mit der Konzeption des Kundendatenrepository begonnen wurde, keine Middleware verfügbar oder auch nur in Planung war, die eine Integration der Systeme hätte unterstützen können.

Die Erstellung einer Konzeption ist ein iterativer, dynamischer Prozess, in dessen Verlauf oft Anforderungen geändert werden oder auch neue entstehen. Im Verlauf der Konzipierung wurde dem Auftraggeber immer deutlicher, dass die Nutzung offener Standards für die Integration der Systeme eine grundlegende Anforderung war, wollte man sich nicht Möglichkeiten für die Zukunft verbauen.

Nutzung offener Standards

Der Einsatz einer auf Web-Services und SOAP über HTTP basierenden Schnittstelle hat also nichts mit einem Hype zu tun, sondern ergibt sich ganz einfach aus der Notwendigkeit. Das SOAP transportiert Nachrich-

Nutzung von Web Services

ten in einem speziell für diesen Zweck entwickelten XML-Dialekt. Alle Systeme innerhalb des CRM-Verbundes sind so in der Lage, direkt mit dem Kundendatenrepository zu kommunizieren und Daten auszutauschen.

Anbindung von Systemen

Wie sieht es aber außerhalb des Verbundes aus? Die bestehenden Systeme verfügen zwar über verschiedene Schnittstellen, keine davon ist jedoch in der Lage, direkt Daten mit dem Kundendatenrepository auszutauschen. Da die Einführung von CRM minimal-invasiv erfolgen soll, also ohne dass bestehende Systeme angepasst werden müssen, bleibt hier nur der Weg über einen Pipes-and-Filters-Ansatz, bei dem eine Konvertierung und Filterung der Nachrichten außerhalb des Kundendatenrepository stattfindet. Für einige Systeme geht dieser Ansatz so weit, dass Nachrichten über einen längeren Zeitraum in Dateien gesammelt, per Dateitransfer zum Zielsystem übertragen und dort verarbeitet werden.

> Es soll eine allgemeine Sicht auf die Kundendaten definiert werden, die in der Lage ist, die verschiedenen Sichten der einzelnen Systeme abzubilden und zu integrieren.

Erstellung eines flexiblen Datenmodells

Das Kundendatenrepository soll eine aus Sicht des Kunden allgemeine und umfassende Sicht auf Kundenstammdaten zur Verfügung stellen. Eine der wesentlichen Herausforderungen bei der Konzeption des Kundendatenrepository ist die Erstellung eines Datenmodells, das in der Lage ist, all die unterschiedlichen Sichten und Fragmente der Kundenstammdaten harmonisch zu integrieren, ohne die Besonderheiten jedes einzelnen Systems wieder abzubilden.

Entity-Relationship-Modell

Obwohl Kundenstammdaten in ihrer Struktur nicht sehr komplex sind, ist es ein aufwändiger Prozess mit sehr viel Kundeninteraktion, bis ein solches Datenmodell erarbeitet ist. Dabei werden zunächst die vorhandenen Informationen zu den Kunden gesammelt und strukturiert. Aus der entstehenden Struktur ergeben sich die einzelnen Entitäten und ihre Beziehungen zueinander. Mit anderen Worten, man bekommt ein *Entity-Relationship-Modell*.

Key-Based-Modell

In einem nächsten Schritt wird herausgearbeitet, welche identifizierenden Merkmale jede Entität hat, was letztlich zu einem *Key-Based-Modell* führt.

Untersucht man die Inhalte jeder Entität, kann man die erforderlichen Attribute ableiten, die nötig sind, diese Informationen aufzunehmen. Anhand der möglichen Inhalte lässt sich für jedes Attribut ein logischer Datentyp festlegen. Mit diesem Schritt ist das logische voll attributierte Datenmodell erstellt.

Nicht jeder Inhalt wird sich eins zu eins aus dem Quellsystem in das neue Datenmodell übertragen lassen. Hat ein System ein Attribut als Text, der aber immer nur einen bestimmten Wertebereich annehmen kann, ist es möglicherweise sinnvoll, dieses Attribut im logischen Datenmodell als Katalogreferenz abzubilden. Da sich hierdurch der Typ des Attributes zwischen Quellsystem und logischem Datenmodell unterscheidet, ist eine Transformation zur Abbildung beim Übertragen von Daten zwischen Quellsystem und logischem Datenmodell erforderlich. In Konsequenz bedeutet diese Aussage, dass sich aus den Datenmodellen der Quellsysteme und dem logischen Datenmodell Transformationsregeln ergeben.

Bis zu diesem Punkt sind die Anforderungen bekannter Systeme bezüglich der Abbildung der Datenstrukturen untersucht worden. Wie sieht es aber mit der Einbindung von Systemen aus, die zum Zeitpunkt der Konzeption noch keine Berücksichtigung gefunden haben, weil sie zu diesem Zeitpunkt noch nicht interessant waren oder weil sie vielleicht einfach noch nicht existiert haben? Hierzu zwei grundlegende Aussagen.

Zum einen ist es wichtig, schon bei der Modellierung neben den bestehenden Systemen auch potenzielle Anforderungen für die Zukunft zu kennen und zu berücksichtigen. Ein Verständnis der fachlichen Hintergründe hilft, solche Anforderungen abzuleiten und in die Modellierung einfließen zu lassen.

Zum anderen ist die Welt dynamisch und so können neue Anforderungen entstehen, die nicht vorhersehbar sind. Ein Beispiel hierfür ist die Anpassung von gesetzlichen Rahmenbedingungen, aber auch technischer Fortschritt kann zu solchen Anforderungen führen. Wer hätte denn vor zehn Jahren E-Mail-Adressen für Kundenstammdaten vorgesehen?

Zum Erstellen des logischen Datenmodells gehören auch Entitäten, welche Daten aufnehmen können, die durch Historisierung im Rahmen von Modifikationen entstehen. Die Historisierung sollte aus Gründen der Nachvollziehbarkeit und Konsistenz für die betroffenen Entitäten nach dem gleichen Schema erfolgen. Da besonders bei hoher Änderungsfrequenz die Anzahl von historisierten Datensätzen schnell wächst, haben sich eigene Tabellen für die Historie bewährt, da diese einfach gesichert und aufgeräumt werden kann.

Technische vs. logische Primärschlüssel

Ein weiterer wichtiger Modellierungsaspekt ist die konsequente Verwendung technischer Primärschlüssel. Man kann sicherlich diskutieren, ob technische Primärschlüssel im logischen Datenmodell sinnvoll sind. Sie sind es dann, wenn diese Schlüssel auf der logischen Ebene sichtbar sind und benutzt werden.

Hierzu ein Beispiel, welchen Einfluss die Verwendung technischer Primärschlüssel auf die Funktionalität haben kann. Ein Bestandteil der Kundenstammdaten sind Informationen darüber, welche Sprachen ein Kunde spricht. Zwischen Kunden und Sprachen gibt es eine m:n-Beziehung. Aus Sicht des Datenmodells ergibt sich eine Entität Kunde, ein Katalog mit den möglichen Sprachen und eine Zuordnungsentität *KundenSprache*, die für jeden Kunden dessen Sprachen enthält. Eine Instanz von KundenSprache wird durch eine Kunden-ID und eine Sprach-ID eindeutig bestimmt. Man kann die drei Entitäten gemäß den Abbildungen 10.12-1 und 10.12-2 modellieren.

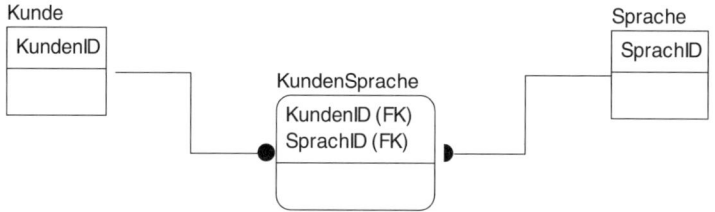

Abb. 10.12-1: *Zuordnungsentität mit ererbtem Primärschlüssel.*

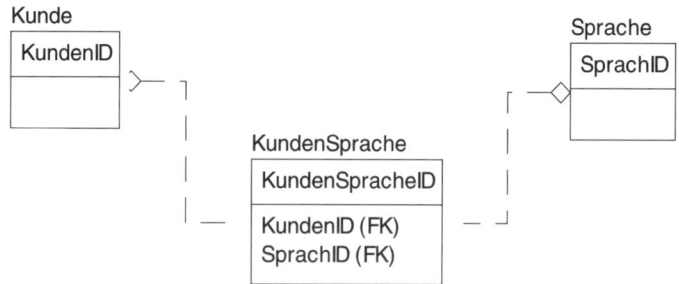

Abb. 10.12-2: *Zuordnungsentität mit technischem Primärschlüssel.*

Während im ersten Fall die Zuordnungsentität sich von den übrigen Entitäten unterscheidet, da sie über einen zusammengesetzten Primärschlüssel identifiziert wird, ist die grundlegende Struktur aller Entitäten im zweiten Fall identisch. Alle besitzen einen technischen Primärschlüssel und die ererbten Schlüssel in der Zuordnungsentität sind zusätzliche Attribute, die zusammen einen alternativen Schlüssel darstellen. Wie relevant dieser Unterschied ist, hängt davon ab, inwieweit sich diese Schlüssel in der Außenrepräsentation wieder finden.

In der vorliegenden Fallstudie orientiert sich die Außenrepräsentation stark an der Struktur der Entitäten in der Datenbank, sodass aus Gründen der Einheitlichkeit die Modellierung mit technischen Primärschlüsseln präferiert wurde.

Physikalisches Datenmodell

Das Ergebnis dieser Modellierungsphase, das logische Datenmodell, trifft also Aussagen zu der logischen Struktur der Daten. Es ist aber nicht direkt geeignet, Datenbankstrukturen in einem DBMS zu erzeugen. Ein wichtiger Schritt ist die Erstellung des physikalischen Datenmodells, das spezifisch für das jeweilige DBMS ist. Dabei werden unter anderem

> Normalisierungen des logischen Datenmodells eventuell wieder aufgelöst, um einen performanteren Datenzugriff zu erhalten,

> die generischen Datentypen auf geeignete Typen des DBMS umgesetzt,

> DBMS-spezifische Parameter wie Abbildung der Tabellen und Indizes auf Plattenbereiche, Indexstrukturen, Tabellenparameter etc. eingestellt.

> Die Qualität und Konsistenz der Kundendaten soll systemübergreifend verbessert werden.

Einer der gravierendsten Schwachpunkte der bisherigen Systemlandschaft des Auftraggebers ist die mangelnde Datenqualität und -konsistenz der Kundendaten.

Kundendatenrepository als zentrales System

Ein erster Schritt zur Beseitigung dieser Mängel ist die Positionierung des Kundendatenrepository als zentrales System für Kundenstammdaten. Dieses verfügt über eine integrierte Sicht auf die Kundendaten, sodass alle Änderungen an Kundendaten an das Kundendatenrepository gemeldet werden können und hier nachvollzogen werden. Somit sind die Kundendaten in diesem Repository stets auf dem aktuellen Stand.

Alle Abfragen von Kundendaten erfolgen aus dem Kundendatenrepository und bestehende Schnittstellen zwischen den anderen Systemen sind abgelöst worden.

Zentrale Geschäftslogik

Die zentrale Position des Kundendatenrepository (siehe Abbildung 10.12-3) erlaubt die Implementierung von Geschäftslogik, die alle Veränderungen an Kundendaten hinsichtlich der Einhaltung von definierten Regeln überprüft. Wird auch nur eine der Regeln verletzt, erfolgt ein Zurückrollen der gesamten Transaktion und ein Eintrag in der Aufgabeliste veranlasst den fachlichen Betreiber, die Ursache für die Regelverletzung zu beseitigen und damit auch die Konsistenz von Daten pflegendem System und Kundendatenrepository wiederherzustellen. Die Geschäftslogik im Kundendatenrepository umfasst weit mehr als 1.000 Regeln, die entweder für einzelne Entitäten oder die gesamte Transaktion gelten.

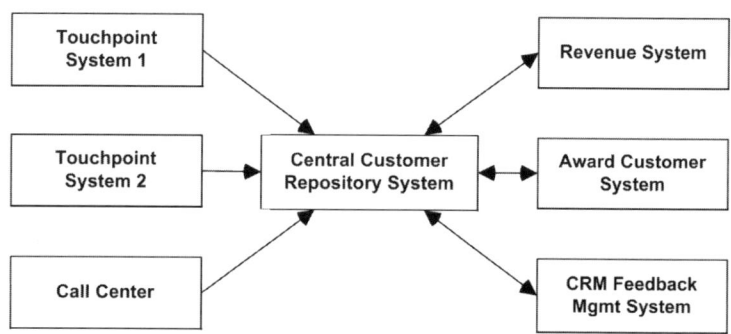

Abb. 10.12-3: *Kundendatenrepository als Datenhub.*

Die Konsistenz der Daten in den Systemen des CRM-Verbundes wird sichergestellt, indem alle Änderungen von Kundendaten an alle angeschlossenen Systeme gemeldet werden. Dabei kommt entweder die Übermittlung als Änderungsnachrichten im Push-Verfahren oder das Abfragen der ab einem Zeitpunkt geänderten Kunden im Pull-Verfahren zum Einsatz. Beide Verfahren unterscheiden sich grundlegend, sodass getrennt auf die Besonderheiten eingegangen werden soll.

Pull-Verfahren

Beim Pull-Verfahren fragt das Zielsystem aktiv die seit dem Zeitpunkt der letzten Abfrage geänderten Kundendaten ab und verarbeitet diese Informationen in einer Stapelverarbeitung. Schon daran ist erkennbar, dass sich dieses Verfahren für Systeme eignet, die über eine Batch-Schnittstelle verfügen und bei denen ein Auseinanderlaufen der Kundendaten zwischen den Konsistenzläufen toleriert werden kann. Es ist hinsichtlich seines Zeitverhaltens unkritisch, solange der Konsistenzlauf sehr viel kürzer als die Zeitspanne dazwischen ist. Überholeffekte durch Parallelverarbeitung können nicht auftreten, da nicht mehrfach der gleiche Kunde verarbeitet wird.

Das Push-Verfahren basiert auf der Propagation von zeitlich aufeinander folgenden Änderungsnachrichten und wird daher auch als Propagationsverfahren bezeichnet. Die Änderungsnachrichten werden auf der Grundlage der ausgeführten Änderungen von der Geschäftslogik bestimmt und in eine Queue geschrieben. Danach durchlaufen sie für jedes Zielsystem die Propgationsblöcke, eine Kombination von Verarbeitungsstufen, die auf dem Pipes-and-Filters-Muster beruhen, und werden dann an das jeweilige Zielsystem versendet und dort asynchron verarbeitet. Dabei wird keine Änderungsnachricht an das die Änderung ausführende System verschickt, da die Änderung dort ja bereits vollzogen wurde. Jede Änderungsmitteilung beinhaltet dabei alle Änderungen, die innerhalb einer Transaktion an den Daten eines Kunden erfolgt sind. Aufgrund der Möglichkeit der zeitnahen Verarbeitung der Änderungsnachrichten ist dieses Verfahren besonders für Systeme geeignet, für die Konsistenz der Kundendaten von entscheidender Bedeutung ist und die über geeignete Schnittstellen für eine Online-Anbindung verfügen. Das Kundendatenrepository hält alle Kunden, die aus der Sicht von CRM für den Auftraggeber von Bedeutung sind, und nicht jedes angeschlossene System möchte über die Änderung von jedem Kunden informiert werden. Zur Steuerung, welche Kunden an das jeweilige Zielsystem geschickt werden, findet das *Publish&Subscribe-Verfahren* Anwendung. Bei der Anlage eines Kunden im Kundendatenrepository wird eine Änderungsmitteilung an alle angeschlossenen Systeme gesendet (*publish*). Ist der Kunde aufgrund spezifischer nicht veränderbarer Merkmale für das jeweilige System von Interesse, erfolgt ein Abonnement (*subscribe*) und alle folgenden Änderungen an dem Kunden werden an das System übermittelt.

Das Verfahren funktioniert nur dann, wenn die Reihenfolge der Änderungsnachrichten bezogen auf einen Kunden sichergestellt werden kann. Damit ist die Einhaltung der Reihenfolge eine klare Anforderung (A-Reihenfolge). Die architektonische Entscheidung *E-Parallel* führt jedoch dazu, dass aufgrund der hohen Parallelität der Verarbeitung in den Propagationsblöcken Überholeffekte auftreten können, die dazu führen, dass diese Reihenfolge nicht eingehalten wird. Ohne geeignete Maßnahmen könnte es dazu kommen, dass beispielsweise die Hausnummer einer Adresse geändert wird, bevor diese überhaupt angelegt wurde.

Push-Verfahren

A-Reihenfolge

E-Reihenfolgesicherung

Um das zu verhindern, wurde die Funktionalität der Propagationsblöcke um eine Funktion zur Sicherung der Reihenfolge der Änderungsnachrichten erweitert. Diese setzt einen Sperrvermerk für einen Kunden, sobald eine Änderungsnachricht in die Queue gestellt wird. Dieser Sperrvermerk verhindert nicht, dass weitere Änderungsnachrichten für diesen Kunden in die Queue gestellt werden können, sondern die Sperrvermerke werden dann in einer Queue aufbewahrt. Die Verarbeitungslogik verarbeitet die Änderungsnachricht nur dann, wenn es auch die älteste Nachricht zu diesem Kunden ist.

Die Sperre darf erst aufgehoben werden, wenn die Verarbeitung im Zielsystem erfolgreich war. Eine erfolgreiche Verarbeitung ist besonders bei asynchroner Kommunikation zwischen den Systemen nicht ohne weiteres möglich. Es bedarf dazu einer Vollzugsmeldung vom verarbeitenden System. Im Fall des CRM-Verbundes gibt es eine Aktion des verarbeitenden Systems, die als Bestätigung der erfolgreichen Verarbeitung genutzt werden kann – das Abonnement (Subscription), das dem Kundendatenrepository das Interesse eines Systems an einem Kunden signalisiert. Damit das funktioniert, muss

> auf jede Änderungsnachricht mit einem Abonnement reagiert werden, um eine erfolgreiche Verarbeitung anzuzeigen und

> jedes Abonnement muss zumindest die ID des Kunden enthalten, um eine eindeutige Zuordnung zu ermöglichen.

Jedes Abonnement entfernt die älteste Sperre zu einem Kunden und die nächste Änderungsnachricht kann verarbeitet werden. Das bedeutet, dass der betroffene Zweig bis zum Entfernen der Sperre blockiert ist. Das massive Auftreten von Überholeffekten kann somit dazu führen, dass keine Änderungsnachrichten mehr verarbeitet werden können, auch wenn über Abonnements wieder Sperren entfernt werden.

A-SicherProp

Aus dieser möglichen vollständigen Blockierung resultiert die Anforderung A-SicherProp, die eine fortlaufende Verarbeitung der Änderungsnachrichten unter (fast) allen Umständen sicherstellen soll.

Wie so oft existieren verschiedene Lösungen dieses Problems, von denen zwei skizziert werden sollen.

Alternative 1: direkter Zugriff auf Änderungsnachrichten

Ein wesentlicher Teil des Problems besteht darin, dass Änderungsnachrichten innerhalb des Kundendatenrepository in Queues transportiert werden, sodass kein direkter Zugriff auf eine bestimmte Nachricht besteht. Unter der Annahme, dass wahlfreier Zugriff auf die Änderungsnachrichten besteht, könnte die Verarbeitungslogik anhand der Einträge in der Sperr-Queue die älteste Änderungsnachricht selektieren und verarbeiten. Da die verwendete Messaging-Plattform keinen wahlfreien Zugriff auf Nachrichten gestattet, kann man die Änderungsnachrichten alternativ in geeignete Datenbankstrukturen schreiben. Die Schicht zum Zugriff auf die Nachrichten müsste entsprechend angepasst werden.

Alternative 2: Verwendung von Timeouts

Eine andere mögliche Lösung ist deutlich komplizierter und basiert darauf, maximal eine konfigurierbare Zeitspanne darauf zu warten, dass die aktuell aus der Queue gelesene Änderungsnachricht verarbeitet werden kann. Besteht die Sperre nach Ablauf der Zeitspanne immer noch, muss die Änderungsnachricht verworfen und der zugrunde liegende Kunde für das Zielsystem als „nicht mehr synchron" markiert werden. Kommt nun die älteste Nachricht zur Verarbeitung, muss dieser Zustand erkannt und eine volle Synchronisation des Kunden mit dem Zielsystem vorgenommen werden. Diese volle Synchronisation besteht darin, dass alle Kundeninformationen zu dem zu synchronisierenden Kunden in einer speziellen Nachricht an das Zielsystem sendet, welches die Synchronisation dann vornehmen muss. Dabei gilt der Grundsatz, dass das zentrale Kundendatenrepository immer Recht hat.

Da auch eine Blockade auftreten kann, wenn das Zielsystem mit dem Senden von bestimmten Bestätigungsnachrichten in Verzug gerät, gibt es auch eine maximale Zeit, nach der eine Bestätigung eingegangen sein muss. Andernfalls wird auch dann der Kunde als „nicht mehr synchron" markiert und mit dem Eintreffen der Bestätigungsnachricht eine Synchronisation mit dem Zielsystem ausgelöst.

Hauptproblem für die skizzierte Lösung ist, dass Bestätigungsnachrichten verloren gehen können. In diesem Fall ist der technische Betreiber in der Lage, manuell eine Synchronisation auszulösen und damit die Sperre aufzuheben. Das Erkennen dieses Zustandes erfordert jedoch eine ständige Überwachung der Sperren.

Anforderung A-MsgSys

Alternative 1 wurde jedoch vom Auftraggeber verworfen, da die vorhandene Messaging-Plattform eine ausgereifte Oberfläche für Monitoring und Betriebsunterstützung besaß und der technische Betreiber darin geschult war.

E-FullSync:

Damit entschied sich der Auftraggeber für Alternative 2 mit der Verwendung von maximalen Zeitspannen für das Warten auf das Aufheben einer Sperre und das Eintreffen der Bestätigungsnachricht sowie den Einsatz der damit erforderlichen Synchronisationsmechanismen.

10.13 Was hat die Architektur genutzt?

Im Verlauf des Projektes, auf dem diese Fallstudie basiert, wurden alle die Anforderungen, deren architektonische Relevanz, die Anwendungsfälle und die verschiedenen IT-Architekturen erarbeitet und dokumentiert. Zu der Erstellung dieser Dokumentation wurde auf einen Großteil des Wissens zurückgegriffen, welches in den ersten Kapiteln dieses Buches beschrieben ist. Das erforderliche Wissen ist noch umfangreicher als die erstellte Dokumentation, und man stellt sich die Frage, welcher Vorteil sich eigentlich aus einem solchen Aufwand ergibt.

Vorgehen

Ein wesentlicher Bestandteil des Wissens ist, wie sinnvoll in Projekten vorgegangen wird, um die Ziele zu erreichen. Dazu gehört, welche Tätigkeit in welcher Reihenfolge auszuführen ist, was während der Anforderungsanalyse zu erfragen ist und wie Ergebnisse der verschiedenen Tätigkeiten dokumentiert werden können. Letztlich ergibt sich ein Leitfaden, anhand dessen sich alle Projektbeteiligten orientieren können, wo sie gerade im Projektverlauf stehen und was noch zu tun ist.

Struktur

Aus dem Wissen ergibt sich auch, welche Ergebnisse wie am besten zu dokumentieren sind, um verständlich für alle Projektbeteiligten und möglichst vollständig zu sein. So ist es auch ohne das Architektur-Wissen möglich, sich in den Ergebnisdokumenten zu orientieren und diese zu verstehen.

Mittel zur Kommunikation

Architektur hilft also bei der Strukturierung von Projekten und Dokumenten und führt zu einem gemeinsamen Verständnis bei allen Projektbeteiligten, ist dementsprechend ein wichtiges Mittel zur Kommunikation sowohl zum Auftraggeber als auch zum Projektteam.

Da die Ergebnisdokumente in der o. g. Struktur erstellt wurden, beschreiben sie alle relevanten Aspekte der Problematik und deren Lösung. Insbesondere die Beschreibung der Lösung ist ein Maß, an dem die Realisierung gemessen werden kann. Reviews über die gesamte Projektlaufzeit können sicherstellen, dass

> die Problematik richtig verstanden wurde,

> die relevanten Anforderungen korrekt aufgenommen wurden,

> eine tragbare Architektur als Lösung aufgezeigt wurde und

> die Realisierung entsprechend der Architektur erfolgt ist.

Neben dem Wissen spielt natürlich auch Erfahrung eine wesentliche Rolle, wenn es darum geht, die richtigen Fragen zu stellen und eine tragfähige Lösung zu entwerfen und umzusetzen. Das Wissen darum, welche Fähigkeiten gebraucht werden, befähigt dazu, die richtige Zusammensetzung für das Projektteam zu finden.

Erfahrung

IT-Architektur ist also keinesfalls eine rein technische Disziplin, sondern steht im engen Zusammenhang mit Projektmanagement und Kommunikation und ist bei richtiger Anwendung ein wesentlicher Beitrag für den Projekterfolg.

11 | Eingebettete Komponenteninfrastrukturen

Die Fallstudie eingebettete Komponenteninfrastrukturen bezieht sich schwerpunktmäßig auf die WARUM-, WAS- und WOMIT-Dimensionen des architektonischen Ordnungsrahmens. Sie geht dabei insbesondere auch auf Product Line Engineering und modellgetriebene Software-Entwickung als Realisierungsparadigma ein. Fachlich wird die Entwick-lung einer Komponenteninfrastruktur für eingebettete Systeme be-schrieben. Dabei handelt es sich um eine möglichst schlanke und per-formante Middlewareplattform. Die zentrale Herausforderung liegt dabei vor allem darin, die Anforderungen der verschiedenen möglichen An-wendungen auf die unterschiedlichen Hardwareplattformen abzubilden, ohne damit den in der eingebetteten Welt grundsätzlich wichtigen As-pekt der Performanz zu vernachlässigen.

Dem Leser soll dadurch die Anwendung produktlinienbasierter und modellgetriebener Entwickung verdeutlicht werden.

Übersicht

11.1 Zusammenfassung

Dieses Kapitel beschreibt die Entwicklung einer Produktlinie für Komponentencontainer in eingebetteten Systemen. Das beschriebene Projekt ist ein fiktives Beispiel, beruht aber sehr stark auf verschiedenen Projekten, an denen der Autor in den letzten Jahren beteiligt war.

Komponenten und Remoting-Middleware

Das grundlegende Ziel war es, die Vorteile von Komponenteninfrastrukturen [Völter et al. 2002] und Kommunikationsmiddleware [Völter et al. 2004] für eingebettete Systeme verfügbar zu machen und damit deren Entwicklung zu vereinfachen und effizienter zu gestalten.

Modellgetriebene Software-Entwicklung

Aufgrund der Rahmenbedingungen, was Performance und Resourcenverbrauch angeht, sowie der Tatsache, dass es sich um eine Familie von Produkten handelt und nicht um ein einzelnes, wurde die modellgetriebene Software-Entwicklung [Stahl und Völter 2005] eingesetzt.

Product Line Engineering

Dieses Kapitel dient damit vor allem der Illustration von Product Line Engineering sowie modellgetriebener, generativer Software-Entwicklungstechniken. Außerdem soll es die Anwendbarkeit von Software-Architektur in eingebetteten Systemen aufzeigen.

Steigende Komplexität

Eingebettete Systeme werden immer komplexer. Als Beispiel können die folgenden dienen:

> Handys können fotografieren, im Internet surfen, Videostreaming (und tatsächlich immer noch telefonieren!)

> Autos enthalten bis zu 70 mehr oder weniger kleine Rechner (ECUs – Electronic Control Units), die die verschiedensten Aspekte des Fahrzeuges steuern. Die Rechner sind mit verschiedenen Bussystemen vernetzt und enthalten große Mengen an Software.

> Immer mehr „Appliances", also elektronische Geräte, enthalten immer größere Mengen Software.

Kürzere Time-to-Market

Man hat es sich in der Welt der eingebetteten Systeme lange leisten können, die Software von Hand ideal auf die zur Verfügung stehende Hardware anpassen zu können. Durch immer kürzere Modellzeiten (und damit kürzer werdende Time-to-Market) ist diese Art der Entwicklung aber nicht mehr effektiv; alle paar Monate kommen neue Handy-Modelle auf den Markt, die Modellzyklen bei modernen Automobilen werden auch immer kürzer.

Des Weiteren muss aufgrund der immer größeren Verbreitung von Elektronik und Software in unserem Alltag die Qualität und Zuverlässigkeit der Software gehalten, wenn nicht gar verbessert werden – in der jüngeren Vergangenheit wurden da ja durchaus massive Probleme von den Automobil- und den Handyherstellern bekannt.

Qualität und Zuverlässigkeit

Die Ablösung manueller „Einzelstückproduktion" von eingebetteten Systemen durch Produktlinien und Software-Systemfamilien verspricht signifikante Verbesserungen. Da Software-Systemfamilien auf eine für alle Mitglieder der Familie gemeinsamen Architektur setzen, nimmt die Bedeutung von Software-Architektur als zentraler Baustein der Software-Entwicklung zu. Modellgetriebene Software-Entwicklung als Umsetzungsparadigma spielt dabei eine zentrale Rolle.

Software-System-familien, Architektur und MDSD

Codegenerierung an sich ist in der Entwicklung von eingebetteten Systemen bereits nennenswert verbreitet. Allerdings wird in erster Linie Anwendungslogik generiert, basierend auf Modellen die üblicherweise mittels Zustandsmaschinen (für diskrete Systeme) oder Signalflussdiagramme (für kontinuierliche Systeme) beschrieben werden. Die modellgetriebene Erstellung der technischen Infrastruktur, in der diese Funktionalitäten ablaufen, werden in steigendem Maße modellgetrieben erstellt. In verschiedenen Branchen wurden firmenübergreifende Standardisierungsbemühungen auf den Weg gebracht [Autosar 2005].

Codegenerierung in eingebetteten Systemen

Ein viel versprechender Ansatz ist dabei insbesondere die Kombination von Komponenteninfrastrukturen [Völter et al. 2002, Völter 2004] und modellgetriebener Software-Entwicklung. Die vorliegende Fallstudie wird einige Einblicke in die Kommbination dieser beiden Technologien geben.

Komponenten-infrastrukturen und modellgetriebene Software-Entwicklung

11.1.1 Architektur-Anforderungen (WARUM)

Unsere Beispielfirma ist ein Lösungsanbieter für eingebettete Systeme. Es werden also im Kundenauftrag im Rahmen von Projekten eingebettete Systeme entwickelt. Die Natur der Sache bringt es mit sich, dass man sich mit sehr vielen verschiedenen Zielplattformen (eben die jeweiligen Systeme des Kunden) beschäftigen muss. Auch die Größe der Systeme variiert – von kleinen Einprozessorsystemen mit einigen hundert KBytes RAM und ROM bis hin zu verteilten eingebetteten Systemen, die aus mehrere leistungsfähigen Knoten bestehen, die über ein oder mehrere Bussysteme miteinander verbunden sind. Es kommen in diesem Zusammenhang viele verschiedene Betriebssysteme (QNX Neutrino, OSEK,

Unterschiedliche Hardware und Betriebssysteme

VxWorks) zum Einsatz, die nicht nur unterschiedliche APIs bereitstellen, sondern teils erheblich in ihrem Funktionsumfang variieren.

Schonender Umgang mit Ressourcen

Zusätzlich zu der starken Heterogenität bzgl. der Plattform kommt noch hinzu, dass eingebettete Systeme sehr effizient mit den zur Verfügung stehenden Ressourcen umgehen müssen. Es ist oft nicht möglich, „mal schnell ein paar Megabytes mehr RAM" zu installieren. Der Hauptgrund dafür liegt in der Kostenstruktur von eingebetteten Systemen. Die Software stellt hier nur einen Teil des Gesamtsystems dar und dieses wird oft in großen Stückzahlen produziert und verkauft. Die Verwendung des „nächstbesseren Prozessors" schlägt sich also direkt in den (möglichst niedrig zu haltenden) Stückkosten nieder. Etwas mehr Optimierung der Software während deren Entwicklung schlägt sich da nicht so stark nieder.

Nachträgliche Wartung oft schwierig

Außerdem ist es oft nicht ohne weiteres möglich, ein bereits ausgeliefertes System „wieder in die Hand" zu bekommen, um Hard- oder Software-Probleme zu beheben. Bei Raumsonden ist dieses Problem offensichtlich; aber auch Rückrufaktionen für Autos oder Handys sind sehr teuer – sowohl finanziell als auch, was den Imageschaden angeht.

Regelmäßige Neuentwicklungen

Als Folge all dieser Randbedingungen werden die meisten Systeme, die unsere Firma entwickelt, komplette Neuimplemetierungen – mit dem entsprechend hohen Aufwand und mit der entsprechend hohen Rate an Kinderkrankheiten. Dieses Problem beginnt langsam für unsere Firma existenzbedrohende Ausmaße anzunehmen. Eine Effizienz- und Qualitätssteigerung bei der Projektabwicklung ist daher unumgänglich.

Umstellung auf Produktlinien

Es ist geplant, die Entwicklung zukünftig im Rahmen einer Familien von Komponenteninfrastrukturen durchzuführen (siehe Abschnitt 8.3); modellgetriebene Entwicklung wird als zentrales Entwicklungsparadigma Anwendung finden (siehe Kapitel 6).

Ziele der Umstellung

Aus Sicht des Managements sollen mit dieser Umstellung auf die folgenden Ziele erreicht werden:

> Der Aufwand für die Entwicklung eingebetteter (und oft verteilter) Systeme soll reduziert werden.

> Die Agilität der Projektabwicklung soll durch kürzere Realisierungszeiten erhöht werden.

> Die Entwicklung der kundenspezifischen Systeme soll stärker standardisiert werden, weil man sich dadurch Wiederverwendungspo-

tenzial erhofft sowie bzgl. der Resourcenplanung flexibler wird (Stichwort: Mitabeiterqualifikation).

> Die Codequalität soll durch die automatische Erstellung von möglichst großen Teilen des Systems erhöht werden.

> Die (bewährten) Konzepte von Kommunikations- und Komponentenmiddleware aus dem Umfeld der Enterprise-Systeme sollen in eingebetteten Systemen realisiert werden.

> Die Entwicklung der Systeme soll von der Einzelproduktentwicklung (und Ad-Hoc Wiederverwendung) auf eine Produktlinienentwicklung mit systematischer Wiederverwendung umgestellt werden.

11.1.2 Organisation und Individuen (WER)

Realisiert wurde das Projekt von Entwicklern des von uns betrachteten Unternehmens, unterstützt von einem externen Coach.

Während der Entwicklung der Produktfamilie wurden immer wieder konkrete Anwendungen auf Basis der Familie realisiert, vor allem um die Praktikabilität des Ansatzes regelmäßig zu verifizieren. Insofern waren auch die Architekten/Entwickler dieser Projekte am Infrastrukturprojekt beteiligt – sie spielten die Rolle des Kunden.

11.1.3 Architekturen und Architektur-Disziplinen (WAS)

Um die oben geschilderten Herausforderungen zu meistern, hat man sich entschieden, die Fortschritte, die in der Desktop- und Enterprise-Welt bzgl. Komponententechnologien gemacht wurden, in der Welt der eingebetteten Systeme auszunutzen. Es soll eine Komponenteninfrastruktur geschaffen werden, die auf den verschiedenen Plattformen lauffähig (und leicht an neue Plattformen anpassbar) ist. Durch die Herausfaktorisierung technischer Aspekte in den Komponentencontainer werden die eigentlichen Komponenten leichter wiederverwenbar. Insbesondere kann die gleiche Funktionalität auf verschiedenen Plattformen deployed werden. Der Container soll sich unter anderem um den Lebenszyklus der Komponenten, die (oft verteilte) Kommunikation zwischen den Komponenten, das Scheduling (ggfs. in Zusammenarbeit mit dem Betriebssystem) und die Resourcenverwaltung kümmern. Ein weiterer wichtiger Aspekt ist die Überwachung des Systems zur Lauf-

Komponenten in Embedded-Systemen

zeit, also die Diagnostizierfähigkeit des Systems. Zumindest in größeren Systemen ist dies für einen effektiven Betrieb essenziell.

Modellgetriebene Software-Entwicklung

Um die Randbedingungen bzgl. Performance, Ressourcenverbrauch und Portabilität zu erfüllen, wird modellgetriebene Software-Entwicklung als Realisierungsparadigma eingesetzt. Die von einem Container erwartete Funktionalität, die Hardwaretopologie sowie die Schnittstellen der Komponenten und die Kollaboration der verschiedenen Komponenten untereinander werden mittels Modellen beschrieben. Basierend auf diesen Modellen wird dann der Code für den Container generiert. Details siehe unten.

Product Line Engineering

Systematische Wiederverwendung und architektonische Konsistenz stehen im Mittelpunkt des Ansatzes. Um diesem Anspruch gerecht zu werden, werden Techniken des Product Line Engineering eingesetzt. Besonders Variantenmanagement und Feature-Analyse spielen dabei eine zentrale Rolle.

11.1.4 Architektur-Perspektiven (WO)

Prinzipiell bezieht sich das hier vorgestellte Projekt auf die Entwicklung einer Architektur innerhalb eines Systems.

Unternehmensweite Standardisierung

Das strategische Ziel unseres Unternehmens besteht jedoch darin, die Software-Entwicklung innerhalb der Firma als Ganzes effizienter zu gestalten. Die Komponenteninfrastruktur ist daher natürlich projekt- und systemübergreifend zu sehen, stellt also eine Architektur innerhalb einer Organisation dar.

Unternehmensübergreifende Standardisierung

Schlussendlich kann man das Ganze natürlich auch noch eine Granularitätsstufe höher betrachten. Wenn Systeme strikt komponentenorientiert aufgebaut sind, dann wird es möglich, dass die Komponenten von verschiedenen Parteien implementiert werden. Damit kann die Architektur auch dazu dienen, eine effektivere Zusammenarbeit zwischen unserem Unternehmen und den Kunden bzw. zwischen unserem Unternehmen und deren Zulieferern zu ermöglichen.

11.1.5 Architektur-Mittel (WOMIT)

Technologien für Embedded-Systeme

Die Lösung muss sich natürlich, was die Implementierung der Software angeht, an die vorhandenen Tools und Technologien für eingebettete

Systeme halten; dazu gehören (Echtzeit-)Betriebs-systeme, Treiber, bestimmte Programmierparadigmen und natürlich: die Programmier-sprache C. An der Struktur bzw. der Architektur dieser Software-Systeme kann man aber schon einiges tun. Kernidee ist es, Komponen-ten/Containerinfrastrukturen, die aus der Enterprise-Welt bekannt sind, in der Embedded-Welt zu etablieren.

Das Problem bei diesem Ansatz ist nun, diese verbesserte Struktur mit all ihren Vorteilen wie Separation of Concerns, Kapselung, Wiederver-wendung, und vereinfachter Programmierung ohne *Performance- und Resourcenoverhead* zu realisieren (siehe Abschnitt 6.1).

Quality of Service

Um dieses Problem zu lösen, muss der Container für das betreffende System ganz genau angepasst werden. Dies erfordert zwei Dinge:

PLE und MDSD

> Konzeptionell muss die Entwicklung der Container für die verschie-denen Systeme im Rahmen einer Software-Systemfamilie gesche-hen; Product Line Engineering ist der Rahmen, in dem dies ge-schieht.

> Zur effizienten Erstellung der verschiedenen Container im Rahmen der Software-Systemfamilie greifen wir auf Automatisierung und Codegenerierung zurück; modellgetriebene Software-Entwicklung beschreibt dieses Vorgehen.

Die Fallstudie in diesem Kapitel betrachtet also die modellgetriebene Entwicklung einer Software-Systemfamilie für Komponentencontainer für eingebettete Systeme.

11.1.6 Architektur-Vorgehen (WIE)

Eine Komponentenarchitektur beeinflusst eigentlich den gesamten Lebenszyklus eines Systems:

Vorgehensmodell

> Beim Entwurf hilft das „Denken in Komponenten", das System in vernünftige Teile zu zerlegen. Technische Aspekte können (bis zu einem gewissen Grad) orthogonal dazu betrachtet werden (dazu spä-ter mehr).

> Bei der Entwicklung gibt die Komponenteninfrastruktur den Ent-wicklern Hilfestellungen, wie das System strukturiert sein soll. Da sich der Container um die meisten technischen Belange kümmert, wird die Entwicklung für den Entwickler deutlich vereinfacht.

> Zur Laufzeit kann eine Komponenteninfrastruktur helfen, einzelne Komponenten auszutauschen (und damit das System weiter zu entwickeln) bzw. kann bei der Fehlerdiagnose helfen.

Da es sich bei der hier vorgestellten Entwicklung natürlich um eine Basisplattform handelt, muss diese *vor* den Projekten entwickelt werden, die sie verwenden sollen. In der Praxis werden diese beiden Dinge (vor allem zwecks Verifikation der Tauglichkeit der Plattform) parallel erfolgen.

Entwicklungsprozess

Bzgl. des Vorgehens gibt es in diesem Projekt vor allem zwei Herausforderungen. Zum einen ist die Entwicklung einer solchen Middleware eine Sache, die in unserem Unternehmen noch nie in Angriff genommen wurde. Man hat zwar reichlich Erfahrung mit der Entwicklung von eingebetteten Systemen, aber Product Line Engineering und modellgetriebene Entwicklung sind neu. Insofern ist ein iteratives, inkrementelles Vorgehen zwangsweise nötig. Zum anderen müssen bereits während der Entwicklung der generativen Infrastruktur Anwendungen damit erstellt werden – wegen des Zeitdrucks und um die Entwicklung der Middleware laufend zu verifizieren.

Zweigleisige, iterative Entwicklung

Wir entschließen uns daher für ein zweigleisiges, iteratives Vorgehen, wie in Abbildung 11.1-1 gezeigt.

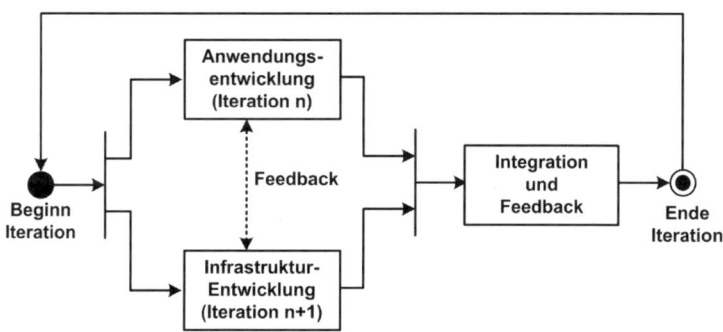

Abb. 11.1-1: *Iterative, zweigleisige Entwicklung.*

Bei diesem Vorgehen werden sehr kurze Iteration gefahren – wir entscheiden uns für wöchentliche Iterationen. Die Infrastrukturentwickler sind immer eine Iteration voraus. Feedback zwischen den beiden Zweigen wird institutionalisiert.

11.2 Product Line Engineering

Die Container, die im Rahmen unserer Fallstudie generiert werden, stellen eine Software-Systemfamilie dar. Die auf verschiedenen Systemen zur Verwendung kommenden Container haben eine ganze Reihe Dinge gemeinsam – insbesondere eine gemeinsame Architektur –, aber eben auch viele Unterschiede. Im Rahmen von Product Line Engineering (PLE) ist es essenziell, die Gemeinsamkeiten und Unterschiede der verschiedenen Produkte explizit zu untersuchen und im Laufe des Projektes zu managen. Dazu später mehr.

Container sind Software-Systemfamilien

Beispielsweise werden sie nur dann Code für die Kommunikation über einen bestimmten Bus enthalten, wenn das betreffende Gerät auch an einem solchen Bus angeschlossen ist. Gleiches gilt für die Kommunikationsparadigmen. Wenn nur mittels asynchronen Events kommuniziert wird, so braucht der Container keinen Code enthalten, der synchrone Operationsaufrufe zwischen verschiedenen Komponenteninstanzen über den Bus transportiert.

Beispiele für Variabilitäten

11.2.1 Domain Scoping

Zunächst müssen wir abklären, für welche Szenarien die Container geeignet sein sollen. Um diese Frage systematisch anzugehen, könnte man bereits hier Featuremodellierung [Eisenecker und Czarnecki, 2000] für die gesamte Domäne der eingebetteten System verwenden, um damit festzusetzen, welchen Teil der Gesamtdomäne wir adressieren möchten. Im Rahmen dieser Aktivität des PLE ist dieses Vorgehen aber oft übermäßig aufwendig – wir verwenden daher hier einen pragmatischeren Ansatz.

Eingrenzung der Domäne

Die folgenden Aspekte können zur Abgrenzung der Domäne herangezogen werden:

> *Betriebssystem:* In der Welt der eingebetteten Systeme kommt es duchaus vor, dass man direkt gegen die Hardware programmiert und kein Betriebssystem einsetzt. Auch die Features, die ein Betriebssystem für eingebettete Systeme bietet (sowie deren performante und damit praktisch nutzbare Umsetzung), variieren erheblich zwischen verschiedenen Betriebssystemen. Für unseren Container gehen wir davon aus, dass ein Betriebssystem zur Verfügung steht, welches sich zumindest um das Scheduling kümmert. Speicherschutz sowie andere weiterführende Features sind optional.

Schedulendes Betriebssystem

Keine harte Echtzeitfähigkeit	> *Echtzeitfähigkeit:* Die Frage, ob ein System echtzeitfähig ist, hängt von vielen Faktoren ab; im Falle von verteilten Systemen vor allem auch vom verwendeten Bus (FlexRay ist beispielsweise echtzeitfähig), vom Scheduler des Betriebssystems und von der Anwendungsfunktionalität. Da diese Aspekte jenseits dieses Buches liegen, beschränken wir uns hier auf Systeme, die keine harten Echtzeitanforderungen einhalten müssen.
Sicherheitskritische Systeme lassen wir außen vor	> *Sicherheitskritisch:* Für viele Anwendungsgebiete im sicherheitskritischen Umfeld sind verschiedenste Zertifizierungen nötig. Zertifiziert werden dabei neben der Software an sich meist auch Tools zur Erstellung der Software sowie der Entwicklungsprozess. Da all dies jenseits dieses Buches liegt, schließen wir solche Systeme aus.
Statische Konfiguration	> *Dynamische vs. statische Konfiguration:* Komponenteninstanzen, ihre Kommunikationsbeziehungen sowie verschiedene andere Aspekte des Gesamtsystems können entweder dynamisch zur Laufzeit oder statisch zur Konfigurationszeit konfiguriert werden. Aus Performancegründen legen wir uns hier auf den statischen Fall fest, dynamisch werden nur die Lebenszyklus-Stati gemanagt.

Fokus/Domäne des Systems

Wie oben erkennbar wird, schließen wir für unser System systematisch bestimmte Szenarien aus. Dies hilft uns, den Fokus bei der Entwicklung der Systemfamilie zu behalten. Wir fokussieren uns also auf die Software-Systemfamilie auf

> nicht (hart) echtzeitfähige,

> nicht sicherheitskritische,

> statisch konfigurierte,

> auf einem Betriebssystem, welches mindestens das Scheduling erledigt, basierende

Komponentencontainer.

11.2.2 Variabilitätsanalyse und Domänenstrukturierung

Nachdem wir den Scope der Domäne nun geklärt haben und wissen, auf welche Art von Systemen wir den Fokus legen wollen, müssen wir nun die Merkmale dieser Systeme analysieren, um festzustellen, welche Features wir in allen Mitgliedern der Systemfamilie haben werden und welche wie variabel sind.

Unterteilung in Unterdomänen

Zunächst ist es oft sinnvoll, die Domäne weiter zu strukturieren bzw. zu unterteilen. Die Gründe dafür sind oft:

> Die Gesamtdomäne ist zu groß, um „in einem Rutsch" analysiert zu werden.

> Verschiedene Teile der Domäne erfordern unterschiedliches Domänenwissen. Insofern macht es Sinn, dass sich verschiedene Leute mit den Subdomänen beschäftigen.

> Man will verschiedene Subdomänen mit unterschiedlichen Mitteln angehen. Beispielsweise könnte man einen Teil der Gesamtdomäne modellgetrieben entwickeln, andere Teile konventionell, wieder andere durch ein Werkzeug wie Ascet [Ascet 2005] erstellen.

In unserer Fallstudie unterteilen wir die Gesamtdomäne in die folgenden Unterdomänen:

Unterdomänen in der Fallstudie

> *Kommunikation* über verschiedene Bussysteme und deren performante Abbildungen auf die vom Komponentenmodell definierten Abstraktionen und Mechanismen.

> *Container Services,* also zusätzliche Dienste, die der Container zur Laufzeit für die Komponenten erbringen kann.

> *Deployment und Konsistenzchecks,* also die Frage, inwiefern der Generator dabei helfen kann, eine bzgl. verschiedener Kriterien möglichst optimale Verteilung der Komponenteninstanzen über die Systemknoten zu erreichen.

> *Scheduling:* Integration des Scheduling mit dem Betriebssystem.

Für jede dieser Subdomänen kann/sollte man nun eine Variabilitätsanalyse durchführen. Beispielhaft werden wir uns auf zwei Aspekte konzentrieren: Kommunikationsmechanismen sowie querschnittliche Dienste des Containers.

11.2.3 Kommunikationsparadigmen

Wie weiter unten im Detail gezeigt, dienen Konnektoren dazu, die Kommunkationsbeziehung zwischen zwei Ports von Komponenteninstanzen zu beschreiben, wie in Abbildung 11.2-1 gezeigt:

Die Rolle von Konnektoren

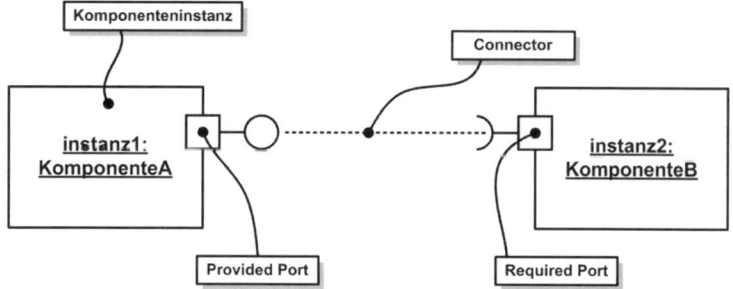

Abb. 11.2-1: *Komponenteninstanzen und Konnektoren.*

Die Art und Weise, wie kommuniziert werden soll (Operationsaufruf, Nachrichten-basiert), wird also durch das Interface der beiden Ports sowie insbesondere den Konnektor bestimmt. Das Featuremodell in Abbildung 11.2-2 zeigt, welche Variabilitäten es im Rahmen der Kommunikation gibt:

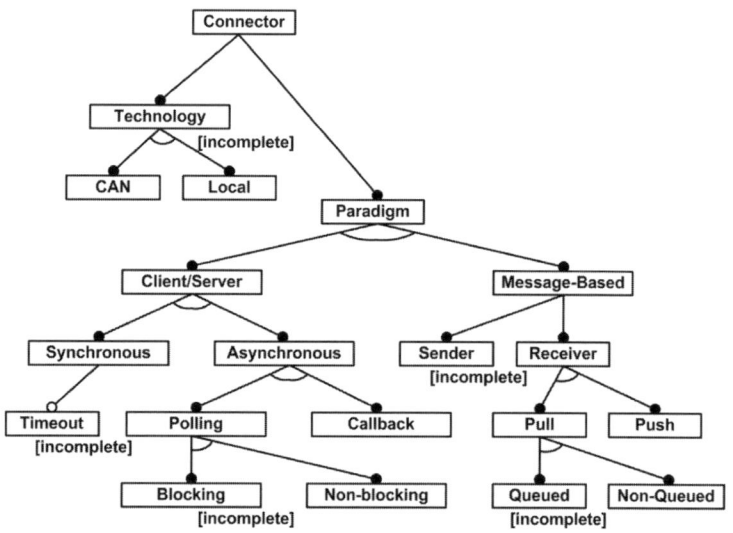

Abb. 11.2-2: *Featurediagramm der Kommunikations-Variabilitäten.*

Erkennbar ist, dass man zunächst zwei Aspekte klären muss: die Technologie sowie das Paradigma.

Kommunikations-technologien

Die Technologie hängt natürlich von den Randbedingungen ab: Man kann nur über die Bussysteme kommunizieren, die am betreffenden Knoten angeschlossen sind – auch kann man nur lokal kommunizieren, wenn die beiden Instanzen im gleichen Prozess liegen.

Das Paradigma ist da schon etwas diffiziler. Man kann prinzipiell entweder mittels Operationsaufrufen (also Client/Server) oder nachrichtenbasiert kommunizieren. Im Falle von Client/Server muss man festlegen, ob synchron oder asynchron kommuniziert werden soll. Im asynchronen Fall muss man festlegen, wie man über das Ergebnis des Aufrufs informiert werden möchte [Völter et al. 2004]. Auch im Falle von nachrichtenbasierter Kommunikation muss man diese – und weitere – Entscheidungen treffen.

**Kommunikations-
paradigma**

Wichtig ist es nun, festzulegen, wann der Entwickler eines Mitglieds der Systemfamilie welches Feature festlegen muss. Dies kann man beispielsweise durch eine entsprechende Annotation des Featurediagramms duchführen, Abbildung 11.2-3 zeigt dies exemplarisch.

Festlegung des Bindungszeitpunktes

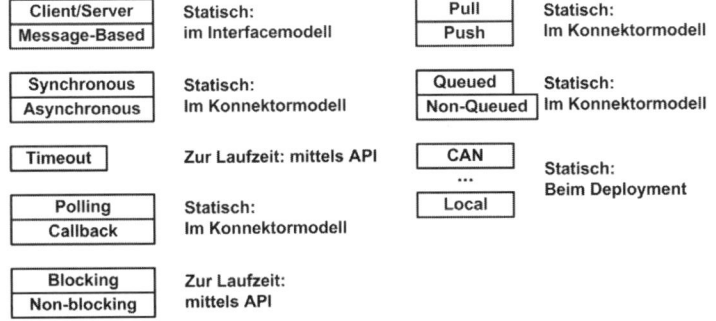

Abb. 11.2-3: *Bindungszeiten für die Kommunikations-Features.*

Der Grund, warum hier sehr viele Dinge statisch festgelegt werden müssen, ist eben wieder im Zusammenhang mit Codegröße, Speicherverbrauch, Determinismus und Performance zu sehen. Wenn beispielsweise gequeued werden soll, dann muss für die Queue genügend Speicherplatz vorgesehen werden. Die Frage, ob das Ergebnis bei asynchronen C/S-Aufrufen per Callback oder pollend geliefert werden soll, hat eben wieder etwas mit dem generierten Code tun – würde man beides gleichzeitig erlauben (bzw. zur Laufzeit entscheiden) so müsste der Code für beide Alternativen auf dem Zielsystem zur Verfügung stehen.

**Statische Bindung
wegen QoS-
Randbedingungen**

Eine letzte Anmerkung: Die Frage, ob blockierend oder nicht-blockierend gepollt werden soll, muss auf einigen Betriebssystemen (bspw. Osek [Osek 2005]) statisch entschieden werden, damit das Betriebssystem so konfiguriert werden kann, dass Blockierung überhaupt möglich ist.

**Der Einfluss des
Betriebssystems**

11.2.4 Container-Services

Ein weiterer wichtiger Aspekt der Software-Systemfamilie „Komponentencontainer" sind die Dienste, die der Container anbietet. Im Rahmen von Komponenten/Container-Infrastrukturen ist es die Aufgabe des Containers, Belange zu adressieren, die man aus den Anwendungskomponenten heraushalten möchte [Völter et al. 2002].

Querschnittliche Aspekte

Oft sind diese Belange querschnittlicher Natur und müssten daher in verschiedenen Komponenten kompatibel implementiert werden. Da dies sehr aufwendig und fehleranfällig ist, delegiert man diese Aufgabe – ganz im Sinne der aspektorientierten Softewareentwicklung [AOSD 2005] – an den Container, der ja den „Lebensraum" für die Komponenten darstellt. Abbildung 11.2-4 zeigt einen Ausschnitt der Dienste, die ein Container für Komponenten in eingebetteten System üblicherweise bietet.

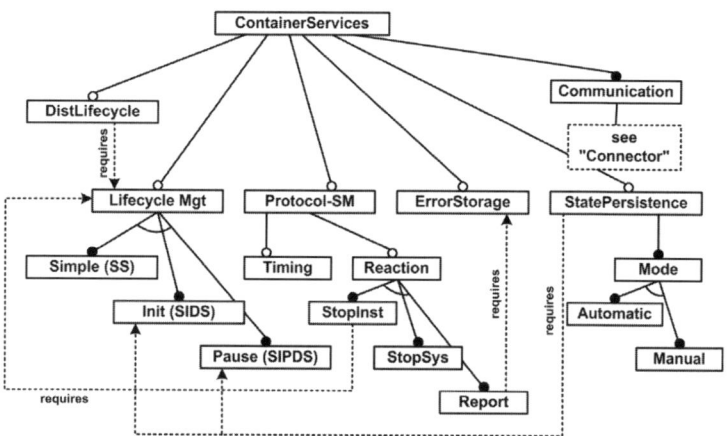

Abb. 11.2-4: *Querschnittliche Dienste des Containers.*

Lifecycle Management

Zunächst bieten Container immer Kommunikationsdienste an, wie sie im letzten Abschnitt diskutiert wurden. Zusätzlich kann sich der Container um das Lifecycle Management der Komponenteninstanzen kümmern. Unter Lifecycle Management versteht man, dass die Komponenten eines Systems kontrolliert gestartet, initialisiert bzw. wieder heruntergefahren werden. Es gibt dabei in unserer Fallstudie drei Modi:

> *Simple* kennt nur die Ereignisse Start und Stop.

> *Init* kennt zusätzlich eine Initialisierungsphase, also Start, Init, Deinit, Stop.

> *Pause* kennt des Weiteren noch einen Pause-Modus (z. B. zum Energiesparen).

Weiterhin kann der Container an Ports Protokollzustandsautomaten überwachen. Dabei gibt es zwei Dinge festzulegen: Erstens, ob auch Zeit-Constraints mit überwacht werden sollen, und zweitens wie auf einen Fehler reagiert werden soll: StopInst stoppt die betreffende Instanz (dazu ist Lifecycle Management nötig), StopSys stoppt den ganzen Container sowie Report, welches den Fehler einfach in einem zentralen Fehlerspeicher einträgt. Für Letzteres muss der Container allerdings das Feature Fehlerspeicher aktiviert haben.

Protokollzustands-automaten

Der Container kann sich außerdem um das Management des Zustands der Komponenteninstanzen kümmern. Wenn dieses Feature aktiviert ist, so kann der Container entweder automatisch oder nach API Aufruf des Entwicklers den Zustand der Komponente sichern. Auch hier muss Lifecycle Management aktiviert sein.

Zustandsmanagement

Schlussendlich kann der Container noch bei verteiltem, also systemweiten Lifecycle Management mitmachen. Dazu ist allerdings das Lifecycle Management innerhalb des Containers nötig.

Systemweites Lifecycle Management

Die Frage, wann die entsprechenden Features gebunden werden (also wann man sich dafür entscheidet, dass ein Feature bei einem bestimmten Familienmitglied dabei sein soll), ist hier leicht zu beantworten: grundsätzlich statisch. Allerdings gibt es Unterschiede im Detail:

Bindungszeitpunkt immer statisch

> Beispielsweise muss der Lifecycle-Modus bereits bei der Implementierung der Komponenten bereits bekannt sein (man muss ja in der Komponentenimplementierung auf die entsprechenden Lifecycle-Ereignisse reagieren).
> Die Frage, ob Protokollzustandsmaschinen zur Laufzeit überwacht werden sollen, kann man auch noch recht spät (also beim Generieren des Containers) entscheiden.

Wir werden auf diese Aspekte bei der Definition des Produktionsplanes weiter unten nochmals eingehen.

11.2.5 Domänendesign

Im Rahmen des Domänendesigns wird die Familienarchitektur festgelegt – also die gemeinsame Basisarchitektur der verschiedenen Mitglieder der Software-Systemfamilie. Außerdem wird der Prozess definiert, wie man denn nun von den Modellen zum Code kommt, also der Produktionsprozess.

Familienarchitektur   Bezüglich der Familienarchitektur können wir hier nicht auf jedes Detail eingehen, das würde den Rahmen der Fallstudie sprengen. Abbil-
dung 11.2-5 gibt einen Überblick:

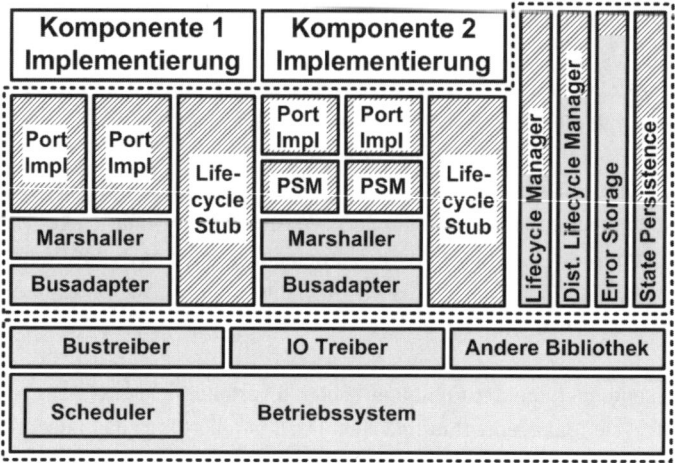

Abb. 11.2-5: *Familienarchitektur.*

Plattform   Die grau hinterlegten Teile sind manuell implementiert und identisch
für alle Mitglieder der Familie – sie sind als Bibliotheken oder Frameworks implementiert. Diese Teile stellen also die Plattform des Systems
dar.

Generierte Teile   Die schraffierten Teile sind generiert, sind also teilweise optional (z. B.
die Protokollzustandsmaschinen-Implementierung, PSM – Protokollzu-
standsmaschinen definieren mithilfe eines Zustandsautomaten das
Protokoll sowie ggf. das Timing an einer Komponentenschnittstelle)
oder müssen für jeden Container bzw. für jede Komponente angepasst
werden.

**Manuell
implementierte Teile**   Die weißen Dinge sind die Implementierungen der Komponenten; diese
werden nicht generiert, sondern manuell implementiert. Sie sind also
quasi außerhalb des Fokus der Container-Systemfamilie.

**Betriebssystem und
Container**   Natürlich wollen wir so wenig wie möglich neu erfinden, weshalb von
den Möglichkeiten des Betriebssystems ausführlich Gebrauch gemacht
wird. Der untere gestrichelt umrandete Kasten umfasst das Betriebssystem sowie gewisse Basisbibliotheken und Treiber. Der obere gestrichelte
Kasten ist in Summe der Container.

Man beachte, dass die hier dargestellten Dinge nicht alle Artefakte sind, die benötigt bzw. generiert werden. Beispielsweise brauchen wir generierte Makefiles bzw. generierte Konfigurationsfiles für das (von einem anderen Tool) daraus erstellte Betriebssystem. Diese sind jedoch in der Archiektur des fertigen Systems nicht mehr relevant.

Weitere Artefakte

11.2.6 Produktionsprozess

Der Produktionsprozess beschreibt, wie man von den (weiter unten beschriebenen) Modellen zum ausführbaren System kommt. Abbildung 11.2-6 zeigt diesen Prozess für die Fallstudie – etwas vereinfacht. Die einzelnen Schritte werden im Folgenden erläutert. In der Grafik bedeuten die nicht-gestrichelten Pfeile zeitlichen Ablauf und die gestrichelten eine Abhängigkeits- bzw. „Verwendet"-Beziehung.

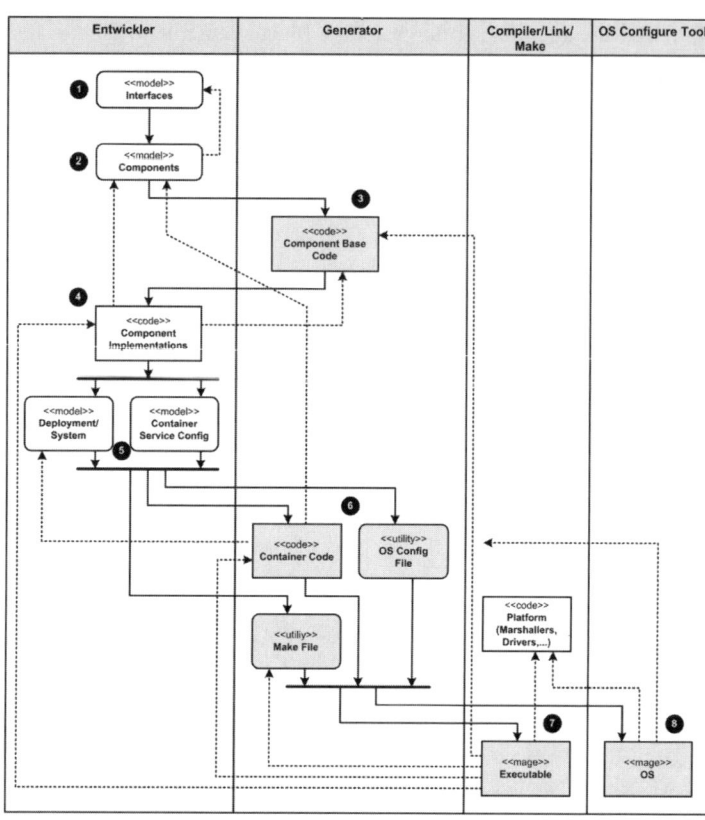

Abb. 11.2-6: Produktionsprozess.

Hier nun einige Erläuterungen zu diesen Prozess – viele Details werden später im Rest der Fallstudie noch geklärt.

Interfaces

1. Im ersten Schritt werden die Schnittstellen (Interfaces) modelliert. Interfaces stellen später dann die Basis für die Kommunikation zwischen Komponenten(instanzen) dar.

Komponenten und Ports

2. Im zweiten Schritt werden dann unter Verwendung dieser Interfaces die Komponenten definiert, insbesondere deren Ports.

Komponenten-Basiscode

3. Aus diesen beiden Modellen kann der Generator nun Komponenten-Basiscode erstellen, also insbesondere beispielsweise C-Headerfiles.

Komponentenimplementierung

4. Basierend auf dem generierten Basiscode kann der Entwickler nun die eigentliche Komponentenimplementierung erstellen.

Systemdefinition

5. Hier kann nun der Entwickler das Gesamtsystem definieren, also Komponenteninstanzen, die Konnektoren zwischen diesen sowie die Verteilung der Instanzen auf die Hardware (die hier auch beschrieben werden muss!). Außerdem kann nun das Container-Servicekonfigurationsmodell erstellt werden,

welches definiert, welche der weiter oben beschriebenen zusätzlichen Dienste der Container denn nun für das betreffende System tatsächlich erledigen soll.

6. Dies ist der eigentliche Generierungsschritt. Der Generator erstellt nun den Code, der zur Implementierung der geforderten Containerfunktionalität nötig ist. Dazu benötigt er sämtliche bisher definierten Modelle. Der Generator erstellt auch ein Konfigurationsfile für das betreffende Betriebssystem sowie ein Makefile.

Generierung

7. In diesem Schritt kann nun der Compiler/Linker/Make das Image des „Programms" erstellen, bestehend aus Container sowie dem Komponentenbasiscode, den Komponentenimplementierungen sowie den nötigen Bibliotheken aus der Plattform.

Compile/Link

8. Im letzten Schritt wird nun das Betriebssystem aus dem betreffenden Konfigurationsfile erstellt. Dies erledigt ein beim Betriebssystem mitgeliefertes Konfigurationstool.

Betriebssystem-Erstellung

Wir können nun Betriebssystem und Anwendung (also Container + Komponenten) auf die Zielhardware übertragen und ausführen. Zwei Anmerkungen seien noch gestattet:

> Zum einen unterscheiden wir hier nicht verschiedene Rollen bzw. Zeitpunkte, wann etwas geschieht. Im Sinne der Wiederverwendung werden Komponenten idealerweise von anderen Leuten und zu anderen Zeitpunkten erstellt als der Container, die erst nötig werden, wenn aus einzelnen Komponenten lauffähige Anwendungen zusammengebaut werden sollen.

Rollen und Zeitpunkte

> Bei manchen Betriebssystemen wird das System nicht als separates Binary erstellt, sondern basierend auf einer Betriebssystem-Konfiguration Quelltext generiert. In diesem Falle würde es nur einen Compile/Link-Lauf geben, der dann Container, Komponentenimplementierung sowie das Betriebssystem in ein Image zusammenlinkt.

Betriebssystem-konfiguration im Quelltext

11.3 Modelle

Im Folgenden werden wir zeigen, wie verschiedene Aspekte des Systems modelliert werden. Dabei wird für jeden Aspekt (wir werden weiter unten gleich sehen, welches diese Aspekte sind) eine eigene domänenspezifische Sprache (DSL) verwendet. Wie alle DSLs bestehen auch diese aus

DSLs zur Beschreibung von Modellen

> dem *Metamodell*, welches die abstrakte Syntax und die statische Semantik der Modelle definiert,

> der *konkreten Syntax*, welche die Notation festlegt, mit der die Modelle niedergeschrieben werden, und

> der (operationellen) *Semantik*, welche die Bedeutung der Metamodellelemente definiert.

openArchitecture-Ware als Codegenerator

Die Codegenerierung wird mittels des openArchitectureWare Frameworks erfolgen [OAW 2005]. Dies ist ein flexibles Framework zur Codegenerierung, welches insbesondere die nützliche Eigenschaft besitzt, dass man das Metamodell in Form von Java-Klassen implementiert. Die verschiedenen Metamodelle werden mittels Gateway- und Referenzmetaklasse miteinander in Bezug gesetzt (siehe dazu [Stahl und Völter, 2005]).

Konkrete Syntax

Die konkrete Syntax ist in allen drei Fällen anders. Es kommt sowohl ein UML-Profil als auch eine (an IDL angelehnte) textuelle Notation sowie eine spezielle XML-DTD zum Einsatz.

Semantik

In allen drei Fällen wird die Semantik über die Transformationen definiert, die der Generator verwendet, um Implementierungscode zu generieren.

11.3.1 Definition von Interfaces

Zunächst möchten wir auf den Aspekt der Definition von Komponenten eingehen. Eine Komponente besteht aus einer Reihe von Ports, die entweder die Dienste eines Interfaces anbieten oder diese verwenden.

Metamodell für Interfaces

Bevor wir auf die Details dieser Architektur eingehen, möchten wir zeigen, wie wir Interfaces definieren. Abbildung 11.3-1 zeigt zunächst das Metamodell für Interfaces. Interfaces sind – wie üblich – definiert als eine Menge von Operationen, die Parameter und Exceptions haben (können):

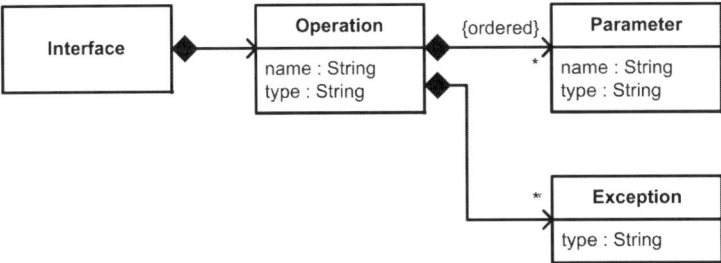

Abb. 11.3-1: *Metamodell für Interfaces.*

Beginnen wir mit der Definition eines Interfaces. Dazu verwenden wir eine textuelle Syntax, die an CORBA IDL [Henning und Vinoski 1999] angelehnt ist. Ein Beispiel:

Konkrete, textuelle Syntax

```
interface Sensor {
  operation start():void;
  operation stop():void;
  operation measure():float;
}
interface Controller {
  operation reportProblem(Sensor s,
          String errorDesc ):void;
}
```

Zusätzlich zu dieser syntaktischen Definition von Interfaces können noch Protokollzustandsautomaten angegeben werden, beispielsweise mittels UML. Ein Protokollzustandsautomat definiert, in welcher Reihenfolge und in welcher zeitlichen Abfolge die Operationen eines Interfaces aufgerufen werden dürfen. Aus diesem Automat kann leicht Code generiert werden, welcher zur Laufzeit überwacht, ob die damit definierten Constraints eingehalten werden. Wenn nicht, kann z. B. ein Fehler in einen Fehlerspeicher abgelegt werden, welcher später zur Diagnose herangezogen werden kann. Abbildung 11.3-2 zeigt ein Beispiel.

UML Definition von Protokollzustands- automaten

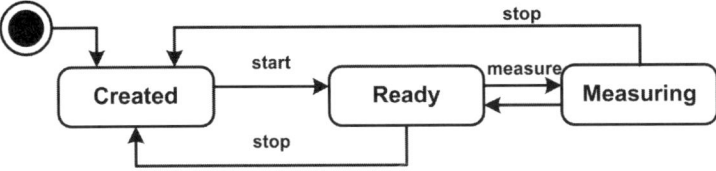

Abb. 11.3-2: *Beispiel für einen Protokollzustandsautomaten.*

Das Metamodell hierfür entspricht dem wohlbekannten Metamodell für State Machines, bestehend aus Zuständen und Transitionen inkl. Guards

Metamodell

und Events. Hier sind die Events die Operationen, die auf dem Interface aufgerufen werden können. Auf die Frage, wie das Interface „zu seinem Protokollzustandsautomat findet" und wie man den Laufzeitüberwachungscode generiert, gehen wir weiter unten ein.

11.3.2 Definition von Komponenten und Ports

Im nächsten Schritt definieren wir Komponenten und ihre Ports. Das dafür verwendete Metamodell ist in Abbildung 11.3-3 dargestellt.

Erweiterung des UML -Metamodells

Da die konkrete Syntax auf stereotypisierter UML basieren wird, lassen wir das Metamodell auf dem UML-Metamodell basieren. Das bedeutet, dass wir die Metaklassen unseres Beispiels von den UML-Metaklassen ableiten. Interessant ist vor allem das Metamodellelement InterfaceRef, da es als Referenz auf die in anderen Modellen definierten Interfaces dient. Es verknüpft also das UML-Modell mit dem textuellen Modell. Die Zuordnung der Referenz zu dem tatsächlichen Interface basiert auf Namensgleichheit.

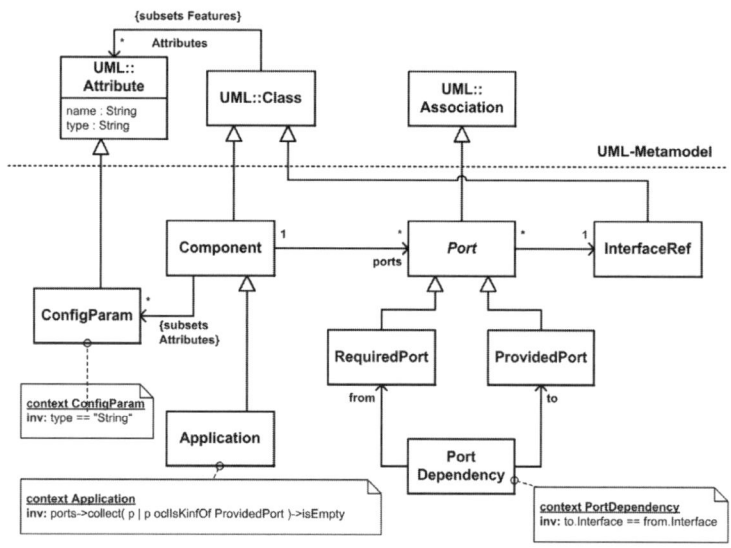

Abb. 11.3-3: *Metamodell für Komponenten und Ports.*

Konkrete Syntax (UML 1.x und UML 2)

Abbildung 11.3-4 ist die auf UML basierende konkrete Syntax eines Beispiels. Man beachte, dass dabei UML 1.x zum Einsatz kommt! Mittels UML 2 hätte man diese Struktur erheblich einfacher darstellen können; Abbildung 11.3-5 zeigt ein Beispiel. Zu beachten ist, dass im Falle der

Verwendung von UML 2 auch das Metamodell entsprechend anders aussehen würde.

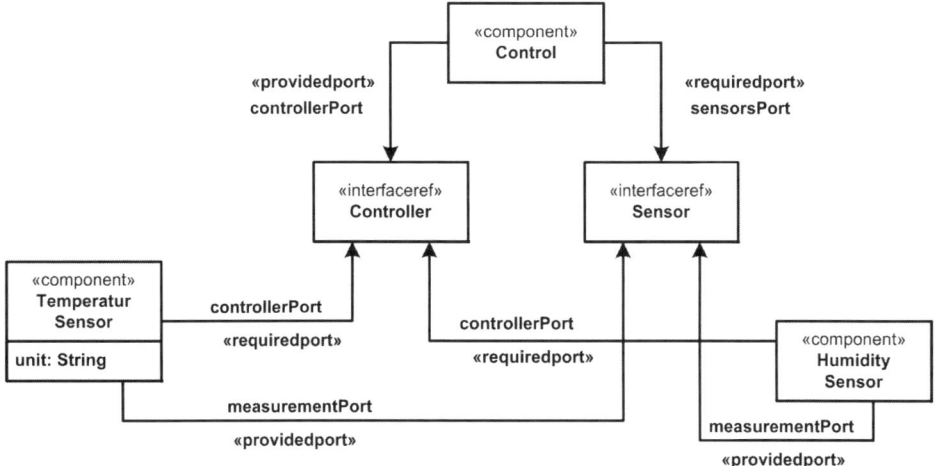

Abb. 11.3-4: *Beispiel für konkrete Syntax von Komponenten und Ports.*

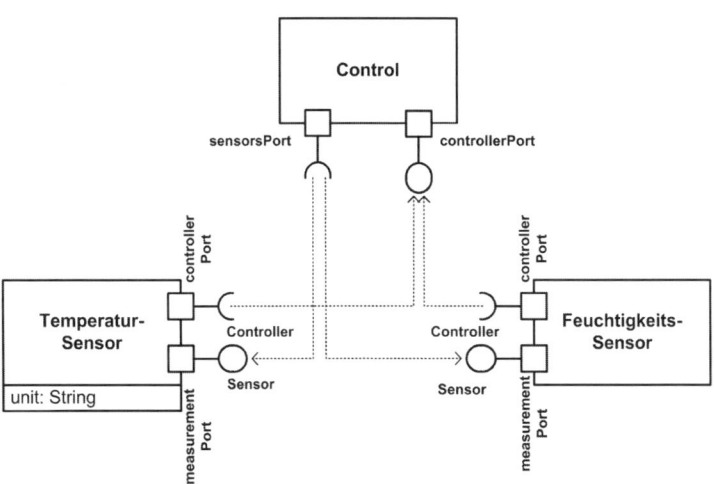

Abb. 11.3-5: *Beispiel für konkrete Syntax von Komponenten und Ports (mit UML 2).*

11.3.3 Definition eines Systems

Ein System besteht aus einer Menge von Knoten. Auf jedem Knoten laufen ein oder mehrere Container. Ein Container beinhaltet eine oder mehrere Komponenteninstanzen. Die Ports von Komponenteninstanzen werden mit so genannten Konnektoren verbunden.

Metamodell der Systemdefinition

Wie aus dem Metamodell in Abbildung 11.3-6 ersichtlich, gibt es verschiedene Arten von Konnektoren. Auch hier werden wir wieder mit Referenzen arbeiten, um Elemente, die in anderen Modellen definiert sind, zu referenzieren.

XML-basierte Syntax für Systemdefinition

Damit ist das Metamodell (natürlich nicht mit allen Constraints) vollständig definiert. Die konkrete Syntax der Systemmodelle basiert in diesem Falle auf einer dafür definierten XML DTD. Im ersten Schritt definieren wir zunächst die Komponenteninstanzen, Systemknoten und Container. Beim gezeigten Beispiel handelt es sich um eine einfache Wetterstation, deren Struktur in Abbildung 11.3-7 gezeigt ist.

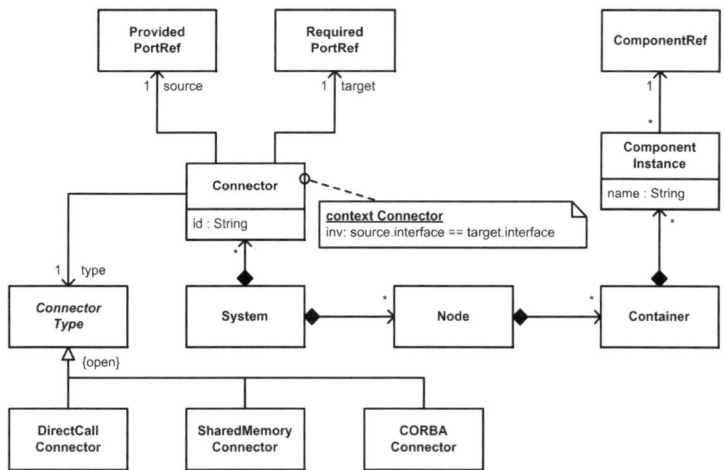

Abb. 11.3-6: *Metamodell für Systemdefinition.*

```
<system name="weatherStation">
  <node name="main">
    <container name="main">
      <instance name="controller"
                type="Control"/>
    </container>
  </node>
  <node name="inside">
    <container name="sensorInside">
      <instance name="tempInside"
                type="TemperatureSensor">´
        <param name="unit" value="centigrade"/>
      </instance>
    </container>
```

```
        </node>
        <node name="outside">
          <container name="sensorsOutside">
            <instance name="tempOutside"
                      type="TemperatureSensor">´
              <param name="unit" value="centigrade"/>
            </instance>
            <instance name="humOutside"
                      type="HumiditySensor"/>
          </container>
        </node>
```

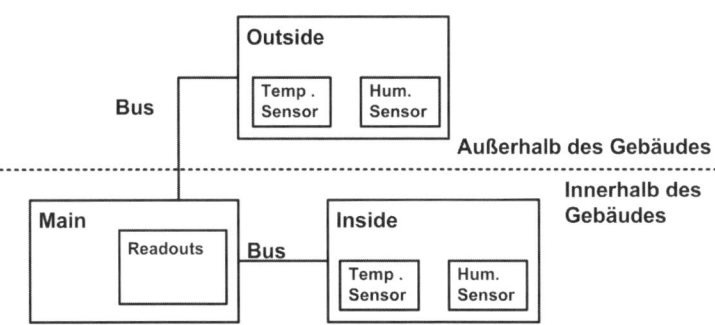

Abb. 11.3-7: *Struktur der Beispiel-Wetterstation.*

Im Folgenden definieren wir nun die Verbindungen zwischen den Kom-   **Konnektoren**
ponenteninstanzen in Form von Konnektoren.

```
<!-- temperature sensor outside -->
<connector name="toSensorTempOutside">
  <providedPort instance="tempOutside"
                port="measurementPort">
  <requiredPort instance="controller"
                port="sensorsPort">
</connector>
<connector name="fromSensorTempOutside">
  <providedPort instance="controller"
                port="controllerPort">
  <requiredPort instance="tempOutside"
                port="controllerPort>
</connector>

<!-- humidity sensor outside -->
<connector name="toSensorHumOutside">
  <providedPort instance="humOutside"
                port="measurementPort">
  <requiredPort instance="controller"
                port="sensorsPort">
</connector>
<connector name="fromSensorHumOutside">
```

```
        <providedPort instance="controller"
                      port="controllerPort">
        <requiredPort instance="humOutside"
                      port="controllerPort>
      </connector>

      <!-- temperature sensor inside -->
      <connector name="toSensorTempInside">
        <providedPort instance="tempInside"
                      port="measurementPort">
        <requiredPort instance="controller"
                      port="sensorsPort">
      </connector>
      <connector name="fromSensorTempInside">
        <providedPort instance="controller"
                      port="controllerPort">
        <requiredPort instance="tempInside"
                      port="controllerPort>
      </connector>
    </system>
```

Eigenschaften der Konnektoren

Damit ist die logische Struktur des Systems definiert. Was noch fehlt, ist die genaue Charakterisierung der Eigenschaften der Konnektoren. Dies basiert auf dem Featuremodell, welches im Rahmen des PLE eingeführt wurde. Grundsätzlich wird zwischen Client/Server und nachrichtenbasierter Kommunikation unterschieden. Im Falle von Client/Server kann die Kommunikation synchron oder asynchron erfolgen; verschiedene Mechanismen sind dabei möglich. Im Falle von nachrichtenbasierter Kommunikation kann der Empfänger entweder per Push oder mittels Polling benachrichtigt werden. Unabhängig von dem Paradigma kann die Kommunikation über CAN-Bus, direkt (bei Komponenten im gleichen Container) oder mittels anderen (nicht dargestellten) Mitteln erfolgen. Die folgenden beiden Konfigurationen wären basierend auf obigem Modell gültig:

Beispiele für eine Konnektor-Konfiguration

```
connector.technology=CAN
connector.paradigm=async-cs,polling,blocking

connector.technology=local
connector.paradigm=sync
```

Diese Konfigurationseinstellungen müssen im Rahmen der obigen Konnektor-Definition zusätzlich angegeben werden.

Dabei wird eine Systemconstraint (also eine Korrektheitsbedingung, die in einem gültigen System wahr sein muss), erkennbar: Ein lokaler Konnektor kann nur zwischen zwei Instanzen definiert werden, wenn sie im gleichen Container gehostet werden. Der Generator muss erkennen, wenn dies nicht der Fall ist und entsprechende Fehlermeldungen ausgeben.

11.3.4 Gesamtmodell

Das Gesamt-Metamodell besteht also aus der Obermenge der Metamodelle der verschiedenen Subdomänen. Abbildung 11.3-8 zeigt die Referenzklassen, die die Beziehung zwischen den verschiedenenen Modellaspekten herstellen. Beispielsweise referenzieren Komponenteninstanzen ihren Typ mittels des Namens im *type* Attribut.

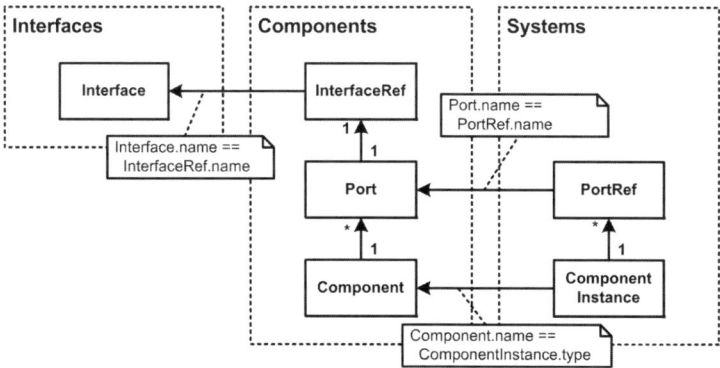

Abb. 11.3-8: *Beziehungen zwischen den Teil-Metamodellen.*

11.3.5 Generator – Überblick

Abbildung 11.3-9 zeigt nun, wie all diese verschiedenen Artefakte vom Generator verwendet werden. Die Abbildung zeigt unter anderem die folgenden Sachverhalte:

> Die Domänenarchitektur besteht aus drei DSLs, die durch jeweils eine Partition des Metamodells beschrieben werden und die jeweils eine andere konkrete Syntax besitzen.

> Konkrete Modelle bestehen aus den entsprechenden drei Teilmodellen.

> Das (logische) Metamodell wird mittels Java-Klassen implementiert; Java spielt damit die Rolle des Metametamodells.

> Der Generator hat drei verschiedene Frontends, je eines zum Lesen der drei verschiedenen konkreten Syntaxe.

> Nach Lesen der Modelle werden sie im Speicher des Generators als Instanzen der Java-Metaklassen repräsentiert.

> Generierter Code und manuell codierte Komponentenimplementierungen stützen sich auf der Plattform ab.

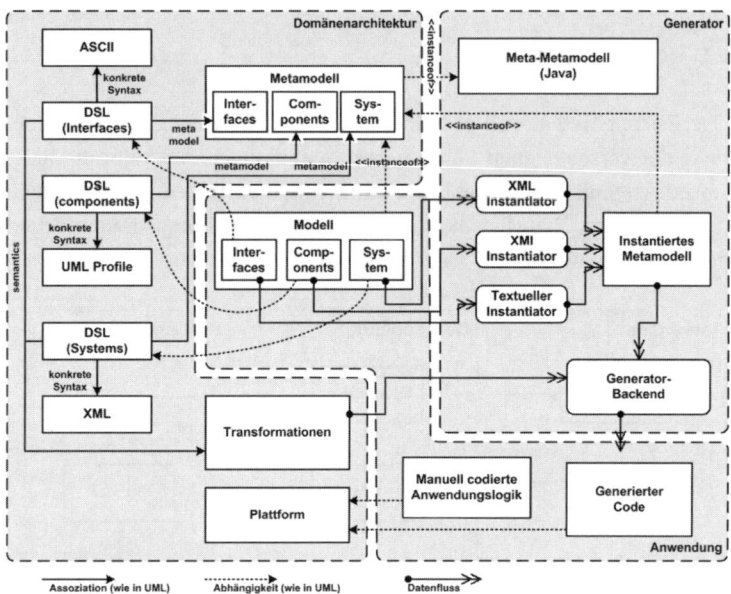

Abb. 11.3-9: *Generator, Modelle und Metamodelle.*

11.4 Implementierung von Komponenten

Dieser Abschnitt zeigt, wie das Konzept der Komponenten auf verschiedene Programmiersprachen abgebildet wird, und wie der Container mit den Komponenten interagiert.

Java vs. C

Wir gehen dabei nur auf Java ein, nicht auf C – wir sind uns dabei natürlich im Klaren, dass für „echte" eingebettete Systeme das C Mapping relevanter ist. Allerdings ist die Abbildung auf Java einfacher zu verstehen und findet zum Beispiel im Bereich von Mobiltelefonen auch in ähnlicher Weise Anwendung.

11.4.1 Abbildung auf Java

Aufgrund der Tatsache, dass Java eine objektorientierte Sprache ist, ist die Abbildung relativ direkt möglich. Die Abbildung sieht grob folgendermaßen aus (Abbildung 11.4-1 zeigt die Struktur):

> Ein (Client/Server) Komponenteninterface wird auf ein Java Interface abgebildet.

> Pro Komponente wird eine abstrakte Basisklasse generiert. Von diesen leitet der Entwickler eigene Klassen ab, die die von der Komponente (durch ihre Provided Ports) angebotenen Operation implementiert.

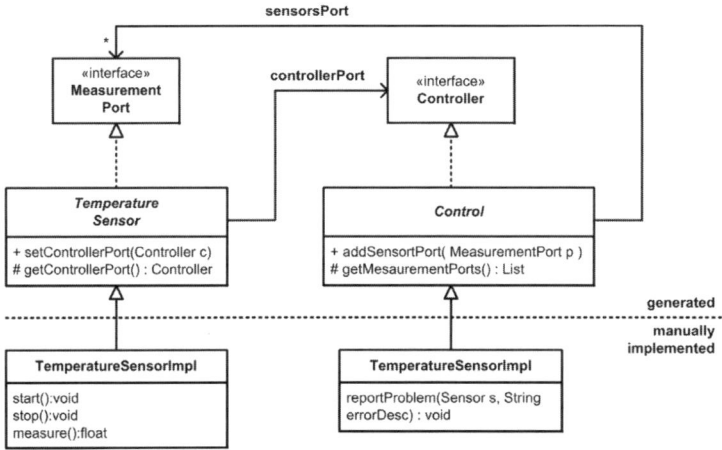

Abb. 11.4-1: *Komponentenimplementierung in Java.*

Der Container ist dafür verantwortlich, die Referenzen der Ports beim Hochfahren des Systems richtig zu setzen. Der Entwickler kann dann im Rahmen der Implementierung der Operationen auf diese Ports zugreifen. Man beachte, dass damit generierter und nicht generierter Code komplett getrennt sind.

"Verdrahtung" des Systems

```
public class TemperatureSensorImpl
             extends TemperatureSensor {
   public void start() { … }
   public void stop() { … }
   public float measure() {
      float value = // use driver to measure
      if ( /* there is a problem */ ) {
         getControllerPort().reportProblem(this,
            "cannot measure…." );
      }
   }
}
```

Verteilte Komponenten

Obiges Beispiel funktioniert bereits in dieser Art und Weise, wenn die beiden kommunizierenden Komponenteninstanzen im gleichen Container (also auch im gleichen Prozess, der gleichen VM) laufen. Als Required-Port-Objekte werden direkt die jeweils anderen Komponentenobjekte gesetzt. Im Falle von verteilten Komponenten müssen Proxies generiert werden, wie Abbildung 11.4-2 zeigt.

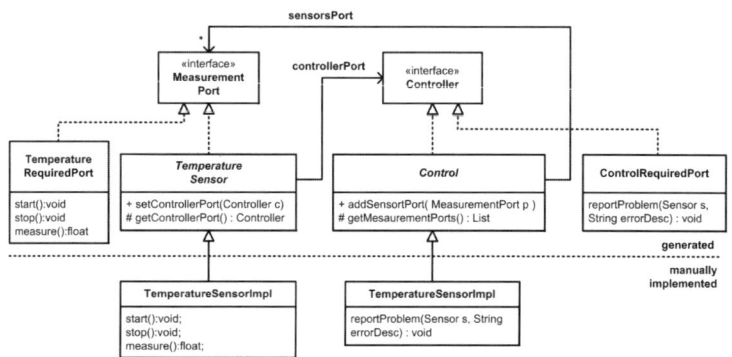

Abb. 11.4-2: *Implementierung bei verteilten Komponenten.*

Remotekommunikation in den Proxies

Diese Proxies werden nur generiert, wenn tatsächlich verteilte Kommunkation stattfindet. Der Generator hat diese Information aufgrund des Systemmodells (Knoten, Container, Netzwerke). Die Proxies enthalten den Code, um das ausgewählte Kommunikationsparadigma zu realisieren, also Marshalling, Netzwerkmanagement etc. Natürlich wird möglichst viel davon in Form von Bibliotheken bereits „von Hand" im Rahmen der Platform implementiert.

Die Eleganz des Proxy-Musters

Da die Proxies das gleiche Interface implementieren wie die dienstanbietende Komponente, ändert sich die Implementierung einer dienstnutzenden Komponente nicht. Im Falle verteilter Kommunikation setzt der Container im Rahmen des Verdrahtungsprozesses statt der anderen Komponente einen Proxy.

11.4.2 Parsen und Zusammenführen des Gesamtmodells

Das Gesamtmodell macht nur Sinn, wenn alle drei Aspekt-Modelle (Interfaces, Komponenten, System) gemeinsam gesehen werden. Wie oben erläutert, muss der Generator beispielsweise nur dann Proxies generieren, wenn das *Verteilungs*modell beschreibt, dass kommunizierende Komponenteninstanzen auf verschiedenen Knoten liegen (die Konnektoren also „remote" sind).

Der Generator muss also alle drei Modelle „in einem Rutsch" parsen und entsprechend zusammenführen. Dabei müssen die Referenzobjekte (bspw. die InterfaceRefs) mit den referenzierten Objekten (also das Interface mit demselben Namen) assoziiert werden.

Gleichzeitige Verarbeitung

Zusammenführen der Modelle

Der Generator liest also die verschiedenen Modelle nacheinander ein; er erstellt dann von allen Modellen *eine gemeinsame Repräsentation als Objektgeflecht* im Speicher des Generators. Dabei wird jedes Modellelement in eine Instanz einer Java-Klasse überführt, die der Metaklasse des Modellelements entspricht.

Nach Parsen der Modelle liegen also beispielsweise verschiedene Instanzen der Klasse Interface und der Klasse InterfaceRef vor. Die Aufgabe von InterfaceRef als Referenz-Metaklasse ist es eben, sich mit dem betreffende Interface zu verbinden. Im Folgenden ein Ausschnitt der Definition von InterfaceRef:

Referenz-Objekte

```java
package cmMetamodel;

public class InterfaceRef extends Class {

  private Interface referencedInterface = null;

  public Interface Interface() {
    if ( referencedInterface == null ) {
        String myName = Name().toString();
        referencedInterface =
            (Interface)MMUtil.findByName( this,
                Interface.class, myName,
                "Cannot find interface "+
                "named "+myName );
    }
    return referencedInterface;
  }
}
```

Dies bedarf etwas Erläuterung. Die Operation Interface() liefert das Interface zurück, auf welches die betreffende InterfaceRef verweist. Wie bereits erläutert, wird der Zusammenhang über den Namen hergestellt. Die Operation MMUtil.findByName erledigt die ganze Arbeit für uns: Sie

Funktion der obigen Methode

sucht im Modell, zu dem auch das aktuelle Objekt (this) gehört, nach allen Instanzen der Klasse Interface. In diesen wird dann das Interface mit dem übergebenen Namen gesucht. Wird genau eines gefunden, so wird dies zurückgegeben (und hier i zugewiesen). Wird keines gefunden, wird ein DesignError mit der übergebenen Fehlermeldung erzeugt.

Ignorieren der konkreten Syntax

Man beachte dabei, dass die InterfaceRef ein Modellelemenet ist, welches aus dem UML-basierten Komponentenmodell entstanden ist, wohingegen das Interface an sich aus dem textuellen Interfacemodell stammt. Dieser Unterschied ist hier im Generator bereits nicht mehr zu erkennen.

Interfaces und Protokollzustands-automaten

Auch in dem oben erläuterten Fall, wo textuelle Interfaces mit UML-basierten Protokollzustandsautomaten ergänzt werden, muss ein Zusammenhang zwischen dem Interface und dem dazu gehörenden Zustandsautomat hergestellt werden. Auch hier wird ein ähnlicher Mechanismus verwendet; der betreffende Metamodellausschnitt ist in Abbildung 11.4-3 dargestellt.

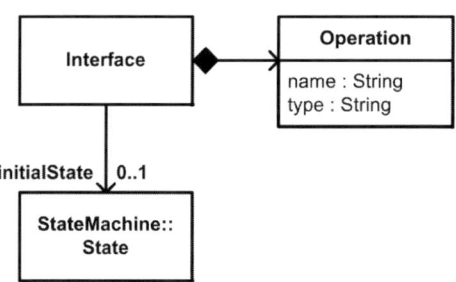

Abb. 11.4-3: *Metamodell für Interfaces und Protokollzustandsautomaten.*

Konsistenzchecks im Modell

Die Operation *StateMachine()* auf der Metaklasse Interface versucht im Modell, eine Instanz von *StateMachine::State()* zu finden, die denselben Namen hat wie das Interface selbst. Per Definition heißt so der Startzustand des Protokollzustandsautomaten des betreffenden Interfaces. Um Flüchtigkeits-Vertipper zu vermeiden, meldet der Generator, wenn ein Startzustand gefunden wird, der nicht den Namen eines Interfaces hat, oder wo Events definiert sind, deren Namen nicht dem einer Operation auf dem zugehörigen Interface entspricht.

Mehrere Teilmodelle

Die obige Diskussion fokussierte auf die Frage, wie man verschiedene Aspekte (Interfaces, Komponenten, Deployment) des Systems mittels verschiedener Modelle und konkreter Syntaxen darstellen und später im Generator zusammenführen kann. Verschiedene technische Subdomänen werden also mittels verschiedener Modelle abgebildet.

Ein verwandtes, aber trotzdem anderes Thema ist, wie ein großes, umfangreiches Modell in mehrere kleinere Modelle zerlegt werden kann, um verteilte Entwicklung in großen Teams zu unterstützen. Auch hier kommt der Mechanismus der Referenzen zum Zuge. Die verschiedenen Teilmodelle können in unterschiedlichen Repositories (Verzeichnissen, Datenbanken) liegen. Der Generator bekommt die Liste der Repositories, die er beim Generierungsvorgang benutzen soll. Er lädt alle Modelle aus den betreffenden Repositories und führt sie im Speicher zusammen.

Aufteilung großer Modelle

Auch hier werden Referenzobjekte verwendet. Der „Verwender" definiert ein Referenzobjekt auf das zu verwendende Objekt und kann die Referenz verwenden wie das referenzierte Objekt selbst. Für den Fall, dass der Generator wissen muss, in welchem Repository ein von einer Referenz referenziertes Modellelement definiert ist, kann man die ID des Repositories bei der Referenz, z. B. als Tagged Value (ein Name-Wert-Paar an einem UML- Modellelement), mit angeben.

Referenzen und Repositories

Ein Mechanismus, wie hier beschrieben, ist in der Praxis in nicht-trivialen Projekten unerlässlich, um die verschiedenen Modelle so aufzuspalten, dass Teilmodelle in verschiedenen Teams entwickelt werden können. Wenn – wie hier im Beispiel – verschiedene Modellierungswerkzeuge (UML-Tool und Text- bzw. XML-Editor) zum Einsatz kommen, kann nicht auf die Submodellverwaltungsfunktionen des Modellierungswerkzeugs zurückgegriffen werden. Der hier vorgestellte Mechanismus mit Repositories und Referenzobjekten ist eine praktikable und bewährte Alternative.

Bedeutung von Referenzen in der Praxis

Gemischte Modelle

In manchen Fällen ist die Verwendung von gemischten Modellen sinnvoll. Dies bedeutet, dass beispielsweise ein UML-Modell an bestimmten Stellen weitere Spezifikationen enthält, die in einer anderen DSL beschrieben sind, zum Beispiel XML-basiert oder textuell.

Viele UML-Modellierungswerkzeuge haben beispielsweise für alle Modellelemente ein *Documentation*-Feld, wo man, als Freitext, Dokumentationstext eingeben kann. Dies kann man etwas „verbiegen" und dazu nutzen, weitere modellrelevante Informationen unterzubringen, wie am Beispiel einer Operation im Folgenden gezeigt. Bei der Operation handelt es sich um die Operation *accelerate(int amount)* eines Fahrzeugs.

```
<method-detail>
  <doc>
    Dies ist die normale Dokumentation
    die wir einfach weiterhin als Text speicher.
  </doc>
  <preconditions>
    <param>amount > 1</param>
    <object-state>driver != null</object-state>
  </preconditions>
  <postconditions>
    <object-state>speed > 0</object-state>"/>
  </postconditions>
</method-detail>
```

Hier wird mittels einer XML-Struktur sowohl die „normale" Dokumentation angegeben als auch Pre- und Postconditions. Zum Parsen des XML wird ein XML Parser verwendet. Die Constraints können mittels eines JavaCC- oder antlr-basiertes Parsers geparst werden. Der Generator verwendet diese verschiedenen Parser, um all diese Informationen aus dem Modell auszulesen. JavaCC [JCC 2005] und Antlr [Antlr 2005] sind Parsergeneratoren, die basierend auf einer Syntaxdefinition eine Parserklasse generieren, die Spezifikationen, die der Syntaxdefinition genügen, parsen kann).

11.4.3 Pseudodeklarative Metamodellimplementierung

Letzendlich stellt das Auflösen der Referenzen einen von vielen Validierungsschritten dar. Ist das referenzierte Modellelement nicht vorhanden, so muss eine Fehlermeldung ausgegeben werden. Im Rahmen ernsthafter MDSD-Systeme gibt es eine Vielzahl solcher Constraints, die vom Generator überprüft werden müssen.

Constraint-Überprüfung

openArchitectureWare hat dafür beispielsweise eine separate Phase im Workflow des Generators vorgesehen. Nachdem das komplette Modell geparst wurde und bevor die Codegenerierung beginnt, wird bei allen Modellelementen die Operation CheckConstraints() aufgerufen. In dieser Operation kann der Entwickler die metaklassenspezifischen Constraints (Modellinvarianten) unterbringen.

Dabei ist es aus unserer Sicht essenziell, dass man diese Constraints möglichst ausdrucksstark und knapp formulieren kann. Eine an deklarative Sprachen (wie z. B. OCL) angelehnte Syntax ist dabei hilfreich. Da openArchitectureWare derzeit noch keinen OCL-Compiler besitzt, lassen sich mithilfe der Klassen Checks, Filters und MMUtil Constraints „pseudodeklarativ" spezifizieren. Im Folgenden einige Beispiele.

Ausdrucksstarke Spezifikation der Constraints

Eine Constraint ist beispielsweise, dass (auf Modellebene!) Komponenten keine eigenen Operationen definieren dürfen – diese werden im Rahmen der Ports definiert. Auch Superklassen oder implementierte Interfaces sind nicht erlaubt. Eine weitere Forderung ist, dass die Ports einer Komponente eindeutige Namen haben müssen. Die Klasse Component repräsentiert im Generator alle Modellelemente des (UML-)Modellelements Component.

Beispiel-Constraints

```
public class Component extends Class {

  public String CheckConstraints() {
    Checks.assertEmpty( this, Operation(),
        "must not have attributes." );
    Checks.assertEmpty( this, Generalization(),
        "must not have super- or subclasses." );
    Checks.assertEmpty( this, Realization(),
        "must not implement any interface." );
    Checks.assertUniqueNames( this, Port(),
          "a component's ports must "+
          "have unique names." );
  }  // more …
}
```

Die Operation Port ist interessant. Sie liefert die Menge aller definierten Ports zurück. Wir gehen darauf im nächsten Abschnitt ein.

Vorher aber noch ein kurzer Blick auf die Constraint-Validierung bei Interfaces. Angenommen, wir würden nur die primitiven Typen int und long unterstützen; dann müsste eine Prüfung stattfinden, dass der Typ des Parameters tatsächlich nur einer der beiden Werte ist:

Constraints bei Elementen, die textuell spezifiziert werden

```
public class ASTParameter
      extends SimpleNode { // SimpleNode extends
                           // ModelElement
    private String type;
    private String name;

    private static String[] types
      = new String[] {"int", "long"};

    public void CheckConstraints() {
      Checks.assertOneOf( this, type, types,
            "Type must be one of int, long" );
    }

}
```

Gleichmacherei

Wie aus Obigem ersichtlich ist, kann also mit aus textuellem Input geparsten Modellen genauso gearbeitet werden wie aus UML-basierten – im Generator werden alle als Instanzen von Metaklassen repräsentiert.

11.5 Codegenerierung

Die Codegenerierung verwendet Codegenerierungstemplates, die in der Templatesprache des openArchitectureWare Generators geschrieben sind. Wir werden im Rahmen dieser Fallstudie nicht im Detail auf diese Templates eingehen, letztendlich funktionieren sie so wie alle anderen Templatesprachen – die Dokumentation des openArchitectureWare Generators [OAW 2005] zeigt jede Menge Beispiele. Allerdings möchten wir noch auf ein paar Besonderheiten eingehen, die im Gesamtzusammenhang wichtig sind.

11.5.1 Referenzen

Das Zusammenführen der verschiedenen Modelle geschieht wie oben erläutert mittels Referenzen. Nach Zusammenführen des Modells sehen also beispielsweise eine Komponente, ein Port und das dazugehörige Interface wie in Abbildung 11.5-1 aus.

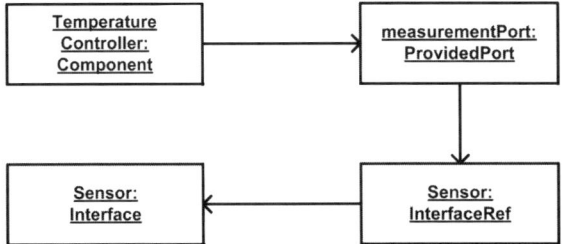

Abb. 11.5-1: *Komponente, Port und dazugehöriges Interface.*

Allerdings ist es aus Sicht der Templates unerheblich, dass das Interface über eine Referenz angebunden wird – das „konzeptionelle" Metamodell sagt, dass ein Port mit einem Interface assoziiert ist. Um dieses aus Sicht der Templates zu erlauben, führen wir in der Klasse Port einfach eine Operation Interface ein, welche die Referenz implizit „dereferenziert":

Automatische Dereferenzierung der Referenz-Elemente

```
public abstract class Port extends Association {

  public IntefaceRef InterfaceRef() {
    // return the model element on"target" side
    // of this association; remember ports are
    // modelled as associations that point from
    // component to interface reference.
  }

  public Interface Interface() {
    return InterfaceRef().Interface();
  }
}
```

Damit kann eine Template folgendermaßen geschrieben werden:

```
«DEFINE Something FOR Component»
  public class «Name» implements
  «FOREACH ProvidedPort AS pp EXPAND»
    «Interface.Name»
  «ENDFOREACH»
  {
    // more stuff to come
  }
«ENDDEFINE»
```

Im Rahmen von verteilter Software-Entwicklung kommt es oft vor, dass bestimmte Modellelemente *entweder* das Element selbst sind *oder* eine Referenz darauf. In obigem Beispiel könnte man sich Folgendes vorstel-

Optionale Referenzen

len: Angenommen, Interfaces würden alternativ auch im UML-Modell definierbar sein. Dann könnte es vorkommen, dass ein definiertes Interface entweder *im gleichen Modell* definiert ist oder dass es in einem anderen – möglicherweise textuellen – Modell vorliegt. Im ersteren Falle kann man völlig ohne Referenzen arbeiten und den Port direkt auf das Interface zeigen lassen. Im anderen Falle müsste man – wie oben gezeigt – mit einer gleichnamigen Referenz arbeiten. Als Folge kann es also passieren, dass ein Port entweder direkt mit einem Interface verbunden ist oder eben mit einer Referenz, die ihrerseits auf ein Interface „zeigt". Abbildung 11.5-2 zeigt dies:

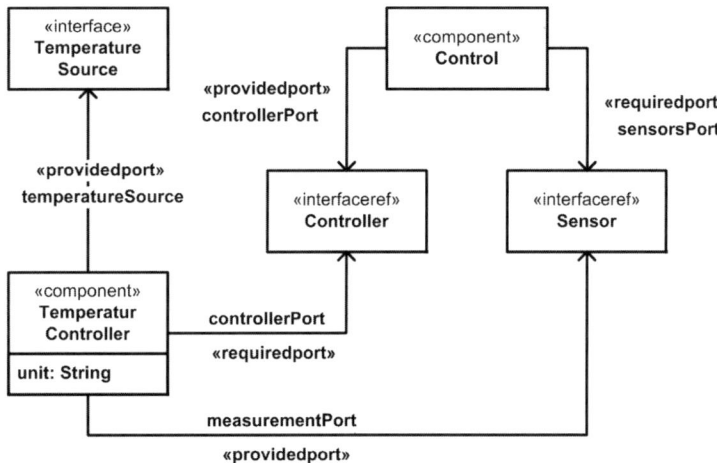

Abb. 11.5-2: *Direkte Verwendung von Interfaces an Ports.*

Transparenz für die Codegenerierungstemplates

Idealerweise wollen wir diese Unterschiede im Rahmen der Codegenerierung nicht mehr sehen! Um dies zu erreichen, können wir auf die bewährten Mittel der Objektorientierung bauen und auf Metaklassenebene das Proxy-Muster [Gamma et al. 1995] vollständig implementieren. Abbildung 11.5-3 zeigt das entsprechende Klassendiagramm.

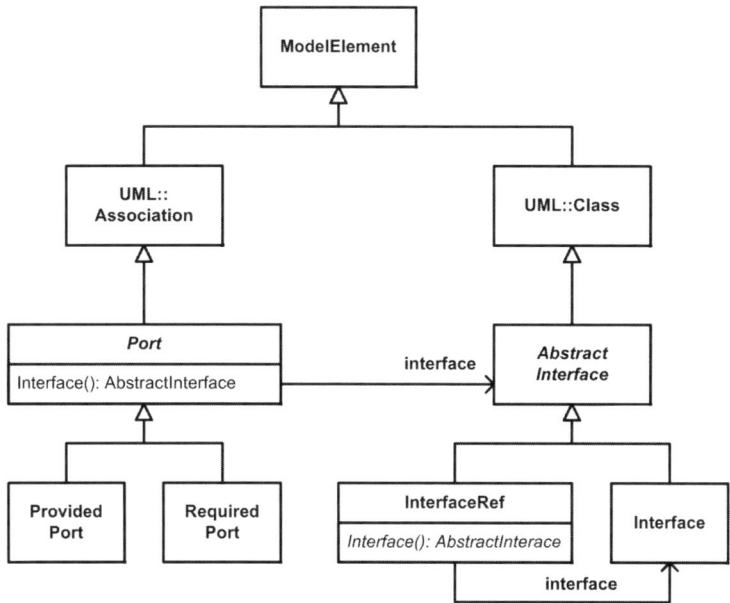

Abb. 11.5-3: *Modellelement-Proxies.*

Interessant ist dann vor allem die Operation Interface() des Ports. Dort wird unterschieden, ob es sich um eine Referenz oder tatsächlich um ein Interface handelt:

Die Operation Interface

```
public abstract class Port extends Association {

  protected AbstractInterface AbstractInterface() {
    // return the "other" end's class of the
    // association
  }

  public Inteface Interface () {
    AbstractInterface f = AbstractInterface();
    if ( f instanceof InterfaceRef ) {
      return ((InterfaceRef)f).Interface();
    }
    return (Interface)f;
  }

}
```

Die Template von oben kann weiter verwendet werden. Die Operation Interface() des Ports liefert immer das Interface zurück und dereferenziert – falls nötig – die Referenz intern.

11.5.2 Umsetzung der Protokollzustandsautomaten

Es gibt verschiedene Arten, Zustandsmaschinen systematisch in Code zu überführen, beispielsweise basierend auf mehrdimensionalen Arrays oder basierend auf dem State-Muster [Gamm et al. 1995]. Abbildung 11.5-4 zeigt ein Beispiel für das State-Muster; das Beispiel zeigt, wie das Muster im Zusammenhang mit einem generierten Port-Proxy zum Einsatz kommt. In C-Implementierungen wird man andere, effizientere Mechanismen benutzen, wie sie beispielsweise in [Samek 2002] beschrieben sind.

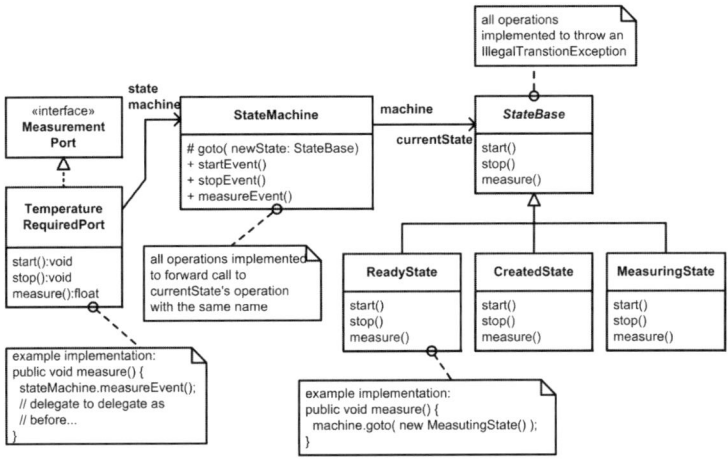

Abb. 11.5-4: *Beispiel für das State-Muster.*

Proxy mit State Machine

Der generierte Proxy ruft, bevor er an das Zielobjekt delegiert, die zur Operation passende ...Event()-Operation auf der Zustandsmaschine auf. Diese forwarded die Operation an das aktuelle Zustandsobjekt. Wenn es von dort eine gültige Transition zu einem anderen Zustand gibt, so wird die betreffende Methode so implementiert, dass die Maschine ihren Zustand ändert. Gibt es auf dem aktuellen Zustand keine gültige Transition, wird eine InvalidStateException geworfen (und macht möglicherweise einen Eintrag in einem Fehlerspeicher). Für jeden Zustand gibt es eine extra Klasse; je nach ausgehenden Transitionen werden die Operationen entsprechend überschrieben oder nicht.

Generierung der Statemachine-Implementierung

Die Generierung dieses Codes unterscheidet sich in keiner Weise von den anderen Codegenerierungsbeispielen: Für jeden State im Modell wird eine Klasse generiert; für jede von dort ausgehende Transition die betreffende Methode samt Implementierung. Alle nötigen Informationen sind im Modell vorhanden. Wir werden daher hier nicht weiter im Detail auf die Codegenerierung eingehen.

11.5.3 Generierung des Build Files

Im Rahmen der Codegenerierung wird nicht nur Java, C- oder C++-Quelltext erstellt. Vielmehr werden auch verschiedene Konfigurationsdateien erzeugt, die die verwendetete Betriebssystemplattform konfigurieren. Echtzeitbetriebssysteme weisen meist eine große Vielfalt an Konfigurationseinstellungen auf, um das System für den betreffenden Anwendungsfall möglichst klein und performant einzustellen. Des Weiteren werden Makefiles und Ant-Files erstellt, die den generierten Code mit dem manuell erstellten zusammen compilieren, linken, packen etc., je nach den Anforderungen der betreffenden Plattform.

Im folgenden Beispiel zeigen wir kurz die Erstellung von Jar-Files. Für jeden im System definieren Container wird ein eigenes Jar-File erstellt, falls es sich um einen Java-Container handelt:

Generierung von Ant-Files

```
«DEFINE BuildFile FOR System»
  ...
 «FOREACH Container AS c EXPAND»
  «IF c.LanguageID == "java"»
   <jar jarfile="«c.Name».jar">
    <fileset dir="${APP.BUILD}">
     «FOREACH c.UsedComponent AS comp EXPAND»
<include name="gen.comp.«comp.Name»/**/*.*"/>
<include name="man.comp.«comp.Name»/**/*.*"/>
      «FOREACH comp.UsedInterface AS i EXPAND»
<include name="gen.interfaces.«i.Name»/**/*.*"/>
      «ENDFOREACH»
     «ENDFOREACH»
    </fileset>
   </jar>
  «ENDIF»
 «ENDFOREACH»
  ...
«ENDDEFINE»
```

Wie aus dem Template-Ausschnitt erkennbar, werden auch alle Interfaces inkludiert, die von den betreffenden Komponenten verwendet werden.

11.6 Fachliche Kaskadierung

Um dieses Kapitel abzuschließen, sei noch ein kurzes Beispiel gezeigt, wie man aufbauend auf der oben gezeigten Infrastruktur weitere fachlich-domänenspezifische Modellierungssprachen und Infrastrukturen aufbauen kann.

Beispiel: Bildverarbeitung

Angenommen, man entwirft ein modulares Bildverarbeitungssystem für eingebettete Geräte (z. B. Kameras oder Bilderkennung). Und angenommen, man möchte für diese Infrastruktur, die wir oben entwickelt haben, nutzen, um beispielsweise von der Unterstützung für die verschiedenen Plattformen oder der Verteilbarkeit auf verschiedene Knoten in einem verteilten System zu profitieren. Dann ist die Frage, wie man das angeht.

Direkte Verwendung der obigen Domänenarchitektur

Eine Möglichkeit ist selbstverständlich die, dass man einfach mittels der obigen Modellierungssprachen entsprechende Modelle baut, den entsprechenden Code generiert und dann die Algorithmen manuell implementiert.

Kaskadierung als effizientere Alternative

Eine andere Möglichkeit ist allerdings, einen weiteren Generierungsschritt davor zu schalten. Dies möchten wir – sehr kurz – erläutern.

11.6.1 Modellierungssprache

Für die Domäne Bildverarbeitung ist die Idee, auf dem Blackboard-Muster [Buschmann et al. 1996] aufzusetzen. Dies organisiert ein System folgendermaßen:

> Es gibt ein Datenrepository, mit dem eine Reihe „Arbeiter" arbeiten.

> Jeder dieser Arbeiter entnimmt aus dem Repository Daten eines bestimmten Formates und bearbeitet diese.

> Nach dem Bearbeitungsschritt legt der Arbeiter die verarbeiteten Daten – nun in einem neuen Format – wieder zurück in das Repository,

> wo andere Arten von Arbeitern diese Daten nun entnehmen und weiterverarbeiten.

Fachliche Modellierung

Aus Sicht der fachlichen Modellierung muss man letztendlich nur noch angeben, welche Datenformate existieren, welche Arbeiter welche Daten produzieren und/oder konsumieren und wie die Arbeiter die Daten konkret verarbeiten. Abbildung 11.6-1 zeigt das Prinzip:

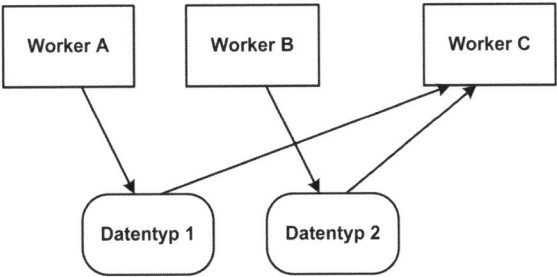

Abb. 11.6-1: *Fachliches Modell für Bildverarbeitung.*

Man kann nun ein solches Modell beispielsweise mittels XML beschreiben.

**Beschreibung
mittels XML**

```
<ImageProcessingSpec>
  <DataType name="RawData">
    <ArrayMember name="data"
                 type="byte" size="1000"/>
    <ArrayMember name="colorMap"
                 type="int" size="256"/>
  </DataType>
  <DataType name="ColorMapping">
    <ArrayMember name="fromMap"
                 type="int" size="256"/>
    <ArrayMember name="toMap"
                 type="int" size="256"/>
  </DataType>
  <DataType name="ProcessedData">
    <ArrayMember name="data"
                 type="byte" size="1000"/>
  </DataType>
  <Worker name="W1"
          processingClass="img.RawDataProducer">
    <Producer dataType="RawData"/>
  </Worker>
  <Worker name="W2"
          processingClass="img.MappingProducer">
    <Producer dataType="ColorMapping"/>
  </Worker>
  <Worker name="W3"
          processingClass="img.ColorMapper">
    <Consumer dataType="ColorMapping"/>
    <Consumer dataType="RawData"/>
    <Producer dataType="ProcessedData"/>
  </Worker>
</ImageProcessingSpec>
```

11.6.2 Generierung

Eingabemodelle für die obige Domänenarchitektur

Basierend auf diesem Modell kann man nun zwei Dinge generieren:

> Die Modelle, die als Eingabe für die Komponenteninfrastruktur oben dienen. Für jeden Worker wird eine Komponente generiert, für jeden Datentyp ein Datentyp im Sinne des Komponentenmodells. Außerdem wird eine Repository-Komponente generiert. Auch die Ports für die Komponenten können aufgrund der Consumer/Producer-Angaben generiert werden. Ein einfaches System (Deployment-)Modell kann auch erstellt werden, indem von jeder Komponente eine Instanz erzeugt wird und diese alle auf einem Knoten laufen. Diese Generierung kann auch als Modelltransformation innerhalb des Generators ablaufen (Details dazu siehe [Völter 2005b]).

Komponentenimplementierungen

> Des Weiteren können die Implementierungen für die Komponenten erstellt werden, indem man die im Modell angegebenen (und von Hand geschriebenen) Algorithmenklassen geeignet als Komponentenimplementierung kapselt.

Effizienzsteigerung

Anwender des Bildverarbeitungsgenerators können nun ihre Systeme kurz und prägnant in „ihrer" DSL beschreiben. Ein Generator erstellt davon die Eingabedaten für eine bereits bestehende generative Software-Architektur. Diese Art von Schichtung mehrerer aufeinander aufbauender generativer Infrastrukturen (wobei jede immer spezifischer für bestimmte Unterdomänen wird) ist ein sehr mächtiger Ansatz.

11.7 Erfahrungen aus unserem Unternehmen

MDSD und PLE

Die von modellgetriebener Entwicklung „versprochenen" Vorteile konnten zu großen Teilen realisiert werden. Die Einarbeitungszeit für die Mitarbeiter, die den Generator erstellen, sind zwar nennenswert, dafür kann die Software-Entwicklung sehr viel effizienter stattfinden. Auch die Qualität der entwickelten Systeme hat sich mit diesem Ansatz erheblich steigern lassen. Die Architektur der verschiedenen Systeme konnte mittels des beschriebenen Ansatzes konzeptionell standardisiert werden – der Ansatz der Produktlinien-Entwicklung funktioniert in der Praxis.

Kaskadierung

Der Ansatz der kaskadierten modellgetriebenen Entwicklung setzt sich in den verschiedenen Fachabteilungen immer mehr durch, nachdem die Entwickler die Vorteile von Komponenten und MDSD an der Basisinfrastruktur gesehen haben. In verschiedenen Abteilungen wird an spezialisierten generativen Infrastrukturen, die wie oben gezeigt, dann auf der Basis-Komponenteninfrastruktur aufbauen, gearbeitet.

| Literaturverzeichnis

[ABLE 2005]
ABLE, *Architecture Based Languages and Environment*, http://www-2.cs.cmu.edu/afs/cs/project/able/www/able.html, 2005

[ACME 1998]
ACME, *The Acme Architectural Description Language*, http://www-2.cs.cmu.edu/~acme/language_overview.html, 1998

[ADML 2002]
ADML, *Architecture Description Markup Language*, http://www.opengroup.org/architecture/adml/adml_home.htm, 2002

[Alexander 1977]
Alexander, Christopher; Ishikawa, Sara; Silverstein, Murray; Jacobson, Max; Fiksdahl-King, Ingrid; Angel, Shlomo, *A Pattern Language*, Oxford University Press, 1977

[Alur et al. 2003]
Alur, Deepak; Crupi, John; Malks, Dan, *Core J2EE Patterns*, Prentice Hall PTR, 2003

[Ambler 2002]
Ambler, Scott, *Agile Enterprise Architecture: Beyond Enterprise Data Modeling*, http://www.agiledata.org, 2002

[Andrews et al. 2003]
Andrews, T.; Curbera; F., Dholakia, H.; Goland, Y. ; Klein, J.; Leymann, F.; Liu, K.; Roller, D.; Smith, D.; Thatte, S.; Trickovic, I. ; Weerawarana, S., *Business Process Execution Language for Web Services*, Version 1.0, http://www.ibm.com/developerworks/webservices/library/ws-bpel, 2003

[Antlr 2005]
Parr, Terence, *ANTLR - ANother Tool for Language Recognition*, http://www.antlr.org, 2005

[AOSD 2005]
Aspect-Oriented Software Association, http://aosd.net, 2005

[Apache 2003]
Apache Software Foundation, *Web Services – Axis*, xml.apache.org/axis/, 2003

[Ascet 2005]
ETAS GmbH, *ASCET-SD Overview*, http://en.etasgroup.com/products/ascet_sd/, 2005

[Autosar 2005]
The Autosar Consortium, Automotive Open System Architecture, http://www.autosar.org, 2005

[Bass et al. 2003]
Bass, Len; Clements, Paul; Kazman, Rick, *Software Architecture in Practice*, Second Edition, Addison-Wesley, New York, 2003

[Bea 2003]
BEA, *BEA Tuxedo 8.1*. http://www.bea.com/products/tuxedo/index.shtml, 2003

[Beck 2000]
Beck, Kent, *Extreme Programming*, Addison-Wesley, München, 2000

[Beedle und Schwaber 2001]
Beedle, Mike; Schwaber, Ken, *Agile Software Development with Scrum*, Prentice-Hall, Upper Saddle River, NJ, 2001

[Belbin 1993]
Belbin, Meredith, *Team Roles at Work*, Butterworth-Heinemann, 1993

[Bertalanffy 1976]
Bertalanffy, Ludwig, *General System Theorie*, George Braziller, 1976

[Bonér und Vasseur 2004]
Bonér, Jonas; Vasseur, Alexandre, *Aspectwerkz*, http://aspectwerkz.codehaus.org, 2004

[Bosch 2000]
Bosch, Jan, *Design and Use of Software Architectures*, Addison-Wesley, 2000

[Booth et al. 2003]
Booth, D.; Haas, H.; McCabe, F.; Newcomer, E.; Champion, M.; Ferris, C.; Orchard, D., *Web Services Architecture*, W3C Working Draft 8, http://www.w3.org/TR/2003/WD-ws-arch-20030808/, 2003

[Bouzan und Bouzan 1997]
Bouzan, Tony; Bouzan, Barry, *Das Mind-Map-Buch, Die beste Methode zur Steigerung ihres geistigen Potentials*, mvg-verlag, 1997

[Box et al. 2000]
Box, D.; Ehnebuske, D.; Kakivaya, G.; Layman, A.; Mendelsohn, N.; Nielsen, H. F.; Thatte, S.; Winer, D., *Simple object access protocol (SOAP) 1.1*, http://www.w3.org/TR/SOAP/, 2000

[Bray et al. 1998]
Bray, T.; Paoli, J.; Sperberg-McQueen, C. M., *Extensible markup language (XML) 1.0*, http://www.w3.org/TR/1998/REC-xml-19980210, 1998

[Bredemeyer und Malan 2004]
Bredemeyer, Dana; Malan, Ruth, *Software Architecture Action Guide*, http://www.ruthmalan.com/, 2004

[Bredemeyer 2002]
Bredemeyer, Dana, *Introduction to Software Architecture*, http://www.bredemeyer.com/papers.htm, 2002

[Briggs und Myers 1995]
Briggs, Isabel; Peter B. Myers, *Gifts Differing: Understanding Personality Type*, Davies-Black Publishing, 1995

[Brooks 1995]
Brooks, F., *The Mythical Man-Month*, Addition Wesley, New York, 1995

[Brown et al. 1998]
Brown, William, J.; Malveau, Raphael, C.; McCormick III, Hays, W., "Skip"; Mowbray, Thomas, J., *Anti Patterns – Refactoring Software Architectures, and Projects in Crisis*, John Wiley & Sons, New York, 1998

[Burke 2004]
Burke, B., *JBoss aspect oriented programming*, http://www.jboss.org/developers/projects/jboss/aop.jsp, 2004

[Buschmann et al. 1996]
Buschmann, Frank; Meunier, Regine; Rohnert, Hans; Sommerlad, Peter; Stal, Michael, *Pattern-Oriented Software Architecture Vol. 1, A System of Patterns*, John Wiley & Sons, New York, 1996

[Chaudron 2002]
Chaudron, Michel, *Documenting Architectures & Architecture Description Languages*, http://www.win.tue. nl/~mchaudro/swads/ADLs_v2002.ppt, 2002

[Chikofsky und Cross 1990]
Chikofsky, Elliot J.; Cross, James H., *Reverse Engineering and Design Recovery: A Taxonomy*, IEEE Software, 7(1), 1990

[Christensen et al. 2001]
Christensen, E.; Curbera, F.; Meredith, G.; Weerawarana, S., *Web services description language (WSDL) 1.1*, http://www.w3.org/TR/wsdl, 2001

[Chughtai und Vogel 2001]
Chughtai, Arif; Vogel, Oliver, *Software-Wiederverwendung, Theoretische Grundlagen, Vorteile und realistische Beurteilung*, http://www.ovogel.de, 2001

[Clements und Northrop 2001]
Clements, P.; Northrop, L., *Software Product Lines: Practices and Patterns*, Addison-Wesley, 2001

[Cockburn 1995]
Cockburn, Alistair, *Growth of Human Factors in Application Development*, http://alistair.cockburn.us/crystal/articles /gohfiad/growthofhumanfactorsinsd.htm, 1995

[Cockburn 1996]
Cockburn, Alistair, *The Interaction of Social Issues and Software Architecture*, Communications of the ACM, Ausgabe 39, Nummer 10, 1996

[Cockburn 2000]
Cockburn, Alistair, *Writing Effective Use Cases*, Addison-Wesley, New York, 2000

[Cockburn 2002]
Cockburn, Alistair, *Agile Software Development*, Addison-Wesley, New York, 2002

[Conway 1968]
Conway, Melvin E., *How Do Committees Invent?*, Datamation magazine, F. D. Thompson Publications, Inc., April, 1968

[Coplien 2004]
Coplien, James O., *A Pattern Definition*, http://hillside.net/patterns/definition.html, 2004

[Coplien und Harrison 2004]
Coplien, James O.; Harrison, Neil B., *Organizational Patterns of Agile Software Development*, Prentice Hall, Upper Saddle River, NJ, 2004

[Cunningham et al. 2001]
Cunningham, Wart et al., *Manifesto for Agile Software Development*, http://agilemanifesto.org/, 2001

[Curtis et al. 1988]
Curtis, B.; Krasner H.; Iscoe N., *A Field Study of the Software Design Process for Large Systems*, Communications of the ACM, Ausgabe 31, Nummer 11, 1988

[Czarnecki und Eisenecker 2000]
Czarnecki, Krysztof; Eisenecker, Ulrich W., *Generative Programming - Methods, Tools, and Applications*, Addison-Wesley, 2000

[Davis 1993]
Davis, Alan, *Software Requirements: Objects, Functions, & States, 2nd edition*, Prentice Hall, Upper Saddle River, NJ, 1993

[Dijkstra 1972]
Dijkstra, Edsger W., *The Humble Programmer, Communications of the ACM*, 1972

[Dorfmann und Thayer 1990]
Dorfman, Merlin; Richard H. Thayer, *Guidelines and Examples of System and Software Requirements Engineering*, IEEE Computer Society Press, Los Alamitos CA., 1990

[Dörner 1989]
Dörner, Dietrich, *Die Logik des Mißlingens, Strategisches Denken in komplexen Situationen*, Rowohlt Verlag, Reinbek bei Hamburg, 1989

[Drumm 1995]
Drumm, Hans-Jürgen, *Personalwirtschaftslehre*, 3. neu bearbeitete und erweiterte Auflage, Heidelberg, 1995

[Dyson und Longshaw 2004]
Dyson, Paul; Longshaw, Andrew, *Architecting Enterprise Solutions*, Wiley, 2004

[EAST 2004]
EAST, *Embedded Electronic Architecture*, http://www.east-eea.net/, 2004

[Evans 2004]
Evans, Eric, *Domain-Driven Design*, Addison-Wesley, Boston, 2004

[EWITA 2003]
EWITA, *Enterprise Architecture and Related Definitions*, http://www.ewita.com/EA_Overview/Definitions/ ArchitectureDefinitions.htm, 2003

[Filman und Friedman 2000]
Filman, Robert E.; Friedman, Daniel P., *Aspect-Oriented Programming is Quantification and Obliviousness*. In Proceedings of the Workshop on Advanced Separation of Concerns, OOPSLA 2000, Minneapolis, October 2000

[FODA 2005]
SEI, *Feature-Oriented Domain Analysis*, http://www.sei.cmu.edu/domain-engineering/FODA.html, 2005

[Foote und Yoder 1999]
Foot, Brian; Yoder, Joseph, *Big Ball of Mud*, http://www.laputan.org/mud/mud.html, 1999

[Fowler 1996]
Fowler, M., *Analysis Patterns: Reusable Object Models*, Addison-Wesley, 1996

[Fowler 2003]
Fowler, Martin, *The New Methodology*, http://www.martinfowler.com/articles/newMethodology.html#N10233, 2003

[Foster et al. 2001]
Foster, I.; Kesselman, C.; Tuecke, S, *The Anatomy of the Grid: Enabling Scalable Virtual Organizations*, International Journal of Supercomputer Applications, 15(3), 2001

[Fugetta et al. 1998]
Fuggetta, A.; Picco, G. P.; Vigna, G., *Understanding code mobility*, IEEE Transactions on Software Engineering, 24(5), 342–361, May 1998

[Fricke und Völter 2000]
Fricke, A.; Völter, M, *SEMINARS – A Pedagogical Pattern Language on how to Teach Seminars Efficiently*,
http://www.voelter.de/publications/seminars.html, 2000

[Gamma et al. 1995]
Gamma, Erich; Helm, Richard; Johnson, Ralph; Vlissides, John, *Design Patterns*, Addison-Wesley, Reading, 1995

[Goedicke et al. 2000]
Goedicke, M.; Neumann, G.; Zdun, U., *Object system layer*, In Proceedings of 5th European Conference on Pattern Languages of Programs (EuroPlop 2000), 397-410, Universitätsverlag Konstanz, Irsee, Germany, 2000

[Gray 1978]
Gray, J. N., *Notes on Database Operating Systems. Operating Systems: An Advanced Course.* Lecture Notes in Computer Science 60, 393-481, Springer-Verlag, 1978

[Greenfield und Short 2004]
Greenfield, Jack; Short, Keith, *Software Factories*, Wiley, 2004

[Grimes 1997]
Grimes, R.; *Professional DCOM Programming*, Wrox Press Inc., 1997

[Grosso 2001]
Grosso, W., *Java RMI*, O'Reilly & Associates, 2001

[Henning und Vinoski 1999]
Henning, Vinosiki, *Advanced CORBA Programming with C++*, Addison-Wesley, 1999

[Herbsleb und Grinter 1999]
Herbsleb, James D.; Grinter, Rebecca E., *Splitting the Organization and Integrating the Code: Conway´s Law Revisited*, International Conference on Software Engineering, Los Angeles, 1999

[Herzberg 1966]
Herzberg, Friedrich, *Work and the Nature of Man*, Harpercollins, 1966

[Hofmeister et al. 1999]
Hofmeister, Christine; Nord Robert; Soni Dilip, *Applied Software Architecture*, Addison-Wesley, New York, 1999

[Hoope und Woolf 2003]
Hoope, Gregor; Woolf, Booby, *Enterprise Integration Patterns: Designing, Building, and Deploying Messaging Solutions*, Addison-Wesley, New York, 2003

[IBM 2003]
IBM, *CICS (Customer Information Control System) Family*, http://www.ibm.com/software/htp/cics/, 2003

[IBM 2004]
IBM, *WebSphere MQ Family*, http://www-306.ibm.com/software/ integration/mqfamily/, 2004

[IBM 2005]
IBM, http://www-306.ibm.com/software/websphere/, 2005

[IEEE 2000]
IEEE, *Recommended Practice for Architectural Description of Software-Intensive Systems* http://standards.ieee.org /reading/ieee/std_public/description/se/1471-2000_desc.html, 2000

[ISO10746 1998]
International Organization for Standardization, *Information technology – Open Distributed Processing – Reference model: Overview*, http://www.iso.org/iso/en/CatalogueDetailPage.CatalogueDetail?CSNU MBER=20696&ICS1=35&ICS2=80&ICS3=, 1998

[ISO17799 2001]
International Organization for Standardization, *Information technology – Code of practice for information security management,* http://www.iso.org/iso/en/CatalogueDetailPage.CatalogueDetail?CSNUMBER=33441&ICS1=35&ICS2=40&ICS3=, 2001

[Jacobson et al. 1999]
Jacobson, Ivar; Booch Grady; Rumbaugh James, *The Unified Software Development Process,* Addison-Wesley, New York, 1999

[JCC 2005]
JavaCC – the Java Compiler Compiler, https://javacc.dev.java.net/, 2005

[Jeckle et al. 2004]
Jeckle, Mario; Rupp, Chris; Hahn, Jürgen; Zengler, Barbara; Queins, Stefan, *UML 2 glasklar,,* Hanser, München, 2004

[Jini 2003]
The Jini Community, *Jini Community Homepage,* http://www.jini.org/, 2003

[Johnson und Foote 1988]
Johnson, R. E.; Foote, B., *Designing reusable classes,* Journal of object-oriented programming, 1(2), 22-35, 1988

[Jones et al. 1993]
Jones, N. D.; Gomard, C. K.; and Sestoft, P, *Partial Evaluation and Automatic Program Generation,* Prentice Hall, Englewood Cliffs, NJ, 1993

[Jones 2004]
Jones, Judith, *Architecting the Enterprise, Developing Architecture Skills,* http://www.opengroup.org/architecture/0404brus/ presents/jones/Developing_Architecture_Skills1.pdf,TOGAF, 2004

[Kazman et al. 1994]
Kazman, Rick; Bass, Len; Abowd, Gregory; Webb, Mike, *SAAM: A Method for Analyzing the Properties Software Architectures,* Proceedings of the 16th International Conference on Software Engineering, Sorrento, 1994

[Kazman et al. 1998]
Kazman, R.; Klein, M.; Barbacci, M.; Lipson, H.; Longstaff, T.; Carrière, S.J., *The Architecture Tradeoff Analysis Method*, Proceedings of ICECCS, Monterey, 1998

[Keller 1997]
Keller, Wolfgang, *Mapping Objects to Tables: A Pattern Language*, In Proceedings of the 1997 European Pattern Languages of Programming Conference, Irsee, Germany, Siemens Technical Report 120/SW1/FB, 1997

[Keller 2002]
Wolfgang Keller, *Enterprise Application Integration, Erfahrungen aus der Praxis*, dpunkt.verlag, Heidelberg, 2002

[Keller und Coldewey 1998]
Keller, Wolfgang; Coldewey, Jens, *Accessing Relational Databases: A Pattern Language*, In Martin, Robert; Riehle, Dirk; Buschmann, Frank (Eds.): Pattern Languages of Program Design 3, Addison-Wesley, 1998

[Kiczales et al. 1991]
Kiczales, Gregor; des Rivieres, Jim; Bobrow, Daniel G., *The Art of the Metaobject Protocol*, MIT Press, 1991

[Kiczales et al. 1997]
Kiczales, Gregor; Lamping, John; Mendhekar, Anurag; Maeda, Chris; Videira Lopes, Cristina; Loingtier, Jean-Marc; Irwin, John, *Aspect-Oriented Programming*, ECOOP 1997, 220-242, 1997

[Kiczales et al. 2001]
Kiczales, G.; Hilsdale, E.; Hugunin, J.; Kersten, M.; Palm, J.; Griswold, G., *Getting Started with AspectJ*, Communications of the ACM, 44 (10), 59–65, 2001

[Kieser und Kubicek 1993]
Kieser, Alfred; Kubicek, Herbert, *Organisation*, Schäffer-Poeschel, 1993

[Kniesel et al. 2002]
Kniesel, G.; Noppen, J.; Mens, T.; Buckley, J., *The first workshop on unanticipated software evolution (USE 2002)*, In ECOOP 2002 Workshop Reader, Springer Verlag, LNCS 2548, 2002

[Kruchten 2000]
Kruchten, Philippe, *The Rational Unified Process - An Introduction Second Edition*, Addison-Wesley, Boston, 2000

[Larman 2002]
Larman, Craig, *Applying UML and Patterns*, Second Edition, Prentice Hall PTR, Upper Saddle River, NJ, 2002

[Leffingwell et al. 2003]
Leffingwell, Dean; Widrig, Don, *Managing Software Requirements: – A use case approach*, Addison-Wesley Professional, 2003

[Lehmann und Belady 1985]
Lehman, M.M.; Belady, L.A., *Program Evolution - Processes of Software Change*, Academic Press, London, 1985

[Lieberherr und Holland 1989]
Lieberherr, Karl; Holland, Ian, *Assuring Good Style for Object-Oriented Programs*, IEEE Software, 38-48, September 1989

[Linthicum 2001]
Linthicum, David S., *B2B Application Integration, e-Business-Enable Your Enterprise*, Addison-Wesley, New York, 2001

[Liskov 1988]
Liskov, B, *Data Abstraction and Hierarchy*, SIGPLAN Notices, 23(5), May 1988

[Maier und Rechtin 2000]
Maier M.; Rechtin E., *The Art of Systems Architecting*, Second Edition, CRC Press, 2000

[Malveau und Mowbray 2001]
Malveau, Raphael; Mowbray, Thomas, J, *Software Architect Bootcamp*, Prentice Hall, London, 2001

[Martin 2000]
Martin, Robert C., *Design Principles and Design Patterns*, http://www.objectmentor.com/resources/articles/ Principles_and_Patterns.PDF, 2000

[Medvidovic und Rosenblum 1997]
Medvidovic, Nenad; Rosenblum, David, S., *Domains of Concern in Software Architectures and Architecture Description Languages*, http://citeseer.ist.psu.edu/medvidovic97domains.html, 1997

[Medvidovic und Taylor 1997]
Medvidovic, Nenad; Taylor, Richard, N., *A Classification and Comparison Framework for Software Architecture Description Languages*, http://citeseer.ist.psu.edu/medvidovic97framework.html, 1997

[Meyer 1997]
Meyer, Bertrand; *Object-Oriented Software Construction*, second edition, New Jersey, Prentice Hall, 1997

[Microsoft 2003]
Microsoft, *Microsoft Transaction Server (MTS)*, http://www.microsoft.com/com/tech/MTS.asp, 2003

[Microsoft 2004a]
Microsoft, *Microsoft .NET*, http://www.microsoft.com/net/, 2004

[Microsoft 2004b]
Microsoft, *MSMQ Microsoft Message Queue Server*, http://www.microsoft.com/msmq/default.htm, 2004

[Miller 1956]
Miller, G., *The Magical Number Seven, Plus Or Minus Two: Some Limits on Our Capacity for Processing Information*, The Psychological Review vol. 63(2), S. 86, 1956

[Morgan 1960]
Vitruvius, Morgan Morris (Übersetzer), *Ten Books on Architecture*, Dover Publications, 1960

[Nosek und Palvia 1990]
Nosek, J.; Palvia, P., *Software Maintenance Management: Changes in the Last Decade*, Journal of Software Maintenance, 2(3), 157-174, 1990

[OASIS 2002]
Organization for the Advancement of Structured Information Standards (OASIS), *UDDI Version 3.0 Published Specification*, http://www.uddi.org/specification.html, 2002

[OAW 2005]
The openArchitectureWare Generator Framework,
http://www.openarchitectureware.org, 2005

[Oestereich 2004]
Oestereich, Bernd, *Objektorientierte Softwareentwicklung – Analyse und Design mit der UML 2.0*, Oldenbourg Verlag, München, 2004

[OMG 2004a]
Object Management Group, *Unified Modeling Language*,
http://www.omg.org/uml/, 2004

[OMG 2004b]
Object Management Group, *Model Driven Architecture*,
http://www.omg.org/mda/, 2004

[OMG 2004c]
Object Management Group, *Common Object Request Broker Architecture (CORBA/IIOP)*, http://www.omg.org/technology, 2004

[OMG 2005a]
Object Management Group, *UML Profile for Enterprise Distributed Object Computing (EDOC)*, http://www.omg.org/ technology/documents/formal/edoc.htm, 2005

[OMG 2005b]
Object Management Group, *CORBA Component Model*, V3.0,
http://www.omg.org/technology/documents/formal/components.htm,
2005

[Opengroup 1999]
Opengroup, *Architecture Description Languages: An Overview*,
http://www.opengroup.org/architecture/togaf/bbs/
9910wash/adl_over.ppt, 1999

[Opengroup 2001]
Opengroup, *Developing Architecture Views – Introduction*,
http://www.opengroup.org/public/arch/p4/views/vus_intro.htm, 2001

[OPERA 2005]
Opera Software, http://www.opera.com/, 2005

[Osek 2005]
OSEK/VDX, http://www.osek-vdx.org/, 2005

[OSF 1991]
Open Software Foundation, *DCE Application Development Guide*, Revision 1.0, Cambridge, MA, 1991

[OSSJ 2004]
OSS through Java Initiative, http://www.ossj.org/, 2004

[Papoulias 2000]
Papoulias, Athanasios; *Architekturbeschreibungssprachen im Hinblick auf die Bedeutung des Verteilungsaspektes am Beispiel*, Diplomarbeit am Fachbereich Informatik Universität Dortmund Lehrstuhl Software-Technologie, 2000

[Parnas 1976]
Parnas, David L., *On the Design and Development of Program Families. IEEE Transactions on Software Engineering*, 1976

[Parnas 1994]
Parnas, D. L., *Software Aging*, Proceedings of ICSE 1994, 279-287, 1994

[Perry und Wolf 1992]
Perry, Dewayne E.; Wolf, Alexander L., *Foundations for the Study of Software Architecture*, ACM SIGSOFT Software Engineering Notes, 17(4), October, 1992

[Petzold und Sieber 1993]
Petzold Hilarion G.; Sieper Johanna, *Integration und Kreation*, Junfermann, 1993

[Pree 1995]
Pree, W., *Design Patterns for Object-Oriented Software Development*, Addison-Wesley, 1995

[Rechtin 1991]
Rechtin, Eberhard, *Systems Architecting – Creating and building complex systems*, CRC Press, 1991

[Roxio 2003]
Roxio, Inc., *The Napster Homepage*, http://www.napster.com, 2003

[Rüping 2004]
Rüping, Andreas, *Insights into Decision Making*, In Proceedings of 9th
European Conference on Pattern Languages of Programs (EuroPlop
2004), 1-26, Irsee, Germany, July 2004.

[Samek 2002]
Samek, Miro, *Practical Statecharts in C/C++*, CMP Books, 2002

[Schmidt et al. 2000]
Schmidt, Douglas C.; Rohnert, Hans; Stal, Michael; Buschmann, Frank,
*Pattern-Oriented Software Architecture Vol. 2, Patterns for Concurrent and
Networked Objects*, John Wiley & Sons, New York, 2000

[Schneier 2001]
Schneier, Bruce, *Secret & Lies, IT-Sicherheit in einer vernetzten Welt*,
dpunkt. verlag, Heidelberg, 2001

[SEI 2004]
Carnegie Mellon University Software Engineering Institute, *How Do You
Define Software Architecture?*
http://www.sei.cmu.edu/architecture/definitions.html, 2004

[Shaw und Garlan 1996]
Shaw, Mary; Garlan, David, *Software Architecture - Perspectives on an
Emerging Discipline*, Prentice Hall, Upper Saddle River, N. J., 1996

[Stachowiak 1973]
Stachowiak, Herbert, *Allgemeine Modelltheorie*, Springer, Wien, 1973

[Stahl 2002]
Stahl, Eberhard, *Dynamik in Gruppen*, BeltzPVU, 2002

[Stahl und Völter 2005]
Stahl, Thomas; Völter, Markus, *Modellgetriebene Softwareentwicklung*,
dPunkt, 2005

[Standish 1994]
The Standish Group International Inc., *The CHAOS Report*,
http://www.standishgroup.com/sample_research/ chaos_1994_1.php,
1994

[Steiger und Lippmann 2003]
Steiger, Thomas; Lippmann, Erich (Hrsg.), *Handbuch angewandte Psychologie für Führungskräfte, Führungskompetenz und Führungswissen*, 2. Auflage, Springer, Berlin 2003

[Sun 1988]
Sun Microsystems, *RPC: Remote Procedure Call Protocol Specification*, Tech. Rep. RFC-1057, Sun Microsystems, Inc., June 1988

[Sun 2003]
Sun Microsystems, *Project JXTA*, http://www.jxta.org, 2003

[Sun 2004a]
Sun Microsystems, *Java Blue Prints*, http://java.sun.com/blueprints/enterprise/index.html, 2004

[Sun 2004b]
Sun Microsystems, *Java Message Service (JMS)*, http://java.sun.com/products/jms/, 2004

[Sun 2005]
Sun Microsystems, *Java 2 Platform - Enterprise Edition (J2EE)*, http://java.sun.com/j2ee/, 2005

[Szyperski 1998]
Szyperski, Clemens; *Component Software - Beyond Object-Oriented Programming*, Addison-Wesley, 1998

[Tanenbaum und van Steen 2003]
Tanenbaum, Andrew S.; van Steen, Maarten, *Distributed Systems*, Prentice Hall, New York, 2003

[Tarr 2004]
Tarr, P., *Hyper/J*, http://www.research.ibm.com/hyperspace/HyperJ/HyperJ.htm, 2004

[Taylor 1913]
Taylor, F.W., *The principles of scientific management*, 1913

[Terplan 2001]
Terplan, Kornel, *OSS Essentials, Support System Solutions for Service Providers*, John Wiley & Sons, New York, 2001

[Tibco 2004]
Tibco, *Messaging Solutions*,
http://www.tibco.com/software/enterprise_backbone/messaging.jsp,
2004

[TMF 2004a]
TeleManagement Forum, *Next Generation Operations Support Systems
Initiative (NGOSS)*, http://www.tmforum.org/browse.asp?catID=1911,
2004

[TMF 2004b]
Strassner, John; Fleck, Joel; Huang, Jenny; Fauer, Cliff; Richardson,
Tony, TeleManagement Forum, *TMF White Paper on NGOSS and MDA*,
http://www.tmforum.org/browse.asp?catID=1875&sNode=1875&Exp=Y
&linkID=28972, 2004

[Torkler 2001]
Torkler, Stephan, *Acme: Beschreibung der Architektur komponentenba-
sierter Systeme*, Seminar 1910 Komponenten-Software: Konzepte und
Programmierung FernUniversität – Gesamthochschule Hagen Winter-
semster 2000/2001

[Transarc 2000]
Transarc, *Encina*, http://www.transarc.com, 2000

[UPNP 2004]
UPNP Forum, *Universal Plug and Play*, http://upnp.org/, 2004

[Vinoski 2003]
Vinosi, S.; IEEE Internet Computing, *Toward Integration Column: Integration With Web Services*, November/Dezember 2003

[Vogel und Zdun 2002]
Vogel, Oliver; Zdun, Uwe, *Content Conversion and Generation on the Web:
A Pattern Language*, EuroPLoP, 2002

[Völter et al. 2002]
Völter, Markus; Schmid, Alexander; Wolf, Eberhard, *Server Component
Patterns*, John Wiley & Sons, New York, 2002

[Völter 2004]
Völter, Markus, *A Generative Component Infrastructure for Embedded
Systems*, http://www.voelter.de/data/pub/SmallComponents.pdf, 2004

[Völter et al. 2004]
Völter, Markus; Kircher, Michael; Zdun, Uwe, *Remoting Patterns - Foundations of Enterprise, Internet, and Realtime Distributed Object Middlware*, John Wiley & Sons, 2004

[Völter 2005a]
Markus Völter, Software Architecture Patterns,
http://www.voelter.de/data/pub/ArchitecturePatterns.pdf, 2005

[Völter 2005b]
Markus Völter, Kaskadierung von MDSD und Modelltransformationen,
http://www.voelter.de/data/articles/CascadingAndMT.pdf, 2005

[Vroom und Yetton 1976]
Vroom, Victor H.; Yetton, Philip W., *Leadership and Decision-Making*, University of Pittsburgh Press, Pittsburgh, 1976

[W3C 2004]
W3C, *XML Schema*, http://www.w3.org/XML/Schema, 2004

[Weiss und Lai 1999]
Weiss, D. M.; Lai, C. T. R., *Software Product-Line Engineering: A Family Based Software Development Process*, Addison-Wesley, 1999

[Wiegers 2003]
Wiegers, Karl E., *Software Requirements*, Second Edition, Microsoft Press, 2003

[Winer 1999]
Winer, D., *XML-RPC Specification*, http://www.xmlrpc.com/spec, 1999

[Yourdon 2004]
Yourdon, Edward, *Death March*, Prentice Hall, New York, 2004

[Yourdon 1997]
Yourdon, Edward, *Death March, The Complete Software Developer´s Guide to Surviving "Mission Impossible" Projects*, Prentice Hall, Upper Saddle River, N. J., 1997

[Yourdon und Constantine 1978]
Yourdon, E.; Constantine, L., *Structured Design: Fundamentals of a Discipline of Computer Programming and Design*, Prentice Hall, 1978

[Zachman 1987]
Zachman, John, A., *A Framework for Information Systems Architecture*,
IBM Publication, 1987

[Zdun 2004]
Zdun, Uwe, *Pattern Language for the Design of Aspect Languages and
Aspect Composition Frameworks*, IEE Proceedings Software, 151(2), 67-
83, 2004

| Abkürzungsverzeichnis

Abkürzung	Erklärung
.NET	Microsoft Komponentenplattform
2PC	Two-Phase Commit Protocol
3GL	3rd Generation Language
ABLE	Architecture Based Languages and Environment
ACID	Atomicity, Consistency, Isolation, Durability
AC-MDSD	Architecture Centric MDSD
ACME	Spezifische ADL
ACS	Ars Digita Community System
ADL	Architecture Definition Language
ADML	Architecture Description Markup Language
ANSI	American National Standards Institute
AOP	Aspektorientierte Programmierung
API	Application Programming Interface
ASP	Active Server Pages
ASP	Application Service Provider
ATAM	Architecture Tradeoff Analysis Method
B2B	Business to Business
B2BAI	Business to Business Application Integration
BPEL4WS	Business Process Execution Language for Web Services
CASE	Computer-Aided Software Engineering
CCM	Corba Component Model
CGI	Common Gateway Interface
CICS	Customer and Controller Systems
CLOS	Common Lisp Object System
CLR	Common Language Runtime
CMS	Content Management System
CMU	Carnegie Mellon Universität
COBOL	Common Business Oriented Language
COM	Component Object Model
CORBA	Common Object Request Broker Architecture
CRM	Customer Relationship Management
CRUD	Create, Read, Update, Delete
DCE	Distributed Computing Environment

Abkürzung	Erklärung
DCOM	Distributed Component Object Model
DLL	Dynamic Link Library
DOM	Document Object Model
DSL	Domain Specific Language
DTD	Document Type Definition
EAI	Enterprise Application Integration
EAST	ADL zur Beschreibung eingebetteter System
EDI	Electronic Data Interchange
EDOC	Enterprise Distributed Object Computing
EJB	Enterprise Java Beans
ERP	Enterprise Resource Planning
ESB	Enterprise Service Bus
ETL	Extract Transform and Load
eTOM	Enhanced Telecom Operations Map
FTP	File Transfer Protocol
GoF	Gang of Four
HTML	Hyper Text Markup Language
HTTP	Hyper Text Transfer Protocol
IBM	International Business Machines
IDL	Interface Description Language
IEEE	Institute of Electrical and Electronics Engineers
IIOP	Internet Inter ORB Protocol
IMS	Information Management System
ISO	International Organization for Standardization
ISP	Internet Service Provider
IT	Informationstechnologie
J2EE	Java 2 Enterprise Edition
JAAS	Java Authentication and Authorization Service
JDBC	Java Database Connectivity
JDO	Java Data Objects
JMS	Java Messaging Service
JSP	Java Server Pages
JVM	Java Virtual Machine
LDAP	Lightweight Directory Access Protocol
MDA	Model Driven Architecture
MDSD	Model Driven Software Development
MIS	Management-Informations-System

Abkürzung	Erklärung
MOF	Meta Object Facility
MOM	Message Oriented Middleware
MOP	Meta Object Protocol
NGOSS	Next Generation Operations Support Systems
NTLM	NT Lan Manager
OCL	Object Constraint Language
OMA	Object Management Architecture
OMG	Object Management Group
OMT	Object Modeling Technique
OOD	Object Oriented Design
OODBMS	Object Oriented Database Management System
OO-RPC	Object Oriented Remote Procedure Call
OOSA	Object Oriented System Analysis
OOSE	Object Oriented Software Engineering
ORB	Object Request Broker
OSS	Operations Support System
OSS/J	OSS for Java Initiative
P2P	Peer-to-Peer
PBM	Policy Based Management
PC	Personal Computer
PDF	Portable Document Format
PHP	PHP Hypertext Preprocessor
PIM	Platform Independent Model
PKI	Public Key Infrastructure
PL	Product Line
PLE	Product Line Engineering
POC	Proof of Concept
POSA	Pattern Oriented Software Architecture
PSM	Platform Specific Model
PSM	Protocol State Machine
PzP	Punkt-zu-Punkt
QoS	Quality of Service
QVT	Query, Views, Transformation
QWAN	Quality without a Name
RAM	Random Access Memory
RDBMS	Relational Database Management System
RDF	Resource Description Framework

Abkürzung	Erklärung
RMI	Remote Method Invocation
RM-ODP	Reference Model for Open Distributed Processing
RPC	Remote Procedure Call
RUP	Rational Unified Process
SA/D	Structured Analysis / Design
SAAM	Software Architecture Analysis Method
SADL	Structural Architecture Description Language
SAP	Systeme, Anwendungen und Produkte
SAX	Simple API for XML
SCM	Supply Chain Management
SCRUM	Agile Software-Entwicklungsmethode
SDLM	Software Design Level Model
SID	Shared Information and Data Model
SLA	Service Level Agreement
SMTP	Simple Mail Transport Protocol
SOA	Serviceorientierte Architektur
SOAP	Simple Object Access Protocol
SQL	Structured Query Language
SSF	Software System Family
Tcl	Tool Command Language
TCP/IP	Transmission Control Protocol/Internet Protocol
TK	Telekommunikation
TMF	Tele Management Forum
TOGAF	The Open Group Architecture Framework
TP	Transaction Processing
TT	Trouble Ticket
UDDI	Universal Description, Discovery and Integration
UML	Unified Modeling Language
USDP	Unified Software Development Process
USE	Unanticipated Software Evolution
WSDL	Web Services Description Language
WWW	World Wide Web
XMI	XML Metadata Interchange
XML	eXtensible Markup Language
XP	eXtreme Programming
XSLT	eXtensible Stylesheet Language Transformations

Index